UTB **2905**

Eine Arbeitsgemeinschaft der Verlage

Böhlau Verlag · Wien · Köln · Weimar
Verlag Barbara Budrich · Opladen · Toronto
facultas · Wien
Wilhelm Fink · Paderborn
A. Francke Verlag · Tübingen
Haupt Verlag · Bern
Verlag Julius Klinkhardt · Bad Heilbrunn
Mohr Siebeck · Tübingen
Nomos Verlagsgesellschaft · Baden-Baden
Ernst Reinhardt Verlag · München · Basel
Ferdinand Schöningh · Paderborn
Eugen Ulmer Verlag · Stuttgart
UVK Verlagsgesellschaft · Konstanz, mit UVK/Lucius · München
Vandenhoeck & Ruprecht · Göttingen · Bristol
Waxmann · Münster · New York

Klaus Hoffmann-Holland

Strafrecht Allgemeiner Teil

3., erweiterte, überarbeitete und aktualisierte Auflage

Mohr Siebeck

Klaus Hoffmann-Holland, geboren 1971; Studium in Saarbrücken, Marburg und Gießen; 2000 Promotion; 2005 Habilitation; Tätigkeiten als Richter und Staatsanwalt in Rheinland-Pfalz; Lehr- und Forschungsaufenthalte an der University of Warwick, der École normale supérieure in Paris, der Johannes Kepler Universität Linz, der Université de Strasbourg und der Donau-Universität Krems. Gastprofessuren am Center for Transnational Legal Studies London, an der Hebrew University of Jerusalem und der Nihon University Tokyo; Adjunct Professor am Georgetown University Law Center, Summer Law Program in London. Vorsitzender Richter am Landgericht; Professor für Kriminologie und Strafrecht sowie Vizepräsident der Freien Universität Berlin.

ISBN 978-3-8252-4492-7 (UTB Band 2905)

Online-Angebote oder elektronische Ausgaben sind erhältlich unter www.utb-shop.de.

Die Deutsche Nationalbibliothek verzeichnet diese Publikation in der Deutschen Nationalbibliographie; detaillierte bibliographische Daten sind im Internet über *http://dnb.dnb.de* abrufbar.

© 2015 Mohr Siebeck Tübingen.

Das Werk einschließlich aller seiner Teile ist urheberrechtlich geschützt. Jede Verwertung außerhalb der engen Grenzen des Urheberrechtsgesetzes ist ohne Zustimmung des Verlags unzulässig und strafbar. Das gilt insbesondere für Vervielfältigungen, Übersetzungen, Mikroverfilmungen und die Einspeicherung und Verarbeitung in elektronischen Systemen.

Das Buch wurde von pagina in Tübingen gesetzt, von Hubert & Co. in Göttingen auf alterungsbeständiges Werkdruckpapier gedruckt und gebunden.

Vorwort zur 3. Auflage

Das kurze Lehrbuch zum Allgemeinen Teil des Strafrechts vermittelt dessen prüfungsrelevante **Grundlagen**. Zur Vertiefung wird im Text überwiegend auf gut zugängliche **Ausbildungsliteratur** verwiesen. In jedem Kapitel werden einprägsame **Leitentscheidungen** aus der höchstrichterlichen Rechtsprechung dargestellt. Zu beachten ist einerseits, dass in der gebotenen Kürze nur die Auffassung des jeweiligen Gerichts wiedergegeben werden kann. Andererseits sind die Darstellungen regelmäßig zwar so nah wie möglich an den Originalsachverhalt angelehnt, in einzelnen Fällen aber aus didaktischen Gründen leicht abgeändert. Die Originalzitate aus BGH-Entscheidungen sollen den Weg zu praktisch-juristischer Argumentation erschließen. Neben Tabellen, Schaubildern und Schemata sollen die **Zusammenfassungen** zu jedem Kapitel Grundwissen und Grundstrukturen verdeutlichen. Die **Falllösungen** erweitern das Konzept des Lehrbuchs hin zu einem Fallbuch. Damit aber das erlernte Wissen überprüft und die Technik der Falllösung eingeübt werden kann, sollte eine eigenständige Lösung der Fälle versucht werden.

Die dritte Auflage ist wieder in einem Diskussionsprozess an meiner Professur entstanden, für den ich sehr dankbar bin. Ich danke besonders Felix Dahlke, Tinusch Jalilvand, Sharona Moreitz und Jasper Schüler für die Mitwirkung an der Weiterentwicklung des Lehrbuchs.

Berlin, im Mai 2015 *Klaus Hoffmann-Holland*

Inhaltsübersicht

Abbildungsverzeichnis XX

Tabellenverzeichnis XXI

Abkürzungsverzeichnis XXIII

1. Kapitel: Grundlagen und Grundbegriffe des Strafrechts 1

2. Kapitel: Tatbestand 33

3. Kapitel: Rechtswidrigkeit 76

4. Kapitel: Schuld und Irrtum 130

5. Kapitel: Täterschaft und Teilnahme 173

6. Kapitel: Versuch und Rücktritt 232

7. Kapitel: Unterlassungsdelikte 278

8. Kapitel: Fahrlässigkeit und Erfolgsqualifikation 316

9. Kapitel: Konkurrenzen 338

10. Kapitel: Lösungen der Fälle 352

Stichwortverzeichnis 397

Inhaltsverzeichnis

Abkürzungsverzeichnis XXV
Tabellenverzeichnis XXIII
Abkürzungsverzeichnis XXV

1. Kapitel: Grundlagen und Grundbegriffe des Strafrechts 1

I.   **Strafrecht in der Rechtsordnung** 1

      1. Strafrecht als eigenständiger Teil des öffentlichen Rechts   1
      2. Materielles und formelles Strafrecht 2
      3. Systematik des Strafgesetzbuchs 2
      4. Überblick: Einordnung des StGB AT 3

II.   **Sinn und Zweck des Strafrechts** 4

      1. Rechtsgüterschutz 4
      2. Sinn der Strafe 4
         a) Absolute Straftheorie 5
         b) Relative Straftheorien 6
         c) Vereinigungstheorie 7

III. **Gesetzlichkeitsprinzip (Art. 103 Abs. 2 GG; §§ 1, 2 StGB; Art. 7 Abs. 1 EMRK)** 8

      1. Keine Strafe ohne (formelles) Gesetz 8
      2. Bestimmtheitsgebot 9
      3. Rückwirkungsverbot 9
      4. Analogieverbot und zulässige Auslegung 10
      5. Leitentscheidungen 11

IV. **Aufbau der Straftat** 13

      1. Grundlagen 13
      2. Koinzidenzprinzip und Hinweis für die Fallbearbeitung 14

V. Einteilung und Erscheinungsformen der Straftaten ... 15

1. Verbrechen und Vergehen ... 15
2. Qualifikationen und Privilegierungen ... 16
3. Vorsatz- und Fahrlässigkeitsdelikte ... 16
4. Erfolgs- und Tätigkeitsdelikte ... 16
5. Verletzungs- und Gefährdungsdelikte ... 17
6. Begehungs- und Unterlassungsdelikte ... 17
7. Vollendetes Delikt, versuchtes Delikt und Unternehmensdelikt ... 18
8. Allgemeindelikte und Sonderdelikte ... 18
9. Dauer- und Zustandsdelikte ... 18
10. Eigenhändige Delikte ... 19

VI. Geltungsbereich des deutschen Strafrechts ... 19

1. Grundprinzip: Territorialitätsprinzip ... 20
   a) Anwendung des Territorialitätsprinzips bei einzelnen Deliktsgruppen ... 20
   b) Sonderprobleme ... 21
   c) Anwendung des Territorialitätsprinzips bei mehreren Tatbeteiligten ... 23
2. Ausnahmen vom Territorialitätsprinzip ... 23
3. Leitentscheidungen ... 24

VII. Internationale Bezüge des Strafrechts ... 25

1. Europarecht und Strafrecht ... 26
   a) „Europäisches Strafrecht" ... 26
   b) Beeinflussung des deutschen Strafrechts durch das Recht der EU ... 26
2. Völkerstrafrecht ... 28

VIII. Strafrechtlich relevante Handlung ... 28

1. Handlungslehren ... 29
2. Leitentscheidungen ... 30

IX. Zusammenfassung ... 31

X. Übungsfälle ... 32

2. Kapitel: Tatbestand ... 33

- I. **Überblick** ... 33
- II. **Kausalität** ... 34
  1. Kausalitätstheorien ... 34
     - a) Äquivalenztheorie ... 34
     - b) Lehre von der gesetzmäßigen Bedingung ... 35
     - c) Adäquanztheorie ... 36
     - d) Relevanztheorie ... 36
  2. Fallgruppen zum Kausalzusammenhang ... 36
     - a) Kausalität bei ungeklärtem Wirkungszusammenhang ... 37
     - b) Nichtberücksichtigung hypothetischer Kausalverläufe ... 38
     - c) Abgebrochene bzw. überholende Kausalität ... 38
     - d) Alternative Kausalität ... 39
     - e) Kumulative Kausalität ... 40
     - f) Atypischer Kausalverlauf ... 40
  3. Leitentscheidungen ... 41
- III. **Objektive Zurechnung** ... 42
  1. Schaffung einer rechtlich missbilligten Gefahr ... 43
     - a) Fehlende Beherrschbarkeit des Kausalgeschehens und erlaubtes Risiko ... 43
     - b) Risikoverringerung ... 44
     - c) Eigenverantwortliche Selbstgefährdung ... 45
  2. Realisierung der Gefahr im tatbestandlichen Erfolg ... 47
     - a) Pflichtwidrigkeitszusammenhang ... 47
     - b) Fehlender Risiko- bzw. Schutzzweckzusammenhang ... 49
     - c) Atypischer Kausalverlauf ... 49
     - d) Eigenverantwortliches Dazwischentreten eines Dritten ... 50
  3. Leitentscheidungen ... 50
- IV. **Subjektiver Tatbestand, insbesondere der Tatbestandsvorsatz** ... 51
  1. Grundelemente des Vorsatzes ... 52
  2. Zeitpunkt des Wissens: Simultaneitätsprinzip ... 52
  3. Art des Wissens bei deskriptiven und normativen Tatbestandsmerkmalen ... 53
  4. Arten des Vorsatzes, insbesondere bedingter Vorsatz ... 54
     - a) Absicht (dolus directus 1. Grades) ... 54
     - b) Direkter Vorsatz (dolus directus 2. Grades) ... 55
     - c) Bedingter Vorsatz (dolus eventualis) ... 55

5. Dolus cumulativus und dolus alternativus 58
   a) Dolus cumulativus 58
   b) Dolus alternativus 59
6. Leitentscheidungen 60

V. Tatbestandsirrtum 62

1. Überblick: Tatbestandsirrtum und umgekehrter Tatbestandsirrtum 62
2. Irrtum über den Kausalverlauf 63
   a) Früherer Erfolgseintritt 64
   b) Späterer Erfolgseintritt 65
3. Aberratio ictus 66
4. Error in persona vel obiecto 68
5. Leitentscheidungen 69

VI. Exkurs: HIV-Fälle und strafrechtlicher Tatbestand 71

VII. Tatbestandsannex: Objektive Bedingung der Strafbarkeit 72

1. Bedeutung und Einordnung im Straftataufbau 72
2. Leitentscheidungen 73

VIII. Zusammenfassung 74

IX. Übungsfälle 75

3. Kapitel: Rechtswidrigkeit 76

I. Grundlagen 76

II. Notwehr (§ 32 StGB) 78

1. Notwehrlage 78
   a) Angriff 79
      aa) Grundlagen 79
      bb) Sonderproblem: Die Abwehr von „Scheinangriffen" 80
   b) Gegenwärtigkeit des Angriffs 82
   c) Rechtswidrigkeit des Angriffs 83
   d) Leitentscheidungen 84
2. Notwehrhandlung 84
   a) Verteidigung gegenüber dem Angreifer 84
   b) Erforderlichkeit der Verteidigung 85
   c) Leitentscheidungen 87
3. Sozialethische Einschränkungen des Notwehrrechts („Gebotenheit") 87

		a) Bagatellangriffe und unerträgliche Unverhältnismäßigkeit	88
		b) Angriffe von erkennbar Schuldunfähigen, insbesondere Kindern	89
		c) Soziales Näheverhältnis zwischen Angreifer und Verteidiger	89
		d) Art. 2 Abs. 1 S. 2, 2a EMRK	90
		e) Notwehrprovokation	91
		aa) Absichtsprovokation	91
		bb) Unvorsätzlich-schuldhafte Provokation	93
		cc) Abwehrprovokation	95
		f) Erpressungsfälle	96
		g) Leitentscheidungen	96
	4.	Verteidigungswille	98
		a) Voraussetzungen	98
		b) Auswirkungen des fehlenden subjektiven Rechtfertigungselements	99
	5.	Notwehr und Nothilfe durch Hoheitsträger	100
		a) Allgemeines	100
		b) „Rettungsfolter"	101
III.	**Notstand (§ 34 StGB)**		102
	1.	Notstandslage	103
	2.	Notstandshandlung	104
		a) Fehlende anderweitige Abwendbarkeit der Tat	104
		b) Interessenabwägung	105
	3.	Angemessenheitsklausel	106
	4.	Rettungswille	107
	5.	Leitentscheidungen	108
IV.	**Zivilrechtliche Notstandsregelungen (§§ 228, 904 BGB)**		108
V.	**Einwilligung**		109
	1.	Disponibilität des Rechtsgutes	111
	2.	Einwilligungslage	111
		a) Einwilligung durch verfügungsbefugte Person	111
		b) Einwilligungserklärung	112
		c) Einwilligungsfähigkeit	112
		d) Keine erheblichen Willensmängel	112
	3.	Subjektives Rechtfertigungselement	113
	4.	Speziell: Rechtfertigende Einwilligung im Fall der Sterbehilfe	114
	5.	Leitentscheidungen	115

VI. Mutmaßliche Einwilligung 118

1. Einwilligungslage 118
   a) Kein entgegenstehender Wille des Rechtsgutsinhabers bekannt 118
   b) Erklärung des Rechtsgutsinhabers nicht rechtzeitig einholbar 118
   c) Täterverhalten entspricht mutmaßlichem Willen ... 119
2. Subjektives Rechtfertigungselement 120
3. Leitentscheidungen 120
4. Exkurs: Die hypothetische Einwilligung 121

VII. Vorläufige Festnahme (§ 127 Abs. 1 StPO) 122

1. Grundvoraussetzungen 122
2. Erlaubte Festnahmehandlungen 123
3. Leitentscheidungen 124

VIII. Weitere Rechtfertigungsgründe 124

1. Rechtfertigende Pflichtenkollision 124
2. § 241a BGB 125
3. §§ 229, 230 BGB 126
4. Ablehnung eines Züchtigungs- und Erziehungsrechts .. 127
5. Leitentscheidung 127

IX. Zusammenfassung 128
X. Übungsfälle 128

4. Kapitel: Schuld und Irrtum 130

I. Schuld: Grundlagen 130
II. Schuldfähigkeit 130

1. Altersbedingte Schuldunfähigkeit 131
2. Schuldunfähigkeit wegen seelischer Störungen nach § 20 StGB 131
   a) Einführung 131
   b) Alkoholbedingte Rauschzustände 132
   c) Hinweise für die Fallbearbeitung 133
3. Leitentscheidungen 133

III. Actio libera in causa 135

1. Grundfall: Zur vorsätzlichen a. l. i. c. bei Erfolgsdelikten ... 137
   a) Ausnahmemodell ... 137
   b) Tatbestandslösung ... 138
   c) Unvereinbarkeitstheorie ... 139
   d) Abschließende Stellungnahme ... 140
   e) Die a. l. i. c. in der Falllösung ... 140
2. Problemfall: Zur a. l. i. c. bei Fahrlässigkeits- und verhaltensgebundenen Delikten ... 141
   a) Keine a. l. i. c. bei Fahrlässigkeitsdelikten ... 142
   b) Keine a. l. i. c. bei verhaltensgebundenen Delikten ... 143
3. Leitentscheidungen ... 144

IV. **Entschuldigungsgründe** ... 146
1. Überschreitung der Notwehr bzw. Notwehrexzess (§ 33 StGB) ... 146
   a) Intensiver Notwehrexzess ... 146
      aa) Grundlagen und Prüfungsschema ... 146
      bb) Problemfälle ... 148
   b) Extensiver Notwehrexzess ... 149
   c) Leitentscheidungen ... 150
2. Entschuldigender Notstand (§ 35 Abs. 1 StGB) ... 151
   a) Notstandslage ... 152
   b) Notstandshandlung ... 153
   c) Zumutbarkeitsklausel ... 153
   d) Rettungswille ... 154
   e) Sonderfall: Der sogenannte „Nötigungsnotstand" ... 154
   f) Leitentscheidungen ... 155
3. Sonstige Entschuldigungsgründe ... 156
   a) Übergesetzlicher entschuldigender Notstand ... 156
   b) Art. 4 Abs. 1 GG (Entschuldigende Gewissensnot) ... 156

V. **Irrtum im Strafrecht** ... 157
1. Verbotsirrtum ... 157
   a) Gegenstand, Erscheinungsformen und Auswirkung des Verbotsirrtums ... 157
   b) Leitentscheidungen ... 159
2. Erlaubnistatbestandsirrtum ... 160
   a) Vorsatztheorie ... 160
   b) Strenge Schuldtheorie ... 161
   c) Eingeschränkte Schuldtheorie ... 162
      aa) Lehre von den negativen Tatbestandsmerkmalen ... 162
      bb) Analogielösung ... 163
      cc) Rechtsfolgenverweisende Schuldtheorie ... 164

        d) Zusammenfassung und Hinweis für
           die Fallbearbeitung 164
        e) Leitentscheidungen 167
        f) Exkurs: Der „Doppelirrtum" 168
     3. Entschuldigungstatbestandsirrtum und
        Entschuldigungsirrtum 169

  VI. **Zusammenfassung** 170

  VII. **Übungsfälle** 171

5. Kapitel: Täterschaft und Teilnahme 173

  I. **Abgrenzung von Täterschaft und Teilnahme** 173
     1. Rein subjektive Theorie 174
     2. Tatherrschaftslehre 175
     3. Modifizierte subjektive Theorie 176
     4. Hinweise für die Fallbearbeitung 177
     5. Leitentscheidungen 178

  II. **Täterschaft** 179
     1. Unmittelbare Allein- und Nebentäterschaft 179
     2. Mittelbare Täterschaft 180
        a) Einführung 180
        b) Tatherrschaftsbegründendes „Defizit"
           beim Vordermann 181
           aa) Objektiv tatbestandslos handelnder Tatmittler 181
           bb) Unvorsätzlich handelnder Tatmittler 182
           cc) Absichtslos-doloser Tatmittler 183
           dd) Qualifikationslos-doloser Tatmittler 184
           ee) Rechtmäßig handelnder Tatmittler 184
           ff) Nicht schuldhaft handelnder Tatmittler 185
           gg) Volldeliktisch handelnder Tatmittler 186
        c) Subjektiver Tatbestand 191
           aa) Anforderungen 191
           bb) Irrtumskonstellationen 192
        d) Mittelbare Täterschaft durch Unterlassen 193
        e) Leitentscheidungen 194
     3. Mittäterschaft 196
        a) Einführung 196
        b) Objektiver Tatbeitrag und funktionelle Tatherrschaft 197
           aa) Grundlagen 197

			bb) Sonderproblem: Mitwirkung im Vorbereitungsstadium	198
		c)	Gemeinsamer Tatplan	200
			aa) Grundlagen	200
			bb) Mittäterexzess	201
			cc) Error in persona eines Mittäters	202
		d)	Sonderfälle der Mittäterschaft	202
			aa) Sukzessive Mittäterschaft	202
			bb) Mittäterschaft bei erfolgsqualifizierten Delikten	203
			cc) Fahrlässige Mittäterschaft	205
		e)	Prüfungsaufbau bei Mittäterschaft	206
		f)	Leitentscheidungen	207
III.	**Teilnahme**			209
	1.	Einführung		209
		a)	Akzessorietät der Teilnahme	209
		b)	Strafgrund der Teilnahme	209
		c)	Teilnahme im Prüfungsaufbau	210
	2.	Anstiftung (§ 26 StGB)		211
		a)	Objektiver Tatbestand	212
			aa) Grundlagen	212
			bb) Bestimmen	212
			cc) Auf-, Ab- und Umstiftung	213
		b)	Subjektiver Tatbestand	214
			aa) Grundlagen	214
			bb) Auswirkung des error in persona des Täters für den Anstifter	215
		c)	Agent provocateur	216
		d)	Leitentscheidungen	217
	3.	Beihilfe (§ 27 StGB)		219
		a)	Objektiver Tatbestand	219
			aa) Tathandlung, Taterfolg und Kausalität	219
			bb) Sukzessive Beihilfe	220
			cc) Beihilfe durch „neutrale" Handlungen	221
		b)	Subjektiver Tatbestand	222
		c)	Leitentscheidungen	222
	4.	Besondere persönliche Merkmale (§ 28 StGB)		224
		a)	Grundlagen	224
		b)	Anwendung von § 28 StGB auf §§ 211, 212 StGB	226
	5.	Versuch der Beteiligung (§ 30 StGB)		227
		a)	Grundlagen und Anwendungsfälle	227
		b)	Prüfungsschema	228
		c)	Leitentscheidung	229
	6.	Zusammenfassung		230

IV. Übungsfälle ... 230

6. Kapitel: Versuch und Rücktritt ... 232

I. Versuch ... 232
1. Grundlagen: Stadien der Deliktsverwirklichung ... 232
2. Strafgrund des Versuchs ... 233
3. Prüfungsschema ... 234
   a) Vorprüfung ... 235
   b) Tatentschluss ... 236
      aa) Grundlagen ... 236
      bb) Abgrenzung zur bloßen Tatgeneigtheit ... 237
      cc) Abgrenzung zwischen untauglichem Versuch und straflosem Wahndelikt ... 238
      dd) Leitentscheidungen ... 240
   c) Unmittelbares Ansetzen ... 241
      aa) Grundlagen ... 241
      bb) Abgrenzungsformeln ... 242
      cc) Versuchsbeginn bei mittelbarer Täterschaft ... 245
      dd) Versuch mit Opfermitwirkung ... 246
      ee) Versuchsbeginn bei Mittäterschaft ... 247
      ff) Versuch des unechten Unterlassungsdeliktes ... 248
      gg) Versuchsbeginn bei der a. l. i. c. ... 249
      hh) Versuchsbeginn bei Qualifikationen und Regelbeispielen ... 249
      ii) Leitentscheidungen ... 250

II. Rücktritt ... 252
1. Grundlagen ... 252
   a) Dogmatische Einordnung ... 252
   b) Zweck der Rücktrittsregelung ... 253
   c) Aufbau des § 24 StGB ... 254
2. Der Rücktritt nach § 24 Abs. 1 StGB ... 254
   a) Kein fehlgeschlagener Versuch ... 255
      aa) Zeitpunkt der Bestimmung des Fehlgeschlagenseins: Ausgangsfall (BGHSt 34, 53) ... 255
      bb) Lösung des Ausgangsfalls auf Grundlage der Einzelaktstheorie ... 256
      cc) Lösung des Ausgangsfalls auf Grundlage der Gesamtbetrachtungslehre ... 257
      dd) Fallgruppen ... 258
      ee) Leitentscheidungen ... 259

        b) Abgrenzung von beendetem und unbeendetem
   Versuch 261
        c) Leitentscheidungen 263
        d) Rücktrittsverhalten beim unbeendeten Versuch 264
           aa) Aufgeben der Tatausführung trotz vorbehaltener
              Ausführungshandlungen 264
           bb) Sonderproblem: Das Erreichen außertat-
              bestandlicher Handlungsziele 266
           cc) Leitentscheidung 267
        e) Rücktrittsverhalten beim beendeten Versuch 267
           aa) Rücktritt vom beendeten Versuch nach § 24
              Abs. 1 S. 1 Var. 2 StGB 268
           bb) Rücktritt vom beendeten Versuch nach § 24
              Abs. 1 S. 2 StGB 269
           cc) Leitentscheidungen 270
        f) Freiwilligkeit des Rücktritts 271
           aa) Normative Bestimmung der Freiwilligkeit 271
           bb) Empirisch-psychologische Betrachtung 271
           cc) Leitentscheidung 272
        g) Exkurs: Der Rücktritt vom Versuch des
           Unterlassungsdeliktes 273
           aa) Grundlagen 273
           bb) Leitentscheidung 273
    3. Überblick über die Rücktrittsregelung in § 24
       Abs. 2 StGB 274
        a) Grundlagen 274
        b) Leitentscheidung 275

III. Zusammenfassung 275

IV. Übungsfälle 277

7. Kapitel: Unterlassungsdelikte 278

I. Aufbau des vorsätzlichen unechten Unterlassungsdeliktes 278

II. Abgrenzung von Tun und Unterlassen 280
    1. Grundlagen 280
    2. Lösung spezieller Fallgruppen 281
        a) Abbruch eigener Rettungsbemühungen 281
        b) Abbruch fremder Rettungsbemühungen 281
        c) Omissio libera in causa 282
        d) Abgrenzung bei Fahrlässigkeitsdelikten 282

3. Unterlassen einer zur Erfolgsabwehr geeigneten und möglichen Handlung 283

III. Garantenstellung 283

1. Grundlagen 283
2. Beschützergaranten 284
   a) Enge Gemeinschaftsbeziehung auf familienrechtlicher Grundlage 285
      aa) Grundlagen 285
      bb) Anwendungsfall (BGHSt 48, 301) 286
   b) Einverständliche Übernahme einer Schutzfunktion 287
   c) Schutzpositionen aufgrund von Amtsträgerpflichten 288
   d) Gefahrgemeinschaft 289
   e) Speziell: Beschützergarantenstellung zur Verhinderung einer Selbsttötung 289
   f) Leitentscheidungen 291
3. Überwachergaranten 292
   a) Gefährdendes Vorverhalten (Ingerenz) 292
      aa) Einführung 292
      bb) Ingerenz bei rechtmäßigem Vorverhalten? 293
      cc) Ingerenzgarantenstellungen im Straßenverkehr 295
      dd) Leitentscheidungen 295
   b) Sachherrschaft über Gefahrenquellen 297
   c) Garantenstellung durch Inverkehrbringen gefährlicher Produkte 299
   d) Leitentscheidungen 300

IV. Kausalität und objektive Zurechnung beim Unterlassen .. 302

1. Anforderungen an die Kausalität 302
2. Anforderungen an die objektive Zurechnung 303
3. Leitentscheidung 303

V. Entsprechensklausel 303

VI. Vorsatz und Irrtum beim Unterlassungsdelikt 304

1. Anforderungen an den Vorsatz und Irrtumskonstellationen 304
2. Leitentscheidung 305

VII. Unzumutbarkeit normgemäßen Verhaltens 305

VIII. Täterschaft und Teilnahme beim unechten Unterlassen ... 306

1. Tatherrschaft beim Unterlassen 307
2. Subjektive Theorie und Unterlassen 307

	3. Lehre von den Pflichtdelikten	308
	4. Zwingende Annahme der Teilnahmestrafbarkeit	309
	5. Funktionenlehre	309
	6. Leitentscheidung	311
IX.	**Exkurs: Echte Unterlassungsdelikte**	311
	1. Grundlagen	311
	2. Leitentscheidungen	312
X.	**Zusammenfassung**	313
XI.	**Übungsfälle**	314

8. Kapitel: Fahrlässigkeit und Erfolgsqualifikation ... 316

I.	**Fahrlässiges Erfolgsdelikt**	316
	1. Einführung und Prüfungsschema	316
	2. Erfolgseintritt und kausale Handlung	318
	3. Objektive Fahrlässigkeit	318
	a) Außerachtlassen der im Verkehr erforderlichen Sorgfalt	318
	b) Objektive Vorhersehbarkeit	320
	4. Objektive Zurechnung	321
	a) Pflichtwidrigkeitszusammenhang	321
	b) Schutzzweckzusammenhang	321
	c) Eigenverantwortliche Selbstgefährdung und Pflichtverletzung Dritter	322
	5. Individuelle Fahrlässigkeit	323
	6. Fahrlässige unechte Unterlassungsdelikte	323
	7. Leichtfertige Deliktsbegehung	324
	8. Leitentscheidungen	325
II.	**Erfolgsqualifizierte Delikte**	326
	1. Einführung und Prüfungsschema	326
	2. Tatbestandsspezifischer Gefahrzusammenhang	327
	a) Grundlagen	327
	b) Tatbestandsspezifischer Gefahrzusammenhang bei § 227 Abs. 1 StGB	328
	3. Erfolgsqualifikation und Versuch	329
	a) Erfolgsqualifizierter Versuch	330
	aa) Strafbarkeit des erfolgsqualifizierten Versuchs	330
	bb) Rücktritt trotz Eintritt des qualifizierenden Erfolges?	331

        b) Versuche Erfolgsqualifikation 332
    4. Teilnahme am erfolgsqualifizierten Delikt 333
    5. Leitentscheidungen 333

  III. Zusammenfassung 335
  IV. Übungsfälle 336

9. Kapitel: Konkurrenzen 338

  I. Grundlagen 338
    1. Einführung 338
    2. Gesetzliche Regelungen und Grundbegriffe 339

  II. Prüfungsreihenfolge 340
  III. Handlungseinheit 341
    1. Handlung im natürlichen Sinne 342
    2. Natürliche Handlungseinheit 342
    3. Tatbestandliche Handlungseinheit 343
    4. Handlungseinheit durch Klammerwirkung 343

  IV. Gesetzeskonkurrenz 343
    1. Unechte Idealkonkurrenz 344
    2. Unechte Realkonkurrenz 345

  V. Konkurrenzfragen in tatsächlichen Zweifelsfällen 346
    1. In dubio pro reo 346
    2. Wahlfeststellung 347
    3. Postpendenz und Präpendenz 349
    4. Hinweise für die Fallbearbeitung 349

  VI. Zusammenfassung 349
  VII. Übungsfälle 350

10. Kapitel: Lösungen der Fälle 352

Stichwortverzeichnis 397

Abbildungsverzeichnis

Abbildung 1	Einordnung des StGB AT	3
Abbildung 2	Straftheorien	5
Abbildung 3	Irrtum über Tatbestandsmerkmale	63
Abbildung 4	Täterschaft und Teilnahme	173
Abbildung 5	Rücktritt vom Versuch des Alleintäters	254
Abbildung 6	Rücktritt bei mehreren Tatbeteiligten	274
Abbildung 7	Prüfungsreihenfolge bei Konkurrenzen	341

Tabellenverzeichnis

Tabelle 1	Dreigliedriger Straftataufbau	13
Tabelle 2	Vollendetes, vorsätzliches Begehungsdelikt	14
Tabelle 3	Tatbestand des Totschlags	33
Tabelle 4	Theorien zum bedingten Vorsatz	56
Tabelle 5	Objektive Bedingung der Strafbarkeit im Straftataufbau	73
Tabelle 6	Notwehrvoraussetzungen	78
Tabelle 7	Stufen beim Einsatz lebensgefährlicher Verteidigungsmittel	86
Tabelle 8	Sozialethische Einschränkungen des Notwehrrechts	88
Tabelle 9	Voraussetzungen des rechtfertigenden Notstands	103
Tabelle 10	Fehlende Angemessenheit i.S.d. § 34 S. 2 StGB	107
Tabelle 11	Voraussetzungen des zivilrechtlichen Notstands	108
Tabelle 12	Einwilligung und mutmaßliche Einwilligung	110
Tabelle 13	Voraussetzungen der vorläufigen Festnahme (§ 127 Abs. 1 StPO)	122
Tabelle 14	Voraussetzungen der rechtfertigenden Pflichtenkollision	125
Tabelle 15	Notwehrüberschreitung (§ 33 StGB)	147
Tabelle 16	Voraussetzungen des entschuldigenden Notstands	152
Tabelle 17	Rechtliche Behandlung des Erlaubnistatbestandsirrtums	165
Tabelle 18	Irrtumskonstellationen bei mittelbarer Täterschaft	192
Tabelle 19	Voraussetzungen der Mittäterschaft	206
Tabelle 20	Prüfungsaufbau bei Anstiftung und Beihilfe	211
Tabelle 21	Versuch der Beteiligung	229
Tabelle 22	Versuchsaufbau	235
Tabelle 23	Vorsätzliches unechtes Unterlassungsdelikt	279
Tabelle 24	Beschützergarantenstellungen	285
Tabelle 25	Überwachergarantenstellungen	292
Tabelle 26	Vorsätzliches echtes Unterlassungsdelikt am Bsp. des § 323c StGB	312
Tabelle 27	Fahrlässiges Erfolgsdelikt	317
Tabelle 28	Sorgfaltspflichten	319
Tabelle 29	Fahrlässiges unechtes Unterlassungsdelikt	324
Tabelle 30	Erfolgsqualifiziertes Delikt	327
Tabelle 31	Erfolgsqualifikation und Versuch	330
Tabelle 32	Versuchte Erfolgsqualifikation	333

Abkürzungsverzeichnis

a. A.	anderer Ansicht
Abb.	Abbildung
Abs.	Absatz
AEUV	Vertrag über die Arbeitsweise der Europäischen Union
a. F.	alte Fassung
AIDS	Acquired Immune Deficiency Syndrome (erworbenes Immundefektsyndrom)
a. l. i. c.	actio libera in causa
Alt.	Alternative
Ambos, Internationales Strafrecht	Ambos, Internationales Strafrecht: Strafanwendungsrecht, Völkerstrafrecht, Europäisches Strafrecht – ein Studienbuch, 2. Aufl. 2008
Anm.	Anmerkung
AO	Abgabenordnung
Art.	Artikel
AT	Allgemeiner Teil (des StGB)
Aufl.	Auflage
BAK	Blutalkoholkonzentration
Baumann/Weber/ Mitsch, Strafrecht AT	Baumann/Weber/Mitsch, Strafrecht Allgemeiner Teil, 11. Aufl. 2003
BayGVBl.	Bayerische Gesetz- und Verwaltungsblätter
BayObLG	Bayerisches Oberstes Landesgericht
BayVerfGH	Bayerischer Verfassungsgerichtshof
BGB	Bürgerliches Gesetzbuch
BGH	Bundesgerichtshof
BGHSt	Entscheidungen des Bundesgerichtshofs in Strafsachen (amtliche Sammlung)
Blei, Strafrecht AT	Blei, Strafrecht I, Allgemeiner Teil, 18. Aufl. 1983
Bockelmann/Volk, Strafrecht AT	Bockelmann/Volk, Strafrecht, Allgemeiner Teil, 4. Aufl. 1987
BRD	Bundesrepublik Deutschland
BSG	Bundessozialgericht
Bsp.	Beispiel(e)
bspw.	beispielsweise
BT	Besonderer Teil (des StGB)
BT-Drucks.	Bundestagsdrucksache

BtMG	Betäubungsmittelgesetz
BVerfG	Bundesverfassungsgericht
BVerfGE	Entscheidungen des BVerfG (amtliche Sammlung)
bzgl.	bezüglich
bzw.	beziehungsweise
CR	Computer und Recht
DDR	Deutsche Demokratische Republik
ders./dies.	derselbe/dieselbe
d. h.	das heißt
Ebert, Strafrecht AT	Ebert, Strafrecht Allgemeiner Teil, 4. Aufl. 2003
EGGVG	Einführungsgesetz zum Gerichtsverfassungsgesetz
EMRK	Europäische Konvention zum Schutze der Menschenrechte und Grundfreiheiten
etc.	et cetera
EU	Europäische Union
EuGH	Europäischer Gerichtshof
EUV	EU-Vertrag
f.	folgende(-r, -s) [Seite, Paragraf, Artikel]
Feuerbach	Feuerbach, Lehrbuch des gemeinen in Deutschland gültigen peinlichen Rechts, 11. Aufl. 1832
ff.	folgende [Seiten, Paragrafen, Artikel]
Fischer, StGB	Fischer, Strafgesetzbuch und Nebengesetze, 62. Aufl. 2015
Fn.	Fußnote
Freund, Strafrecht AT	Freund, Strafrecht Allgemeiner Teil, 2. Aufl. 2009
FS	Festschrift
FS Bemmann	Schulz/Vormbaum (Hrsg.), Festschrift für Günter Bemmann, 1997
FS Bockelmann	Arthur Kaufmann et al. (Hrsg.), Festschrift für Paul Bockelmann, 1979
FS Geppert	Sowada u. a. (Hrsg.), Festschrift für Klaus Geppert, 2011
FS Gössel	Dölling/Erb (Hrsg.), Festschrift für Karl Heinz Gössel, 2002
FS Hirsch	Weigend/Küpper (Hrsg.), Festschrift für Hans Joachim Hirsch, 1999
FS Kohlrausch	Bockelmann/Gallas (Hrsg.), Festschrift für Eduard Kohlrausch, 1944
FS Lackner	Küper (Hrsg.), Festschrift für Karl Lackner, 1987
FS Maurach	Schroeder/Zipf (Hrsg.), Festschrift für Reinhard Maurach, 1972
FS Mayer	Geerds/Naucke (Hrsg.), Festschrift für Hellmuth Mayer, 1966
FS Mezger	Engisch/Maurach (Hrsg.), Festschrift für Edmund Mezger, 1954

FS Rittler	Hohenleitner u. a. (Hrsg.), Festschrift für Theodor Rittler zu seinem achtzigsten Geburtstag, 1957
FS Roxin	Schünemann u. a. (Hrsg.), Festschrift für Claus Roxin, 2001
FS Schmidt	Bockelmann/Gallas (Hrsg.), Festschrift für Eberhard Schmidt, 1961
FS Spinnellis	Courakis (Hrsg.), Festschrift für Dionysios Spinellis, 2011
FS Stree/Wessels	Küper/Welp (Hrsg.), Festschrift für Walter Stree und Johannes Wessels, 1993
FS Szwarc	Joerden u. a. (Hrsg.), Frankfurter Festschrift für Andrzej J. Szwarc, 2009
GA	Goltdammer's Archiv für Strafrecht
gem.	gemäß
GG	Grundgesetz
ggf.	gegebenenfalls
Gropp, Strafrecht AT	Gropp, Strafrecht Allgemeiner Teil, 3. Aufl. 2005
GS	Großer Senat / Gedenkschrift / Gedächtnisschrift
GS Radbruch	Arthur Kaufmann (Hrsg.), Gedenkschrift für Gustav Radbruch, 1968
GVG	Gerichtsverfassungsgesetz
HBV	Hepatitis B Virus
Hecker, Europäisches Strafrecht	Hecker, Europäisches Strafrecht, 3. Aufl. 2010
Hillenkamp, 32 Probleme AT	Hillenkamp, 32 Probleme aus dem Strafrecht Allgemeiner Teil, 14. Aufl. 2012
HIV	Humanes Immundefizienz Virus
h. M.	herrschende Meinung
Hrsg.	Herausgeber
HS	Halbsatz
i. e. S.	im engeren Sinne
insb.	insbesondere
i. R. d.	im Rahmen des/der
i. S. d.	im Sinne des/der
IStGH	Internationaler Strafgerichtshof
i. S. v.	im Sinne von
i. V. m.	in Verbindung mit
JA	Juristische Arbeitsblätter
Jäger, Strafrecht AT	Jäger, Strafrecht, Allgemeiner Teil, 7. Aufl. 2015
Jakobs, Strafrecht AT	Jakobs, Strafrecht, Allgemeiner Teil, 2. Aufl. 1993
JArbSchG	Jugendarbeitsschutzgesetz
JGG	Jugendgerichtsgesetz
JR	Juristische Rundschau
JURA	Juristische Ausbildung

JuS	Juristische Schulung
JZ	Juristen Zeitung
Kaufmann, Unterlassungsdelikte	Armin Kaufmann, Die Dogmatik der Unterlassungsdelikte, 2. Aufl. 1988
KFZ	Kraftfahrzeug
Kindhäuser, Strafrecht AT	Kindhäuser, Strafrecht Allgemeiner Teil, 6. Aufl. 2013
Kindhäuser, LPK-StGB	Kindhäuser, Strafgesetzbuch, Lehr- und Praxiskommentar, 6. Aufl. 2015
km/h	Kilometer pro Stunde
Köhler, Strafrecht AT	Köhler, Strafrecht, Allgemeiner Teil, 1997
Krey, Strafrecht AT	Krey, Deutsches Strafrecht, Allgemeiner Teil, 4. Aufl. 2011
krit.	kritisch(e)
Kühl, Strafrecht AT	Kühl, Strafrecht, Allgemeiner Teil, 6. Aufl. 2008
Lackner/Kühl, StGB	Lackner/Kühl, Strafgesetzbuch Kommentar, 28. Aufl. 2014
lat.	lateinische Sprache
LG	Landgericht
LK-*Bearbeiter*	Leipziger Kommentar Strafgesetzbuch
LKW	Lastkraftwagen
LPartG	Lebenspartnerschaftsgesetz
LuftSiG	Luftsicherheitsgesetz
LuftVG	Luftverkehrsgesetz
Maurer, Staatsrecht I	Maurer, Staatsrecht I: Grundlagen, Verfassungsorgane, Staatsfunktionen, 6. Aufl. 2010
MDR	Monatsschrift für Deutsches Recht
Meier/Rössner/Schöch, Jugendstrafrecht	Meier/Rössner/Schöch, Jugendstrafrecht, 2. Aufl. 2007
Meyer-Goßner	Meyer-Goßner, Strafprozessordnung, Gerichtsverfassungsgesetz, Nebengesetze und ergänzende Bestimmungen, 58. Aufl. 2015
MüKo-StGB/*Bearbeiter*	Joecks/Miebach (Hrsg.), Münchener Kommentar zum Strafgesetzbuch
m. w. N.	mit weiteren Nachweisen
n. F.	neue Fassung
NJW	Neue Juristische Wochenschrift
NK-*Bearbeiter*	Nomos Kommentar Strafgesetzbuch, 4. Aufl. 2013
NStZ	Neue Zeitschrift für Strafrecht
NStZ-RR	Neue Zeitschrift für Strafrecht Rechtsprechungsreport
ÖJZ	Österreichische Juristen Zeitung
OLG	Oberlandesgericht
Ostendorf, Jugendstrafrecht	Ostendorf, Jugendstrafrecht, 6. Aufl. 2011

Otto, Strafrecht AT	Otto, Grundkurs Strafrecht, Allgemeine Strafrechtslehre, 7. Aufl. 2004
Otto/Bosch, Übungen	Otto/Bosch, Übungen im Strafrecht, 7. Aufl. 2010
OWiG	Gesetz über Ordnungswidrigkeiten
Palandt/*Bearbeiter*	Palandt (Begr.), Kommentar zum Bürgerlichen Gesetzbuch, 74. Aufl. 2015
PKW	Personenkraftwagen
PolG (NRW)	Polizeigesetz (Nordrhein-Westfalen)
pr.	preußisches
Puppe, Strafrecht AT	Puppe, Strafrecht Allgemeiner Teil im Spiegel der Rechtsprechung, 2. Aufl. 2010
Rengier, Strafrecht AT	Rengier, Strafrecht Allgemeiner Teil, 6. Aufl., 2014
Rengier, Strafrecht BT I	Rengier, Strafrecht Besonderer Teil 1, 17. Aufl. 2015
Rengier, Strafrecht BT II	Rengier, Strafrecht Besonderer Teil 2, 16. Aufl. 2015
RG	Reichsgericht
RGSt	Entscheidungen des Reichsgerichts in Strafsachen (amtliche Sammlung)
Rn.	Randnummer
Roxin, Strafrecht AT I	Roxin, Strafrecht, Allgemeiner Teil, Band I, 4. Aufl. 2006
Roxin, Strafrecht AT II	Roxin, Allgemeiner Teil, Band 2, 2003
S.	Satz
Satzger, Int. und Europ. Strafrecht	Satzger, Internationales und Europäisches Strafrecht: Strafanwendungsrecht, Europäisches Straf- und Strafverfahrensrecht, Völkerstrafrecht, 4. Aufl. 2010
Sch/Sch-*Bearbeiter*	Schönke/Schröder, Strafgesetzbuch Kommentar, 29. Aufl. 2014
Schaffstein/Beulke, Jugendstrafrecht	Schaffstein/Beulke, Jugendstrafrecht, 14. Aufl. 2002
SK/*Bearbeiter*	Rudolphi/Wolter (Hrsg.), Systematischer Kommentar zum Strafgesetzbuch, Band 1, Allgemeiner Teil, 7. Aufl. 2001
Slg.	Sammlung der Rechtsprechung des Europäischen Gerichtshofes und des Gerichts Erster Instanz
s. o.	siehe oben
sog.	sogenannte (-r, -s)
Staudinger/*Bearbeiter*	Staudinger (Begr.), Kommentar zum Bürgerlichen Gesetzbuch, Buch 2, Recht der Schuldverhältnisse, Einleitung zum Schuldrecht, §§ 241–243 (Treu und Glauben), 2009
StGB	Strafgesetzbuch
StPO	Strafprozessordnung
str.	streitig

StR	Strafsenat
StraFo	Strafverteidiger Forum
StrRG	Strafrechtsreformgesetz
StV	Der Strafverteidiger
StVO	Straßenverkehrsordnung
StVollzG	Strafvollzugsgesetz
StVZO	Straßenverkehrs-Zulassungs-Ordnung
Tab.	Tabelle
TMG	Telemediengesetz
u. a.	unter anderem
usw.	und so weiter
u. U.	unter Umständen
v.	von
v. a.	vor allem
Var.	Variante
v. Chr.	vor Christus
vgl.	vergleiche
Vorbem.	Vorbemerkung(-en)
VStGB	Völkerstrafgesetzbuch
Welzel, Das deutsche Strafrecht	Welzel, Das deutsche Strafrecht: eine systematische Darstellung, 11. Aufl. 1969
Werle, Völkerstrafrecht	Werle, Völkerstrafrecht, 2. Aufl. 2007
Wessels/Beulke, Strafrecht AT	Wessels/Beulke, Strafrecht Allgemeiner Teil: Die Straftat und ihr Aufbau, 44. Aufl. 2014
Wessels/Hettinger, Strafrecht BT I	Wessels/Hettinger, Strafrecht Besonderer Teil 1, 38. Aufl. 2014
z. B.	zum Beispiel
ZIS	Zeitschrift für Internationale Strafrechtsdogmatik
ZJS	Zeitschrift für das Juristische Studium
ZStW	Zeitschrift für die Gesamte Strafrechtswissenschaft

1. Kapitel
Grundlagen und Grundbegriffe des Strafrechts

I. Strafrecht in der Rechtsordnung

1. Strafrecht als eigenständiger Teil des öffentlichen Rechts

In der Rechtsordnung wird zwischen Privatrecht und öffentlichem Recht unterschieden. Das Privatrecht regelt die Rechtsbeziehungen zwischen den Bürgern untereinander, während das öffentliche Recht Rechtsbeziehungen zwischen Bürger und Staat oder von Hoheitsträgern untereinander betrifft. Das Strafrecht ist ein eigenständiger Teil des öffentlichen Rechts, denn es regelt Rechtsbeziehungen zwischen Staat und Bürger, die das staatliche Strafen zum Gegenstand haben.[1] Strafrecht ist derjenige Teil der gesamten Rechtsordnung, der die Voraussetzungen und die Folgen eines mit staatlicher Strafe (oder einer Maßregel der Besserung und Sicherung) bedrohten Verhaltens zum Inhalt hat. Nicht vom Strafrecht erfasst werden privatrechtliche Strafen, wie z. B. Vertragsstrafen (vgl. §§ 339 ff. BGB), die auf Beziehungen der Bürger untereinander Bezug nehmen.

Das strafrechtliche Sanktionensystem ist zweispurig gegliedert. Den an die schuldhafte Verwirklichung eines gesetzlichen Tatbestandes anknüpfenden Strafen stehen die Maßregeln der Besserung und Sicherung gegenüber. Ihre Anordnung erfolgt aufgrund der vermuteten Sozialgefährlichkeit des Täters und setzt nicht voraus, dass er schuldhaft gehandelt hat.[2] Strafen sind Freiheits- und Geldstrafen (Hauptstrafen, §§ 38 ff. StGB) sowie das Fahrverbot (Nebenstrafe, § 44 StGB). Anwendungsfälle einer Maßregel der Besserung und Sicherung sind bspw. die Unterbringung in einer Entziehungsanstalt (§§ 61 Nr. 2, 64 StGB) sowie die Unterbringung in der Sicherungsverwahrung (§§ 61 Nr. 3, 66 StGB). Die Verwirklichung einer bloßen Ordnungswidrigkeit, die kein kriminelles Unrecht darstellt, kann gemäß § 1 Abs. 1 OWiG lediglich mit einer Geldbuße geahndet werden.[3]

---

[1] *Gropp*, Strafrecht AT, § 1 Rn. 29 ff.; *Kindhäuser*, Strafrecht AT, § 1 Rn. 6; *Maurer*, Staatsrecht I, § 3 Rn. 5; *Wessels/Beulke/Satzger*, Strafrecht AT, Rn. 42.
[2] Vgl. auch *Freund*, Strafrecht AT, § 1 Rn. 24; *Kindhäuser*, Strafrecht AT, § 1 Rn. 16 f.
[3] Einführend zum Ordnungswidrigkeitenrecht *Mitsch*, JA 2008, 241 ff., 509 ff.

2. Materielles und formelles Strafrecht

3 In der Fallbearbeitung ist regelmäßig die „Strafbarkeit der Beteiligten"[4] zu klären. Strafbarkeit ist gegeben, wenn eine Straftat begangen wurde, also ein menschliches Verhalten vorliegt, welches die Voraussetzungen eines Strafgesetzes erfüllt. Angesprochen ist hiermit das sog. **materielle Strafrecht**, welches die Voraussetzungen und Rechtsfolgen von Straftaten regelt. Die Bezeichnung „materielles Strafrecht" ist darauf zurückzuführen, dass dieses die mit Strafe bedrohten Verhaltensweisen zum Gegenstand hat, also auf die „Materie" des Strafrechts Bezug nimmt. Hauptrechtsquelle des materiellen Strafrechts ist das Strafgesetzbuch (StGB), welches das **Kernstrafrecht** enthält. Daneben finden sich Regeln zum materiellen Strafrecht aber auch in den Vorschriften weiterer Gesetze, die das sog. **Nebenstrafrecht** bilden (vgl. etwa § 370 Abs. 1 AO, §§ 29 ff. BtMG). Das materielle Strafrecht ist Teil der **„gesamten Strafrechtswissenschaft"**. Diese umfasst neben dem materiellen Strafrecht als Normwissenschaften das Strafprozessrecht, das Strafzumessungsrecht, das Strafvollzugsrecht und das Jugendstrafrecht sowie als Wirklichkeitswissenschaft die Kriminologie.

4 Wesentlich ist vor allem die Unterscheidung von materiellem Strafrecht und Strafprozessrecht, das auch als **formelles Strafrecht** bezeichnet wird. Das Strafprozessrecht dient der Feststellung und Durchsetzung staatlicher Strafansprüche im Rahmen eines rechtsstaatlichen Verfahrens. Hauptrechtsquelle des Strafprozessrechts ist die StPO. Daneben enthalten jedoch eine Vielzahl weiterer Gesetze Vorschriften mit direktem oder indirektem Bezug zum formellen Strafecht (insbesondere GG, EMRK, GVG, EGGVG, JGG). Aber auch im StGB finden sich einzelne strafprozessuale Regeln, z. B. in den §§ 77 ff. StGB zum Strafantragsrecht.

3. Systematik des Strafgesetzbuchs

5 Das StGB als Hauptrechtsquelle des materiellen Strafrechts ist in einen Allgemeinen (§§ 1–79b StGB) und einen Besonderen Teil (§§ 80–358 StGB) gegliedert. Im **Besonderen Teil** des StGB sind die einzelnen Straftaten, also die mit Strafe bewehrten Verhaltensweisen, benannt. Die Vorschriften des Besonderen Teils zeichnen sich dadurch aus, dass sie die speziellen Voraussetzungen, d. h. diejenigen Elemente der Strafbarkeit benennen, hinsichtlich derer sich die einzelnen Straftaten voneinander unterscheiden. So hat der Totschlag (§ 212 Abs. 1 StGB) andere spezielle Voraussetzungen als der Diebstahl (§ 242 Abs. 1 StGB): Während der Totschlag den Tod eines Menschen voraussetzt, bedarf es für die Annahme eines Diebstahls der Wegnahme einer fremden beweglichen Sache in der Absicht, sich diese selbst oder einem Dritten rechtswidrig zuzueignen.

---

[4] So die typische Formulierung des Bearbeitervermerks in Übungs- und Examensfällen, wobei ggf. Einschränkungen hinsichtlich der zu prüfenden Personen und Tatbestände zu beachten sind.

Es gibt aber auch gemeinsame, **allgemeine Strafbarkeitsvoraussetzungen**, welche der Täter unabhängig von dem im konkreten Fall einschlägigen Straftatbestand verwirklichen muss. So setzen sowohl der Totschlag als auch der Diebstahl voraus, dass die Taten vorsätzlich, rechtswidrig und schuldhaft begangen werden. Diese allgemeinen Voraussetzungen sind im **Allgemeinen Teil** des StGB „vor die Klammer gezogen". Dieser gilt für alle Straftaten des Besonderen Teils sowie für diejenigen des Nebenstrafrechts und trifft Regelungen über Strafbarkeitsvoraussetzungen (§§ 1–37 StGB), Rechtsfolgen der Tat (§§ 38–76a StGB) und Strafverfolgungsvoraussetzungen (§§ 77–79b StGB).

Für die Beantwortung der Frage nach der Strafbarkeit einer Person und somit für die juristische Fallbearbeitung ist innerhalb des Allgemeinen Teils des StGB vor allem der zweite Abschnitt „Die Tat" (§§ 13–37 StGB) von Bedeutung. Darüber hinaus sind aber auch die Regelungen über den Geltungsbereich des Strafgesetzes (§§ 1–10 StGB), den Sprachgebrauch (§§ 11 f. StGB) und die Konkurrenzvorschriften (§§ 52 f. StGB) zu berücksichtigen.

4. Überblick: Einordnung des StGB AT

Nach den vorstehenden Erörterungen kann die systematische Einordnung des StGB AT wie folgt grafisch dargestellt werden:

Abb. 1: Einordnung des StGB AT

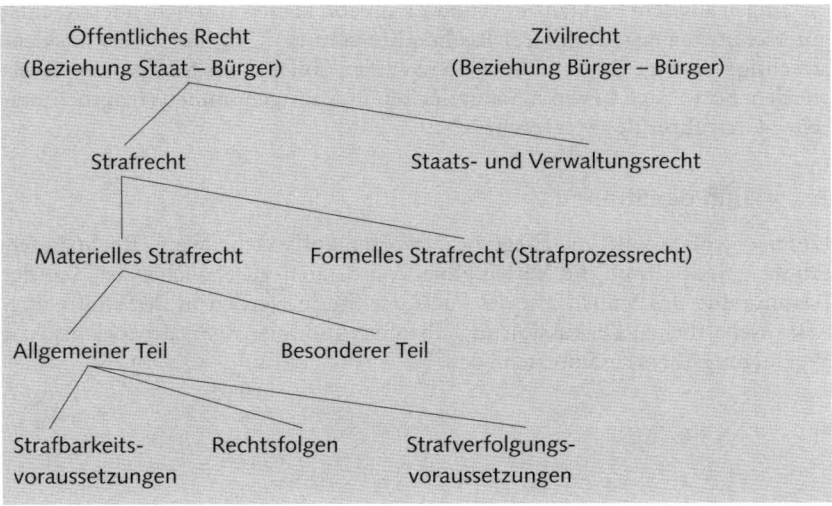

II. Sinn und Zweck des Strafrechts

1. Rechtsgüterschutz

10 Strafrecht ist Ausdruck des staatlichen Gewaltmonopols und wird als „schärfstes Schwert" der Rechtsordnung bezeichnet.[5] Warum solch ein scharfes Mittel im Rechtsstaat? Weitgehende Einigkeit herrscht darüber, dass das Strafrecht ein Schutzrecht ist, dass seine Aufgabe also darin besteht, Rechtsgüter zu schützen.[6] Rechtsgüter sind sozial anerkannte Güter wie Leben, körperliche Unversehrtheit, Freiheit und Eigentum.[7] Sie erfahren rechtlichen Schutz – und werden so zu Rechtsgütern –, weil ihnen für das geordnete Zusammenleben in der Gesellschaft eine nicht unerhebliche Bedeutung zukommt. Man unterscheidet **Individualrechtsgüter**, die dem Einzelnen zustehen, und **Kollektivrechtsgüter**, die sich auf die Gesamtheit einer Gesellschaft beziehen. Innerhalb der Individualrechtsgüter kann insbesondere zwischen höchstpersönlichen Rechtsgütern, z. B. dem Leben (vgl. §§ 211 ff. StGB), und Vermögenswerten, z. B. dem Eigentum (vgl. §§ 242 ff. StGB), unterschieden werden. Kollektivrechtsgüter sind bspw. die Rechtspflege, die Umwelt oder die Sicherheit des Straßenverkehrs.

11 Der Rechtsgüterschutz durch das Strafrecht ist subsidiär und fragmentarisch: Das Strafrecht ist ultima ratio, d. h. letztes Mittel, das erst zur Anwendung kommen soll, wenn andere Konfliktlösungsmöglichkeiten, insbesondere diejenigen aus dem Verwaltungs- und Zivilrecht, keinen ausreichenden Rechtsgüterschutz bieten (**subsidiärer Rechtsgüterschutz**).[8] Nur besonders schadensträchtige oder gefährliche Verhaltensweisen sollen vom Strafgesetz erfasst werden. So werden bewusst Schutzlücken in Kauf genommen (**fragmentarischer Charakter des Strafrechts**).[9]

2. Sinn der Strafe

12 Unterschiedlich wird die Frage beantwortet, auf welche Weise Rechtsgüterschutz gerade durch die Verhängung von Strafen zu erreichen ist. Bei der Bestimmung des Sinns bzw. des Ziels der Strafe werden in der strafrechtswissenschaftlichen Diskussion sog. absolute und relative Straftheorien sowie Vereinigungstheorien unterschieden.[10]

---

[5] Vgl. auch *Eisenhuth*, JURA 2004, 81, 82.
[6] BVerfGE 51, 324, 343; *Rönnau*, JuS 2009, 209; *Suhr*, JA 1990, 303.
[7] Vgl. auch *Kindhäuser*, Strafrecht AT, § 2 Rn. 7; *Rengier*, Strafrecht AT, § 3 Rn. 1.
[8] Vgl. insoweit BVerfGE 39, 1, 45 ff.; *Günther*, JuS 1978, 8, 11 f.
[9] *Freund*, Strafrecht AT, § 1 Rn. 22; *Maiwald*, FS Maurach, 9 ff.
[10] Vgl. BVerfGE 45, 187, 253; *Momsen/Rackow*, JA 2004, 336 ff.

Abb. 2: Straftheorien

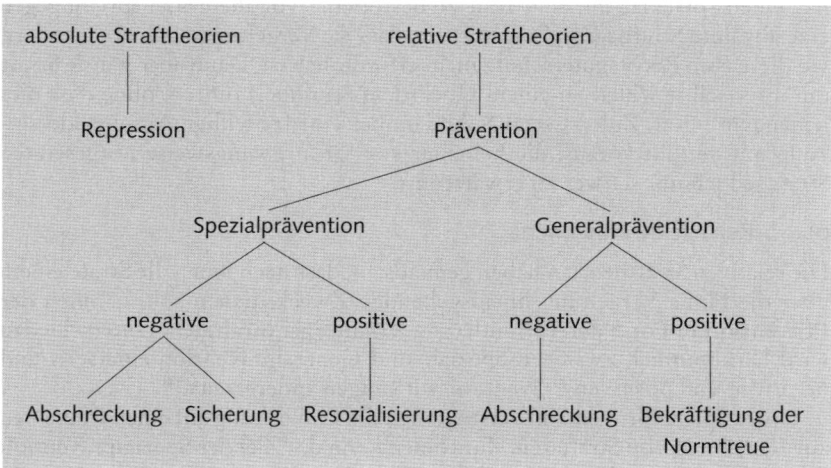

a) Absolute Straftheorie

Die **absolute Straftheorie** (vertreten z.B. von *Immanuel Kant* und *Georg Wilhelm Friedrich Hegel*) sieht den Sinn der Strafe in der gerechten **Vergeltung** und **Sühne** zum Ausgleich von Unrecht und Schuld.[11] Damit wird die Strafe als rein repressives (Straf-)Übel zur Reaktion auf ein bereits begangenes Übel (die Straftat) begründet. Daraus erklärt sich auch die Bezeichnung als absolute Theorie: Die Strafe soll sich allein (absolut) deshalb legitimieren, weil die in der Vergangenheit liegende Rechtsverletzung die Strafe zur Wiederherstellung von Gerechtigkeit nach sich ziehen müsse.[12] Von gesellschaftlichen Wirkungen ist die Strafe „losgelöst" (lat. absolutus). Der Versuch einer Rechtfertigung der Strafverhängung durch andere Zwecksetzungen, bspw. der Erreichung einer präventiven Wirkung, würde in den Augen der Vertreter der absoluten Straftheorie demgegenüber eine unzulässige Instrumentalisierung der Strafe darstellen.

Kant sieht in seiner Schrift „Metaphysik der Sitten" das Strafgesetz als **kategorischen Imperativ**. Es müsse gegen jeden Straftäter eine Strafe verhängt werden, die seiner Tat entspricht. Damit hat die absolute Straftheorie eine befriedende Begrenzungswirkung: Der Staat übernimmt das Strafen, entlegitimiert also Selbstjustiz des Bürgers, und die Strafe ist nicht unbegrenzt, sondern muss der Schuld entsprechen, darf also nicht darüber hinausgehen. Schwierigkeiten begegnen jedoch, wenn man in der Praxis die Entsprechung von Schuld und Strafe allein anhand der verwirklichten Straftat bestimmen möchte. So widerspräche es rechtsstaatlicher **Verhältnismäßigkeit**, wie sie in

---

[11] Zu den einzelnen Ausprägungen der absoluten Straftheorien *Lesch*, JA 1994, 510, 513 ff.
[12] *Ambos/Steiner*, JuS 2001, 9, 11; *Eisenhuth*, JURA 2004, 81, 82.

der Abschaffung der Todesstrafe gem. Art. 102 GG ihren Ausdruck gefunden hat, einen Totschlag mit dem Tode zu bestrafen.[13] Vor allem aber spricht gegen eine absolute Strafbegründungstheorie, dass sie Vergeltung auch dort fordert, wo diese zum Rechtsgüterschutz nicht erforderlich ist. Dann aber würde Strafe um ihrer selbst willen zu einem Übel (dem Strafübel) führen, ohne dass dies jemandem nützt. Zuletzt setzt Sühne immer eine freiwillige Auseinandersetzung mit der Tat voraus, die bei einer vom Staat zwangsweise festgesetzten Strafe jedoch nur schwer zu erwarten ist.

b) Relative Straftheorien

16 Die relativen Straftheorien haben gemeinsam, dass nach ihnen die Strafe einem über die bloße Vergeltung hinausgehenden Zweck dienen soll, nämlich der **Prävention** in Form der Verhinderung zukünftiger Straftaten. Unterschieden wird herkömmlich zwischen Spezial- und Generalprävention einerseits und negativen und positiven Präventionswirkungen andererseits.[14]

17 Unter **Spezialprävention** versteht man die Einwirkung auf einen Einzelnen zur Verhütung von Straftaten. Zum einen kann das Ziel der Spezialprävention durch den Schutz der Allgemeinheit vor dem einzelnen Straftäter erreicht werden, indem dieser im Freiheitsstrafenvollzug oder in der Sicherungsverwahrung von der außerhalb der Haftanstalt existierenden Sozialgemeinschaft ferngehalten wird. Ausdruck dieser sog. **negativen Spezialprävention** ist insbesondere § 2 S. 2 StVollzG, wonach der Vollzug der Freiheitsstrafe (auch) dem Schutz der Allgemeinheit vor weiteren Straftaten dient.[15] Zum anderen kann Spezialprävention auch dadurch bewirkt werden, dass das Verhalten des (potenziellen) Straftäters positiv beeinflusst wird (**positive Spezialprävention**), indem er gebessert oder abgeschreckt wird.[16] Während Besserung durch erzieherische Gestaltung der Strafe, insbesondere des Strafvollzugs (zur sog. Resozialisierung vgl. auch § 2 S. 1 StVollzG), möglich ist, erfolgt Abschreckung durch die Warnfunktion von Strafen. Als bedeutsamster Vertreter einer spezialpräventiven Strafzwecklehre wird gemeinhin *Franz v. Listz* angesehen.[17] Der Begründer einer soziologisch und empirisch geprägten Strafrechtslehre in Deutschland lehnte in seinem „Marburger Programm" von 1882 die Vergeltung als Strafzweck ab und ersetzte sie durch die Zweckorientierung an Sicherung, Besserung und Abschreckung von Straftätern.

18 Auch nach dem Strafzweck der **Generalprävention** soll die Verhängung von Strafen eine Reduzierung der in der Zukunft begangenen Straftaten bewirken. In Abweichung zur Lehre der Spezialprävention soll sich diese präventive Wirkung jedoch auf die Mitglieder der Gesellschaft insgesamt und nicht auf

---

[13] Vgl. insoweit auch *Freund*, Strafrecht AT, § 1 Rn. 4.
[14] *Ambos/Steiner*, JuS 2001, 9, 11 f.; *Eisenhuth*, JURA 2004, 81, 82.
[15] Hierzu auch *Ambos/Steiner*, JuS 2001, 9, 11 f.; *Lesch*, JA 1994, 590; *Rengier*, Strafrecht AT, § 3 Rn. 18.
[16] *Lesch*, JA 1994, 590; *Momsen/Rackow*, JA 2004, 336, 337 f.
[17] U. a. wegen des von ihm verfassten „Marburger Programms" von 1882, ZStW 3 (1883), 1 ff.; vgl. *Lesch*, JA 1994, 590; *Momsen/Rackow*, JA 2004, 336, 337 f.

den einzelnen Straftäter beziehen.[18] Nach der insbesondere mit *Paul Johann Anselm Ritter von Feuerbach* in Verbindung gebrachten **negativen Generalprävention** soll die kriminalitätsmindernde Wirkung durch die Abschreckung der Allgemeinheit, insbesondere durch die Androhung von Strafe im Gesetz, erzielt werden.[19] Demgegenüber soll eine **positive Generalprävention** dadurch erreicht werden, dass die Normtreue in der Gesellschaft und das Vertrauen der Allgemeinheit in die staatliche Rechtspflege bestärkt wird, indem normwidriges Verhalten bestraft und so die Geltung der Normen innerhalb der Rechtsordnung bekräftigt wird.[20]

Gegen die relativen Straftheorien spricht, dass es ihnen an einem **begrenzenden Prinzip** fehlt.[21] Denn auch gegenüber nur geringfügigen Straftaten wirkt eine drastische, unverhältnismäßige Strafe spezial- und generalpräventiv. Dies aber ist mit den Vorgaben des Grundgesetzes, das die Menschenwürde (Art. 1 Abs. 1 GG), die Freiheit der Persönlichkeitsentfaltung (Art. 2 Abs. 1 GG) sowie das Rechtsstaatsprinzip (Art. 20 Abs. 3 und 28 Abs. 1 GG) als Eingriffsgrenzen statuiert, nicht in Einklang zu bringen.

c) Vereinigungstheorie

Im Hinblick auf die soeben aufgezeigten Kritikpunkte an (rein) absoluten und relativen Strafzwecklehren hat sich heute weitgehend ein integrierender Ansatz durchgesetzt, der im Sinne einer **Vereinigungstheorie** die Aspekte der Repression und Prävention kombiniert:[22] Hiernach hat die Strafe im Sinne der relativen Theorien spezial- und generalpräventiven Zwecken zu dienen, wird aber durch den aus der absoluten Theorie abgeleiteten Aspekt begrenzt, dass sie das Maß der Schuld nicht überschreiten darf. Für diese Kombination der Strafzwecke spricht insbesondere, dass das geltende StGB nicht an ein bestimmtes Konzept zur Bestimmung des Sinns der Strafe gebunden ist, sondern vielmehr Elemente einzelner Ansätze aufgreift:[23] Solche der absoluten Theorie in § 46 Abs. 1 S. 1 StGB, der die Schuld als Grundlage der Strafzumessung erklärt, ebenso wie spezialpräventive Aspekte in § 46 Abs. 1 S. 2 StGB („Wirkungen ... für das künftige Leben des Täters") sowie generalpräventive Gesichtspunkte (z. B. „Verteidigung der Rechtsordnung" in § 47 Abs. 1 StGB). Nach dem BVerfG kann eine angemessene Strafsanktion auf Aspekte von „Schuldausgleich, Prävention, Resozialisierung des Täters, Sühne und Vergeltung für begangenes Unrecht" gestützt werden.[24] Auch nach Auffassung des BGH liegt dem aktuellen StGB der Gedanke zugrunde, dass „die Strafe nicht die Aufgabe

---

[18] *Kindhäuser*, Strafrecht AT, § 2 Rn. 13 f.; *Rengier*, Strafrecht AT, § 3 Rn. 14.
[19] *Feuerbach*, §§ 13 ff.; vgl. *Ambos/Steiner*, JuS 2001, 9, 12; *Eisenhuth*, JURA 2004, 81, 82; *Lesch*, JA 1994, 510, 516 f. Ausführlich zu Feuerbachs „Lehre vom psychologischen Zwang" *Momsen/Rackow*, JA 2004, 336 f.
[20] *Ambos/Steiner*, JuS 2001, 9, 12; *Eisenhuth*, JURA 2004, 81, 82; *Lesch*, JA 1994, 510, 517 ff.
[21] Ähnlich auch *Rengier*, Strafrecht AT, § 3 Rn. 17, 20.
[22] Ausführlich hierzu *Lesch*, JA 1994, 590, 595 f.; *Momsen/Rackow*, JA 2004, 336, 339.
[23] Zusammenfassend auch *Eisenhuth*, JURA 2004, 81, 82.
[24] Vgl. BVerfGE 28, 264, 278; 32, 98, 109; 45, 187, 253 f.

hat, Schuldausgleich um ihrer selbst willen zu üben, sondern nur gerechtfertigt ist, wenn sie sich zugleich als notwendiges Mittel zur Erfüllung der präventiven Schutzaufgabe des Strafrechts erweist."[25]

III. Gesetzlichkeitsprinzip (Art. 103 Abs. 2 GG; §§ 1, 2 StGB; Art. 7 Abs. 1 EMRK)

21 Da die Strafgesetzgebung ebenso wie die Strafrechtsanwendung besonders eingriffsintensive Formen staatlichen Handelns darstellen, bedürfen sie einer eindeutigen Begrenzung. Diese soll insbesondere das **Gesetzlichkeitsprinzip** liefern, welches in § 1 StGB nicht nur an den Beginn des Strafgesetzbuches gestellt, sondern in Art. 103 Abs. 2 GG auch verfassungsrechtlich verankert ist. Ferner begründet Art. 7 Abs. 1 EMRK auch auf völkerrechtlicher Ebene eine Verpflichtung zur Achtung des Gesetzlichkeitsprinzips.[26] Gegenstand des Gesetzlichkeitsprinzips ist gemäß § 1 StGB, dass eine Tat nur bestraft werden kann, wenn die Strafbarkeit gesetzlich bestimmt war, bevor die Tat begangen wurde – **nulla poena sine lege**. Daraus werden insgesamt vier zentrale Schutzprinzipien für die Adressaten der Verbots- und Gebotsnormen des Strafrechts abgeleitet, die teilweise durch den Gesetzgeber, teilweise durch die Organe der Judikative zu beachten sind:
– keine Strafe ohne (formelles) Gesetz, d. h. der Ausschluss strafbegründenden (sowie strafschärfenden) Gewohnheitsrechts (**lex scripta**),
– das Bestimmtheitsgebot (**lex certa**),
– das Rückwirkungsverbot (**lex praevia**),
– das Analogieverbot (**lex stricta**).

1. Keine Strafe ohne (formelles) Gesetz

22 Nach § 1 StGB muss die Strafbarkeit **gesetzlich** bestimmt sein. Das Strafrecht ist auf Gesetze im Sinne geschriebener Rechtsnormen (lex scripta) beschränkt. Dies bedeutet, dass Strafbarkeit (und Strafen) in einem parlamentarischen Gesetz festgelegt sein müssen („Parlamentsvorbehalt").[27] Ausgeschlossen ist damit der Rückgriff auf strafbegründendes oder strafschärfendes **Gewohnheitsrecht**. Unter Gewohnheitsrecht versteht man dasjenige Recht, das nicht durch einen formellen Rechtssetzungsakt, sondern durch eine langdauernde, von der Rechtsüberzeugung der Beteiligten getragene Übung entstanden ist.[28] Nach § 1 StGB scheiden gewohnheitsrechtlich entwickelte Vorschriften als strafbegründende bzw. -schärfende Rechtsquellen aus.

---

[25] BGHSt 24, 40, 42.
[26] Zum Einfluss der EMRK auf das deutsche Strafrecht *Satzger*, JURA 2009, 759 ff.
[27] Vgl. auch BVerfGE 95, 96, 131; *Bott*, ZJS 2010, 694 ff.
[28] Zum Begriff des Gewohnheitsrechts BVerfGE 22, 114, 121.

Wie alle Teilgrundsätze des Gesetzlichkeitsprinzips ist auch der Ausschluss von Gewohnheitsrecht ein Schutzprinzip zugunsten des Täters.[29] Führt das Gewohnheitsrecht zu einem Ausschluss oder einer Einschränkung der Strafbarkeit, so stellt es auch für den Strafrechtsanwender eine zu beachtende Rechtsquelle dar. Gewohnheitsrecht kann so zu einer Aufhebung überholter Strafbarkeitsnormen führen, eine einschränkende Auslegung gesetzlicher Tatbestandsmerkmale seine Begründung im Gewohnheitsrecht finden und es können Strafausschließungsgründe gewohnheitsrechtlich anerkannt werden (z. B. die rechtfertigende Einwilligung des Verletzten).

23

2. Bestimmtheitsgebot

Das Gebot, dass die Strafbarkeit **bestimmt** sein muss, richtet sich an den Gesetzgeber. Das Bestimmtheitsgebot soll verhindern, dass es infolge unklarer Strafgesetze zu Manipulationen in der Rechtsanwendungspraxis kommt. Im Gesetz selbst müssen das strafbare Verhalten und die angedrohte Strafe so genau beschrieben sein, dass Strafbarkeit und Strafdrohung für den Normadressaten erkennbar sind und er sein Verhalten darauf abstimmen kann.[30] Bestimmtheit kann zwar auch gewahrt sein, wenn Raum zur Auslegung und Weiterentwicklung der Rechtsanwendung verbleibt, so dass auch in der Strafgesetzgebung die Verwendung von Generalklauseln und wertungsbedürftigen Begriffen nicht gänzlich unzulässig ist.[31] Der Gesetzgeber hat seine ihm nach Art. 103 Abs. 2 GG; § 1 StGB obliegende Pflicht aber erst erfüllt, wenn er aufgrund der Genauigkeit der gesetzlichen Vorgaben darauf vertrauen darf, dass „der Richter der ihm übertragenen Aufgabe" der Rechtsanwendung gerecht werden kann.[32] Ein Verstoß gegen das Bestimmtheitsgebot liegt immer dann vor, wenn der Anwendungsbereich der betroffenen Norm inhaltlich unklar bleibt, was bspw. für eine Vorschrift mit dem Wortlaut „Wer gegen die öffentliche Ordnung verstößt, wird bestraft" anzunehmen ist.[33]

24

3. Rückwirkungsverbot

Die Strafbarkeit muss nach § 1 StGB gesetzlich bestimmt sein, **bevor** die Tat begangen wurde. Dieses Rückwirkungsverbot wird in § 2 StGB näher ausgestaltet.[34] § 2 Abs. 1 StGB bestimmt, dass sich die Strafe nach dem Gesetz richtet, das zur Zeit der Tat gilt. Eine Strafe darf nicht zeitlich rückwirkend begründet oder verschärft werden. Das **Rückwirkungsverbot** gilt nur für Gesetze, nicht für deren Auslegung. Änderungen in der Rechtsprechung zu

25

---

[29] Sch/Sch-*Eser*/*Hecker*, § 1 Rn. 9, 14; *Krey*, Strafrecht AT, Rn. 112.
[30] BVerfGE 25, 269, 285; 73, 206, 234; 75, 329, 341; 95, 96, 131; vgl. auch *Bott*, ZJS 2010, 694, 696.
[31] BVerfGE 48, 48, 56; *Bott*, ZJS 2010, 694, 695; *Rotsch*, ZJS 2008, 132, 134 f.
[32] BVerfGE 105, 135, 168 f.
[33] Vgl. BayVerfGH BayGVBl. 1952, 8 f.
[34] Ausführlich zur zeitlichen Geltung von Strafgesetzen *Satzger*, JURA 2006, 746 ff.

einer unveränderten Norm werden vom Rückwirkungsverbot also nicht erfasst.³⁵ Auch gilt das Rückwirkungsverbot nur für materielle strafrechtliche Regelungen, nicht jedoch für prozessuale Vorschriften zur Verfolgbarkeit von Straftaten, selbst wenn sich diese im StGB befinden.³⁶ So ist eine rückwirkende Veränderung von Strafantrags- und Verjährungsvorschriften auch im Hinblick auf die §§ 1, 2 StGB; Art. 103 Abs. 2 GG zulässig.³⁷

4. Analogieverbot und zulässige Auslegung

26 Das Gebot, dass die Strafbarkeit bestimmt sein muss (§ 1 StGB), richtet sich auch an den Rechtsanwender. Die Bestimmtheit des Strafgesetzes muss auch auf der Ebene der Gesetzesanwendung verwirklicht werden. Die Grenzen des Strafbaren werden vom Gesetzgeber durch die Verwendung von Gesetzesbegriffen – d. h. Worten – festgelegt. Daraus ergibt sich zwangsläufig, dass eine Rechtsanwendung dann gegen das Gesetzlichkeitsprinzip verstößt, wenn sie den **möglichen Wortsinn** überschreitet. Eine über den Wortsinn hinausgehende Analogie zu Lasten des Täters, d. h. die Anwendung einer Strafnorm in Fällen, die von ihrem Wortlaut nicht erfasst werden, ist unzulässig.³⁸ Eine Analogie zugunsten des Täters, d. h. die Nichtanwendung einer dem Wortlaut nach einschlägigen Strafnorm, ist demgegenüber zulässig.

27 Abzugrenzen von der unzulässigen strafbarkeitserweiternden Analogie zu Lasten des Täters ist die erlaubte und notwendige **Auslegung** des gesetzlichen Tatbestands. Auch eine für den Täter ungünstige Auslegung ist nicht verboten. Auslegung ist die Ermittlung des Gesetzesinhaltes. Dabei kann in Anlehnung an den „Kanon der Gesetzesauslegung" von *Friedrich Carl v. Savigny* auf vier Auslegungsmethoden, die nebeneinander zur Anwendung kommen können, zurückgegriffen werden: Die grammatische, die systematische, die historische sowie die teleologische Auslegung.³⁹ Zwar existiert keine bestimmte Rangfolge unter den Auslegungsarten, jedoch stellt der **Wortlaut** eine **absolute Grenze** dar. Häufig sind mehrere Sichtweisen vertretbar.

28 Die **grammatische Auslegung** geht vom Wortlaut des Gesetzes aus. Sie markiert die Grenze zwischen Auslegung und Analogie. Gefragt wird, ob eine bestimmte Interpretation mit dem allgemeinen Sprachgebrauch oder der üblichen Rechtssprache in Einklang steht.

29 **Systematische Auslegung** betrachtet die Stellung der Vorschrift im Gesetz (Gesetzessystematik) und die Stellung des Gesetzes innerhalb der Rechtsordnung (Rechtssystematik).

---

[35] Vgl. dazu BGHSt 37, 89 ff.; *Ranft*, JuS 1992, 468 ff.
[36] Vertiefend hierzu *Krey*, Strafrecht AT, Rn. 49 ff.
[37] Vgl. zur ausführlichen Darstellung der Verjährung *Meyer*, JA 2014, 342 ff.
[38] Vgl. BVerfGE 92, 1, 12; *Kindhäuser*, Strafrecht AT, § 3 Rn. 6; *Rengier*, Strafrecht AT, § 4 Rn. 26.; *Wessels/Beulke/Satzger*, Strafrecht AT, Rn. 52 ff. sowie *Wörner*, ZJS 2009, 236, 237 am Bsp. des Waffenbegriffs.
[39] Hierzu auch *Herzberg*, JuS 2005, 1 ff.; *Saueressig*, JURA 2005, 525, 526 ff.

Nach den Motiven des Gesetzgebers fragt die **historische Auslegung**. Entscheidend ist die Entstehungsgeschichte. Quelle zur Ermittlung der Motive sind insbesondere die Gesetzgebungsmaterialien. Dazu gehören v. a. Bundestags- sowie Bundesratsdrucksachen und Protokolle. 30

Die **teleologische Auslegung** stellt auf Sinn und Zweck der gesetzlichen Regelung ab. Entscheidend ist insbesondere der Schutzzweck der Strafnorm. 31

In bestimmten Konstellationen kann es neben den soeben benannten „klassischen" Auslegungsmethoden auch erforderlich sein, die Grundsätze der **verfassungskonformen**[40] oder **unionsrechtskonformen**[41] Auslegung heranzuziehen. Der grundsätzliche Vorrang des primären und sekundären Rechts der EU[42] gilt auch gegenüber dem nationalen Strafrecht. Dies hat zur Folge, dass von mehreren möglichen Bedeutungen einer Strafnorm diejenige zu wählen ist, die mit dem Recht der EU übereinstimmt. Zugleich sind jedoch die allgemeinen Grundsätze des nationalen Rechts zu beachten, insbesondere darf eine unionsrechtskonforme Auslegung nicht dazu führen, dass das Bestimmtheitsgebot, das Rückwirkungs- oder das Analogieverbot faktisch außer Kraft gesetzt wird.[43] Grenze der Auslegung bleibt also auch hier der Gesetzeswortlaut. Die **verfassungskonforme Auslegung** verfährt auf ähnliche Weise wie die unionsrechtskonforme. Dabei wird die Möglichkeit der Auslegung einer Norm in der Weise eingeschränkt, dass die Auslegung verfassungskonform sein muss, d. h. nicht gegen Wertentscheidungen des GG verstoßen darf.[44] 32

5. Leitentscheidungen

BGHSt 22, 235, 236 f.; Gesetzesauslegung am Bsp. des Begriffs „gefährliches Werkzeug" in § 224 Abs. 1 Nr. 2 StGB: Der Täter stößt den Kopf des Opfers gegen eine Wand und wird hierfür unter anderem wegen gefährlicher Körperverletzung durch den Einsatz eines gefährlichen Werkzeugs (§ 223a StGB a. F.; § 224 Abs. 1 Nr. 2 StGB n. F.) verurteilt. Er legt hiergegen Revision mit der Begründung ein, eine Wand sei kein gefährliches Werkzeug. – Der BGH kommt unter Heranziehung der allgemeinen Auslegungsmethoden zu dem Ergebnis, dass unbewegliche Gegenstände keine gefährlichen Werkzeuge sein können. Zunächst wehre sich „das natürliche Sprachempfinden (…) dagegen, eine feste Wand (…) als ‚Werkzeug' zu bezeichnen." Ferner zeigten „die Bsp. aus der Entstehungsgeschichte des Gesetzes (…), dass auch die Gesetzgeber unter Werkzeugen nur solche Gegenstände verstanden haben, die durch menschliche Einwirkung irgendwie gegen einen menschlichen Körper in Bewegung gesetzt werden können." Die teleologische Auslegung gebe im Hinblick auf den eindeutigen Wortlaut nicht den Ausschlag: „Allein der Umstand, dass 33

---

[40] *Saueressig*, JURA 2005, 525, 528.
[41] Dazu BGHSt 51, 244, 249; *Dannecker*, JURA 2006, 173, 175 f.
[42] Vgl. insb. EuGH Slg. 1964, 1251 (Costa/E. N. E. L.) sowie EuGH Slg. 1963, 1 (Van Gend & Loos).
[43] *Hoffmann-Holland*, FS Geppert, 253 ff.
[44] Vgl. hierzu *Lüdemann*, JuS 2004, 27 ff.; *Walz*, ZJS 2010, 482, 487.

eine weitere Auslegung dem Zweck der Strafschärfung vielleicht besser entsprechen würde (...), rechtfertigt es nicht, von der bisherigen Auffassung abzugehen (...)." Schließlich berücksichtigt der BGH noch systematische Aspekte: „Körperverletzungen durch Stoßen gegen eine Wand, den Fußboden, durch Sturz aus einem Fenster und dergleichen fallen, wenn sie das Leben des Verletzten gefährden, ohnehin unter § 223a StGB (§ 224 Abs. 1 Nr. 5 StGB n. F.). Für leichtere Fälle reicht der Strafrahmen des § 223 StGB aus."

34 **BGHSt 26, 95 ff.; Gesetzesauslegung am Bsp. des Begriffs „auf frischer Tat betroffen" in § 252 StGB:** Ein Dieb befindet sich zwecks Diebstahls von Schmuck und Scheckheften in der Wohnung einer Frau. Dabei trägt er eine Tasche und einen Holzknüppel bei sich. Als die Frau unerwartet in der Wohnung erscheint, versteckt sich der Dieb hinter einer Tür und schlägt die Frau nieder, bevor er entdeckt werden kann. – Der Dieb hat sich nach § 252 StGB strafbar gemacht, obgleich ihn die Frau nicht bewusst wahrgenommen hat. Das Tatbestandsmerkmal „auf frischer Tat betroffen" setzt nach dem allgemeinen Sprachgebrauch nicht voraus, dass sich das Opfer über die Anwesenheit des Täters bewusst ist, vielmehr kann ein bloßes raumzeitliches Zusammentreffen ausreichen – der Täter ist „betroffen", nicht der Entdeckende. Auch Sinn und Zweck der Norm sprechen dafür, dass es für § 252 StGB nicht darauf ankommt, ob das Opfer den Täter wahrgenommen hat, da es nicht sachgerecht wäre, einen Dieb, der Gewalt ausübt, unmittelbar bevor er bemerkt wird, anders zu bestrafen als einen Dieb, der zuschlägt, nachdem er bemerkt wurde.

35 **BGHSt 37, 89, 91 ff.; Nachträgliche Änderung des Grenzwertes der absoluten Fahruntüchtigkeit:** Ein PKW-Fahrer führt sein Fahrzeug mit einer BAK von 1,1 ‰ und wird dabei in einen Unfall verwickelt. Die zu dem Zeitpunkt geltende Rechtsprechung nahm eine absolute Fahruntüchtigkeit ab einer BAK von 1,3 ‰ an. Gleichwohl bejahte der BGH die Voraussetzungen einer absoluten Fahruntüchtigkeit und bestrafte den PKW-Fahrer nach §§ 315c Abs. 1 Nr. 1a, 316 StGB. Aufgrund neuer Erkenntnisse der medizinisch-biologischen Forschung sowie den veränderten Verkehrsverhältnissen sei von nun an eine absolute Fahruntüchtigkeit bereits bei einer BAK von 1,1 ‰ zu bejahen. – Die nachträgliche höchstrichterliche Änderung des Grenzwertes begründet keinen Verstoß gegen das Rückwirkungsverbot, da die Änderung nicht auf neuen rechtlichen Wertungen beruht, sondern auf veränderten wissenschaftlichen Erkenntnissen. Das Rückwirkungsverbot gilt uneingeschränkt nur für Gesetze, so dass an eine sich ändernde Rechtsprechung weniger strenge Anforderungen zu stellen sind. Diese hat sich an konkreten Lebensverhältnissen zu orientieren und muss flexible Entscheidungen treffen können.

36 **BGHSt 39, 1, 6 ff.; Zeitliche Anwendung des Strafgesetzes:** Ein Grenzsoldat der DDR erschießt an der innerdeutschen Grenze vorsätzlich einen Grenzflüchtling. – Wird das Geschehen nach der Wiedervereinigung strafrechtlich verfolgt, so findet hierauf § 212 StGB über Art. 315 Abs. 1 EGStGB i. V. m. § 2 StGB Anwendung. Zwar wäre nach § 2 Abs. 1 StGB grundsätzlich DDR-Strafrecht anwendbar, dies gilt jedoch nach § 2 Abs. 3 StGB dann nicht, wenn das bundesdeutsche Strafrecht eine mildere Rechtsfolge vorsieht, was

vorliegend aufgrund der in § 213 StGB enthaltenen (und im DDR-Strafrecht fehlenden) Milderungsmöglichkeit der Fall ist.

IV. Aufbau der Straftat

1. Grundlagen

Der Grundbegriff der „Straftat" setzt sich aus drei Grundelementen zusammen: Dem Tatbestand, der Rechtswidrigkeit und der Schuld.

Tab. 1: Dreigliedriger Straftataufbau

1.	Tatbestand
2.	Rechtswidrigkeit
3.	Schuld

Diese Aufbauelemente sind im Gesetz vorgezeichnet. Zunächst kann man **Unrecht** und **Schuld** unterscheiden. Einerseits gibt es z. B. nach § 34 StGB Taten, die gerechtfertigt sind, andererseits Taten, die – z. B. nach § 35 StGB – entschuldigt sind. Das Unrecht ist der Inbegriff für die allgemeine strafrechtliche Verbotenheit eines Verhaltens (objektiv-genereller Unrechtsvorwurf), während die Schuld die Frage der personalen Zurechnung, die persönliche Vorwerfbarkeit (individueller Schuldvorwurf) betrifft. Beließe man es bei dieser Unterteilung, ergäbe sich ein zweigliedriger Straftataufbau.[45]

Doch kann das Unrecht seinerseits in **Tatbestand** und **Rechtswidrigkeit** untergliedert werden.[46] Im Tatbestand wird beschrieben, wann ein Unwert verwirklicht wird, der strafrechtserheblich ist. Der Deliktstypus wird festgelegt. Auf der Ebene der Rechtswidrigkeit wird geprüft, ob trotz der Unwertverwirklichung das Verhalten rechtmäßig ist. Tötet bspw. A den O in Notwehr, stellt der Tod des O zwar einen strafrechtsrelevanten Unwert dar (§ 212 StGB), jedoch bezeichnet § 32 Abs. 1 StGB das Handeln in Notwehr als „nicht rechtswidrig". Darin kommt zum Ausdruck, dass das Vorliegen eines Rechtfertigungsgrundes (hier die Notwehr) nicht die Tatbestandsmäßigkeit entfallen lässt, sondern im Rahmen einer Wertung die Rechtswidrigkeit ausschließt. Dabei ist entgegen einer verbreiteten Formel nicht davon auszugehen, dass der Tatbestand die Rechtswidrigkeit indiziere. Zwar lässt sich etwa bei einer Vergewaltigung (§ 177 Abs. 1, 2 Nr. 1 StGB) kaum der Fall einer Rechtfertigung konstruieren. Andererseits aber dürften viele Freiheitsberaubungen nach § 239 Abs. 1 StGB, die tatbestandlich Eingriffe in die persönliche Fort-

---

[45] Vgl. *Engisch*, FS Mezger, 127 ff.; *Otto*, JURA 1995, 468.
[46] Zur Auseinandersetzung auch *Kindhäuser*, Strafrecht AT, § 6 Rn. 8 ff.; *Roxin*, Strafrecht AT I, § 10 Rn. 16 ff.

bewegungsfreiheit voraussetzen, gerechtfertigt sein (insbesondere in Fällen der Freiheitsentziehung im Strafvollzug).

41 Auch der Tatbestand kann unterteilt werden in einen **objektiven** und einen **subjektiven Tatbestand**. Der Deliktstypus wird zum einen durch objektive (äußere) Elemente geprägt, z. B. beim Diebstahl (§ 242 Abs. 1 StGB) dadurch, dass eine fremde bewegliche Sache weggenommen wird. Zum anderen wird der Deliktstypus aber auch durch subjektive (innere) Elemente bestimmt, die einem subjektiven Tatbestand zuzuordnen sind. Die Unwertbeschreibung des Diebstahls wäre unvollständig, wenn nicht die Absicht rechtswidriger Zueignung davon umfasst wäre. Aber auch der Vorsatz (vgl. § 15 StGB) ist dem subjektiven Tatbestand zuzuordnen. Er unterscheidet bspw. den Deliktstypus des Totschlags, § 212 Abs. 1 StGB, von dem der fahrlässigen Tötung, § 222 StGB.

42 Aus diesen Unterteilungen kann das allgemeine Schema in Tab. 2 für das vollendete, vorsätzliche Begehungsdelikt als Grundform der Straftat abgeleitet werden:

43 Tab. 2: Vollendetes, vorsätzliches Begehungsdelikt

Prüfungsstufe	Inhalt
I. Tatbestand	
1. Objektiver Tatbestand	– Täter, Tathandlung, Taterfolg (im BT beschrieben) – Kausalität – objektive Zurechnung
2. Subjektiver Tatbestand	– Vorsatz – Deliktsspezifische subjektive Tatbestandsmerkmale (im BT beschrieben)
II. Rechtswidrigkeit	– Rechtfertigungsgründe – objektive und subjektive Rechtfertigungselemente
III. Schuld	– Schuldfähigkeit (§§ 19, 20 StGB) – spezielle Schuldmerkmale (im BT beschrieben) – Fehlen von Entschuldigungsgründen

2. Koinzidenzprinzip und Hinweis für die Fallbearbeitung

44 Aus dem sog. **Koinzidenzprinzip** folgt, dass eine Strafbarkeit nur vorliegt, wenn sämtliche Voraussetzungen der Straftat in einem bestimmten Zeitpunkt gleichzeitig erfüllt sind.[47] Wer die tatbestandsmäßigen Voraussetzungen des

---

[47] *Kindhäuser*, Strafrecht AT, § 6 Rn. 3.

Totschlags erfüllt (d. h. vorsätzlich einen anderen Menschen tötet), ist daher nur dann nach § 212 Abs. 1 StGB zu bestrafen, wenn er in genau diesem Moment auch rechtswidrig und schuldhaft handelt. Liegen die Voraussetzungen von Tatbestandsmäßigkeit, Rechtswidrigkeit und Schuld zeitgleich (und sei es auch nur kurz) vor, kann sich der Täter demgegenüber nicht darauf berufen, dass er zu einem anderen Zeitpunkt die Voraussetzungen eines der Strafbarkeitselemente nicht erfüllte. Wer einen Menschen erschießt und im Zeitpunkt der Abgabe des Schusses rechtswidrig und schuldhaft handelt, kann einer Bestrafung nach § 212 Abs. 1 StGB also nicht dadurch entgehen, dass er sich darauf beruft, am vorrangegangenen Abend eine (die Schuldunfähigkeit begründende) BAK von 3,2 ‰ aufgewiesen zu haben.

In der **Fallbearbeitung** sind die Voraussetzungen von Tatbestandsmäßigkeit, Rechtswidrigkeit und Schuld nacheinander zu prüfen. Wird dabei auf einer Ebene festgestellt, dass die Strafbarkeitsvoraussetzungen nicht vorliegen, ist die Prüfung in der Regel zu beenden und nicht mehr auf die weiteren Stufen im Deliktsaufbau einzugehen, da die Straflosigkeit der betroffenen Person (hinsichtlich des geprüften Tatbestandes) bereits feststeht.

V. Einteilung und Erscheinungsformen der Straftaten

Im Zusammenhang mit den Tatbeständen des Strafrecht BT können zahlreiche Unterscheidungen zwischen verschiedenen Straftaten vorgenommen werden.

1. Verbrechen und Vergehen

Nach § 12 StGB sind Verbrechen und Vergehen anhand der Strafdrohung voneinander zu unterscheiden. **Verbrechen** sind gem. § 12 Abs. 1 StGB rechtswidrige Taten, die im Mindestmaß mit Freiheitsstrafe von einem Jahr oder darüber bedroht sind (z. B. § 212 Abs. 1 StGB: Freiheitsstrafe nicht unter fünf Jahren). **Vergehen** sind gem. § 12 Abs. 2 StGB rechtswidrige Taten, die im Mindestmaß mit einer geringeren Freiheitsstrafe oder mit Geldstrafe bedroht sind (z. B. § 223 Abs. 1 StGB: Freiheitsstrafe bis zu fünf Jahren oder Geldstrafe). Die Zweiteilung der Straftaten in Verbrechen und Vergehen ist relevant für
– die Strafbarkeit des Versuchs: Gem. § 23 Abs. 1 StGB ist der Versuch eines Verbrechens stets strafbar, der Versuch eines Vergehens dagegen nur dann, wenn das Gesetz es ausdrücklich bestimmt (so z. B. in § 223 Abs. 2 StGB für die versuchte Körperverletzung; die fehlende Bestimmung in § 185 StGB führt hingegen dazu, dass eine versuchte Beleidigung straflos ist).
– den Versuch der Beteiligung, der gem. § 30 StGB nur bei Verbrechen strafbar ist.
– den Verlust der Amtsfähigkeit (§ 45 Abs. 1 StGB).
Für die Einteilung als Vergehen oder Verbrechen bleiben gem. § 12 Abs. 3 StGB Schärfungen und Milderungen des Allgemeinen Teils oder für besonders

schwere oder minder schwere Fälle außer Betracht. § 12 Abs. 3 StGB betrifft Fälle, in denen der Charakter des Delikts unberührt bleibt und kein eigenständiger Deliktstypus erfasst wird. Solche Milderungen finden sich im Allgemeinen Teil z. B. in §§ 13 Abs. 2, 21, 23 Abs. 2 und 3, 27 Abs. 2 S. 2, 30 Abs. 1 S. 2, 35 Abs. 1 S. 2 HS 2 StGB. Minder schwere Fälle im Besonderen Teil sind z. B. §§ 213, 249 Abs. 2 StGB, besonders schwere Fälle z. B. §§ 212 Abs. 2, 253 Abs. 4 StGB.

2. Qualifikationen und Privilegierungen

49 Anders als bei den vom Regelungsbereich des § 12 Abs. 3 StGB erfassten Strafschärfungen und -milderungen ist der Deliktstypus betroffen, wenn eine Qualifikation oder Privilegierung vorliegt. Dies ist der Fall, wenn ein Grundtatbestand durch Hinzutreten weiterer tatbestandlich beschriebener Gesetzesmerkmale so geändert wird, dass ein neuer Tatbestand entsteht, der eine höhere (dann **Qualifikation**) oder mildere (dann **Privilegierung**) Strafdrohung vorsieht. Grundtatbestände beschreiben die Grundform des Deliktstypus anhand von Mindestmerkmalen. Bsp. für eine Qualifikation ist somit die gefährliche Körperverletzung (§ 224 Abs. 1 StGB) gegenüber dem Grundtatbestand der (einfachen) Körperverletzung (§ 223 Abs. 1 StGB). Bsp. für eine Privilegierung ist die Tötung auf Verlangen (§ 216 Abs. 1 StGB) gegenüber dem Grundtatbestand des Totschlags (§ 212 Abs. 1 StGB).[48]

3. Vorsatz- und Fahrlässigkeitsdelikte

50 Gem. § 15 StGB ist nur vorsätzliches Handeln strafbar, es sei denn, das Gesetz bedroht fahrlässiges Handeln ausdrücklich mit Strafe. Dementsprechend ist zwischen Vorsatzdelikten, die voraussetzen, dass der Täter mit Vorsatz handelt (z. B. die Sachbeschädigung in § 303 Abs. 1 StGB), und Fahrlässigkeitsdelikten, die ein fahrlässiges Verhalten des Täters ausreichen lassen (vgl. etwa die fahrlässige Tötung in § 222 StGB), zu unterscheiden.

4. Erfolgs- und Tätigkeitsdelikte

51 Erfolgsdelikte sind solche, die tatbestandlich den Eintritt eines objektiven Ereignisses voraussetzen, den **Erfolg** (z. B. den Tod eines Menschen bei § 212 Abs. 1 StGB). Es gibt aber auch Straftatbestände, die keinen bestimmten Erfolg, sondern lediglich eine bestimmte **Tätigkeit** voraussetzen (z. B. das Tätigen einer Falschaussage in den von §§ 153, 154 StGB beschriebenen Fällen). Dies sind Tätigkeitsdelikte. Eine besondere Form der Erfolgsdelikte sind die sog. **erfolgsqualifizierten Delikte**, bei denen zu dem Erfolg des Grunddeliktes ein zumindest fahrlässig (§ 18 StGB) herbeigeführter weiterer Erfolg hinzutritt,

---

[48] So zumindest die herrschende Auffassung in der Literatur. Anders beurteilt dies jedoch der BGH, der die §§ 211, 212, 216 StGB als drei selbständige Tatbestände betrachtet; hierzu Sch/Sch-*Eser/Sternberg-Lieben*, Vorbem. §§ 211 ff. Rn. 5 ff.

z. B. bei der Körperverletzung mit Todesfolge zum Verletzungserfolg des Grunddelikts der (zumindest fahrlässig verursachte) Tod des Verletzten, § 227 Abs. 1 StGB. Sie werden gem. § 11 Abs. 2 StGB als vorsätzliche Taten behandelt.

5. Verletzungs- und Gefährdungsdelikte

Verletzungsdelikte kennzeichnen sich dadurch, dass die Tatbestandsverwirklichung eine Schädigung des Handlungsobjektes voraussetzt (z. B. Tod eines Menschen bei § 212 Abs. 1 StGB; Beschädigung einer Sache bei § 303 Abs. 1 StGB). Demgegenüber knüpfen die **Gefährdungsdelikte** an eine bloße Gefahrschaffung durch den Täter an. Die **abstrakten** Gefährdungsdelikte lassen es für die Tatbestandsverwirklichung ausreichen, dass der Täter eine Handlung vorgenommen hat, welche nach der gesetzlichen Vermutung generell gefährlich ist (z. B. Führen eines Fahrzeugs im Zustand der Fahruntüchtigkeit in § 316 Abs. 1 StGB). Die **konkreten** Gefährdungsdelikte setzen demgegenüber voraus, dass sich die Gefahr im konkreten Fall realisiert hat, dass es also zu einer Situation gekommen ist, in der das geschützte Rechtsgut tatsächlich gefährdet war. So liegt eine Strafbarkeit nach § 315c Abs. 1 Nr. 1a StGB nicht schon dann vor, wenn der Täter in fahruntüchtigem Zustand ein Fahrzeug führt, vielmehr ist zusätzlich erforderlich, dass es hierdurch tatsächlich zu einer Gefahr für Leib oder Leben eines anderen Menschen oder für fremde Sachen von bedeutendem Wert gekommen ist.

52

6. Begehungs- und Unterlassungsdelikte

Begehungsdelikte sind Straftaten, die durch ein aktives Tun verwirklicht werden, während der Tatbestand von **Unterlassungsdelikten** durch Untätigbleiben erfüllt wird. Innerhalb der Unterlassungsdelikte ist zu unterscheiden zwischen sog. **echten Unterlassungsdelikten**, bei denen das strafbare Unterlassen im Besonderen Teil tatbestandlich speziell beschrieben ist (z. B. §§ 123 Abs. 1 Var. 2, 138, 323c StGB) und sog. **unechten Unterlassungsdelikten**. Das strafbare Unterlassen bei unechten Unterlassungsdelikten ist gesetzlich nicht speziell festgelegt, sondern in § 13 Abs. 1 StGB allgemein geregelt. Wenn jemand nicht verhindert, dass ein tatbestandlicher Erfolg eintritt, ist er nach § 13 Abs. 1 StGB hierfür nur dann strafbar, wenn er rechtlich dafür einzustehen hat, dass der Erfolg ausbleibt. Um Täter zu sein, muss ihn also eine besondere Pflicht, die sog. Garantenpflicht treffen. Eine solche hat bspw. ein Vater im Hinblick auf seine Kinder inne, so dass er nach §§ 212 Abs. 1, 13 Abs. 1 StGB wegen Totschlags durch Unterlassen schuldig ist, wenn er seinen Sohn nicht vor dem Ertrinken rettet, obwohl ihm dies möglich wäre.

53

7. Vollendetes Delikt, versuchtes Delikt und Unternehmensdelikt

54 Bei **vollendeten Delikten** erfüllt der Täter alle objektiven und subjektiven Tatbestandsmerkmale. Beim **versuchten Delikt** liegt der subjektive Tatbestand (der beim Versuch als Tatentschluss bezeichnet wird) vollständig vor, während es an einem objektiven Tatbestandsmerkmal fehlt, insoweit also keine Vollendung eingetreten ist. Versucht (und nicht bloß vorbereitet) ist die Tat gem. § 22 StGB nur, wenn der Täter nach seiner Vorstellung von der Tat zur Verwirklichung des Tatbestands unmittelbar angesetzt hat.

55 **Unternehmensdelikte**[49] sind Straftaten, bei denen nach der Legaldefinition des § 11 Abs. 1 Nr. 6 StGB Versuch und Vollendung gleichgestellt sind. Echte Unternehmensdelikte enthalten schon im gesetzlichen Tatbestand den Begriff „unternehmen". Bei unechten Unternehmensdelikten fehlt dieser Begriff zwar, aber aus der Tatbestandsformulierung ergibt sich, dass die Vollendung schon bei Vornahme der Tathandlung gegeben sein kann, z. B. bei der Jagdwilderei gem. § 292 Abs. 1 Nr. 1 Var. 1 StGB, die voraussetzt, dass dem Wilde nachgestellt wird (ohne dass es gefangen oder erlegt werden muss).

8. Allgemeindelikte und Sonderdelikte

56 Bei der Einteilung der Delikte kann auch hinsichtlich des potenziellen Täterkreises unterschieden werden. Die meisten Delikte des StGB können von „**jedermann**" verwirklicht werden und stellen daher **Allgemeindelikte** dar. Daneben existiert aber auch eine Reihe von Tatbeständen, deren Begehung von vornherein nur einem ganz bestimmten Täterkreis möglich ist, die sog. **Sonderdelikte**. So kann bspw. eine Körperverletzung im Amt (§ 340 StGB) nur ein Amtsträger begehen und eine Verletzung von Privatgeheimnissen nur durch eine der in § 203 Abs. 1, 2 StGB ausdrücklich genannten Personen verwirklicht werden.

9. Dauer- und Zustandsdelikte

57 Im Strafrecht kann zeitlich zwischen der (grundsätzlich straflosen) Vorbereitungshandlung, dem Versuch, der Vollendung und der Beendigung unterschieden werden (hierzu noch Rn. 611 ff.). Diese Unterscheidung wirkt sich bei den Dauer- und Zustandsdelikten aus. Bei den **Zustandsdelikten** ist mit der Vollendung, d. h. der Erfüllung sämtlicher Tatbestandsmerkmale, grundsätzlich auch die Beendigung eingetreten. Bsp. für ein Zustandsdelikt ist die Körperverletzung nach § 223 Abs. 1 StGB. Dort kommt es mit Vornahme der Tathandlung zum Verletzungserfolg, die Tat ist gleichzeitig vollendet und beendet. Anders ist dies bei den **Dauerdelikten**. Dort fallen die Zeitpunkte der Vollendung und Beendigung auseinander. Der Täter hält den rechtswidrigen Zustand aufrecht und lässt dadurch den von ihm herbeigeführten Erfolg fortdauern. Ein Bsp.

---

[49] Vgl. dazu ausführlich *Mitsch* JuS 2015, 97 ff.

für ein Dauerdelikt ist die Freiheitsberaubung nach § 239 StGB. Dort tritt mit der Tathandlung ebenfalls ein rechtwidriger Zustand (der Verlust der Freiheit) ein, dieser kann aber vom Täter aufrechterhalten werden. Beendet ist die Freiheitsberaubung daher erst dann, wenn das Opfer seine Freiheit wieder erlangt.[50]

10. Eigenhändige Delikte

Einzelne Tatbestände im Besonderen Teil des StGB können nur durch eigenhändige Ausführung der Tathandlung durch den Täter erfüllt werden. Dazu gehören bspw. die Aussagedelikte nach §§ 153 ff. StGB. Derjenige, der die Tathandlung nicht selbst ausführt, kann nicht Täter des eigenhändigen Delikts, sondern allenfalls Teilnehmer sein.[51]

VI. Geltungsbereich des deutschen Strafrechts

Die §§ 3–7 StGB regeln das sog. internationale Strafrecht.[52] Diese Bezeichnung ist insofern irreführend, als die Vorschriften nie die Anwendung ausländischen Strafrechts bestimmen, vielmehr diejenigen Prinzipien enthalten, aus denen sich die räumliche und personelle Geltung des deutschen Strafrechts ergibt. Die Funktion der §§ 3 ff. StGB liegt somit in der Festlegung des Anwendungsbereichs des deutschen materiellen Strafrechts, so dass die Bezeichnung „**deutsches Strafanwendungsrecht**"[53] insgesamt treffender erscheint. In der Fallbearbeitung ist darauf nur dann einzugehen, wenn eine im Sachverhalt geschilderte Tat einen Bezug zum Ausland hat, also insbesondere dann, wenn die Tathandlung im Ausland vorgenommen wird und/oder der Tatterfolg im Ausland eintritt.[54] Ist dies der Fall, ist noch vor der Prüfung der einzelnen Strafbarkeitsvoraussetzungen gesondert festzustellen, ob das deutsche Strafrecht überhaupt Anwendung findet.

Auf der Grundlage des im StGB normierten Strafanwendungsrechts findet deutsches Strafrecht in erster Linie Anwendung, wenn eine Straftat innerhalb des Staatsgebiets der BRD begangen wurde. Nach den §§ 4 ff. StGB fallen aber auch bestimmte Straftaten unter die deutsche Strafgewalt, die im Ausland begangen wurden, so dass das deutsche Strafanwendungsrecht insgesamt als **partiell erweitertes Territorialitätsprinzip** charakterisiert werden kann.[55]

---

[50] BGHSt 20, 227, 228; *Park/Schwarz*, JURA 1995, 294, 298.
[51] Zu den eigenhändigen Delikten *Haft*, JA 1979, 651 ff.; *Schall*, JuS 1979, 104 ff.
[52] Vgl. dazu einführend insb. *Walter*, JuS 2006, 870 ff., 967 ff.
[53] So daher auch *Satzger*, JURA 2010, 108, 109. Den Begriff „internationales Strafrecht" legen demgegenüber zugrunde *Rath*, JA 2006, 435; *Walter*, JuS 2006, 870; *Wessels/Beulke/Satzger*, Strafrecht AT, Rn. 62. Zur Begriffsbestimmung auch *Kindhäuser*, Strafrecht AT, § 4 Rn. 10; *Werle/Jeßberger*, JuS 2001, 35, 36.
[54] *Kindhäuser*, Strafrecht AT, § 4 Rn. 16; *Rath*, JA 2006, 435.
[55] So auch *Rath*, JA 2006, 435, 436.

1. Grundprinzip: Territorialitätsprinzip

61 Im Ausgangspunkt ist der Geltungsbereich des deutschen Strafrechts nach dem in § 3 StGB niedergelegten **Territorialitätsprinzip** zu bestimmen. Danach gilt deutsches Strafrecht für alle Taten, die im Inland begangen werden, bei denen also der Tatort (oder bei mehreren Tatorten mindestens einer) im Inland liegt. Zum **Inland** gehören in erster Linie das gesamte Staatsgebiet der BRD mit seinen Eigen- und Küstengewässern sowie der über diesen Flächen befindliche Luftraum und das Erdinnere.[56] Ob der Tatort im Inland liegt, ist auf der Grundlage von § 9 StGB zu ermitteln. Nach § 9 Abs. 1 StGB ist die Tat sowohl am Handlungsort als auch an dem Ort begangen, an dem der tatbestandliche Erfolg eingetreten ist oder nach der Vorstellung des Täters eintreten sollte. Zu beachten ist, dass **Handlungsort** i. S. v. § 9 Abs. 1 StGB nur derjenige Ort ist, an dem der Täter die seine Strafbarkeit begründende Handlung vorgenommen hat. Orte der Deliktsvorbereitung, an denen der Täter sich auf Handlungen beschränkt hat, welche die spätere Deliktsbegehung lediglich vorbereiten sollen, die aber selbst kein tatbestandliches Unrecht verwirklichen, bleiben außer Betracht. Ebenso liegt der **Erfolgsort** grundsätzlich nur dort, wo der gesetzlich umschrieben Erfolg eingetreten ist. Der Eintritt eines außertatbestandlichen Erfolges, welcher sich nicht auf die strafrechtliche Beurteilung des Geschehens auswirkt, begründet daher keinen zusätzlichen Erfolgsort.[57]

62 Zusammenfassend ergibt sich aus der Gesamtschau von § 3 und § 9 Abs. 1 StGB, dass deutsches Strafrecht regelmäßig dann Anwendung findet, wenn der Täter die zum Erfolg führende Handlung im Inland vorgenommen hat und/oder der tatbestandliche Erfolg im Inland eingetreten ist.

a) Anwendung des Territorialitätsprinzips bei einzelnen Deliktsgruppen

63 Unproblematisch gestaltet sich die Anwendung der §§ 3, 9 Abs. 1 StGB in der Regel **bei vollendeten Begehungs- und schlichen Tätigkeitsdelikten**.[58] Während hinsichtlich Ersterer deutsches Strafrecht Anwendung findet, wenn der Täter im Inland gehandelt hat und/oder der Erfolg im Inland eingetreten ist, ist für Letztere allein entscheidend, ob der Täter im Inland gehandelt hat. Bleibt die Tat im **Versuchsstadium** stecken, findet deutsches Strafrecht Anwendung, wenn der Täter die seine Strafbarkeit begründende Handlung im deutschen Inland vorgenommen hat und/oder der Erfolg nach der Vorstellung des Täters in selbigem eintreten sollte. Bei **Unterlassungsdelikten** erfolgt die Prüfung des deutschen Strafanwendungsrechts grundsätzlich parallel zu den Begehungsdelikten, jedoch liegt der Handlungsort hier nicht an dem Ort, an dem der

---

[56] *Satzer*, JURA 2010, 108, 112, dort auch zur Ausdehnung des Inlandsbegriffs auf außerhalb der BRD liegende Zollstellen und ähnlichen Konstellationen. Ausführlich zum Ganzen *Ambos*, Internationales Strafrecht, § 3 Rn. 14 ff.; *Rath*, JA 2007, 26, 29; *Walter*, JuS 2006, 870, 871; *Werle/Jeßberger*, JuS 2001, 35, 38.

[57] *Rath*, JA 2006, 435, 436.

[58] Ausführlich zur Anwendung des § 9 Abs. 1 StGB bei einzelnen Deliktsformen *Rath*, JA 2006, 436 ff.; *Satzger*, JURA 2010, 108, 112 f. Zu einzelnen Aspekten auch *Rengier*, Strafrecht AT, § 6 Rn. 12 ff.; *Walter*, JuS 2006, 870, 871 f.; *Werle/Jeßberger*, JuS 2001, 35, 38 f.

Täter gehandelt hat, sondern an demjenigen, an dem er hätte handeln müssen.[59] Ein zusätzlicher Erfolgsort wird bei den **erfolgsqualifizierten Delikten** durch den Ort begründet, an dem die besondere Folge eintritt.

Schwierigkeiten bereitet die Anwendung des § 9 Abs. 1 StGB auf **Gefährdungsdelikte**. Unproblematisch anwendbar ist deutsches Strafrecht auch bei diesen, wenn der Handlungsort im Inland liegt, also bspw. ein PKW-Fahrer mit einer BAK von 1,4 ‰ durch Berlin fährt und hierdurch den objektiven Tatbestand von § 316 Abs. 1 StGB erfüllt. Für die Frage, ob die Anwendbarkeit deutschen Strafrechts auch unter Anknüpfung an den Erfolgsort begründet werden kann, ist demgegenüber entscheidend, ob ein konkretes oder abstraktes Gefährdungsdelikt vorliegt. Die **konkreten Gefährdungsdelikte** setzen für die Tatbestandsverwirklichung voraus, dass es tatsächlich zum Eintritt einer konkreten Gefahr kommt. Da sie mithin einen Erfolgsort vorsehen, kann deutsches Strafrecht über § 3 i. V. m. § 9 Abs. 1 StGB auch dadurch zur Anwendung gelangen, dass der Gefährdungserfolg im deutschen Staatsgebiet eintritt. Demgegenüber knüpfen die **abstrakten Gefährdungsdelikte** die Strafbarkeit allein an die Vornahme einer gefährlichen Handlung, unabhängig davon, ob es tatsächlich zu einer gefährlichen Situation gekommen ist. Dementsprechend wird teilweise vertreten, dass abstrakte Gefährdungsdelikte über keinen Erfolgsort i. S. v. § 9 Abs. 1 StGB verfügen und der Tatort somit allein durch den Handlungsort bestimmt wird.[60] Demgegenüber verweist die Gegenauffassung zutreffend darauf, dass auch die abstrakten Gefährdungsdelikte eine Erfolgskomponente aufweisen, nämlich das potenzielle Umschlagen in eine konkrete Gefahr oder eine Rechtsgutsverletzung.[61] Somit ist auch bei den abstrakten Gefährdungsdelikten der Tatort nicht nur am Handlungsort begründet, sondern auch an denjenigen Orten, an denen die Gefahr mit hinreichender Wahrscheinlichkeit in eine nachteilige Veränderung des geschützten Rechtsgutes umschlagen kann. Keinerlei Schwierigkeiten entstehen dementsprechend auch bei den **abstrakt-konkreten Gefährdungsdelikten**, die eine bestimmte Eignung einer an sich abstrakten Gefahr voraussetzen (vgl. etwa § 130 Abs. 1 StGB: Eignung zur Gefährdung des öffentlichen Friedens). Der Erfolgsort ist hier an jedem Ort begründet, an dem die vom Tatbestand geforderte Eignung festgestellt werden kann.[62]

b) Sonderprobleme

Erhebliche Probleme kann die Bestimmung von Handlungs- und Erfolgsort bei einer **Deliktsbegehung übers Internet** bereiten.[63] Überwiegend wird der **Handlungsort** nach dem Aufenthaltsort des Täters im Zeitpunkt der Tat-

---

[59] Nach überwiegender Auffassung wird der Handlungsort hier zusätzlich durch den Aufenthaltsort während der Unterlassung bestimmt; *Rath*, JA 2006, 435, 437; *Satzger*, JURA 2010, 108, 112; *Walter*, JuS 2006, 870, 871.
[60] *Satzger*, JURA 2010, 108, 113 f.; vgl. auch die Darstellung bei *Rath*, JA 2006, 435, 437 f.
[61] *Rath*, JA 2006, 435, 438; vgl. auch die Darstellung bei *Walter*, JuS 2006, 870, 872 f.
[62] *Rath*, JA 2006, 435, 438; *Walter*, JuS 2006, 870, 873.
[63] Zur Strafbarkeit von Handlungen im Internet auch BGHSt 46, 212, 220 f.; *Heghmanns*, JA 2001, 276 ff.; *Koch*, JuS 2002, 123 ff.

begehung bestimmt, also danach, an welchem Ort er strafrechtlich relevante Inhalte auf einer Website einstellt bzw. abruft.[64] Kontrovers diskutiert wird demgegenüber, unter welchen Voraussetzungen der **Erfolgsort** einer Internetstraftat im Inland liegt. Die vereinzelt in Betracht gezogene Begründung eines innerdeutschen Erfolgsortes für jeden Internetinhalt, der in Deutschland abgerufen werden kann[65], wird überwiegend abgelehnt, da dies eine völkerrechtlich nicht zu legitimierende Anwendbarkeit des deutschen Strafrechts auf praktisch sämtliche Inhalte des Internets zur Folge hätte.[66] Überwiegend wird daher gefordert, dass der betroffene Internetinhalt eine über die bloße Möglichkeit der Abrufbarkeit hinausgehende Beziehung zu Deutschland aufweist. Wie diese Beziehung ausgestaltet sein muss, ist indes weitgehend unklar. Während einige einen objektiv-territorialen Bezug fordern, der etwa in der Verwendung der deutschen Sprache oder der deutschen Staatsangehörigkeit des Handelnden gesehen werden könne, fordern andere ein Abstellen auf subjektive Kriterien: Dem Täter soll es gerade darauf ankommen müssen, dass die betroffenen Inhalte in Deutschland abgerufen werden.[67]

66 Der BGH hat sich zu den Einzelheiten der Tatortbestimmung bei Internettaten noch nicht eindeutig geäußert, vielmehr stellt er für die Frage nach der Anwendbarkeit deutschen Strafrechts auf im Internet begangene Taten primär auf die Deliktsstruktur der jeweils einschlägigen Strafnorm ab.[68]

67 Keine Anwendung findet deutsches Strafrecht in der Regel auf sog. **Transitdelikte**. Diese stellen Distanzdelikte dar, bei den das Tatobjekt auf dem Weg von einem ausländischen Handlungsort zu einem ausländischen Erfolgsort das deutsche Territorium lediglich durchquert.[69] Da etwa für den Fall, dass ein im Staat X abgesandter Brief, der eine Beleidigung enthält, durch Deutschland transportiert und schließlich im Staat Y geöffnet wird, weder Handlungs- noch Erfolgsort in Deutschland liegen, sind die Voraussetzungen der §§ 3, 9 Abs. 1 StGB nicht erfüllt.[70] Anders ist allerdings zu entscheiden, wenn der Transport selbst einen gesetzlichen Tatbestand erfüllt, was regelmäßig bei der unerlaubten Durchfuhr von Betäubungsmitteln der Fall ist.

68 Unterschiedlich beurteilt wird zuletzt, ob der Erfolgsort auch dann im deutschen Inland liegt, wenn es dort lediglich zum Eintritt einer **objektiven Bedingung der Strafbarkeit** (z. B. der Eintritt der schweren Folge in § 231 StGB; vgl. hierzu noch Rn. 205) gekommen ist. Die überwiegende Auffassung bejaht dies, da die in § 9 Abs. 1 StGB gebrauchte Formulierung „zum Tatbestand ge-

---

[64] *Rath*, JA 2007, 26, 28; *Satzger*, JURA 2010, 108, 115.
[65] Vgl. die Darstellung der unterschiedlichen Ansichten bei *Rath*, JA 2007, 26, 28 f.; *Satzger*, JURA 2010, 108, 115 f.; zum „finalen Interesse" vgl. *Collardin*, CR 1995, 618, 621; „territoriale Spezifizierung" bei *Hilgendorf*, ZStW 113 (2001), 650, 668 ff.
[66] Sch/Sch-*Eser*, § 9 Rn. 7d; *Rath*, JA 2007, 26, 29; *Satzger*, JURA 2010, 108, 115.
[67] Ausführlich zu den einzelnen Literaturauffassungen *Rath*, JA 2007, 26, 28 f.; *Satzger*, JURA 2010, 108, 115 f.; vgl. auch *Werle/Jeßberger*, JuS 2001, 35, 39.
[68] BGHSt 46, 212, 220 ff.; *Heghmanns*, JA 2001, 276 f.; *Koch*, JuS 2002, 123 f.
[69] Zum Begriff *Rath*, JA 2006, 435, 439.
[70] *Rath*, JA 2006, 435, 439; *Werle/Jeßberger*, JuS 2001, 35, 39; anders *Walter*, JuS 2006, 870, 872.

hörender Erfolg" nicht technisch zu verstehen sei, sondern nur solche Erfolge ausschließen solle, denen für die strafrechtliche Würdigung des Geschehens keine Bedeutung zukommt (vgl. bereits Rn. 61). Eine beachtliche Gegenauffassung führt demgegenüber an, dass es sich bei objektiven Bedingungen der Strafbarkeit um täterbegünstigende, da strafbarkeitsbegrenzende Merkmale handle, die als Anknüpfungspunkt für die Anwendung deutschen Strafrechts nicht in Betracht kämen.[71]

c) Anwendung des Territorialitätsprinzips bei mehreren Tatbeteiligten

Auch im Fall der Tatbeteiligung von mehreren Personen ist die Anwendbarkeit deutschen Strafrechts im Ausgangspunkt nach den §§ 3, 9 Abs. 1 StGB zu prüfen.[72] Im Fall der **Mittäterschaft** legt die überzeugende h. M. eine Zurechnungslösung zugrunde, wonach jeder Ort, an dem auch nur einer der Mittäter gehandelt hat, einen tatortbegründenden Handlungsort darstellt. Ebenso liegt für den **mittelbaren Täter** der Handlungsort nicht nur dort, wo er selbst gehandelt hat, sondern auch an dem Ort, an dem der von ihm eingesetzte Tatmittler tätig geworden ist. Ist im konkreten Fall die Frage nach der Anwendbarkeit deutschen Strafrechts für einen **Teilnehmer** zu prüfen, so ist die Regelung in § 9 Abs. 2 StGB zu beachten, wonach sich der Tatort für den Teilnehmer nach dem Tatort der Haupttat und dem Ort der Teilnahmehandlung bestimmt. Die Anwendbarkeit deutschen Strafrechts kann für einen Anstifter oder Gehilfen somit sowohl durch seinen eigenen Handlungsort als auch durch sämtliche Tatorte des Haupttäters begründet werden.

69

2. Ausnahmen vom Territorialitätsprinzip

Über die §§ 4–7 StGB kann deutsches Strafrecht in bestimmten Konstellationen auch dann Anwendung finden, wenn weder Handlungs- noch Erfolgsort im Inland liegen und daher der nach dem Territorialitätsprinzip erforderliche Anknüpfungspunkt fehlt.[73] § 4 StGB enthält das sog. **Flaggenprinzip**, wonach deutsches Strafrecht für alle Taten gilt, die auf Schiffen oder Luftfahrzeugen begangen werden, die berechtigt sind, die Bundesflagge oder das Staatszugehörigkeitszeichen der BRD zu führen.

70

Die §§ 5 und 6 StGB enthalten jeweils einen Katalog von Straftaten, auf die deutsches Strafrecht auch dann Anwendung findet, wenn Sie im Ausland begangen werden. Die Erweiterung des Anwendungsbereichs durch § 5 StGB beruht auf dem **Staatsschutz-**, dem **Individualschutz-**, dem **aktiven Personalitäts-** sowie dem **Domizilprinzip**. Zum Schutz bestimmter inländischer

71

---

[71] *Rath*, JA 2006, 435, 438 f.; *Satzger*, JURA 2010, 108, 113; *ders.*, JURA 2006, 108, 111 f.; vgl. auch *Hirsch*, NStZ 1997, 230, 232.
[72] Zur Anwendbarkeit deutschen Strafrechts bei mehreren Tatbeteiligten *Rath*, JA 2007, 26 f.; *Satzger*, JURA 2010, 108, 114 f.; *Walter*, JuS 2006, 871, 873; *Werle/Jeßberger*, JuS 2001, 35, 39; vgl. auch BGHSt 39, 88 ff.
[73] Zu den einzelnen Regelungsbereichen der §§ 4–7 StGB *Rath*, JA 2007, 26, 29 ff.; *Satzger*, JURA 2010, 190 ff.; *Walter*, JuS 2006, 967 ff.; *Werle/Jeßberger*, JuS 2001, 141 ff.

Kollektiv- bzw. Individualrechtsgüter bzw. im Hinblick auf die deutsche Staatsangehörigkeit des Täters oder den innerdeutschen Wohnsitz des Täters bzw. des Opfers soll deutsches Strafrecht für bestimmte Straftaten unabhängig davon Anwendung finden, ob der Tatort im In- oder Ausland begründet ist. Unerheblich für die Anwendung von § 5 StGB ist ferner, ob die Tat nach dem Recht des Tatorts unter Strafe steht. Demgegenüber ist § 6 StGB Ausdruck des **Weltrechtsprinzips**. Anknüpfungspunkt für die Anwendbarkeit deutschen Strafrechts ist hier, dass sich die benannten Taten gegen international anerkannte Werte richten, so dass die Strafverfolgung im Interesse der gesamten Staatengemeinschaft liegt.

72 § 7 StGB ist Ausdruck des **aktiven und passiven Personalitätsprinzips** sowie des **Prinzips der stellvertretenden Strafrechtspflege**. Mindestvoraussetzung für die einzelnen Varianten des § 7 StGB ist, dass die Auslandstat am Tatort mit Strafe bedroht ist oder der Tatort keiner Strafgewalt unterliegt. § 7 Abs. 1 StGB bringt das passive Personalitätsprinzip zum Ausdruck, wonach deutsches Strafrecht auf im Ausland begangene Taten Anwendung findet, die sich gegen einen Deutschen richten. § 7 Abs. 2 Nr. 1 StGB sieht im Sinne eines eingeschränkten aktiven Personalitätsprinzips die Geltung des deutschen Strafrechts auch für Auslandstaten vor, wenn der Täter zur Zeit der Tat Deutscher war oder es nach der Tat geworden ist. § 7 Abs. 2 Nr. 2 StGB erfasst im Rahmen stellvertretender Strafrechtspflege Fälle der Nicht-Auslieferung von Ausländern.

3. Leitentscheidungen

73 **BGH NJW 1991, 2498; Anwendung der §§ 3, 9 StGB bei Mittätern, Gehilfen und Nebentätern:** Ein Generalmajor des Ministeriums für Staatsicherheit (MfS) der DDR bewirkt zusammen mit zwei Mitarbeitern des BND, dass in den Jahren 1974–1988 die jährlich vom BND herausgegebenen militärischen Lageberichte Ost an die Führung der DDR weitergeleitet werden. Der Generalmajor wird hierbei nur innerhalb des Staatsgebiets der DDR tätig, während die Mitarbeiter des BND auch innerhalb der BRD aktiv werden. – Unabhängig davon, ob der Generalmajor als Mittäter, Nebentäter oder lediglich als Gehilfe zur Tat nach § 94 Abs. 1 Nr. 1 StGB (Landesverrat) anzusehen ist, findet auf sein Verhalten bundesdeutsches Strafrecht nach §§ 3, 9 StGB Anwendung. Auch dem außerhalb der BRD handelnden Mittäter wird das Verhalten der im Inland agierenden Tatbeteiligten zugerechnet, so dass der durch das Tätigwerden der Mitarbeiter des BND begründete innerdeutsche Handlungsort auch dem Generalmajor zugerechnet werden kann. Im Fall der Beihilfe würde sich die Anwendbarkeit deutschen Strafrechts aus § 9 Abs. 2 StGB ergeben, wonach die Teilnahme auch am Begehungsort der Haupttat begangen ist. Ist der Generalmajor als Nebentäter anzusehen, ergibt sich die Anwendbarkeit deutschen Strafrechts daraus, dass es sich bei § 94 StGB um ein konkretes Gefährdungsdelikt handelt und die konkrete Gefahr eines schweren Nachteils für die BRD im Inland eingetreten und daher der Erfolgsort i. S. v. § 9 Abs. 1 StGB im Inland begründet ist.

BGHSt 42, 275, 276 f.; Aktives Personalitätsprinzip (§ 7 Abs. 2 Nr. 1 StGB): 74
Ein Westberliner Bürger erklärt sich im Jahr 1978 dazu bereit, für das Ministerium für Staatssicherheit (MfS) der DDR zu arbeiten. Als er 1982 erfährt, dass ein bekannter Athlet aus der DDR fliehen möchte, meldet er dies beim MfS, woraufhin der Athlet festgenommen und wegen „Vorbereitung zum ungesetzlichen Grenzübertritt im schweren Fall" zu einer Freiheitsstrafe verurteilt wird. – Auf das Verhalten des Westberliner Bürgers findet deutsches Strafrecht über § 7 Abs. 2 Nr. 1 StGB Anwendung, so dass dieser aufgrund der Informierung des MfS und der anschließenden Inhaftierung des Athleten als „Täter hinter dem Täter" wegen Freiheitsberaubung in mittelbarer Täterschaft (§§ 239, 25 Abs. 1 Var. 2 StGB) bestraft werden kann. § 7 Abs. 2 Nr. 1 StGB fordert neben der deutschen Staatsangehörigkeit des Täters, dass die Tat auch am Tatort unter Strafe steht oder der Tatort keiner Strafgewalt unterliegt. Zwar setzte eine strafbare mittelbare Täterschaft nach § 22 Abs. 1 StGB-DDR zwingend den Einsatz eines „selbst nicht verantwortlich" Handelnden voraus, so dass der Westberliner Bürger nach DDR-Strafrecht nicht als „Täter hinter dem Täter" bestraft werden könnte. Für § 7 Abs. 2 Nr. 1 StGB reicht es jedoch aus, dass das Tatortrecht unter irgendeinem rechtlichen Gesichtspunkt eine Bestrafung für die Tat vorsieht, was in § 131 StGB-DDR für die Freiheitsberaubung der Fall war.

BGHSt 46, 212, 220 ff.; Erfolgsort bei abstrakt-konkreten Gefährdungs- 75
delikten: Ein australischer Staatsbürger stellt von Australien aus wiederholt Artikel ins Internet, in denen er den Holocaust leugnet. – Der BGH wendet deutsches Strafrecht nach § 3 i. V. m. § 9 StGB an. Der Eintritt des Erfolges im Sinne des § 9 StGB erfolge bei abstrakt-konkreten Gefährdungsdelikten dort, wo die Tat ihre Gefährlichkeit im Hinblick auf das im Tatbestand umschriebene Rechtsgut entfalten kann. Bei § 130 Abs. 1 und Abs. 3 StGB käme es insoweit auf die konkrete Eignung zur Friedensstörung in der BRD an, die bei Verbreitung der den Holocaust leugnenden Inhalte übers Internet zu bejahen sei.

VII. Internationale Bezüge des Strafrechts

Schon die insbesondere durch die §§ 5–7 StGB begründete Anwendbarkeit 76
deutschen Strafrechts auf bestimmte Auslandstaten verdeutlicht, dass das Strafrecht keine rein nationale Materie darstellt. Auch in weiteren Bereichen gewinnen die internationalen Bezüge des Strafrechts zunehmend an Bedeutung.[74] Eine maßgebliche Beeinflussung des nationalen Strafrechts erfolgt zunächst durch die Einbindung Deutschlands in die supranationale Rechtsordnung der EU. Als Reaktion auf schwerwiegende und systematische Menschenrechtsverletzungen wurde ein eigenständiges Völkerstrafrecht und in Deutschland ein Völkerstrafgesetzbuch entwickelt.[75]

---

[74] Vgl. auch *Eisele*, JA 2000, 424, 425.
[75] *Engelhart*, JURA 2004, 734.

1. Europarecht und Strafrecht

77 Ein Zusammenwirken von europarechtlichen Vorschriften und dem Strafrecht ist im Wesentlichen in zweierlei Hinsicht denkbar. Zum einen können auf europäischer Ebene selbständige Strafvorschriften existieren, welche entsprechend den Tatbeständen des StGB bestimmte Verhaltensweisen unter Strafe stellen („Europäisches Strafrecht" im engeren Sinne; hierzu sogleich Rn. 78). Von zum gegenwärtigen Zeitpunkt größerer Praxisrelevanz ist jedoch die mittelbare Beeinflussung, welche nationale (Straf-)Vorschriften durch das Europarecht erfahren. Sie ergibt sich insbesondere daraus, dass die nationalen Gesetzgeber keine Vorschriften erlassen dürfen, die im Widerspruch zu ihren europarechtlichen Verpflichtungen stehen. Darüber hinaus hat die Auslegung nationaler Vorschriften auf eine Art und Weise zu erfolgen, die dem Europarecht soweit wie möglich zur Geltung verhilft (vgl. hierzu bereits Rn. 32 sowie noch Rn. 79).

a) „Europäisches Strafrecht"

78 Zum gegenwärtigen Zeitpunkt existiert kein eigenständiges Europäisches Strafrecht im klassischen Sinne.[76] Insbesondere verfügt die EU über kein eigenes Strafgesetzbuch mit unionsrechtlichen Strafnormen. Allerdings enthält der Vertrag über die Arbeitsweise der Europäischen Union (AEUV) einige wenige Regelungen für den Erlass supranationaler Straftatbestände, so bspw. in Art. 325 Abs. 4 eine Vorschrift zur Betrugsbekämpfung und in Art. 79 Abs. 2 c, d eine Norm, nach der die EU Maßnahmen gegen illegale Einwanderung und Menschenhandel ergreifen kann. Nach mehrheitlich vertretener Auffassung wird durch diese Vorschriften eine Kompetenz zum Erlass von Kriminalstrafrecht auf europäischer Ebene begründet,[77] so dass die EU zukünftig in einigen eng begrenzten Regelungsbereichen eigenständige Strafnormen erlassen könnte.

b) Beeinflussung des deutschen Strafrechts durch das Recht der EU

79 Das Recht der EU beeinflusst nachhaltig die Schaffung, Anwendung und Auslegung des deutschen Strafrechts. Dabei spricht man von einer **„Europäisierung"** des nationalen Strafrechts.[78] Diese äußert sich zunächst darin, dass das Unionsrecht eine **Obergrenze** für das nationale Strafrecht schafft, d. h. Deutschland darf keine Strafnormen erlassen bzw. aufrechterhalten, wenn diese gegen Unionsrecht verstoßen. Für die Strafgerichte ist neben dem bereits skizzierten **Grundsatz unionsrechtskonformer Auslegung** (vgl. Rn. 32) darüber hinaus der **Anwendungsvorrang des Unionsrechts**[79] von besonderer Bedeutung. Das Recht der EU geht dem nationalen Recht im Kollisionsfall vor. Lässt sich eine Strafnorm auch im Wege unionsrechtskonformer Auslegung

---

[76] Hierzu *Kubiciel*, GA 2010, 99 ff.; vgl. zur Begriffsbestimmung *Ambos*, Internationales Strafrecht, § 9 Rn. 13 ff.; *Hecker*, Europäisches Strafrecht, § 1 Rn. 5 ff.
[77] *Satzger*, Int. und Europ. Strafrecht, § 8 Rn. 25.
[78] Vgl. *Satzger*, Int. und Europ. Strafrecht, § 9 Rn. 1.
[79] EuGH Slg. 1964, 1251 (Costa/E. N. E. L.); vgl. auch *Hecker*, Europäisches Strafrecht, § 9 Rn. 1 ff.

nicht in einer Weise interpretieren, die mit dem Unionsrecht in Einklang steht, darf sie daher nicht angewendet werden. Zugleich bildet das Unionsrecht auch eine **Untergrenze** für die nationale Strafverfolgung. Da die EU (noch) nicht über ein eigenes Strafgesetzbuch verfügt, sieht sie sich mit dem Problem konfrontiert, dass sie die ihr zustehenden Rechtsgüter nicht durch ein eigenes Strafrecht schützen kann. Infolge der die Mitgliedstaaten nach Art. 4 Abs. 3 EUV treffenden Loyalitätspflicht haben diese daher ihr nationales Sanktionssystem in den Dienst der EU zu stellen, um hierdurch einen effektiven Rechtsgüterschutz auch auf europäischer Ebene zu gewährleisten.[80]

Die augenscheinlichste Beeinflussung des deutschen Strafrechts durch das Europarecht erfolgt durch **Sekundärrechtsakte**, die auf eine **Harmonisierung** der nationalen Rechtsordnungen abzielen.[81] Insbesondere können das Europäische Parlament und der Rat Richtlinien[82] zur Angleichung nationaler Strafvorschriften erlassen, wofür sie in Art. 83 AEUV mit der erforderlichen Kompetenz ausgestattet werden. Art. 83 Abs. 1 AEUV betrifft den Bereich besonders schwerer grenzüberschreitender Kriminalität, Art. 83 Abs. 2 AEUV enthält eine generalklauselartige Kompetenznorm, wonach Richtlinien zur Angleichung nationaler Strafvorschriften erlassen werden dürfen, wenn diese unerlässlich für die wirksame Durchführung der Politik der Union auf einem Gebiet ist, auf dem bereits Harmonisierungsmaßnahmen erfolgt sind. Begrenzt wird die Möglichkeit der Strafrechtsangleichung durch Art. 83 Abs. 3 AEUV, wonach ein Mitgliedstaat ein Veto gegen den Erlass einer Richtlinie einlegen kann, wenn diese grundlegende Aspekte seiner Strafrechtsordnung berühren würde.[83] Darüber hinaus hat das BVerfG in seinem Urteil zum Vertrag von Lissabon[84] der Möglichkeit zur Angleichung des deutschen Strafrechts an europarechtliche Vorgaben ausdrückliche Grenzen gesetzt. Nach seiner Auffassung hängt das nationale Strafrecht von der individuellen Geschichte und Kultur eines jeden Mitgliedstaates ab und fällt grundsätzlich unter die nationale Souveränität.[85] Prinzipiell könne erst nach einem mitgliedstaatlichen und demokratisch legitimierten Entscheidungsprozess feststehen, welches Verhalten als strafbar zu bewerten ist, so dass die Kompetenztitel im AEUV zurückhaltend zu interpretieren seien.[86]

---

[80] *Hecker*, Europäisches Strafrecht, § 7 Rn. 36.
[81] *Satzger*, Int. und Europ. Strafrecht, § 9 Rn. 31 ff.
[82] Hierzu *Ambos*, Internationales Strafrecht, § 11 Rn. 30 ff.
[83] Hierzu *Hecker*, Europäisches Strafrecht, § 8 Rn. 56 ff.
[84] BVerfG NJW 2009, 2267 ff.; dazu auch *Böse*, ZIS 2010, 76 ff.; *Kubiciel*, GA 2010, 99 ff.
[85] BVerfG NJW 2009, 2267, 2287.
[86] BVerfG NJW 2009, 2267, 2289.

2. Völkerstrafrecht

81 Gegenstand des Völkerstrafrechts[87] sind diejenigen Normen, die eine unmittelbare Strafbarkeit von einzelnen Personen nach dem Völkerrecht begründen. Das Völkerstrafrecht nimmt auf ein individuelles Verhalten Bezug und stellt dieses unter Strafe und ist daher **Strafrecht** im Sinne des in Rn. 1, 3 skizzierten Begriffsverständnisses. Da es auf völkerrechtlichen Rechtsquellen, d. h. insbesondere völkerrechtlichen Verträgen, Völkergewohnheitsrecht und (subsidiär) allgemeinen Rechtsgrundsätzen beruht, ist es aber zugleich Teil des **Völkerrechts**.

82 Nach Art. 5 IStGH-Statut unterliegen der Gerichtsbarkeit des IStGH das Verbrechen des Völkermordes, Verbrechen gegen die Menschlichkeit, Kriegsverbrechen und das Verbrechen der Aggression. Als ein wesentlicher Fortschritt im materiellen Völkerstrafrecht kann die Kodifizierung eines allgemeinen Teils im Teil 3 des Römischen Statutes angesehen werden. Insbesondere werden verschiedene Formen der Täterschaft (Art. 25 Abs. 3a) und Teilnahme (Art. 25 Abs. 3b, c und d), Versuch und Rücktritt (Art. 25 Abs. 3f), Vorgesetztenverantwortlichkeit (Art. 28), subjektive Unrechtselemente (Art. 30), Gründe für den Ausschluss der strafrechtlichen Verantwortlichkeit (Art. 31, z. B. Notwehr in Abs. 1c) sowie Tatbestands- und Verbotsirrtum (Art 32) geregelt.

83 Gemäß Art. 17 IStGH-Statut wird der Internationale Strafgerichtshof nur tätig, wenn die nationalen Gerichtshöfe nicht willens oder fähig sind, ein vom IStGH-Statut erfasstes Verbrechen zu verfolgen. Um diesem sog. **Komplementaritätsprinzip** Rechnung zu tragen hat der deutsche Gesetzgeber ein eigenes Völkerstrafgesetzbuch (VStGB) geschaffen, welches am 30. 6. 2002 in Kraft getreten ist.[88] Das VStGB ist von den nationalen Gerichten unmittelbar anzuwenden und bestimmt insbesondere die Strafbarkeitsvoraussetzungen für den Völkermord, Verbrechen gegen die Menschlichkeit sowie Kriegsverbrechen.[89]

VIII. Strafrechtlich relevante Handlung

84 Grundvoraussetzung jeglicher Strafbarkeit und damit Grundelement der Strafbarkeitsprüfung ist das Vorliegen einer Handlung im Rechtssinne. Tatbestandsmäßig, rechtswidrig und schuldhaft kann nur ein menschliches Verhalten sein. Daher beginnt die Prüfung, inwieweit der Tatbestand eines Strafgesetzes verletzt ist, mit der Frage, ob überhaupt eine Handlung vorliegt. In der Regel kann

---

[87] Vgl. zum Folgenden *Ambos*, Internationales Strafrecht, §§ 5 ff.; *Engelhart*, JURA 2004, 734 ff.; *Hecker*, Europäisches Strafrecht, § 2 Rn. 81 ff.; *Satzger*, Int. und Europ. Strafrecht, § 2 Rn. 2; *Werle*, Völkerstrafrecht, 34 ff.; *Wessels/Beulke/Satzger*, Strafrecht AT, Rn. 76 ff.

[88] Vgl. hierzu auch *Hecker*, Europäisches Strafrecht, § 2 Rn. 90 ff.; *Wessels/Beulke/Satzger*, Strafrecht AT, Rn. 76bff.

[89] Zu auf das Bestimmtheitsgebot zurückzuführende Abweichungen des VStGB gegenüber dem IStGH vgl. *Satzger*, JuS 2004, 943, 945.

diese Prüfung in der Klausur jedoch kurz und nur gedanklich durchgeführt werden. Nur ausnahmsweise wird schon das Vorliegen einer Handlung problematisch und in der Fallbearbeitung erörterungsbedürftig sein.

Der Handlungsbegriff erfasst die beiden Unterbegriffe **aktives Tun** (Bsp.: A ersticht O mit einem Messer, § 212 Abs. 1 StGB) und **Unterlassen** (Bsp.: A rettet seinen Sohn nicht vor dem Ertrinken, obwohl ihm dies möglich wäre, §§ 212 Abs. 1, 13 Abs. 1 StGB).

85

1. Handlungslehren

Zur Bestimmung dessen, was eine Handlung ist, sind verschiedene Handlungslehren entwickelt worden[90]:

86

Nach der älteren **kausalen Handlungslehre** ist eine Handlung jede Verursachung oder Nichthinderung einer Veränderung in der Außenwelt durch willensgesteuerte körperliche Tätigkeit. Auf einen bestimmten Handlungssinn soll es dabei nicht ankommen. Eine Handlung wird nach der kausalen Handlungslehre naturalistisch – gleichsam als Naturereignis – begriffen. Da aber das menschliche Verhalten gerade als Anknüpfungspunkt der Strafbarkeit betrachtet werden soll, grenzen andere Lehren den Handlungsbegriff stärker ein. So stellt die **finale Handlungslehre** darauf ab, ob eine zielgerichtete Tätigkeit vorliegt.[91] Die **soziale Handlungslehre** nimmt eine strafrechtlich relevante Handlung nur an, wenn das menschliche Verhalten sozial erheblich ist.[92] Ein **personaler Handlungsbegriff** versteht die Handlung als Persönlichkeitsäußerung.[93] Gegen alle Handlungslehren sind verschiedene Einwände erhoben worden, z.B. gegen die kausale Handlungslehre, dass sie sinnentleert sei, gegen die finale, dass sie unbewusste Fahrlässigkeit nicht erfassen könne, gegen die soziale und personale, dass sie keinen trennscharfen Begriff lieferten. Wesentlich aber ist – ohne dass es der Entscheidung zwischen den Handlungslehren bedarf – die Aussonderung von Nicht-Handlungen, also die Feststellung von Fällen, in denen keine Handlung vorliegt. Nicht-Handlungen sind Geschehensabläufe, die ohne Steuerung oder Steuerbarkeit durch die geistigen Kräfte eines Menschen ablaufen. Keine Handlungen sind daher:

87

– Körperbewegungen im Zustand der Bewusstlosigkeit oder des Schlafs.
– Reine Reflexbewegungen, die nur auf körperlich-physiologische Reize zurückgehen.
– Bewegungen aufgrund von unkontrollierbaren Krämpfen.
– Bewegungen, die durch vis absoluta, d.h. unwiderstehliche Gewalt, erzwungen werden.

---

[90] *Kindhäuser*, Strafrecht AT, § 5 Rn. 10 ff.; *Werle*, JuS-Lernbogen 2001, L 33, 34; vgl. die Darstellung bei *Wessels/Beulke/Satzger*, Strafrecht AT, Rn. 85 ff.
[91] *Bloy*, ZStW 90 (1978), 609 ff.; *Welzel*, FS Maurach, 3, 7; *ders.*, JuS 1966, 421.
[92] *Engisch*, FS Kohlrausch, 141, 164; *Jescheck*, FS Schmidt, 139, 151.
[93] Vgl. *Roxin*, GS Radbruch, 260, 262 ff.; *ders.*, Strafrecht AT I/8 Rn. 44 ff.

88 Bsp.: A stößt B plötzlich in eine Fensterscheibe, die zerbricht. B ist nicht wegen Sachbeschädigung, § 303 Abs. 1 StGB, zu bestrafen, weil schon keine Handlung des B vorliegt (aber Strafbarkeit des A, weil der Stoß eine Handlung darstellt).

89 Von den Bewegungen, die durch **vis absoluta** erzwungen werden, sind solche Bewegungen abzugrenzen, die lediglich durch **vis compulsiva**, d. h. den Willen beugende Gewalt, erzwungen werden. Schlägt bspw. der starke A solange auf den B ein, bis dieser sich dem Willen des A beugt und die Schaufensterscheibe des Geschäfts von O einschlägt, so liegt eine Handlung des B vor. Ob er letztendlich wegen Sachbeschädigung zu bestrafen ist, betrifft die Wertungsfrage, ob er gerechtfertigt oder entschuldigt ist.

90 Im Gegensatz zu reinen Reflexbewegungen sind Handlungen anzunehmen bei **Affekthandlungen** und bei **automatisierten Verhaltensweisen**. Dies verdeutlicht folgendes Bsp.: Der Autofahrerin A fliegt ein Insekt ins Auge. Durch ihre ruckartige Abwehrbewegung verliert sie die Kontrolle über ihren PKW und verursacht einen Zusammenstoß. Die Abwehrreaktion ist nicht völlig unwillkürlich, sondern willentlich, auch wenn sie unüberlegt erfolgt. Somit liegt eine Handlung im Rechtssinne vor.[94]

91 Teilweise kann die Frage, ob eine strafrechtlich relevante Handlung vorliegt, von einer sorgfältigen Ermittlung des zutreffenden Anknüpfungspunktes für die Strafbarkeitsprüfung abhängen. So kann einer (straflosen) Nicht-Handlung als (strafbares) Vorverhalten eine Handlung vorausgegangen sein. Hiervon ist etwa auszugehen, wenn A eine Kerze anzündet, um im Bett zu lesen, hierbei jedoch einschläft und im Schlaf die Kerze umstößt, woraufhin das von A bewohne Mietshaus abbrennt. Zwar ist das Umstoßen der Kerze im Schlaf keine Handlung. Jedoch ist das Anzünden der Kerze vor dem Einschlafen Anknüpfungspunkt, um eine fahrlässige Brandstiftung zu prüfen (§ 306d StGB).

2. Leitentscheidungen

92 **BGHSt 23, 156, 159 ff.; Strafrechtlich relevante Handlung:** Ein KFZ-Führer, der weder Alkohol genossen noch Medikamente zu sich genommen hat und sich auch im Übrigen in einem ausgeruhten Zustand befindet, ermüdet infolge der Monotonie des Fahrtverlaufs und gerät infolgedessen von der Fahrbahn ab. – Nach Auffassung des BGH ist in dem Einschlafen eine strafrechtlich relevante Handlung zu sehen, da der Erfahrungssatz gelte, dass ein Kraftfahrer, bevor er während der Fahrt einschläft, deutliche Zeichen der Ermüdung an sich wahrnehmen und auf diese reagieren kann.

93 **OLG Hamm NJW 1975, 657; Strafrechtlich relevante Handlung** (vgl. schon Rn. 90): Eine PKW-Fahrerin verursacht bei einer Fahrt auf einer Landstraße einen Verkehrsunfall bei dem mehrere Personen leicht verletzt werden, weil sie durch eine ruckartige Handbewegung zur Abwehr einer ihr ins Auge geflogenen Fliege die Kontrolle über ihr Fahrzeug verliert und auf die Gegenfahrbahn gerät. – Die Abwehrreaktion stellt keine Reflex- bzw. reflexartige

---

[94] OLG Hamm NJW 1975, 657.

Bewegung, sondern eine Handlung im strafrechtlichen Sinne dar. Reflexe sind Körperbewegungen, bei denen die Erregung der motorischen Nerven nicht vom Willen beherrschbar ist, sondern ohne Mitwirkung des Bewusstseins ausgelöst wird. Dazu gehören Krämpfe und Erbrechen. Die Abwehrreaktion mit der Hand beruht dagegen auf einer willentlichen Steuerung des Bewusstseins. Zwar gehen solche Abwehr- oder Schreckensbewegungen sehr schnell vonstatten. Trotz dieser Schnelligkeit fehlt es jedoch nicht am willentlichen Antrieb.

IX. Zusammenfassung

- Strafrecht ist der Teil des öffentlichen Rechts, der die Voraussetzungen und die Rechtsfolgen eines mit staatlicher Strafe bedrohten Verhaltens bestimmt.
- Das StGB ist unterteilt in einen Allgemeinen Teil und einen Besonderen Teil. Der Allgemeine Teil gilt für alle Straftaten des Besonderen Teils und trifft Regelungen über die Strafbarkeitsvoraussetzungen (§§ 1–37), die Rechtsfolgen einer Straftat (§§ 38–76a) und die Strafverfolgungsvoraussetzungen (§§ 77–79b).
- Aufgabe des Strafrechts ist es, Rechtsgüter zu schützen. Man unterscheidet Individualrechtsgüter, die dem Einzelnen zustehen, und Kollektivrechtsgüter, die sich auf die Allgemeinheit beziehen.
- Die absoluten Strafzwecktheorien sehen den Sinn der Strafe in der gerechten Vergeltung und Sühne der Straftat zum Ausgleich von Unrecht und Schuld.
- Nach den relativen Straftheorien soll die Strafe einem bestimmten Zweck dienen, der Prävention. Spezialprävention ist die Einwirkung auf einen Einzelnen zur Strafverhütung. Generalprävention ist die präventive Einwirkung auf die Allgemeinheit.
- Nach der herrschenden Vereinigungstheorie hat die Strafe ihren Sinn in der Prävention, wird aber zugleich durch das Maß der Schuld begrenzt.
- Das Gesetzlichkeitsprinzip in Art. 103 Abs. 2 GG und § 1 StGB enthält vier Teilgrundsätze: Keine Strafe ohne formelles Gesetz, das Bestimmtheitsgebot, das Rückwirkungsverbot und das Analogieverbot.
- Es gibt vier klassische Auslegungsmethoden: Grammatische, systematische, historische und teleologische Auslegung. Daneben kann vereinzelt die verfassungs- und unionsrechtskonforme Auslegung zu berücksichtigen sein.
- Der Grundaufbau der Straftat ist dreigliedrig: 1. Tatbestand, 2. Rechtswidrigkeit und 3. Schuld.
- Nach der Einteilung der Erscheinungsformen der Straftaten ist zu unterscheiden nach: Verbrechen und Vergehen (§ 12 StGB), Qualifikation und Privilegierung, Vorsatz- und Fahrlässigkeitsdelikten, Erfolgs- und Tätigkeitsdelikten, Begehungs- und Unterlassungsdelikten, versuchten, vollendeten und Unternehmensdelikten sowie eigenhändigen, Sonder- und Allgemeindelikten.

– Die §§ 3–7 StGB bestimmen die räumliche und personelle Geltung des deutschen Strafrechts. Grundprinzip ist das in § 3 StGB normierte Territorialitätsprinzip.
– Zum gegenwärtigen Zeitpunkt existiert kein europäisches Strafrecht im klassischen Sinne. Stattdessen beeinflusst das Unionsrecht die Schaffung und Auslegung nationalen Strafrechts („Europäisierung des nationalen Strafrechts").
– Gegenstand des Völkerstrafrechts sind diejenigen Normen, die eine unmittelbare Strafbarkeit von einzelnen Personen nach dem Völkerrecht begründen.
– Die Handlung ist das Grundelement der Strafbarkeitsprüfung. Keine Handlungsqualität haben Geschehensabläufe, die ohne Steuerung oder Steuerbarkeit durch die geistigen Kräfte eines Menschen ablaufen (z. B. Körperbewegungen im Schlaf oder reine Reflexbewegungen).

X. Übungsfälle

1. Dem Elektriker E gelang es, von seiner Wohnung aus heimlich städtische Stromleitungen anzuzapfen. Den so erlangten elektrischen Strom nutzt er, um seine Wohnung zu beleuchten. Hat E sich wegen eines Diebstahls gem. § 242 Abs. 1 StGB strafbar gemacht (nach RGSt 32, 165)?
2. Der österreichische Staatsbürger Ö versendet per Post von Wien nach München eine Briefbombe an den deutschen Politiker P. Wie von Ö geplant, explodiert die Bombe beim Öffnen der Post durch P. P wird dadurch getötet. Hat sich Ö nach § 212 Abs. 1 StGB strafbar gemacht?

2. Kapitel
Tatbestand

I. Überblick

Die Grundlage strafrechtlichen Unrechts bildet die Verwirklichung eines gesetzlichen Tatbestandes.[1] Erst der Umstand, dass eine Person (möglicherweise) die tatbestandlichen Voraussetzungen einer bestimmten Strafnorm erfüllt, also bspw. vorsätzlich einen anderen Menschen tötet (vgl. § 212 Abs. 1 StGB), bietet Anlass, der Frage nach einer etwaigen Strafbarkeit nachzugehen. Insbesondere werden die Prüfungspunkte „Rechtswidrigkeit" und „Schuld" überhaupt erst dann relevant, wenn feststeht, dass eine Person tatsächlich tatbestandsmäßig gehandelt hat. Wer durch sein Verhalten keinen gesetzlichen Tatbestand verwirklicht, muss sich also gar nicht erst auf einen Rechtfertigungs- oder Entschuldigungsgrund berufen, um seine Straflosigkeit zu begründen, da als Ausfluss der durch Art. 2 Abs. 1 GG gewährleisteten allgemeinen Handlungsfreiheit ein Verhalten solange erlaubt ist, wie es nicht ausdrücklich verboten ist.

Der Tatbestand wird durch ein Zusammenspiel von Elementen aus dem Besonderen und dem Allgemeinen Teil des Strafrechts geprägt. Die speziellen Voraussetzungen aus dem Besonderen Teil konkretisieren das allgemeine Schema aus Tab. 2 (Rn. 43). So ergibt sich bspw. als Schema für den Tatbestand des Totschlages nach § 212 Abs. 1 StGB, der als Tatererfolg den Tod eines anderen Menschen voraussetzt:

Tab. 3: Tatbestand des Totschlags

1.	**objektiver Tatbestand**
	– ein anderer Mensch
	– Tod
	– Kausalität
	– objektive Zurechnung
2.	**subjektiver Tatbestand**
	– Vorsatz

---
[1] *Wessels/Beulke/Satzger*, Strafrecht AT, Rn. 115.

97 Aus dem Allgemeinen Teil sind im Rahmen des objektiven Tatbestands bei **vorsätzlichen Erfolgsdelikten** somit die Kausalität und die objektive Zurechnung zu prüfen, im subjektiven Tatbestand der Vorsatz. **Kausalität und objektive Zurechnung** haben die Frage zum Gegenstand, wie die Handlung des Täters mit einem bestimmten Erfolg objektiv verknüpft ist. Der Eintritt des tatbestandlichen Erfolges (bei § 212 Abs. 1 StGB: Der Tod eines Menschen) begründet noch nicht die Verwirklichung des objektiven Tatbestandes, vielmehr muss der Erfolg gerade vom Täter kausal und objektiv zurechenbar verursacht worden sein.[2]

II. Kausalität

98 Die Prüfung der Kausalität dient der Feststellung, ob der Täter für den Eintritt des tatbestandlichen Erfolges ursächlich geworden ist, dass also zwischen seinem Verhalten und dem Erfolg ein naturgesetzlicher Zusammenhang besteht.[3] Es sollen solche Handlungen von der weiteren Strafbarkeitsprüfung ausgenommen werden, die schon keinerlei Bedingung für den Erfolgseintritt gesetzt haben.

1. Kausalitätstheorien

a) Äquivalenztheorie

99 Grundlage für die Bestimmung der Kausalität ist die sog. **Äquivalenztheorie** oder Bedingungstheorie.[4] Danach ist jede Handlung kausal, die nicht hinweggedacht werden kann, ohne dass der konkrete Erfolg entfiele (Conditio-sine-qua-non-Formel). Dieser Ansatz wird als Äquivalenztheorie bezeichnet, weil danach alle **Bedingungen gleichwertig (äquivalent)** sind. Anhand dieser einfachen Formel können regelmäßig Ereignisse als Ursachen ausgeschlossen werden, die nicht mit dem Erfolg verknüpft sind. Ruft etwa A den O in dem Moment an, in dem dieser von B erschossen wird, so kann der Anruf des A hinweggedacht werden, ohne dass der Tod des O entfiele. Die Handlung des A ist daher nicht kausal, anders als der Schuss des B, der nicht hinweggedacht werden kann, ohne dass der Tod des O entfiele.

---

[2] Zum Hintergrund und Anwendungsbereich der objektiven Erfolgszurechnung *Ebert*, JURA 1979, 561; *Erb*, JuS 1994, 449; *Otto*, JURA 1992, 90; *Wessels/Beulke/Satzger*, Strafrecht AT, Rn. 153 ff.

[3] *Erb*, JuS 1994, 449; *v. Heintschel-Heinegg*, JA 1994, 31, 32; *Kindhäuser*, Strafrecht AT, § 10 Rn. 1; *Rengier*, Strafrecht AT, § 13 Rn. 2. Hinweise zur Prüfung der Kausalität im Gutachten bei *Puppe*, JURA 1997, 408, 415 f.; zur Kausalität bei Gremienentscheidungen vgl. *Satzger*, JURA 2014, 186 ff.

[4] RGSt 1, 373; BGHSt 1, 332; *Ebert*, JURA 1979, 561; *v. Heintschel-Heinegg*, JA 1994, 31, 33; *Kudlich*, JA 2010, 687 ff.; *Rönnau/Faust/Fehling*, JuS 2004, 113, 114; *Schlüchter*, JuS 1976, 312.

In bestimmten Konstellationen führt die Anwendung der Äquivalenztheorie jedoch nicht weiter.⁵ Dies gilt insbesondere in Fällen, in denen der Bedingungszusammenhang **hypothetisch unklar** ist.⁶ Werden etwa dem Patienten O die Arzneimittel X und Y verabreicht und erleidet O hierauf Lähmungen, kommt es für die Frage, ob das von A hergestellte Mittel X hinweggedacht werden kann, ohne dass die Lähmungen des O entfielen, darauf an, ob X überhaupt geeignet ist, Lähmungen hervorzurufen. Die Frage der Kausalität soll aber gerade durch die Conditio-sine-qua-non-Formel geprüft werden. 100

Problematisch ist weiterhin die nahezu **uferlose Weite** der Äquivalenztheorie. Sie kann zu einem Rückgriff auf unendlich weit zurückliegende Ereignisse führen **(regressus ad infinitum)**.⁷ Wird etwa O von A erschossen, so sind neben A auch die Hersteller der Schusswaffe, die Eltern des A, die diesen gezeugt haben, und wiederum deren Eltern usw. für den Tod des O aufgrund der Gleichwertigkeit der Bedingungen nach der Äquivalenztheorie kausal. Hieraus folgt, dass die Conditio-sine-qua-non-Formel allenfalls die Mindestbedingungen der Zurechnung eines tatbestandlichen Erfolges klären kann. 101

b)   Lehre von der gesetzmäßigen Bedingung

Eine Möglichkeit, der ausufernden Weite der Äquivalenztheorie zu begegnen, besteht darin, dass man bei der Feststellung der Kausalität von vornherein eine andere Kausalitätstheorie zugrunde legt. Diesen Ansatz verfolgen bspw. die Anhänger der **Lehre von der gesetzmäßigen Bedingung**.⁸ Diese geht zwar ebenso wie die Äquivalenztheorie von der Gleichwertigkeit aller Bedingungen aus. Statt aber im Sinne der Conditio-sine-qua-non-Formel zu prüfen, ob eine Handlung hinweggedacht werden kann, fragt sie, ob der eingetretene Erfolg mit der Handlung (durch eine Reihe von nachfolgenden Ereignissen) nach den bekannten Naturgesetzen notwendig verbunden war.⁹ 102

Die Lehre von der gesetzmäßigen Bedingung hat in der Literatur vielfachen Zuspruch erfahren. Ob sie tatsächlich geeignet ist, den gegen die Äquivalenztheorie erhobenen Einwand der Uferlosigkeit zu umgehen, muss jedoch bezweifelt werden. Denn auch auf ihrer Grundlage bleiben ganz entfernte Bedingungen eines Erfolgseintritts für diesen ursächlich, solange sich nur nach den bekannten Naturgesetzen eine notwendige Verbindung feststellen lässt. 103

---

⁵ Krit. auch *Otto*, JURA 2001, 275; *Puppe*, ZJS 2008, 488, 490 f.; *Schumann*, JURA 2008, 408, 411.
⁶ Vgl. auch *Kindhäuser*, Strafrecht AT, § 10 Rn. 11; *Kudlich*, JA 2010, 687 ff.
⁷ *Rengier*, Strafrecht AT, § 13 Rn. 6 f.; *Wessels/Beulke/Satzger*, Strafrecht AT, Rn. 156.
⁸ *Erb*, JuS 1994, 449, 450; *v. Heintschel-Heinegg*, JA 1994, 31, 33 f.; *Otto*, JURA 1992, 90, 93 ff.
⁹ *Hilgendorf*, JURA 1995, 514; *Wessels/Beulke/Satzger*, Strafrecht AT, Rn. 168a.

c) Adäquanztheorie

104 Einen anderen Ansatz zur Bestimmung der Kausalität liefert die **Adäquanztheorie**.[10] Nach dieser sind nur solche Bedingungen kausal, die nach der Lebenserfahrung allgemein geeignet sind den tatbestandsmäßigen Erfolg herbeizuführen. Regelwidrige, völlig atypische Kausalverläufe sollen vom objektiven Tatbestand nicht umfasst sein.

105 Die Adäquanztheorie ist im Zivilrecht herrschend, hat sich aber im Strafrecht zu Recht nicht durchgesetzt. Denn sie vermischt die naturwissenschaftliche Kausalitätsfeststellung mit der Wertungsfrage der Adäquanz. Dadurch werden aber keine klaren Unterscheidungen ermöglicht. Auch erscheint fraglich, ob die Adäquanztheorie überhaupt als „echte" Kausalitätstheorie einzuordnen ist, oder ob sie nicht lediglich eine Einschränkung der auf der Grundlage der Äquivalenztheorie ermittelten Ergebnisse bewirkt.[11]

d) Relevanztheorie

106 Vereinzelt wird vorgeschlagen, den Kausalzusammenhang auf der Grundlage der **Relevanztheorie** zu ermitteln.[12] Diese will die Ursächlichkeit zunächst nach dem Gedanken der Äquivalenztheorie bestimmen, um anschließend solche Geschehensabläufe von der Haftung auszunehmen, die keine strafrechtliche Relevanz aufweisen.

107 Gegen diesen Ansatz spricht insbesondere seine begriffliche Unbestimmtheit. So mag es noch einleuchten, das Zeugen eines Kindes, das sich im weiteren Verlauf seines Lebens zu einem Intensivtäter entwickelt, als strafrechtlich irrelevant einzuordnen. Wo in sonstigen Bereichen die Grenze der strafrechtlichen Relevanz und damit der Zurechenbarkeit überschritten wird, hängt indes von der zunächst zu leistenden Interpretation des Schutzzwecks des konkret betroffenen Tatbestandes ab. Ebenso wie die Adäquanz- liefert auch die Relevanztheorie darüber hinaus keine Ersetzung, sondern lediglich eine Ergänzung der Äquivalenztheorie.

2. Fallgruppen zum Kausalzusammenhang

108 Trotz der gegenüber der Äquivalenztheorie erhobenen Kritikpunkte sollte sie in der Falllösung bei der Prüfung der Kausalität zugrundegelegt werden.[13] Hierbei ist zu beachten, dass Rechtsprechung und Literatur für einzelne wiederkehrende Fallgruppen konkrete Anwendungsregeln entwickelt haben bzw. eine Modifizierung der Conditio-sinie-qua-non-Formel vornehmen, um die Ursächlichkeit einzelner Verhaltensweisen sachgerecht bestimmen zu können.

---

[10] *Geppert*, JURA 2001, 490; *Rönnau/Faust/Fehling*, JuS 2004, 113, 114 f.; *Schumann*, JURA 2008, 408, 411 f.

[11] *V. Heintschel-Heinegg*, JA 1994, 31, 33; *Rönnau/Faust/Fehling*, JuS 2004, 113, 114 f.

[12] Hierzu *Blei*, Strafrecht AT, § 28 IV, V; *Bockelmann/Volk*, Strafrecht AT, S. 63 ff.; *v. Heintschel-Heinegg*, JA 1994, 31, 33; *Rönnau/Faust/Fehling*, JuS 2004, 113, 115.

[13] Krit. aber insb. *Otto*, JURA 1992, 90, 92 f.; *Puppe*, ZJS 2008, 488, 491.

(Prüfungs-)Relevant sind insbesondere die nachfolgend dargestellten Konstellationen.

a) Kausalität bei ungeklärtem Wirkungszusammenhang

Insbesondere im Bereich der strafrechtlichen Produkthaftung ist häufig die Frage zu klären, ob das Inverkehrbringen (oder der unterlassene Rückruf) eines bestimmten Produkts für Schädigungen der körperlichen Integrität ursächlich ist. Der BGH hat die Anwendung der Äquivalenztheorie in zwei Entscheidungen dahingehend konkretisiert, dass der Wirkungszusammenhang nicht völlig geklärt sein muss, sondern es vielmehr ausreichen kann, wenn die Ursächlichkeit sonstiger Verhaltensweisen ausgeschlossen werden kann. 109

Der sog. **Lederspray-Entscheidung** lag der Fall zugrunde, dass drei Herstellerfirmen Lederspray produziert hatten, das kurz nach Gebrauch bei vielen Personen gesundheitliche Beeinträchtigungen (bis hin zu Lungenödemen) hervorrief. Welche der in dem Spray zusammengesetzten Substanzen die Schädigungen verursachten, konnte nicht festgestellt werden. Der BGH führte hierzu aus: „Ist in rechtsfehlerfreier Weise festgestellt, dass die – wenn auch nicht näher aufzuklärende – inhaltliche Beschaffenheit des Produkts schadensursächlich war, so ist zum Nachweis des Ursachenzusammenhangs nicht noch weiter erforderlich, dass festgestellt wird, warum diese Beschaffenheit schadensursächlich werden konnte, was also nach naturwissenschaftlicher Analyse und Erkenntnis letztlich der Grund dafür war (…). Freilich müssen dort, wo sich die Ursächlichkeit nicht auf diese Weise darlegen lässt, alle anderen in Betracht kommenden Schadensursachen aufgrund einer rechtsfehlerfreien Beweiswürdigung ausgeschlossen werden können."[14] 110

In der **Holzschutzmittel-Entscheidung** stellte der BGH fest, dass die Klärung der Kausalität Gegenstand der freien richterlichen Beweiswürdigung (vgl. § 261 StPO) sei. Ein Ursachenzusammenhang zwischen einer Holzschutzmittelexposition und einer Erkrankung sei „nicht etwa nur dadurch nachweisbar, dass entweder die Wirkungsweise der Holzschutzmittelinhaltsstoffe auf den menschlichen Organismus naturwissenschaftlich nachgewiesen oder alle anderen möglichen Ursachen einer Erkrankung aufgezählt und ausgeschlossen werden. Ein Ausschluss anderer Ursachen kann vielmehr – ohne deren vollständige Erörterung – auch dadurch erfolgen, dass nach einer Gesamtbewertung der naturwissenschaftlichen Erkenntnisse und anderer Indiztatsachen die – zumindest – Mitverursachung des Holzschutzmittels zweifelsfrei festgestellt wird."[15] 111

---

[14] BGHSt 37, 106, 112; vgl. auch *Beulke/Bachmann*, JuS 1992, 737; *Pfeiffer*, JURA 2004, 519 ff.; *Satzger* JURA 2014 186 ff.
[15] BGHSt 41, 206, 216; vgl. auch *Schulz*, JA 1996, 185; *Wohlers*, JuS 1995, 1019.

b) Nichtberücksichtigung hypothetischer Kausalverläufe

112 Hypothetische Kausalverläufe sind für die Prüfung des Kausalzusammenhangs bei Begehungsdelikten nicht zu berücksichtigen. Hat der Täter eine für den Erfolgseintritt kausale Handlung vorgenommen, kann er sich also regelmäßig nicht darauf berufen, dass der gleiche Erfolg auch bei Untätigbleiben seinerseits infolge anderer Umstände eingetreten wäre.[16] Bringt A den O dadurch ums Leben, dass er die Bremsen seines Wagens manipuliert und O hierdurch in einen Unfall verwickelt, ist er somit auch dann ursächlich für den Todeseintritt des O, wenn für den Fall, dass er die Bremsen unangetastet gelassen hätte, der B die identische Manipulation vorgenommen hätte. Abzustellen ist bei der Äquivalenztheorie nur auf den Erfolg in seiner konkreten Gestalt. **Reserveursachen** dürfen nicht hinzugedacht werden.[17] Unerheblich ist auch, ob andere Bedingungen den gleichen Erfolg später herbeigeführt hätten.

113 Ausnahmsweise zulässig und geboten ist der Rückgriff auf einen hypothetischen Kausalverlauf zur Erfassung der Fallgruppe des **Abbruchs rettender Kausalverläufe**, in denen der Täter nach allgemeiner Meinung wegen eines vollendeten Begehungsdeliktes strafbar ist.[18] Schießt A ein Loch in den auf O zutreibenden Rettungsring, woraufhin O ertrinkt, während er ohne das Versenken des Rettungsrings hätte gerettet werden können, ist A somit ursächlich für den Tod des O.

c) Abgebrochene bzw. überholende Kausalität

114 In Fällen der abgebrochenen bzw. überholenden Kausalität besteht kein Kausalzusammenhang zwischen dem Täterverhalten und dem Erfolg, weil eine **neue Ursachenreihe** die Fortwirkung des Täterverhaltens beseitigt und ihrerseits den Erfolg herbeigeführt hat.[19] Dies ist etwa dann anzunehmen, wenn A dem O eine tödliche Dosis Gift verabreicht, O jedoch von B erschossen wird, noch bevor das Gift zu wirken beginnt. Der Kausalverlauf von der Handlung des A zum Tod des O wird „abgebrochen", weil ein neuer Kausalzusammenhang an dessen Stelle tritt, den alten also „überholt". Die von A gesetzte Bedingung kann für den Tod des O hinweggedacht werden, ohne dass der Erfolg entfiele. Tatsächlich ursächlich geworden ist allein der B.

115 Keine Unterbrechung des Kausalzusammenhangs ergibt sich allerdings allein daraus, dass noch andere Bedingungen zum Erfolg beigetragen haben. Dem **Rotlicht-Fall** des BGH lag ein Sachverhalt zugrunde, bei dem der Angeklagte von der Polizei angehalten wurde, weil er bei Dunkelheit ein KFZ ohne Rücklicht fuhr. Zunächst sicherte die Polizei den Verkehr durch Aufstellen einer

---

[16] BGHSt, 2, 20, 23 f.; 10, 369, 370; 13, 13, 14 f.; *Ebert*, JURA 1979, 561, 563; *v. Heintschel-Heinegg*, JA 1994, 126 f.; *Otto*, JURA 2001, 275, 276; *Rengier*, Strafrecht AT, § 13 Rn. 15 ff.

[17] BGHSt 49, 1, 3 ff.; *Kühl*, Strafrecht AT, § 4 Rn. 11 ff.; *Wessels/Beulke/Satzger*, Strafrecht AT, Rn. 161.

[18] Vgl. insoweit auch *Kindhäuser*, Strafrecht AT, § 10 Rn. 37; *Kühl*, Strafrecht AT, § 4 Rn. 17 ff.

[19] *Ebert*, JURA 1979, 561, 567; *v. Heintschel-Heinegg*, JA 1994, 126, 127; *Kudlich*, JA 2010, 681, 684; *Rengier*, Strafrecht AT, § 13 Rn. 21; *Schlüchter*, JuS 1976, 380 ff.

roten Lampe. Ein Polizist nahm die Lampe aber vorzeitig von der Fahrbahn. Unmittelbar darauf fuhr ein LKW auf das KFZ des Angeklagten auf, wobei der Beifahrer des auffahrenden LKW tödlich verletzt wurde. Trotz des nachfolgend pflichtwidrigen Verhaltens der Polizeibeamten bejahte der BGH das Vorliegen eines Kausalzusammenhangs zwischen dem Verhalten des Angeklagten und dem tödlichen Auffahrunfall: Voraussetzung für die Annahme des Ursachenzusammenhangs sei allein, dass „die ursprünglich für einen bestimmten Erfolg gesetzte Bedingung auch wirklich bis zum Eintritt des Erfolges fortgewirkt hat."[20]

Anders als von der älteren **Lehre vom Regressverbot** angenommen, wird die Ursächlichkeit eines (fahrlässigen) Erstverhaltens auch nicht generell dadurch unterbrochen, dass ein vorsätzliches Zweitverhalten die zeitlich letzte Ursache für einen tatbestandlichen Erfolgseintritt begründet. Wenn etwa der Leiter einer Justizvollzugsanstalt einem erkennbar rückfallgefährdeten Vollzugsinsassen einen Hafturlaub (vgl. §§ 13 Abs. 1 i.V.m. 11 Abs. 2 StVollzG) gewährt, in dessen Verlauf der Vollzugsinsasse eine vorsätzliche Körperverletzung (§ 223 Abs. 1 StGB) verwirklicht, hat der Leiter durch die Urlaubsgewährung eine Ursache für den Körperverletzungserfolg gesetzt und kann sich nicht darauf berufen, dass die Begehung der Körperverletzung auf einem freien Entschluss des beurlaubten Vollzugsinsassen beruht.[21] Denn in dieser Konstellation unterbricht der vorsätzlich handelnde Begehungstäter, der an einen bereits in Gang gesetzten Kausalverlauf anknüpft, den Kausalverlauf nicht, sondern stellt lediglich das erforderliche Bindeglied zwischen den bereits gegebenen Bedingungen und dem tatbestandlichen Erfolgseintritt her.[22] Teilweise wird in dieser Konstellation allerdings eine Unterbrechung des objektiven Zurechnungszusammenhangs unter dem Gesichtspunkt des eigenverantwortlichen Dazwischentretens eines Dritten (dazu noch Rn. 145) angenommen.[23]

116

d) Alternative Kausalität

Von alternativer Kausalität (oder „Doppelkausalität") spricht man, wenn zwei Kausalverläufe, die durch voneinander unabhängige Handlungen in Gang gesetzt wurden, gleichzeitig zum Erfolg führen.[24] Sie liegt etwa dann vor, wenn A und B voneinander unabhängig jeweils eine tödliche Menge Gift in den Kaffee des O schütten, der infolge des Austrinkens des Kaffees verstirbt. Bei Zugrundelegung der Conditio-sine-qua-non-Formel ließe sich sowohl die Handlung des A als auch diejenige des B hinwegdenken, ohne dass der konkrete Erfolg entfiele, so dass für beide die Kausalität zu verneinen wäre. Daher wird die For-

117

---

[20] BGHSt 4, 360, 362; vgl. zur abgebrochenen Kausalität auch *Kion*, JuS 1967, 499 ff.
[21] Vgl. die Fallgestaltung in BGHSt 49, 1, 4 f., die allerdings die Beurlaubung eines in einer psychiatrischen Klink Untergebrachten betraf.
[22] RGSt 64, 370, 373; *Saliger*, JZ 2004, 977, 979.
[23] Ausführlich zu älteren und neueren Spielarten der Regressverbotslehre *Bindokat*, JZ 1986, 421; *Puppe*, JURA 1998, 26; *Saliger*, JZ 2004, 977, 979; zum Ganzen auch schon RGSt 61, 318, 319; 64, 370, 373.
[24] *Ebert*, JURA 1979, 561, 568; *v. Heintschel-Heinegg*, JA 1994, 126, 128 f.; *Kudlich*, JA 2010, 681, 683; *Satzger*, JURA 2014, 186, 190 f.

mel der Äquivalenztheorie für Fälle der **alternativen Kausalität** modifiziert: Von mehreren Bedingungen, die zwar alternativ, nicht jedoch kumulativ hinweggedacht werden können, ohne dass der Erfolg entfiele, ist jede ursächlich für den Erfolg.[25] Da die Handlungen von A und B zwar alternativ, nicht aber kumulativ hinweggedacht werden können, ohne dass der Tod des O entfiele, sind auf Grundlage der modifizierten Äquivalenztheorie beide ursächlich für den tatbestandlichen Erfolgseintritt.

118 Keine Schwierigkeiten bereitet die Fallkonstellation der alternativen Kausalität für die Vertreter der Lehre von der gesetzmäßigen Bedingung (hierzu Rn. 102 f.). Da sowohl A als auch B eine tödlich wirkende Dosis Gift in den Kaffee des O geschüttet haben und dieser tatsächlich infolge des Trinkens des Kaffees verstorben ist, haben sowohl A als auch B eine Handlung vorgenommen, die nach den bekannten Naturgesetzen notwendig mit dem Tod des O verbunden ist.

e) Kumulative Kausalität

119 Ein Fall der kumulativen Kausalität liegt vor, wenn mehrere unabhängig voneinander vorgenommene Handlungen den Erfolg erst durch ihr Zusammenwirken herbeiführen.[26] Sie ist etwa dann gegeben, wenn A und B unabhängig voneinander jeweils eine Giftmenge in den Kaffee des O schütten, die jede für sich genommen nicht tödlich wirkt, durch ihr Zusammenwirken jedoch eine tödliche Dosis ergeben.

120 Die Konstellationen der **kumulativen Kausalität** lassen sich durch einfache Anwendung der Conditio-sine-qua-non-Formel lösen, ohne dass diese modifiziert werden müsste. Da im Beispielsfall der Tod des O entfiele, wenn eine der beiden Giftmengen hinweggedacht wird, ist sowohl die Handlung von A als auch diejenige von B kausal für den Tod des O.

f) Atypischer Kausalverlauf

121 Das Verhalten des Täters ist auch dann kausal für den konkreten Erfolg, wenn Letzterer aufgrund eines besonders untypischen Kausalverlaufs eingetreten ist. Von einem solchen ist dann auszugehen, wenn der eingetretene konkrete **Erfolg weit außerhalb des nach allgemeiner Lebenserfahrung Üblichen** liegt. Stößt etwa A den O gegen eine Mauer und verstirbt O wegen einer besonders seltenen allergischen Sensibilität gegen das an sich ungefährliche Baumaterial, kann das Verhalten des A gleichwohl nicht hinweggedacht werden, ohne dass der Tod des O entfiele (vgl. auch noch Rn. 144).[27]

---

[25] Vgl. BGHSt 39, 195, 198; hierzu auch *Kudlich*, JA 2010, 681, 684; *Toepel*, JuS 1994, 1009 ff.

[26] *Brünning*, ZJS 2008, 419 ff.; *v. Heintschel-Heinegg*, JA 1994, 126, 127 f.; *Satzger*, JURA 2014, 186, 190.

[27] BGHSt 3, 62, 63; *Kudlich*, JA 2010, 681, 684; *Wessels/Beulke/Satzger*, Strafrecht AT, Rn. 163 ff.

3. Leitentscheidungen

BGHSt 1, 332, 333; Kausalität bei Erfolgsqualifikationen: Der Täter versetzt einem Kaufmann einen kräftigen Schlag auf die linke Gesichtshälfte, ohne hierbei einen Todeseintritt für möglich zu halten. Infolge des Schlages erleidet der Kaufmann eine Gehirnerschütterung, die zum Einriss von Blutadern der Hirnhäute und hierdurch zu seinem Tod führt. – Der Tod des Kaufmanns ist dem Täter im Rahmen einer Körperverletzung mit Todesfolge (§ 227 StGB) zuzurechnen. Auch bei den Erfolgsqualifikationen bestimmt sich der Ursachenzusammenhang zwischen Verwirklichung des Grunddeliktes und Eintritt der schweren Folge nach der Bedingungstheorie, so dass es nicht darauf ankommt, ob der Schlag nach allgemeiner Lebenserfahrung generell dazu geeignet war, den Tod zu verursachen.

BGHSt 2, 20, 23 ff.; Hypothetische Kausalität: Ein Polizeipräsident verfügt gegenüber vier Personen die Einweisung in ein Konzentrationslager, wo drei von ihnen ums Leben kommen. Hätte er die Einweisung nicht angeordnet, wäre diese mit hoher Wahrscheinlichkeit durch seine vorgesetzte Behörde erfolgt. – Trotz dieser „Reserveursache" ist die Einweisungserklärung des Polizeipräsidenten ursächlich für den Todeseintritt. Eine Handlung kann auch dann nicht hinweggedacht werden, ohne dass der Erfolg entfiele, wenn die hypothetische Möglichkeit besteht, dass ohne die Handlung des Täters ein anderer eine Handlung vorgenommen hätte, die ebenfalls den Erfolg herbeigeführt haben würde.

BGHSt 30, 228, 231 f.; Hypothetische Kausalität: Ein KFZ-Führer fährt mit überhöhter Geschwindigkeit in eine ordnungsgemäß gesicherte Unfallstelle und verletzt dort zwei Personen. Wäre er mit einer den Sichtverhältnissen angepassten Geschwindigkeit gefahren, hätte er den Unfall vermeiden können. Stattdessen wäre jedoch der nach ihm fahrende Fahrzeugführer in die Unfallstelle gefahren und hätte zumindest eine der anwesenden Personen verletzt. – Das pflichtwidrige Verhalten des KFZ-Führers ist ursächlich für die Verletzung beider Personen. Der Ursachenzusammenhang wird nicht dadurch aufgehoben, dass bei ordnungsgemäßem Fahrverhalten seinerseits ein anderer Fahrzeugführer in die Unfallstelle gefahren wäre und dort die (teilweise) identischen Personenschäden herbeigeführt hätte.

BGHSt 37, 106, 114, 130 ff.; Kausalität bei Kollegialentscheidungen (hierzu bereits Rn. 110): Die vier Geschäftsführer einer GmbH stimmen dafür, Ledersprays zu vertreiben. Die Beschlüsse der GmbH werden mit einfacher Abstimmungsmehrheit getroffen, d. h. auch für den Fall, dass ein Geschäftsführer mit „Nein" gestimmt hätte, wären die Ledersprays aufgrund des Abstimmungsverhaltens der anderen drei vertrieben worden. – Kommt es infolge der Verwendung der Sprays zu Gesundheitsschädigungen der Verbraucher, ist das Abstimmungsverhalten jedes Geschäftsführers trotz der geltenden Abstimmungsregeln dafür ursächlich. Zwar hätte ein abweichendes Stimmverhalten nichts am Zustandekommen des Beschlusses geändert, jedoch setzt jeder, der nur durch Zusammenwirken mit anderen eine zur Schadensabwendung erforderliche Maßnahme herbeiführen kann, eine Ursache für das Unterbleiben der gebotenen Maßnahme, wenn er es trotz seiner Mitwirkungsbefugnis unterlässt, auf ihr Zustandekommen hinzuwirken.

126 **BGHSt 39, 195, 198 f.: Alternative Kausalität:** Der Täter schießt in Tötungsabsicht auf das Opfer, wobei die Verwundungen, die dieses dabei erleidet, geeignet sind, den Tod herbeizuführen. Kurz darauf schießt der Täter erneut auf das Opfer, wobei dieses andere Verletzungen erleidet, die aber wiederum für sich genommen geeignet sind, den Tod herbeizuführen. Das Opfer stirbt infolge des „Zusammentreffens" der Verletzungsfolgen. – Beide Schüsse sind kausal für den Todeseintritt. Zwar tritt dieser durch ein Zusammenwirken der beiden Schüsse ein, wäre aber auch durch die separate Wirkung eines jeden Schusses eingetreten. Bereits der erste Schuss führt damit zu einem vollendeten Tötungsdelikt, da seine Wirkung nur alternativ, nicht jedoch kumulativ mit der des zweiten Schusses hinweggedacht werden kann, ohne dass der Todeserfolg entfiele.

127 **BGHSt 49, 1, 3 ff.; Hypothetische Kausalität (vgl. auch Rn. 116):** Die verantwortlichen Ärzte einer psychiatrischen Klinik gewähren einem zwangsweise eingewiesenen Patienten Ausgang, den dieser zur Begehung mehrerer Gewalttaten missbraucht. Hätten sie den Ausgang nicht genehmigt, wäre es dem Patienten aufgrund der schlechten Sicherung des unter Denkmalschutz stehenden Gebäudes gleichwohl gelungen, die Klinik zu verlassen. – Die von den Ärzten durch die Genehmigung gesetzte Ursache für die tatsächlich eingetretenen Gewalttaten wird durch die hypothetische Möglichkeit des Ausbruchs nicht beseitigt, da dieser ein außerhalb der konkreten Tatsituation liegendes Geschehen darstellt und einer zusätzlichen autonomen Willensbildung des Patienten bedurft hätte.

III. Objektive Zurechnung

128 Legt man bei der Prüfung der Kausalität die Äquivalenztheorie zugrunde, so führt dies infolge der von dieser angenommenen Gleichwertigkeit sämtlicher Bedingungen zu einer Erfolgszurechnung auch für solche Verhaltensweisen, die lediglich eine ganz entfernte Ursache für den Eintritt des tatbestandlichen Erfolges gesetzt haben und insbesondere im gesamtdeliktischen Geschehen eine eindeutig untergeordnete Rolle spielen (vgl. schon oben Rn. 101.). Da Anknüpfungspunkt für eine strafrechtliche Haftung aber nicht ein rein naturwissenschaftlicher Ursachenzusammenhang sein kann, sondern vielmehr erforderlich ist, dass der eingetretene Erfolg gerade dem Täter als **„sein Werk"** zuzurechnen ist, entspricht es einhelliger Auffassung, dass die auf der Grundlage der Conditio-sine-qua-non-Formel gewonnenen Ergebnisse einer haftungseinschränkenden Korrektur bedürfen.[28] Uneinheitlich beantwortet wird indes, ob die Einschränkung bereits auf der Ebene des objektiven Tatbestandes zu erfolgen hat, oder ob es sich hierbei primär um ein Problem des Vorsatzes handelt, welches die subjektive Erfolgszurechnung betrifft.[29] Richtigerweise geht die vorherrschende Auffassung in der Literatur davon aus, dass die Korrektur bereits im objektiven Tatbestand vorzunehmen und damit (im strafrechtlichen Gutachten) unmittelbar im Anschluss an die Feststellung der Kausalität zu erörtern ist.[30] Ob der Eintritt eines tatbestandlichen Erfolges dem Täter als sein Werk zugerechnet werden kann, ist bspw. dann fraglich, wenn das Opfer selbst oder ein Dritter wesentlich zum Schadenseintritt beigetragen hat. Da diese Fragestellung eindeutig an eine objektive Betrachtung des Geschehens anknüpft, führt allein die Verortung im objektiven Tatbestand zu sachgerechten Ergebnissen.

Die sich hiernach unmittelbar an die Kausalitätsprüfung anschließende Feststellung der objektiven Zurechnung ist an der Frage orientiert, ob der strafrechtlich relevante Erfolg gerade auf einem vorwerfbaren Verhalten des Täters beruht.[31] Die im Gutachten zugrunde zu legende Definition der objektiven Zurechnung lautet daher: Objektiv zurechenbar ist ein Erfolg, wenn der Täter eine **rechtlich missbilligte Gefahr für den Erfolgseintritt geschaffen** hat, die sich **in tatbestandsmäßiger Weise im konkreten Erfolg realisiert** hat. Diese allgemeine Formel der objektiven Zurechnung muss in einer Reihe von Fallgruppen konkretisiert werden, die teilweise die Frage nach der rechtlich missbilligten Gefahrschaffung, teilweise die Prüfung der Realisierung der Gefahr im tatbestandlichen Erfolg betreffen.[32]

129

1. Schaffung einer rechtlich missbilligten Gefahr

a) Fehlende Beherrschbarkeit des Kausalgeschehens und erlaubtes Risiko

Die (nach der Äquivalenztheorie kausale) Veranlassung rechtlich nicht relevanter Vorgänge, die sich im Rahmen des allgemeinen Lebensrisikos bewegen, stellt keine Schaffung einer rechtlich missbilligten Gefahr dar.[33] Neben den Konstellationen, in denen der Handelnde eine **ganz entfernte Bedingung** für den Erfolgseintritt gesetzt hat (vgl. bereits Rn. 101: Zeugung des späteren Täters),

130

---

[28] *Ebert*, JURA 1979, 561, 568; *Erb*, JuS 1994, 449, 453; *Frisch*, JuS 2011, 19, 20; *v. Heintschel-Heinegg*, JA 1994, 213; *Kindhäuser*, Strafrecht AT, § 11 Rn. 1 f.; *Puppe*, JURA 1997, 513; *Rengier*, Strafrecht AT, § 13 Rn. 38 f.; *Rönnau/Fest/Fehling*, JuS 2004, 113, 115; *Schumann*, JURA 2008, 408, 411; *Seher*, JURA 2001, 814.
[29] Ausführliche Darstellung der Auseinandersetzung bei *Schumann*, JURA 2008, 408, 413 ff.
[30] *Ebert*, JURA 1979, 561, 568 f.; *Rönnau/Faust/Fehling*, JuS 2004, 113, 115.
[31] *Frisch*, JuS 2011, 19, 22; *V. Heintschel-Heinegg*, JA 1994, 213; *Seher*, JURA 2001, 814.
[32] Vgl. auch die Übersichten bei *v. Heintschel-Heinegg*, JA 1994, 213, 214; *von der Meden*, JuS 2015, 22 ff.; Satzger, JURA 2014, 695, 696 ff.; *Schumann*, JURA 2008, 408, 413.
[33] *Ebert*, JURA 1979, 561, 569; *Frisch*, JuS 2011, 116, 117; *Kasper*, JuS 2004, 409; *Seher*, JURA 2001, 814, 816.

ist die objektive Zurechnung unter diesem Gesichtspunkt insbesondere dann zu verneinen, wenn der zum Erfolg führende **Kausalverlauf unbeherrschbar** ist, oder wenn sich das Verhalten des Täters im Rahmen des **erlaubten Risikos** bewegt und daher als sozialadäquat einzustufen ist.

131 Überredet A seinen Erbonkel O zu einer Flugreise und stirbt O (wie von A erhofft) infolge eines Absturzes des Flugzeuges, so ist die objektive Zurechnung des Erfolges in mehrfacher Hinsicht zu verneinen. Zunächst hat A auf das Abstürzen des Flugzeugs keinerlei Einfluss und kann daher das von ihm in Gang gesetzte Kausalgeschehen nicht als sein Werk beherrschen. Zugleich bewegt sich das Überreden zu einer Flugreise im Rahmen des erlaubten Risikos, da es sich hierbei um ein alltagstypisches Verhalten handelt und sich die damit einhergehenden Gefahren innerhalb des allgemeinen Lebensrisikos bewegen. Anders zu entscheiden wäre nur, wenn A Kenntnis davon hat, dass eine hohe Wahrscheinlichkeit dafür besteht, dass das Flugzeug des O abstürzen wird, etwa weil er weiß, dass auf dieses ein Anschlag geplant ist.

b) Risikoverringerung

132 Eine rechtlich missbilligte Gefahr wird nicht geschaffen, wenn der Handelnde das Risiko einer bereits anderweitig in Gang gesetzten Kausalkette lediglich verringert.[34] Dies ist etwa dann der Fall, wenn B einen Axthieb in Richtung des Kopfes von O ausführt und es dem A durch sein Eingreifen gelingt, den Hieb auf die Schulter des O umzulenken. Hier ist das Handeln des A zwar kausal für die Körperverletzung in ihrer konkreten Gestalt. Jedoch sind die durch den Hieb auf die Schulter verursachten Verletzungen ihm nicht objektiv zurechenbar, da er durch sein Verhalten das Risiko des Todeseintritts verringert und somit keine rechtlich missbilligte Gefahr geschaffen hat.

133 Der Ausschluss der objektiven Zurechnung greift auch, wenn ein **Erfolg lediglich hinausgezögert** wird, z. B. durch einen Arzt, der durch medizinisch indizierte Maßnahmen den Tod eines Menschen um einige Tage verzögert. Demgegenüber entfällt die objektive Zurechnung unter dem Gesichtspunkt der Risikoverringerung dann nicht, wenn durch die Rettungsmaßnahme zwar eine Gefahr verringert oder beseitigt, hierdurch aber eine **neue und eigenständige Gefahr geschaffen** wird.[35] Wenn etwa der Feuerwehrmann A das Kind O vor dem Tod in den Flammen rettet, indem er es aus dem 4. Stock des brennenden Hauses wirft, hat A die Verletzungen und damit die Körperverletzung, die O infolge des Wurfs aus dem Fenster erleidet, objektiv zurechenbar verursacht. Ob A sich tatsächlich gemäß § 223 Abs. 1 StGB strafbar gemacht hat, ist hiermit indes noch nicht entschieden, vielmehr kommt eine Rechtfertigung aufgrund mutmaßlicher Einwilligung oder Notstands nach § 34 StGB in Betracht.

---

[34] Vgl. hierzu *Ebert*, JURA 1979, 561, 573; *Frisch*, JuS 2011, 116, 116 f.; *v. Heintschel-Heinegg*, JA 1994, 213, 214; *Kudlich*, JuS 2005, 592 ff.
[35] BGH JZ 1973, 173; *Frisch*, JuS 2011, 116, 117; *Seher*, JURA 2001, 814, 817.

c) Eigenverantwortliche Selbstgefährdung

Der Schutzbereich einer Norm, die ein Rechtsgut gegen Verletzungen durch Dritte schützen soll, endet dort, wo der **eigene Verantwortungsbereich des Rechtsgutsträgers** beginnt. Die eigenverantwortlich gewollte und verwirklichte Selbstschädigung oder Selbstgefährdung unterfällt nicht den Tatbeständen eines Körperverletzungs- oder Tötungsdelikts, wenn sich das mit der Gefährdung vom Opfer bewusst eingegangene Risiko realisiert. Wer lediglich eine solche Gefährdung veranlasst, ermöglicht oder fördert, macht sich danach nicht wegen eines Körperverletzungs- oder Tötungsdelikts strafbar. Unter diesem Gesichtspunkt ist die objektive Zurechnung insbesondere dann zu verneinen, wenn der Handelnde dem Opfer einen Gegenstand überreicht, mit dem sich dieses eigenverantwortlich schädigt. Bspw. liegt in der Regel kein dem A objektiv zurechenbarer Todeseintritt vor, wenn O dadurch verstirbt, dass er sich Heroin spritzt, welches ihm A besorgt hat.[36]

134

Eine Ablehnung der objektiven Zurechnung unter dem Gesichtspunkt der Selbstgefährdung des Opfers kommt jedoch nur solange in Betracht, wie diese tatsächlich eigenverantwortlich erfolgt. Eine eigenverantwortliche Selbstgefährdung liegt dann nicht vor, wenn der Mitwirkende im Hinblick auf die Gefährlichkeit der vom Opfer vorgenommenen Handlung eindeutig über **überlegenes Wissen** verfügt. Verschreibt der Arzt A dem heroinsüchtigen Patienten O eine Ersatzdroge und lässt den O darüber im Unklaren, dass diese ebenfalls abhängig macht, so kann ihm die Körperverletzung des O objektiv zugerechnet werden, wenn dieser infolge der Einnahme der Droge tatsächlich abhängig wird.[37] Im Übrigen ist jedoch umstritten, nach welchem Maßstab das Kriterium der **Eigenverantwortlichkeit** zu bestimmen ist. Teilweise wird die Eigenverantwortlichkeit des sich selbst Schädigenden erst dann verneint, wenn er nach den geltenden **Exkulpationsregeln** (§§ 20, 35 StGB, § 3 JGG) schuldunfähig wäre.[38] Hiernach ist die Veranlassung einer Selbstschädigung nur ausnahmsweise objektiv zurechenbar, namentlich dann, wenn der sich selbst Schädigende schuldlos gehandelt hätte, wenn er anstatt sich selbst einen anderen verletzt hätte. Die Gegenauffassung stellt strengere Anforderungen an die Eigenverantwortlichkeit eines Verhaltens, indem sie sich an den Regeln der **Einwilligungslehre** orientiert. Hiernach ist die Eigenverantwortlichkeit nur zu bejahen und entfällt die Zurechnung nur dann, wenn der sich selbst Schädigende über eine hinreichende Einsichts- und Urteilsfähigkeit verfügt, also die Folgen seines Verhaltens überblicken kann.[39] Die zuletzt genannte Auffassung erscheint vorzugswürdig, da sie dem insbesondere in § 216 StGB zum Ausdruck gebrachten Rechtsgedanken Rechnung trägt, wonach hohe

135

---

[36] BGHSt 32, 262 (hierzu auch noch Rn. 148); vgl. ferner BGHSt 37, 179; BGH NStZ 2001, 205; *Frisch*, JuS 2011, 116, 119.
[37] BayObLG JR 2003, 428.
[38] *Lasson*, ZJS 2009, 362 f.; vgl. auch die Darstellungen bei *Christmann*, JURA 2002, 679, 681; *Wessels/Beulke/Satzger*, Strafrecht AT, Rn. 189.
[39] Vgl. hierzu BGHSt 36, 1, 17 f.; *Christmann*, JURA 2002, 679, 681; *Frisch*, JuS 2011, 116, 120; *Norouzi*, JuS 2006, 531, 532.

Anforderungen an die Ernstlichkeit eines Einverständnisses in die Schädigung der eigenen körperlichen Integrität zu stellen sind.

136 Abzugrenzen von der eigenverantwortlichen Selbstgefährdung sind die Fälle der **einverständlichen Fremdgefährdung**. Eine solche liegt dann vor, wenn sich das Opfer in vollem Bewusstsein des Risikos von einem anderen gefährden lässt. Zur Abgrenzung der eigenverantwortlichen Selbstgefährdung von der einverständlichen Fremdgefährdung werden überwiegend die Kriterien zur Abgrenzung von Täterschaft und Teilnahme herangezogen, so dass es maßgeblich darauf ankommt, wer den zum tatbestandlichen Erfolgseintritt führenden Geschehensablauf in den Händen hält (Kriterium der sog. Tatherrschaft; vgl. noch Rn. 471 f.).[40] Hiernach läge in einer Abwandlung des oben skizzierten Heroinspritzen-Falls keine eigenverantwortliche Selbstgefährdung, sondern eine einverständliche Fremdgefährdung vor, wenn A dem O auf dessen Bitte Heroin spitzt und O hieran verstirbt. Wie sich das Vorliegen einer einverständlichen Fremdgefährdung auf die Prüfung der objektiven Zurechnung auswirkt, ist weitgehend umstritten. Teilweise wird angenommen, diese sei zumindest dann nach den gleichen Maßgaben wie die eigenverantwortliche Selbstgefährdung zu behandeln, wenn der Erfolgseintritt allein Folge des eingegangenen Risikos ist, das Opfer das Risiko im selben Maß überschaut wie der Gefährdende und sich die Gefährdung nicht auf Allgemeingüter bezieht.[41] Demgegenüber spricht die Rechtsprechung dem Umstand, dass eine Fremdgefährdung einverständlich erfolgt, zumindest dann keinerlei Bedeutung für die Prüfung der objektiven Zurechnung zu, wenn die konkrete Behandlung lebensgefährdend ist. Im Übrigen soll die Problematik allein für die Frage Bedeutung gewinnen, ob eine rechtfertigende Einwilligung des Opfers vorliegt.[42]

137 Ebenfalls zu unterscheiden ist die freiverantwortliche Selbstgefährdung von den **Retterfällen**[43], welche die nachfolgend geschilderte Fallkonstellation betreffen: A zündet das Haus der Eheleute B und C an. Als der 22-jährige Sohn O der Eheleute B und C, der sich außerhalb des Hauses aufhält, das Feuer bemerkt, entschließt er sich sogleich zu versuchen, in das Obergeschoss zu gelangen, um dort Sachen oder Menschen, insbesondere seinen 12-jährigen Bruder, in Sicherheit zu bringen. O gelangt bis in den Flur des Obergeschosses, bricht bewusstlos zusammen und stirbt an den Folgen einer Kohlenmonoxidvergiftung. – Man könnte erwägen, Retterfälle als Veranlassung einer freiverantwortlichen Selbstgefährdung anzusehen und deshalb straflos zu stellen. Mit der überwiegend vertretenen Auffassung ist aber darauf abzustellen, ob die Rettungsmaßnahme sinnvoll und verhältnismäßig ist und so letztlich eine Fremdgefährdung vorliegt: „Einer Einschränkung des Grundsatzes der Straf-

---

[40] *Christmann*, JURA 2002, 679, 680; *Geppert*, JURA 2001, 490, 493; *Lasson*, ZJS 2009, 359, 363 ff.
[41] *Geppert*, JURA 2001, 490, 493; *Otto*, JURA 1984, 536, 540 ff.
[42] BGH NStZ 2009, 148, 149; hierzu auch *Brüning*, ZJS 2009, 194 ff.; vgl. ferner *Trüg*, JA 2004, 597, 598.
[43] Hierzu auch *Bernsmann/Zieschang*, JuS 1995, 775 ff.; *Reinbacher*, JURA 2007, 382, 385; *Satzger*, JURA 2014, 695, 698 ff.

freiheit wegen bewusster Selbstgefährdung des Opfers bedarf es insbesondere dann, wenn der Täter durch seine deliktische Handlung die naheliegende Möglichkeit einer bewussten Selbstgefährdung dadurch schafft, dass er ohne Mitwirkung und ohne Einverständnis des Opfers eine erhebliche Gefahr für ein Rechtsgut des Opfers oder ihm nahestehender Personen begründet und damit für dieses ein einsichtiges Motiv für gefährliche Rettungsmaßnahmen schafft."[44] Im soeben skizzierten Brandstiftungs-Fall sind diese Voraussetzungen erfüllt, so dass auch der Tod des O dem A objektiv zuzurechnen ist. Erst recht ist die objektive Zurechnung in Retterfällen zu bejahen, bei denen der Retter aufgrund einer Garantenpflicht tätig wird, also bspw. bei Feuerwehrleuten im Einsatz.

2. Realisierung der Gefahr im tatbestandlichen Erfolg

a) Pflichtwidrigkeitszusammenhang

Unter dem Stichwort des Pflichtwidrigkeitszusammenhangs werden Fälle diskutiert, in denen ein pflichtwidriges Verhalten zwar einen tatbestandlichen Erfolg verursacht, dieser aber auch bei pflichtgemäßem Verhalten eingetreten wäre.[45] Zwar hat der Handelnde hier eine rechtlich missbilligte Gefahr geschaffen, jedoch kann ihm der Erfolg unbestritten nicht zugerechnet werden, wenn feststeht, dass auch ein ordnungsgemäßes Verhalten den Eintritt nicht verhindert hätte. Umstritten ist demgegenüber, ob der Pflichtwidrigkeitszusammenhang auch dann entfällt, wenn nicht eindeutig geklärt werden kann, ob es auch bei rechtmäßigem Alternativverhalten zum Eintritt des Erfolges gekommen wäre. Eine entsprechende Konstellation lag dem vom BGH entschiedenen **„Lastwagen-Fall"**[46] zugrunde: A überholt mit seinem LKW den Radfahrer O, der eine BAK von 1,96 ‰ aufweist. A hält statt des nach der StVO gebotenen Seitenabstandes von 1–1,5 m nur einen Abstand von 75 cm ein. Während des Überholvorgangs gerät O mit dem Kopf unter die rechten Hinterreifen des LKW-Anhängers, wird überfahren und ist auf der Stelle tot. Nach der tatrichterlichen Überzeugung hätte sich der tödliche Unfall **mit hoher Wahrscheinlichkeit** auch bei pflichtgemäßem Verhalten des A ereignet. Diese Überzeugung beruht unter anderem auf der Wahrscheinlichkeit, dass „der Radfahrer das Fahrgeräusch des Lastzuges zunächst nicht wahrnahm, dann plötzlich, als er seiner inne wurde, heftig erschrak, besonders stark reagierte und dabei völlig ungeordnet und unvernünftig sein Fahrrad nach links zog, eine Verhaltensweise, wie sie für stark angetrunkene Radfahrer typisch ist".

Die herrschende **Vermeidbarkeitstheorie** will die objektive Zurechnung nur bejahen, wenn bei rechtmäßigem Alternativverhalten der Erfolg **mit an**

---

[44] BGHSt 39, 322, 325; vgl. auch *Geppert*, JURA 2001, 490, 495; *Satzger*, JURA 2014, 795, 702 ff.

[45] Vgl. BGHSt 11, 1, 3; 24, 31, 34; 33, 61, 63; *Aselmann/Krack*, JURA 1999, 254; *Erb*, JuS 1994, 449, 454 ff.; *Frisch*, JuS 2011, 205, 205 f.

[46] Vgl. BGHSt 11, 1, 4 f.; hierzu auch *Puppe*, ZJS 2008, 488, 495 f.

Sicherheit grenzender Wahrscheinlichkeit entfallen wäre.[47] Begründet wird dies insbesondere damit, dass auch an dieser Stelle der Grundsatz in dubio pro reo Anwendung finden müsse und daher bei unklarem Geschehensablauf zugunsten des Täters davon auszugehen sei, dass der Erfolg auch bei ordnungsgemäßem Verhalten seinerseits eingetreten wäre. Bereits der Umstand, dass sich im Lastwagen-Fall der Unfall mit hoher Wahrscheinlichkeit auch bei pflichtgemäßem Verhalten des A ereignet hätte, führt hiernach zu einer Unterbrechung des Zurechnungszusammenhangs unter dem Aspekt des rechtmäßigen Alternativverhaltens.

140 Die in der Literatur verbreitete **Risikoerhöhungslehre** geht demgegenüber davon aus, dass die objektive Zurechnung immer schon dann anzunehmen ist, wenn der Täter das Risiko für den Erfolgseintritt unerlaubt und signifikant erhöht hat und der Erfolg bei rechtmäßigem Alternativverhalten **möglicherweise** ausgeblieben wäre.[48] Eine Verletzung des Grundsatzes in dubio pro reo sei hiermit nicht verbunden, da sich dieser lediglich auf die Schuld- und Straffrage beziehe, nicht aber auf die Deutung ungewisser Geschehensabläufe. Bei Anwendung der Risikoerhöhungslehre wäre im Lastwagen-Fall die objektive Zurechnung zu bejahen. Denn die Nichteinhaltung des Seitenabstands hat das Risiko eines tödlichen Unfalls signifikant und in rechtlich missbilligter Weise erhöht.

141 Die Risikoerhöhungslehre vermag in mehrfacher Hinsicht nicht zu überzeugen. Zunächst ist festzustellen, dass sie Verletzungsdelikte (d. h. Erfolgsdelikte) contra legem als Gefährdungsdelikte behandelt. Denn in den Streitfällen, in denen Vermeidbarkeitstheorie und Risikoerhöhungslehre zu abweichenden Ergebnissen gelangen, ist der Nachweis der Rechtsgutsverletzung ja gerade nicht erbracht, sondern nur eine Rechtsgutsgefährdung bewiesen. Hierdurch führt die Risikoerhöhungslehre zugleich zu einer unzulässigen Beweislastumkehr zu Lasten des Täters, da sie es in Fällen ungewisser Sachverhaltsentwicklung zur Aufgabe des Täters macht, nachzuweisen, dass der Erfolg bei rechtmäßigem Alternativverhalten ausgeblieben wäre. Insoweit ist der Vorwurf des Verstoßes gegen den in dubio pro reo-Grundsatz gerade nicht entkräftet.[49] Mit der herrschenden Vermeidbarkeitstheorie ist daher im Lastwagen-Fall und in vergleichbaren Konstellationen die objektive Zurechenbarkeit des Erfolges unter dem Gesichtspunkt des fehlenden Pflichtwidrigkeitszusammenhangs zu verneinen.

---

[47] *Frisch,* JuS 2011, 205, 208; *Gropp,* Strafrecht AT, § 5 Rn. 47; *Neubacher,* JURA 2005, 857; *Ogorek,* JA 2004, 356; *Rengier,* Strafrecht AT, § 52 Rn. 33; *Wessels/Beulke/Satzger,* Strafrecht AT, Rn. 197.
[48] Vgl. die Darstellung bei *Ebert,* JURA 1979, 561, 571 ff.; speziell zum in dubio pro reo-Grundsatz *Puppe,* JURA 1997, 513, 518.
[49] *v. Heintschell-Heinegg,* JA 1994, 213 f.; *Kindhäuser,* Strafrecht AT, § 33 Rn. 38; *Rengier,* Strafrecht AT, § 52 Rn. 35; *Seher,* JURA 2001, 814, 818.

b) Fehlender Risiko- bzw. Schutzzweckzusammenhang

Die objektive Zurechenbarkeit ist auch dann zu verneinen, wenn der eingetretene Erfolg außerhalb des Schutzzwecks der vom Täter verletzten Verhaltensnorm liegt, da sich dann gerade nicht die rechtlich missbilligte Gefahr verwirklicht.[50] Diese Fallgruppe wirkt sich insbesondere in den sog. **Geschwindigkeitsüberschreitungs-Fällen**[51] aus: A fährt auf der Landstraße zwischen den Orten X und Y statt der dort erlaubten 70 km/h durchschnittlich 130 km/h. Im Ort Y, wo er sich an die dort zulässige Höchstgeschwindigkeit hält, springt zwischen zwei Autos plötzlich das Kind O vor den PKW des A und wird tödlich verletzt. Hätte A außerorts die zulässige Höchstgeschwindigkeit eingehalten, wäre er später an der Unfallstelle gewesen. O hätte dann bereits die Straße überquert. – Zwar hat A einen Verstoß gegen die StVO begangen. Der Schutzzweck der Geschwindigkeitsbegrenzung ist jedoch darauf gerichtet, vor den Gefahren hoher Geschwindigkeiten in der jeweils kritischen Verkehrssituation zu bewahren. Diese Gefahren verwirklichen sich, wenn der KFZ-Führer infolge überhöhter Geschwindigkeit nicht mehr so bremsen kann, dass es „gerade noch einmal gut geht". Dass eine bestimmte Stelle zeitlich später erreicht wird, liegt nicht im Schutzbereich der Norm. Im Beispielsfall hat sich also nicht die rechtlich missbilligte Gefahr verwirklicht.

142

Auch bei sog. **Schockschäden**[52] scheitert die objektive Zurechnung des Erfolgs bereits unter dem Aspekt des fehlenden Schutzzweckzusammenhangs. Hiervon ist bspw. dann auszugehen, wenn O einen Herzinfarkt erleidet, als sie vom Tod ihres Ehemanns B erfährt, der von A fahrlässig getötet wurde. Zwar hat A durch die fahrlässige Tötung des B eine Ursache auch für den Herzinfarkt der O gesetzt. Jedoch ist der Schutzzweck der Tötungs- und Körperverletzungsdelikte auf den unmittelbar Geschädigten begrenzt und erstreckt sich nicht darauf, auch andere vor den Folgen seelischer Erschütterungen zu bewahren.[53]

143

c) Atypischer Kausalverlauf

Die Beantwortung der Frage, ob der konkrete Erfolg dem Täter auch dann objektiv zuzurechnen ist, wenn er auf einem atypischen Kausalverlauf beruht, muss unter dem Gesichtspunkt der allgemeinen Lebenserfahrung bei Berücksichtigung normativer Kriterien beurteilt werden.[54] Erscheint der Erfolg als zufällig eingetreten, so ist die objektive Zurechnung zu verneinen. In dem in Rn. 121 skizzierten Bsp. der besonderen allergischen Sensibilität des O gegen das Baumaterial der Mauer ist von einem atypischen Kausalverlauf auszuge-

144

---

[50] *Ebert*, JURA 1979, 561, 574 f.; *Erb*, JuS 1994, 449, 453 f.
[51] Vgl. *Kühl*, Strafrecht AT, § 17 Rn. 68 ff. m. w. N.; *Wessels/Beulke/Satzger*, Strafrecht AT, Rn. 655, 680, 693a.
[52] Vgl. *Kühl*, Strafrecht AT, § 17 Rn. 75 m. w. N.
[53] Vgl. insgesamt zum Schutzzweck der Norm RGSt 63, 392; BGHSt 21, 59; *Hillenkamp*, JuS 1977, 166, 167; *Mitsch*, JA 2006, 509.
[54] BGHSt 3, 362; vgl. ferner *Rengier*, Strafrecht AT, § 13 Rn. 62 ff.; *Wessels/Beulke/Satzger*, Strafrecht AT, Rn. 196.

hen, der die objektive Zurechnung unterbricht. Der Tod des O infolge der seltenen allergischen Sensibilität war nach allgemeiner Lebenserfahrung nicht vorherzusehen.[55]

d) Eigenverantwortliches Dazwischentreten eines Dritten

145 Selbst wenn die durch den zunächst Handelnden gesetzte Ursache bis zum Eintritt des Erfolges fortwirkt, ist ihm dieser nicht zuzurechnen, wenn ein Dritter vollverantwortlich eine rechtlich missbilligte Gefahr setzt, die sich **allein** im tatbestandlichen Erfolg realisiert.[56] Verletzt A den O schwer, aber nicht lebensbedrohlich, und kommt O dadurch ums Leben, dass dem ihn behandelnden Arzt B ein schwerwiegender Behandlungsfehler unterläuft, so ist A auf Grundlage der Conditio-sine-qua-non-Formel zwar für den Todeseintritt ursächlich geworden, jedoch ist ihm der Erfolg aufgrund des vollverantwortlichen Dazwischentretens von B nicht objektiv zuzurechnen.[57]

3. Leitentscheidungen

146 **BGHSt 24, 31, 34 ff.; Rechtmäßiges Alternativverhalten:** Ein KFZ-Fahrer fährt bei Dunkelheit mit einer BAK von 1,9 ‰ und einer Geschwindigkeit von 100 bis 120 km/h auf einer Bundesstraße. Dabei erfasst er einen Motorradfahrer und verletzt diesen tödlich. Ob der Unfall in nüchternem Zustand hätte vermieden werden können, kann nicht festgestellt werden. – Gleichwohl bejahte der BGH den Zurechnungszusammenhang. Entscheidend sei nicht, ob der Unfall im nüchternen Zustand hätte vermieden werden können; vielmehr sei danach zu fragen, ob der KFZ-Fahrer den Unfall vermieden hätte, wenn er mit einer an seine Alkoholisierung angepassten Geschwindigkeit gefahren wäre.

147 **BGHSt 24, 342, 343 f.; Eigenverantwortliche Selbstgefährdung:** Im Anschluss an den gemeinsamen Besuch einer Gaststätte fährt ein Polizeibeamter seine Bekannte nach Hause, wobei er seine geladene Pistole auf dem Armaturenbrett liegen hat. Die Bekannte, welche in diesem Zeitpunkt eine BAK von 1,45 ‰ aufweist, ergreift die Pistole und erschießt sich. Der Polizeibeamte wusste um ihre Selbstmordabsichten. – Der BGH sprach den Polizeibeamten vom Vorwurf der fahrlässigen Tötung frei, da das Geschehen nicht vom Schutzzweck der Norm erfasst sei. Das Verhalten der Bekannten sei als freiverantwortlich zu bewerten, so dass der Polizeibeamte sich mangels Vorliegens einer teilnahmefähigen Straftat nicht wegen vorsätzlicher Beihilfe strafbar machen könnte. Dann verböten es aber schon „Gründe der Gerechtigkeit", ihn wegen eines Fahrlässigkeitsdeliktes zu bestrafen.

---

[55] *Wessels/Beulke/Satzger*, Strafrecht AT, Rn. 196; vgl. auch BGHSt 3, 62, 64; *Satzger*, JURA 2014, 695, 700 f.

[56] *Frisch*, JuS 2011, 205, 209; *Otto*, JURA 1992, 90, 98; *Satzger*, JURA 2014, 695, 700 f.; vgl. auch *Geppert*, JURA 2001, 490, *Graul*, JuS 1999, 562, 567.

[57] *Geppert*, JURA 2001, 490, 494; krit. aber *Puppe*, JURA 1998, 21, 24 f.; *dies.*, ZJS 2008, 600, 606.

BGHSt 32, 262, 263 ff.; Eigenverantwortliche Selbstgefährdung: Ein Drogenkonsument bereitet eine größere Menge Heroin zu und füllt diese in zwei Spritzen, von denen er sich eine selbst injiziert und die andere einem Freund zur Injektion überlässt, der ihm zuvor mitgeteilt hatte, dass er sich anderweitig keine Drogen mehr verschaffen kann. Der Freund verstirbt an der Injektion. Im Zeitpunkt des Todes wies er eine BAK von 1,03 ‰ auf. – Der Todeseintritt ist dem Überlassenden nicht zuzurechnen, da dieser lediglich eine bewusste Selbstgefährdung seines Freundes ermöglicht hat. Die Umstände reichen nicht aus, um ein nicht mehr eigenverantwortliches Handeln des Verstorbenen anzunehmen. 148

BGHSt 33, 61, 63 ff.; Rechtmäßiges Alternativverhalten: Ein KFZ-Fahrer fährt mit 140 km/h auf einer Vorfahrtsstraße. An einer Straßenkreuzung kollidiert er mit einem anderen KFZ-Fahrer, der unter Missachtung der Vorfahrtsregeln in diese hineingefahren ist. Wäre der erste Fahrer mit der zulässigen Höchstgeschwindigkeit von 100 km/h gefahren und hätte er den Bremsvorgang rechtzeitig eingeleitet, hätte er den Ort des Zusammenstoßes erst in dem Zeitpunkt erreicht, in dem der zweite Fahrer die Kreuzung bereits vollständig überquert hat. – Der Unfall ist dem ersten KFZ-Fahrer trotz der Missachtung der Vorfahrt durch den zweiten Fahrzeugführer zuzurechnen. Der Zurechnungszusammenhang entfällt nur dann, wenn der gleiche Erfolg auch bei verkehrsgerechtem Verhalten eingetreten wäre oder sich dies nicht ausschließen lässt. Auf das pflichtwidrige Verhalten anderer Personen kommt es grundsätzlich nicht an. 149

IV. Subjektiver Tatbestand, insbesondere der Tatbestandsvorsatz

Soweit nicht die Strafbarkeit wegen der Verwirklichung eines Fahrlässigkeitsdeliktes geprüft wird, schließt sich an die Feststellung des objektiven Tatbestandes die Prüfung der subjektiven Tatbestandsmerkmale an. Aus § 15 StGB folgt hierbei, dass der Täter zumindest **vorsätzlich** gehandelt haben muss. Zusätzlich benennen einzelne Straftatbestände weitere subjektive Tatbestandsmerkmale, die selbständig neben dem Tatbestandsvorsatz stehen.[58] So setzt der Diebstahl gemäß § 242 Abs. 1 StGB voraus, dass der Täter eine fremde und bewegliche Sache **in der Absicht** wegnimmt, sich diese selbst oder einem Dritten rechtswidrig zuzueignen, und eine Strafbarkeit wegen Betrugs fordert gemäß § 263 Abs. 1 StGB neben der Verwirklichung des objektiven Tatbestandes, dass der Täter **in der Absicht** handelt, sich oder einem Dritten einen rechtswidrigen Vermögensvorteil zu verschaffen. Auch bei diesen Delikten bleibt es jedoch bei der Grundregel des § 15 StGB, d. h. der Täter macht sich nur strafbar, wenn er 150

---

[58] Zu den besonderen subjektiven Tatbestandsmerkmalen *Henn*, JA 2008, 699; *Rönnau*, JuS 2010, 675.

vorsätzlich handelt. Die **besonderen subjektiven Tatbestandsmerkmale** treten neben den Vorsatz und ersetzen ihn nicht. Da es sich bei ihnen um spezielle Strafbarkeitsvoraussetzungen der einzelnen Straftatbestände handelt, sind die besonderen subjektiven Merkmale im Rahmen der Darstellungen zum Strafrecht BT zu erörtern. Demgegenüber betrifft die nachfolgende Betrachtung die Prüfungselemente des Tatbestandsvorsatzes als Grundvoraussetzung der subjektiven Erfolgszurechnung bei sämtlichen Vorsatzdelikten.

1. Grundelemente des Vorsatzes

151   Der Begriff des Vorsatzes wird gesetzlich nicht definiert. § 15 StGB beschränkt sich auf den Hinweis, dass er regelmäßige Strafbarkeitsvoraussetzung ist, und § 16 Abs. 1 S. 1 StGB stellt lediglich fest, dass nicht vorsätzlich handelt, wer einen Umstand nicht kennt, der zum gesetzlichen Tatbestand gehört.[59] Der zuletzt genannten Vorschrift kann freilich im Umkehrschluss entnommen werden, dass der Vorsatz zumindest die **Kenntnis** sämtlicher Umstände voraussetzt, die zum objektiven Tatbestand gehören[60] – erschießt der Jäger A den Pilzsammler O, den er in der Dunkelheit für ein Reh hält, handelt A im Hinblick auf die Verwirklichung des § 212 Abs. 1 StGB somit nicht vorsätzlich, da ihm bereits die Kenntnis fehlt, einen anderen Menschen zu töten.

152   Nach der heute herrschenden Auffassung stellt die Kenntnis vom Vorliegen sämtlicher objektiver Tatbestandsmerkmale jedoch lediglich die Grundvoraussetzung des Vorsatzes dar.[61] Zusätzlich muss der Täter auch eine **voluntative Komponente** erfüllen, d.h. seine Handlung muss subjektiv auf die Verwirklichung des objektiven Tatbestandes gerichtet gewesen sein.[62] Der Vorsatz setzt sich somit aus zwei Elementen zusammen, (1.) dem **Wissen (kognitives Element)** und (2.) dem **Wollen (voluntatives Element)** der Tatbestandsverwirklichung.[63] In der Fallbearbeitung ist daher regelmäßig folgende Definition zugrunde zu legen: „Vorsatz ist der Wille zur Verwirklichung eines Straftatbestandes in Kenntnis aller objektiven Tatbestandsmerkmale", oder als Kurzformel: „Vorsatz ist Wissen und Wollen der Tatbestandsverwirklichung".

2. Zeitpunkt des Wissens: Simultaneitätsprinzip

153   Aus § 16 StGB ergibt sich das sogenannte Simultaneitätsprinzip, demzufolge der Vorsatz bei Begehung der Tat und damit in dem Zeitpunkt vorliegen muss, in dem der Täter die relevante Tathandlung ausführt. Ein Vorsatz, der vor der

---

[59] Vgl. auch *Rönnau*, JuS 2010, 675; *Satzger*, JURA 2008, 112; *Sternberg-Lieben/Sternberg-Lieben*, JuS 2012, 884.
[60] *Bloy*, JuS-Lernbogen 1989, L 1, 2; *Henn*, JA 2008, 699, 701; *Otto*, JURA 1996, 468; *Sternberg-Lieben/Sternberg-Lieben*, JuS 2012, 884.
[61] Zur Auseinandersetzung *Bloy*, JuS-Lernbogen 1989, L 1, 3; *Rönnau*, JuS 2010, 675, 676.
[62] *Henn*, JA 2008, 699, 702; *Otto*, JURA 1996, 468; *Satzger*, JURA 2008, 112, 113; *Sternberg-Lieben/Sternberg-Lieben*, JuS 2012, 976.
[63] Vgl. BGHSt 36, 1, 10; 51, 100, 119; 52, 182, 189f.

Tat vorlag, bei Tatbegehung aber schon wieder aufgegeben war (sog. **dolus antecedens**), ist daher ebenso unbeachtlich wie ein Vorsatz, der erst nach Vornahme der Tathandlung gefasst wird (sog. **dolus subsequens**).[64] Erkennt Jäger A im obigen Bsp. (Rn. 151), dass er nicht ein Reh, sondern den O erschossen hat, und ist ihm dies äußerst willkommen, da es sich bei dem O um den Liebhaber seiner Ehefrau handelt, den er schon seit Langem töten wollte, hat er den subjektiven Tatbestand des § 212 Abs. 1 StGB gleichwohl nicht erfüllt, da der Vorsatz nicht im Zeitpunkt der Tathandlung (Abgabe des Schusses) vorlag. Weist der Täter dagegen im Zeitpunkt der Tathandlung den erforderlichen Vorsatz auf, entfällt seine Strafbarkeit nicht schon dadurch, dass er im Zeitpunkt des Erfolgseintritts nicht mehr vorsätzlich handelt.

Vom Vorliegen der Tatumstände muss der Täter **aktuelle Kenntnis** haben, bloß potenzielle Kenntnis ist mithin nicht ausreichend. Dies bedeutet indes nicht, dass der Täter sämtliche Tatumstände im Moment des Handelns vollständig reflektieren muss. Es genügt ein sog. **sachgedankliches Mitbewusstsein** bzw. ständig verfügbares Begleitwissen.[65] Verwirklicht ein Amtsträger eine Körperverletzung im Amt, so ist für die Annahme des Tatbestandsvorsatzes zu § 340 Abs. 1 StGB bspw. nicht erforderlich, dass der Täter gerade im Zeitpunkt der Tathandlung daran denkt, dass er die Körperverletzung in seiner Stellung als Amtsträger verwirklicht. Vielmehr ist es ausreichend, dass er sich grundsätzlich über seine Amtsträgereigenschaft bewusst ist. Ebenso sind sich Polizeibeamte, die während ihrer Dienstzeit eine Straftat begehen, in der Regel darüber im Klaren, dass sie ihre Dienstwaffe bei sich tragen, selbst wenn sie hieran im Zeitpunkt der Tathandlung gar nicht denken.[66]

154

3. Art des Wissens bei deskriptiven und normativen Tatbestandsmerkmalen

Die Wissensseite des Vorsatzes setzt Tatumstands- und Bedeutungskenntnis beim Täter voraus. Welche Anforderungen an die Wissenskomponente zu stellen sind, hängt davon ab, ob es sich bei dem zu prüfenden Tatbestandsmerkmal um ein deskriptives oder normatives handelt.

155

Deskriptive Tatbestandsmerkmale sind solche, deren Vorhandensein tatsächlich wahrgenommen werden kann (z. B. „Sache" i. S. v. §§ 242 Abs. 1, 246 Abs. 1, 303 Abs. 1 StGB; „beweglich" i. S. v. §§ 242 Abs. 1, 246 Abs. 1 StGB). Bei diesen ist erforderlich, dass der Täter die Gegebenheiten, die durch das jeweilige Gesetzesmerkmal bezeichnet werden, zutreffend erfasst. Notwendig ist Kenntnis bzgl. des tatsächlichen Sinngehalts.[67]

156

---

[64] *Rönnau*, JuS 2010, 675, 676; *Satzger*, JURA 2008, 112, 118; *Sternberg-Lieben/Sternberg-Lieben*, JuS 2012, 976, 979 f.
[65] *Rönnau*, JuS 2010, 675, 676; *Satzger*, JURA 2008, 112, 115; *Sternberg-Lieben/Sternberg-Lieben*, JuS 2012, 976, 979; teilweise krit. *Otto*, JURA 1996, 468, 469.
[66] Vgl. zu dieser Problematik aber auch OLG Hamm NStZ 2007, 473.
[67] Hierzu *Satzger*, JURA 2008, 112, 114; *Wessels/Beulke/Satzger*, Strafrecht AT, Rn. 242.

157 Das Vorhandensein von **normativen Tatbestandsmerkmalen** kann dagegen regelmäßig nicht durch bloße Beobachtung festgestellt werden, sondern hängt von rechtlichen oder außerrechtlichen Normen ab. So sieht man bspw. einer Sache nicht an, ob sie fremd i. S. d. §§ 242 Abs. 1, 246 Abs. 1, 303 Abs. 1 StGB ist, vielmehr bedarf es hierfür einer Wertung, die sich nach den Eigentumsregelungen im BGB vollzieht. Bei normativen Tatbestandsmerkmalen ist das Wissenselement des Vorsatzes erfüllt, wenn der Täter ihre rechtlich-soziale Bedeutung erfasst. Dies fordert mehr als bloße Kenntnis, aber weniger als juristisch exakte Subsumtion, da andernfalls bestimmte Straftaten nur durch Juristen begangen werden könnten.[68] Die hiernach erforderliche und ausreichende **Parallelwertung in der Laiensphäre** liegt vor, wenn der Täter nach Laienart erfasst, was in der konkreten Situation rechtlich von ihm verlangt wird, ohne dass er in dem Bewusstsein handeln muss, einen ganz bestimmten Straftatbestand zu verwirklichen.[69] Fälscht bspw. A eine private Rechnung, von der er weiß, dass sie im Rechtsverkehr zum Beweis dient, genügt seine Vorstellung auch dann zur Bejahung des Vorsatzes bzgl. des Tatobjekts einer Urkundenfälschung gem. § 267 Abs. 1 StGB, wenn er irrtümlich annimmt, Urkunden wären nur von öffentlichen Stellen ausgestellte Schriftstücke.

4. Arten des Vorsatzes, insbesondere bedingter Vorsatz

158 Im Hinblick auf den Tatbestandsvorsatz sind drei Erscheinungsformen zu unterscheiden: Die **Absicht** (dolus directus 1. Grades), der **direkte Vorsatz** (dolus directus 2. Grades) und der **bedingte Vorsatz** (dolus eventualis). Eine andere Vorsatzform als den bedingten Vorsatz muss der Täter für die Verwirklichung des subjektiven Tatbestandes nur dann aufweisen, wenn das Gesetz dies ausdrücklich anordnet.

a) Absicht (dolus directus 1. Grades)

159 Bei der Absicht ist das voluntative Element im Sinne **zielgerichteten Wollens** am stärksten ausgeprägt. Unter Absicht ist der bestimmte, auf die Herbeiführung eines Erfolgs gerichtete Wille zu verstehen.[70] Es muss dem Täter also gerade darauf ankommen, den tatbestandlichen Erfolg herbeizuführen bzw. dasjenige Tatbestandsmerkmal zu erfüllen, für das das Gesetz absichtliches Handeln fordert. Allerdings ist nicht erforderlich, dass der Umstand, hinsichtlich dessen Verwirklichung der Täter absichtlich handelt, sein Endziel ist. Es genügt, wenn er notwendiges Mittel (d. h. ein **Zwischenziel**) zur Erreichung

---

[68] Zu den Anforderungen an den Vorsatz bei normativen Merkmalen *Satzger*, JURA 2008, 112, 114.
[69] *Otto*, JURA 1996, 468, 470; *Rönnau*, JuS 2010, 675, 676; *Satzger*, JURA 2008, 112, 114.
[70] Zum Absichtsbegriff *Otto*, JURA 1996, 468, 471 f.; *Rengier*, Strafrecht AT, § 14 Rn. 7 f.; *Samson*, JA 1989, 449, 450 f.; *Sternberg-Lieben/Sternberg-Lieben*, JuS 2012, 976, 977; *Wessels/Beulke/Satzger*, Strafrecht AT, Rn. 211; *Witzigmann*, JA 2009, 488 ff.

eines anderen Zwecks ist.[71] Tötet A den O, der ihn bei einem anderen Verbrechen beobachtet hat, so besteht sein Endziel darin, unentdeckt zu bleiben. Da er als „Zwischenziel" jedoch den Tod des O anstrebt, handelt A diesbezüglich mit Absicht (und erfüllt zudem das Mordmerkmal der Verdeckungsabsicht gem. § 211 Abs. 2 Gruppe 3 Var. 2 StGB).

Steht fest, dass es dem Täter gerade darauf ankommt, einen bestimmten Erfolg herbeizuführen, so liegt selbst dann ein absichtliches Handeln vor, wenn er den Erfolgseintritt lediglich für möglich hält. Ein Erfolg, auf dessen Verwirklichung es dem Täter ankommt, ist also immer auch beabsichtigt, selbst wenn der Täter nicht sicher weiß, ob er zur Tatbestandsverwirklichung auch wirklich in der Lage ist.[72]

160

b) Direkter Vorsatz (dolus directus 2. Grades)

Direkter Vorsatz ist gegeben, wenn der Täter entweder weiß oder aber als sicher voraussieht, dass er den gesetzlichen Tatbestand verwirklicht.[73] Einem weniger stark ausgeprägten voluntativen Element steht hier ein starkes kognitives Element gegenüber; der Täter sieht den Erfolg als sicher voraus und handelt trotzdem. Anders als bei der Absicht, wo es dem Täter gerade darum gehen muss, einen bestimmten Erfolg herbeizuführen, ist es für die Annahme eines direkten Vorsatzes grundsätzlich unerheblich, ob der Erfolgseintritt dem Täter willkommen ist. Auch „an sich unerwünschte" aber für sicher gehaltene Erfolge begründen einen direkten Vorsatz.

161

c) Bedingter Vorsatz (dolus eventualis)

Der bedingte Vorsatz enthält das voluntative und kognitive Element jeweils in abgeschwächter Form. Streitig ist, wie der bedingte Vorsatz zu bestimmen und so von der bewussten Fahrlässigkeit (zu dieser noch Rn. 815) abzugrenzen ist. Die Frage ist von erheblicher praktischer Bedeutung, da nach § 15 StGB grundsätzlich nur vorsätzliches Handeln strafbar und die Fahrlässigkeitsstrafbarkeit gesetzliche Ausnahme ist. Zur Abgrenzung von bedingtem Vorsatz und bewusster Fahrlässigkeit werden daher eine Vielzahl von Ansichten vertreten.[74] Diese können, wie Tab. 4 zeigt, in zwei Gruppen unterteilt werden. Zu unterscheiden sind **Vorstellungstheorien**, die das kognitive Element (in

162

---

[71] Vgl. BGHSt 4, 107, 108; 9, 142, 146; 16, 1, 7; *Sternberg-Lieben/Sternberg-Lieben*, JuS 2012, 976, 977.
[72] Vgl. BGHSt 21, 283; 35, 325, 327; *Kindhäuser*, Strafrecht AT, § 14 Rn. 7.
[73] BGHSt 18, 246, 248; 21, 283, 284; *Kindhäuser*, Strafrecht AT, § 14 Rn. 8 ff.; *Otto*, JURA 1996, 468, 472; *Samson*, JA 1989, 449, 451 f.; *Satzger*, JURA 2008, 112, 116; *Sternberg-Lieben/Sternberg-Lieben*, JuS 2012, 976, 977; *Wessels/Beulke/Satzger*, Strafrecht AT, Rn. 213.
[74] Ausführlich hierzu *Bloy*, JuS-Lernbogen 1989, L 1, 3 f.; *Geppert*, JURA 1986, 610 ff.; *ders.*, JURA 2001, 55 ff.; *Otto*, JURA 1996, 468, 472 ff.; *Rengier*, Strafrecht AT, § 14 Rn. 19 ff.; *Rönnau*, JuS 2010, 675, 677; *Satzger*, JURA 2008, 112, 116 ff.; *Schroth*, JuS 1992, 1 ff.; *Wessels/Beulke/Satzger*, Strafrecht AT, Rn. 217 ff.

unterschiedlicher Intensität) genügen lassen, und **Willenstheorien**, die darüber hinaus ein voluntatives Element fordern.[75]

163 Tab. 4: Theorien zum bedingten Vorsatz

I. **Vorstellungstheorien**	bedingter Vorsatz, wenn
1. Möglichkeitstheorie	der Erfolgseintritt konkret für möglich gehalten und trotzdem gehandelt wird
2. Wahrscheinlichkeitstheorie	die Wahrscheinlichkeit des Erfolgseintritts erkannt wird
II. **Willenstheorien**	bedingter Vorsatz, wenn
1. Billigungstheorie	die Möglichkeit des Erfolgseintritts erkannt und der Erfolgseintritt billigend in Kauf genommen wird
2. Ernstnahmetheorie	der Täter die Möglichkeit der Rechtsgutverletzung ernst nimmt und sich damit abfindet
3. Theorie von der Manifestation des Vermeidewillens	keine äußerlichen Maßnahmen zur Vermeidung des tatbestandlichen Erfolges ergriffen wurden

164 Die Problematik und die Auswirkungen der in Tab. 4 dargestellten Auffassungen sollen nachfolgend anhand der Lösung des sog. **Lederriemen-Falls** veranschaulicht werden:[76] A und B wollten O überfallen. Den Plan, O mit einem ledernen Hosenriemen zu würgen, ließen sie zunächst fallen, weil sie die Gefahr sahen, dass O dadurch nicht lediglich bewusstlos werden, sondern sterben könnte. Als aber der Versuch, O mit einem Sandsack zu betäuben, erfolglos geblieben und es zu einem Handgemenge gekommen war, würgten sie den O schließlich doch so lange mit dem Lederriemen, bis O die Arme fallen ließ. Daraufhin begannen A und B, den O zu fesseln. Als dieser sich aufrichtete, warf sich B auf seinen Rücken und drückte ihn nach unten, während A erneut begann, O mit dem Riemen zu drosseln. Dabei hatte er den Riemen so um Os Hals gelegt, dass das Riemenende durch die Schnalle führte. A zog an dem Riemen wiederum so lange, bis O sich nicht mehr rührte und keinen Laut mehr von sich gab. Als B das merkte, rief er A zu: „Hör auf!" A ließ daraufhin vom Drosseln ab. A und B fesselten nunmehr O und suchten sich in seiner Wohnung eine Reihe von Gegenständen aus. Anschließend sahen sie nach O und bekamen Bedenken, ob dieser noch lebe. Sie versuchten vergeblich eine Wiederbelebung. – Fraglich ist, ob A und B hinsichtlich des Todes des O vorsätzlich handelten, obgleich ihnen dieser Erfolg unerwünscht war.

---

[75] Vgl. *Kindhäuser*, Strafrecht AT, § 14 Rn. 15 ff.; *Sternberg-Lieben/Sternberg-Lieben*, JuS 2012, 976, 978.

[76] Vgl. hier und im Folgenden BGHSt 7, 363.

Auf der Grundlage der **Möglichkeitstheorie**[77] wäre im Lederriemen-Fall bedingter Vorsatz anzunehmen, da die Täter den Todeseintritt infolge Drosselung als konkret möglich erkannt hatten. Der Umstand, dass A und B zunächst von dem Vorhaben der Drosselung mittels des Lederriemens Abstand genommen haben, weist darauf hin, dass sie den Todeseintritt auch für wahrscheinlich hielten. Daher könnte auch unter Zugrundelegung der **Wahrscheinlichkeitstheorie** vorliegend die Annahme eines dolus eventualis vertreten werden. Zur Ablehnung des Vorsatzes käme die **Theorie von der Manifestation des Vermeidewillens** angesichts des Umstands, dass A und B die Drosselung aufgrund der erkannten Todesgefahr stoppten und so Maßnahmen zur Vermeidung des tatbestandlichen Erfolgs ergriffen. Würde man die Formel der **Billigungstheorie** wörtlich anwenden, so käme man ebenfalls zu dem Ergebnis, dass A und B den Tod des O nicht vorsätzlich herbeigeführt haben, denn gebilligt im Sinne des allgemeinen Sprachgebrauchs haben sie den ihnen unerwünschten Tod des O gerade nicht. Der BGH, der die Formel seiner Entscheidung des Falles zugrundelegt, nähert sich in der Anwendung der Formel daher der **Ernstnahmetheorie** an:[78] Denn er geht von einer „Billigung im Rechtssinne" aus, die vorliege, wenn der Täter „sich (…) damit abfindet, dass seine Handlung den an sich unerwünschten Erfolg herbeiführt". Der bedingte Vorsatz unterscheide sich „von der bewussten Fahrlässigkeit dadurch, dass der bewusst fahrlässig handelnde Täter darauf vertraut, der als möglich vorausgesehene Erfolg werde nicht eintreten".

Gegen **Möglichkeits- und Wahrscheinlichkeitstheorie** als Ausformungen der Vorstellungstheorien spricht, dass der Verzicht auf ein voluntatives Element die Abgrenzung des Vorsatzes zur bewussten Fahrlässigkeit unscharf macht.[79] Denn auch bei der bewussten Fahrlässigkeit hat der Täter eine Vorstellung vom Erfolgseintritt. Die Abgrenzung muss also über ein voluntatives Element vorgenommen werden: Vorsätzlich ist die (bewusste und) gewollte Tatbestandsverwirklichung, allenfalls fahrlässig die ungewollte Tatbestandsverwirklichung. Zudem vermag der Lederriemen-Fall exemplarisch aufzuzeigen, dass die Wahrscheinlichkeitstheorie wenig praktikabel ist. Auch die Annahme, A und B hätten den Tod des O zwar für möglich, nicht aber für wahrscheinlich gehalten, ließe sich leicht vertreten. Die Theorie von der **Manifestation des Vermeidewillens** ist dann praktikabel, wenn sich dem Erfolg gegensteuernde Maßnahmen objektiv zeigen. Aber der Schluss von der objektiven Nichtvornahme auf Vorstellung und Willen des Täters ist unzureichend. Auch wenn kein Vermeidewille betätigt wurde, kann es trotzdem am Willen zur Tatbestandsverwirklichung fehlen. Gegen die Formel der **Billigungstheorie** spricht ebenfalls ihre geringe Praktikabilität.[80] Sie ist letztlich zu allgemein und muss – wie sich

---

[77] Vgl. zu den unterschiedlichen Theorien die Darstellung bei *Kindhäuser*, Strafrecht AT, § 14 Rn. 14 ff; *Wessels/Beulke/Satzger*, Strafrecht AT, Rn. 217 ff.
[78] BGHSt 7, 363, 369 f.
[79] Vgl. auch die Kritik bei *Geppert*, JURA 1986, 610, 611; *Henn*, JA 2009, 699, 702 f.; *Sternberg-Lieben/Sternberg-Lieben*, JuS 2012, 976.
[80] Vgl. *Geppert*, JURA 2001, 55, 57; *Hermanns/Hülsmann*, JA 2002, 140, 142 ff.

auch im Lederriemen-Fall des BGH zeigt – näher konkretisiert werden. Die **Ernstnahmetheorie** hingegen erfasst zutreffend den Umstand, dass in einem Strafrecht, das dem Rechtsgüterschutz dient, die Grenze zwischen Vorsatz und Fahrlässigkeit daran auszurichten ist, ob sich der Täter für die tatbestandsmäßige Rechtsgutsverletzung entschieden hat (oder nicht).[81] Der bedingte Vorsatz ist so durch die Begriffe des Ernstnehmens und des Sich-Abfindens praktikabel abgrenzbar gegenüber der bewussten Fahrlässigkeit (bei der auf das Ausbleiben des Erfolges vertraut wird).

167 Soweit in der Fallbearbeitung die Strafbarkeit wegen eines Tötungsdeliktes zu prüfen und hierbei fraglich ist, ob der Täter mit dolus eventualis oder (allenfalls) mit bewusster Fahrlässigkeit gehandelt hat, ist zu berücksichtigen, dass der BGH in diesem Bereich auf die sogenannte **Hemmschwellentheorie** zurückgreift:[82] „Angesichts der hohen Hemmschwelle gegenüber einer Tötung ist jedoch immer die Möglichkeit in Betracht zu ziehen, dass der Täter die Gefahr der Tötung nicht erkannt hat oder jedenfalls darauf vertraut hat, ein solcher Erfolg werde nicht eintreten".[83] Daher genügt der bloße Schluss von der objektiven (auch extremen) Gefährlichkeit des Handelns auf das Vorliegen bedingten Vorsatzes nicht; vielmehr bedarf es für die Feststellung des Willenselements einer besonders sorgfältigen – alle Umstände einbeziehenden – Prüfung des Einzelfalles.[84]

167a Allerdings darf – wie der 4. Senat des BGH in einer Entscheidung aus dem Jahr 2012[85] ausgeführt hat – der Tötungsvorsatz auch nicht pauschal und formelhaft unter Hinweis auf eine hohe Hemmschwelle verneint werden. Insoweit wird, ohne dass dies als Abkehr von der Hemmschwellentheorie zu verstehen wäre,[86] bei offensichtlicher Lebensgefährlichkeit einer Handlungsweise „eine eingehende Auseinandersetzung mit diesen Beweisanzeichen" gefordert.[87]

5. Dolus cumulativus und dolus alternativus

a) Dolus cumulativus

168 Ein sogenannter dolus cumulativus bzw. kumulativer Vorsatz liegt vor, wenn der Täter bei Vornahme der Tathandlung vorsätzlich hinsichtlich der Verwirklichung mehrerer Tatbestände handelt. Er begegnet häufig in der Form, dass der Täter es für möglich hält, dass neben der primär angestrebten Verwirklichung eines bestimmten Tatbestandes noch ein weiterer Erfolg eintritt. So ist ein kumulativer Vorsatz anzunehmen, wenn A eine Falle stellt, um den

---

[81] Vgl. auch *Henn*, JA 2009, 699; *Satzger*, JURA 2008, 112, 118; *Schroth*, JuS 1992, 1.
[82] BGH NStZ 2009, 91; zur Ermittlung des Tötungsvorsatzes vgl. *Edlbauer*, JA 2008, 725 ff.; *Geppert*, JURA 2001, 55 f.; *Hermanns/Hülsmann*, JA 2002, 140 ff.
[83] BGH NStZ 2009, 503.
[84] BGH NStZ-RR 2010, 178, 179; NStZ 2014, 35.
[85] BGH NJW 2012, 1524 ff.
[86] Vgl. dazu aber *Leitmeier*, NJW 2012, 2850 ff; *Puppe*, NStZ 2014, 183 ff. In der später folgenden Entscheidung BGH NStZ 2014, 35 ff. wird weiterhin von der Hemmschwellentheorie ausgegangen.
[87] BGH NJW 2012, 1524, 1525.

Nachtwanderer O ums Leben zu bringen, und es hierbei für möglich hält, dass O gemeinsam mit seinem Hund in die Falle gerät und auch Letzterer in dieser verendet. Nach einheitlicher Auffassung ist der Täter im Fall des kumulativen Vorsatzes wegen sämtlicher vom Vorsatz umfasster Taten zu bestrafen.[88] Geraten O und sein Hund tatsächlich in die Falle und verstirbt O, während sein Hund verendet, hätte sich A somit sowohl nach § 212 Abs. 1 StGB als auch nach § 303 Abs. 1 StGB strafbar gemacht, wobei zwischen den verwirklichten Taten Tateinheit (§ 52 StGB) besteht.

b) Dolus alternativus

Umstritten ist die Behandlung des sogenannten dolus alternativus bzw. Alternativvorsatzes. Bei diesem handelt der Täter vorsätzlich hinsichtlich zwei sich gegenseitig ausschließender Tatbestände, geht also davon aus, von zwei möglichen Tatbeständen entweder den einen oder den anderen zu verwirklichen. Ein Alternativvorsatz liegt bspw. dann vor, wenn A auf den berittenen Polizisten O schießt und hierbei davon ausgeht, dass er entweder nur das Pferd oder den O tödlich verletzen wird. Hier wird A nach seiner Vorstellung entweder nur eine Sachbeschädigung (§ 303 Abs. 1 StGB) oder aber einen Totschlag (§ 212 Abs. 1 StGB) verwirklichen. Gleichwohl behandelt die mehrheitliche Auffassung den Alternativvorsatz weitgehend nach den gleichen Gesichtspunkten wie den kumulativen Vorsatz, indem sie die Problematik auf der Konkurrenzebene verortet und Tateinheit zwischen sämtlichen Delikten annimmt, hinsichtlich deren Verwirklichung der Täter vorsätzlich gehandelt hat.[89] Soweit A im Beispielsfall sowohl O als auch das Pferd verfehlt, wäre er nach dieser Sicht der Dinge wegen versuchten Totschlags in Tateinheit mit versuchter Sachbeschädigung zu bestrafen. Verletzt er demgegenüber O oder das Pferd tödlich, so stünde das jeweils vollendete Delikt in Tateinheit mit dem jeweils versuchten Delikt.

169

Die soeben skizzierte herrschende Auffassung, welche zu einem weitgehenden Gleichlauf von kumulativem und alternativem Vorsatz führt, wird zunehmend skeptisch beurteilt, da es nicht überzeugen kann, einen Täter, der davon ausgeht, durch sein Verhalten höchstens einen Straftatbestand zu verwirklichen, genauso zu bestrafen, wie einen Täter, der es für möglich hält, durch sein Verhalten mehrere tatbestandliche Erfolge herbeizuführen. Teilweise wird daher vorgeschlagen, den Täter immer nur wegen dem verwirklichten Tatbestand und bei Ausbleiben aller für möglich gehaltenen Erfolge wegen des Schwersten zu bestrafen.[90] Andere Autoren wollen den Täter immer nur wegen dem schwersten vom Vorsatz umfassten Delikt bestrafen, unabhängig davon, ob und welche Tat vollendet wurde.[91] Auch diese Lösungswege sehen sich jedoch beachtlichen Bedenken ausgesetzt. Die Bestrafung aus dem schwersten Delikt kann immer dann nicht überzeugen, wenn ein anderes (weniger schwer wiegendes) Delikt

170

---

[88] Zum dolus cumulativis auch *Satzger*, JURA 2008, 112, 118; *Wessels*, JA 1984, 221, 223.
[89] Vgl. die Darstellung bei *Jeßberger/Sander*, JuS 2006, 1065, 1066 f.; *Satzger*, JURA 2008, 112, 119.
[90] NK-*Zaczyk*, § 22, Rn. 20.
[91] *Lackner/Kühl*, StGB, § 15 Rn. 29 m. w. N.

verwirklicht wurde. Tötet A im Beispielsfall das Pferd, würde diese Auffassung ihn gleichwohl nur wegen versuchten Totschlags bestrafen und hierdurch die Kongruenz zwischen objektivem und subjektivem Tatbestand auflösen. Demgegenüber vermag die Bestrafung nur aus dem vollendeten Delikt dann nicht zu überzeugen, wenn der ausgebliebene Erfolg deutlich schwerer wiegendes Unrecht darstellt. Trifft A im Beispielsfall das Pferd, müsste diese Auffassung ihn allein wegen einer Sachbeschädigung bestrafen und würde hierdurch unberücksichtigt lassen, dass A vorsätzlich hinsichtlich der Tötung eines Menschen gehandelt hat.

171 Richtigerweise ist der Problematik des dolus alternativus somit durch eine differenzierende Lösung zu begegnen.[92] Grundsätzlich ist der Täter nur wegen des vollendeten Deliktes zu bestrafen, Tateinheit zwischen vollendetem und versuchtem Delikt ist jedoch dann anzunehmen, wenn der Unrechtsgehalt der nicht verwirklichten Tat deutlich schwerer wiegt. Tötet A im Beispielsfall den O, ist er somit strafbar nach § 212 Abs. 1 StGB. Tötet er demgegenüber das Pferd, ist er aufgrund des größeren Unrechtsgehalts der ebenfalls in seinen Vorsatz aufgenommenen Tötung eines Menschen sowohl nach § 303 Abs. 1 StGB als auch nach §§ 212 Abs. 1 StGB, 22, 23 Abs. 1 StGB zu bestrafen, wobei zwischen den Taten Tateinheit besteht. Bleiben sämtliche Erfolge aus, ist der Täter allein wegen des schwereren Deliktes zu bestrafen. Verfehlt A im Beispielsfall sowohl O als auch das Pferd, ist er daher lediglich strafbar nach §§ 212 Abs. 1 StGB, 22, 23 Abs. 1 StGB, nicht auch gemäß §§ 303 Abs. 1, 22, 23 Abs. 1 StGB.

6. Leitentscheidungen

172 **BGHSt 7, 363, 368 ff.; Anforderungen an den dolus eventualis (hierzu bereits Rn. 164):** Der Täter würgt das Opfer mit einem Lederriemen, um dieses kampfunfähig zu machen und mehrere Gegenstände aus seiner Wohnung wegnehmen zu können. Dabei hofft er zwar, das Opfer würde das Würgen überleben, erkennt aber die Möglichkeit, dass es verstirbt, findet sich hiermit jedoch ab, um ungestört nach den Tatobjekten suchen zu können. Das Opfer verstirbt. – Der BGH stellte klar, dass bedingter Vorsatz auch dann vorliegen kann, wenn dem Täter der Eintritt des Erfolges unerwünscht ist. Ein Billigen im Rechtssinne läge immer schon dann vor, wenn sich der Täter damit abfindet, dass seine Handlung den (wenn auch unerwünschten) Erfolg herbeiführen kann.

173 **BGH NStZ 1983, 452; Unbeachtlichkeit eines nachfolgenden Vorsatzes:** Um einer körperlichen Misshandlung durch ihren Mann zu entgehen, flüchtet die Ehefrau in den Wohnungsflur. Dort stolpert sie und schlägt mit dem Gesicht so hart auf den Fußboden auf, dass sie regungslos liegen bleibt. Der Mann entschließt sich nunmehr, seine Frau zu töten und tritt mehrfach auf sie ein. Diese verstirbt nach mehreren Stunden, wobei einzige Todesursache die beim Sturz zugezogenen Verletzungen sind. – Der Mann hat sich nicht wegen

---

[92] Hierzu auch *Satzger*, JURA 2008, 112, 119.

vorsätzlich begangenen, vollendeten Totschlags durch aktives Tun strafbar gemacht. Der Vorsatz muss im Zeitpunkt der zum Erfolgseintritt führenden Tathandlung vorliegen, ein hieran nachfolgender Vorsatz (dolus subsequens) ist unbeachtlich. Zum Tod hat vorliegend der Sturz der Ehefrau geführt. Dass ihr Mann anschließend den Entschluss fasste, sie zu töten, reicht nicht aus, um die erforderliche Kongruenz zwischen objektivem Geschehen und subjektiver Vorstellung herzustellen. In Betracht kommt jedoch eine Strafbarkeit wegen Totschlags durch Unterlassen (soweit der Mann im Anschluss an den Sturz seiner Ehefrau den Todeseintritt noch hätte verhindern können), bzw. eine Strafbarkeit wegen versuchten Totschlags.

BGHSt 36, 1, 9 ff.; Anforderungen an den dolus eventualis: Der mit dem HI-Virus infizierte Täter übt in Kenntnis seiner Infizierung wiederholt und mit unterschiedlichen Partnern Geschlechtsverkehr aus, wobei er immer nur unmittelbar vor dem Samenerguss ein Kondom verwendet. Vorher hatte ihn ein Arzt mehrfach auf die Gefahren von ungeschütztem Geschlechtsverkehr hingewiesen. – Der BGH bejahte den bedingten Verletzungsvorsatz des Täters. Zumindest im Anschluss an die Aufklärung durch den Arzt hatte er hinreichende Kenntnis von der Möglichkeit der Ansteckung. Zwar sei zu vermuten, dass der Täter gehofft hat, dass eine Übertragung des Virus nicht stattfinden würde, jedoch stehe dies der Annahme einer Billigung des tatbestandlichen Erfolges nicht entgegen, zumal aus dem Wissensstand des Täters bzgl. der Ansteckungsgefahr Rückschlüsse auf sein Wollen möglich seien. 174

BGHSt 36, 221, 222 f.; Anforderungen an vorsätzliches Handeln: Der Täter möchte ein Bürogebäude in Brand setzen, indem er Papier auf eine eingeschaltete Herdplatte legt. Hierdurch soll das Papier entflammen und das Feuer auf wesentliche Gebäudeteile übergreifen. Nachdem er die Herdplatte um 16 Uhr angeschaltet hat, verlässt er das Gebäude und ist hierbei davon überzeugt, dass die einzig noch anwesende Mitarbeiterin das Büro noch vor Ausbruch des Brandes verlassen wird, da die Bürozeit um 16.30 Uhr endet. Die Mitarbeiterin wird um 16.25 Uhr auf den beginnenden Brand aufmerksam und verständigt die Feuerwehr, welche den Brand löscht, bevor das Feuer auf wesentliche Gebäudeteile übergreift. – Der Täter handelt nicht vorsätzlich hinsichtlich einer (versuchten) schweren Brandstiftung nach § 306a Abs. 1 Nr. 3 StGB. Die Vorschrift setzt in der Vollendungsvariante voraus, dass eine Räumlichkeit, die zeitweise dem Aufenthalt von Menschen dient, zu einer Zeit in Brand gesetzt wird, in der Menschen sich dort aufzuhalten pflegen. Auch der Vorsatz des Täters muss sich auf das Inbrandsetzen des Tatobjektes zu einem Zeitpunk beziehen, in dem sich Menschen in der Räumlichkeit befinden. Da der Täter davon überzeugt war, dass sich im Zeitpunkt des Brandes keine Person im Bürogebäude aufhalten würde, handelte er nicht vorsätzlich bzgl. der Tat nach § 306a Abs. 1 Nr. 3 StGB. 175

BGHSt 57, 183, 186 ff.; Anforderungen an den Tötungsvorsatz, Hemmschwellentheorie: Während eines Diskobesuchs sowie unmittelbar danach geraten zwei Personen mehrfach in körperliche Auseinandersetzungen, die immer wieder durch das Eingreifen der Türsteher beendet werden. Nachdem 176 beide die Disko zunächst in unterschiedliche Richtungen verlassen haben, überrascht einer der beiden den anderen, der gerade an einem Taxistand steht, und stößt diesem aus schnellem Lauf kommend von hinten ein 11 cm langes Messer mit den Worten „Verreck', du Hurensohn" in den Rücken. Das Messer durchstößt eine Rippe und trifft die Lunge des Angegriffenen. Beim trinkgewohnten Angreifer wird eine Blutalkoholkonzentration von 1,58 ‰ festgestellt. – Auch wenn bei Tötungsdelikten von einer besonderen Hemmschwelle auszugehen ist, heißt dies doch nicht, dass bei offensichtlicher Lebensgefährlichkeit des Angriffs die Annahme eines Tötungsvorsatzes durch bloßen Verweis auf die Hemmschwellentheorie abgelehnt werden kann. Die Hemmschwellentheorie fordert lediglich die besonders sorgfältige Berücksichtigung aller Umstände des Einzelfalls. Finden sich keine Anhaltspunkte dafür, dass der Angreifer ernsthaft und nicht nur vage auf den Nichteintritt des Erfolges gehofft hat, kann in Fällen der vom Täter erkannten Lebensgefährlichkeit auch auf die Billigung des Tötungserfolges geschlossen werden. Die festgestellte Alkoholisierung des trinkgewohnten Angreifers ist dabei kein hinreichender Anhaltspunkt für eine fehlende Billigung.

V. Tatbestandsirrtum

1. Überblick: Tatbestandsirrtum und umgekehrter Tatbestandsirrtum

177 Gemäß § 16 Abs. 1 S. 1 StGB bewirkt die fehlende Kenntnis eines Umstands, der zum gesetzlichen Tatbestand gehört, dass der Täter nicht vorsätzlich handelt. Ein derartiger, den Vorsatz ausschließender, **Tatbestands- bzw. Tatumstandsirrtum** liegt vor, wenn das Wissenselement des Vorsatzes im Hinblick auf ein Merkmal des objektiven Tatbestandes fehlt, unabhängig davon, ob der Irrtum vermeidbar war oder nicht.[93] Anwendungsfall eines Tatbestandsirrtums ist daher die in Rn. 151 behandelte Konstellation, in der Jäger A den Pilzsammler O irrtümlich für ein Reh hält und erschießt, ihm also schon die Kenntnis fehlt, einen anderen Menschen zu töten. Gemäß § 16 Abs. 1 S. 1 StGB liegt daher kein vorsätzlicher Totschlag nach § 212 Abs. 1 StGB vor. Möglich ist nach § 16 Abs. 2 StGB jedoch eine Strafbarkeit wegen fahrlässiger Tötung (§ 222 StGB), in deren Rahmen es maßgeblich auf die Vermeid- und Vorwerfbarkeit des Irrtums ankommt.

178 Ein **umgekehrter Tatbestandsirrtum** liegt vor, wenn der Handelnde irrtümlich annimmt, dass ein Tatbestandsmerkmal vorliegt.[94] In diesem Fall ist der Täter wegen (untauglichen) Versuchs strafbar, es sei denn, der Versuch des jeweiligen Deliktes steht nicht unter Strafe (§ 23 Abs. 1 StGB). Somit ist Jäger A

---

[93] Einführend zum Tatbestandsirrtum *Exner*, ZJS 2009, 516, 517 f.; *Geerds*, JURA 1990, 421, 422; *Henn*, JA 2008, 854, 855; *Hinderer*, JA 2009, 864; *Sternberg-Lieben/Sternberg-Lieben*, JuS 2012, 289 ff.; *Wessels/Beulke/Satzger*, Strafrecht AT, Rn. 244 ff.

[94] *Henn*, JA 2008, 854, 855 f.; *Wessels/Beulke/Satzger*, Strafrecht AT, Rn. 245, 619.

strafbar wegen versuchten Totschlags gemäß §§ 212 Abs. 1, 22, 23 Abs. 1 StGB, wenn er auf ein Reh schießt, welches er in der Dunkelheit irrig für den Liebhaber seiner Frau O hält, den er mit dem Schuss ums Leben bringen möchte.

Bei **Qualifikationstatbeständen** führt die Unkenntnis des Täters über ein (qualifizierendes) Tatbestandsmerkmal gemäß § 16 Abs. 1 S. 1 StGB zum Vorsatzausschluss. Der Täter kann aber aus dem Grundtatbestand bestraft werden. Nimmt der Täter irrig an, das qualifizierende Tatbestandsmerkmal sei gegeben, kommt ein Versuch der Qualifikation (ggf. in Tateinheit mit dem vollendeten Grunddelikt) in Betracht.

Bei **Privilegierungen** führt die Unkenntnis eines privilegierenden Tatbestandsmerkmals dazu, dass die Bestrafung aus dem Grundtatbestand zu erfolgen hat, während die irrtümliche Annahme des privilegierenden Merkmals gem. § 16 Abs. 2 StGB zu einer Bestrafung aus dem Privilegierungstatbestand führt.[95] Tötet A den O, weil er irrig davon ausgeht, dass dieser ihn ausdrücklich und ernsthaft hierzu aufgefordert hat, ist A daher nach § 216 Abs. 1 StGB und nicht nach § 212 Abs. 1 StGB zu bestrafen, auch wenn O objektiv nicht mit der Tötung einverstanden war.

Abb. 3: Irrtum über Tatbestandsmerkmale

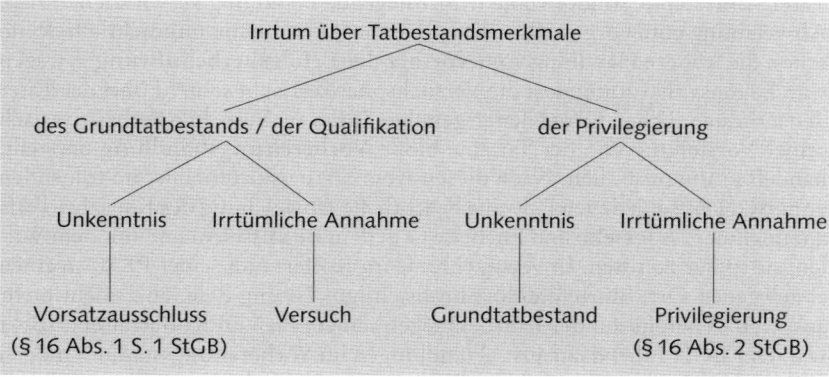

2. Irrtum über den Kausalverlauf

Der Vorsatz des Täters muss sich auch auf den Kausalverlauf in seinen wesentlichen Zügen erstrecken.[96] Tritt der vom Täter gewollte Erfolg zwar ein, geschieht dies jedoch auf völlig andere Art und Weise als von ihm vorgestellt, handelt er nicht vorsätzlich. Nicht erforderlich ist allerdings, dass der Täter den Geschehensablauf in all seinen Einzelheiten vorhersieht. Nur bei **erheblichen Abweichungen im tatsächlichen Geschehensablauf** gegenüber dem

---
[95] Hierzu *Küper*, JURA 2007, 260 ff.
[96] Zu Irrtümern über den Kausalverlauf *Exner*, ZJS 2009, 516, 519; *Henn*, JA 2008, 854, 857 f.; *Sternberg-Lieben/Sternberg-Lieben*, JuS 2012, 289, 293 ff.

vom Täter vorgestellten Verlauf liegt ein Tatbestandsirrtum nach § 16 Abs. 1 S. 1 StGB vor, der zum Vorsatzausschluss führt.

183 Soweit im konkreten Fall das Geschehen auf andere Art und Weise zum Erfolg führt als vom Täter vorgestellt, ist in der Fallbearbeitung somit danach zu fragen, ob eine **wesentliche Abweichung** des tatsächlichen vom vorgestellten Kausalverlauf vorliegt. Der BGH nimmt hierbei eine unwesentliche und für den Tatbestandsvorsatz unbeachtliche Abweichung an, „wenn sie sich innerhalb der Grenzen des **nach allgemeiner Lebenserfahrung Voraussehbaren** (hält) und **keine andere Bewertung** der Tat rechtfertig(t)."[97] Hierdurch werden die Anforderungen an die Bejahung eines beachtlichen Irrtums über den Kausalverlauf hoch angesetzt. Nur unter engen Voraussetzungen, insbesondere wenn der Geschehensablauf als völlig unvorhersehbar erscheint, liegt eine vorsatzausschließende Abweichung des tatsächlichen vom vorgestellten Kausalverlauf vor. Besonders problemträchtig sind hierbei **mehraktige Geschehensabläufe**, bei denen der Erfolg entweder früher oder später eintritt als vom Täter vorgestellt.

a) Früherer Erfolgseintritt

184 In dieser Konstellation wird der tatbestandliche Erfolg nicht durch die vom Täter vorgestellte, sondern eine früher liegende Handlung verwirklicht. Diese Abweichung vom vorgestellten Kausalverlauf ist nur dann unbeachtlich, wenn schon die frühere Handlung vom **Vorsatz der Erfolgsherbeiführung** getragen war. Es muss also zumindest die Versuchsphase erreicht sein.[98] Führt der Täter den tatbestandlichen Erfolg demgegenüber durch ein Verhalten herbei, das nach seiner Vorstellung von der Tat eine bloße **Vorbereitungshandlung** darstellt, handelt er unvorsätzlich. Nach diesen Abgrenzungskriterien ist im folgenden vom BGH entschiedenen Fall eine beachtliche Abweichung des Kausalverlaufs anzunehmen: A fesselte und knebelte O in dem Bewusstsein und mit dem Willen, sie später zu töten. Er verbrachte sie im Kofferraum seines PKW an einen abgelegenen Ort, führte die dort beabsichtigte Tötung dann aber nicht mehr aus, weil O bereits auf der Fahrt entgegen seinem Plan im Kofferraum erstickt war. Der BGH führt dazu aus: „Handlungen im Vorbereitungsstadium mögen zwar der Umsetzung des Tatplans dienen, setzen nach der Vorstellung und dem Willen des Täters aber noch nicht den unmittelbar in die Tatvollendung einmündenden Kausalverlauf in Gang (...). Wird der Taterfolg schon durch eine Vorbereitungshandlung bewirkt, kommt daher nur eine Verurteilung wegen fahrlässiger Verursachung dieses Erfolgs in Betracht."[99]

---

[97] BGHSt 7, 325, 329; 38, 32, 34.
[98] Vgl. BGH NStZ 2002, 475; *Sowada*, JURA 2004, 814, 817.
[99] BGH NJW 2002, 1057.

b)   Späterer Erfolgseintritt

Beachtliche Schwierigkeiten bereiten Konstellationen, in denen der Täter glaubt, den erstrebten Erfolg schon erreicht zu haben, dieser aber tatsächlich erst durch eine spätere Handlung herbeigeführt wird. Erstmals relevant wurde diese Problematik in der viel zitierten **Jauchegruben-Entscheidung** des BGH[100], der folgender Fall zu Grunde lag: A würgte die O mit bedingtem Tötungsvorsatz und stopfte ihr zwei Hände voll Sand in den Mund, um sie am Schreien zu hindern. O lag schließlich regungslos da und wurde von A für tot gehalten. A warf die vermeintliche Leiche in eine Jauchegrube. Erst dadurch erstickte O, die bis dahin nur bewusstlos gewesen war.

Problematisch ist in den Fällen des späteren Erfolgseintritts zunächst die objektive Zurechnung des Erfolges und insbesondere die Frage, ob sich in diesem die vom Täter geschaffene Gefahr realisiert hat. Da die Verursachung einer Bewusstlosigkeit aber durchaus die Gefahr schafft, dass der Bewusstlose für tot gehalten und im Rahmen der Beseitigung der vermeintlichen Leiche ums Leben gebracht wird, ist die objektive Zurechnung im Jauchegruben-Fall und in vergleichbaren Konstellationen regelmäßig zu bejahen.[101]

Im Bereich des subjektiven Tatbestandes erscheint demgegenüber fraglich, ob der Täter mit dem erforderlichen Vorsatz gehandelt hat, da er in dem Zeitpunkt, in dem er die tatsächlich zum Erfolg führende Handlung vorgenommen hat, davon ausging, dass der Erfolg bereits eingetreten ist. Nach der älteren **Lehre vom dolus generalis**[102] sollen die beiden Einzelakte einen einheitlichen Geschehensablauf darstellen, so dass der zunächst bestehende Vorsatz des Täters auch während der zum Erfolg führenden Handlung fortwirkt. Nach dieser Auffassung wäre A im Jauchegruben-Fall nach § 212 Abs. 1 StGB zu bestrafen, da der im Zeitpunkt des Würgens bestehende Tötungsvorsatz auch noch im Zeitpunkt des Werfens der vermeintlichen Leiche in die Jauchegrube fortbestünde. Demgegenüber geht eine beachtliche Auffassung in der Literatur davon aus, dass die beiden Teilakte des Geschehens selbständig zu bewerten seien, mit der Folge, dass der **Vorsatz erlösche**, sobald der Täter annimmt, dass der tatbestandliche Erfolg eingetreten ist. Da er dann in demjenigen Zeitpunkt, in dem er den Erfolg tatsächlich herbeiführt, nicht mehr vorsätzlich handelt, sei er nicht aus einem vollendeten Vorsatzdelikt zu bestrafen.[103] Nach dieser Auffassung hätte sich A im Jauchegruben-Fall nicht nach § 212 Abs. 1 StGB strafbar gemacht, sondern wegen versuchten Totschlags gemäß §§ 212 Abs. 1, 22, 23 Abs. 1 StGB (durch das Würgen) in Tatmehrheit mit fahrlässiger Tötung gemäß § 222 StGB (durch das Werfen in die Jauchegrube).

Der BGH überträgt demgegenüber die von ihm entwickelten Grundsätze zum **Irrtum über den Kausalverlauf** auch auf die Konstellation des späteren Erfolgseintritts und kommt hierdurch in der Regel zur Bejahung des Tat-

---
[100] BGHSt 14, 193; vgl. dazu *Valerius*, JA 2006, 261.
[101] Zur Einordnung der Problematik im Prüfungsaufbau *Wessels/Beulke/Satzger*, Strafrecht AT, Rn. 259.
[102] *Seiler*, ÖJZ 1994, 85, 86; *Welzel*, Das deutsche Strafrecht, S. 74.
[103] Vgl. die Darstellung bei *Valerius*, JA 2006, 261, 262.

bestandsvorsatzes.[104] Auch im Jauchegruben-Fall nahm er an, dass es sich im Rahmen des nach allgemeiner Lebenserfahrung Voraussehbaren bewege, wenn ein irrtümlich für tot gehaltenes Opfer erst durch die Beseitigungshandlung ums Leben kommt. Da auch keine andere Bewertung der Tat geboten sei, läge eine unwesentliche Abweichung des Kausalverlaufs vor, mit der Folge, dass sich A wegen eines vorsätzlich begangenen, vollendeten Tötungsdelikts strafbar gemacht habe.

3. Aberratio ictus

189 Der Begriff aberratio ictus (wörtliche Übersetzung: „Abirren des Pfeils") bezeichnet den Fall des Fehlgehens der Tat.[105] Eine aberratio ictus liegt vor, wenn der vom Täter erwünschte Erfolg nicht bei dem von ihm anvisierten Objekt, sondern bei einem anderen, in der Tatsituation nicht anvisierten Objekt eintritt. Sind das getroffene und das anvisierte Tatobjekt wie im folgenden Beispielsfall **tatbestandlich ungleichwertig**, entspricht es allgemeiner Auffassung, dass die aberratio ictus beachtlich sein muss:[106] A will O erschießen, der gerade mit seinem Hund spazieren geht. A zielt auf O, trifft aber nur dessen Hund tödlich. – Eine vollendete Sachbeschädigung (§ 303 Abs. 1 StGB) bzgl. des Hundes scheidet mangels Vorsatzes aus. Da kein Mensch gestorben ist, liegt auch kein vollendeter Totschlag (§ 212 Abs. 1 StGB), sondern nur ein versuchter Totschlag (§§ 212 Abs. 1, 22, 23 Abs. 1 StGB) vor. Da die fahrlässige Sachbeschädigung straflos ist, zieht die Tötung des Hundes in dieser Konstellation keine strafrechtliche Haftung nach sich.

190 Umstritten ist die Behandlung der aberratio ictus, wenn verfehltes und getroffenes Tatobjekt, wie im folgenden Beispielsfall, **tatbestandlich gleichwertig** sind: A will B, der gerade mit seinem Freund O spazieren geht, erschießen. A zielt auf B, trifft aber stattdessen den O tödlich. – Nach einer teilweise in der Literatur vertretenen Auffassung soll die aberratio ictus in diesen Fällen den Vorsatz unbeeinflusst lassen, weil dieser den tatbestandsmäßigen Erfolg nur nach seinen **gattungsbedingten Merkmalen** umfassen müsse.[107] Da A im Beispielsfall einen anderen Menschen töten wollte und dies auch tatsächlich getan hat, hätte er sich hiernach gemäß § 212 Abs. 1 StGB strafbar gemacht. Dass sich der tatbestandliche Erfolg bei einer anderen Person realisiert hat, als vom Täter gewollt, ist nach dieser Ansicht unerheblich. Teilweise wird demgegenüber vertreten, bei der aberratio ictus handle es sich um einen **Unterfall des Irrtums über den Kausalverlauf**, so dass es darauf ankäme, ob das Fehlgehen vorhersehbar war (dann lässt es den Vorsatz unberührt) oder nicht (dann ist

---

[104] Vgl. BGHSt 14, 193, 194; 23, 133; BGH NStZ 2001, 29; 2002, 475.
[105] Ausführlich zur aberratio ictus etwa *Daleman/Heuchemer*, JA 2004, 460 ff.; *Exner*, ZJS 2009, 516, 520 f.; *Geppert*, JURA 1992, 163 ff.; *Heuchemer*, JA 2005, 275 ff.; *Rath*, JA 2005, 709 ff.; *Rengier*, Strafrecht AT, § 15 Rn. 27 ff.; *Wessels/Beulke/Satzger*, Strafrecht AT, Rn. 250 ff.
[106] Vgl. *Exner*, ZJS 2009, 516, 520; *Sternberg-Lieben/Sternberg-Lieben*, JuS 2012, 289, 296.
[107] Ausführliche Argumentation bei *Heuchemer*, JA 2005, 275 ff.

das Fehlgehen beachtlich).[108] Nur wenn man im Beispielsfall davon ausgeht, dass damit zu rechnen war, dass der Schuss nicht den B, sondern den O treffen würde, wäre A somit auch nach dieser Auffassung nach § 212 Abs. 1 StGB zu bestrafen.

Die überwiegende Auffassung geht demgegenüber zutreffend davon aus, dass die aberratio ictus in Fällen der tatbestandlichen Gleichwertigkeit nach den gleichen Kriterien zu behandeln ist, wie bei tatbestandlicher Ungleichwertigkeit, der Täter also hinsichtlich des anvisierten Tatobjekts allenfalls wegen Versuchs und hinsichtlich des tatsächlich getroffenen Objekts allenfalls wegen eines Fahrlässigkeitsdelikts zu bestrafen ist.[109] Denjenigen Autoren, die für eine Unbeachtlichkeit der aberratio ictus bei tatbestandlicher Gleichwertigkeit eintreten, ist entgegenzuhalten, dass sie durch eine bloße **Fiktion** den Vorsatz zum Erfolg ziehen.[110] Dem Täter, der bereits ein bestimmtes Tatobjekt **individualisiert** hat, wird unterstellt, sein Vorsatz erstrecke sich auf ein beliebiges Objekt einer bestimmten Gattung. Gerade wenn es um die Verletzung von Leben und Gesundheit geht, ist jedoch zu berücksichtigen, dass eine deutliche **Konkretisierung** des Tatobjekts vorliegt und aufgrund der Höchstpersönlichkeit der geschützten Rechtsgüter nicht unterstellt werden kann, dem Täter ginge es schlicht darum, ein Objekt der Gattung „Mensch" zu verletzen. Gegen den Ansatz, der die aberratio ictus nach den Kriterien des Irrtums über den Kausalverlauf behandeln möchte, ist darüber hinaus einzuwenden, dass er dem Anwendungsbereich der aberratio ictus nicht hinreichend Rechnung trägt. Erkennt der Täter, dass ein Fehlgehen der Tat wahrscheinlich ist, und handelt trotzdem, wird er häufig auch hinsichtlich des tatsächlich getroffenen Objekts vorsätzlich handeln, so dass gar kein Fall der aberratio ictus vorliegt. Wenn etwa A im Beispielsfall erkennt, dass sein Schuss auch den O treffen könnte, sich hiermit jedoch abfindet, weil er den B unbedingt töten möchte, so handelt er auch hinsichtlich des Todes des O mit dolus eventualis, so dass er im Fall des Fehlgehens der Tat unproblematisch aus § 212 Abs. 1 StGB bestraft werden kann. Das Abstellen auf die Vorhersehbarkeit des Fehlgehens hilft also letztlich nicht weiter.

Den Besonderheiten der aberratio ictus entspricht es somit nur, wenn man die **Konkretisierung** auf ein bestimmtes Tatobjekt **stets als wesentlich** für den Vorsatz ansieht, so dass ein Fehlgehen der Tat unabhängig davon zum Vorsatzausschluss führt, ob anvisiertes und tatsächlich getroffenes Tatobjekt tatbestandlich gleichwertig oder ungleichwertig sind. Anders zu entscheiden ist nur, wenn der Täter die Möglichkeit des Fehlgehens und damit auch die Verletzung des Zweitobjekts in seinen Vorsatz aufgenommen hat. Da hierfür im Ausgangsfall keine Anhaltspunkte bestehen, hat sich A im Hinblick auf B wegen eines versuchten Totschlags (§§ 212 Abs. 1, 22, 23 Abs. 1 StGB) und

---
[108] Vgl. hierzu auch *Geppert*, JURA 1992, 163, 165 f.
[109] Vgl. BGHSt 34, 53, 55; BGH NStZ 2009, 210.
[110] Vgl. zum Folgenden auch die Kritik bei *Exner*, ZJS 2009, 516, 520 f.; *Henn*, JA 2008, 854, 856 f.; *Lubig*, JURA 2006, 655, 657; *Rath*, JA 2005, 709 ff.; *Rengier*, Strafrecht AT, § 15 Rn. 34.

im Hinblick auf O wegen einer fahrlässigen Tötung (§ 222 StGB) schuldig gemacht.

4. Error in persona vel obiecto

193 Von der aberratio ictus abzugrenzen ist der error in persona vel obiecto, der Irrtum über die Identität der Person oder des Tatobjekts. In dieser Konstellation trifft der Täter zwar das von ihm anvisierte Tatobjekt, irrt sich jedoch über dessen Identität oder Eigenschaften.[111] Beim **error in persona vel obiecto** handelt es sich unproblematisch um einen beachtlichen Tatbestandsirrtum i. S. v. § 16 Abs. 1 S. 1 StGB, wenn vorgestelltes und tatsächlich angegriffenes Objekt **tatbestandlich nicht gleichwertig** sind.[112] Wenn also A den Hund seiner Nachbarn erschießt, den er in der Abenddämmerung für den Liebhaber seiner Frau gehalten hat, ist er nicht wegen vorsätzlicher Sachbeschädigung (§ 303 Abs. 1 StGB) zu bestrafen, da sich sein Vorsatz nicht auf die Zerstörung oder Beschädigung einer fremden Sache bezog.

194 Sind vorgestelltes und angegriffenes Tatobjekt **tatbestandlich gleichwertig**, liegt im Fall des error in persona vel obiecto demgegenüber ein unbeachtlicher Motivirrtum vor.[113] Daher ist A im folgenden Beispielsfall wegen vorsätzlich begangenem, vollendetem Totschlag (§ 212 Abs. 1 StGB) zu bestrafen: A will B töten. Er lauert ihm in der Dunkelheit auf, hält aber den herannahenden O, der B der Statur nach ähnlich sieht, für B. A schießt auf O, der auf der Stelle tot ist. – Anders als bei der aberratio ictus verfehlt A hier nicht das anvisierte Objekt. Vielmehr trifft er es, dieses hat nur eine andere als die vorgestellte Identität. Sein Vorsatz war aber auf das tatsächlich getroffene Objekt konkretisiert. Da sich der Vorsatz gemäß § 16 Abs. 1 S. 1 StGB nur auf die Umstände des gesetzlichen Tatbestandes beziehen muss und es nicht auf die Beweggründe und Ziele des Täters ankommt, wirkt sich seine Fehlvorstellung an dieser Stelle nicht aus.

195 Schwierigkeiten kann die Abgrenzung zwischen aberratio ictus und error in persona vel obiecto bereiten, wenn der Täter das **angegriffene Objekt nicht optisch wahrnimmt**.[114] Dies ist etwa in den viel zitierten **Sprengfallen-Konstellationen** der Fall: A will B durch einen Sprengsatz töten. Er bringt unter einem PKW, der vor der Garage des Hauses von B steht, eine Granate an, die beim Losfahren zünden soll. A geht davon aus, dass der PKW dem B gehört und von diesem benutzt wird. In Wirklichkeit handelt es sich jedoch um das Fahrzeug von Bs Nachbarn O. Als O losfährt, zündet die Granate;

---

[111] Zum error in persona vel obiecto etwa *Exner*, ZJS 2009, 516, 519 f.; *Henn*, JA 2008, 854, 856; *Koriath*, JuS 1998, 215 ff.; *Lubig*, JURA 2006, 655, 656; *Rengier*, Strafrecht AT, § 15 Rn. 21 ff.; *Sternberg-Lieben/Sternberg-Lieben*, JuS 2012, 289, 296 f.
[112] *Exner*, ZJS 2009, 516, 520, *Sternberg-Lieben/Sternberg-Lieben*, JuS 2012, 289, 296; *Wessels/Beulke*, Strafrecht AT, Rn. 247.
[113] *Exner*, ZJS 2009, 516, 519 f.; *Henn*, JA 2008, 854, 856; *Lubig*, JURA 2006, 655, 656.
[114] Zu dieser Konstellation auch *Exner*, ZJS 2009, 516, 521; *Sternberg-Lieben/Sternberg-Lieben*, JuS 2012, 289, 297.

O wird dabei getötet.[115] – Zwar könnte man erwägen, einen Tötungsvorsatz des A abzulehnen, weil dieser die Gefahr, dass ein anderer als B den PKW nutzen würde, nicht erkannt hat. Doch liegt nur ein error in persona vor: A hat das getötete Opfer „durch das zur Sprengfalle umfunktionierte Fahrzeug mittelbar individualisiert".[116] Es wurde der Vorstellung des A entsprechend derjenige getötet, der den PKW benutzt. Auf die Person, die sich dem geplanten Ablauf entsprechend verhält, ist der Tötungsvorsatz konkretisiert. In diesem Fall liegt bei fehlender optischer Wahrnehmung des angegriffenen Objekts eine als Motivirrtum unbeachtliche Identitätsabweichung vor. A handelt also mit Tötungsvorsatz bzgl. O. Ebenso wäre dementsprechend zu entscheiden, wenn eine Briefbombe von einer anderen Person als dem Adressaten geöffnet wird.

Denkbar ist zuletzt auch ein **Zusammentreffen von aberratio ictus und error in persona**:[117] A möchte O töten und lauert diesem am Straßenrand auf. Als B sich dem A nähert, hält dieser ihn aufgrund der schlechten Sichtverhältnisse für O und gibt einen Schuss ab. Der Schuss verfehlt jedoch den B, prallt an einer Straßenlaterne ab und trifft den O, der sich gerade dem Ort des Geschehens nähert, ohne von A wahrgenommen worden zu sein. – Obgleich A hier im Ergebnis diejenige Person getroffen hat, die er töten wollte, ist er nicht wegen eines vollendeten vorsätzlichen Tötungsdeliktes zu bestrafen. Im Zeitpunkt der Tathandlung (Abgabe des Schusses) war sein Vorsatz allein auf den B konkretisiert. Da er hinsichtlich eines Fehlgehens der Tat und der Tötung einer anderen Person nicht mit dolus eventualis handelte, liegt eine aberratio ictus vor, die trotz Gleichwertigkeit von anvisiertem und tatsächlich getroffenem Tatobjekt beachtlich ist (vgl. bereits Rn. 192). Somit ist A nur wegen eines versuchten Tötungsdeliktes in Bezug auf B und ggf. wegen einer fahrlässigen Tötung in Bezug auf O zu bestrafen. Treffen aberratio ictus und error in persona in einem Fall zusammen, ist dieser folglich nach den für die aberratio ictus geltenden Grundsätzen zu lösen.

196

5. Leitentscheidungen

BGHSt 14, 193, 194f.; Späterer Erfolgseintritt (hierzu auch schon Rn. 185ff.): Die Täterin steckt einer Bekannten Sand in den Mund, bis sie diese für tot hält. Um die Spuren der Tat zu beseitigen, wirft sie die Bekannte in eine Jauchegrube. Tatsächlich war diese zu diesem Zeitpunkt lediglich bewusstlos, ertrinkt jedoch in der Jauchegrube. – Die Täterin hat durch die erste Tathandlung ein vorsätzliches Tötungsdelikt verwirklicht. Dass ein bereits für tot gehaltenes Tatopfer erst durch eine Beseitigungshandlung verstirbt, lässt den Vorsatz nicht entfallen, da sich dieses Geschehen im Rahmen des nach

197

---

[115] Nach BGH NStZ 1998, 294, wo es nur zum Versuch kam.
[116] BGH NStZ 1998, 294, 295.
[117] Zum Folgenden *Rengier*, Strafrecht AT, § 15 Rn. 39ff.; *Wessels/Beulke/Satzger*, Strafrecht AT, Rn. 257.

allgemeiner Lebenserfahrung Vorhersehbaren bewegt und insoweit ein unbeachtlicher Irrtum über den Kausalverlauf vorliegt.

198 **BGHSt 23, 133, 135 f.; Unwesentliche Abweichung des Kausalverlaufs:** Der Täter möchte eine Bekannte töten und ergreift hierfür ein Messer. Als er mit dem Zustechen beginnt, wird er infolge einer Affektamnesie zurechnungsunfähig. Die Bekannte verstirbt infolge des wiederholten Zustechens. – Trotz der Schuldunfähigkeit im Zeitpunkt des Zustechens bejahte der BGH die Voraussetzungen eines vorsätzlichen vollendeten Tötungsdeliktes. Der Täter habe bereits vor dem Eintritt der Zurechnungsunfähigkeit mit der Tatausführung begonnen. Dass das Zustechen im Zustand der Schuldunfähigkeit erfolgte, stelle eine unwesentliche Abweichung vom Kausalverlauf dar, da ein Nichteintreten der Affektamnesie allenfalls zur Folge gehabt hätte, dass der Täter weniger schnell und weniger häufig zugestochen hätte.

199 **BGHSt 34, 53, 54 f.; Aberratio ictus:** Der Täter fährt mit seinem Auto auf den Liebhaber seiner ehemaligen Freundin zu, um diesen zu töten. Der Liebhaber springt rechtzeitig zur Seite und wird nur leicht gestreift. Stattdessen wird die hinter ihm stehende Freundin vom Auto erfasst und schwer verletzt. Hiermit hat der Täter nicht gerechnet. – Bzgl. des Liebhabers hat sich der Täter wegen versuchten Totschlags, bzgl. der Freundin lediglich wegen fahrlässiger Körperverletzung strafbar gemacht. Wirkt sich die Tat ohne Verwechslung des Angriffsobjekts an einem anderen Menschen aus (aberratio ictus), so liegt diesbezüglich eine vorsätzliche Tatbestandserfüllung allenfalls dann vor, wenn der Täter weiß, dass dieser Erfolg eintreten kann, und er dies billigend in Kauf nimmt.

200 **BGHSt 38, 32, 34 ff.; Wesentliche Abweichung des Kausalverlaufs:** Ein deutscher Staatsangehöriger erwirbt in Marokko 15 kg Haschisch und übergibt diese einem Drogenkurier zwecks Einführung in die BRD. Während einer Übernachtung in Spanien wird dem Kurier das Haschisch von einem Dritten entwendet, der dieses anstelle des Kuriers in die BRD einführt. – Die Einfuhr der Drogen durch den Dritten ist nicht vom Vorsatz des Erwerbenden umfasst. Für ihn war nicht ersichtlich, dass das Haschisch unabhängig vom Einfluss- und Herrschaftsbereich des Kuriers in die BRD eingeführt werden würde, so dass eine wesentliche Abweichung vom vorgestellten Kausalverlauf vorliegt.

201 **BGH NStZ 2001, 29, 30; Unwesentliche Abweichung des Kausalverlaufs:** Die Täterin versetzt einer bereits schwer verletzten Bekannten mit Tötungsabsicht mehrere wuchtige Messerstiche. Beim letzten Stich bleibt das Messer so fest im Gesicht der Bekannten stecken, dass die Täterin es nicht mehr herausziehen kann. Da sie die Bekannte für tot hält, berichtet sie ihrem Freund von dem Geschehen, der daraufhin beschließt, die Spuren der Tat zu beseitigen. Als er bemerkt, dass die Bekannte noch lebt, schlägt der Freund zunächst mit einer Wasserflasche auf ihren Kopf ein und würgt sie anschließend bis zur Regungslosigkeit. Ob die Bekannte an den Folgen der (den Sterbevorgang möglicherweise verkürzenden) Schläge mit der Wasserflasche oder nach diesen Schlägen in Folge der Messerstiche durch Verbluten verstirbt, kann nicht festgestellt werden. – Die Täterin ist strafbar wegen eines vorsätzlich begangenen, vollendeten Tötungsdeliktes. Dass die genaue Todesursache nicht eindeutig festgestellt werden kann, ist für die objektive Erfolgszurechnung unerheblich, da die Täterin in jedem Fall eine bis zum Todeseintritt fortwirkende Ursache gesetzt hat, die durch das Eingreifen ihres Freundes nicht abgebrochen wurde. Dass die Täterin irrig davon ausging, die Bekannte sei bereits nach dem letzten Zustechen ums Leben gekommen, ist für die Bejahung des Tatbestandsvorsatzes ohne Bedeutung, da sich der Geschehensablauf im Rahmen des nach allgemeiner Lebenserfahrung Voraussehbaren bewegt und mithin eine unwesentliche Abweichung des Kausalverlaufs vorliegt. Der Freund der Täterin hat sich demgegenüber lediglich wegen eines versuchten Tötungsdeliktes strafbar gemacht, da nicht ausgeschlossen werden kann, dass sein Verhalten für den Todeseintritt nicht ursächlich geworden ist.

VI. Exkurs: HIV-Fälle und strafrechtlicher Tatbestand

Besondere Schwierigkeiten bereitet in der Fallbearbeitung häufig die Behandlung der sog. „HIV-Fälle", in denen der Täter in Kenntnis seiner HIV-Infizierung ungeschützten Geschlechtsverkehr mit seinem Sexualpartner hat, ohne diesen über seine Erkrankung aufzuklären. Problematisch ist bereits die Frage nach dem **einschlägigen Tatbestand**. In Betracht kommen sowohl Körperverletzungs- als auch Tötungsdelikte, die für eine Vollendungsstrafbarkeit jedoch voraussetzen, dass der Täter durch sein Verhalten ursächlich einen bestimmten Erfolg herbeigeführt hat. Somit wäre erforderlich, dass die Infizierung einer anderen Person mit dem HI-Virus nachweislich auf dem Geschlechtsverkehr gerade mit dem Täter beruht. Insbesondere in der Konstellation mehrfach wechselnder Sexualpartner ist es in der Praxis jedoch regelmäßig nicht möglich, die Infizierung auf einen ganz bestimmten Geschlechtsverkehr zurückzuführen. Zumindest bei Anwendung des in dubio pro reo-Grundsatzes wird die für die Vollendungsstrafbarkeit erforderliche **Kausalität** daher häufig zu verneinen sein. Möglich bleibt in diesem Fall jedoch eine Strafbarkeit wegen versuchter Körperverletzung bzw. Tötung.

202

Da die Versuchsstrafbarkeit einen Tatentschluss und damit **vorsätzliches Handeln** voraussetzt (vgl. noch Rn. 621 ff.), spielt bei den HIV-Fällen weiterhin die Abgrenzung zwischen Eventualvorsatz und bewusster Fahrlässigkeit eine erhebliche Rolle. Der BGH bejaht im Fall des ungeschützten Geschlechtsverkehrs bei Kenntnis der eigenen HIV-Infizierung in der Regel vorsätzliches Handeln des Täters, allerdings nur hinsichtlich eines Körperverletzungsdeliktes. Trotz der grundsätzlich sehr niedrigen Infektionsgefahr eines einzigen ungeschützten Sexualkontakts sei dieser dennoch geeignet, das Virus zu übertragen, was vom Täter billigend in Kauf genommen werde.[118] Jedoch sei ein

203

---
[118] BGHSt 36, 1, 9 ff.

Tötungsvorsatz zu verneinen, da hinsichtlich der Tötung eines Menschen eine besondere innere Hemmschwelle bestehe und zu Gunsten des Täters davon ausgegangen werden müsse, dass er auf zukünftige – derzeit noch unbekannte – Heilungsarten vertraue oder gehofft habe, das AIDS-Virus werde bei seinem Partner überhaupt nicht ausbrechen.[119] Von dieser Annahme ausgehend ist in den HIV-Fällen in der Regel eine Strafbarkeit wegen versuchter Körperverletzung anzunehmen.

204 In der Literatur wird die vom BGH vorgenommene Spaltung des Vorsatzes überwiegend abgelehnt. Eine Auffassung lehnt unter Berufung auf die **minimale Infektionsgefahr** eines einzigen ungeschützten Sexualkontakts (0,1–1 %) sowohl den Körperverletzungs- als auch den Tötungsvorsatz ab, da dem Täter nach allgemeiner Lebenserfahrung diese minimale Infektionsgefahr bewusst sei.[120] Andere bejahen sowohl den Körperverletzungs- als auch den Tötungsvorsatz, weil der Täter sich zur Erreichung seines Zieles („Geschlechtsverkehr") mit der erkannten und ernst genommenen Gefahr einer tödlichen Infizierung des Partners **abgefunden** habe, weshalb nicht nachvollziehbar sei, entsprechend der Ansicht des BGH zwar den Vorsatz des Täters, das Opfer zu infizieren, zu bejahen, den Tötungsvorsatz aber zu verneinen.[121]

VII. Tatbestandsannex: Objektive Bedingung der Strafbarkeit

1. Bedeutung und Einordnung im Straftataufbau

205 In wenigen Ausnahmefällen enthalten die Strafnormen des Besonderen Teils objektive Merkmale, die nicht vom Vorsatz des Täters umfasst sein müssen. Es handelt sich um sog. objektive Bedingungen der Strafbarkeit, die nach der Feststellung des subjektiven Tatbestands als **Tatbestandsannex** zu prüfen sind.[122] Ob – was selten vorkommt – eine objektive Bedingung der Strafbarkeit zur Straftat gehört, ergibt sich durch Auslegung der Vorschriften des Besonderen Teils. Eine objektive Bedingung der Strafbarkeit ist z. B. in § 231 Abs. 1 StGB (Beteiligung an einer Schlägerei) der Tod oder die schwere Körperverletzung. Die Prüfung des Tatbestandes von § 231 Abs. 1 StGB beschränkt sich mithin auf die Feststellung, dass der Täter an einer Schlägerei bzw. an einem Angriff mehrerer beteiligt war und diesbezüglich mit Vorsatz gehandelt hat. Erst hieran anschließend ist festzustellen, dass durch die Schlägerei bzw. den Angriff objektiv der Tod eines Menschen oder eine schwere Körperverletzung verursacht wurde. Auf die subjektive Einstellung des Täters hinsichtlich der schweren Folge kommt es für seine Strafbarkeit nicht an.

---

[119] BGHSt 36, 1, 15 f.
[120] Vgl. *Frisch*, JuS 1990, 362, 367.
[121] *Geppert*, JURA 1987, 668.
[122] Zum Ganzen *Gottwald*, JA 1998, 771 ff.; *Krause*, JURA 1980, 449 ff.; *Satzger*, JURA 2006, 108 ff.

Weitere objektive Bedingungen der Strafbarkeit sind bspw. in § 186 StGB 206
(Üble Nachrede) die Nichterweislichkeit der Wahrheit und in § 323a Abs. 1
StGB (Vollrausch) die Begehung einer rechtswidrigen Tat im Rauschzustand.
Die objektive Bedingung der Strafbarkeit ist wie folgt in den Straftataufbau
zu integrieren:

Tab. 5: Objektive Bedingung der Strafbarkeit im Straftataufbau 207

1.	Tatbestand
	a) objektiver Tatbestand
	b) subjektiver Tatbestand
2.	Objektive Bedingung der Strafbarkeit
3.	Rechtswidrigkeit
4.	Schuld

2. Leitentscheidungen

BGHSt 14, 132, 133 ff.; Nachträglicher Bedingungseintritt bei § 231 StGB: 208
Ein Jugendlicher nimmt an einer Schlägerei auf einer Kirmes teil. Nachdem
er sich wieder vom Ort der Schlägerei entfernt hat, wird einer der an der
Schlägerei Beteiligten tödlich verletzt. – Der BGH bejahte die Voraussetzungen
des § 231 Abs. 1 StGB, obgleich die objektive Bedingung der Strafbarkeit zu
einem Zeitpunkt eintrat, in dem der Jugendliche nicht mehr an der Schlägerei
mitwirkte. Die durch die eigene Mitwirkung erhöhte Gefährlichkeit einer
Schlägerei wirke regelmäßig über die Dauer der eigenen Beteiligung fort, so
dass das Verhalten des Jugendlichen vom Schutzzweck des § 231 Abs. 1 StGB
erfasst werde.

BGHSt 16, 130, 131 ff.; Vorzeitiger Bedingungseintritt bei § 231 StGB: Ein 209
Gastwirt gerät durch eine nach § 32 Abs. 1 StGB gerechtfertigte Verteidigungshandlung in eine Schlägerei. Im Verlauf der Schlägerei überschreitet er sein
Notwehrrecht, ohne die Voraussetzungen des § 33 StGB zu erfüllen. Eine der
an der Schlägerei beteiligten Personen wird tödlich verletzt, zu diesem Zeitpunkt hatte der Gastwirt sich noch auf zulässige Verteidigungshandlungen
beschränkt. – Auch hier bejahte der BGH die Voraussetzungen des § 231 Abs. 1
StGB und stellte fest, dass eine Strafbarkeit wegen Beteiligung an einer Schlägerei generell auch dann in Betracht komme, wenn die objektive Bedingung der
Strafbarkeit in einem Zeitpunkt eintritt, in dem der Täter sich der Schlägerei
noch nicht angeschlossen hat. Mit dem Zweck des § 231 StGB sei es nicht zu
vereinbaren, den Zeitpunkt der Beteiligung über die Strafbarkeit entscheiden
zu lassen.

VIII. Zusammenfassung

- Grundlage für die Bestimmung der Kausalität ist die sog. Äquivalenztheorie. Danach ist jede Handlung kausal, die nicht hinweggedacht werden kann, ohne dass der konkrete Erfolg entfiele (Conditio-sine-qua-non-Formel).
- Hypothetische Kausalverläufe sind bei Begehungsdelikten für den Kausalverlauf grundsätzlich unbeachtlich. Der Rückgriff auf einen hypothetischen Kausalverlauf ist ausnahmsweise zulässig zur Erfassung der Fallgruppe des Abbruchs rettender Kausalverläufe.
- In Fällen der abgebrochenen bzw. überholenden Kausalität besteht kein Kausalzusammenhang zwischen dem Täterverhalten und dem Erfolg, weil eine neue Ursachenreihe die Fortwirkung des Täterverhaltens beseitigt und ihrerseits den Erfolg herbeigeführt hat.
- Die Formel der Äquivalenztheorie wird für Fälle der alternativen Kausalität modifiziert: Von mehreren Bedingungen, die zwar alternativ, nicht jedoch kumulativ hinweggedacht werden können, ohne dass der Erfolg entfiele, ist jede ursächlich für den Erfolg.
- Kumulative Kausalität ist gegeben, wenn mehrere unabhängig voneinander vorgenommene Handlungen den Erfolg erst durch ihr Zusammenwirken herbeiführen.
- Die Definition der objektiven Zurechnung lautet: Objektiv zurechenbar ist ein Erfolg, wenn der Täter eine rechtlich missbilligte Gefahr für den Erfolgseintritt geschaffen hat, die sich in tatbestandsmäßiger Weise im konkreten Erfolg realisiert hat.
- Eine rechtlich missbilligte Gefahr wird nicht geschaffen, wenn der Handelnde das Risiko einer bereits anderweitig in Gang gesetzten Kausalkette lediglich verringert.
- Nach dem Prinzip der Eigenverantwortlichkeit scheidet eine objektive Zurechnung bei eigenverantwortlicher Selbstgefährdung des Verletzten aus.
- Ein tatbestandlicher Erfolgseintritt ist trotz pflichtwidrigem Verhalten des Täters unter dem Aspekt des fehlenden Pflichtwidrigkeitszusammenhangs objektiv nicht zurechenbar, wenn auch ein pflichtgemäßes Verhalten zu dem Erfolg geführt hätte.
- Die objektive Zurechenbarkeit fehlt, wenn der Erfolg außerhalb des Schutzzwecks der verletzten Verhaltensnorm liegt.
- Der Vorsatz setzt sich nach überwiegender Auffassung aus zwei Elementen zusammen, dem Wissen (kognitives Element) und dem Wollen (voluntatives Element) der Tatbestandsverwirklichung.
- Absicht ist der bestimmte, auf die Herbeiführung eines Erfolgs gerichtete Wille.
- Wissentlichkeit ist gegeben, wenn der Täter weiß oder als sicher voraussieht, dass er den gesetzlichen Tatbestand verwirklicht.
- Bedingter Vorsatz liegt nach der Ernstnahmetheorie vor, wenn der Täter die Möglichkeit der Rechtsgutsverletzung ernst nimmt und sich damit abfindet.

- Ein Tatbestandsirrtum (§ 16 Abs. 1 S. 1 StGB) liegt vor, wenn das Wissenselement des Vorsatzes im Hinblick auf ein Merkmal des objektiven Tatbestands fehlt.
- Ein umgekehrter Tatbestandsirrtum ist gegeben, wenn der Handelnde irrtümlich annimmt, dass ein Tatbestandsmerkmal vorliegt. In diesem Fall kommt ein untauglicher Versuch in Betracht.
- Der Vorsatz des Täters muss sich auch auf den Kausalverlauf in seinen wesentlichen Zügen erstrecken.
- Eine aberratio ictus liegt vor, wenn der vom Täter erwünschte Erfolg nicht bei dem von ihm anvisierten Objekt, sondern bei einem anderen, in der Tatsituation nicht anvisierten Objekt eintritt. Mit einer in Rechtsprechung und Literatur verbreiteten Auffassung ist die aberratio ictus in jeglicher Konstellation als erheblich und der Vorsatz als ausgeschlossen anzusehen.
- Der error in persona vel obiecto ist der Irrtum über die Identität der Person oder des Tatobjekts. Bei Gleichwertigkeit der Tatobjekte liegt im Fall des error in persona vel obiecto ein unbeachtlicher Motivirrtum vor.

IX. Übungsfälle

1. A wusste, dass er mit HIV infiziert war. Er klärte seine Freundin F, eine 17-jährige Gymnasiastin, über seine Infektion, die Übertragungsmöglichkeiten und die möglicherweise tödlichen Risiken auf. F drängte dennoch darauf, den Geschlechtsverkehr ungeschützt auszuüben. A und F hatten daraufhin mehrfach ohne Schutz durch Kondome Geschlechtsverkehr. Strafbarkeit des A wegen Körperverletzung gem. § 223 StGB, wenn F sich angesteckt hat?
2. A will B töten. Er lauert ihm in der Dunkelheit vor einer Gaststätte auf. Als C, der B ähnlich sieht, die Gaststätte verlässt, hält A diesen für B. A zielt auf C und schießt. Der Schuss verfehlt den C und trifft den B tödlich, der in diesem Moment hinter C aus der Gaststätte herausgetreten ist. Strafbarkeit des A wegen Tötungsdelikten?

3. Kapitel
Rechtswidrigkeit

I. Grundlagen

210 Das an die Verwirklichung eines Straftatbestandes geknüpfte Unwerturteil führt nicht zur Strafbarkeit des Täters, wenn sein Verhalten gerechtfertigt ist. Dies ist der Fall, wenn ein **Rechtfertigungsgrund** eingreift. Rechtfertigungsgründe können dem StGB, aber auch der gesamten übrigen Rechtsordnung, selbst dem Gewohnheitsrecht entnommen werden. Ist ein Verhalten nach bürgerlichem oder öffentlichem Recht erlaubt, kann es im Strafrecht nicht als verboten angesehen werden. Die bedeutsamsten Rechtfertigungsgründe im StGB sind die Notwehr in § 32 StGB und der (rechtfertigende) Notstand in § 34 StGB. Von den außerhalb des StGB existierenden Rechtfertigungsgründen weisen das Festnahmerecht in § 127 StPO sowie die zivilrechtlichen Notstände in §§ 228, 904 BGB die größte Prüfungsrelevanz auf. Ein gewohnheitsrechtlich begründeter Rechtfertigungsgrund ist die mutmaßliche Einwilligung.

211 In der Klausur ist die Frage, ob der Täter gerechtfertigt ist, in der Regel nur dann ausführlich zu erörtern, wenn konkrete Anhaltspunkte dafür existieren, dass die Voraussetzungen eines oder mehrerer Rechtfertigungsgründe vorliegen. Ist dies eindeutig nicht der Fall, kann die Prüfung auf den schlichten Hinweis beschränkt werden, dass die Tatbestandsverwirklichung mangels Eingreifen von Rechtfertigungsgründen auch rechtswidrig erfolgte. Bei einigen wenigen sog. **offenen Tatbeständen** des Strafrecht BT muss die Rechtswidrigkeit hingegen stets positiv festgestellt werden. Wichtigstes Bsp. ist die Nötigung nach § 240 StGB.[1] Gemäß § 240 Abs. 2 StGB ist eine Nötigung nur dann rechtswidrig, wenn die Anwendung von Gewalt oder die Androhung des Übels zu dem angestrebten Zweck als verwerflich anzusehen ist. Der Täter einer Nötigung ist hiernach gerechtfertigt, wenn ein allgemeiner Rechtfertigungsgrund eingreift (mit der Folge, dass die Tat zugleich nicht verwerflich i. S. v. § 240 Abs. 2 StGB ist), oder wenn die Tathandlung im Hinblick auf das von ihm anvisierte Ziel nicht als verwerflich anzusehen ist.[2]

---

[1] Vgl. daneben insb. § 253 Abs. 2 StGB.
[2] So die h. M.; vgl. etwa BGHSt 2, 194, 195 f. Anders etwa Sch/Sch-*Eser/Eisele*, § 240 Rn. 16, die § 240 Abs. 2 StGB nicht als allgemeines Rechtfertigungsmerkmal, sondern als eine „Ergänzung des Tatbestandes" deuten.

Kann sich ein Täter hinsichtlich derselben Tatbestandsverwirklichung (möglicherweise) auf **mehrere Rechtfertigungsgründe** berufen, so sind diese grundsätzlich nebeneinander anwendbar.³ Wenn in der Fallbearbeitung festgestellt wurde, dass der Täter nach einem Rechtfertigungsgrund gerechtfertigt ist, ist daher in der Regel gleichwohl auch auf weitere Rechtfertigungsgründe einzugehen, wenn deren Verwirklichung hinreichend wahrscheinlich erscheint. Hierbei ist jedoch zunächst zu berücksichtigen, dass bestimmte Rechtfertigungsgründe eine Sperrwirkung entfalten, was insbesondere für die zivilrechtlichen Notstände in §§ 228, 904 BGB gilt, neben denen § 34 StGB nicht anwendbar ist. Auch die Notwehr in § 32 StGB wird infolge der von ihr vermittelten weitreichenden Eingriffsbefugnisse mehrheitlich als spezielle Regelung gegenüber § 34 StGB angesehen, so dass eine Rechtfertigung wegen Notstands zumindest dann nicht anzusprechen ist, wenn bereits festgestellt wurde, dass der Täter nach § 32 StGB gerechtfertigt ist.⁴ Aber selbst wenn ein entsprechendes Konkurrenzverhältnis nicht eingreift und daher mehrere Rechtfertigungsgründe nebeneinander zur Anwendung kommen, ist zu beachten, dass es im Ergebnis nicht darauf ankommt, ob die Tatbestandsverwirklichung des Täters nach einem oder nach mehreren Rechtfertigungsgründen erlaubt ist. Die Prüfung und Bejahung mehrerer Rechtfertigungsgründe darf daher nicht auf Kosten einer ausführlichen Bearbeitung sonstiger Prüfungsschwerpunkte erfolgen. Soweit in der Fallbearbeitung festgestellt wurde, dass der Täter gerechtfertigt ist, sollte die Prüfung weiterer Rechtfertigungsgründe daher in der Regel nur noch knapp erfolgen.

212

Eine Rechtfertigung kommt nicht nur bei Vorsatztaten, sondern auch bei **Fahrlässigkeitsdelikten** in Betracht, wobei die Prüfung des jeweiligen Rechtfertigungsgrundes regelmäßig nach den gleichen Grundsätzen vorzunehmen ist, wie beim Vorsatzdelikt.⁵ Ferner können sich grundsätzlich auch **Amtsträger** auf die allgemeinen Rechtfertigungsgründe und insbesondere auf die §§ 32, 34 StGB berufen, soweit nicht spezielle Vorschriften existieren, welche für ihr Verhalten engere und abschließende Sonderregeln normieren.⁶ Besonders umstritten ist in diesem Zusammenhang, ob Polizisten in Form der Nothilfe nach § 32 StGB gerechtfertigt sein können, wenn Sie einen Straftatbestand verwirklichen, um Dritten zu helfen (hierzu noch Rn. 275 ff.).

213

Auch bei der **Prüfung** von Rechtfertigungsgründen können in der Regel **objektive** und **subjektive Voraussetzungen** unterschieden werden. Während objektiv regelmäßig eine bestimmte Situation (Rechtfertigungslage) vorliegen und der Täter diejenige Handlung vornehmen muss, die ihm in dieser Situation gestattet ist (Rechtfertigungshandlung), ist subjektiv in der Regel zumindest erforderlich, dass er die Rechtfertigungshandlung in Kenntnis der Rechtfertigungslage vornimmt.

214

---

³ *Gropengießer*, JURA 2000, 262, 263; *Rengier*, Strafrecht AT, § 17 Rn. 6.
⁴ Ausführlich zum Verhältnis von § 32 und § 34 StGB *Gropengießer*, JURA 2000, 262 ff.
⁵ Vgl. auch *Kretschmer*, JURA 2002, 114 ff.
⁶ *Fahl*, JURA 2007, 743, 744; *Kühl*, JURA 1993, 233, 238.

II. Notwehr (§ 32 StGB)

215 Dem Notwehrrecht liegen zwei Prinzipien zugrunde, das Selbstschutzprinzip und das Rechtsbewährungsprinzip.[7] Das **Selbstschutzprinzip** (oder Individualschutzprinzip) besagt, dass der Angegriffene in der Notwehrsituation seine angegriffenen Güter selbst schützen darf. Nach dem überindividualistischen **Rechtsbewährungsprinzip** dient die Notwehr (auch) der Verteidigung des Rechts gegen Unrecht. § 32 StGB rechtfertigt sowohl die Notwehr zugunsten eigener Rechtsgüter als auch die sog. Nothilfe zur Verteidigung eines anderen.[8]

216 Ob der Täter wegen einem Handeln in Notwehr gemäß § 32 Abs. 1 StGB gerechtfertigt ist, ist nach dem in Tab. 6 dargestellten Schema zu prüfen:

217 Tab. 6: Notwehrvoraussetzungen

Voraussetzung		Definition
I.	**Notwehrlage**	Gegenwärtiger, rechtswidriger Angriff
	– Angriff	Durch menschliches Verhalten drohende Verletzung rechtlich geschützter Güter oder Interessen
	– Gegenwärtig	Unmittelbar bevorstehend, bereits stattfindend oder noch fortdauernd
	– Rechtswidrig	Angriff steht als objektiv pflichtwidriges Verhalten im Widerspruch zur Rechtsordnung
II.	**Notwehrhandlung**	Erforderliche Verteidigungshandlung
	– erforderlich	Zur Abwehr des Angriffs geeignet und relativ mildestes Mittel
III.	**Gebotensein**	Sozialethische Einschränkungen des Notwehrrechts in bestimmten Fallgruppen (Tab. 8 auf S. 94)
IV.	**Verteidigungswille**	Kenntnis der die Notwehrlage begründenden Umstände

1. Notwehrlage

218 Die Rechfertigung über § 32 StGB setzt zunächst voraus, dass eine Notwehrlage in Form eines gegenwärtigen und rechtswidrigen Angriffs besteht.

---

[7] *Geilen*, JURA 1981, 200; *Geppert*, JURA 2007, 33; *Sternberg-Lieben*, JA 1996, 129 ff.; vgl. zur Rechtfertigung nach § 32 StGB wegen der Aussetzung eines Kopfgeldes *Fahl*, JA 2014, 808 ff.

[8] Zum Hintergrund des Nothilferechts *Kasiske*, JURA 2004, 832, 833 ff.; *Kühl*, Strafrecht AT, § 7 Rn. 137 ff.

a) Angriff

aa) Grundlagen

Angriff wird definiert als jede durch menschliches Verhalten drohende Verletzung rechtlich geschützter Interessen.[9] Da hiernach eine Notwehrlage stets an das Vorhandensein eines **menschlichen Verhaltens** anknüpft, kommt regelmäßig keine Rechtfertigung über § 32 StGB in Betracht, wenn der Täter ein Tier verletzt oder tötet. Wendet der Täter einen Tierangriff ab, ist vielmehr an eine Rechtfertigung nach § 228 BGB zu denken. Ausnahmsweise kann auch ein Vorgehen gegen ein Tier über § 32 StGB gerechtfertigt sein, wenn dieses von einem Menschen wie eine Waffe zum Angriff eingesetzt, also bspw. auf einen Menschen „gehetzt" wird.[10]

219

Ein Angriff liegt nur vor, wenn dem menschlichen Verhalten **Handlungsqualität** zukommt, Notwehr gegen nicht kontrollierbare Reflexbewegungen bzw. „Zuckungen" im Schlaf ist nicht möglich.[11] Nicht erforderlich ist indes, dass der Angriff vorsätzlich und schuldhaft erfolgt. Auch gegen eine Bedrohung rechtlich geschützter Interessen, die durch ein **fahrlässiges** und/oder **entschuldigtes** Verhalten verursacht wird, kann nach zutreffender Ansicht Notwehr ausgeübt werden. Dies ergibt sich schon daraus, dass das Vorliegen einer Notwehrlage nach dem Wortlaut des § 32 Abs. 2 StGB allein von der Gegenwärtigkeit und Rechtswidrigkeit des Angriffs abhängt.[12] Ein Angriff kann schließlich auch in einem pflichtwidrigen **Unterlassen** eines Garanten bestehen, was bspw. dann der Fall ist, wenn Eltern ihr minderjähriges Kind nicht mehr ernähren.[13]

220

Der Angriff muss sich gegen **rechtlich geschützte Interessen** richten.[14] Hierunter fallen insbesondere sämtliche Individualrechtsgüter wie Leben, körperliche Unversehrtheit, Freiheit und Eigentum. Auch zivilrechtlich geschützte Rechtspositionen wie das Persönlichkeitsrecht oder der Besitz sind notwehrfähig, nicht jedoch relative Rechte (Forderungen und sonstige vertragliche Ansprüche). Das geschützte Rechtsgut muss nicht dem Verteidiger selbst, sondern kann auch einem Dritten zustehen.[15] Die zulässige **Nothilfe** findet nach h. M. aber dort ihre Grenzen, wo sie gegen den Willen des Dritten verstoßen, diesem also **aufgedrängt** werden würde. Wenn das bedrohte Rechtsgut der Dispositionsbefugnis des Dritten unterliegt und er vom Einschreitenden

221

---

[9] Zur Voraussetzung des Angriffs *Geilen*, JURA 1981, 200, 201 ff.; *Kudlich*, JA 2014, 587; *Sternberg-Lieben*, JA 1996, 299, 300.
[10] Zur Problematik des „Tier-Angriffs" *Geilen*, JURA 1981, 200, 201; *Kühl*, Strafrecht AT, § 7 Rn. 26.
[11] *Geilen*, JURA 1981, 200, 202; vgl. aber auch *Kaspar*, JA 2006, 855, 857.
[12] Vgl. *Geilen*, JURA 1981, 200, 203 f.; *Sternberg-Lieben*, JA 1996, 299, 300; a. A. *Bertuleit*, JA 1989, 16, 21.
[13] Hierzu auch *Eschenbach*, JURA 1999, 88, 90.
[14] Zu den notwehrfähigen Rechtsgütern *Freund*, Strafrecht AT, § 3 Rn. 96; *Geilen*, JURA 1981, 200, 204 f.; *Kühl*, Strafrecht AT, § 7 Rn. 34 ff.; *Satzger*, JuS 1997, 800; *Sternberg-Lieben*, JA 1996, 299, 301 f.
[15] Allgemein zum Recht der Nothilfe *Kasiske*, JURA 2004, 832 ff.; *Kühl*, Strafrecht AT, § 7 Rn. 137 ff.

nicht verteidigt werden will, ist letzterer nicht über § 32 StGB gerechtfertigt.[16] Ebenfalls nicht nothilfefähig sind in der Regel Rechtsgüter der Allgemeinheit und überindividuelle Rechtsgüter.

bb) Sonderproblem: Die Abwehr von „Scheinangriffen"

222 Uneinheitlich wird beantwortet, ob der Anwendungsbereich des § 32 StGB nur eröffnet ist, wenn tatsächlich ein Angriff vorliegt, oder ob auch demjenigen ein Notwehrrecht zustehen kann, der von einem „Scheinangriff" betroffen ist. Die Auseinandersetzung betrifft zum einen Konstellationen, in denen **objektiv keinerlei Rechtsgutsverletzung bevorsteht** (A bedroht den O „zum Scherz" mit einer Schreckschusspistole), zum anderen aber auch solche Fälle, in denen objektiv ein Angriff vorliegt und der Angreifer durch eine Täuschung versucht, diesen **intensiver** darzustellen als er tatsächlich ist (A fordert O auf, ihm seine Geldbörse herauszugeben und bedroht ihn mit einer Spielzeugpistole, um dem O den Eindruck zu vermitteln, sein Leben wäre in Gefahr).[17] Erkennt der (vermeintlich) Angegriffene die Täuschung, begründet diese unproblematisch keinen Angriff. In der ersten Konstellation würde O in diesem Fall gar kein Notwehrrecht zustehen, während in der zweiten Fallgruppe nur ein Angriff auf seine Willensentschließungsfreiheit (nicht aber auf sein Leben) vorläge, so dass sein Notwehrrecht insoweit beschränkt wäre[18]. Umstritten ist demgegenüber, ob vom Vorliegen eines Angriffs auszugehen ist, wenn der von der Täuschung Betroffene diese ernst nimmt, also in den Beispielsfällen davon ausgeht, dass sein Leben tatsächlich bedroht ist.

223 Nach einer teilweise vertretenen Auffassung ist das Vorliegen eines Angriffs aus einer **ex post Betrachtung** der **objektiven Gegebenheiten** festzustellen.[19] Geht der Täter irrtümlich vom Vorliegen eines Angriffs aus, kommt hiernach eine Rechtfertigung über § 32 StGB nicht in Betracht, vielmehr soll eine von ihm vorgenommene Verteidigung als sog. Putativnotwehr[20] zu behandeln sein. In letzter Konsequenz führt dies dazu, dass die Fehlvorstellung des Täters hinsichtlich des Vorliegens der Voraussetzungen eines Angriffs stets nach den Grundsätzen des **Erlaubnistatbestandsirrtums** zu behandeln ist (hierzu noch Rn. 437 ff.). Nach dieser Auffassung dürfte sich O auch dann im ersten Beispielsfall gar nicht verteidigen, wenn er die Aussagen des A ernst nimmt und im zweiten Beispielsfall nur solche Verteidigungshandlungen vornehmen, die der Verteidigung gegen den Angriff auf seine Willensentschließungsfreiheit dienen. Für diese Sicht der Dinge wird insbesondere angeführt, dass das Notwehrrecht im Hinblick auf die weiten Eingriffsbefugnisse, die es vermittelt, nur unter

---

[16] *Sternberg-Lieben/Sternberg-Lieben*, JuS 1999, 444, 445; differenzierend *Kasiske*, JURA 2004, 832, 838 f.
[17] Bsp. nach *Sternberg-Lieben*, JA 1996, 299, 301.
[18] Dies wirkt sich insb. im Rahmen der Erforderlichkeit aus, da die Intensität der zulässigen Verteidigung davon abhängt, welche Rechtsgüter durch den Angriff betroffen sind.
[19] Hierzu *Graul*, JuS 1995, 1049 ff.; *Sternberg-Lieben*, JA 1996, 299, 301; vgl. Darstellung bei *Schröder*, JuS 2000, 235.
[20] So schon RGSt 19, 298, 301; zum Begriff *Geppert*, JURA 2007, 33, 34 ff.; *Kühl*, Strafrecht AT, §7 Rn. 21; Sch/Sch-*Perron*, §32 Rn. 28.

engen Voraussetzungen und damit nur soweit zulässig sein kann, wie ein Angriff tatsächlich vorliegt.[21]

Die in der Literatur mehrheitlich vertretene Auffassung möchte bei der Lösung der Scheinangriffproblematik demgegenüber nach den einzelnen Fallgruppen differenzieren.[22] In der ersten Konstellation, in der objektiv kein Angriff existiert, soll die Fehlvorstellung unbeachtlich und eine Verteidigung des Getäuschten als Putativnotwehr zu bewerten sein. Demgegenüber soll in der zweiten Fallgruppe, in der der Täter durch seine Täuschung einen tatsächlich existierenden Angriff intensiver erscheinen lässt, als dieser objektiv ist, darauf abzustellen sein, wie sich die Situation für einen **durchschnittlichen Dritten bei ex ante Betrachtung** des Geschehens darstellt. Ist für diesen unter den gegebenen Umständen die Unrichtigkeit der Täuschung nicht erkennbar, soll der Getäuschte so zu behandeln sein, als wäre die Aussage des Täuschenden zutreffend. Erkennt O in den Beispielsfällen nicht, dass A die Unwahrheit sagt, so läge nach dieser Auffassung im ersten Fall kein Angriff vor, während es in der zweiten Konstellation auf die Erkennbarkeit der Täuschung ankäme. Soweit ein durchschnittlicher Dritter in der Situation des O die Täuschung des A ernst nehmen würde, läge ein Angriff auch auf das Leben des O vor, gegen den er sich genauso verteidigen dürfte, wie wenn A ihn tatsächlich mit einer echten Waffe bedrohen würde.

224

Der zuletzt genannten Auffassung ist zuzustimmen. Steht fest, dass das Verhalten einer Person als Angriff zu bewerten und daher die Ausübung von Notwehr grundsätzlich zulässig ist, so hat der Angreifer das Risiko zu tragen, dass seine Täuschung ernst genommen wird. Insofern gestaltet sich die Situation anders als beim bloßen Scherzangriff, von dem keinerlei Bedrohung für ein rechtlich geschütztes Interesse ausgeht, und der daher nach den Kriterien der Putativnotwehr zu behandeln ist.[23] Dem Einwand, dass das Notwehrrecht durch eine enge Auslegung der gesetzlichen Voraussetzungen zu begrenzen sei, ist zu entgegnen, dass auch die hier befürwortete Sicht nicht zu einer „Ausuferung" der Notwehrbefugnis führt, da zur Täuschung über die Intensität des Angriffs noch die fehlende Erkennbarkeit für einen durchschnittlichen Dritten hinzutreten muss, damit die Fehlvorstellung des Angegriffenen zu einer Erweiterung des zulässigen Verteidigungsverhaltens führt.

225

---

[21] *Sternberg-Lieben*, JA 1996, 299, 301.
[22] Vgl. zum Folgenden *Amelung*, JURA 2003, 91 ff.; *Jäger*, Strafrecht AT, Rn. 107; *Kühl*, Strafrecht AT, § 7 Rn. 21 f.; *Requejo*, JA 2005, 114, 115 ff.; *Schroeder*, JuS 2000, 235 ff.; *Sternberg-Lieben*, JA 1988, 299, 301; *Wessels/Beulke/Satzger*, Strafrecht AT, Rn. 338.
[23] Vgl. auch *Wessels/Beulke/Satzger*, Strafrecht AT, Rn. 338.

b) Gegenwärtigkeit des Angriffs

226 Ein Angriff ist gegenwärtig, wenn er unmittelbar bevorsteht, bereits stattfindet oder noch fortdauert.[24] Von einem **unmittelbaren Bevorstehen** des Angriffs ist auszugehen, wenn dieser unmittelbar zu einer Verletzung rechtlich geschützter Interessen führen kann. Dies ist bspw. der Fall, wenn A in seine Brusttasche greift, in der sich eine geladene Pistole befindet, um auf O zu schießen. Zwar stellte der Griff nach der Pistole noch keinen Totschlagsversuch dar; erst das Ziehen der Pistole könnte als unmittelbares Ansetzen i. S. d. § 22 StGB angesehen werden. Jedoch muss eine Rechtsverletzung auf Seiten des Angegriffenen noch nicht eingetreten sein; es genügt, dass das Verhalten des Angreifers unmittelbar in eine Verletzung umschlagen kann, so dass durch das Hinausschieben der Abwehrhandlung deren Erfolg gefährdet würde.[25] Von einem **Fortdauern** eines Angriffs ist solange auszugehen, wie die Beeinträchtigung eines bestimmten Rechtsguts noch abgewendet werden kann. Daher kann gegen einen Dieb, der mit seiner Beute flieht, regelmäßig noch Notwehr ausgeübt werden. Ist der Angriff auf das Rechtsgut beendet, ist er demgegenüber nicht mehr gegenwärtig.[26] Hat ein Dieb seine Beute in das vorgesehene Versteck verbracht und den Gewahrsam an den einzelnen Gegenständen endgültig gesichert, darf gegen ihn daher keine Notwehr mehr ausgeübt werden.

227 **Präventivmaßnahmen** in „notwehrähnlicher Lage", die der Verteidigung gegen einen noch nicht gegenwärtigen Angriff dienen, sind nach ganz h. M. nicht nach § 32 StGB, sondern allenfalls nach § 34 StGB gerechtfertigt.[27] Hiervon zu unterscheiden ist die sog. **antizipierte Notwehr**.[28] Bei dieser werden selbständig wirkende Vorrichtungen errichtet, die erst im Fall eines tatsächlichen Angriffs zum Einsatz kommen. Hierunter fällt bspw. die Errichtung einer **Selbstschussanlage** zum Schutz eines Grundstücks oder eines Hauses. Da die entsprechenden Vorrichtungen erst in dem Moment als Verteidigungshandlung wirken, in denen es tatsächlich zu einem gegenwärtigen Angriff kommt (Eindringen auf das Grundstück bzw. Einbrechen in das Haus), kann bei Vorliegen der sonstigen Voraussetzungen eine Rechtfertigung wegen Notwehr in Betracht kommen.[29]

228 Kein gegenwärtiger Angriff i. S. v. § 32 StGB liegt im Fall der **Dauergefahr** vor, bei der ein bestimmter Zustand jederzeit in eine Rechtsgutsverletzung

---

[24] Zum Begriff der Gegenwärtigkeit *Geilen*, JURA 1981, 200, 205 ff.; Kudlich, JA 2014, 587; *Otto*, JURA 1999, 552 f.; *Sternberg-Lieben*, JA 1991, 299, 302 f. Zur Bestimmung der Gegenwärtigkeit in Abhängigkeit von dem einschlägigen Delikt *Wölfl*, JURA 2000, 231, 232 f.

[25] BGH NJW 1973, 255.

[26] BGH NStZ 2003, 426; Sch/Sch-*Perron* § 32 Rn. 16.

[27] *Bohnert*, JURA 1999, 533 ff.; *ders.*, JURA 1993, 57, 62; *Geilen*, JURA 1981, 200, 209 f.; *Kindhäuser*, Strafrecht AT, § 16 Rn. 20; *Kühl*, Strafrecht AT, § 7 Rn. 42; *Otto*, JURA 1999, 552; *Rengier*, Strafrecht AT, § 18 Rn. 22; *Wölfl*, JURA 2000, 231, 233; a. A. *Schmitt*, JuS 1967, 24.

[28] *Kühl*, Strafrecht AT, § 7 Rn. 43; *Rengier/Brand*, JuS 2008, 514 ff.; Sch/Sch-*Perron*, § 32 Rn. 18a.

[29] Vgl. im Einzelnen Sch/Sch-*Perron*, § 32 Rn. 37; *Sternberg-Lieben*, JA 1996, 299, 303; Falllösung bei *Jäger*, Strafrecht AT, Rn. 119 f.

umschlagen kann.³⁰ Relevant wird dies regelmäßig in den sog. **Familientyrannen-Fällen**³¹, in denen ein Familienvater seine Ehefrau und die gemeinsamen Kinder über mehrere Monate hinweg körperlich misshandelt und demütigt, bis er eines Nachts von seiner Ehefrau im Schlaf getötet wird.³² Selbst wenn mit an Sicherheit grenzender Wahrscheinlichkeit feststeht, dass der Vater am nächsten Tag mit den Misshandlungen fortgefahren hätte, liegt im Zeitpunkt seiner Tötung kein gegenwärtiger Angriff vor. Da dieser voraussetzt, dass eine Beeinträchtigung rechtlich geschützter Interessen zumindest unmittelbar bevorsteht, ist eine Notwehrlage immer nur in den Augenblicken gegeben, in denen der Vater die anderen Familienmitglieder tatsächlich körperlich misshandelt bzw. hierzu ansetzt.

c) Rechtswidrigkeit des Angriffs

Trotz Vorliegens eines gegenwärtigen Angriffs ist eine Notwehrlage i. S. v. § 32 StGB nicht gegeben, wenn der Angriff nicht rechtswidrig erfolgt. Ein Angriff ist unstreitig dann nicht rechtswidrig, wenn er **seinerseits gerechtfertigt** ist, wenn sich also der Angreifer bspw. auf ein Notwehr- oder Festnahmerecht (§ 127 StPO) berufen kann.³³ In der Klausur kann an dieser Stelle eine ausführliche Inzidentprüfung erforderlich sein, wenn nicht eindeutig ist, ob der Angreifer seinerseits gerechtfertigt ist. 229

Wann ein Angriff ansonsten rechtswidrig ist, wird unterschiedlich beantwortet. Nach Teilen der Rechtsprechung und Literatur soll dazu schon genügen, dass der Angegriffene den Angriff nicht dulden muss.³⁴ Für die Bejahung der Rechtswidrigkeit reicht es hiernach aus, dass ein bestimmtes Verhalten einen von der Rechtsordnung **objektiv missbilligten Erfolg** zu verursachen droht.³⁵ Konsequenz dieser Auffassung ist, dass bspw. gegen einen sich an sämtliche Verkehrsvorschriften haltenden Fahrzeugführer Notwehr ausgeübt werden darf, wenn er ein auf die Straße gelaufenes Kind zu überfahren droht.³⁶ Angesichts der Eingriffsintensität des Notwehrrechts wird man aber mit der in der Literatur vorherrschenden Auffassung fordern müssen, dass der Angreifer zumindest objektiv sorgfaltswidrig handelt. Ein bloß drohender **Erfolgsunwert** (im Gegensatz zu bei zumindest fahrlässigem Handeln drohendem **Handlungsunwert**) stellt zwar eine Gefahr i. S. d. § 34 StGB (Notstand), nicht jedoch einen im Widerspruch zur Rechtsordnung stehenden Angriff dar. 230

---

³⁰ Vgl. *Schroeder*, JuS 1980, 336 ff.
³¹ Siehe dazu BGHSt 48, 256 ff.; *Adomeit/Beckemper*, JA 2005, 35 ff.; *Beckemper*, JA 2004, 99 ff.; *Bürger*, JA 2004, 298 ff.; *Hillenkamp*, JZ 2004, 48 ff.; *Rengier*, NStZ 2004, 233 ff.; *Rotsch*, JuS 2005, 12 ff.
³² Falllösung bei *Jäger*, Strafrecht AT, Rn. 113 f.; vgl. ferner *Kühl*, Strafrecht AT, § 7 Rn. 24.
³³ *Geilen*, JURA 1981, 256; *Hoyer*, JuS 1988, 89.
³⁴ RGSt 21, 171; BSG NJW 1999, 2301; vgl. Darstellung bei *Kühl*, Strafrecht AT, § 7 Rn. 55; *Kindhäuser*, § 16 Rn. 21.
³⁵ Vgl. die Darstellung bei *Sternberg-Lieben*, JA 1996, 299, 304.
³⁶ Bsp. nach *Jäger*, Strafrecht AT, Rn. 111; vgl. auch *Sternberg-Lieben*, JA 1996, 299, 304.

3. Kapitel: Rechtswidrigkeit

d) Leitentscheidungen

231 **BGHSt 5, 245, 247; Aufgedrängte Nothilfe:** Der Täter zertritt während einer Vorführung des Films „Die Sünderin" mehrere Stinkbomben in einem Kino, um den Abbruch der Vorstellung zu provozieren. – Sein Verhalten ist nicht als Notwehr in Form der Nothilfe gerechtfertigt. Gegen eine durch die Filmvorführung möglicherweise begründete Störung der öffentlichen Ordnung steht dem Bürger das Recht der Nothilfe regelmäßig nicht zu. Unabhängig davon, ob die Vorführung Rechte der Kinobesucher beeinträchtigt, ist der Täter ferner auch nicht zu deren Verteidigung befugt, da die Kinobesucher freiwillig über ihre Rechte verfügt haben und eine Nothilfe nicht aufgedrängt werden darf. Darüber hinaus muss die Verteidigung von dem Willen getragen sein, den Angriff abzuwehren, dem Täter geht es jedoch darum, gegen den Inhalt des Films zu protestieren.

232 **BGHSt 48, 255; Fehlende Gegenwärtigkeit bei „Dauergefahr"** (vgl. hierzu schon Rn. 228): Die Ehefrau setzt sich gegen ihren regelmäßig sehr gewalttätigen und aggressiven Ehemann zur Wehr, indem sie ihn erschießt, während er schläft. – Trotz der latenten Dauergefahr, die von den gewalttätigen Übergriffen durch ihren Mann ausgeht, sieht sich die Ehefrau keines gegenwärtigen Angriffs ausgesetzt. Ein solcher ist vielmehr frühestens dann anzunehmen, wenn eine Rechtsgutbeeinträchtigung unmittelbar bevorsteht, der Mann also dazu ansetzt, Gewalttätigkeiten auszuüben. Mangels Vorliegen einer Notwehrlage kommt daher eine Rechtfertigung nach § 32 Abs. 1 StGB nicht in Betracht (während aber ein entschuldigender Notstand nach § 35 StGB nahe liegt).

2. Notwehrhandlung

233 Liegt eine Notwehrlage in Form eines gegenwärtigen und rechtswidrigen Angriffs vor, so gestattet § 32 Abs. 2 StGB die Vornahme derjenigen Verteidigung, die zu seiner Abwehr erforderlich ist. Hieraus folgt, dass eine zulässige Notwehrhandlung im Wesentlichen zwei Voraussetzungen erfüllen muss. Da sie der Abwehr des Angriffs dienen muss, darf sie sich zunächst nur **gegen den Angreifer** selbst und nicht gegen unbeteiligte Dritte richten. Daneben muss sie **erforderlich** sein, um den Angriff abzuwehren. Dies bedeutet, dass der Angegriffene eine Verteidigung vornehmen muss, die überhaupt **geeignet** ist, den Angriff zu beenden und dass er von mehreren gleichermaßen geeigneten Verteidigungshandlungen diejenige wählen muss, die bei dem Opfer den geringsten Rechtsgutseingriff bewirkt (das **relativ mildeste Mittel**).

a) Verteidigung gegenüber dem Angreifer

234 Eine Verteidigung ist begrifflich **nur gegenüber dem Angreifer** möglich. Daher sind Eingriffe in die Rechtsgüter Dritter zur Abwehr des Angriffs (sog. Drittwirkung der Notwehr) nicht nach § 32 StGB durch Notwehr zu rechtfertigen.[37] Bsp.: A schlägt mit dem Wanderstock des O auf B ein. B zerstört

---

[37] *Geilen*, JURA 1981, 256, 258; Kudlich, JA 2014, 587; *Kühl*, Strafrecht AT, § 7 Rn. 84 ff.

bei der Abwehr des Angriffs den Stock des O. O ist kein Angreifer, Notwehr scheidet daher zur Rechtfertigung der tatbestandsmäßigen Sachbeschädigung durch B aus. B ist allerdings nach Notstandsregeln, insbes. §§ 228, 904 BGB, gerechtfertigt (siehe Bsp. unter Rn. 301).

b)   Erforderlichkeit der Verteidigung

Erforderlich ist ein Verteidigungsmittel, das zur Abwehr des Angriffs **geeignet** ist und das **relativ mildeste Mittel** darstellt.[38] Dies bedingt eine zweistufige Prüfung. Zunächst ist festzustellen, ob der sich Verteidigende eine Handlung vorgenommen hat, die eine Beendigung des Angriffs und eine dauerhafte Beseitigung der Gefahr gewährleistet.[39] Anschließend ist der Frage nachzugehen, ob der Angegriffene von mehreren gleichermaßen geeigneten Verteidigungsmitteln dasjenige ergriffen hat, das beim Täter den geringsten Rechtsguteingriff bewirkt.

Der Schwerpunkt der Prüfung liegt in der Regel auf der Feststellung, ob der Täter das **relativ mildeste Mittel** ergriffen hat. Hier ist zu untersuchen, ob sich der Angegriffene auf ein anderes Verteidigungsmittel hätte beschränken können, welches mit der gleichen Wahrscheinlichkeit den Angriff abgewehrt, hierbei aber beim Angreifer geringeren Schaden verursacht hätte. Entsprechend dem Rechtsbewährungsprinzip stellt die Flucht grundsätzlich kein Verteidigungsmittel dar und ist daher auch nicht bei der Prüfung der Erforderlichkeit zu berücksichtigen („Das Recht muss dem Unrecht nicht weichen.").[40] Wird der Angegriffene mit einer Waffe bedroht, darf er den Angreifer daher in der Regel auch dann bewusstlos schlagen, wenn er infolge seiner körperlichen Verfassung in der Lage wäre, den Konflikt dadurch zu beenden, dass er wegläuft.[41] Auch im Übrigen findet bei § 32 StGB grundsätzlich keine Abwägung zwischen beeinträchtigtem und geschütztem Rechtsgut im Sinne einer Verhältnismäßigkeitsprüfung statt. Auch die Tötung eines Diebes ist erforderlich zur Wiedererlangung der entwendeten Beute, wenn kein anderes, gleich geeignetes Mittel zur Verfügung steht, um das Entkommen des Diebes zu verhindern (vgl. aber noch zu etwaigen Einschränkungen auf der Ebene der Gebotenheit Rn. 243 ff. und 247).

Der Einsatz eines **lebensgefährlichen Verteidigungsmittels**, insbesondere einer Schusswaffe, ist nach überwiegender Auffassung und insbesondere nach

---

[38] Allgemein zur Erforderlichkeit *Freund*, Strafrecht AT, § 7 Rn. 105 ff.; *Kühl*, Strafrecht AT, § 7 Rn. 87 ff.; *Sternberg-Lieben*, JA 1996, 299, 304 ff.; *Wessels/Beulke/Satzger*, Strafrecht AT, Rn. 335 ff.
[39] Zu ungeeigneten Verteidigungshandlungen *Sternberg-Lieben*, JA 1996, 299, 307; *Warda*, JURA 1990, 344.
[40] *Meyer/Ulbrich*, JA 2006, 775, 776; s. auch *v. Heintschel-Heinegg*, JA 2013, 69; *Jahn* JuS 2011, 655, 656.
[41] Vgl. *Wessels/Beulke/Satzger*, Strafrecht AT, Rn. 339 – dort auch zu Einschränkungen.

Ansicht des BGH[42] nur abgestuft zulässig: „In der Rechtsprechung des Bundesgerichtshofs ist anerkannt, dass der lebensgefährliche Einsatz einer Schusswaffe nur das letzte Mittel der Verteidigung sein kann. Grundsätzlich muss der Verteidiger – wenn eine bloß verbale Androhung von vornherein aussichtslos erscheint – vor dem tödlichen Schuss einen weniger gefährlichen Waffeneinsatz wie etwa einen ungezielten Warnschuss versuchen."[43] Hieraus folgt aber nicht, dass der sich Verteidigende stets zunächst mit seiner Waffe drohen bzw. Warnschüsse abgeben muss. Soweit im konkreten Fall nur der sofortige und ggf. tödlich wirkende Schuss erfolgsversprechend erscheint, ist auch dieser nach § 32 StGB gerechtfertigt.[44] Hiervon ist in der Regel auszugehen, wenn der Angreifer selbst im Besitz einer Schusswaffe und ein geübterer Schütze als der sich Verteidigende ist.

238 Tab. 7: Stufen beim Einsatz lebensgefährlicher Verteidigungsmittel

1. Stufe:	(wenn möglich) Androhung des Gebrauchs und/oder Warnschuss.
2. Stufe:	(wenn möglich) nur Verletzung, nicht Tötung.
3. Stufe:	(soweit nicht anders möglich) tödlich wirkender Schuss.

239 Steht fest, dass der Angegriffene eine erforderliche Verteidigungshandlung vorgenommen hat, sind grundsätzlich sämtliche Verletzungen des Angreifers gerechtfertigt, die auf diese zurückzuführen sind. Etwas anderes kann ausnahmsweise dann gelten, wenn sich der Angegriffene bei Vornahme der Verteidigungshandlung fahrlässig verhält und hierdurch einen gesetzlichen Tatbestand erfüllt. Stellt bspw. im konkreten Fall nur die Abgabe eines Warnschusses die erforderliche Verteidigung dar und setzt der Angegriffene die Waffe derart ungeschickt ein, dass er den Angreifer (unvorsätzlich) tödlich verletzt, so ist die fahrlässige Tötung (§ 222 StGB) nicht nach § 32 StGB gerechtfertigt.[45]

240 Ergibt die Prüfung der Notwehrhandlung, dass diese keine erforderliche Verteidigung darstellt, ist der Täter zwar nicht nach § 32 StGB gerechtfertigt, jedoch kann er bei Vorliegen der in § 33 StGB benannten Voraussetzungen entschuldigt und damit gleichwohl straflos sein (zu den Voraussetzungen von § 33 StGB noch Rn. 404).

---

[42] Vgl. die Darstellung bei *Kühl*, Strafrecht AT, § 7 Rn. 105; auch *Altvater*, NStZ 2003, 21, 24; Sch/Sch-*Perron*, § 32, Rn. 29 ff., 37; zum lebensgefährlichen Messereinsatz BGH NStZ-RR 2013, 105, 106 (Besprechung bei *Hecker*, JuS 2013, 563 ff.); *v. Heintschel-Heinegg*, JA 2013, 69, 70; Bsp. aus der Rechtsprechung: BGHSt 24, 356, 358 f.; 26, 256, 258; 42, 97, 100; BGH NStZ 2001, 143, 144.

[43] BGH NStZ 2001, 591.

[44] BGH NStZ 2012, 272, 274; entsprechend zum androhungslosen lebensgefährlichen Einsatz eines Messers BGH NStZ-RR 2013, 105, 106.

[45] Wäre auch die vorsätzliche Abgabe eines lebensbedrohlichen Schusses nach § 32 StGB gerechtfertigt gewesen, gilt dies demgegenüber auch für die fahrlässige Tötung; vgl. BGHSt 25, 229, 230 ff.; *Eisele*, JA 2001, 922 ff. Zum Ganzen auch *Jäger*, Strafrecht AT, Rn. 118. Zur Gegenauffassung *Geilen*, JURA 1981, 308, 315.

c) Leitentscheidungen

BGHSt 27, 313, 314; Zulässige Verteidigung bei Nothilfe: Ein Mann beobachtet, wie drei Personen seinen Chef gewaltsam auf die Motorhaube eines PKWs zwingen und auf ihn einschlagen. Der Mann ergreift seine Pistole und schlägt zweimal mit dem Pistolenknauf auf einen der Angreifer. Beim zweiten Schlag löst sich ein Schuss, der den Angreifer schwer an der Schläfe verletzt. – Der BGH hob die vom LG ausgesprochene Verurteilung wegen fahrlässiger Körperverletzung auf. Der Schlag mit dem Knauf sei als Nothilfe gemäß § 32 Abs. 1 StGB gerechtfertigt. Eine Fahrlässigkeitsstrafbarkeit bzgl. des Schusses könne daher nicht an den Schlag als solchen, sondern allenfalls daran geknüpft werden, dass der Nothelfer das Risiko eines Schusses hätte mindern können und dies in vorwerfbarer Weise nicht getan hat. Dies sei vorliegend nicht der Fall.

241

BGHSt 27, 336, 338; Zulässige Verteidigung bei Notwehr: Ein Schuldner teilt dem Gläubiger mit, dass er ein Darlehen nicht fristgerecht zurückzahlen kann. Hierauf ergreift der Gläubiger den Schuldner und schlägt diesem so heftig in den Nacken, dass er mit der Stirn auf das Dach eines PKWs stößt. Dem Schuldner gelingt es, ein Messer zu ergreifen und dem Gläubiger mehrere tödlich wirkende Stiche zu versetzen. – Der Schuldner ist nach § 32 Abs. 1 StGB gerechtfertigt, da ihm in der konkreten Situation keine anderen Verteidigungsmittel zur Verfügung standen, die gleich geeignet waren, um den Angriff auf seine körperliche Unversehrtheit zu beenden. Die nicht fristgerechte Rückzahlung steht der Gebotenheit der Notwehrhandlung nicht entgegen.

242

3. Sozialethische Einschränkungen des Notwehrrechts („Gebotenheit")

Ausnahmsweise ist dem Angegriffenen die Ausübung des Notwehrrechts auch bei Erforderlichkeit der Verteidigung gänzlich versagt oder nur eingeschränkt erlaubt. Hintergrund ist der Gedanke, dass die uneingeschränkte Ausübung des Notwehrrechts in bestimmten Fällen **rechtsmissbräuchlich** sein kann. Als Anknüpfungspunkt für die Prüfung sozialethischer Einschränkungen des Notwehrrechts wird gemeinhin das gesetzliche Merkmal des Gebotenseins genannt.[46]

243

Dass die Versagung der Rechtfertigung nach § 32 StGB trotz an sich erforderlicher Verteidigung in bestimmten Konstellationen nahezu unbestritten anerkannt wird, ist letztlich auf die **Schärfe des Notwehrrechts** zurückzuführen, welche sich insbesondere in der fehlenden Verhältnismäßigkeitsprüfung im Rahmen der Erforderlichkeit niederschlägt.[47] Der Grundsatz „Das Recht muss dem Unrecht nicht weichen" lässt sich in seiner Absolutheit nicht durchhalten.

244

---

[46] Zur dogmatischen Herleitung *Sternberg-Lieben*, JA 1996, 568; s. auch *Kretschmer*, JURA 2012, 189, 191 f.; krit. *Rönnau*, JuS 2012, 404, 404 f.
[47] *Kühl*, Strafrecht AT, § 7 Rn. 167.

Diskutiert bzw. angenommen wird eine Beschränkung des Notwehrrechts insbesondere in den in Tab. 8 zusammengefassten Fallgruppen:

Tab. 8: Sozialethische Einschränkungen des Notwehrrechts

Fallgruppe	Einschränkung
1. Bagatellangriffe und unerträgliche Unverhältnismäßigkeit	kein Notwehrrecht: Angriff muss geduldet werden
2. Angriffe von erkennbar Schuldunfähigen	Notwehrrecht beschränkt: dem Angriff muss nach Möglichkeit ausgewichen werden; Schutzwehr statt Trutzwehr
3. Angriffe in sozialen Näheverhältnissen (nur bei Gefahr leichter Körperverletzungen)	Notwehrrecht beschränkt: dem Angriff muss nach Möglichkeit ausgewichen werden; Schutzwehr statt Trutzwehr
4. Absichts- und Vorsatzprovokation	kein Notwehrrecht
5. unvorsätzlich schuldhafte Notwehrprovokation	Notwehrrecht besteht abgestuft: 1. Stufe: Ausweichen oder Herbeirufen Hilfe Dritter 2. Stufe: Beschränkung auf Schutzwehr 3. Stufe: Trutzwehr

a) Bagatellangriffe und unerträgliche Unverhältnismäßigkeit

Bei **offensichtlich bagatellhaften Angriffen** ebenso wie bei einem **unerträglichen Missverhältnis** zwischen dem angegriffenen und dem durch die Notwehrhandlung verletzten Rechtsgut ist das Notwehrrecht nach § 32 StGB auf Null reduziert.[48] In diesen eng begrenzten Ausnahmefällen muss der Angriff geduldet werden, weil sich der Rückgriff auf das Notwehrrecht als **Rechtsmissbrauch** darstellen würde. Selbst wenn dem Eigentümer einer Gaststätte keine andere Möglichkeit zur Verfügung steht, als auf zwei seiner Gäste zu schießen, um zu verhindern, dass diese zwei Biergläser im Wert von wenigen Cent entwenden, sind die Schüsse daher nicht nach § 32 StGB gerechtfertigt.[49]

Da bei der Notwehr die Proportionalität an sich keine Rolle spielt und grundsätzlich der Angreifer die Konsequenzen seines Angriffs zu tragen hat, ist zu beachten, dass eine Versagung des Notwehrrechts nur bei eindeutigen Bagatellangriffen bzw. krasser Unverhältnismäßigkeit zulässig ist. Von einem **Bagatellangriff** ist regelmäßig auszugehen, wenn es um Verhaltensweisen ohne nachhaltige Beeinträchtigung rechtlich geschützter Interessen geht; bspw. Vor-

---

[48] *Geilen*, JURA 1981, 370, 374; *Meyer/Ulbrich*, JA 2006, 775, 776 f.; *Sternberg-Lieben*, JA 1996, 568, 572 f.; s. auch *Rönnau*, JuS 2012, 404, 405 f.
[49] Vgl. auch RGSt 23, 116, 117 zur Abgabe von Schüssen zur Verhinderung einer Beschädigung von Gläsern.

drängeln an der Kasse eines Supermarktes oder beim Einsteigen in öffentliche Verkehrsmittel.[50] Wann ein **krasses Missverhältnis** zwischen dem angegriffenen und dem durch die Notwehrhandlung verletzten Rechtsgut vorliegt, ist demgegenüber häufig schwer zu bestimmen und wird in Rechtsprechung und Literatur nicht einheitlich beantwortet.[51] Weitgehende Einigkeit besteht gegenwärtig allein darüber, dass der Einsatz lebensbedrohlicher Waffengewalt zur Verhinderung eines Diebstahls von Obst[52] oder anderer Gegenstände mit vergleichbar niedrigem Wert regelmäßig nicht geboten ist. Eine Entscheidung des LG München, wonach die Tötung eines Diebes unverhältnismäßig ist, wenn dies allein dazu dient, den Diebstahl eines Autoradios zu unterbinden, hat in der Literatur demgegenüber teilweise Kritik hervorgerufen.[53] Letztlich dürfte es in entsprechenden Konstellationen auf eine Abwägung aller Umstände des Einzelfalls ankommen, wobei auf der einen Seite zu beachten ist, dass das auf dem Rechtsbewährungsprinzip beruhende Notwehrrecht eine Berücksichtigung der Güterproportionalität an sich nicht kennt, dass dies aber auf der anderen Seite nicht zu einem rechtsmissbräuchlichen Erhalt eigener Rechtsgüter „um jeden Preis" führen darf. Vor diesem Hintergrund erscheint die vom LG München vorgenommene Einschätzung, wonach die Tötung eines Diebes zum Erhalt des Besitzes an einem Autoradio regelmäßig nicht geboten ist, zustimmungswürdig, da sie der Höchstrangigkeit des Rechtsgutes „Leben" angemessen Rechnung trägt.

b) Angriffe von erkennbar Schuldunfähigen, insbesondere Kindern

Wird der Angriff von erkennbar Schuldunfähigen, insbesondere **Kindern, Geisteskranken, Betrunkenen** und **Irrenden** begangen, ist das dem Notwehrrecht (auch) zugrunde liegende Rechtsbewährungsprinzip kaum beeinträchtigt, so dass die Verteidigung so schonend wie möglich auszuüben ist. Soweit er hierzu die Möglichkeit hat, muss der Angegriffene vor dem Angriff zurück- oder ausweichen. Ist dies nicht möglich, hat er fremde Hilfe in Anspruch zu nehmen bzw. die Verteidigung auf ein Mindestmaß (Schutzwehr) zu beschränken. Aktive Verteidigung in Form der Trutzwehr ist nur als letztes Mittel und unter größtmöglicher Schonung des Angreifers zulässig.[54]

248

c) Soziales Näheverhältnis zwischen Angreifer und Verteidiger

In sozialen Näheverhältnissen (insbesondere bei Ehegatten und nahen Familienangehörigen) kann wegen der erhöhten Pflicht zur **gegenseitigen Rücksichtnahme** das überindividuelle Prinzip der Rechtsbewährung nur begrenzt durchgreifen. Eine Notwehreinschränkung ist aber als Ausnahme auf **Garan-**

249

---

[50] Sch/Sch-*Perron*, § 32 Rn. 49; *Sternberg-Lieben*, JA 1996, 568, 573.
[51] Vgl. Darstellung bei *Kindhäuser* § 16 Rn. 42 ff.; bei *Wessels/Beulke/Satzger*, Strafrecht AT, Rn. 343, 343a; *Rönnau*, JuS 2012, 404, 405 f.; *Roxin*, Strafrecht AT I/15, Rn. 56 und 73 ff.
[52] Zu dieser klassischen Entscheidung des RG *Fahl*, JA 2000, 460 ff.
[53] Zur Entscheidung LG München NJW 1988, 1862. Zu den Literaturauffassungen *Geilen*, JURA 1981, 370, 374; *Sternberg-Lieben*, JA 1996, 568, 573.
[54] Vgl. BGHSt 3, 217, 218; *Meyer/Ulbrich*, JA 2006, 775, 777; *Rönnau*, JuS 2012, 404, 406; *Simon*, JuS 2001, 639.

tenstellungen in engen Lebensbeziehungen zu beschränken und nur anzuerkennen, wenn nicht die Gefahr erheblicher Körperverletzungen oder gar des Todes auf Seiten des Angegriffenen drohen. Die Rechtsprechung hat „einem Ehegatten bei Angriffen seines Lebensgefährten in bestimmten Fällen den Verzicht auf ein sicher wirkendes, aber möglicherweise tödliches Verteidigungsmittel zugemutet, wenn von dem Angriff nur leichte Körperverletzungen zu befürchten seien. In solchen Fällen müsse der Angegriffene sich unter Umständen mit einer milderen Art der Abwehr begnügen, auch wenn diese nur eine starke Wahrscheinlichkeit der Beendigung des Angriffs in sich schließe."[55] Besteht zwischen Angreifer und Verteidiger ein enges soziales Näheverhältnis führt dies mithin nicht dazu, dass eine Verteidigung gar nicht zulässig ist, vielmehr hat der Verteidiger nach Möglichkeit dem Angriff auszuweichen oder nur Schutzwehr statt Trutzwehr zu üben. Allerdings findet sich im Schrifttum verbreitet die Auffassung, dass eine Einschränkung des Notwehrrechts bei Vorliegen eines engen sozialen Näheverhältnisses nicht anzuerkennen sei, da ansonsten die nicht hinnehmbare Situation entstünde, dass sich ein Ehegatte nicht angemessen gegen die Misshandlungen durch den anderen Ehegatten verteidigen könnte.[56]

d) Art. 2 Abs. 1 S. 2, 2a EMRK

250 Verstärkt diskutiert wird in der jüngeren Vergangenheit, ob sich eine Einschränkung des Notwehrrechts aus den in Art. 2 EMRK normierten Ausprägungen des **Rechts auf Leben** ergibt.[57] Gemäß Abs. 1 S. 2 der Vorschrift ist die absichtliche Tötung eines Menschen verboten, soweit nicht einer der in Abs. 2 normierten Ausnahmetatbestände eingreift. Da nach Art. 2 Abs. 2a EMRK die Tötung eines Menschen zwar zulässig ist, wenn sie erfolgt, um eine Person gegen rechtswidrige Gewalt zu verteidigen, nicht aber, wenn sie dem Erhalt von Sachwerten dient, wird teilweise geschlussfolgert, dass die Tötung eines Menschen nach § 32 StGB immer nur gerechtfertigt sei, wenn sie erfolgt, um den Angegriffenen vor einer Gewaltanwendung zu schützen. Nach dieser Ansicht stellt der Einsatz tödlich wirkender Gewalt zum Schutz der Rechtsgüter Eigentum, Besitz und Gewahrsam niemals eine zulässige Ausübung des Notwehrrechts dar.[58]

251 Die soeben skizzierte Auffassung ist insbesondere im Hinblick auf die Rechtsnatur der EMRK kritisch zu beurteilen. Da es sich bei dieser um einen **völkerrechtlichen Vertrag** handelt, der allein die Vertragsparteien bindet und Art. 1 EMRK ausdrücklich darauf hinweist, dass die in der Konvention enthaltenen Grundfreiheiten allein die Konventionsstaaten verpflichten, schränkt

---

[55] BGH NJW 1984, 986; vgl. auch BGH NJW 1975, 62; 1969, 802.
[56] Ausführlich *Zieschang*, JURA 2003, 527 ff.; vgl. auch schon *Sternberg-Lieben*, JA 1996, 568, 571 f.; für eine gemäßigte Einschränkung des Notwehrrechts *Rönnau*, JuS 2012, 404, 406.
[57] *Frister*, GA 1985, 553 ff.; *Roxin*, ZStW 93 (1981), 68 ff.; *Zieschang*, GA 2006, 415 ff.
[58] Vgl. hierzu die Darstellung bei *Satzger*, JURA 2009, 759, 762.

auch Art. 2 EMRK nur das Notwehr- bzw. Nothilferecht des **Staates** ein.[59] Selbst wenn man davon ausgeht, dass sich Art. 2 EMRK nach dem Gedanken der **mittelbaren Drittwirkung** auch an Privatpersonen richtet,[60] stünde im Übrigen nicht unmittelbar fest, dass der Einsatz tödlich wirkender Waffengewalt zur Verteidigung von Sachwerten stets als unzulässig anzusehen ist. Zunächst ist zu bezweifeln, ob diese Sichtweise mit **Art. 103 Abs. 2 GG** zu vereinbaren ist, da sie zu einer Einschränkung des § 32 StGB führt, die sich dessen Wortlaut nicht entnehmen lässt.[61] Darüber hinaus verbietet Art. 2 Abs. 1 EMRK nur **absichtliche** Tötungen, so dass die Tötung eines Menschen zur Verteidigung von Sachwerten zumindest dann nicht ausgeschlossen wäre, wenn der sich Verteidigende lediglich mit dolus eventualis hinsichtlich des Todeseintritts handelt.[62]

e) Notwehrprovokation

Einschränkungen des Notwehrrechts kommen in Betracht, wenn der Angegriffene die Notwehrlage selbst herbeigeführt bzw. an deren Entstehung mitgewirkt hat. In Abhängigkeit davon, inwieweit der Angegriffene die Notwehrsituation bewusst und vorwerfbar verursacht hat, werden unter dem Stichwort der Notwehrprovokation drei Konstellationen unterschieden: Die **Absichtsprovokation**, die **unvorsätzlich-schuldhafte Provokation** sowie die **Abwehrprovokation**.

252

aa) Absichtsprovokation

Eine Absichtsprovokation begeht, „wer zielstrebig einen Angriff herausfordert, um den Gegner unter dem Deckmantel einer äußerlich gegebenen Notwehrlage an seinen Rechtsgütern zu verletzen"[63]. Besonders häufig begegnet die Absichtsprovokation dergestalt, dass eine Person eine andere beleidigt, da sie davon ausgeht, der Beleidigte werde hierauf tätlich angreifen, mit der Folge, dass gegen diesen Angriff eine (vermeintlich über § 32 StGB gerechtfertigte) Verteidigung ausgeübt werden kann. In dieser Konstellation geht es dem Provokateur also gerade darum, den Provozierten **zum Angriff zu reizen**, um ihn dann im Rahmen der Verteidigungshandlung verletzen zu können.

253

Eine vereinzelt in der Literatur vertretene Ansicht geht davon aus, dass in jeglichen Fällen der Notwehrprovokation und damit auch bei der Absichtsprovokation keine Einschränkung des Notwehrrechts anzunehmen sei.[64] Dies

254

---

[59] *Eisele*, JA 2005, 901, 902; *Erb*, JURA 2005, 24, 28; *Kindhäuser*, Strafrecht AT, § 16 Rn. 44; *Rengier*, Strafrecht AT, § 18 Rn. 60; *Rönnau*, JuS 2012, 404, 406; *Sternberg-Lieben*, JA 1996, 568.
[60] In diese Richtung etwa *Jäger*, Strafrecht AT, Rn. 128.
[61] *Satzger*, JURA 2009, 759, 763; zu diesem Problem bei Notwehreinschränkungen ganz grundsätzlich *Rönnau*, JuS 2012, 404, 404f.
[62] *Kühl*, Strafrecht AT, § 7 Rn. 185 m. w. N.; *Satzger*, JURA 2009, 759, 763.
[63] BGH JZ 2001, 664; *Rengier*, Strafrecht AT, § 18 Rn. 84ff.; vgl. auch die Darstellung bei *Kühl*, Strafrecht AT, § 7 Rn. 207ff.
[64] *Hillenkamp*, Vorsatztat und Opferverhalten, S. 125ff.; vgl. allgemein zum Folgenden die Darstellung bei *Sternberg-Lieben*, JA 1996, 568, 569; differenzierend Sch/Sch-*Perron*, § 32 Rn. 55ff.

wird damit begründet, dass die Rechtsordnung auch von einem Provozierten erwartet, dass er sich rechtstreu verhält. Wer sich durch das Verhalten eines anderen provozieren lässt und zum Angriff übergeht, sei nicht schutzwürdig, so dass sich der Absichtsprovokateur wie gewöhnlich innerhalb der Grenzen des § 32 StGB verteidigen dürfe. Bei genauer Betrachtung der Absichtsprovokationsfälle kann diese Ansicht jedoch nicht überzeugen und wird daher zu recht überwiegend abgelehnt. Dass sich auch derjenige, der sich zu einem Angriff provozieren lässt, nicht rechtmäßig verhält, steht außer Frage und kommt schon dadurch zur Geltung, dass er sich regelmäßig selbst strafbar macht.[65] Dies kann aber nicht darüber hinwegtäuschen, dass die absichtliche Herbeiführung einer Notwehrlage zwecks Ermöglichung einer ansonsten unzulässigen Rechtsgutsverletzung, **grob rechtsmissbräuchlich** ist und sich so auf die Notwehrbefugnisse des Provokateurs auswirken muss.

255 Mehrheitlich wird dem Angegriffenen in Fällen der Absichtsprovokation in der Regel gar kein Notwehrrecht zugesprochen. Während einige Autoren davon ausgehen, dass der Angriff des Provozierten schon nicht rechtswidrig erfolgt, weil der Provokateur in diesen eingewilligt habe,[66] wollen andere die subjektiven Rechtfertigungsvoraussetzungen verneinen, da es dem Provokateur gar nicht darum gehe, sich zu verteidigen, sondern er selbst angreifen wolle[67]. Am überzeugendsten erscheint indes die von der herrschenden Literatur und Rechtsprechung vorgenommene Verortung der Problematik im Bereich der Gebotenheit: Im Hinblick auf das der Notwehr zugrundeliegende **Rechtsbewährungsprinzip** ist die Verteidigung des Absichtsprovokateurs als rechtsmissbräuchlich und daher als nicht geboten zu betrachten.[68]

256 Ebenfalls zur Strafbarkeit des Absichtsprovokateurs gelangt eine in der Literatur teilweise vertretene Auffassung, nach der sämtliche Konstellationen der Notwehrprovokation über die sogenannte **actio illicita in causa („Handlung, die im Ursprung unerlaubt ist")** zu lösen sein sollen.[69] Diese beruht auf dem Gedanken, dass der Provokateur zwar im Zeitpunkt der Verteidigungshandlung gerechtfertigt sei, dass als Anknüpfungspunkt für seine Strafbarkeit aber auf die Provokationshandlung abgestellt werden könne.[70] Da der Täter in Fällen der Absichtsprovokation bereits im Zeitpunkt der Provokationshandlung vorsätzlich hinsichtlich der Verwirklichung des gesetzlichen Tatbestandes handelt, stelle schon die Provokation das unmittelbare Ansetzen zur Deliktsverwirklichung dar[71] (zur Kritik an dieser Auffassung sogleich Rn. 261).

---

[65] *Sternberg-Lieben*, JA 1996, 568, 569.
[66] Vgl. die Darstellung bei *Stuckenberg*, JA 2001, 894, 897.
[67] Vgl. die Darstellung bei *Stuckenberg*, JA 2001, 894, 897.
[68] BGH JZ 2001, 664 f.; 2003, 961, 964; *Geilen*, JURA 1981, 370, 372; *Meyer/Ulbrich*, JA 2006, 775, 777; *Schünemann*, JuS 1979, 275, 278; *Stuckenberg*, JA 2001, 894, 898 m. w. N.
[69] Hierzu *Dencker*, JuS 1979, 779, 782; *Sch/Sch-Perron*, § 32 Rn. 61; *Stuckenberg*, JA 2001, 894, 901; *Wessels/Beulke/Satzger*, Strafrecht AT, Rn. 350; ähnlich auch BayObLG NJW 1978, 2046.
[70] BayObLG NJW 1978, 2046; *Sch/Sch-Perron*, § 32 Rn. 61.
[71] *Dencker*, JuS 1979, 779, 782.

Nach denselben Kriterien wie die Absichtsprovokation ist schließlich die **Vorsatzprovokation** zu behandeln. Diese ist gegeben, wenn der Angegriffene erkennt, dass sein Verhalten einen Angriff auslöst und er dies billigend in Kauf nimmt.[72] Der Grundgedanke ist, dass hierbei der Angegriffene die überwiegende Verantwortung für die Notwehrsituation trägt. Daraus aber ergibt sich zugleich, dass Absichts- und Vorsatzprovokation dem Betroffenen das Notwehrrecht nicht vollständig und nicht zeitlich unbegrenzt nehmen. Die Beschränkung endet, wenn der Provokateur seine Provokation aufgegeben hat und sein defensives Verhalten nachhaltig ohne Wirkung bleibt.[73]

257

bb) Unvorsätzlich-schuldhafte Provokation

Eine unvorsätzlich-schuldhafte Provokation liegt vor, wenn der Angriff auf ein Vorverhalten des Angegriffenen zurückzuführen ist, dieser bzgl. der Herbeiführung der Notwehrlage aber nicht vorsätzlich gehandelt hat. Ist das Vorverhalten des Angegriffenen **sozialethisch nicht zu missbilligen**, führt es unbestritten nicht zu einer Einschränkung des Notwehrrechts. Kann bspw. ein Darlehensnehmer die Darlehensraten nicht fristgerecht zurückzahlen und wird er daher vom Darlehensgeber tätlich angegriffen, darf er in den üblichen Grenzen des § 32 StGB Notwehr ausüben.[74] Ebenso ist eine Einschränkung der Notwehrbefugnis in der Regel nicht anzunehmen, wenn das provozierende Verhalten eine adäquate Reaktion auf eine vorangegangene Provokation des späteren Angreifers darstellt (sog. provozierte Provokation).[75] Ist das Vorverhalten demgegenüber **sozialethisch zu missbilligen**, führt dies zu einer **abgestuften Einschränkung des Notwehrrechts**:[76] Soweit möglich, muss der Angegriffene dem Angriff ausweichen oder Hilfe Dritter herbeirufen (1. Stufe). Bei fehlender Fluchtmöglichkeit muss sich der Angegriffene auf Schutzwehr beschränken, selbst wenn er dabei geringe Beeinträchtigungen und Verletzungen hinnehmen muss (2. Stufe). Erst wenn dies keine Aussicht auf Beendigung des Angriffs bietet, darf er zur Trutzwehr übergehen, die zu Verletzungen des Angreifers führt (3. Stufe). Nach Auffassung des BGH sind hierbei an den Angegriffenen „umso höhere Anforderungen im Hinblick auf die Vermeidung gefährlicher Konstellationen gestellt, je schwerer die rechtswidrige und vorwerfbare Provokation der Notwehrlage wiegt."[77]

258

Verdeutlichen lassen sich die Auswirkungen der unvorsätzlich-schuldhaften Notwehrprovokation am sog. **Finnendolch-Fall** des BGH:[78] A streifte beim Ausparken eines von ihm gestohlenen Kraftwagens einen geparkten PKW und stieß mit einem vorbeifahrenden weiteren Wagen zusammen. Um sich der

259

---

[72] Vgl. BGHSt 39, 374, 378; *Kühl*, Strafrecht AT, § 7 Rn. 250.
[73] Vgl. BGHSt 24, 356, 359; 26, 256, 257; 39, 374, 379.
[74] BGHSt 27, 336, 338.
[75] BGH v. 3.6.2009–2 StR 163/09, Rn. 3.
[76] *Meyer/Ulbrich*, JA 2006, 775, 777; *Sternberg-Lieben*, JA 1996, 568, 570f.; *Stuckenberg*, JA 2001, 894, 899; vgl. auch *Rönnau*, JuS 2012, 404, 406f.
[77] BGHSt 39, 374, 379.
[78] BGHSt 24, 356. Anmerkungen bei *Roxin*, NJW 1972, 1821 ff.; *Schöneborn*, NStZ 1981, 201, 204.

Feststellung seiner Personalien zu entziehen, fuhr er davon. Er wurde von O, dem Fahrer des zweiten von ihm beschädigten Wagens, verfolgt. O setzte seine Verfolgung auch noch fort, als A hinter einem durch Rotlicht gestoppten anderen PKW anhalten musste und zu Fuß weiterflüchtete. Nachdem er ihm zugerufen hatte, dass er ihn umbringen werde, gelang es O den A zu stellen und auf ihn einzuschlagen. Bei der folgenden Auseinandersetzung stach A mit einem Finnendolch auf O ein und verletzte ihn tödlich. – Da O infolge des Vorverhaltens des A lediglich befugt war, den A zu stellen und festzunehmen, stellen seine Schläge einen gegenwärtigen und rechtswidrigen Angriff dar. Zwar hat A diesen provoziert, jedoch führt dies nicht zur Aufhebung des Notwehrrechts, sondern lediglich zu einer Abstufung des zulässigen Verteidigungshandelns. Soweit es A nicht möglich war zu fliehen und auch die Androhung des Zustechens nicht zur Folge gehabt hätte, dass O von weiterem Zuschlagen absieht, durfte A auch zur (im konkreten Fall lebensbedrohlichen) Trutzwehr übergehen.[79]

260 Auch diejenigen Autoren, welche die Notwehrprovokationsfälle über die Rechtsfigur der **actio illicita in causa** lösen wollen, sprechen dem unvorsätzlich-schuldhaften Provokateur hinsichtlich der Verteidigungshandlung ein Notwehrrecht zu, gehen jedoch wiederum davon aus, dass bereits die Provokationshandlung eine Strafbarkeit begründen kann.[80] Soweit für den Provokateur bei Vornahme des sozialethisch zu missbilligenden Vorverhaltens vorhersehbar war, dass es zu einem Angriff und der jeweiligen Verteidigungshandlung kommen könnte, sei eine Fahrlässigkeitsstrafbarkeit in Betracht zu ziehen.[81] Danach hätte sich A im Finnendolch-Fall nach § 222 StGB strafbar gemacht, wenn er in dem Moment, in dem er auf dem Parkplatz mit den beiden PKWs zusammenstieß, hätte vorhersehen können, dass O ihn verfolgt und es zu einer tödlich endenden Auseinandersetzung kommt. Auch der BGH stützte in einer viel beachteten Entscheidung aus dem Jahr 2001 eine Strafbarkeit aus § 222 StGB auf ein vorwerfbares Vorverhalten des Angegriffenen, dessen Tatbestandsverwirklichung des § 212 Abs. 1 StGB nach § 32 StGB gerechtfertigt war.[82] Allerdings begründete er dies nicht mit der Rechtsfigur der actio illicita in causa, sondern stellte schlicht darauf ab, dass bei fahrlässigen Erfolgsdelikten grundsätzlich jedes sorgfaltspflichtwidrige und für den Erfolgseintritt kausale Verhalten als tatbestandsmäßige Handlung in Betracht käme.[83]

261 Im Ergebnis vermögen sowohl die Lösung sämtlicher Notwehrprovokationsfälle über die Figur der actio illicita in causa als auch die vereinzelt vom BGH vorgenommene Vorverlagerung der Strafbarkeitsbegründung nicht zu überzeugen. Gegen die Annahme einer actio illicita in causa spricht zunächst,

---

[79] Für den konkreten Fall vom BGH nicht endgültig entschieden; vgl. BGHSt 24, 356, 359 f.
[80] *Schröder*, JuS 1973, 157, 161.
[81] BGH NStZ 2001, 143 f.; *Sch/Sch-Perron*, § 32 Rn. 61.
[82] BGH NStZ 2001, 143 ff.; hierzu auch *Engländer*, JURA 2001, 534 ff.; *Mitsch*, JuS 2001, 751 ff.
[83] BGH NStZ 2001, 143, 145.

dass sie die **Garantiefunktion des gesetzlichen Tatbestandes** (hierzu Rn. 21 ff.) verletzt.[84] Besteht das provozierende Verhalten in einer Beleidigung und führt diese dazu, dass der Provokateur den durch die Beleidigung Provozierten und zum Angriff Übergehenden tötet, verstieße es gegen Art. 103 Abs. 2 GG, in der Beleidigung eine tatbestandsmäßige Verwirklichung von § 212 Abs. 1 StGB bzw. von § 222 StGB zu erblicken.[85] Ferner ist einzuwenden, dass auch ein provozierter Angriff auf einer **freiverantwortlichen Entscheidung des Provozierten** beruht und daher auch die Folgen der hervorgerufenen Verteidigung in erster Linie auf den Angriff, nicht aber auf das provozierende Vorverhalten zurückzuführen sind.[86] Dieser Aspekt führt zugleich dazu, dass auch die Einschätzung des BGH abzulehnen ist. Zwar trifft es zu, dass eine Fahrlässigkeitsstrafbarkeit nicht allein durch dasjenige Verhalten begründet werden kann, welches unmittelbar den tatbestandlichen Erfolg herbeiführt. Jedoch stellt die Vornahme eines rechtswidrigen Angriffs selbst dann eine **eigenverantwortliche Selbstgefährdung** dar, wenn sie von einem Provozierten vorgenommen wird, so dass die durch die Verteidigung hervorgerufenen Verletzungen nicht objektiv zurechenbar auf das provozierende Verhalten zurückgeführt werden können.[87] Somit kann in den Fällen der Notwehrprovokation eine Strafbarkeit nicht unter Anknüpfung an das Vorverhalten begründet werden, vielmehr ist allein die Verteidigungshandlung zu bewerten und hierbei der Frage nachzugehen, ob die Provokation zu einer Einschränkung des Notwehrrechts führt.

cc) Abwehrprovokation

Keine Einschränkung des Notwehrrechts ergibt sich nach zutreffender Ansicht zuletzt in der Fallgruppe der sog. Abwehrprovokation. Davon spricht man, wenn der Angegriffene Verteidigungsmittel benutzt, die zwar in der konkreten Notwehrlage erforderlich sind, mit denen er sich aber zuvor **in Erwartung der Notwehrsituation bewaffnet hat**.[88] So liegt es bspw., wenn A mit einem nächtlichen Überfall durch B rechnet und daher eine geladene Schusswaffe auf den Nachttisch neben seinem Bett legt, um sich erfolgreich gegen den körperlich überlegenen B wehren zu können. Entscheidend für die Verantwortung in der Notwehrlage ist nicht diese „Aufrüstung", selbst wenn dem Angegriffenen zuvor weniger einschneidende Mittel zur Verfügung gestanden hätten. Es kommt auf das Handeln in der konkreten Notwehrsituation selbst an. Daher ist die Notwehr nach Abwehrprovokation nicht rechtsmissbräuchlich. Hält A im Beispielsfall die Stufen beim Einsatz lebensgefährlicher Verteidigungsmittel ein, ist er durch Notwehr gerechtfertigt. Zu einem anderen Ergebnis kommen

262

---

[84] *Sternberg-Lieben*, JA 1996, 568, 569 f.; hierzu sowie zu zahlreichen weiteren Kritikpunkten *Stuckenberg*, JA 2001, 894, 901 f.
[85] Vgl. *Schünemann*, JuS 1979, 275, 280; *Sternberg-Lieben*, JA 1996, 568, 569 f.; *Werle*, JuS 1986, 902, 904.
[86] *Kretschmer*, JURA 2012, 189, 196; *Kühl*, JURA 1991, 175, 178; *Rönnau*, JuS 2012, 404, 407; *Rudolphi*, JuS 1961, 461, 465; *Stuckenberg*, JA 2001, 894, 902.
[87] *Engländer*, JURA 2001, 534, 537 f.; *Kühl*, JURA 1991, 175, 178; *Stuckenberg*, JA 2001, 894, 902.
[88] *Küpper*, JA 2001, 438, Sch/Sch-*Perron*, § 32 Rn. 61b; *Rönnau*, JuS 2012, 404, 407.

wiederum diejenigen Autoren, die für eine Lösung der Notwehrprovokationsfälle über die actio illicita in causa eintreten,[89] was jedoch aus den soeben genannten Gründen abzulehnen ist.

f) Erpressungsfälle

263 Die sog. Schweigegelderpressungsfälle (**Chantage**)[90] erfassen Konstellationen, in denen eine Person einer anderen damit droht, kompromittierende Tatsachen zu veröffentlichen oder begangene Straftaten anzuzeigen, wenn der Erpresste nicht eine bestimmte Geldsumme zahlt. Um der Zwangslage zu entgehen, behilft sich der Erpresste mit Gegenmaßnahmen wie Diebstahl der Unterlagen, Körperverletzung oder der Tötung des Erpressers. Eine Rechtfertigung nach § 32 Abs. 1 StGB kann in diesen Konstellationen schon daran scheitern, dass die jeweilige Tat nicht als erforderliche Verteidigung anzusehen ist. Zwar dient sie der Verteidigung der Willensfreiheit, des Vermögens sowie des persönlichen Ansehens des Erpressungsopfers, jedoch verbleibt diesem zumindest die Möglichkeit, staatliche Stellen nach Hilfe zu ersuchen. Die Erforderlichkeit kann dann nur noch bejaht werden, wenn man davon ausgeht, dass die Hinzuziehung der Polizei zu einem Bekanntwerden der kompromittierenden Tatsachen führen würde und daher kein geeignetes Mittel zur Beendigung des gegenwärtigen Angriffs darstellt.

264 Bejaht man die Erforderlichkeit der einer Erpressung nachfolgenden Tat, wird man aber zumindest auf der Ebene der Gebotenheit eine Einschränkung der Notwehrbefugnis anerkennen müssen.[91] Die Tötung sowie schwere Verletzungen des Erpressers können nicht über § 32 Abs. 1 StGB gerechtfertigt werden. Erlaubt sind allenfalls Gegenmaßnahmen bis zum mittelschweren Kriminalitätsbereich, welche zur Beschaffung der für die Erpressung verwendeten Materialien dienen. Dazu gehören etwa die §§ 123, 201, 240, 242, 303 StGB.

g) Leitentscheidungen

265 **BGHSt 3, 217, 218; Angriff Schuldunfähiger:** Der Angeklagte wurde wegen fahrlässiger Tötung verurteilt, da er das Opfer bei einer körperlichen Auseinandersetzung so unglücklich zu Fall brachte, dass dieses sich tödlich am Kopf verletzte. Der körperlichen war eine verbale Auseinandersetzung vorausgegangen, in welcher das Opfer den Angeklagten in stark angetrunkenen Zustand ehrverletzend beschimpfte. – Zur Möglichkeit einer Notwehr gegen die Beschimpfung führte der BGH aus, dass der Angeklagte den Zustand des Opfers, vor allem dessen nachlassende Erkenntnisfähigkeit, kannte und somit die Art und das Maß der erforderlichen Abwehr überschritten worden sei. Aufgrund der Geringwertigkeit des Angriffs hätte sich der Angeklagte auf eine

---

[89] *Lindemann/Reichling*, JuS 2009, 496, 497 ff.
[90] Hierzu BGH NStZ 2003, 425; *Amelung*, GA 1982, 381 ff.; *ders.*, JuS 1986, 329, 334; *ders.*, NStZ 1998, 70 ff.; *Arzt*, MDR 1965, 344; *Ebner/Maier*, JuS 2007, 651 ff.; *Erb*, NStZ 2004, 369 ff.; *Kaspar*, GA 2007, 36 ff.; *ders.*, JuS 2009, 830 ff.; *Müller*, NStZ 1993, 366 ff.; *Novoselec*, NStZ 1997, 218 ff.
[91] *Amelung*, NStZ 1998, 70, 71.

Erwiderung mit Worten beschränken müssen. Eine tätliche Abwehr war daher nicht nach § 32 Abs. 1 StGB gerechtfertigt.

BGHSt 26, 256, 257; Abgestufte Verteidigung bei Notwehrprovokation: Ein Abendspaziergänger beobachtet, wie ein Jugendlicher ein Mädchen gewaltsam über die Straße zerrt. Der Spaziergänger fasst den Jugendlichen am Arm und fordert ihn auf, das Mädchen loszulassen, woraufhin der Jugendliche ihn auf die Straße schubst. Während der Jugendliche weitergeht, springt der Spaziergänger auf und schlägt auf den Jugendlichen ein. Nachdem sich dieser über eine Strecke von 15 Metern verteidigt und den Spaziergänger zum Aufhören aufgefordert hat, versetzt er diesem einen tödlichen Schlag. – Der Jugendliche ist hinsichtlich des tödlichen Schlages nach § 32 Abs. 1 StGB gerechtfertigt. Zwar hat er den Angriff des Spaziergängers provoziert, jedoch dauert die hierdurch bedingte Einschränkung des Notwehrrechts nicht unbegrenzt an. Nachdem er sich über längere Zeit erfolglos auf Schutzwehr beschränkt hatte, durfte der Jugendliche daher zur Trutzwehr übergehen.

BGHSt 42, 97, 100 ff.; Abgestufte Verteidigung bei Notwehrprovokation: Ein Bahnfahrer fühlt sich von einem Jugendlichen gestört und öffnet ein Fenster, um den Jugendlichen durch die Fahrtluft aus dem Abteil zu vertreiben. Der Jugendliche schließt das Fenster. Nach zweimaliger Wiederholung dieses Vorgangs zieht der Bahnfahrer ein Messer, um zu verdeutlichen, dass er sich damit notfalls verteidigen würde. Als er das Fenster ein viertes Mal öffnet, stürzt sich der Jugendliche gleichwohl auf ihn. Im Verlauf der Auseinandersetzung sticht der Fahrer mit dem Messer in den Oberkörper des Jugendlichen, der an den dadurch hervorgerufenen Verletzungen verstirbt. – Der Stich mit dem Messer ist nicht nach § 32 Abs. 1 StGB gerechtfertigt. Der Fahrer hat durch sein sozialethisch zu missbilligendes Verhalten den Angriff des Jugendlichen provoziert. Aufgrund der daher gebotenen Zurückhaltung bei der Ausübung des Notwehrrechts hätte der Bahnfahrer keine lebensbedrohlichen Handlungen vornehmen dürfen, zumal er nicht mit einem Angriff auf sein Leben konfrontiert war und andere Passagiere hätte um Hilfe bitten können.

BGHSt 48, 207 ff.; Erpresserfälle: Der Angeklagte wurde von einem Bekannten zeitweise zur Zahlung von Geldbeträgen im Gesamtwert von 6000 € erpresst. Der Bekannte hätte den Angeklagten im Fall der Nichtzahlung bei der Polizei wegen der Herstellung von Raubkopien angezeigt. Eines Abends sucht der Bekannte den Angeklagten bei ihm zu Hause auf und fordert von dem Angeklagten 5000 €, da er ansonsten zur Polizei gehen würde. Als der Angeklagte nicht zahlen will, droht der Bekannte mit der Zerstörung von Einrichtungsgegenständen. Daraufhin übergibt der Angeklagte dem Bekannten 5000 € in bar. Anschließend tritt er hinter den Bekannten und schneidet ihm ohne Vorwarnung mit einem Küchenmesser die Kehle durch, woraufhin der Bekannte verstirbt. – Die Drohungen des Bekannten begründen einen andauernden Angriff auf die Willensfreiheit des Angeklagten, so dass diesem prinzipiell das Notwehrrecht zusteht. Jedoch stellt die Tötung keine gebotene Verteidigungshandlung dar, da es dem Angeklagten möglich gewesen wäre, staatliche Hilfe einzuholen. Weder das individuelle Schutzinteresse des Angeklagten noch das allgemeine Rechtsbewährungsinteresse tragen in dieser Situation die von ihm ergriffene Verteidigungshandlung.

269 **BGH StraFo 2010, 499, 500; Voraussetzungen der Notwehrprovokation:** Zwei Jugendliche leben seit längerer Zeit in andauerndem Streit. Eines abends fordert der eine den anderen auf, sofort zu ihm zu kommen, was der Aufgeforderte zutreffend als Ankündigung von Schlägen durch den als Intensivtäter bekannten älteren Bruder des anderen Jugendlichen versteht. Er bittet daher seinen Vater mitzukommen. Der Vater erklärt sich bereit, weil er die Sache (gewaltlos) klären möchte. Er hält jedoch auch eine körperliche Auseinandersetzung für möglich. Mit seinem Sohn und zwei Freunden sucht der Vater, der (wie des Öfteren) ein Butterflymesser bei sich führt, die Gaststätte auf, in der sich der Bruder des anderen Jugendlichen befindet. Der Bruder erscheint mit einem Holzknüppel und in Begleitung acht weiterer Personen. Nach einem kurzen heftigen Wortwechsel schlägt er mit dem Knüppel auf den Arm des Vaters. Als er erneut ausholt und auf den Kopfbereich des Vaters zielt, sticht dieser mit dem Butterflymesser von hinten in den Oberkörper des Bruders, was zu einer lebensbedrohlichen, aber nicht tödlich verlaufenden Verletzung führt. – Das dem Vater gegen den Angriff des Bruders zustehende Notwehrrecht ist nicht unter dem Gesichtspunkt einer Notwehrprovokation eingeschränkt. Eine Notwehrprovokation setzt zumindest ein sozialethisch zu missbilligendes Vorverhalten voraus. Infolge der langdauernden Auseinandersetzungen der beiden Jugendlichen musste der Vater es nicht dem Zufall überlassen, ob der Bruder des einen Jugendlichen auf seinen Sohn treffen und diesen körperlich misshandeln würde. Vielmehr durfte er diesen zur Rede stellen, um sich um eine gewaltlose Klärung der Auseinandersetzung zu bemühen, auch wenn er selbst einen gewaltsamen Verlauf des Geschehens für möglich hielt. Mangels sozialethisch zu missbilligendem Vorverhalten liegt daher keine Notwehrprovokation vor.

4. Verteidigungswille

a) Voraussetzungen

270 Die Begriffe „Verteidigung" und „um ... abzuwenden" in § 32 Abs. 2 StGB weisen darauf hin, dass die Notwehr das Vorliegen eines subjektiven Rechtfertigungselements in Form des Verteidigungswillens voraussetzt. Hierfür ist zunächst erforderlich, dass der sich Verteidigende überhaupt **Kenntnis von der Notwehrlage** hat, er sich also darüber im Klaren ist, dass er sich gegen einen gegenwärtigen und rechtswidrigen Angriff zur Wehr setzt. Zusätzlich fordert die Rechtsprechung, dass es dem Angegriffenen gerade darum geht, sich zu verteidigen, er also „mit dem Willen handel(t), der Rechtsverletzung entgegenzutreten"[92]. Eine Tat soll allerdings „auch dann durch Notwehr gerechtfertigt

---

[92] BGH NStZ 2007, 325 f.; 2001, 143, 144; BGHSt 5, 245, 247; ausführlich zur h. M. Sch/Sch-*Perron*, § 32 Rn. 63 m. w. N.

sein, wenn der Täter neben der Abwehr noch andere Ziele verfolgt, solange sie den Verteidigungszweck nicht völlig in den Hintergrund drängen."[93]

Weite Teile der Literatur gehen demgegenüber davon aus, dass es für die subjektiven Voraussetzungen der Notwehr allein darauf ankommt, dass der Angegriffene Kenntnis von der Notwehrlage hat.[94] Das erforderliche subjektive Rechtfertigungselement liegt hiernach immer schon dann vor, wenn der Handelnde sich der objektiven Umstände bewusst ist, die sein Verhalten rechtfertigen – warum er sich verteidigt, soll demgegenüber gänzlich unerheblich sein.

271

b) Auswirkungen des fehlenden subjektiven Rechtfertigungselements

Umstritten ist die Frage, wie sich das Fehlen des subjektiven Rechtfertigungselements auswirkt. Eine entsprechende Konstellation liegt etwa dann vor, wenn A den O erschießt, ohne hierbei zu wissen, dass O gerade seinerseits auf ihn schießen wollte und die Abgabe eines tödlich wirkenden Schusses die einzige Möglichkeit darstellte, um das Leben des A zu retten.

272

Der BGH und ein Teil der Literatur gehen davon aus, dass das Fehlen des Verteidigungswillens zugleich zum **Wegfall der Notwehrrechtfertigung** und zu einer Bestrafung wegen der **vollendeten Tat** führt.[95] Im Beispielsfall wäre A hiernach wegen vollendeten Totschlags zu bestrafen, obgleich er eine objektiv gerechtfertigte Handlung vorgenommen hat.

273

Im Schrifttum werden die Auswirkungen des fehlenden subjektiven Rechtfertigungselements zunehmend differenziert gewertet.[96] Bestraft man den Täter in dieser Konstellation wegen eines vollendeten Delikts, bleibt unberücksichtigt, dass es bei objektiver Rechtfertigungslage an dem Unwert fehlt, der durch den Eintritt eines tatbestandlichen Erfolges geschaffen wird. Nach der Rechtsordnung ist die Verletzung des Angreifers, auf dessen Verhalten die Notwehrsituation zurückzuführen ist, objektiv rechtmäßig. Die Verwirklichung eines Tatbestandes, die auf eine erforderliche Verteidigungshandlung i. S. v. § 32 StGB zurückzuführen ist, kann daher niemals das Unrecht eines vollendeten Deliktes (das sog. **Erfolgsunrecht**) verwirklichen. Vielmehr liegt lediglich ein **Handlungsunrecht** vor, welches kennzeichnend für die **Versuchsstrafbarkeit** ist. Erfüllt der Täter bei objektiver Rechtfertigungslage die subjektiven Rechtfertigungsvoraussetzungen nicht, liegt daher lediglich ein (untauglicher) Versuch vor.[97] Im Beispielsfall hat A aufgrund der objektiv bestehenden Notwehrlage nicht das Erfolgsunrecht eines strafbaren vollendeten Tötungsdeliktes verwirklicht. Da er aber hierzu entschlossen war und nach seiner Vorstellung von der Tat auch zu einer unrechtmäßigen Tötung unmittelbar angesetzt hat, ist er wegen eines versuchten Tötungsdeliktes zu bestrafen.

274

---

[93] BGH NStZ 2000, 365; vgl. auch BGH NStZ 1996, 29, 30.
[94] *Brüning*, ZJS 2013, 511, 516; *Kindhäuser*, Strafrecht AT, § 16 Rn. 37; *Kühl*, JURA 1993, 233; Sch/Sch-*Perron*, § 32 Rn. 63.
[95] BGH NStZ 2007, 325 f.; 2001, 143, 144; 1996, 29, 30; BGHSt 2, 111, 114.
[96] Zur Auseinandersetzung *Fahl*, JURA 2003, 60, 64; *Kudlich*, JA 2014, 587, 590.
[97] *Graul*, JuS-Lernbogen 2000, L 41; *Rengier*, Strafrecht AT, § 17 Rn. 18; *Rönnau*, JuS 2009, 594; *Roxin*, Strafrecht AT I, § 14 Rn. 104; *Wessels/Beulke/Satzger*, Strafrecht AT, Rn. 275 f. Für eine analoge Anwendung der Versuchsregeln *Geppert*, JURA 2007, 33, 34.

3. Kapitel: Rechtswidrigkeit

5. Notwehr und Nothilfe durch Hoheitsträger

a) Allgemeines

275 Inwieweit sich Hoheitsträger auf § 32 StGB berufen können ist umstritten. Während hierbei traditionell die Frage im Vordergrund stand, ob **Polizisten** in Form der Nothilfe gerechtfertigt sind, wenn sie **Schusswaffen** einsetzen, um Dritten zu helfen,[98] wird in jüngerer Zeit insbesondere diskutiert, ob die Polizei im Fall einer Entführung den Entführer durch Androhung von Gewalt zur Preisgabe des Aufenthaltsorts des Entführten zwingen darf (zur „**Rettungsfolter**" sogleich Rn. 277).

276 Die Erörterung der Anwendung von § 32 StGB auf das Verhalten von Polizisten ist von erheblicher praktischer Bedeutung, da nach den Polizeigesetzen die Anwendung von unmittelbarem Zwang und insbesondere der Einsatz von Schusswaffen nur in engen Grenzen zulässig ist (vgl. etwa § 63 PolG NRW), während das Notwehrrecht weitgehende Eingriffsbefugnisse einräumt.[99] Da nach den Polizeigesetzen der Länder die Vorschriften über Notwehr und Notstand „unberührt" bleiben (vgl. etwa § 57 Abs. 2 PolG NRW), wird teilweise eine **strafrechtliche Lösung** vertreten, nach der die §§ 32, 34 StGB uneingeschränkt als Ermächtigungsgrundlage für polizeiliches Handeln fungieren können.[100] Andere Autoren treten für eine **verwaltungsrechtliche Lösung** ein, wonach polizeiliches Handeln immer nur rechtmäßig und daher strafrechtlich erlaubt ist, wenn es sich im Rahmen der polizeilichen Ermächtigungsgrundlagen bewegt, so dass eine Berufung auf § 32 StGB stets ausscheidet.[101] Eine **vermittelnde Auffassung** geht zwar im Sinne der strafrechtlichen Lösung davon aus, dass ein polizeiliches Verhalten über § 32 StGB gerechtfertigt sein, aber gleichwohl einen Verstoß gegen das Polizeirecht darstellen kann, der disziplinarrechtlich zu ahnden ist.[102] Obgleich dieser Ansatz sowohl den Einschränkungen der Polizeigesetze bzgl. der Ausübung von unmittelbarem Zwang als auch dem Hinweis, dass die Vorschriften über Notwehr und Notstand „unberührt" bleiben, Rechnung trägt, kann ihm schon im Hinblick auf die Einheit der Rechtsordnung nicht gefolgt werden. Stattdessen ist der scheinbare Widerspruch in den Polizeigesetzen dadurch aufzulösen, dass eine Erweiterung der Eingriffsbefugnisse der Hoheitsträger durch das **Nothilferecht zwar abzulehnen**, jedoch dem einzelnen Hoheitsträger, der selbst in einer Notwehrsituation ist, das Notwehrrecht nach § 32 StGB zur **Selbstverteidigung** zuzugestehen ist.[103]

---

[98] Hierzu *Beaucamp*, JA 2003, 402 ff.; *Rogall*, JuS 1992, 551 ff.; *Sternberg-Lieben*, JA 1996, 129, 132 f.
[99] *Beaucamp*, JA 2003, 402; Sch/Sch-*Perron*, § 32 Rn. 62a.
[100] *Fahl*, JURA 2007, 743, 744; vgl. ferner BGH NStZ 2005, 31 ff.
[101] Vgl. die Darstellung bei *Beisel*, JA 1998, 721; *Sternberg-Lieben*, JA 1996, 129, 133.
[102] Vgl. hierzu die Darstellungen bei *Beisel*, JA 1998, 721, 722; *Jerouschek*, JuS 2005, 296, 301; *Rogall*, JuS 1992, 551, 558.
[103] *Amelung*, JuS 1986, 329, 332 f.

b) „Rettungsfolter"

Soweit man entgegen der hier vertretenen Auffassung davon ausgeht, dass Hoheitsträgern ein Nothilferecht zustehen kann, stellt sich die viel diskutierte Frage, ob eine Rechtfertigung nach § 32 StGB in Betracht kommt, wenn Polizeibeamte gegenüber einem Entführer Gewalt anwenden oder mit Gewalt drohen, um diesen zur Preisgabe des Aufenthaltsorts der entführten Person zu bewegen.[104] Zwar kann das Vorliegen einer **Nothilfelage** sowie die Vornahme einer **erforderlichen Nothilfehandlung** in Fällen der „Rettungsfolter" noch bejaht werden:[105] Im Entführen und Einsperren an einem geheimen Aufenthaltsort liegt nicht nur ein gegenwärtiger und rechtswidriger Angriff auf die Freiheit des Entführten, sondern regelmäßig auch ein solcher auf dessen körperliche Integrität. Weigert sich der Entführer, den Aufenthaltsort preiszugeben und besteht für die Polizei auch keine andere Möglichkeit, diesen zu erfahren, stellt darüber hinaus die Androhung oder Anwendung von Gewalt auch die erforderliche Verteidigung dar, soweit dem Entführten schwerwiegende oder sogar lebensbedrohliche Gesundheitsschädigungen drohen. Auf der Ebene der **Gebotenheit** ist jedoch zu berücksichtigen, dass die Gesamtrechtsordnung in Art. 1 Abs. 1, 104 Abs. 1 S. 2 GG, Art. 3 EMRK sowie Art. 2, 16 UN-Antifolterkonvention ein **absolutes Folterverbot** des Staates[106] konstituiert und eine Rechtfertigung der „Rettungsfolter" daher unter keinem Gesichtspunkt in Betracht kommen kann.[107] Dieser Befund ist aufgrund der Wertigkeit der einschlägigen Vorschriften eindeutig: Insbesondere die Art. 1 Abs. 1, 104 Abs. 1 S. 2 GG sowie Art. 3 EMRK sind aufgrund ihrer Höchstrangigkeit einer Abwägung unter Berücksichtigung der Rechtsgüter auch des Entführungsopfers nicht zugänglich. Die staatliche Anwendung von Folter stellt daher selbst dann eine Verletzung von Art. 1 Abs. 1, 104 Abs. 1 S. 2 GG, Art. 3 EMRK dar, wenn sie erfolgt, um das Leben und die Menschenwürde eines Dritten zu schützen. Somit wird das Recht durch staatliche Folter nicht bewahrt, sondern verletzt, so dass die „Rettungsfolter" niemals geboten sein kann.

In der Literatur finden sich gleichwohl zahlreiche Stimmen, die mit unterschiedlichen Begründungen die Anwendung staatlicher Folter in bestimmten Konstellationen als rechtmäßige Ausübung des Nothilferechts ansehen wollen. Während teilweise darauf hingewiesen wird, dass auch die **Würde des Opfers** in die Betrachtung miteinzubeziehen sei und diese im Entführungsfall höher wöge als diejenige des Entführers,[108] ziehen andere einen Vergleich zur Konstellation des **finalen Rettungsschusses**, bei der sogar die absichtliche Tötung

---

[104] Vgl. LG Frankfurt NJW 2005, 692.
[105] Hierzu sowie zu abweichenden Auffassungen *Fahl*, JURA 2007, 743, 744.
[106] Zur Annahme eines Folterverbots unter Privatpersonen *Fahl*, JURA 2007, 743, 748 f.; ablehnend *Sch/Sch-Perron*, § 32 Rn. 62a.
[107] *Jäger*, JA 2008, 678, 680; *Jeßberger*, JURA 2003, 711, 713; *Kudlich*, JuS 2005, 379; *Norouzi*, JA 2005, 308 ff.; *Wessels/Beulke/Satzger*, Strafrecht AT, Rn. 289a.
[108] Vgl. etwa *Erb*, JURA 2005, 24, 27; *Jerouschek*, JuS 2005, 296, 300. *Kühl*, Strafrecht AT, Rn. 156a geht davon aus, dass beim Schutz des „höchsten Rechtsgut(s)" Leben auch „höchste Prinzipien wie Folterverbot und Menschenwürde" nicht entgegenstehen würden.

einer Person durch die Polizei gerechtfertigt sein kann[109]. Diese und vergleichbare Lösungsvorschläge[110] zur Rechtfertigung staatlicher Folter scheitern indes von vornherein daran, dass sie die Absolutheit des Folterverbots nicht entkräften können. Erkennt man an, dass bestimmte Verfassungsprinzipien schlechterdings unabwägbar sind, so hat dies auch in Konstellationen zu gelten, in denen die Konsequenzen (im Hinblick auf das Entführungsopfer) nur schwer erträglich erscheinen. Denjenigen Autoren, welche die „Rettungsfolter" über einen Erstrechtschluss als geboten ansehen wollen, indem sie auf die Zulässigkeit des finalen Rettungsschusses verweisen, ist ferner zu entgegen, dass Art. 2 Abs. 2 GG das Recht auf Leben nicht schrankenlos gewährleistet. Daher stellt es keinen Widerspruch dar, dass die staatliche Tötung eines Menschen zur Rettung Anderer gerechtfertigt sein kann, nicht aber ein Eingriff in seine Menschenwürde.[111]

279 Zu beachten ist in den Konstellationen der „Rettungsfolter", dass die bloße Androhung von Gewalt häufig allein den Tatbestand des § 240 StGB verwirklicht, bei dem eine Rechtfertigung nicht allein nach den allgemeinen Rechtfertigungsgründen, sondern auch unter Berufung auf die aus anderen Gründen fehlende **Verwerflichkeit** der Tatbestandsverwirklichung in Betracht kommt (vgl. bereits Rn. 211). Am Ergebnis ändert dies jedoch nichts, da der von Hoheitsträgern vorgenommene Einsatz von Folter infolge der Art. 1 Abs. 1, 104 Abs. 1 S. 2 GG, Art. 3 EMRK unabhängig vom verfolgten Ziel als verwerflich anzusehen ist.[112] Bleibt es bei der hoheitlichen Androhung einer Gewaltanwendung, liegt daher in der Regel eine Strafbarkeit wegen Nötigung (ggf. in einem besonders schweren Fall, vgl. § 240 Abs. 4 Satz 2 Nr. 3 StGB) vor.

III. Notstand (§ 34 StGB)

280 Grundgedanke des rechtfertigenden Notstands nach § 34 StGB ist das **Prinzip der Interessenabwägung**. Die Rechtfertigung beruht darauf, dass das Interesse an der Erhaltung eines Gutes das Interesse des durch den Eingriff beeinträchtigten Gutes überwiegt.[113] Zu unterscheiden ist der sog. Aggressivnotstand vom sog. Defensivnotstand. Während der Täter beim **Aggressivnotstand** in Rechtsgüter eingreift, von denen selbst keine Gefahr ausgeht, richtet sich seine Tat beim **Defensivnotstand** gegen Rechtsgüter, welche eine Gefahr verursachen.[114] Welche Form des Notstands vorliegt, spielt für den Aufbau der

---

[109] Vgl. die Darstellung bei *Ellbogen*, JURA 2005, 339, 342.
[110] *Erb*, JURA 2005, 24, 26 f. möchte die Rechtfertigung dadurch konstruieren, dass er den Staat zwar als an das Folterverbot gebunden erachtet, den folternden Amtsträger jedoch in seiner Eigenschaft als Privatperson betrachtet, für den auch das Verbot der Folter nicht gelte; dagegen jedoch *Norouzi*, JA 2005, 308, 309.
[111] *Jäger*, Strafrecht AT, Rn. 127b.
[112] Anders jedoch *Fahl*, JURA 2007, 743, 748 f.
[113] Ausführlich *Bergmann*, JuS 1989, 109 f.; *Erb*, JuS 2010, 17 f.; *Zieschang*, JA 2007, 679 f.
[114] *Erb*, JuS 2010, 17, 18; Sch/Sch-*Perron*, § 34 Rn. 30.

Prüfung des § 34 StGB zunächst keine Rolle, kann jedoch im Rahmen der einzelnen Notstandsvoraussetzungen (insbesondere der Interessenabwägung) zu berücksichtigen sein.

Soweit der Täter zur Abwehr einer Gefahr eine Sache zerstört, sind die Regelungen zum aggressiven Notstand in § 904 BGB bzw. zum Defensivnotstand in § 228 BGB heranzuziehen, welche gegenüber § 34 StGB lex specialis und daher vorrangig (zu prüfen) sind.[115]

Die Voraussetzungen des rechtfertigenden Notstands sind in Tab. 9 zusammengefasst:

Tab. 9: Voraussetzungen des rechtfertigenden Notstands

Voraussetzung		Definition
I.	Notstandslage	Gegenwärtige Gefahr für ein Rechtsgut
	– Gefahr	Zustand, in dem aufgrund tatsächlicher Umstände der Eintritt eines schädigenden Ereignisses wahrscheinlich ist
	– Gegenwärtig	Zustand kann jederzeit in einen Schaden umschlagen
	– Rechtsgut	Notstandsfähig sind Rechtsgüter aller Art
II.	Notstandshandlung	Zur Gefahrenabwehr geeignet und erforderlich
	– nicht anders abwendbar (erforderlich)	Kein milderes Mittel zur Gefahrabwendung steht zur Verfügung
III.	Interessenabwägung	Geschütztes Interesse überwiegt das beeinträchtigte wesentlich
IV.	Angemessenheit, § 34 S. 2 StGB	Rechts- und sozialethische Einschränkungen des Notstandsrechts
V.	Rettungswille	Handeln, um die Gefahr von sich oder einem anderen abzuwenden

1. Notstandslage

Zunächst muss eine Notstandslage in Form einer gegenwärtigen Gefahr für Leben, Leib, Freiheit, Ehre, Eigentum oder ein anderes Rechtsgut vorliegen. Im Rahmen des § 34 StGB sind nicht nur (beliebige) **Individualrechtsgüter** des Täters oder eines Dritten, sondern auch **Rechtsgüter der Allgemeinheit** notstandsfähig.[116] Letzteres spielt etwa dann eine Rolle, wenn der Täter durch sein Einschreiten eine Trunkenheitsfahrt i. S. v. § 316 StGB verhindert.[117]

---

[115] *Jahn*, JuS 2013, 1139; *Pawlik*, JURA 2002, 26, 27; *Zieschang*, JA 2007, 679, 680.
[116] *Bergmann*, JuS 1989, 109; *Erb*, JuS 2010, 108; *Zieschang*, JA 2007, 679, 681.
[117] *Rengier*, Strafrecht AT, § 19 Rn. 8.

3. Kapitel: Rechtswidrigkeit

285 Unter einer **Gefahr** im Sinne des § 34 StGB ist ein Zustand zu verstehen, in dem aufgrund tatsächlicher Umstände der Eintritt eines schädigenden Ereignisses wahrscheinlich ist.[118] Ob eine Gefahr vorliegt, wird aus einer ex ante Prognose hinsichtlich der weiteren Entwicklung des Geschehens bestimmt, wobei es für die Bejahung einer Notstandslage ausreicht, wenn die Wahrscheinlichkeit eines Schadenseintritts nicht völlig fern liegt.[119] Unerheblich ist der **Ursprung der Gefahr** – anders als bei § 32 StGB kommt eine Rechtfertigung über § 34 StGB nicht nur in Betracht, wenn der Täter handelt, um eine auf menschliches Verhalten zurückzuführende Gefahr abzuwehren, sondern auch dann, wenn die Gefahr auf einen Unglücksfall oder ein Naturereignis zurückzuführen ist.[120]

286 **Gegenwärtig** ist die Gefahr, wenn sich die Wahrscheinlichkeit des Schadenseintritts nach einem objektiven Urteil aus der ex ante Sicht so verdichtet hat, dass die zum Schutz des bedrohten Rechtsguts notwendigen Maßnahmen sofort eingeleitet werden müssen, um den Eintritt des Schadens sicher zu verhindern.[121] Entscheidend ist mithin, dass der Schadenseintritt ernsthaft zu befürchten ist, wenn nicht alsbald Verteidigungsmaßnahmen ergriffen werden.[122]

287 Anders als bei § 32 StGB kann eine taugliche Notstandslage bei § 34 StGB auch im Fall der **Dauergefahr** anzunehmen sein. Dabei handelt es sich um eine Situation, in der ein Schaden jederzeit eintreten kann, auch wenn die Möglichkeit besteht, dass der Schadenseintritt noch einige Zeit auf sich warten lässt.[123] Demnach kann eine gegenwärtige Gefahr bspw. auch durch ein baufälliges Haus begründet werden, welches jederzeit einzustürzen droht.[124]

2. Notstandshandlung

288 Die zur Verwirklichung eines gesetzlichen Tatbestandes führende Handlung stellt unter zwei Voraussetzungen eine rechtmäßige Notstandshandlung i. S. v. § 34 StGB dar. Zunächst ist erforderlich, dass die Gefahr „**nicht anders abwendbar ist**", was weitgehend dem Prüfungspunkt der Erforderlichkeit bei der Notwehr entspricht. Darüber hinaus muss das **geschützte Interesse das beeinträchtigte Interesse wesentlich überwiegen**.

a) Fehlende anderweitige Abwendbarkeit der Tat

289 Nicht anders abwendbar ist die Gefahr, wenn kein milderes Mittel zur Gefahrabwendung zur Verfügung steht. Demnach muss die vom Täter vorgenommene Maßnahme zur Abwendung der Gefahr **geeignet** und zur Beseitigung der Notstandslage **erforderlich** sein.[125] Im Ausgangspunkt ist daher – wie bei der

---

[118] Eingehend zum Gefahrbegriff *Kretschmer*, JURA 2005, 662 ff.; *Otto*, JURA 1999, 552 f.
[119] *Bergmann*, JuS 1989, 109, 110; strenger wohl *Kretschmer*, JURA 2005, 662, 663 ff.
[120] *Bergmann*, JuS 1989, 109, 110; *Rengier*, Strafrecht AT, § 19 Rn. 13.
[121] BGH NJW 1995, 973; *Sternberg-Lieben*, JA 1996, 299, 302.
[122] BGHSt 5, 371, 373; *Erb*, JuS 2010, 108 f.; *Zieschang*, JA 2007, 679, 682.
[123] Eingehend *Schroeder*, JuS 1980, 336 ff.
[124] *Bergmann*, JuS 1989, 109, 110; *Erb*, JuS 2010, 108, 109.
[125] *Erb*, JuS 2010, 108, 109; ausführlich zur Notstandshandlung *Kühl*, Strafrecht AT, § 8 Rn. 74 ff.

Notwehr – danach zu fragen, ob der Täter eine andere Handlung hätte ergreifen können, die mit der gleichen Wahrscheinlichkeit zur Beseitigung der Gefahr geführt, aber im Vergleich zu der vom Täter vorgenommenen Handlung das relativ mildere Mittel dargestellt hätte.[126] Dabei sind strenge Maßstäbe anzulegen. Da das Grundprinzip – anders als bei der Notwehr – nicht die Rechtsbewährung, sondern die **Interessenabwägung** ist, sind zumutbare Abwehrmaßnahmen auch das Ausweichen, die Flucht und das Herbeiholen fremder – insbesondere rechtzeitiger staatlicher bzw. polizeilicher – Hilfe.[127] An dieser Stelle kann sich das Vorliegen einer bloßen Dauergefahr auswirken. Da bei dieser im Vergleich zu einer Notwehrsituation in der Regel mehr Zeit zur Abwendung des drohenden Schadens bleibt, wird es auch weit häufiger erfolgversprechend sein, Dritte um Hilfe zu ersuchen.[128]

b) Interessenabwägung

Steht fest, dass die Gefahr nicht anders abwendbar war, muss weiterhin eine Interessenabwägung ergeben, dass das geschützte Interesse das beeinträchtigte wesentlich überwiegt. Die **geschützten Interessen** sind dabei diejenigen, denen eine gegenwärtige Gefahr droht und die durch die Notstandshandlung erhalten werden. **Beeinträchtigte Interessen** sind diejenigen, die durch die Notstandshandlung verletzt werden. Nach § 34 StGB ist bei der Abwägung neben den **betroffenen Rechtsgütern** auch der **Grad der ihnen drohenden Gefahr** zu berücksichtigen. Diese Aufzählung ist indes nicht abschließend. Zwar kommt insbesondere dem Rang der betroffenen Rechtsgüter wesentliche Bedeutung zu, daneben können aber auch andere Gesichtspunkte in die Abwägung miteinzubeziehen sein, insbesondere die **Intensität des drohenden Schadens**, der **Ursprung der Gefahrenquelle** sowie die **Wahrscheinlichkeit, dass das zu schützende Gut erhalten wird**.[129]

290

Ausgangspunkt der Interessenabwägung ist der **abstrakte Vergleich der betroffenen Rechtsgüter**, deren Wertigkeit aus der Gesamtrechtsordnung zu ermitteln ist. So kann der im StGB für die Verletzung eines bestimmten Rechtsguts vorgesehene Strafrahmen als Hinweis für dessen Wertigkeit herangezogen werden.[130] Ergibt der Vergleich, dass das durch die Notstandshandlung verletzte Rechtsgut höher wiegt als das erhaltene, kommt ausnahmsweise gleichwohl eine Rechtfertigung über § 34 StGB in Betracht, soweit in der konkreten Situation ein Rechtsguteingriff von nur **geringer Intensität** erfolgt. So kann eine ganz kurzfristige Freiheitsberaubung zur Verhinderung eines erheblichen Sachschadens eine rechtmäßige Notstandshandlung darstellen, obgleich bei abstraktem Vergleich die Fortbewegungsfreiheit ein höheres Rechtsgut darstellt

291

---

[126] *Bergmann*, JuS 1989, 109, 110; *Zieschang*, JA 2007, 679, 682.
[127] *Erb*, JuS 2010, 108, 109; Sch/Sch-*Perron* § 34 Rn. 22.
[128] BGHSt 48, 255, 258; *Koch*, JA 2006, 806.
[129] *Bergmann*, JuS 1989, 109, 110f.; *Erb*, JuS 2010, 108, 109f.; *Zieschang*, JA 2007, 679, 682f.
[130] *Bergmann*, JuS 1989, 109, 110; differenzierend *Kühl*, Strafrecht AT, § 8 Rn. 109ff.

als das Eigentum an einer Sache.¹³¹ Ferner kann das bei abstrakter Betrachtung fehlende Überwiegen des erhaltenen Rechtsguts in bestimmten Konstellationen unter Hinweis auf die **Verantwortlichkeit für die Notstandslage** überwunden werden: Eine Notstandshandlung im Defensivnotstand, die nur in die Rechtsgüter desjenigen eingreift, der die Gefahr geschaffen hat, darf quantitativ und qualitativ weiter gehen als die Gefahrenabwehr im Aggressivnotstand, bei dem Rechtsgüter beeinträchtigt werden, deren Träger die Notstandslage nicht zu verantworten haben.¹³²

292 Das **Recht auf Leben** ist ein absoluter Wert, der einer Abwägung im Rahmen des § 34 StGB entzogen ist.¹³³ Erfolgt ein Eingriff in das Leben einer oder mehrerer Personen, um das Leben einer oder mehrerer anderer Personen zu retten, scheidet ein wesentliches Überwiegen im Rahmen der Interessenabwägung und damit eine Rechtfertigung nach § 34 StGB aus. Nach der zutreffenden h. M. hat dies für sämtliche Fallkonstellationen zu gelten.¹³⁴ Daher spielt es auch keine Rolle, wenn der Täter Personen ums Leben bringt, die in der konkreten Situation ohnehin „unrettbar verloren" scheinen.¹³⁵ Werden die Bergsteiger A und O nach einem Sturz nur noch durch ein Seil gehalten, ist eine von A vorgenommene Durchtrennung des Seils, welche den Absturz und den Tod des O zur Folge hat, daher selbst dann nicht nach § 34 StGB gerechtfertigt, wenn das Seil auf Dauer für beide zu schwach gewesen wäre und ohne die Durchtrennung A und O gemeinsam abgestürzt wären.¹³⁶ Ferner stellt die Tötung eines einzigen Menschen auch dann keine gerechtfertigte Notstandshandlung dar, wenn durch diese zahlreiche andere Personen gerettet werden können, da die hohe Anzahl der Geretteten nichts daran zu ändern vermag, dass menschliche Leben nicht gegeneinander abgewogen werden dürfen.¹³⁷ In Betracht kommt in entsprechenden Konstellationen eine Entschuldigung nach § 35 StGB (hierzu noch Rn. 415) bzw. nach dem Gedanken des übergesetzlichen entschuldigenden Notstands (hierzu noch Rn. 428).

3. Angemessenheitsklausel

293 Gemäß § 34 S. 2 StGB ist der Täter trotz Vorliegens der in Satz 1 benannten Voraussetzungen nicht gerechtfertigt, wenn seine Tat kein angemessenes Mittel ist, die Gefahr abzuwenden. Die **Angemessenheitsklausel** erfüllt eine vergleichbare Funktion wie der Prüfungspunkt der Gebotenheit bei der Notwehr, indem sie Raum zur Berücksichtigung rechts- und sozialethischer Einschränkungen des Notstandsrechts gibt.¹³⁸ Ein rechtfertigender Notstand soll nur dann angenommen werden können, wenn das Verhalten des Notstandstäters auch nach

---
[131] *Erb*, JuS 2010, 108, 110.
[132] *Rengier*, Strafrecht AT, § 19 Rn. 36; *Roxin*, Strafrecht AT I, § 16 Rn. 60 ff.
[133] *Bergmann*, JuS 1989, 109, 110 f.
[134] BGHSt 32, 267, 269 f.; *Bergmann*, JuS 1989, 109, 110 f.; *Küper*, JuS 1981, 792 ff.
[135] A. A. *Erb*, JuS 2010, 108, 110.
[136] Fall nach *Erb*, JuS 2010, 108, 110, der allerdings eine Rechtfertigung annimmt.
[137] *Bergmann*, JuS 1989, 109, 110 f.; *Lackner/Kühl*, StGB, § 34 Rn. 8.
[138] *Bergmann*, JuS 1989, 109, 111; *Erb*, JuS 2010, 108, 112; *Zieschang*, JA 2007, 679, 683 f.

den anerkannten Wertvorstellungen der Allgemeinheit als eine sachgemäße und dem Recht entsprechende Lösung der Konfliktlage erscheint. Angenommen wird eine Einschränkung des Notstandsrechts unter dem Gesichtspunkt der Angemessenheit insbesondere in den in Tab. 10 dargestellten Fallgruppen.[139]

Tab. 10: Fehlende Angemessenheit i.S.d. § 34 S. 2 StGB   294

Fehlende Angemessenheit i.S.d. § 34 S. 2 StGB ist anzunehmen,
– wenn der Täter die Notstandslage selbst vorwerfbar verursacht hat
– er in einem besonderen Rechtsverhältnis (z.B. als Soldat oder Feuerwehrmann) steht, aufgrund dessen er die Gefahr hinzunehmen hat,
– er ansonsten in unantastbare Freiheitsrechte eingreift (z.B. bei der Lebensrettung eines Dritten durch eine zwangsweise Blutentnahme).

4. Rettungswille

Auch eine Rechtfertigung nach § 34 StGB setzt zuletzt voraus, dass der Täter ein subjektives Rechtfertigungselement erfüllt. Unbestritten ist hierfür erforderlich, dass er die **Umstände kennt**, aus denen sich das Vorliegen einer notstandsfähigen Gefahr sowie das wesentliche Überwiegen des erhaltenen Rechtsguts ergeben.[140] Wie bei § 32 StGB ist auch beim rechtfertigenden Notstand umstritten, ob zusätzlich zur Kenntnis zu fordern ist, dass der Täter mit zielgerichtetem Rettungswillen handelt, dass es ihm also gerade (auch) darum geht, das bedrohte Rechtsgut zu schützen. Der BGH und ein Teil der Literatur bejahen dies unter Berufung auf den Gesetzeswortlaut, nach dem die Notstandshandlung erfolgen muss, „um die Gefahr von sich oder einem anderen abzuwenden."[141] Die Gegenauffassung in der Literatur lässt es demgegenüber auch bei § 34 StGB ausreichend, dass der Täter Kenntnis von den objektiven Notstandsvoraussetzungen hat. Für diese Sicht wird insbesondere angeführt, dass die Bestrafung eines Notstandstäters, der wissentlich das Richtige tut, ohne dass es ihm hierauf ankommt, auf eine unzulässige Bestrafung der Gesinnung hinausläuft.[142]   295

Ist der Täter objektiv nach § 34 StGB gerechtfertigt, fehlt ihm aber das subjektive Rechtfertigungselement, so liegt keine Strafbarkeit wegen eines vollendeten Delikts, sondern lediglich wegen Versuchs vor (zur parallelen Auseinandersetzung bei § 32 StGB vgl. Rn. 274).   296

---

[139] Ausführliche Darstellung bei *Erb*, JuS 2010, 108, 112 f.
[140] *Erb*, JuS 2010, 108, 113.
[141] BGH NJW 1979, 2621, 2622; *Rengier*, Strafrecht AT, § 19 Rn. 63.
[142] *Erb*, JuS 2010, 108, 113; *Rönnau*, JuS 2009, 594, 596.

5. Leitentscheidungen

297 **BGHSt 27, 260, 262 ff.; Interessenabwägung:** Der Präsident des Arbeitgeberverbandes wird von Terroristen entführt. Diese sind zu einer Freilassung bereit, wenn elf in Untersuchungshaft untergebrachte Beschuldigte, denen die Mitgliedschaft in terroristischen Vereinigungen zur Last gelegt wird, aus der Haft entlassen werden. Die zuständige Justizbehörde sieht hierin eine besondere Gefahrenlage und untersagt den Beschuldigten den Kontakt mit ihren Verteidigern. – Nach Auffassung des BGH ist der durch die Versagung der Kontaktaufnahme begründete Verstoß gegen § 148 StPO nach dem Rechtsgedanken des § 34 StGB ausnahmsweise zulässig. Zum Schutz der Menschenwürde und des Lebens des Entführten sei es erforderlich, einen Kontakt der Beschuldigten zur Außenwelt zu unterbinden. Da diese Rechtsgüter höher wögen als das Recht auf Verteidigerkonsultation, sei der vorübergehende Eingriff in § 148 StPO erlaubt und geboten.

298 **OLG Düsseldorf, NJW 2006, 630, 631; Notstandshandlung:** Ein Journalist schleust an verschiedenen Sicherheitskontrollen auf deutschen Flughäfen ein sog. Butterflymesser vorbei, um durch die so aufgedeckten Mängel der Kontrollen die Sicherheit des zivilen Luftverkehrs zu verbessern. In allen Fällen gelangt er mit dem Messer an Bord der Maschinen und tritt den Flug an. – Die tatbestandsmäßige Verwirklichung der §§ 27 Abs. 4 Satz 1 Nr. 1 LuftVG, 11 Nr. 1 LuftSiG durch das Verhalten des Journalisten ist nicht nach § 34 StGB gerechtfertigt. Zwar ist die Sicherheit des Lufttransports ein anderes Rechtsgut i. S. d. § 34 Abs. 1 StGB und sind die aufgedeckten Sicherheitsmängel als gegenwärtige Dauergefahr einzustufen. Jedoch ist diese Gefahr anders als durch die Tat abwendbar, insbesondere durch gezieltes Hinweisen auf die Mängel.

IV. Zivilrechtliche Notstandsregelungen (§§ 228, 904 BGB)

299 Die zivilrechtlichen Notstände in §§ 228, 904 BGB betreffen Fälle, in denen die Handlung des Notstandstäters in der **Einwirkung auf eine fremde** Sache besteht. Erfolgt die Einwirkung, um eine von der Sache ausgehende Gefahr abzuwenden, ist § 228 BGB einschlägig, erfolgt die Einwirkung, um eine nicht von der Sache selbst ausgehende Gefahr zu beseitigen, greift § 904 BGB ein. Die einzelnen Prüfungsvoraussetzungen sind Tab. 11 zu entnehmen:

300 **Tab. 11:** Voraussetzungen des zivilrechtlichen Notstands

Aggressiver Notstand (§ 904 BGB)	Defensiver Notstand (§ 228 BGB)

I. Notstandslage
   1. Gefahr
   2. Gegenwärtigkeit der Gefahr
	I. Notstandslage
	   1. Gefahr
	   2. Gefahr geht von fremder Sache aus

Aggressiver Notstand (§ 904 BGB)	Defensiver Notstand (§ 228 BGB)
II. Notstandshandlung ("Einwirkung") 1. Objektiv notwendig 2. Güterabwägung	II. Notstandshandlung, welche die Sache beschädigt oder zerstört 1. Objektive Erforderlichkeit der Notstandshandlung 2. Schaden steht objektiv nicht außer Verhältnis zur Gefahr
III. Gefahrabwendungswille	III. Gefahrabwendungswille

Die Prüfung des **Aggressivnotstands** nach § 904 BGB entspricht weitgehend derjenigen des § 34 StGB.[143] Typischer Anwendungsfall ist die Beschädigung einer fremden Sache im Rahmen einer Notwehrsituation. Wird A von B tätlich angegriffen und kann er sich nur dadurch schützen, dass er den Regenschirm des O ergreift und mit diesem auf B einschlägt, so ist eine etwaige Beschädigung des Schirms nach § 904 BGB gerechtfertigt.

Typischer Anwendungsfall des **Defensivnotstands** in § 228 BGB ist die Abwehr von Tierangriffen. Im Vergleich zur Prüfung von § 34 StGB sind hierbei zwei wesentliche Unterschiede zu beachten: Zunächst spricht § 228 BGB nicht von einer gegenwärtigen, sondern von einer drohenden Gefahr. Eine solche liegt vor, wenn sich aus den tatsächlichen Umständen die Wahrscheinlichkeit eines unmittelbar bevorstehenden Schadens ergibt.[144] Darüber hinaus fordert § 228 BGB nicht ein wesentliches Überwiegen des geschützten Rechtsgutes, sondern stellt darauf ab, dass der Schaden am beeinträchtigten Rechtsgut nicht außer Verhältnis zur drohenden Gefahr stehen darf. Da der Täter des § 228 BGB eine Sache zerstört, von der selbst eine Gefahr ausgeht, kann die Interessenabwägung auch dann zu seinen Gunsten ausfallen, wenn die geschützten Interessen ein geringeres Gewicht haben als die beeinträchtigten.[145]

V. Einwilligung

Eine Rechtfertigung desjenigen, der einen gesetzlichen Tatbestand verwirklicht, kann auch dadurch eintreten, dass eine **Einwilligung des Rechtsgutsinhabers** in die Tatbestandsverwirklichung vorliegt. Diese Konstellation ist häufig beim sog. ärztlichen Heileingriff einschlägig. So liegt es etwa, wenn sich Patient P in Behandlung bei Arzt A begibt und dieser gemäß den Regeln der ärztlichen Kunst und medizinisch geboten den entzündeten Blinddarm des P entfernt. Hier ist zwar (zumindest nach Auffassung der Rechtsprechung) der Tatbestand der Körperverletzung i.S.d. § 223 Abs. 1 StGB erfüllt, doch ist das Verhalten des Arztes durch die Einwilligung des P gerechtfertigt.

---

[143] Zu den einzelnen Voraussetzungen des § 904 BGB *Erb*, JuS 2010, 17, 21.
[144] *Schreiber*, JURA 1997, 29, 31.
[145] *Erb*, JuS 2010, 17, 20 f.; *Pawlik*, JURA 2002, 26, 27; *Schreiber*, JURA 1997, 29, 31.

304 Die Einwilligung des Rechtsgutsinhabers in die Rechtsgutsverletzung hat nur für die Körperverletzung in § 228 StGB eine ausdrückliche bzw. besondere gesetzliche Regelung erfahren. Sie ist aber auch für sonstige Tatbestände **gewohnheitsrechtlich** anerkannt. Abzugrenzen ist die auf der Ebene der Rechtswidrigkeit zu berücksichtigende **Einwilligung** vom tatbestandsausschließenden **Einverständnis**.[146] Ein Einverständnis kommt bei Tatbeständen in Betracht, die ein Handeln gegen oder ohne den Willen des Verletzten voraussetzen. Dies kann im Gesetz ausdrücklich (z. B. in § 248b Abs. 1 StGB: „gegen den Willen des Berechtigten in Gebrauch nimmt") oder sinngemäß (z. B. beim Eindringen i. S. d. § 123 Abs. 1 StGB, das ein Betreten gegen den Willen des Berechtigten voraussetzt) geregelt sein. Das Einverständnis wirkt daher schon tatbestandsausschließend. Demgegenüber liegt bei der Einwilligung ein Verzicht des Verletzten auf rechtlichen Schutz vor. Deshalb ist die Einwilligung – entgegen einer verbreiteten Literaturmeinung – als Rechtfertigungsgrund einzuordnen.[147]

305 Die Wirksamkeitsvoraussetzungen der Einwilligung sind in Tab. 12 zusammengefasst und werden im Folgenden näher erläutert:

306 Tab. 12: Einwilligung und mutmaßliche Einwilligung

Einwilligung	Mutmaßliche Einwilligung
I. Disponibilität des Rechtsgutes	I. Disponibilität des Rechtsgutes
II. Einwilligungslage 1. Kundgabe der Einwilligung durch den Rechtsträger (oder Bevollmächtigten) 2. Einwilligungsfähigkeit: Einsichts- und Urteilsfähigkeit 3. Fehlen erheblicher Willensmängel (Drohung, Täuschung)	II. (Ersatz-Einwilligungslage) 1. Kein entgegenstehender Wille des Rechtsgutsträgers bekannt 2. Erklärung des Rechtgutträgers kann nicht rechtzeitig eingeholt werden 3. Täterverhalten entspricht mutmaßlichem Willen des Berechtigten – Handeln im Interesse des Rechtsgutsträgers – bei mangelndem Interesse
III. Subjektives Rechtfertigungselement: Kenntnis von der Einwilligung und Handeln aufgrund der Einwilligung	III. Subjektives Rechtfertigungselement: Handeln im Interesse des Rechtsgutsträgers

---

[146] Zur Unterscheidung auch *Amelung/Eymann*, JuS 2001, 937, 938; *Beckert*, JA 2013, 507, 507f.; *Bergmann*, JuS-Lernbogen 1989, L 65 ff.; *Otto*, JURA 2004, 679; *Rönnau*, JuS 2007, 18 f.

[147] Vgl. BGHSt 17, 359, 360; *Beckert*, JA 2013, 507, 508; a. A. *Rönnau*, JuS 2007, 18, 19.

1. Disponibilität des Rechtsgutes

Eine Einwilligung kann von vornherein nur dann rechtfertigende Wirkung entfalten, wenn sie sich auf ein Rechtsgut bezieht, über das verfügt werden kann, das also **disponibel** ist.[148] Disponibel sind alle Individualrechtsgüter mit Ausnahme des Lebens, das unverfügbar ist (§ 216 Abs. 1 StGB; vgl. aber noch zur Sterbehilfeproblematik Rn. 318 ff.). Nur eingeschränkt disponibel ist die körperliche Unversehrtheit, da nach § 228 StGB eine Einwilligung in eine Körperverletzung unbeachtlich ist, wenn **die Tat** trotz der Einwilligung **gegen die guten Sitten** verstößt.[149] Wann die Tat gegen die guten Sitten verstößt, wird unterschiedlich beurteilt. In der Literatur wird vielfach auf die Schwere des Körpereingriffs abgestellt, so dass Sittenwidrigkeit insbesondere dann anzunehmen sein soll, wenn die Voraussetzungen des § 226 Abs. 1 StGB erfüllt sind.[150] Demgegenüber bejahte die Rechtsprechung die Sittenwidrigkeit der Tat herkömmlich dann, wenn diese in einer Gesamtschau der vom Täter und Opfer verfolgten Zwecke sowie des eingesetzten Mittels und der Art der Verletzung als verwerflich erscheint.[151] In jüngeren Entscheidungen tendiert der BGH dazu, eine Sittenwidrigkeit immer dann anzunehmen, wenn die Körperverletzung lebensgefährdenden Charakter hat.[152]

307

2. Einwilligungslage

Die objektive Einwilligungslage setzt das Vorliegen einer **Einwilligung des Rechtsgutsinhabers** oder eines **ansonsten Einwilligungsbefugten** voraus. Darüber hinaus ist erforderlich, dass der Einwilligende **einwilligungsfähig** ist und keine erheblichen **Willensmängel** vorliegen.

308

a) Einwilligung durch verfügungsbefugte Person

Der Einzelne kann in der Regel nur über ihm zustehende Rechtsgüter disponieren, insbesondere Rechtsgüter der Allgemeinheit sind seiner Einwilligungsbefugnis entzogen. Soweit der Rechtsgutsinhaber andere zu seinen **Stellvertretern** erklärt, können auch diese im Rahmen ihrer Vertretungsmacht über die Rechtsgüter des Rechtsgutsinhabers disponieren.[153] Dies gilt auch für höchstpersönliche Rechtsgüter, so dass auch ein Einsatz Dritter als Vertreter von (bewusstlosen) Patienten in Betracht kommt.[154] Soweit der Rechtsgutsinhaber selbst nicht einwilligungsfähig ist (hierzu noch Rn. 311), geht die Verfügungs-

309

---

[148] Zur Disponibilität auch *Amelung/Eymann*, JuS 2001, 937, 939 f.; *Rönnau*, JuS 2007, 18, 19.
[149] Krit. zum Gesetzeswortlaut *Rönnau*, JURA 2002, 665, 668; *Sternberg-Lieben*, JuS 2004, 954, 955 f.; vgl. auch *Gropp*, ZJS 2012, 602, 603 ff.
[150] Hierzu *Kubink*, JA 2003, 257, 264; *Rengier*, Strafrecht BT II, § 20 Rn. 2b; *Rönnau*, JURA 2002, 665, 668.
[151] BayObLG NJW 1999, 372, 373; vgl. auch *Rönnau*, JURA 2002, 665, 668.
[152] BGHSt 49, 34; 49, 166, 169; 58, 140, 143.
[153] *Amelung/Eymann*, JuS 2001, 937, 940.
[154] *Amelung/Eymann*, JuS 2001, 937, 940; *Rönnau*, JURA 2002, 665, 667 dort auch zur Gegenauffassung.

befugnis auf den gesetzlichen Vertreter, bspw. die Eltern (vgl. §§ 1626, 1629 BGB) über. Bei juristischen Personen steht die Dispositionsbefugnis grundsätzlich den Vertretungsorganen zu.

b) Einwilligungserklärung

310 Die Kundgabe der Einwilligung kann ausdrücklich oder stillschweigend geschehen. Sie muss aber **eindeutig** sein und sich bei Vorsatztaten auf die Eingriffshandlung sowie den tatbestandsmäßigen Erfolgseintritt beziehen.[155] Eine Einwilligung entfaltet nur dann rechtfertigende Wirkung, wenn sie **vor der Tatbegehung** erklärt wird und auch nicht widerrufen wurde. Erklärt sich der Rechtsgutsinhaber nach der Tatbegehung mit dieser einverstanden, begründet dies keine Rechtfertigung des Täters.[156] Lag zum Zeitpunkt des Rechtsguteingriffs eine wirksame Einwilligung vor, wird die Tat indes nicht dadurch rechtswidrig, dass der Einwilligende die Einwilligung anschließend widerruft.

c) Einwilligungsfähigkeit

311 Einwilligungsfähigkeit setzt voraus, dass der Einwilligende einsichts- und urteilsfähig ist. Es kommt also nicht darauf an, ob er nach zivilrechtlichen Maßstäben geschäftsfähig ist, sondern ob er nach seiner **geistigen und sittlichen Reife** in der Lage ist, **Wesen, Bedeutung und Tragweite** des fraglichen Eingriffs zu erkennen.[157] Erörterungen zur Einwilligungsfähigkeit sind regelmäßig bei Minderjährigen erforderlich, während bei Erwachsenen grundsätzlich davon auszugehen ist, dass sie in der Lage sind, die Bedeutung der von ihnen erklärten Einwilligung zu erfassen. Wesentliches Indiz für die Einwilligungsfähigkeit auch eines Minderjährigen kann die Nähe zur Volljährigkeitsgrenze sein, so dass ein 17-jähriger in der Mehrzahl der Fälle die erforderliche Einsichts- und Urteilsfähigkeit aufweisen wird.[158]

d) Keine erheblichen Willensmängel

312 Trotz Vorliegens einer Einwilligung ist die Tat nicht gerechtfertigt, wenn diese unter erheblichen Willensmängeln abgegeben wurde. Eine Einwilligung etwa, die durch eine **Drohung** abgenötigt wird, ist regelmäßig unwirksam, es sei denn, die Nötigung überschreitet nicht die Verwerflichkeitsgrenze i. S. v. § 240 Abs. 2 StGB.[159]

313 Umstritten ist, inwieweit ein auf einer **Täuschung** beruhender Irrtum einen erheblichen Willensmangel darstellt. Bsp.: Der Bruder (B) des O bedarf einer Nierenspende. O erklärt sich zur Nierenspende bereit, nachdem Arzt A ihn

---

[155] *Rengier*, Strafrecht AT, § 23 Rn. 20.
[156] *Beckert*, JA 2013, 507, 509; *Bollacher/Stockburger*, JURA 2006, 908, 910; *Otto*, JURA 2004, 679, 680.
[157] *Amelung/Eymann*, JuS 2001, 937, 941; *Exner*, JURA 2013, 103, 104; *Bollacher/Stockburger*, JURA 2006, 908, 910; *Kindhäuser*, Strafrecht AT, § 12 Rn. 11; *Kubink*, JA 2003, 257, 262; *Wessels/Beulke/Satzger*, Strafrecht AT, Rn. 374.
[158] Vgl. auch *Amelung/Eymann*, JuS 2001, 937, 941 ff.; *Bergmann*, JuS-Lernbogen 1989, L 67.
[159] *Otto*, JURA 2004, 679, 680; *Rönnau*, JuS 2007, 18, 19.

über die Risiken des Eingriffs aufgeklärt und entgegen seiner tatsächlichen Absicht erklärt hat, er werde die Niere für B verwenden. A entnimmt O die Niere, die er aber für den reichen C verwendet.

Nach einer in der Literatur teilweise vertretenen Auffassung sollen **nur rechtsgutsbezogene Willensmängel** zur Unwirksamkeit der Einwilligung führen.[160] Im Beispielsfall irrt O nicht über Art und Umfang der Rechtsgutsbeeinträchtigung. Sein Irrtum ist ein Motivirrtum, kein rechtsgutsbezogener Irrtum. Somit stünde nach dieser Auffassung der Irrtum des O einer rechtfertigenden Einwilligung nicht entgegen.

314

Gegen die rechtsgutsbezogene Lehre spricht, dass Rechtsgüter nicht nur in ihrem bloßen Bestand geschützt werden sollen, sondern die Einwilligungsdogmatik gerade der freien Entfaltung des Einzelnen dient.[161] Um die Selbstbestimmung des Rechtsgutsinhabers angemessen zu berücksichtigen, ist mit einer in der Rechtsprechung und Teilen der Literatur vertretenen Auffassung **jedweder täuschungsbedingte Irrtum** als erheblich anzusehen.[162] Insbesondere sind auch solche Einwilligungen unwirksam, bei denen sich die Fehlvorstellung des Einwilligenden auf bloße Begleitumstände wie den verfolgten Zweck oder eine etwaige Gegenleistung bezieht.[163] Im Beispielsfall ist damit nicht von einer rechtfertigenden Einwilligung auszugehen.

315

Soweit ein **Irrtum** des Einwilligenden **nicht auf eine Täuschung** zurückzuführen ist, wird man seiner Erklärung eine rechtfertigende Wirkung zumindest dann nicht zusprechen können, wenn den Täter eine Aufklärungspflicht trifft.[164] Erklärt sich ein Patient mit einem ärztlichen Eingriff einverstanden, ohne dass er sich über dessen Reichweite bewusst ist, und hätte der operierende Arzt ihn über die Folgen aufklären müssen, ist die Einwilligung somit auch dann unwirksam, wenn der Arzt die Folgen des Eingriffs nicht ausdrücklich falsch dargestellt, sondern sie schlicht verschwiegen hat. Im Übrigen kommt es für die Erheblichkeit nicht täuschungsbedingter Irrtümer wiederum darauf an, ob man nur rechtsgutsbezogene Willensmängel für beachtlich hält, oder davon ausgeht, dass grundsätzlich jedwede Fehlvorstellung zur Unwirksamkeit der Einwilligung führt.[165]

316

3. Subjektives Rechtfertigungselement

Subjektiv muss der Täter in Kenntnis der Einwilligung gehandelt haben. Teilweise wird weitergehend ein Handeln aufgrund der Einwilligung gefordert,[166] wogegen jedoch einzuwenden ist, dass bereits die Kenntnis darüber, dass der Rechtsgutsinhaber in die Beeinträchtigung seiner Rechtsgüter eingewilligt hat,

317

---

[160] *Bergmann*, JuS-Lernbogen 1989, L 67; *Wessels/Beulke/Satzger*, Strafrecht AT, Rn. 376a.
[161] Hierzu und zu weiteren Kritikpunkten *Rönnau*, JURA 2002, 665, 670 ff.
[162] BGHSt 32, 267, 269 f.; *Otto*, JURA 2004, 679, 680; *Rönnau*, JURA 2002, 665, 672 f.; *ders./Faust/Fehling*, JuS 2004, 667, 670.
[163] *Rengier*, Strafrecht AT, § 23 Rn. 27.
[164] *Bollacher/Stockburger*, JURA 2006, 908, 911; *Kühl*, Strafrecht AT, § 9 Rn. 40.
[165] *Rengier*, Strafrecht AT, § 23 Rn. 37.
[166] *Wessels/Beulke/Satzger*, Strafrecht AT, Rn. 379.

den Handlungsunwert der Tat vollständig beseitigt[167]. Fehlt dem Täter die Kenntnis vom Vorliegen der Einwilligung, ist wiederum nur eine Versuchsstrafbarkeit anzunehmen (zur parallelen Auseinandersetzung bei der Notwehr bereits Rn. 274). Nimmt der Täter irrig an, das Opfer habe wirksam in die Tatbegehung eingewilligt, ist dies nach den Grundsätzen des **Erlaubnistatbestandsirrtums** (hierzu noch Rn. 437 ff.) zu behandeln.

4. Speziell: Rechtfertigende Einwilligung im Fall der Sterbehilfe

318 Besonders problemträchtig sind im Bereich der Einwilligungsdogmatik Fälle der Sterbehilfe, bei denen eine Person (häufig ein behandelnder Arzt) Einfluss auf den Vorgang des Sterbens nimmt.[168] Üblicherweise wurde von Literatur und Rechtsprechung im Hinblick auf die Rechtsfolgen zwischen aktiver und passiver Sterbehilfe differenziert. Aktive bzw. direkte Sterbehilfe liegt vor, wenn zielgerichtet und durch aktive Maßnahmen das Leben eines Todkranken verkürzt wird.[169] Eine Rechtfertigung wurde hier mehrheitlich für ausgeschlossen gehalten, so dass in der Regel eine Strafbarkeit wegen § 212 Abs. 1 bzw. § 216 Abs. 1 StGB anzunehmen war. Passive bzw. indirekte Sterbehilfe ist gegeben, wenn Maßnahmen unterlassen werden, die zu einer Lebensverlängerung führen würden. Typischer Anwendungsfall ist daher die Anordnung eines Arztes, die künstliche Ernährung eines Komapatienten einzustellen.[170] Bei der passiven Sterbehilfe wurde überwiegend eine Rechtfertigung für möglich gehalten, wobei teilweise auf die Voraussetzungen der (mutmaßlichen) Einwilligung[171] abgestellt wurde, während andere eine Anwendung von § 34 StGB befürworten[172].

319 In einer vielbeachteten Entscheidung aus dem Jahr 2010 hat der 2. Strafsenat des BGH die Unterscheidung zwischen direkter und indirekter Sterbehilfe zwecks Bestimmung der Rechtfertigungsvoraussetzungen ausdrücklich aufgegeben.[173] Da die im Zusammenhang mit der Sterbehilfe besonders relevante Konstellation des Behandlungsabbruchs regelmäßig eine Vielzahl aktiver und passiver Handlungen umfasse, führe die allein an den äußeren Erscheinungsformen von Tun und Unterlassen ausgerichtete Abgrenzung zwischen gerechtfertigter und rechtswidriger Sterbehilfe nicht zu sachgerechten Ergebnissen.[174] Hintergrund dieses Wandels in der höchstrichterlichen Rechtsprechung ist der

---

[167] *Kühl*, Strafrecht AT, § 9 Rn. 41.
[168] Vgl. auch *Steinhilber*, JA 2010, 430 ff.; *Wessels/Beulke/Satzger*, Strafrecht AT, Rn. 316c.
[169] *Wessels/Beulke/Satzger*, Strafrecht AT, Rn. 316c.
[170] BGHSt 40, 257, 265; *Aschenbach*, JURA 2002, 542, 547; *Lackner/Kühl*, StGB, Vor § 211 Rn. 8a; *Wessels/Hettinger*, Strafrecht BT I, Rn. 31a.
[171] Vgl. zur mutmaßlichen Einwilligung in Fällen der Sterbehilfe BGHSt 40, 257, 260, 263; *Otto*, JURA 1999, 434, 438 f.
[172] *Herzberg*, NJW 1996, 3043, 3047 f.; *Otto*, JURA 1999, 434, 441; krit. hierzu *Hirsch*, FS Lackner, 597, 610; *Lackner/Kühl*, StGB, Vor § 211 Rn. 7; LK-*Jähnke*, Vor § 211 Rn. 14.
[173] BGH NStZ 2010, 630, 631 f.
[174] BGH NStZ 2010, 630, 631 f.; im Grundsatz zustimmend *Gaede*, NJW 2010, 2925 ff.; *Verell*, NStZ 2010, 671 ff.; differenzierend *Mandla*, NStZ 2010, 698 f.

Umstand, dass die Differenzierung zwischen aktiver und passiver Sterbehilfe dazu zwingt, Geschehensabläufe, die nach ihrem äußeren Erscheinungsbild eindeutig als Lebensverkürzung durch aktives Tun erscheinen, nach „normativen Gesichtspunkten" als Unterlassen zu deuten, um dadurch die Straflosigkeit etwa eines Arztes begründen zu können, der dem Willen eines todkranken Patienten entspricht, indem er ein Beatmungsgerät ausschaltet.[175]

Zumindest für die Konstellation des Behandlungsabbruchs wird die Rechtsprechung daher in Zukunft das Vorliegen einer rechtfertigenden (ggf. mutmaßlichen) Einwilligung voraussichtlich nach den immer gleichen Kriterien bestimmen, unabhängig davon, ob der Tod durch aktiven Eingriff bewirkt oder lediglich auf lebenserhaltende Maßnahmen verzichtet wird. Allerdings soll eine rechtfertigende Einwilligung in einen Behandlungsabbruch nur unter engen Voraussetzungen vorliegen.[176] Erforderlich ist zunächst, dass die betroffene Person tatsächlich lebensbedrohlich erkrankt ist und dass eine Maßnahme unterlassen, begrenzt oder abgebrochen wird, die medizinisch zur Erhaltung oder Verlängerung des Lebens tatsächlich geeignet wäre. Ferner ist erforderlich, dass durch die jeweilige Handlung ein Zustand wiederhergestellt wird, der einem bereits begonnenen Krankheitsprozess seinen Lauf lässt, dass also „der Patient letztlich dem Sterben überlassen wird". Nicht gerechtfertigt ist demgegenüber ein gezielter Eingriff, der die Beendigung des Lebens vom Krankheitsverlauf loslöst. Zuletzt muss der Behandlungsabbruch dem (geäußerten bzw. ggf. mutmaßlichen) Patientenwillen entsprechen, wofür insbesondere auf die Verfahrensregeln der §§ 1901a ff. BGB abzustellen ist.

320

5. Leitentscheidungen

BGHSt 12, 379, 382; Einwilligungsfähigkeit: Ein behandelnder Arzt in einem Krankenhaus ordnet bei einer 17-jährigen Patientin eine Blinddarmoperation an, der sie zustimmt. Dabei berücksichtigt der Arzt nicht, dass die Patientin unter einer mangelnden Blutgerinnungsfähigkeit leidet, welche die Operationen lebensgefährlich macht. Der Befund der mangelnden Blutgerinnungsfähigkeit war von einem anderen Arzt diagnostiziert worden, was dem behandelnden Arzt jedoch nicht bekannt war, da er es unterließ, sich die niedergeschriebene Krankengeschichte der Patientin vor Augen zu führen. – Der BGH verurteilte den behandelnden Arzt wegen fahrlässiger Tötung in Tateinheit mit schwerer Körperverletzung. Eine Rechtfertigung wegen Einwilligung der Patientin lehnte der BGH ab. Zwar komme es für die Einwilligungsfähigkeit auf die Gesamtumstände und nicht allein auf die Minder- oder Volljährigkeit an. Grundsätzlich sei maßgeblich, ob der Einwilligende die Einsichtsfähigkeit besaß, die Tragweite seiner Entscheidung auch unter Berücksichtigung der drohenden Lebensgefahr zu erkennen. Dies sei bei Personen, die (fast) volljährig sind, zwar

321

---
[175] BGH NStZ 2010, 630, 631; *Gaede*, NJW 2010, 2925, 2926; krit. *Verell*, NStZ 2010, 671, 672.
[176] Vgl. zum Folgenden BGH NStZ 2010, 630, 632; vgl. zur Einwilligung *Fischer*, StGB, Vor §§ 211 Rn. 38 ff.

grundsätzlich anzunehmen, vorliegend könne diese Voraussetzung indes nicht bejaht werden, zumal einem medizinischen Laien die akute Lebensgefahr nicht bekannt sein konnte, die durch die Operation drohte. Die dafür erforderliche Aufklärung über die Risiken der Operation war ausgeblieben.

322   **BGHSt 17, 359 f.; Zeitpunkt der Einwilligung:** Ein an Pocken erkrankter Arzt erscheint trotz der Erkrankung zur Arbeit in der Klinik. Nachdem er mehrere Patienten und Mitarbeiter angesteckt hat, werden diese in Quarantäne verlegt. Ein Seelsorger steckt sich bei der Betreuung von Personen in Quarantäne an. – Die von dem Arzt verwirklichte fahrlässige Körperverletzung am Seelsorger wird nicht dadurch gerechtfertigt, dass sich dieser freiwillig der Gefahr einer Ansteckung ausgesetzt hat. Eine Einwilligung kann eine rechtfertigende Wirkung nur für ein in der Zukunft liegendes Verhalten entfalten. Der Seelsorger hat daher allenfalls in ein Verhalten der von ihm besuchten Patienten, nicht aber in die bereits abgeschlossenen Handlungen des Arztes eingewilligt.

323   **BGHSt 23, 261, 264 f.; Disponibilität von Rechtsgütern:** Ein infolge vorangegangenen Alkoholkonsums absolut fahruntüchtiger Soldat bietet zwei Kameraden an, sie in seinem PKW zu einer Rundfahrt mitzunehmen. Die beiden Kameraden nehmen dieses Angebot an. Auf der Fahrt kommt es aufgrund der alkoholbedingten Fahruntüchtigkeit zu einer leichten Sachbeschädigung an der Leitplanke einer Autobahn, Personen werden nicht verletzt. – Der Soldat ist strafbar nach § 315c Abs. 1 StGB. Die alkoholbedingte Fahruntüchtigkeit hat zu einer konkreten Gefährdung von Leib und Leben der Mitfahrer geführt. Eine Rechtfertigung des Soldaten aufgrund einer Einwilligung seiner Kameraden kommt nicht in Betracht. Denn § 315c Abs. 1 StGB schützt in erster Linie die Sicherheit des Straßenverkehrs, dieses Universalrechtsgut ist jedoch für die Kameraden nicht disponibel.

324   **BGHSt 49, 166, 169 ff.; Sittenwidrigkeit i. S. v. § 228 StGB:** Das Opfer bittet ihren Lebensgefährten, sie mit einem Metallrohr zu würgen, da der hierdurch hervorgerufene vorübergehende Sauerstoffmangel für sie eine erregende Wirkung hat. Der Lebensgefährte äußert Bedenken aufgrund der Gefährlichkeit der Handlung, gibt dem Bitten des Opfers aber nach und verstärkt den Druck auf dessen Wunsch hin. Der Lebensgefährte vertraut darauf, dass das Opfer nicht versterben wird, tatsächlich kommt es aber aufgrund des Würgens zum Todeseintritt. – Die Körperverletzung ist nicht infolge der Einwilligung gerechtfertigt, da diese gegen die guten Sitten verstößt (§ 228 StGB). Für die Feststellung der Sittenwidrigkeit kommt es insbesondere darauf an, ob die Körperverletzung wegen des Gewichts des Rechtsgutsangriffs als von der Rechtsordnung nicht mehr hinnehmbar erscheint. Zwar verstoßen hiernach sadomasochistische Praktiken nicht als solche gegen die guten Sitten, jedoch war das Würgen generell dazu geeignet, das Leben des Opfers in Gefahr zu bringen, und daher insgesamt sittenwidrig.

324a   **BGHSt 58, 140, 150 f.; Sittenwidrigkeit i. S. v. § 228 StGB bei gruppendynamischen Prozessen trotz fehlender konkreter Lebensgefahr:** Nach Tätlichkeiten des Mitglieds einer Jugendgruppe gegen ein Mitglied einer anderen Jugendgruppe treffen beide Gruppen im Bewusstsein der sich aufheizenden

Stimmung die faktische Übereinkunft, die Auseinandersetzung in einer Gruppenschlägerei auszutragen. – Obwohl die folgenden Angriffe im Wesentlichen von der Übereinkunft umfasst sind, kommt eine wirksame rechtfertigende Einwilligung wegen Sittenwidrigkeit nicht in Frage. Bei Gruppenschlägereien besteht typischerweise eine gruppendynamisch bedingte Eskalationsgefahr, so dass jedenfalls dann, wenn es an entsprechenden Absprachen und Vorkehrungen fehlt, auch unabhängig von konkret lebensgefährdenden Angriffen die abstrakte Gefährdung für Leben und Gesundheit über das tolerierbare Maß hinausgeht.

BGH NStZ 2008, 278 f.; Überschreiten des von der Einwilligung gedeckten Verhaltens: Ein Narkosearzt verabreicht entgegen den Regeln der ärztlichen Kunst ein Narkosemittel aus einer bereits angebrochenen Flasche. Dies führt zu einer tödlich verlaufenden Infektion eines Patienten, der zuvor in die Narkose eingewilligt hatte, ohne von dem pflichtwidrigen Einsatz des Narkosemittels Kenntnis zu haben. – Der vom Arzt verwirklichte Tatbestand einer Körperverletzung mit Todesfolge ist nicht durch die Einwilligung des Patienten gerechtfertigt. Eine vor einem ärztlichen Heileingriff geäußerte Einwilligung entfaltet grundsätzlich nur dann rechtfertigende Wirkung, wenn der Patient vor dem Eingriff über dessen Verlauf, seine Erfolgsaussichten, Risiken und mögliche Behandlungsalternativen aufgeklärt worden ist. Da der Arzt den Patienten über die der lex artis widersprechende Verwendung des Narkosemittels nicht aufgeklärt hatte, beschränkte sich auch die rechtfertigende Wirkung der Einwilligung auf eine ordnungsgemäß durchgeführte Narkose.

325

LG Köln NJW 2012, 2128; wirksame Einwilligung durch Eltern nur im Rahmen der elterlichen Sorge: Ein Arzt beschneidet einen vierjährigen Jungen ohne medizinische Indikation auf Wunsch von dessen muslimischen Eltern unter Beachtung der Regeln der ärztlichen Kunst. – Eine Rechtfertigung des Arztes durch eine rechtfertigende Einwilligung wird in der Entscheidung abgelehnt. Eltern sind zwar grundsätzlich zur Einwilligung für ihre einwilligungsunfähigen Kinder befugt, doch nur im Rahmen der elterlichen Sorge. Die Beschneidung des Kindes ohne medizinische Indikation sei keine dem Wohle des Kindes dienende Erziehungsmaßnahme. Die elterliche Religionsfreiheit und ihr Erziehungsrecht sind insoweit durch das Recht auf körperliche Unversehrtheit des Kindes begrenzt, die Einwilligung der Eltern somit unwirksam.

325a

Anm.: Nach dieser Entscheidung hat der Gesetzgeber § 1631d BGB geschaffen. Somit ist die medizinisch nicht indizierte Beschneidung nicht einsichts- und urteilsfähiger männlicher Kinder inzwischen ausdrücklich Bestandteil der elterlichen Personensorge.

VI. Mutmaßliche Einwilligung

326 Auch bei der mutmaßlichen Einwilligung handelt es sich um einen gewohnheitsrechtlich anerkannten Rechtfertigungsgrund,[177] wobei zwei Anwendungsfälle zu unterscheiden sind. Beim **Handeln im Interesse des Rechtsgutsträgers** greift der Täter in die Rechtsgüter einer Person ein, deren Einwilligung er nicht rechtzeitig einholen konnte, die jedoch vom Rechtsgutseingriff profitiert.[178] So liegt es etwa, wenn O bei einem Unfall verletzt wird und der Arzt A einen Eingriff in die körperliche Unversehrtheit des bewusstlosen O vornimmt, um dessen Leben zu retten. Beim **Handeln (im eigenen Interesse) bei mangelndem Interesse des Rechtsgutsinhabers** greift der Täter in Rechtsgüter ein, an deren Erhalt der Rechtsgutinhaber kein Interesse hat.[179] Hiervon wird man bspw. ausgehen können, wenn der Sparziergänger A ein Stück Fallobst isst, das von einem Baum des in Os Eigentum stehenden Grundstück gefallen ist.

327 Die Voraussetzungen der mutmaßlichen Einwilligung sind in Tab. 12 auf S. 110 dargestellt. Hinsichtlich der Disponibilität des Rechtsgutes kann auf die Ausführungen zur Einwilligung verwiesen werden. Im Übrigen ist hinsichtlich der sonstigen Prüfungspunkte insbesondere Folgendes zu beachten:

1. Einwilligungslage

328 Eine Berufung auf eine mutmaßliche Einwilligung kommt von Vornherein nur in Betracht, wenn **kein entgegenstehender Wille des Rechtsgutsinhabers bekannt** ist und eine Erklärung des Rechtsgutsinhabers **nicht rechtzeitig eingeholt** werden kann. Insbesondere ist aber erforderlich, dass das Verhalten des Täters tatsächlich dem **mutmaßlichen Willen des Betroffenen entspricht**.

a) Kein entgegenstehender Wille des Rechtsgutsinhabers bekannt

329 Weiß der Täter, dass der Rechtsgutsinhaber mit der Vornahme der Tathandlung nicht einverstanden ist, scheidet eine mutmaßliche Einwilligung aus. Dies gilt grundsätzlich auch, wenn der tatsächliche Wille des Rechtsgutsinhabers unvernünftig erscheint.[180] Liegt demgegenüber eine wirksame Einwilligung vor, kommt es auf den nur subsidiären Rechtfertigungsgrund der mutmaßlichen Einwilligung gar nicht erst an.

b) Erklärung des Rechtsgutsinhabers nicht rechtzeitig einholbar

330 Dieser Prüfungspunkt spielt grundsätzlich nur in der Konstellation des Handelns im Interesse des Rechtsgutsinhabers eine Rolle, während er beim Handeln (im eigenen Interesse) bei mangelndem Interesse des Rechtsgutsinhabers

---

[177] Zur Diskussion um die Verortung der Problematik auf Tatbestandsebene („mutmaßliches Einverständnis") *Ludwig/Lange*, JuS 2000, 446 ff.; *Marlie*, JA 2007, 112 ff.
[178] *Kindhäuser*, Strafrecht AT, § 19 Rn. 9; *Kühl*, Strafrecht AT, § 9 Rn. 46; *Müller-Dietz*, JuS 1989, 280, 282.
[179] *Müller-Dietz*, JuS 1989, 280, 282; *Tiedemann*, JuS 1970, 108.
[180] *Hassemer*, JuS 1989, 146; *Kühl*, Strafrecht AT, § 9 Rn. 47; *Mitsch*, ZJS 2012, 38, 42 f.

verbreitet für unerheblich erachtet wird.[181] Erforderlich ist, dass es dem Täter objektiv nicht möglich war, den Rechtsgutinhaber bzw. den ansonsten Einwilligungsbefugten rechtzeitig zu befragen.[182] Entscheidend für die Rechtzeitigkeit ist dabei, ob die mit der Befragung einhergehende zeitliche Verzögerung zu einer Beeinträchtigung der betroffenen Rechtsgüter bzw. einer Intensivierung der bereits eingetretenen Beeinträchtigungen führen würde.

c)   Täterverhalten entspricht mutmaßlichem Willen

Die größte Schwierigkeit bereitet bei der Prüfung der mutmaßlichen Einwilligung regelmäßig die Feststellung des mutmaßlichen Willens des Rechtsgutsinhabers.[183] Zu beachten ist insbesondere, dass es darauf ankommt, was der Rechtsgutinhaber in einer bestimmten Situation gewollt hätte. Dies muss nicht unbedingt dem entsprechen, was für ihn am besten gewesen wäre. Anders als beim rechtfertigenden Notstand ist bei der mutmaßlichen Einwilligung somit nicht auf eine objektive Interessen- und Güterabwägung abzustellen. Fehlt es aber an Indizien für eine bestimmte Willensrichtung des Betroffenen, kann davon ausgegangen werden, dass dieser eine objektiv vernünftige Entscheidung treffen würde.

331

Wesentliche Anhaltspunkte für den mutmaßlichen Willen des Rechtsgutsinhabers stellen zunächst etwaige Äußerungen dar, die dieser im Vorhinein getroffen hat und die sich auf die Tatsituation beziehen. Im Übrigen ist auf die persönlichen Umstände des Betroffenen abzustellen, insbesondere auf seine individuellen Interessen, Wünsche, Bedürfnisse und Wertvorstellungen[184]. Maßgeblich ist hierbei eine **ex ante Betrachtung**, die von einem objektivierten Standpunkt des Täters ausgeht.[185] Durfte dieser aufgrund der für ihn erkennbaren und ermittelbaren Umstände davon ausgehen, der Rechtsgutinhaber sei mit dem Eingriff einverstanden, scheitert eine Rechtfertigung wegen mutmaßlicher Einwilligung nicht daran, dass sich im Nachhinein herausstellt, dass der Täter entgegen dem tatsächlichen Willen des Rechtsgutinhabers gehandelt hat. Diese Grundsätze sind insbesondere dann zu beachten, wenn dem Täter religiöse Überzeugungen des Rechtsgutinhabers bekannt sind und diese einem medizinisch gebotenen Heileingriff entgegenstehen.

332

---

[181] Vgl. *Kühl*, Strafrecht AT, § 9 Rn. 46; *Mitsch*, ZJS 2012, 38, 41.
[182] *Bollacher/Stockburger*, JURA 2006, 908, 911; *Mitsch*, ZJS 2012, 38, 41; *Müller-Dietz*, JuS 1989, 280, 282.
[183] Hierzu *Bollacher/Stockburger*, JURA 2006, 908, 912; *Jäger*, Strafrecht AT, Rn. 146; *Kindhäuser*, Strafrecht AT, § 19 Rn. 11 ff.; *Kühl*, Strafrecht AT, § 9 Rn. 47; *Mitsch*, ZJS 2012, 38, 41 ff.; *Müller-Dietz*, JuS 1989, 280, 282; *Otto*, JURA 2004, 679, 682; *Rengier*, Strafrecht AT, § 23 Rn. 58 ff.
[184] BGHSt 35, 246, 249; 45, 219, 221.
[185] *Kindhäuser*, Strafrecht AT, § 19 Rn. 14.

2. Subjektives Rechtfertigungselement

333 Der Täter muss sämtliche objektiven Voraussetzungen der mutmaßlichen Einwilligung kennen und in der Absicht handeln, entsprechend dem Willen des Rechtsgutsinhabers bzw. des Einwilligungsbefugten zu handeln.[186]

3. Leitentscheidungen

334 **BGHSt 40, 257, 261 f.; Bestimmung des mutmaßlichen Willens:** Eine siebzigjährige Patientin ist seit einem Herzstillstand mit anschließender Reanimation nicht mehr ansprechbar, stehunfähig und reagiert auf äußere Reize lediglich mit Gesichtszuckungen. Über einen Zeitraum von zwei Jahren wird sie über Sonden ernährt. Auf Anraten des behandelnden Arztes ordnet der als Betreuer eingesetzte Sohn der Patientin an, dass diese nur noch mit Tee ernährt wird, was binnen drei Wochen zum Todeseintritt führen würde. Er tut dies, weil seine Mutter vor acht Jahren im Anschluss an eine Fernsehdokumentation über Pflegefälle geäußert hatte, dass sie „so nicht enden wolle". Das Pflegepersonal verweigert die Umstellung der Ernährung. – Der versuchte Totschlag ist nicht durch eine mutmaßliche Einwilligung gerechtfertigt. Die vor acht Jahren getroffene mündliche Äußerung der Patientin bietet für eine mutmaßliche Einwilligung keine Grundlage, da sie nicht wiederholt wurde, möglicherweise lediglich einer momentanen Stimmung unter Einfluss der Fernsehdokumentation entsprang und die Patientin im Zeitpunkt ihrer Äußerung nicht in der Lage war, ihre künftige Situation abzuschätzen.

335 **BGHSt 45, 219, 221 ff.; Bestimmung des mutmaßlichen Willens:** Zwei Ärzte bereiten eine Entbindung mittels Kaiserschnitt vor. Da sie bei künftigen Schwangerschaften lebensbedrohliche Komplikationen befürchten, raten sie der Patientin zu einer Sterilisation, was diese ablehnt. Während der Entbindung kommt es zu Blutungen der Gebärmutter, woraufhin die Ärzte eine Sterilisation vornehmen. Ein später erstelltes Gutachten ergibt, dass die aufgetretenen Komplikationen bei einer künftigen Schwangerschaft mit einer Wahrscheinlichkeit von unter 4 % zu lebensbedrohlichen Verletzungen geführt hätten und das Risiko durch geeignete Diagnosemittel zusätzlich hätte reduziert werden können. – Die durch die Sterilisation verwirklichte Körperverletzung ist nicht infolge einer mutmaßlichen Einwilligung gerechtfertigt. Sind die einem Patienten drohenden Gefahren als gering einzuschätzen, ist im Hinblick auf sein Selbstbestimmungsrecht Zurückhaltung bei der Annahme einer mutmaßlichen Einwilligung geboten. Da die sofortige Sterilisation schon nach objektiven Kriterien nicht dem Interesse der Patientin entsprach, blieben die Ärzte an die vor der Operation geäußerte Ablehnung gebunden.

---

[186] *Kühl*, Strafrecht AT, § 9 Rn. 47; *Mitsch*, ZJS 2012, 38, 43; *Müller-Dietz*, JuS 1989, 280, 282; *Rengier*, Strafrecht AT, § 23 Rn. 61.

4. Exkurs: Die hypothetische Einwilligung

Die hypothetische Einwilligung stellt ein Rechtsinstitut dar, welches von Rechtsprechung und Literatur in jüngerer Zeit zur Lösung bestimmter Fälle des Arztstrafrechts herangezogen wird.[187] Als Bsp. können hierbei Konstellationen dienen, in denen einem Arzt während einer Operation ein Fehler unterläuft, der eine weitere Operation erforderlich macht. Um den Fehler nicht aufdecken zu müssen, spiegelt er andere Umstände vor, welche die Notwendigkeit der weiteren Operation begründen sollen. Dabei geht er davon aus, dass der Betroffene auch bei Kenntnis des tatsächlichen Geschehens mit der zweiten Operation einverstanden wäre.[188]

336

Eine Rechtfertigung wegen mutmaßlicher Einwilligung in die durch die zweite Operation verwirklichte Körperverletzung (§ 223 Abs. 1 StGB) liegt nicht vor, da es dem Arzt möglich gewesen wäre, das Opfer über seinen Fehler aufzuklären, um so den tatsächlichen Willen des Rechtsgutsinhabers zu erfahren. Jedoch hat der BGH wiederholt ausgeführt, dass eine Strafbarkeit wegen der „erschlichenen" zweiten Operation ausscheidet, „wenn der Patient bei wahrheitsgemäßer Aufklärung in die tatsächlich durchgeführte Operation eingewilligt hätte."[189] Auch in der Literatur wird teilweise vertreten, dass die Rechtswidrigkeit entfällt, wenn davon auszugehen ist, dass der Rechtsgutsinhaber auch dann in die zweite Operation eingewilligt hätte, wenn er pflichtgemäß aufgeklärt worden wäre.[190] Letztlich begründet die hypothetische Einwilligung nach dieser Sicht einen eigenständigen Rechtfertigungsgrund, dessen Voraussetzungen unter Heranziehung des Merkmals des „Pflichtwidrigkeitszusammenhangs" (hierzu schon Rn. 138 ff.) geprüft werden.[191]

337

Mit einer verbreiteten Gegenansicht in der Literatur ist aber davon auszugehen, dass die hypothetische Einwilligung des Patienten die Strafbarkeit des Arztes nicht ausschließen kann. Eingewandt wird insbesondere, dass die Bejahung einer Rechtfertigung gegen das **Selbstbestimmungsrecht** des Patienten verstößt und es letztlich unmöglich ist, die fiktive Entscheidung des Patienten nachträglich zu ermitteln.[192] Darüber hinaus ist es widersprüchlich, der nachträglichen Genehmigung einer Rechtsgutsverletzung (bspw. eines Diebstahls) generell keine rechtfertigende Wirkung zuzusprechen, wohl aber der hypothetischen Einwilligung eines Patienten.[193]

338

---

[187] Eingehend *Bollacher/Stockburger*, JURA 2006, 908, 912 ff.; *Jansen*, ZJS 2011, 482 ff.; *Otto*, JURA 2004, 679, 682; *ders./Albrecht*, JURA 2010, 264 ff.; *Rönnau* JuS 2014, 882 ff.; *Sickor*, JA 2008, 11 ff. Zur Übertragbarkeit der hypothetischen Einwilligung auf die Untreue *Edlbauer/Irrgang*, JA 2010, 786, 788 f.; *Rönnau* JuS 2014, 882, 885.
[188] Vgl. BGH NStZ 2004, 442.
[189] BGH NStZ-RR 2004, 16; NStZ-RR 2007, 227.
[190] *Kühl*, Strafrecht AT, § 9 Rn. 47a; *Wessels/Beulke/Satzger*, Strafrecht AT, Rn. 381b.
[191] *Kühl*, Strafrecht AT, § 9 Rn. 47a; *Rengier*, Strafrecht BT II, § 13 Rn. 19.
[192] *Eisele*, JA 2005, 252, 254; *Otto*, JURA 2004, 679, 682 f.; *ders./Albrecht*, JURA 2010, 264, 269 ff.
[193] *Otto*, JURA 2004, 679, 683.

VII. Vorläufige Festnahme (§ 127 Abs. 1 StPO)

339 Der Rechtfertigungsgrund der vorläufigen Festnahme nach § 127 Abs. 1 StPO, das sog. **Jedermann-Festnahmerecht**,[194] hat die in Tab. 13 aufgeführten Voraussetzungen:

340 **Tab. 13:** Voraussetzungen der vorläufigen Festnahme (§ 127 Abs. 1 StPO)

Voraussetzung		Definition
I.	Tat	Jede strafbare Handlung (auch strafbarer Versuch); dringender Tatverdacht genügt nicht (str.)
II.	Auf frischer Tat betroffen oder verfolgt	– Bei oder unmittelbar nach Tatbegehung am Tatort oder in unmittelbarer Nähe gestellt – Oder nach Entdeckung der Tat in unmittelbarem zeitlichen Zusammenhang zur Tat verfolgt
III.	Festnahmegrund	Fluchtverdacht oder Unmöglichkeit der sofortigen Identitätsfeststellung
	1. Fluchtverdacht	Auf Tatsachen gegründete Annahme, der Betroffene werde sich der Strafverfolgung durch Verlassen des Tatorts entziehen
	2. Unmöglichkeit der sofortigen Identitätsfeststellung	Der Betroffene verweigert Angaben zur Person oder kann sich nicht ausweisen
IV.	Festnahmehandlung	Mittel, die zur Erreichung der Festnahme zwingend erforderlich und angemessen sind
V.	Subjektives Rechtfertigungselement	Kenntnis der Umstände und Festnahmewille

1. Grundvoraussetzungen

341 Zur Festnahme ist ausweislich des Wortlautes von § 127 Abs. 1 StPO jedermann berechtigt, also nicht nur derjenige, dessen Rechtsgüter durch die Tat beeinträchtigt sind. § 127 Abs. 1 S. 1 StPO knüpft an die „Frische" und nicht an die „Schwere" der Tat an und gilt somit unabhängig von der Gewichtigkeit der Tat und vom Wert der Beute bei allen Verbrechen oder Vergehen.[195]

---

[194] Allgemein zur Rechtfertigung nach § 127 Abs. 1 StPO *Borchert*, JA 1982, 338 ff.; *Otto*, JURA 2003, 685 ff.; *Satzger*, JURA 2009, 107 ff.; *Schröder*, JURA 1999, 10 ff.; *Sickor*, JuS 2012, 1074 ff.; *Wagner*, ZJS 2011, 465 ff. Zur Anwendung des § 127 Abs. 1 StPO auf den „Fahrausweisprüfer" *Schauer/Wittig*, JuS 2004, 107 ff.
[195] BGHSt 45, 378, 380 f.; *Wagner*, ZJS 2011, 465, 475.

In der höchstrichterlichen Strafrechtsprechung ist die umstrittene Frage, ob für das Festnahmerecht nach § 127 Abs. 1 StPO tatsächlich eine Straftat begangen worden sein muss oder ob schon dringender Tatverdacht genügt,[196] noch ungeklärt. Bedeutung erlangt die Auseinandersetzung etwa im folgenden Beispielsfall: A hört, dass die Fensterscheibe seines PKW eingeschlagen wird. Unmittelbar danach sieht er den O davonlaufen. A verfolgt O, holt ihn ein, bringt ihn zu Fall und zwingt ihn sodann, mit zur Polizei zu kommen. Tatsächlich war O davongelaufen, weil er sich erschrocken hatte, als B die Scheibe des PKW einschlug. – Zwar spricht für die Ansicht, die einen hinreichenden Tatverdacht genügen lässt,[197] dass § 127 Abs. 1 StPO ein in der StPO geregeltes Festnahmerecht zum Gegenstand hat; andere Festnahmerechte lassen ebenfalls dringenden Tatverdacht ausreichen. Auf dieser Grundlage wäre von einer Rechtfertigung des A nach § 127 Abs. 1 StPO auszugehen. Doch stellt § 127 Abs. 1 StPO eine Ausnahmevorschrift dar. Schon der Wortlaut des § 127 Abs. 1 StPO spricht schlicht von der „Tat". Anders als § 127 Abs. 2 StPO, der das Festnahmerecht von Staatsanwaltschaft und Polizei zum Gegenstand hat, verweist § 127 Abs. 1 StPO gerade nicht auf die Voraussetzungen eines Haftbefehls oder der Untersuchungshaft, die nur dringenden Tatverdacht voraussetzen. Der Rechtfertigungsgrund der vorläufigen Festnahme nach § 127 Abs. 1 StPO setzt also voraus, dass tatsächlich eine Straftat begangen worden ist.[198] A ist also nicht durch das Jedermann-Festnahmerecht des § 127 Abs. 1 StPO gerechtfertigt (er unterliegt einem Erlaubnistatbestandsirrtum, dazu unten Rn. 437 ff.).

342

2. Erlaubte Festnahmehandlungen

Erlaubte Festnahmehandlungen können Freiheitsberaubungen, Nötigungen und solche leichten Körperverletzungen sein, die keine bleibenden Schäden hinterlassen.[199] Gerechtfertigt ist aber „nicht die Anwendung eines jeden Mittels, das zur Erreichung dieses Zieles erforderlich ist, selbst wenn die Ausführung oder Aufrechterhaltung der Festnahme sonst nicht möglich wäre. Das angewendete Mittel muss vielmehr zum Festnahmezweck in einem angemessenen Verhältnis stehen. Unzulässig ist es daher regelmäßig, die Flucht eines Straftäters durch Handlungen zu verhindern, die zu einer ernsthaften Beschädigung seiner Gesundheit oder zu einer unmittelbaren Gefährdung seines Lebens führen."[200]

343

---

[196] So BGH (6. Zivilsenat) NJW 1981, 745. Für die materielle Lösung: *Meyer-Goßner*, § 127 Rn. 4; *Otto*, JURA 2003, 685 f.; *Satzger*, JURA 2008, 107, 109 f.; für die prozessuale Lösung: *Roxin*, Strafrecht AT I, § 17 Rn. 24; *Wagner*, ZJS 2011, 465, 469 f.
[197] Zu dieser Sicht vgl. *Borchert*, JA 1982, 338, 341 f.
[198] Ebenso *Otto*, JURA 2003, 685; *Satzger*, JURA 2009, 107, 109 f.
[199] Ausführlich hierzu *Satzger*, JURA 2009, 107, 110 ff.; *Schröder*, JURA 1999, 10 ff.; *Wagner*, ZJS 2011, 465, 472 ff.
[200] BGHSt 45, 378, 381.

3. Leitentscheidungen

344 **BGH NStZ-RR 2000, 50; Festnahmehandlung:** Nachdem er die Polizei informiert hat, verfolgt der private Wachmann eines Supermarktes mehrere Jugendliche, die einen PKW entwendet haben. Als er die Jugendlichen in einem Waldstück gestellt hat, lassen diese den gestohlenen PKW stehen und versuchen mit ihrem eigenen Fahrzeug zu flüchten. Der Wachmann gibt auf dieses mehrere Schüsse ab und zielt hierbei auf die Hinterräder, verletzt mit seinem letzten Schuss jedoch einen der Jugendlichen tödlich. – Die fahrlässige Tötung ist nicht nach § 127 StPO gerechtfertigt. Steht dem Täter ein Festnahmerecht zu, muss das von ihm angewandte Mittel in einem angemessenen Verhältnis zum Festnahmezweck stehen. Die Abgabe von Schüssen auf fliehende Täter ist Privaten hiernach regelmäßig nicht gestattet, da die Verbringung in unmittelbare Todesgefahr in krassem Missverhältnis zur bezweckten Überführung der Täter steht.

345 **BGHSt 45, 378, 380 ff.; Festnahmehandlung:** Einem Ladendetektiv gelingt es, einen flüchtenden Dieb zu stellen und auf den Boden zu werfen. Da sich der Dieb heftig wehrt, fixiert ihn der Detektiv, indem er mit seinem Arm Druck auf dessen Hals ausübt. Obwohl er den Dieb mehrfach auffordert sich zu ergeben, schlägt dieser weiterhin wild um sich, so dass zwei weitere Personen dem Detektiv helfen müssen, den Dieb am Boden festzuhalten. Deren Frage, ob der Dieb noch Luft bekommt, bejaht der Detektiv. Als die Polizei eintrifft, ist der Dieb erstickt. – § 127 StPO rechtfertigt lediglich die Ergreifung und Fixierung, nicht jedoch das Würgen des Diebes. Das zu einer Festnahme angewandte Mittel muss in einem angemessenen Verhältnis zum verfolgten Zweck stehen, so dass lebensgefährdende Behandlungen zur Ergreifung eines flüchtenden Straftäters i. d. R. nicht nach § 127 StPO gerechtfertigt sind. Hinsichtlich des Würgens kommt allenfalls eine Rechtfertigung nach § 32 StGB in Betracht, soweit das Schlagen des Diebes als Angriff auf den Detektiv zu bewerten ist.

VIII. Weitere Rechtfertigungsgründe

1. Rechtfertigende Pflichtenkollision

346 Bei Unterlassungsdelikten kommt eine Rechtfertigung des Täters über den von der h. M. anerkannten **übergesetzlichen Rechtfertigungsgrund** der Pflichtenkollision in Betracht. Die rechtfertigende Pflichtenkollision betrifft den Fall, dass der Normadressat von zwei (oder mehreren) Handlungspflichten jeweils nur die eine auf Kosten der anderen erfüllen kann. So liegt es bspw., wenn eine Familienwohnung in Flammen steht und der Vater A von seinen Söhnen B und C nur einen rechtzeitig aus der Wohnung retten kann. Entscheidet er sich für die Rettung des B, ist er im Hinblick auf die unterlassene Rettung des C (Totschlag durch Unterlassen, § 212 Abs. 1, 13 StGB) aufgrund der Pflichtenkollision gerechtfertigt.

Nach h. M. kommt eine rechtfertigende Pflichtenkollision nur in Betracht, wenn zwei **Handlungspflichten** kollidieren, nicht jedoch, wenn eine Handlungs- mit einer Unterlassungspflicht kollidiert.[201] Darüber hinaus ist zu beachten, dass dem Adressaten mehrerer Handlungspflichten, von denen er nur eine auf Kosten der anderen erfüllen kann, lediglich dann die Entscheidung darüber überlassen ist, welcher Pflicht er nachkommt, wenn es sich um **gleichwertige** Pflichten handelt.[202] Haben die kollidierenden Handlungspflichten unterschiedliches Gewicht, ist der Adressat nur gerechtfertigt, wenn er die **höherwertige** erfüllt.[203] Steht der Vater A im Beispielsfall vor der Entscheidung, entweder seinen Sohn B oder eine wertvolle Sache, die er für seinen Freund C verwahrt, vor den Flammen zu retten, so ist nur das Verbrennenlassen der Sache zugunsten der Rettung des Sohnes gerechtfertigt. Entscheidet sich der Vater demgegenüber dazu, die Sache zu retten, so ist die Tötung des B durch Unterlassen (§ 212 Abs. 1, 13 StGB) nicht wegen einer rechtfertigenden Pflichtenkollision gerechtfertigt.

Tab. 14: Voraussetzungen der rechtfertigenden Pflichtenkollision

I.	**Kollisionslage:**
	1. Zusammentreffen mehrerer rechtlicher Handlungspflichten
	2. Erfüllbarkeit nur einer Pflicht
II.	**Pflichterfüllungshandlung:**
	Erfüllung einer gleichwertigen oder höherrangigen Handlungspflicht
III.	**Subjektives Rechtfertigungselement:**
	Pflichterfüllungswille

2. § 241a BGB

Eine weitere im Rahmen der Rechtfertigung u. U. zu prüfende Norm stellt § 241a BGB dar. Diese besagt in ihrem direkten Anwendungsbereich, dass die Lieferung unbestellter Waren durch einen Unternehmer an einen Verbraucher keine vertraglichen Ansprüche des Unternehmers gegen diesen begründet (Abs. 1) und dass gesetzliche Ansprüche nur unter bestimmten Voraussetzungen (Abs. 2) entstehen. Aus dieser Regelung wird abgeleitet, dass der Verbraucher deshalb mit der nicht bestellten Sache nach freiem Belieben verfahren, also sie z. B. auch mutwillig zerstören darf.[204] § 241a BGB steht damit in deutlichem Widerspruch zu grundlegenden Gedanken des Strafrechts, da der Verbraucher bspw. im Fall der Zerstörung oder Veräußerung der (zivilrechtlich weiterhin

---

[201] *Küper*, JuS 1971, 474 ff.; *ders.*, JuS 1987, 88, 90; *Rönnau*, JuS 2013, 113; *Wessels/Beulke/Satzger*, Strafrecht AT, Rn. 735.
[202] *Kühl*, Strafrecht AT, § 18 Rn. 137; *Küper*, JuS 1987, 88, 89.
[203] *Kindhäuser*, Strafrecht AT, § 18 Rn. 5; *Rönnau*, JuS 2013, 113, 114.
[204] Staudinger/*Reppgen* § 241a Rn. 2.

fremden!) Sache die Tatbestände der § 303 Abs. 1 StGB bzw. § 246 StGB erfüllt, ohne dass Ansprüche gegen ihn entstehen.[205]

350 Wie sich § 241a BGB in die Deliktsprüfung einfügt, wird unterschiedlich beantwortet. Nach einer Auffassung sollen Waren, die unter § 241a BGB fallen, nicht als im strafrechtlichen Sinne „fremd" anzusehen sein, so dass der Verbraucher durch ihre Zerstörung bzw. Veräußerung schon nicht die Tatbestände der §§ 303 Abs. 1, 246 Abs. 1 StGB erfüllen würde.[206] Im Hinblick auf die hierdurch bewirkte bedenkliche Aufspaltung von zivilrechtlichem und strafrechtlichem Fremdheitsbegriff wird jedoch überwiegend eine Verortung der Problematik auf Rechtfertigungsebene befürwortet. Teilweise wird § 241a BGB hierbei als eigenständiger Rechtfertigungsgrund angesehen.[207] Andere Autoren leiten aus § 241a BGB eine **rechtfertigende Einwilligung des Verbrauchers** selbst ab. Gemeinsam mit der zivilrechtlichen Verfügungsbefugnis hinsichtlich der unerwünscht zugesandten Ware gehe auch die strafrechtliche Einwilligungsbefugnis auf den Verbraucher über.[208] Diese Lösung vermag im Ergebnis zu überzeugen, da sie dem durch § 241a BGB bezweckten Verbraucherschutz am ehesten gerecht wird.

3. §§ 229, 230 BGB

351 In § 229 BGB sind die Voraussetzungen der zivilrechtlichen Selbsthilfe geregelt. Demnach handelt derjenige nicht widerrechtlich, der „zum Zwecke der Selbsthilfe eine Sache wegnimmt, zerstört oder beschädigt oder wer zum Zwecke der Selbsthilfe einen Verpflichteten, welcher der Flucht verdächtig ist, festnimmt oder den Widerstand des Verpflichteten gegen eine Handlung, die dieser zu dulden verpflichtet ist, beseitigt, wenn obrigkeitliche Hilfe nicht rechtzeitig zu erlangen ist und ohne sofortiges Eingreifen die Gefahr besteht, dass die Verwirklichung des Anspruchs vereitelt oder wesentlich erschwert werde". Sind diese Voraussetzungen erfüllt, so ist der Täter auch im strafrechtlichen Sinne gerechtfertigt. Zu beachten ist dabei insbesondere, dass sich die Selbsthilfe gemäß § 229 BGB stets auf die Durchsetzung bzw. Sicherung eines bestehenden zivilrechtlichen Anspruchs des Handelnden beziehen muss. Da eine solche Anspruchssicherung in der Regel dem Staat und seinen Institutionen vorbehalten sein muss, ist Voraussetzung für § 229 BGB, dass staatliche Hilfe nicht rechtzeitig erlangt werden kann und die Gefahr besteht, dass ohne das eigenmächtige Handeln des Anspruchstellers die Durchsetzung des Anspruchs unmöglich oder zumindest erheblich erschwert wird.[209] Die Grenzen der Selbsthilfe sind in § 230 BGB normiert, wonach die Selbsthilfe nicht weiter gehen darf, als zur Gefahrenabwehr erforderlich ist. Einer Verhältnismäßigkeitsprüfung im

---

[205] Staudinger/*Reppgen* § 241a Rn. 2.
[206] *Lamberz*, JA 2008, 425, 428; *Otto*, JURA 2004, 389, 390.
[207] *Berger*, JuS 2001, 649, 653; *Matzky*, NStZ 2002, 458, 464.
[208] *Reichling*, JuS 2009, 111, 113, *Tachau*, Ist das Strafrecht strenger als das Zivilrecht?, 2005, S. 187 ff.
[209] Vgl. hierzu im Einzelnen Palandt/*Heinrichs* § 229 Rn. 2 ff.

engeren Sinne bedarf es nicht, solange die Gewaltausübung nicht rechtsmissbräuchlich erfolgt.[210]

4. Ablehnung eines Züchtigungs- und Erziehungsrechts

Die teilweise angenommene Rechtfertigung geringfügiger körperlicher Beeinträchtigungen (bspw. leichte Ohrfeigen) von Kindern auf der Grundlage des elterlichen Züchtigungs- und Erziehungsrechts[211] ist abzulehnen. Nach § 1631 Abs. 2 S. 2 BGB sind entwürdigende Erziehungsmaßnahmen, „insbesondere körperliche und seelische Misshandlungen" unzulässig. Dem teilweise angeführten Hinweis auf das verfassungsrechtlich verbürgte Erziehungsrecht der Eltern in Art. 6 Abs. 2 S. 1 GG sind die Würde des Kindes sowie sein Recht auf gewaltfreie Erziehung entgegenzuhalten.[212] Stets ist jedoch zu berücksichtigen, dass erzieherische Zwecke jeder Art in der Regel durch andere Mittel als durch körperliche Gewalt zu erzielen sind.

352

In jedem Fall nicht gerechtfertigt sind körperliche „Züchtigungen" durch Lehrpersonal. Für den Bereich der Berufsausbildung normiert § 31 Abs. 1 JArbSchG ein Züchtigungsverbot.

353

5. Leitentscheidung

BGH NStZ 2006, 223, 224 f.; Pflichtenkollision: Der Geschäftsführer einer GmbH erkennt, dass diese zahlungsunfähig ist, stellt jedoch keinen Insolvenzantrag, sondern führt das Unternehmen weiter. Als zu einem späteren Zeitpunkt die an die Sozialversicherung zu leistenden Beiträge fällig werden, unterlässt er deren Abführung, da er die letzten noch vorhandenen Finanzmittel der GmbH zur Begleichung anderer Verbindlichkeiten benötigt. – Die Strafbarkeit nach § 266a Abs. 1 StGB scheitert nicht an der Zahlungsunfähigkeit der GmbH, da der Geschäftsführer die fehlende Leistungsfähigkeit im Fälligkeitszeitpunkt selbst verschuldet hat. Eine rechtfertigende Pflichtenkollision verneinte der BGH unter zwei Gesichtspunkten. Zum einen setze diese die Kollision zweier gleichwertiger Rechtsgüter voraus, welche vorliegend zu verneinen sei, da die Pflicht zur Abführung der Sozialversicherungsbeiträge aufgrund ihrer Strafbewehrtheit höher wöge als die Begleichung sonstiger Verbindlichkeiten. Zum anderen könne eine Pflichtenkollision eine rechtfertigende Wirkung aber ohnehin dann nicht entfalten, wenn der Täter diese selbst vorwerfbar herbeigeführt hat, was aufgrund der fehlenden Stellung des Insolvenzantrags zu bejahen sei.

354

---

[210] Palandt/*Heinrichs* § 230 Rn. 1.
[211] So etwa *Kühl*, Strafrecht AT, § 9 Rn. 58 ff.; *Wessels/Beulke/Satzger*, Strafrecht AT, Rn. 387a.
[212] Vgl. auch *Otto*, JURA 2001, 670, 671; *Roxin*, JuS 2004, 177, 178 f.

IX. Zusammenfassung

- Dem Notwehrrecht liegen das Selbstschutz- und das Rechtsbewährungsprinzip zugrunde.
- Notwehr, § 32 StGB, setzt eine Notwehrlage, eine Notwehrhandlung, das Gebotensein und einen Verteidigungswillen voraus.
- Das gesetzliche Merkmal des Gebotenseins ist Anknüpfungspunkt für die Prüfung sozialethischer Einschränkungen des Notwehrrechts. Diese kommen in Betracht bei Bagatellangriffen und unerträglicher Unverhältnismäßigkeit, Angriffen von Schuldunfähigen, sozialem Näheverhältnis zwischen Angreifer und Verteidiger sowie Fällen der Notwehrprovokation.
- Innerhalb der Notwehrprovokation ist zu unterscheiden zwischen Fällen der Absichts- und Vorsatzprovokation, in denen eine Notwehrrechtfertigung ausscheidet, sowie der unvorsätzlich schuldhaften Provokation der Notwehrlage, die zur abgestuften Einschränkung des Notwehrrechts führt.
- Der rechtfertigende Notstand nach § 34 StGB setzt eine Notstandslage, eine Notstandshandlung, ein Überwiegen des geschützten Interesses, die Angemessenheit sowie Rettungswillen voraus.
- Die zivilrechtlichen Notstandsregelungen nach § 228 BGB (defensiver Notstand) und § 904 BGB (aggressiver Notstand) sind im Vergleich zum allgemeinen rechtfertigenden Notstand nach § 34 StGB spezieller und daher vorrangig zu prüfen.
- Ein tatbestandsausschließendes Einverständnis kommt bei Tatbestandsmerkmalen in Betracht, die ein Handeln gegen oder ohne den Willen des Verletzten voraussetzen. Die rechtfertigende Einwilligung stellt einen Verzicht des Verletzten auf rechtlichen Schutz dar.
- Mutmaßliche Einwilligung kommt als Handeln im Interesse des Rechtsgutsträgers sowie als Handeln bei mangelndem Interesse des Rechtsgutsträgers in Betracht.
- Der Rechtfertigungsgrund der vorläufigen Festnahme nach § 127 Abs. 1 StPO, das sog. Jedermann-Festnahmerecht, setzt (nach bestrittener Auffassung) voraus, dass tatsächlich eine Straftat begangen worden sein muss und nicht nur dringender Tatverdacht vorliegt.
- Die rechtfertigende Pflichtenkollision betrifft den Fall, dass der Normadressat von zwei (oder mehreren) Handlungspflichten jeweils nur die eine auf Kosten der anderen erfüllen kann.

X. Übungsfälle

1. A bemerkt nicht, dass B ein Messer zieht, um auf ihn einzustechen. A streckt den B aber zufällig im selben Moment aus sinnloser Wut mit einem Faustschlag nieder. Strafbarkeit des A?

2. A fuhr, obwohl sie fahruntüchtig (BAK 1,8 ‰) war, mit ihrem PKW und verursachte einen Unfall, bei dem der PKW des B beschädigt wurde. A wies sich gegenüber B durch Zeigen ihres Personalausweises aus. Sodann wollte sie mit ihrem PKW weiter über die Straße auf eine Verkehrsinsel fahren. Daran wollte B, dem die Fahruntüchtigkeit der A ebenso bewusst war wie dieser selbst, die A hindern. B zog den Zündschlüssel aus As PKW ab und hielt ihn fest. A versuchte, den Schlüssel wiederzuerlangen. B jedoch hinderte sie daran, indem er A am linken Unterarm festhielt. Dadurch entstand ein Bluterguss bei A. Schließlich aber gelang es A, sich aus dem Griff des B zu befreien und den Schlüssel zu erlangen, indem sie B in den Unterleib trat. B erlitt dabei eine schmerzhafte Prellung. Haben sich A oder B wegen Körperverletzung strafbar gemacht?
3. Im Museum bricht ein Feuer aus, das rasend schnell um sich greift. Museumsmitarbeiter M erkennt, dass er nur entweder ein wertvolles großes Gemälde oder das sich im gleichen Raum befindende Kind K aus den Flammen retten kann. Er entscheidet sich für das Bild, K stirbt. Strafbarkeit des M wegen unterlassener Hilfeleistung?

4. Kapitel
Schuld und Irrtum

I. Schuld: Grundlagen

355 Das Schuldprinzip besagt: **Keine Strafe ohne Schuld**. Dieser Grundsatz „nulla poena sine culpa" hat Verfassungsrang (abgeleitet aus dem Rechtsstaatsprinzip, Art. 20 Abs. 3 und 28 Abs. 1 GG, sowie als Ausdruck der Menschenwürde und der allgemeinen Handlungsfreiheit nach Art. 1 Abs. 1, Art. 2 Abs. 1 GG). Unter dem Aspekt der Strafbegründungsschuld wird darauf abgestellt, ob der Täter sich anders, d. h. normgerecht, hätte entscheiden und das strafbare Verhalten vermeiden können.[1] Unter „Schuld" ist daher die individuelle Vorwerfbarkeit der konkreten Tat zu verstehen.

356 Das Schuldprinzip gilt nur für die **Kriminalstrafe**.[2] Hat ein Täter im schuldunfähigen oder entschuldigtem Zustand einen Deliktstatbestand verwirklicht, kann er hierfür zwar nicht bestraft werden, möglich ist aber die Anordnung einer Maßregel der Besserung und Sicherung i. S. v. §§ 61 ff. StGB.

357 Sofern im Sachverhalt keine Anhaltspunkte dafür vorliegen, dass der Täter ohne Schuld gehandelt haben könnte, genügt in der Fallprüfung regelmäßig die Feststellung, dass der Täter schuldhaft gehandelt hat. Anhaltspunkte für Schuldlosigkeit (auf die dann im Rahmen der Fallbearbeitung ausführlich einzugehen ist) können sich ergeben im Hinblick auf fehlende **Schuldfähigkeit** (Rn. 358 ff.), das Vorliegen von **Entschuldigungsgründen** (Rn. 398 ff.) und bei bestimmten **Irrtümern** (Rn. 430 ff.).

II. Schuldfähigkeit

358 Regelungen zur Schuldfähigkeit finden sich im StGB in den §§ 19 ff. Dabei sind zwei Regelungsbereiche zu unterscheiden. Zum einen kann die Schuldunfähigkeit des Täters auf sein Alter zurückzuführen sein, zum anderen kann sie auf einer „seelischen Störung" beruhen.

---

[1] BGHSt 2, 194, 200 f.; vgl. auch BVerfGE 6, 389, 439; *Marlie*, ZJS 2008, 41; *Roxin*, JuS 1988, 425, 426 f.; *Wessels/Beulke/Satzger*, Strafrecht AT, Rn. 400 ff.; krit. *Schiemann*, ZJS 2012, 774 ff.

[2] *Kindhäuser*, Strafrecht AT, § 21 Rn. 3.

1. Altersbedingte Schuldunfähigkeit

Die Schuldfähigkeit des Täters hängt zunächst von seinem Alter **im Zeitpunkt der Tatbegehung** ab. Nach § 19 StGB und § 3 JGG gelten diesbezüglich folgende Stufen:
- Kinder (0 bis 13 Jahre) sind gemäß § 19 StGB unbedingt schuldunfähig.
- Jugendliche (14 bis 17 Jahre, vgl. § 1 Abs. 2 Var. 1 JGG) sind bedingt schuldfähig. Gem. § 3 S. 1 JGG sind sie strafrechtlich nur verantwortlich, wenn sie zur Zeit der Tat nach ihrer sittlichen und geistigen Entwicklung reif genug sind, das Unrecht der Tat einzusehen und nach dieser Einsicht zu handeln. Dies bedeutet, dass die Schuldfähigkeit Jugendlicher positiv festgestellt werden muss.[3]
- Heranwachsende (18 bis 20 Jahre, vgl. § 1 Abs. 2 Var. 2 JGG) und Erwachsene sind regelmäßig schuldfähig (§§ 20, 21 StGB enthalten Ausnahmetatbestände).

359

2. Schuldunfähigkeit wegen seelischer Störungen nach § 20 StGB

a) Einführung

Schuldunfähigkeit kann gem. § 20 StGB infolge einer seelischen Störung des Täters vorliegen. Die Prüfung des § 20 StGB erfolgt in zwei Schritten nach **der biologisch-psychologischen Methode**: In einem **ersten Schritt** ist zu prüfen, ob eines der in § 20 StGB genannten biologischen Merkmale erfüllt ist, nämlich krankhafte seelische Störung, tiefgreifende Bewusstseinsstörung, Schwachsinn oder andere seelische Abartigkeit. Der **zweite Schritt** beinhaltet die Frage, ob das psychologische Kriterium der Unfähigkeit, das Unrecht der Tat einzusehen oder nach dieser Einsicht zu handeln, erfüllt ist.

360

Eines der in § 20 StGB umschriebenen biologischen Merkmale liegt unter folgenden Voraussetzungen vor:[4]
- **Krankhafte seelische Störungen** sind Geisteskrankheiten, bei denen eine organische Ursache bereits erwiesen ist (sog. exogene Psychosen) oder postuliert wird (sog. endogene Psychosen).
- **Tiefgreifende Bewusstseinsstörungen** sind nichtkrankhafte Trübungen oder Einengungen des Bewusstseins wie hochgradige Affekte.
- Unter **Schwachsinn** sind psychische Unterentwicklungen zu verstehen, die hauptsächlich die Intelligenz betreffen und angeboren oder auf eine frühzeitige seelische Fehlentwicklung zurückzuführen sind.

361

---

[3] Hierzu *Keiser*, JURA 2001, 376, 377; *Meier/Rössner/Schöch*, Jugendstrafrecht, § 5 Rn. 8 ff.; *Ostendorf*, Jugendstrafrecht, Rn. 31 ff.; *Schaffstein/Beulke*, Jugendstrafrecht, § 7; *Wessels/Beulke/Satzger*, Strafrecht AT, Rn. 414.

[4] Einführend zum Folgenden *Keiser*, JURA 2001, 376, 378 f.; *Wolfslast*, JA 1981, 464, 465 ff.; vgl. ferner *Jäger*, Strafrecht AT, Rn. 171 ff.; *Kindhäuser*, Strafrecht AT, § 22 Rn. 6; *Wessels/Beulke/Satzger*, Strafrecht AT, § 10 Rn. 410.

– **Andere seelische Abartigkeiten** erfassen psychische Auffälligkeiten, die weder organisch bedingt sind, noch eine Bewusstseinsstörung darstellen. Hierunter fallen bspw. schwerwiegende Psychopathien und Triebstörungen.

362 Das auf der ersten Stufe festgestellte biologische Merkmal muss zu fehlender Einsichts- oder Steuerungsfähigkeit geführt haben. **Fehlende Einsichtsfähigkeit** ist die Unfähigkeit, Unrechtsbewusstsein hinsichtlich der Tat zu erlangen.[5] Sie ist dann zu bejahen, wenn der Täter nicht erkennt, dass sein Handeln Unrecht begründet.[6] **Fehlende Steuerungsfähigkeit** ist die Unfähigkeit zu einsichtsgemäßen Verhalten hinsichtlich der konkreten Tat.[7] Sie liegt dann vor, wenn der Täter zwar erkennt, dass sein Verhalten Unrecht begründet, er aber nicht in der Lage ist, sich entsprechend dieser Erkenntnis zu verhalten.[8] Ergibt die Prüfung, dass dem Täter trotz Vorliegens eines der in § 20 StGB bezeichneten Merkmale weder die Einsichts- noch die Steuerungsfähigkeit fehlte, ist er nicht entschuldigt. War die Einsichts- oder Steuerungsfähigkeit erheblich eingeschränkt, liegt jedoch eine **verminderte Schuldfähigkeit** vor, die nach § 21 StGB zu einer fakultativen Strafmilderung führt.[9]

363 Die §§ 20, 21 StGB stehen in einem normativen Stufenverhältnis, auf das der **in dubio pro reo**-Grundsatz Anwendung findet.[10] Kann nicht festgestellt werden, ob der Täter im Tatzeitpunkt voll oder vermindert schuldfähig war, ist zu seinen Gunsten davon auszugehen, dass er die Voraussetzungen des § 21 StGB erfüllt hat. Hat er möglicherweise sogar die Grenze der Schuldunfähigkeit überschritten, ist § 20 StGB anzuwenden, auch wenn nicht ausgeschlossen werden kann, dass der Täter lediglich vermindert oder sogar voll schuldfähig war.

b) Alkoholbedingte Rauschzustände

364 Die größte Praxis- und Klausurrelevanz weisen im Zusammenhang mit den §§ 20, 21 StGB Fälle **alkoholbedingter Rauschzustände** auf, die begrifflich teilweise dem Bereich der krankhaften seelischen Störung[11] zugeordnet werden, teilweise aber auch als tiefgreifende Bewusstseinsstörungen angesehen werden[12]. In diesem Zusammenhang ist zu berücksichtigen, dass es nach Auffassung des BGH „keinen Erfahrungssatz gibt, nach dem ab einem bestimmten Grenzwert der Blutalkoholkonzentration (BAK) alkoholbedingt erheblich verminderte Schuldfähigkeit vorliegt."[13] Jedoch stellt der BAK-Wert des Täters zum Zeitpunkt der Tatbegehung ein maßgebliches Indiz dafür dar, ob seine Schuldfähigkeit vermindert war oder gänzlich fehlte. Danach ist die Frage der Schuldfähigkeit des Täters ab folgenden BAK-Werten erörterungsbedürftig:

---

[5] *Kindhäuser*, Strafrecht AT, § 22 Rn. 7; vgl. auch *Wolfslast*, JA 1981, 464, 468.
[6] *Keiser*, JURA 2001, 376, 380; vgl. auch *Fischer*, StGB, § 20 Rn. 3.
[7] *Kindhäuser*, Strafrecht AT, § 22 Rn. 7.
[8] *Keiser*, JURA 2001, 376, 380.
[9] Für eine obligatorische Milderung *Wolfslast*, JA 1981, 464, 470; vgl. ferner *Verrel/Hoppe*, JuS 2005, 308, 309.
[10] *Rengier*, Strafrecht AT, § 24 Rn. 9.
[11] So MüKo-StGB/*Streng* § 20 Rn. 32 u. 36.
[12] *Jäger*, Strafrecht AT, Rn. 173.
[13] BGHSt 43, 66, 69; vgl. auch *Kudlich*, JA 2012, 871 ff.

Eine BAK ab 2,0 ‰ zur Tatzeit deutet auf eine verminderte Schuldfähigkeit i. S. v. § 21 StGB hin. Bei einer BAK ab 3,0 ‰ ist regelmäßig eine Prüfung vollständiger Schuldunfähigkeit (§ 20 StGB) geboten. Auch an dieser Stelle berücksichtigt der BGH, dass die Verwirklichung schwerer Gewalttaten gegen Leib und Leben das Überwinden einer hohen **Hemmschwelle** voraussetzt (vgl. bereits Rn. 167), so dass auch bei stark alkoholisierten Personen eher davon auszugehen ist, dass sie das Unrecht eines Tötungsdeliktes erkennen und in der Lage sind, sich entsprechend dieser Einsicht zu verhalten. Daher gelten bei Straftaten gegen das Leben erhöhte Grenzwerte von 2,2 ‰ (§ 21 StGB) bzw. 3,3 ‰ (§ 20 StGB).[14]

Entscheidend für die Frage der alkoholbedingten Schuldunfähigkeit ist der BAK-Wert **zum Zeitpunkt der Tatbegehung**. Steht dieser nicht fest, weil dem Täter erst mehrere Stunden später eine **Blutprobe** entnommen wurde, kann es erforderlich sein, eine Rückrechnung des BAK-Wertes vorzunehmen. Im Rahmen der §§ 20, 21 StGB ist dabei zugunsten des Täters von einem höchstmöglichen Abbauwert von 0,2 ‰ pro Stunde auszugehen zuzüglich eines einmaligen Sicherheitsabschlags von 0,2 ‰.[15] Wird dem Täter 2 Stunden nach Tatbegehung eine Blutprobe entnommen und ergibt diese einen BAK-Wert von 1,6 ‰, ist daher von einem BAK-Wert von 2,2 ‰ im Zeitpunkt der Tatbegehung auszugehen. 365

c) Hinweise für die Fallbearbeitung

Die auf eine seelische Störung des Täters zurückzuführende Schuldunfähigkeit nach § 20 StGB ist in der gutachterlichen Fallbearbeitung nur dann anzusprechen, wenn der Sachverhalt konkrete Anhaltspunkte für deren Vorliegen liefert. Eine Verminderung der Schuldfähigkeit nach § 21 StGB muss in der Regel nicht ausführlich erörtert werden, da sich diese lediglich auf Strafzumessungsebene auswirkt und diesbezügliche Ausführungen in der Klausur grundsätzlich nicht erforderlich sind.[16] 366

Trotz Vorliegens einer Schuldunfähigkeit im Zeitpunkt der Tatbegehung kann der Täter ausnahmsweise wegen des verwirklichten Delikts bestraft werden, wenn er die Voraussetzungen der **actio libera in causa** erfüllt (hierzu Rn. 373 ff.). In Fällen rauschbedingter Schuldunfähigkeit ist darüber hinaus an eine Prüfung von § 323a StGB zu denken. 367

3. Leitentscheidungen

BGHSt 11, 20, 22 ff.; Tiefgreifende Bewusstseinsstörung i. S. v. § 20 StGB: Ein Ehepaar lebt seit längerer Zeit in andauerndem Streit, was dem Ehegatten psychisch stark zugesetzt hat. Als ihm seine Ehefrau mitteilt, dass sie sich 368

---

[14] *Keiser*, JURA 2001, 376, 381; *Rengier*, Strafrecht AT, § 24 Rn. 9.
[15] *Wessels/Beulke/Satzger*, Strafrecht AT, Rn. 412.
[16] *Kindhäuser*, Strafrecht AT, § 22 Rn. 10. Dadurch entfällt in der Regel auch das Erfordernis, auf das (im Einzelnen umstrittene) Verhältnis von § 21 StGB zu § 17 StGB einzugehen; hierzu Sch/Sch-*Perron*, § 21 Rn. 6/7.

scheiden lassen möchte, gerät er in einen Zustand höchster Erregung und sticht mehrfach auf seine Ehefrau ein. Die Frau verstirbt, der Gatte kann sich an den Vorgang des Zustechens später nicht mehr erinnern. – Der BGH bejahte die Schuldunfähigkeit des Täters: Handelt der Täter in äußerster Erregung, sei es für die Annahme einer zur Aufhebung der Einsichts- oder Steuerungsfähigkeit führenden tiefgreifenden Bewusstseinsstörung nicht zwingend erforderlich, dass er an einer Krankheit leidet oder sein Affektzustand von weiteren Ausfallerscheinungen begleitet wird.

369 **BGHSt 37, 397, 400 ff.; Andere seelische Abartigkeit i. S. v. § 20 StGB:** Zwischen einem Ehepaar, ihrem Sohn und dessen Vetter kommt es zu einem heftigen Streitgespräch, weil das Ehepaar sein Hausgrundstück an den Vetter verkauft hat. Der Sohn fühlt sich um seine Erbschaft betrogen und gerät während des Gesprächs derart in Rage, dass er ein Schrotgewehr ergreift und mehrfach auf die Anwesenden schießt. Gegenüber einem Sachverständigen äußert der Sohn, dass sein „Geist zerfalle" und er Gedanken lesen und lenken könne. Der Sachverständige diagnostiziert daher eine schizotypische Persönlichkeitsstörung, die eine andere seelische Abartigkeit i. S. v. § 20 StGB darstelle, aber mangels entsprechenden Gewichtsgrades nicht zu einer Beeinträchtigung der Schuldfähigkeit führe. Der Tatrichter folgt dieser Einschätzung ohne zusätzliche Begründung. – Ob eine andere seelische Abartigkeit die von §§ 20, 21 StGB geforderte Schwere erreicht, hat der Tatrichter unter umfassender Würdigung des konkreten Einzelfalls zu bewerten. Entscheidend sind insbesondere die Persönlichkeit des Täters, ihre Entwicklung, die Vorgeschichte, der unmittelbare Anlass und die Ausführung der Tat sowie das Verhalten nach der Tat. Die bloße Berufung auf die vom Sachverständigen wiedergegebenen Äußerungen des Sohnes reichen mithin nicht aus, um die Voraussetzungen der §§ 20, 21 StGB zu verneinen.

370 **BGHSt 40, 341, 349 f.; Fehlende Einsichtsfähigkeit i. S. v. § 20 StGB:** Seit einem Unfall leidet ein PKW-Fahrer an einem pseudoneurasthenischen Syndrom und regelmäßigen epileptischen Anfällen. Überwiegend kann er diese durch eigenständige Einnahme von Medikamenten abwenden, in einzelnen Fällen bedarf es jedoch des Einschreitens Dritter. Obwohl ihn ein Arzt darauf hingewiesen hat, dass er wegen seiner Krankheit nicht mehr Auto fahren darf, führt der PKW-Fahrer regelmäßig ein Fahrzeug im öffentlichen Verkehr, da er aufgrund des Syndroms nicht in der Lage ist, die Tragweite seiner Krankheit voll zu erfassen. Nachdem er am Tattag in Begleitung seiner Frau und seines Sohnes eine Strecke von 450 km gefahren ist, erleidet er einen Anfall und fährt infolgedessen in eine Gruppe von Fußgängern. – Soweit der PKW-Fahrer infolge des Syndroms die Folgen seiner Erkrankung nicht erkennen konnte und sich für voll fahrtüchtig hielt, fehlt ihm die Einsicht, durch das Führen des Fahrzeugs Unrecht zu tun; er ist dann schuldunfähig gemäß § 20 StGB. Insbesondere der Umstand, dass er regelmäßig in Begleitung seiner Familienangehörigen ein Fahrzeug geführt hat, ist als Indiz für die mangelnde Krankheits- und Unrechtseinsicht zu bewerten.

BGHSt 43, 66, 68 ff.; BAK-Werte bei schweren Gewalttaten: Der zu chronischem Alkoholkonsum neigende Täter gerät in eine verbale Auseinandersetzung mit einem Bekannten. Als sich beide zu einem späteren Zeitpunkt treffen, verletzt der Täter den Bekannten mit einem Messer, welches er vorsorglich mitgenommen hatte. Zu diesem Zeitpunkt weist er eine BAK von 2,38 ‰ auf. – Der BGH verneinte die Voraussetzungen des § 21 StGB. Zwar sei ab einer BAK von 2,0 ‰ eine Einschränkung der Schuldfähigkeit in Betracht zu ziehen, jedoch gelte kein allgemeiner Erfahrungssatz, dass ab einem entsprechenden BAK-Wert die Voraussetzungen des § 21 StGB tatsächlich vorliegen. Bei schwerwiegenden Gewalttaten gegen Leib und Leben gelte aufgrund der erhöhten Hemmschwelle ein Orientierungswert von 2,2 ‰. Diesen habe der Täter nur geringfügig überschritten. Da er darüber hinaus an starken Alkoholkonsum gewöhnt war, und die vorsorgliche Mitnahme des Messers als Indiz für seine Steuerungsfähigkeit zu bewerten sei, liege keine Einschränkung der Schuldfähigkeit vor.

BGHSt 49, 45, 53 ff.; Fehlende Einsichts- oder Steuerungsfähigkeit i. S. v. § 20 StGB: Nachdem sie einen räuberischen Diebstahl begangen hat, rechnet die an einer dissozialen Persönlichkeitsstörung leidende Täterin damit, zu einer langjährigen Freiheitsstrafe verurteilt zu werden. Als ihr Vater, der sie in ihrer Kindheit mehrfach missbraucht hat, dazu auffordert, das Wochenende mit ihm zu verbringen, fürchtet sie darüber hinaus, dieser werde sich an ihr und ihrer Tochter vergehen. Da sie keinen anderen Ausweg sieht, fasst die Täterin den Entschluss, mit ihrem tunesischen Freund auszuwandern, gegenüber dem sie sich als wohlhabend ausgegeben hat. Um über die erforderlichen Geldmittel zu verfügen, entführt sie nach mehrtägiger Planung und Vorbereitung eine achtjährige Schülerin und fordert die Eltern zur Zahlung von 250 000 € auf. – Trotz ihrer Persönlichkeitsstörung und dem auf ihr lastenden Motivationsdruck handelte die Täterin bei der Entführung voll schuldfähig. Das Vorliegen einer „anderen seelischen Abartigkeit" i. S. v. §§ 20, 21 StGB führt nicht zu einer Einschränkung der Einsichts- oder Steuerungsfähigkeit, wenn der Täter gleichwohl in der Lage ist, die Realität zu erkennen und einzuschätzen. Da die Täterin die Entführung erst nach eingehender Vorbereitung und mit dem Ziel, sich ihre Auswanderung zu ermöglichen, durchgeführt hat, ist von hinreichender Einsichts- und Steuerungsfähigkeit auszugehen.

III. Actio libera in causa

Das Simultanitätsprinzip (vgl. Rn. 153) bzw. Koinzidenzprinzip gilt auch für die Schuldfähigkeit. Ist der Täter bei Begehung der Tat (vgl. § 20 StGB) schuldunfähig, scheidet eine Bestrafung aus. Fraglich und umstritten ist jedoch, inwieweit ein Täter strafrechtlich zur Verantwortung gezogen werden kann, wenn er im **schuldfähigen Zustand** die Ursache für eine Tat setzt, die er dann im **Zustand der Schuldunfähigkeit** ausführt. Typischerweise tritt die Problematik auf, wenn der Täter im Zeitpunkt der Herbeiführung eines deliktischen Erfolges aufgrund eines alkoholbedingten Rauschzustands ohne Schuld handelt, er aber den Rauschzustand selbst herbeigeführt und schon hierbei vorsätzlich hinsichtlich der Verwirklichung eines Straftatbestandes gehandelt hat.[17] Zur Lösung dieser Konstellation wird überwiegend auf die Rechtsfigur der **actio libera in causa** (a. l. i. c., übersetzt: in der Ursache freie Handlung) zurückgegriffen.[18] Hintergrund ist der Gedanke, dass die Tat zwar in ihrem Vollzug unfrei, in ihrer Ursache aber frei ist, die Strafbarkeit des Täters also unter Rückgriff auf die noch im schuldfähigen Zustand begangenen Handlungen begründet werden kann.[19] In den Worten des BGH wird durch die a. l. i. c. „der strafrechtliche Vorwurf auf die im Rausch begangene Tat (…) erstreckt, weil der Täter in noch verantwortlichem Zustand bereits eine vorwerfbare innere Beziehung zur späteren Tat hergestellt hat, indem er sich von dem übermäßigen Alkoholgenuss schuldhaft nicht durch die Vorstellung abhalten ließ, er werde im Rausch möglicherweise eine bestimmte Straftat begehen"[20].

374 Über die dogmatische Begründung und Reichweite der a. l. i. c. herrscht in Rechtsprechung und Literatur keine Einigkeit.[21] Während einige Autoren die a. l. i. c. als gewohnheitsrechtlich anerkannte **Ausnahme vom Koinzidenzprinzip** betrachten, bemühen sich andere um eine Lösung der Problematik auf Tatbestandsebene, indem sie entweder schon die Versetzung in den Zustand der Schuldunfähigkeit als **Beginn der Tatausführung** bewerten oder den Täter als sein eigenes schuldhaft handelndes Werkzeug im Sinne einer **mittelbaren Täterschaft** ansehen. Eine durchaus beachtliche Anzahl von Stimmen in der Literatur geht demgegenüber davon aus, dass sämtliche der zur Begründung der a. l. i. c. angeführten Ansätze nicht mit **Art. 103 Abs. 2 GG** zu vereinbaren sind, so dass der Täter für die im Rausch begangene Tat allenfalls nach § 323a StGB bestraft werden könne. Wie sich die einzelnen Begründungsansätze auf die Anwendung der a. l. i. c. auswirken, soll nachfolgend anhand eines Grund- und eines Problemfalls skizziert werden.

---

[17] *Rönnau*, JuS 2010, 300; zur fahrlässigen a.l.i.c. noch Rn. 388 f.; vgl. auch *Rath*, JuS 1995, 405, 411; *Rengier*, Strafrecht AT, § 25 Rn. 25 ff.; *Rönnau*, JA 1997, 599, 602 f. und 707, 714 f.; *Satzger*, JURA 2006, 513, 516.
[18] Eingehend *Fahl*, JA 1999, 842 ff.; *Jerouschek*, JuS 1997, 385 ff.; *Mutzbauer*, JA 1997, 97 ff.; *Rönnau*, JA 1997, 707 ff.; ders., JuS 2010, 300 ff.; *Satzger*, JURA 2006, 513 ff.; *Wessels/Beulke/Satzger*, Strafrecht AT, Rn. 415 ff.
[19] *Jäger*, Strafrecht AT, Rn. 177; *Rönnau*, JuS 2010, 300; *Satzger*, JURA 2006, 513, 514.
[20] BGHSt 42, 235, 238.
[21] Zur Auseinandersetzung auch *Fahl*, JA 1999, 842, 843 ff.; *Freund*, Strafrecht AT, § 4 Rn. 31 ff.; *Jäger*, Strafrecht AT, Rn. 177; *Jerouschek*, JuS 1997, 385 f.; *Kindhäuser*, Strafrecht AT, § 23 Rn. 6 ff.; *Kühl*, Strafrecht AT, § 11 Rn. 6 ff.; *Rengier*, Strafrecht AT, § 25 Rn. 8 ff.; *Rönnau*, JA 1997, 707 ff.; ders., JuS 2010, 300, 301 f.; *Satzger*, JURA 2006, 513, 514 f.; *Wessels/Beulke/Satzger*, Strafrecht AT, Rn. 415.

1. Grundfall: Zur vorsätzlichen a. l. i. c. bei Erfolgsdelikten

Der Grundfall der a. l. i. c. betrifft wie im folgenden Bsp. das vorsätzliche Erfolgsdelikt: A nimmt sich vor, den O zu töten. Er betrinkt sich, um nach Ausschaltung seines Hemmungsvermögens im Zustand der alkoholbedingten Schuldunfähigkeit den O zu erschlagen. So geschieht es. – Die vorsätzliche Tatbestandsverwirklichung des § 212 Abs. 1 StGB durch das Einschlagen auf den O steht außer Frage. Auch für eine Rechtfertigung des A bestehen keinerlei Anhaltspunkte. Da er jedoch im Zeitpunkt des Erschlagens infolge des alkoholbedingten Rausches wegen einer krankhaften seelischen Störung schuldunfähig war, scheitert die Strafbarkeit grundsätzlich an § 20 StGB. Etwas anderes würde jedoch dann gelten, wenn § 20 StGB in der vorliegenden Konstellation von vornherein keine Anwendung fände oder eine Bestrafung über die Grundsätze der a. l. i. c. angenommen werden könnte.

a) Ausnahmemodell

Nach dem Ausnahmemodell stellt die a. l. i. c. eine **gewohnheitsrechtlich** anerkannte Ausnahme vom Koinzidenzprinzip des § 20 StGB dar.[22] Da sich der Täter selbstverschuldet in den Zustand der Schuldunfähigkeit versetzt hat, sei die Berufung auf § 20 StGB ausnahmsweise **rechtsmissbräuchlich** und ihm daher zu verwehren.[23] Für die Strafbarkeitsprüfung folgt hieraus, dass hinsichtlich Tatbestandsmäßigkeit und Rechtswidrigkeit auf die im Zustand der Schuldunfähigkeit begangene Tathandlung abzustellen ist, während es für die Schuld auf den **Zeitpunkt der Verursachung des Defekts** ankommt.[24] Ebenso wie sich der Täter einer Fahrlässigkeitstat bei zu vertretener Sorgfaltswidrigkeit nicht auf Unkenntnis der Tatbestandsverwirklichung berufen kann, so soll er sich nach dem Ausnahmemodell nicht auf seine mangelnde Schuldfähigkeit zum Zeitpunkt der Tatbegehung berufen können, wenn er aufgrund seines sorgfaltswidrigen Vorverhaltens die Herbeiführung des Defektzustands zu vertreten hat. Im Beispielsfall hat A durch das Einschlagen auf O den Tatbestand des § 212 Abs. 1 StGB vorsätzlich und rechtswidrig verwirklicht. Da es für die Schuldfähigkeit nach dem Ausnahmemodell auf den Zeitpunkt des Betrinkens ankommt und A in diesem die Voraussetzungen des § 20 StGB noch nicht erfüllte, hätte er sich hiernach durch das Einschlagen auf O nach § 212 Abs. 1 StGB strafbar gemacht.

Gegen die dogmatische Begründung der a. l. i. c. anhand der Ausnahmelösung werden zahlreiche Bedenken erhoben. Am stärksten wiegt dabei der Einwand, dass sie nicht mit dem **Gesetzlichkeitsprinzip** des Art. 103 Abs. 2

---

[22] *Hruschka*, JuS 1968, 554 ff.; *Otto*, JURA 1999, 217 f.; *Wessels/Beulke/Satzger*, Strafrecht AT, Rn. 415.
[23] *Kühl*, Strafrecht AT, § 11 Rn. 9; *Wessels/Beulke/Satzger*, Strafrecht AT, Rn. 415; ebenso auch *Schweinberger*, JuS 2006, 507, 511, der das Ausnahmemodell aber aufgrund des Verstoßes gegen den Wortlaut des § 20 StGB im Ergebnis gleichwohl ablehnt.
[24] Vgl. die Darstellung bei *Satzger*, JURA 2006, 513, 514.

GG zu vereinbaren ist.[25] § 20 StGB spricht ausdrücklich davon, dass der Täter „bei Begehung der Tat" schuldhaft handeln muss; für eine Ausnahme findet sich im Gesetzeswortlaut keine Grundlage. Da das Verbot strafbegründenden Gewohnheitsrechts auch für die Bestimmungen des Allgemeinen Teils gilt, kann eine Ausnahme vom eindeutigen Wortlaut des § 20 StGB nicht gewohnheitsrechtlich begründet werden. Darüber hinaus sprechen auch **systematische Erwägungen** gegen das Ausnahmemodell. Die §§ 17 S. 2, 35 Abs. 1 S. 2 StGB, die ebenfalls Fragen der Schuld betreffen, lassen es nach ihrem Wortlaut zu, bei der Bewertung des Täterhandelns auch auf sein Vorverhalten abzustellen.[26] Dass § 20 StGB dies nicht tut, kann nicht durch den schlichten Hinweis auf vermeintliches Gewohnheitsrecht umgangen werden, zumal der Gesetzgeber die a.l.i.c. als Ausnahmetatbestand in die Vorschrift einführen könnte, wie es bspw. im Schweizerischen Strafgesetzbuch in Art. 19 Abs. 4 der Fall ist.[27] Somit kann im Beispielsfall eine Strafbarkeit des A aus § 212 Abs. 1 StGB nicht unter Rückgriff auf die Tathandlung „Einschlagen auf O" begründet werden.

b) Tatbestandslösung

378 Den gegen das Ausnahmemodell vorgebrachten Bedenken versuchen diejenigen Autoren zu begegnen, welche die Problematik der a.l.i.c. auf der Tatbestandsebene verorten. Danach wird der **Tatvorwurf** nicht auf das Verhalten im Zustand der Schuldunfähigkeit gestützt, vielmehr soll auf die **Herbeiführung des Defekts** abzustellen sein.[28] Anknüpfungspunkt für die Tatbestandsverwirklichung wäre daher im Beispielsfall das „Sichberauschen". Anders als nach dem Ausnahmemodell bestimmen sich Tatbestandsmäßigkeit, Rechtswidrigkeit und Schuld somit nach der gleichen Handlung, nämlich der Herbeiführung der Schuldunfähigkeit.[29] Im Beispielsfall wäre daher danach zu fragen, ob sich A wegen Totschlags gem. § 212 Abs. 1 StGB i. V. m. den Grundsätzen der a.l.i.c. strafbar gemacht hat, indem er sich betrank und anschließend den O erschlug.

379 Umstritten innerhalb der Tatbestandslösung ist die genaue dogmatische Begründung der a.l.i.c. Im Wesentlichen werden für das Abstellen auf die Herbeiführung des Defektzustandes als tatbestandsmäßige Ausführungshandlung zwei Ansichten vertreten. Nach der wohl herrschenden Auffassung soll bereits die Verursachung der Schuldunfähigkeit als Beginn der Tatbestandsverwirklichung zu bewerten sein.[30] Nach dieser **Vorverlagerungstheorie** wäre

---

[25] *Rengier*, Strafrecht AT, § 25 Rn. 9; *Rönnau*, JuS 2010, 300, 301; *Schweinberger*, JuS 2006, 507, 511.
[26] Vgl. *Rönnau*, JuS 2010, 300, 301; vgl. auch *Fahl*, JA 1999, 842, 844; *Otto*, JURA 1999, 217, 218.
[27] Anders jedoch *Wessels/Beulke/Satzger*, Strafrecht AT, Rn. 415.
[28] *Bohnert*, JURA 1996, 38f.; *Jäger*, Strafrecht AT, Rn. 177; *Kindhäuser*, Strafrecht AT, § 23 Rn. 11ff.; *Krause*, JURA 1980, 169ff.; *Maurach*, JuS 1961, 373ff.; *Puppe*, JuS 1980, 346ff.; *Satzger*, JURA 2006, 513, 515f.
[29] *Kindhäuser*, Strafrecht AT, § 23 Rn. 11; *Rengier*, Strafrecht AT, § 25 Rn. 12f.; *Satzger*, JURA 2006, 513, 514.
[30] *Bohnert*, JURA 1996, 38f.; *Krause*, JURA 1980, 169ff.; *Maurach*, JuS 1961, 373ff.; *Rengier*, Strafrecht AT, § 25 Rn. 12f., 15; *Roxin*, Strafrecht AT I, § 20 Rn. 61f.; *Satzger*, JURA 2006, 513, 515f.

daher im Beispielsfall das Betrinken des A als Tötung des O zu bewerten. Eine andere Auffassung zieht einen Vergleich zur **mittelbaren Täterschaft** und geht davon aus, dass der Täter sich selbst als schuldlos handelndes Werkzeug zur Tatbegehung einsetzt.[31] Im Beispielsfall hätte A also den O durch das schuldlos handelnde Werkzeug A getötet.

Für die Prüfung der weiteren Strafbarkeitsvoraussetzungen spielt es grundsätzlich keine Rolle, ob der Vorverlagerungstheorie oder dem Modell der mittelbaren Täterschaft gefolgt wird. Nach beiden Auffassungen setzt eine vorsätzliche a. l. i. c. einen **doppelten Vorsatz** voraus: Der Täter muss den Zustand der Schuldunfähigkeit vorsätzlich herbeigeführt haben und sein Vorsatz muss sich auf die Begehung einer bestimmten Straftat im schuldhaften Zustand beziehen.[32] Darüber hinaus muss er im Zeitpunkt der Herbeiführung der Schuldunfähigkeit rechtswidrig und schuldhaft gehandelt haben. Im Beispielsfall hat A seine alkoholbedingte Schuldunfähigkeit vorsätzlich herbeigeführt und dabei Vorsatz bzgl. der Tötung des O gehabt. Darüber hinaus hat er im relevanten Zeitpunkt auch rechtswidrig und schuldhaft gehandelt. Ein Widerspruch zum Koinzidenzprinzip ergibt sich nach der Tatbestandslösung nicht, da der Zeitpunkt des Sichbetrinkens den maßgeblichen Anfang der Tatausführung begründet und A in diesem schuldfähig war. Wendet man das Tatbestandsmodell auf den Grundfall an, hat sich A somit **durch das Betrinken und spätere Einschlagen auf O** wegen eines Totschlags nach § 212 Abs. 1 StGB i. V. m. den Grundsätzen der a. l. i. c. strafbar gemacht.

c) Unvereinbarkeitstheorie

Dass das Ausnahmemodell mit Art. 103 Abs. 2 GG nicht in Einklang steht, wurde bereits aufgezeigt (vgl. schon Rn. 377). Auch die beiden Spielarten der Tatbestandslösung werden jedoch von einigen Autoren als mit dem geltenden Recht generell unvereinbar angesehen. Gegen das Modell der mittelbaren Täterschaft spreche der eindeutige Wortlaut des § 25 Abs. 1 Var. 2 StGB, wonach eine mittelbare Täterschaft dann vorliegt, wenn die Tat „durch einen anderen" begangen wird.[33] Da § 25 Abs. 1 Var. 2 StGB folglich eine Personenverschiedenheit zwischen Werkzeug und Täter voraussetzt, könne diese Figur nicht ohne Verstoß gegen das Analogieverbot zur Begründung der a. l. i. c. herangezogen werden.[34] Gegen die Vorverlagerungstheorie wird eingewandt, dass die Versetzung in einen Rauschzustand nicht bereits als unmittelbares Ansetzen zur Tatbegehung gewertet werden könne, sondern in den Bereich **strafloser Vorbereitung** falle.[35] Übertragen auf den Beispielsfall folgt aus diesem Kritikpunkt, dass ein „Sichbetrinken" nicht als Tötung eines Menschen zu bewerten sei.

---

[31] *Puppe*, JuS 1980, 346 ff.; selbst einschränkend *Jäger*, Strafrecht AT, Rn. 177.
[32] *Rengier*, Strafrecht AT, § 25 Rn. 22; *Satzger*, JURA 2006, 513, 514; *Wessels/Beulke/Satzger*, Strafrecht AT, Rn. 417.
[33] *Kindhäuser*, Strafrecht AT, § 23 Rn. 18; *Rönnau*, JA 1997, 707, 710; *ders.*, JuS 2010, 300, 302.
[34] Vgl. *Jäger*, Strafrecht AT, Rn. 177; sowie *Otto*, Strafrecht AT, § 13 Rn. 23.
[35] *Fahl*, JA 1999, 842, 843; *Kaspar*, JURA 2007, 69, 71; *Kunz*, JuS 1996, 39, 40; *Rönnau*, JuS 2010, 300, 302.

382 Da nach dieser Sicht der Dinge sämtliche Begründungsansätze für die a.l.i.c. gegen Art. 103 Abs. 2 GG verstoßen, bleibt (bis zu einem Tätigwerden des Gesetzgebers; vgl. bereits Rn. 377) in den einschlägigen Fallkonstellationen allein der Ausweg über § 323a StGB.[36] Da A im Beispielsfall bei Ablehnung der Rechtsfigur der a.l.i.c. infolge seiner Schuldunfähigkeit nicht nach § 212 Abs. 1 StGB bestraft werden kann, bleibt nach der Unvereinbarkeitstheorie allein Raum für eine Strafbarkeit nach § 323a StGB.

d) Abschließende Stellungnahme

383 Der gegen die Tatbestandslösung vorgebrachten Kritik kann nur eingeschränkt gefolgt werden. Zwar stößt das Modell der mittelbaren Täterschaft tatsächlich an die eindeutige Wortlautgrenze des § 25 Abs. 1 Var. 2 StGB, jedoch begegnet die Begründung der a.l.i.c. nach der Vorverlagerungstheorie letztlich keinen durchgreifenden Bedenken. Nur auf den ersten Blick mag es widersprüchlich erscheinen, die Herbeiführung eines Rauschzustandes als tatbestandsmäßige Verwirklichung eines (ggf. erheblich) später begangenen (Tötungs-)Deliktes anzusehen. Bei genauer Betrachtung beschränkt sich die Vorverlagerungstheorie bei Erfolgsdelikten jedoch auf die **Anwendung allgemeiner Zurechnungsregeln**: Das Sichversetzen in den Rauschzustand ist für den späteren Erfolg (im Beispielsfall der Tod des O) kausal i.S.d. Äquivalenztheorie. Auch ist der Erfolg objektiv zurechenbar. Denn mit Blick auf die innere Beziehung des Täters zur späteren Herbeiführung des Taterfolgs schlägt sich gerade die durch das Sichversetzen in den Rauschzustand geschaffene Gefahr im Erfolg nieder. Durch den erforderlichen doppelten Vorsatz des Täters wird zuletzt auch die notwendige subjektive Beziehung zwischen der Versetzung in den Rauschzustand und der Herbeiführung des tatbestandlichen Erfolges hergestellt. Während das Ausnahmemodell sowie das Modell der mittelbaren Täterschaft am verfassungsrechtlichen Gesetzlichkeitsprinzip scheitern, liefert die Vorverlagerungstheorie für die **Fälle vorsätzlicher Erfolgsdelikte** somit eine überzeugende dogmatische Begründung der a.l.i.c. Folglich hat sich A im Beispielsfall durch das Sichbetrinken und spätere Einschlagen auf O gemäß § 212 Abs. 1 StGB i.V.m. den Grundsätzen der a.l.i.c. strafbar gemacht.

e) Die a.l.i.c. in der Falllösung

384 Will man für den in Rn. 375 skizzierten Grundfall der a.l.i.c. und in vergleichbaren Konstellationen (in denen der Täter sich vorsätzlich in einen Rauschzustand versetzt und in diesem die Voraussetzungen eines vorsätzlichen Erfolgsdeliktes verwirklicht) der Vorverlagerungstheorie folgen, ist die Strafbarkeitsprüfung wie folgt aufzubauen:

385 Strafbarkeit des A wegen Tötung des O:
I. Strafbarkeit wegen § 212 Abs. 1 StGB durch das Einschlagen auf O:

---

[36] *Kaspar*, JURA 2007, 69, 71; in diese Richtung auch *Kindhäuser*, Strafrecht AT, § 23 Rn. 20 f.

1. Objektiver Tatbestand: (+), durch das Zuschlagen wurde O objektiv zurechenbar getötet.
2. Subjektiver Tatbestand: (+), im Zeitpunkt des Zuschlagens handelte A vorsätzlich.
3. Rechtswidrigkeit: (+), Rechtfertigungsgründe sind nicht ersichtlich.
4. Schuld: Problem: Im Zeitpunkt des Zuschlagens war A nach § 20 StGB schuldunfähig. An dieser Stelle ist im Gutachten das Ausnahmemodell darzustellen und aufgrund der in Rn. 377 dargestellten Gründe abzulehnen.
5. Ergebnis: Keine Strafbarkeit wegen § 212 Abs. 1 StGB durch das Zuschlagen.

I. Strafbarkeit wegen § 212 Abs. 1 StGB i. V. m. den Grundsätzen der a. l. i. c. wegen des Sichbetrinkens und anschließenden Einschlagens auf O:
1. Objektiver Tatbestand: An dieser Stelle ist im Gutachten auf die Figur der a. l. i. c. einzugehen. Im Anschluss an die inhaltliche Auseinandersetzung mit der Unvereinbarkeitstheorie ist festzustellen, dass die Vorverlagerungstheorie (anders als die Figur der mittelbaren Täterschaft) nicht gegen Art. 103 Abs. 2 GG verstößt und daher für die Strafbarkeitsprüfung auf die Handlung des „Sichbetrinkens" zurückgegriffen werden kann.
2. Subjektiver Tatbestand: (+), A hat seine Schuldunfähigkeit vorsätzlich herbeigeführt, er handelte darüber hinaus bereits in diesem Zeitpunkt vorsätzlich hinsichtlich der Deliktsbegehung in schuldunfähigem Zustand („Doppelvorsatz").
3. Rechtswidrigkeit: (+), auch zum Zeitpunkt des „Sichbetrinkens" ist A nicht gerechtfertigt.
4. Schuld: (+), im Zeitpunkt des „Sichbetrinkens" war A schuldfähig.
5. Ergebnis: A ist strafbar nach § 212 Abs. 1 StGB i. V. m. den Grundsätzen der a. l. i. c.

2. Problemfall: Zur a. l. i. c. bei Fahrlässigkeits- und verhaltensgebundenen Delikten

Der Problemfall der a. l. i. c. betrifft Fahrlässigkeits- und verhaltensgebundene Delikte. Bei **fahrlässigen Erfolgsdelikten** bedarf es regelmäßig keines Rückgriffs auf die a. l. i. c., um in Fällen der vorwerfbar herbeigeführten Schuldunfähigkeit zu sachgerechten Ergebnissen zu gelangen. Bei **verhaltensgebundenen Delikten**, bei denen die Strafbarkeit an eine ganz bestimmte Handlungsmodalität anknüpft und die wie z. B. in § 211 Abs. 2, 2. Gruppe (Heimtücke etc.) oder § 315c (Führen eines Fahrzeugs) näher beschreiben, auf welche Weise der tatbestandliche Erfolg herbeizuführen ist, kann weder nach der Vorverlagerungstheorie noch nach dem Modell der mittelbaren Täterschaft eine Bestrafung der Tatbestandsverwirklichung unter Rückgriff auf die Herbeiführung der Schuldunfähigkeit begründet werden.

387 Beide Problembereiche sollen nachfolgend anhand einer vielbeachteten Entscheidung des BGH aus dem Jahr 1996[37] verdeutlicht werden: A trank nach 18.00 Uhr etwa fünf Liter Bier sowie Schnaps in nicht feststellbarer Menge. Er rechnete dabei damit, anschließend fahruntüchtig und schuldunfähig ein Kraftfahrzeug im Straßenverkehr zu führen. Tatsächlich setzte er sich später in seinen PKW. Um 21.30 Uhr fuhr A in deutlichen Schlangenlinien mit seinem PKW etwa 70 km/h schnell auf eine Kontrollstelle zu. Er stieß mit seinem PKW gegen die hintere linke Seite eines auf der rechten Spur stehenden PKWs. Dabei erfasste er zwei Grenzschutzbeamte, die dieses Fahrzeug gerade kontrollierten. Die Beamten erlitten tödliche Verletzungen und starben an der Unfallstelle. Bei dem Unfallgeschehen war A aufgrund seiner Alkoholisierung schuldunfähig im Sinne des § 20 StGB. Strafbarkeit des A nach dem StGB?

a) Keine a. l. i. c. bei Fahrlässigkeitsdelikten

388 A könnte sich im Beispielsfall zunächst wegen fahrlässiger Tötung gemäß § 222 StGB strafbar gemacht haben. Der Tod der Grenzschutzbeamten ist eingetreten. Im Hinblick darauf, dass A bei der Fahrt gem. § 20 StGB wegen einer rauschbedingten krankhaften seelischen Störung schuldunfähig war, könnte an die Anwendung der Grundsätze einer fahrlässigen a. l. i. c. gedacht werden. Wie der BGH zutreffend ausführt, bedarf es bei fahrlässigen Erfolgsdelikten jedoch gar nicht des Rückgriffs auf die Rechtsfigur der a. l. i. c.: „Gegenstand des strafrechtlichen Vorwurfs ist bei § 222 StGB – wie auch bei anderen fahrlässigen Erfolgsdelikten – jedes in Bezug auf den tatbestandsmäßigen ‚Erfolg' sorgfaltswidrige Verhalten des Täters, das diesen ursächlich herbeiführt. Aus diesem Grunde bestehen, wenn mehrere Handlungen als sorgfaltswidrige in Betracht kommen (wie hier das Sich-Betrinken trotz erkennbarer Gefahr einer anschließenden Trunkenheitsfahrt einerseits und diese Fahrt selbst andererseits), keine Bedenken, den Fahrlässigkeitsvorwurf an das zeitlich frühere Verhalten anzuknüpfen, das dem Täter – anders als das spätere – auch als schuldhaft vorgeworfen werden kann."[38] Das Sich-Betrinken des A ist kausal für den Tod der Grenzschutzbeamten, objektiv sorgfaltswidrig (zum Prüfungsaufbau von fahrlässigen Erfolgsdelikten noch Rn. 817), rechtswidrig und – zu diesem entscheidenden Zeitpunkt – auch schuldhaft. Da A durch eine Handlung (das Trinken) fahrlässig den Tod von zwei Menschen verursacht hat, ist er der fahrlässigen Tötung nach § 222 StGB in zwei tateinheitlich zusammentreffenden Fällen schuldig.

389 Den vorstehenden Ausführungen des BGH ist zu entnehmen, dass es bei **fahrlässigen Erfolgsdelikten** grundsätzlich keines Rückgriffs auf die a. l. i. c. bedarf.[39] Vielmehr ist von vornherein auf die Herbeiführung der Schuldunfähigkeit abzustellen und danach zu fragen, ob diese den Erfolg in objektiv zu-

---

[37] BGHSt 42, 235; dazu *Ambos*, NJW 1997, 2296 ff.; *Dold*, GA 2008, 427 ff., 439 f.; *Gottwald*, JA 1998, 343 ff.; *Mutzbauer*, JA 1997, 97 ff.; *Otto*, JURA 1999, 217 ff.
[38] BGHSt 42, 235, 236 f.
[39] BGHSt 42, 235, 236 f.; *Satzger*, JURA 2006, 513, 516; *Wessels/Beulke/Satzger*, Strafrecht AT, Rn. 421.

rechenbarer Weise verursacht hat und hierdurch einen Fahrlässigkeitsvorwurf begründet. Denkbar wäre eine Heranziehung der a. l. i. c. zwar bei **verhaltensgebundenen Fahrlässigkeitsdelikten,** wie jedoch sogleich zu zeigen sein wird, kommt ein Rückgriff auf die Grundsätze der a. l. i. c. bei verhaltensgebundenen Delikten generell nicht in Betracht.

b) Keine a. l. i. c. bei verhaltensgebundenen Delikten

Neben den fahrlässigen Tötungen könnte sich A im Beispielsfall wegen einer Gefährdung des Straßenverkehrs gemäß § 315c Abs. 1 Nr. 1a, Abs. 3 Nr. 1 StGB strafbar gemacht haben. Eine entsprechende Strafbarkeit wird indes nicht durch die Fahrt mit dem Lieferwagen begründet. Zwar hat A vorsätzlich im Straßenverkehr ein Fahrzeug geführt, obwohl er infolge des Genusses alkoholischer Getränke nicht in der Lage war, das Fahrzeug sicher zu führen und dadurch fahrlässig das Leben anderer Menschen gefährdet. Auch erfolgte die Tatbestandsverwirklichung rechtswidrig, jedoch handelte A im Zeitpunkt des Fahrens nicht schuldhaft (§ 20 StGB). Aufgrund der gegen sie zu erhebenden Einwände (vgl. Rn. 377) kann die fehlende Schuldfähigkeit auch nicht über das **Ausnahmemodell** umgangen werden, so dass A sich durch das Fahren mit dem PKW nicht nach § 315c Abs. 1 Nr. 1a, Abs. 3 Nr. 1 StGB strafbar gemacht hat.

390

Denkbar erscheint jedoch, eine Strafbarkeit des A wegen Gefährdung des Straßenverkehrs gemäß § 315c Abs. 1 Nr. 1a, Abs. 3 Nr. 1 StGB i. V. m. den Grundsätzen der a. l. i. c. daran zu knüpfen, dass er sich betrank und anschließend die Grenzschutzbeamten überfuhr. Hierfür wäre zunächst erforderlich, dass die Grundsätze der a. l. i. c. überhaupt Anwendung finden. Während die Tatbestandslösung in Form der **Vorverlagerungstheorie** bei reinen Erfolgsdelikten eine tragfähige Lösung vorwerfbar verursachter Schuldunfähigkeit begründet (vgl. Rn. 383), scheidet ihre Heranziehung bei verhaltensgebundenen Delikten jedoch aus.[40] Denn diese setzen eine bestimmte Tätigkeit tatbestandlich voraus, bspw. bei § 315c Abs. 1 Nr. 1 StGB das „Führen eines Fahrzeugs". „Führen eines Fahrzeugs ist aber nicht gleichbedeutend mit Verursachen der Bewegung. Es beginnt erst mit dem Bewegungsvorgang des Anfahrens selbst."[41] Daher kann die a. l. i. c. bei Tatbeständen, die „ein Verhalten verbieten, das nicht auch als die Herbeiführung eines dadurch verursachten, von ihm trennbaren Erfolges begriffen werden kann (...) die Annahme schuldhafter Taten trotz schuldausschließenden Vollrausches bei der eigentlichen Tathandlung nicht rechtfertigen."[42] Im Beispielsfall kann also der Tatbestand nur dadurch erfüllt werden, dass der Täter selbst „ein Fahrzeug führt". Das Sich-Berauschen ist jedoch nicht mit dem Führen eines Kraftfahrzeugs gleichzusetzen, es ist nicht einmal das unmittelbare Ansetzen dazu. Wegen Unanwendbarkeit der Grundsätze der a. l. i. c. scheidet eine Strafbarkeit des A gem. § 315c Abs. 1 Nr. 1a, Abs. 3 Nr. 1 StGB aus. Dies gilt im Übrigen auch nach dem Modell der **mittel-**

391

---

[40] Vgl. auch *Satzger*, JURA 2006, 513, 514 f.; *Schweinberger*, JuS 2006, 507.
[41] BGHSt 42, 235, 239 f.
[42] BGHSt 42, 235, 239.

baren Täterschaft (soweit man dieses nicht bereits wegen eines Verstoßes gegen Art. 103 Abs. 2 GG für unzulässig erachtet), da verhaltensgebundene Delikte einer Begehung in mittelbarer Täterschaft generell nicht zugänglich sind.[43]

392 Da nach den vorstehenden Erwägungen die Grundsätze der a. l. i. c. bei verhaltensgebundenen Delikten keine Anwendung finden, hat A sich im Beispielsfall auch nicht nach § 316 Abs. 1 StGB strafbar gemacht, da auch dieser die Strafbarkeit an das „Führen eines Fahrzeugs" knüpft. Stattdessen hat A die Voraussetzungen des Vollrauschs (§ 323a Abs. 1 StGB) verwirklicht. Er hat sich vorsätzlich durch alkoholische Getränke in einen Rausch versetzt und in diesem Zustand eine rechtswidrige Tat (§ 315c Abs. 1 Nr. 1a, Abs. 3 Nr. 1 StGB) begangen, deretwegen er nicht bestraft werden kann, weil er infolge des Rausches schuldunfähig war. Diese Tat nach § 323a Abs. 1 StGB steht zu den zwei tateinheitlich zusammentreffenden Fällen nach § 222 StGB im Verhältnis der Tateinheit (§ 52 Abs. 1 StGB).

393 Zusammenfassend ist somit festzustellen, dass eine Anwendung der a. l. i. c. bei verhaltensgebundenen Delikten grundsätzlich nicht in Betracht kommt. Entsprechendes gilt für eigenhändige Delikte, wie z. B. die Aussagedelikte, da auch diese die Strafbarkeit an die unmittelbar eigenhändige Ausführung der Tathandlung knüpfen und auch einer Begehung in mittelbarer Täterschaft nicht zugänglich sind.[44]

3. Leitentscheidungen

394 **BGHSt 17, 259, 261 ff.; Anforderungen an den Vorsatz bei der a. l. i. c.:** Der Täter verwirklicht im Zustand der alkoholbedingten Schuldunfähigkeit einen Diebstahl und eine Körperverletzung. Er wusste, dass er Alkohol nicht verträgt und im Rauschzustand zu Gewalttätigkeiten neigt. – Die Voraussetzungen der vorsätzlichen a. l. i. c. liegen nicht vor. Der Vorsatz muss sich bei der a. l. i. c. darauf beziehen, im Zustand der Trunkenheit eine bestimmte Straftat zu begehen. Das Bewusstsein, im alkoholisierten Zustand zu Gewalttaten zu neigen, kann allenfalls als erstes Indiz dafür gewertet werden, dass der Täter den Willen und das Bewusstsein hat, im Rauschzustand eine bestimmte Gewaltstraftat zu begehen. Dass auch der Raubtatbestand ggf. die Anwendung von Gewalt umfasst, reicht aber insbesondere nicht aus, um ein vorsätzliches Handeln auch bzgl. eines Diebstahls anzunehmen.

395 **BGHSt 21, 381, 382 ff.; Anforderungen an den Vorsatz bei der a. l. i. c.:** Drei Freunde beschließen, in die Nachbarstadt zu fahren, um dort einen PKW zu entwenden und einen Ladendiebstahl zu begehen. Während der Fahrt in die Nachbarstadt konsumieren sie erhebliche Mengen Alkohol mit der Folge, dass sie während der Durchführung des PKW- und Ladendiebstahls schuldunfähig sind. – Eine Bestrafung wegen vorsätzlicher a. l. i. c. setzt voraus, dass sich der

---

[43] *Satzger*, JURA 2006, 513, 515.
[44] *Satzger*, JURA 2006, 513, 516.

Täter eigenverantwortlich in den Zustand der Schuldunfähigkeit versetzt und zu diesem Zeitpunkt bereits zur Ausführung einer bestimmten Tat fest entschlossen ist. Hierfür ist mindestens erforderlich, dass der Täter mit der Begehung von bestimmten Straftaten rechnet und diese billigend in Kauf nimmt, wobei zwischen der Vorstellung des Täters und der späteren Tatausführung weitgehende Übereinstimmung bestehen muss. Da die Freunde im Zeitpunkt des Sichberauschens gerade zur Begehung eines PKW- und Ladendiebstahls entschlossen waren, ist die erforderliche Bestimmtheit und damit der für die a.l.i.c. erforderliche Doppelvorsatz gegeben.

BGHSt 23, 356, 358 f.; Anforderungen an den Vorsatz bei der a.l.i.c.: 396
Ein 15-Jähriger plant, eine Ladeninhaberin zu erdrosseln, um sich des Inhalts ihrer Kasse bemächtigen zu können. Mit den erforderlichen Tatwerkzeugen ausgerüstet begibt er sich zum Laden, wo er die Ladeninhaberin bis zur Bewusstlosigkeit drosselt und anschließend mehrfach mit einem Messer auf sie einsticht. Ein Sachverständigengutachten ergibt, dass es vermutlich schon auf dem Weg zum Geschäft zu einer epileptischen Wesensänderung bei dem Jungen gekommen ist, die zur Folge hatte, dass er nicht mehr in der Lage war, sein Verhalten einsichtsgemäß zu steuern. – Treffen die Feststellungen des Gutachtens zu, war der Junge zur Tatzeit schuldunfähig. Auch der Umstand, dass er im Zeitpunkt der Tatplanung voll zurechnungsfähig war, führt nicht zu seiner Strafbarkeit. Eine Bestrafung nach den Grundsätzen der a.l.i.c. kommt nur in Betracht, wenn sich der Täter vorsätzlich in den Zustand der Schuldunfähigkeit versetzt hat. Dies ist bei einer unvorhergesehenen Wesensänderung nicht der Fall.

BGHSt, 42, 235, 238 ff.; Keine a.l.i.c. bei eigenhändigen Delikten (hierzu 397
schon Rn. 387): Ein mehrfach wegen Trunkenheitsfahrten verurteilter PKW-Fahrer, der keine gültige Fahrerlaubnis besitzt, fährt im Zustand alkoholbedingter Schuldunfähigkeit mit 70 km/h in Richtung eines Grenzübergangs. Dort erfasst er zwei Beamte und verletzt diese tödlich. – Nach Auffassung des BGH scheitert eine Bestrafung wegen Straßenverkehrsgefährdung (§ 315c Abs. 1 Nr. 1a StGB) bzw. Fahrens ohne Fahrerlaubnis (§ 21 Abs. 1 Nr. 1 StVG) auch bei Heranziehung der Grundsätze der a.l.i.c. an der Schuldunfähigkeit des Täters. Die Tatbestände knüpfen ausdrücklich an das eigenhändige Führen eines Fahrzeuges an, so dass eine Vorverlagerung der Tathandlung auf den Zeitpunkt des Sichberauschens ebenso ausscheide wie die Annahme, der Täter bediene sich zur Ausführung der Tat seiner eigenen Person als Werkzeug. Ansätze, die den Begriff „bei Begehung der Tat" in § 20 StGB auf vortatbestandliches Handeln ausdehnen bzw. in der a.l.i.c. eine Ausnahme zum Koinzidenzprinzip sehen wollen, erteilte der BGH aufgrund ihrer Unvereinbarkeit mit dem Gesetzeswortlaut eine Absage.

IV. Entschuldigungsgründe

398 Die gesetzlich normierten bzw. gewohnheitsrechtlich anerkannten Entschuldigungsgründe erfassen besondere Konflikt- bzw. Motivationslagen, in denen die rechtswidrige Verwirklichung eines Tatbestandes nicht für strafwürdig erachtet wird, da dem Handelnden ein normgemäßes Verhalten nicht zugemutet werden kann.[45] Ausdrücklich normierte Entschuldigungsgründe sind der Notwehrexzess in § 33 StGB sowie der entschuldigende Notstand in § 35 StGB. Für besonders intensive Konfliktsituationen, in denen die Voraussetzungen von § 35 StGB nicht erfüllt sind, wird von der h. M. zusätzlich eine Entschuldigung bei Vorliegen der Voraussetzungen des „übergesetzlichen entschuldigenden Notstands" für möglich gehalten (hierzu Rn. 428). Während darüber hinaus bei Unterlassungs- und in eingeschränktem Umfang auch bei Fahrlässigkeitsdelikten eine Entschuldigung generell unter dem Gesichtspunkt der „Unzumutbarkeit normgemäßen Verhaltens" in Betracht kommt, ist ein Schuldausschluss unter Berufung auf die durch Art. 4 Abs. 1 GG gewährleistete Gewissensfreiheit allenfalls in engen Grenzen zuzulassen (hierzu noch Rn. 429).

1. Überschreitung der Notwehr bzw. Notwehrexzess (§ 33 StGB)

399 § 33 StGB regelt einen Entschuldigungsgrund in Form des Notwehrexzesses.[46] Unbestritten erfasst die Vorschrift den sog. **intensiven Notwehrexzess**. Damit wird ein Sachverhalt bezeichnet, in dem der Täter bei tatsächlich bestehender Notwehrlage das Maß der erforderlichen oder gebotenen Verteidigung überschreitet. Fraglich und umstritten ist demgegenüber, ob § 33 StGB eine Entschuldigung auch im Fall des sog. **extensiven Notwehrexzesses** ermöglicht. Ein solcher liegt vor, wenn der Täter die zeitlichen Grenzen der Notwehr überschreitet, also eine Abwehrhandlung vornimmt, obwohl eine Notwehrlage nicht mehr oder noch nicht besteht und daher kein gegenwärtiger Angriff vorliegt.

a) Intensiver Notwehrexzess

aa) Grundlagen und Prüfungsschema

400 Nach § 33 StGB ist entschuldigt, wer aus Verwirrung, Furcht oder Schrecken die Grenzen der Notwehr überschreitet. Im Fall des **intensiven Notwehrexzesses** liegt eine Notwehrlage in Form eines gegenwärtigen und rechtswidrigen Angriffs vor, der Täter ist aber nicht nach § 32 StGB gerechtfertigt, weil er sich nicht auf die erforderliche bzw. gebotene Verteidigungshandlung beschränkt. Daher ist eine Anwendung des § 33 StGB etwa dann in Betracht zu ziehen, wenn A einen von O verübten Angriff durch einen Schuss in die Beine hätte

---

[45] Vgl. auch *Kindhäuser*, Strafrecht AT, § 21 Rn. 13; *Kühl*, Strafrecht AT, § 12 Rn. 10.
[46] Eingehend hierzu *Heuchemer/Hartmann*, JA 1999, 165 ff.; *Müller-Christmann*, JuS 1989, 717 ff.; *Otto*, JURA 1987, 604 ff.; *Rengier*, Strafrecht AT, § 27 Rn. 1 ff.; *Wessels/Beulke/Satzger*, Strafrecht AT, Rn. 446 ff.

beenden können, er jedoch auf den Kopf des O schießt und dieser an den hierdurch verursachten Verletzungen verstirbt.

Die Überschreitung der erforderlichen bzw. gebotenen Verteidigung ist nur entschuldigt, wenn sie auf Verwirrung, Furcht oder Schrecken (sog. **asthenische Affekte**) zurückzuführen ist.[47] Die Aufzählung der Gründe für die Exzesshandlung in § 33 StGB ist abschließend. **Sthenische** (aggressiv-kraftvolle) **Affekte** wie z. B. Wut oder Zorn sind für die Prüfung eines Notwehrexzesses gänzlich irrelevant. Sie vermögen die Entschuldigung des Notwehrexzesses weder zu begründen, noch steht ihr Hinzutreten in einem **Motivbündel** (der Täter handelt z. B. sowohl aus Verwirrung und Schrecken als auch aus Zorn) der Anwendung des § 33 StGB entgegen, sofern einer der in der Vorschrift genannten asthenischen Affekte wirksam geworden ist.[48] Im Beispielsfall ist A daher nur entschuldigt, wenn der Schuss in den Kopf aus einem Zustand der Verwirrung, Furcht oder Schrecken erfolgte. Ist dies der Fall, scheitert die Anwendung von § 33 StGB nicht daran, dass er zusätzlich durch Zorn oder Wut auf den O zu dem Schuss veranlasst wurde. 401

In der Klausur ist an die Prüfung des § 33 StGB in Form des intensiven Notwehrexzesses immer dann zu denken, wenn auf der Ebene der Rechtswidrigkeit festgestellt wurde, dass zwar eine Notwehrlage vorlag, der Täter aber nicht die erforderliche oder gebotene Verteidigung vorgenommen hat und Anhaltspunkte darauf hindeuten, dass dies aus Verwirrung, Furcht oder Schrecken erfolgte. Bei der Darstellung im Gutachten ist unbedingt zu beachten, dass sich die Prüfung des § 33 StGB nicht unmittelbar an die Prüfung (und Verneinung) des § 32 StGB anschließen darf. Vielmehr ist durch die Gliederung und den Prüfungsaufbau zu verdeutlichen, dass der Täter bei Vorliegen der Voraussetzungen des § 32 StGB gerechtfertigt wäre, während er bei Anwendung des § 33 StGB **lediglich entschuldigt** ist. 402

Soweit es in der Fallbearbeitung auf die Frage ankommt, ob die Voraussetzungen des intensiven Notwehrexzesses erfüllt sind, ist dies nach folgendem Schema zu prüfen: 403

Tab. 15: Notwehrüberschreitung (§ 33 StGB) 404

I.	**Notwehrlage:** Gegenwärtiger, rechtswidriger Angriff
II.	**Notwehrexzesshandlung:** Verteidigung, die das Maß des Erforderlichen oder des Gebotenen überschreitet
II.	**Verwirrung, Furcht oder Schrecken** als Überschreitungsgrund

---

[47] Zu den asthenischen Affekten im Einzelnen *Sauren*, JURA 1988, 567 ff.
[48] *Heuchemer*, JA 2000, 382 ff.; *Otto*, JURA 1987, 604, 606 f.

bb) Problemfälle

405 Der BGH geht in ständiger Rechtsprechung davon aus, dass § 33 StGB auch den **bewussten Notwehrexzess** erfasst, in dem sich der Täter darüber im Klaren ist, dass er nicht die erforderliche Verteidigung vornimmt.[49] Im Beispielsfall wäre von einem bewussten Notwehrexzess auszugehen, wenn der A trotz Vorliegens einer oder mehrerer der in § 33 StGB genannten Affekte Kenntnis davon hatte, dass es zur Abwehr des Angriffs ausreichen würde, dem O in die Beine zu schießen. Auch die Literatur lässt im Fall des bewussten Notwehrexzesses eine Entschuldigung über § 33 StGB ganz überwiegend zu.[50] Dem ist zuzustimmen. Schon der **Wortlaut** der Vorschrift unterscheidet nicht zwischen bewusster und unbewusster Überschreitung der Notwehrgrenzen. Darüber hinaus sprechen aber auch **Sinn und Zweck** des § 33 StGB für die Einbeziehung bewusster Notwehrüberschreitungen. So vermag die Kenntnis des Täters nichts daran zu ändern, dass sein Verhalten letztlich durch den (auf das Verhalten des Angreifers zurückzuführenden) asthenischen Affekt verursacht wird und daher nicht strafwürdig erscheint.[51] Freilich wird in den Fällen, in denen der Täter die Grenzen der erforderlichen bzw. gebotenen Verteidigung bewusst überschreitet, häufig besonders sorgfältig zu prüfen sein, ob dies tatsächlich aus Verwirrung, Furcht oder Schrecken erfolgte.[52]

406 In Fällen der **Notwehrprovokation** (hierzu schon Rn. 252 ff.) ist hinsichtlich des Anwendungsbereichs des § 33 StGB wie folgt zu differenzieren: Soweit das Notwehrrecht des Täters infolge seines Vorverhaltens vollkommen ausgeschlossen war, also ein Fall der **Absichtsprovokation** vorliegt, ist auch eine Entschuldigung über § 33 StGB ausgeschlossen, da von vornherein kein Notwehrrecht existiert, welches überschritten werden könnte.[53] Führt das Vorverhalten des Täters lediglich zu einer Einschränkung des Notwehrrechts, wie z. B. bei der **fahrlässigen Provokation**, wirkt sich dies demgegenüber nicht auf die Prüfung des § 33 StGB aus.[54] Dies ergibt sich insbesondere aus einer systematischen Gesetzesbetrachtung, da die Vorschrift keine zu § 35 Abs. 1 S. 2 StGB vergleichbare Regelung enthält, welche bei einem Vorverschulden einen Ausschluss der Entschuldigung vorsieht.[55] Auch der BGH lässt nach neuerer Rechtsprechung die Anwendung des § 33 StGB in Fällen nicht absichtlicher Notwehrprovokation grundsätzlich zu, jedoch soll eine Entschuldigung wiederum ausscheiden, wenn sich der Täter planmäßig in eine tätliche Aus-

---

[49] BGH NStZ 1987, 20; 1989, 474; 1995, 77.
[50] *Geppert*, JURA 2007, 33, 39; *Heuchemer/Hartmann*, JA 1999, 165 f.; *Müller-Christmann*, JuS 1994, 717, 719; *Otto*, JURA 1987, 604, 606; *Rudolphi*, JuS 1969, 461, 463; *Theile*, JuS 2006, 965 ff.
[51] *Müller-Christmann*, JuS 1994, 717, 719; *Theile*, JuS 2006, 965, 966 f.
[52] Zutreffend *Rengier*, Strafrecht AT, § 27 Rn. 26.
[53] *Müller-Christmann*, JuS 1989, 717, 719; *Wessels/Beulke/Satzger*, Strafrecht AT, Rn. 446a.
[54] Vgl. *Jäger*, Strafrecht AT, Rn. 199; *Wessels/Beulke/Satzger*, Strafrecht AT, Rn. 446a.
[55] *Rengier*, Strafrecht AT, § 27 Rn. 13.

einandersetzung mit dem Angreifer begibt und die Berufung auf § 33 StGB rechtsmissbräuchlich wäre.[56]

Umstritten ist zuletzt die Behandlung des sog. **Putativnotwehrexzesses**. Als Putativnotwehr werden Fälle bezeichnet, in denen der Täter irrig vom Vorliegen der Voraussetzungen einer Notwehrlage ausgeht (vgl. auch Rn. 223 ff.). Dementsprechend ist ein Putativnotwehrexzess i. R. d. § 33 StGB gegeben, wenn der Täter irrig vom Vorliegen der Voraussetzungen einer Notwehrlage ausgeht und er zusätzlich (aus Verwirrung, Furcht oder Schrecken) eine Verteidigung vornimmt, die selbst bei tatsächlich existierender Notwehrlage nicht erforderlich bzw. geboten wäre. Im obigen Beispielsfall (Rn. 400) läge ein Putativnotwehrexzess vor, wenn A nur irrtümlich davon ausgeht, dass O ihn angreift und er ihn infolge seiner Verwirrung durch einen Kopfschuss tötet, obgleich es selbst für den Fall, dass tatsächlich ein Angriff seitens des O vorläge, ausreichen würde, ihm in die Beine zu schießen. Nach teilweise vertretener Auffassung soll im Fall des Putativnotwehrexzesses § 33 StGB analoge Anwendung finden,[57] während andere Autoren eine entsprechende Anwendung des § 35 Abs. 2 StGB befürworten.[58] Richtigerweise ist jedoch mit der h. M. davon auszugehen, dass der Täter bei Überschreitung eines gar nicht existierenden Notwehrrechts weder nach § 33 StGB entschuldigt ist, noch eine Anwendung des § 35 Abs. 2 StGB in Betracht kommt. Da § 33 StGB an § 32 StGB anknüpft, setzt er das **objektive Vorliegen einer Notwehrlage** voraus und kann keinen Täter entschuldigen, dem schon die Berufung auf jegliches Notwehrrecht versagt ist.[59] Gegen die Heranziehung des § 35 Abs. 2 StGB ist einzuwenden, dass das Fehlen einer vergleichbaren Regelung in § 33 StGB nicht als gesetzgeberisches Versehen betrachtet werden kann und daher die Grundvoraussetzung einer entsprechenden Anwendung von § 35 Abs. 2 StGB nicht vorliegt.

b) Extensiver Notwehrexzess

Ein extensiver Notwehrexzess liegt vor, wenn der Täter eine Abwehrhandlung vornimmt, obgleich eine Notwehrlage **nicht mehr oder noch nicht besteht,** also der **Angriff nicht gegenwärtig** ist.[60] Es handelt sich somit um eine Überschreitung der zeitlichen Grenzen der Notwehr. Bsp.: A wird von O angegriffen. Nachdem er O mit einem Fausthieb bewusstlos geschlagen hat, tritt er den am Boden liegenden O aus Schrecken über den Angriff noch einmal.

---

[56] BGHSt 39, 133, 138 ff. (hierzu auch noch Rn. 412); vgl. auch *Jäger*, Strafrecht AT, Rn. 199 ff.
[57] Vgl. hierzu *Otto*, Strafrecht AT, § 16 Rn. 8 ff.; *Rengier*, Strafrecht AT, § 27 Rn. 29.
[58] *Bachmann*, JA 2009, 510, 511 f.; *Rengier*, Strafrecht AT, § 27 Rn. 30; *Sauren*, JURA 1988, 567, 572 f.
[59] *Kindhäuser*, Strafrecht AT, § 25 Rn. 18; *Müller-Christmann*, JuS 1989, 717, 720; vgl. auch *Geppert*, JURA 2007, 33, 40.
[60] Hierzu auch *Geppert*, JURA 2007, 33, 37; *Heuchemer/Hartmann*, JA 1999, 165, 166 ff.; *Kindhäuser*, Strafrecht AT, § 25 Rn. 9 ff.; *Müller-Christmann*, JuS 1989, 717, 718 f.; *Otto*, JURA 1987, 604, 605 f.; *Wessels/Beulke/Satzger*, Strafrecht AT, Rn. 447.

409 Nach teilweise vertretener Ansicht erfasst § 33 StGB sämtliche Fälle des extensiven Notwehrexzesses, da der in der Vorschrift gebrauchte Begriff der „Grenzen der Notwehr" sich auch auf die **zeitlichen Grenzen** des § 32 StGB erstrecke.[61] Da A im Beispielsfall aus Schrecken einen nicht mehr bestehenden Angriff abgewehrt, also die zeitlichen Grenzen des § 32 StGB überschritten hat, wäre er nach dieser Auffassung nach § 33 StGB entschuldigt.

410 Eine andere Auffassung differenziert danach, ob ein **vorzeitig-extensiver** oder ein **nachzeitig-extensiver Notwehrexzess** vorliegt.[62] Bei ersterem wendet der Täter einen noch nicht bestehenden, bei letzterem einen nicht mehr bestehenden Angriff ab. Anwendung soll § 33 StGB nur auf den nachzeitig-extensiven Notwehrexzess finden. Begründet wird diese Auffassung damit, dass beim vorzeitig-extensiven Notwehrexzess nie eine Verteidigungsbefugnis bestand, während beim nachzeitig-extensiven Notwehrexzess eine Notwehrlage zumindest zwischenzeitlich gegeben war und daher ein hinreichender Anknüpfungspunkt für eine Entschuldigung des Verhaltens des Exzesstäters vorläge.[63] Da im Beispielsfall ein nachzeitiger Notwehrexzess vorliegt, wäre A auch nach dieser differenzierenden Auffassung nach § 33 StGB entschuldigt.

411 Richtigerweise ist in sämtlichen Fällen des extensiven Notwehrexzesses eine Entschuldigung über § 33 StGB nicht zuzulassen.[64] Dass die Vorschrift die weitreichende Rechtsfolge der gänzlichen Straffreiheit eröffnet, beruht nicht allein auf einer **Schuldminderung** (im Hinblick auf Verwirrung, Furcht oder Schrecken), sondern auch auf einer **Unrechtsminderung**, die daraus folgt, dass sich der Täter tatsächlich in einer Notwehrlage befindet. Die Entschuldigung nach § 33 StGB setzt also auch die Gegenwärtigkeit des Angriffs voraus,[65] so dass A im Beispielsfall nicht entschuldigt ist.

c) Leitentscheidungen

412 **BGHSt 39, 133, 138 ff.; Notwehrexzess und Vorverhalten:** Ein Bordellbesitzer erfährt, dass eine Rockerbande sein Bordell stürmen möchte. Zu diesem Zeitpunkt hätte er die Polizei rechtzeitig informieren können, unterlässt dies jedoch. Als die Rocker erscheinen, tritt der Bordellbesitzer diesen mit einer geladenen Schrotflinte entgegen, woraufhin sich die Bande zurückzieht. Als sich auch der Bordellbesitzer entfernen möchte, tritt ihm ein Rocker mit einem Messer in der Hand entgegen. Der Bordellbesitzer ist über die Wendung des Geschehens erschrocken und erschießt das Bandenmitglied. – Die Tötung ist nicht nach § 32 StGB gerechtfertigt, da es für die Abwendung des Angriffs gereicht hätte, den Rocker lediglich zu verletzen. Der BGH verneinte zudem eine Entschuldigung nach § 33 StGB. Es sei schon zweifelhaft, ob der Bordell-

---

[61] *Müller-Christmann*, JuS 1989, 717, 718 f.; *Sch/Sch-Perron*, § 33 Rn. 7.
[62] *Beulke*, JURA 1988, 641, 643; *Geppert*, JURA 2007, 33, 38; *Kindhäuser*, Strafrecht AT, § 25 Rn. 13; *Otto*, JURA 1987, 604, 605 f.; *Timpe*, JuS 1985, 117, 120 f.; *Trüg/Wentzell*, JURA 2001, 30, 33 f.; *Wessels/Beulke/Satzger*, Strafrecht AT, Rn. 447.
[63] *Kindhäuser*, Strafrecht AT, § 25 Rn. 14; *Otto*, JURA 1987, 604, 606.
[64] Ebenso *Geilen*, JURA 1981, 370, 379; *Jäger*, Strafrecht AT, Rn. 196.
[65] Vgl. auch BGH NStZ 2002, 141.

besitzer einen von § 33 StGB geforderten asthenischen Affekt aufgewiesen habe. Jedenfalls läge aber ein entschuldigender Notwehrexzess nicht vor, wenn sich der Angegriffene planmäßig in eine Auseinandersetzung begeben habe, was vorliegend aufgrund der unterlassenen Benachrichtigung der Polizei zu bejahen sei.

BGH NStZ-RR 2004, 10, 11; Notwehrexzess bei nachlassendem Angriff: 413
Zwei Freunde lauern dem impulsiven und an einer Persönlichkeitsstörung leidenden Täter auf und versuchen diesem seinen Autoschlüssel gewaltsam zu entreißen, was jedoch dazu führt, dass der Schlüssel abbricht. Hierauf lassen die Freunde von dem Täter ab, machen sich aber daran, das PKW-Kennzeichen zu entfernen. Aufgrund der vorangegangenen Auseinandersetzung befindet sich der Täter in höchster Erregung und glaubt, für ihn bestünde eine Lebensgefahr. Er ergreift daher ein Beil und schlägt auf die vor dem PKW knienden Freunde ein. – Der Täter befand sich zwar in einer Notwehrlage, hat jedoch keine zulässige Verteidigungshandlung vorgenommen, da das sofortige Zuschlagen zur Verhinderung der nur noch drohenden Beeinträchtigung seines Besitzes nicht erforderlich war. Der BGH bejahte jedoch die Voraussetzungen des § 33 StGB. Die Überschreitung des Notwehrrechts beruhe auf der Todesangst des Täters, so dass der erforderliche asthenische Affekt vorläge. Auch scheitere eine Entschuldigung nach § 33 StGB grundsätzlich nicht daran, dass die Intensität des Angriffs bereits nachgelassen hat.

2. Entschuldigender Notstand (§ 35 Abs. 1 StGB)

Grundgedanke des entschuldigenden Notstands ist die Unzumutbarkeit 414
normgemäßen Verhaltens in **existenziellen Zwangslagen**.[66] Ein klassisches Bsp. hat der griechische Philosoph Karneades von Kyrene (214/213 v. Chr. bis 129/128 v. Chr.) gebildet, das „**Brett des Karneades**": Beim Untergang eines Schiffes können sich A und O auf eine Planke retten. Diese kann aber nur einen der beiden tragen, so dass beide zu ertrinken drohen. Deshalb stößt A den O von der Planke. Während A sich so rettet, ertrinkt O.

Anders als bei § 34 StGB wird bei § 35 Abs. 1 StGB nicht die Rechtswidrigkeit nach dem Interessenabwägungsprinzip, sondern die Schuld gerade 415
rechtswidrigen Verhaltens ausgeschlossen. Im Beispielsfall liegt ein tatbestandsmäßiger Totschlag gemäß § 212 Abs. 1 StGB vor. Auch ist die Tat weder über § 32 StGB noch über § 34 StGB gerechtfertigt. Eine Notwehr scheitert bereits daran, dass von O kein Angriff ausging, ein rechtfertigender Notstand kommt nicht in Betracht, wenn Leben gegen Leben steht, da es dann am wesentlichen Überwiegen des geschützten Interesses im Rahmen der Interessenabwägung fehlt. Da sich A jedoch in einer **existenziellen Notlage** befand und die Tötung des O die einzige Möglichkeit darstellte, sein eigenes Leben zu retten, kommt

---

[66] Eingehend hierzu *Hörnle*, JuS 2009, 873 ff.; *Kindhäuser*, Strafrecht AT, § 24 Rn. 1 ff.; *Koriath*, JA 1998, 250 ff.; *Roxin*, JA 1990, 97 ff.; *ders.*, JA 1990, 137 ff.; *Timpe*, JuS 1985, 117 ff.; *Zieschang*, JA 2007, 679 ff.; vgl. auch *Fahl*, JA 2013, 274, 274 f.; *ders.* JA 2014, 808 ff.

unter den Voraussetzungen des § 35 Abs. 1 StGB ausnahmsweise eine Entschuldigung in Betracht.

416 Die Prüfung des § 35 Abs. 1 StGB folgt einem ähnlichen Aufbau wie diejenige des § 34 StGB, wenn auch mit im Einzelnen abweichenden Voraussetzungen. Wie im Verhältnis von § 32 zu § 33 StGB (vgl. Rn. 402) gilt auch hier, dass die gutachterliche Darstellung den systematischen Unterschied zwischen § 34 und § 35 Abs. 1 StGB erfassen muss: § 34 StGB ist auf der Ebene der Rechtswidrigkeit zu prüfen, während § 35 Abs. 1 StGB erst die Schuld entfallen lässt.[67] Im Einzelnen ist der entschuldigende Notstand nach folgendem Schema zu prüfen:

417 **Tab. 16:** Voraussetzungen des entschuldigenden Notstands

	Voraussetzung	Definition
I	Notstandslage	Gegenwärtige Gefahr – für Leib, Leben oder Freiheit – des Täters, eines Angehörigen oder einer ihm nahestehenden Person
II	Notstandshandlung	Zur Gefahrenabwehr geeignet und erforderlich (nicht anders abwendbar)
III	Keine Zumutbarkeit der Gefahrtragung (§ 35 Abs. 1 S. 2 StGB)	Beispiele: – Selbstverursachung der Gefahr – Pflichten in einem besonderen Rechtsverhältnis
IV	Rettungswille	Handeln, um die Gefahr von sich oder einer nahestehenden Person abzuwenden.

a) Notstandslage

418 § 35 Abs. 1 StGB setzt zunächst voraus, dass dem Notstandstäter, einem seiner Angehörigen oder einer ihm sonst nahestehenden Person eine gegenwärtige Gefahr für Leben, Leib oder Freiheit (abschließende Aufzählung) droht. Im Hinblick auf die **Notstandslage** sind die Voraussetzungen des entschuldigenden Notstandes gegenüber denen des rechtfertigenden Notstands somit deutlich **enger** gefasst. § 35 Abs. 1 StGB erfasst anders als § 34 StGB nicht Gefahren für Rechtsgüter aller Art. Die Notstandslage muss sich auf gegenwärtige Gefahren für die Rechtsgüter Leben, Leib oder Freiheit beziehen. Zudem muss die Gefahr für den Täter selbst, einen Angehörigen oder eine andere ihm nahestehende Person bestehen.

419 Der Begriff der **gegenwärtigen Gefahr** ist ebenso zu verstehen wie bei § 34 StGB (hierzu Rn. 285 f.). Hinsichtlich des **Angehörigenbegriffs** ist die Legaldefinition in § 11 Abs. 1 Nr. 1 StGB heranzuziehen. **„Andere ihm nahestehende Personen"** sind solche, zu denen der Notstandstäter ein persönliches Verhältnis aufweist, welches in der Intensität des Zusammengehörig-

---

[67] Zu typischen Fehlern bei der Anwendung der §§ 34, 35 StGB *Zieschang*, JA 2007, 679.

keitsgefühls der zwischen Angehörigen bestehenden Beziehung entspricht.[68] Dies ist in der Regel bei nichtehelichen Lebensgemeinschaften zu bejahen. Die Beschränkung der notstandsfähigen Rechtsgüter in § 35 Abs. 1 StGB auf **Leben, Leib** und **Freiheit** kann nicht durch eine analoge Anwendung der Vorschrift umgangen werden. Da § 35 Abs. 1 StGB nach seinem Normzweck nur ausnahmsweise ein an sich rechtlich missbilligtes Verhalten entschuldigt, weil der Täter unter einem außergewöhnlichen Motivationszwang handelt, ist der Anwendungsbereich auf die ausdrücklich aufgeführten höchsten Rechtsgüter zu beschränken.[69] Dabei betrifft die neben Leib und Leben genannte Freiheit allein die Fortbewegungsfreiheit i. S. v. § 239 StGB, nicht aber die allgemeine Handlungsfreiheit i. S. v. § 240 StGB.[70] Im Beispielsfall besteht für den A selbst eine gegenwärtige Gefahr für sein Leben, so dass eine taugliche Notstandslage i. S. v. § 35 Abs. 1 StGB vorliegt.

b) Notstandshandlung

Anders als bei § 34 StGB ist im Rahmen des entschuldigenden Notstands nicht erforderlich, dass das geschützte Interesse das beeinträchtigte wesentlich überwiegt. Da § 35 Abs. 1 StGB keine Interessenabwägung fordert, kann sogar die Tötung eines Menschen entschuldigt sein. Wie bei § 34 StGB muss aber auch bei § 35 Abs. 1 StGB die Notstandshandlung zur Gefahrenabwehr **geeignet** und **erforderlich** sein.[71] Die Gefahr darf nicht anders als durch die rechtswidrige Tat abwendbar sein. In den **Familientyrannen**-Fällen (vgl. bereits Rn. 228) scheitert eine Entschuldigung nach § 35 Abs. 1 StGB in der Regel daran, dass die Tötung keine zulässige Notstandshandlung darstellt, da die Familienmitglieder staatliche und karitative Hilfe in Anspruch nehmen können.[72] Nur soweit dies im konkreten Fall nicht erfolgversprechend erscheint, kann auch die Tötung des „Familientyrannen" nach § 35 Abs. 1 StGB entschuldigt sein. Im Ausgangsbeispielsfall stellt das Stoßen des O von der Planke eine entschuldigte Notstandshandlung dar, da es sich hierbei um das relativ mildeste Mittel zur Rettung des Lebens von A handelt.

420

c) Zumutbarkeitsklausel

Als besondere Einschränkung enthält § 35 Abs. 1 S. 2 StGB eine Zumutbarkeitsklausel.[73] Danach ist der Täter nicht entschuldigt, soweit ihm nach den Umständen zugemutet werden konnte, die Gefahr hinzunehmen. § 35 Abs. 1 S. 2 StGB nennt diesbezüglich zwei Beispiele: **Selbstverursachung der Gefahr**

421

---

[68] *Roxin*, JA 1990, 97, 102; *Zieschang*, JA 2007, 679, 684; vgl. auch *Kindhäuser*, Strafrecht AT, § 24 Rn. 7; *Rengier*, Strafrecht AT, § 26 Rn. 7.
[69] Vgl. auch *Roxin*, JA 1990, 97, 100 f.; *Zieschang*, JA 2007, 679, 684.
[70] *Wessels/Beulke/Satzger*, Strafrecht AT, Rn. 436; *Zieschang*, JA 2007, 679, 684.
[71] *Rengier*, Strafrecht AT, § 26 Rn. 9; *Wessels/Beulke/Satzger*, Strafrecht AT, Rn. 438 f.
[72] Vgl. *Beckemper*, JA 2004, 99, 102 f.; *Rengier*, NStZ 1984, 21, 22; a. A. *Rotsch*, JuS 2005, 12, 16.
[73] Vgl. hierzu auch *Hörnle*, JuS 2009, 873, 877 ff.; *Zieschang*, JA 2007, 679, 684 f. Zur Frage, ob ggf. auch die Aufopferung des eigenen Lebens zumutbar sein kann *Fahl*, JA 2013, 274, 277 f.

(wenn im Beispielsfall der A den Untergang des Schiffs durch Sabotage herbeigeführt hätte) und Pflichten in einem **besonderen Rechtsverhältnis** (z. B. bei Feuerwehrleuten). Die gesetzlichen Beispiele sind weder zwingend noch abschließend. So kann im Rahmen der Zumutbarkeit nach § 35 Abs. 1 S. 2 StGB (trotz grundsätzlich fehlender Interessenabwägung) auch die Proportionalität zwischen Gefahr und Notstandstat berücksichtigt werden: Die Schwere der Tat darf nicht völlig außer Verhältnis zur Schwere der Gefahr stehen (z. B. Tötung bei nur geringfügiger Körperverletzungsgefahr).[74] Im „Brett des Karneades"-Bsp. bestehen demgegenüber keine Anknüpfungspunkte für die Annahme einer Zumutbarkeit der Gefahrtragung.

d) Rettungswille

422 Erforderlich ist zuletzt, dass der Täter mit Rettungswillen handelt, es muss ihm also gerade darum gehen, die gefährdeten Rechtsgüter zu erhalten.[75] Fehlt der erforderliche Rettungswille, wird der Täter wegen vollendeter Tat bestraft. Im Beispielsfall handelte A, um sein eigenes Leben zu retten, so dass er auch den notwendigen Rettungswillen aufwies und insgesamt nach § 35 Abs. 1 StGB entschuldigt ist.

423 Geht der Täter irrig vom Vorliegen der Voraussetzungen eines entschuldigenden Notstandes aus, ist die spezielle Irrtumsregelung in § 35 Abs. 2 StGB zu berücksichtigen (hierzu Rn. 462).

e) Sonderfall: Der sogenannte „Nötigungsnotstand"

424 Einen speziellen Fall des entschuldigenden Notstands stellt nach h. M. der früher in § 52 a. F. StGB geregelte **Nötigungsnotstand** dar.[76] Dieser betrifft Konstellationen, in denen der Täter in die Rechtsgüter eines anderen eingreift, weil er hierzu von einem Dritten genötigt wird. Bsp.: B bedroht A mit einer Pistole und fordert ihn auf, dem O ins Gesicht zu schlagen, da er ihn ansonsten erschießen werde. A handelt entsprechend der Aufforderung.

425 Die von A verwirklichte Körperverletzung (§ 223 Abs. 1 StGB) ist nicht nach § 32 StGB gerechtfertigt, da der von B verübte Angriff nicht die Ausübung von Notwehr gegen Rechtsgüter des O legitimiert (vgl. bereits Rn. 234). Denkbar erscheint jedoch eine Rechtfertigung nach § 34 StGB, da es bei diesem grundsätzlich nicht auf den Ursprung der Gefahr ankommt. Da eine gegenwärtige Gefahr für das Leben des A bestand, er diese nicht anders abwenden konnte als durch den Schlag in das Gesicht des O und zuletzt auch die Interessenabwägung zu seinen Gunsten ausfällt (sein Leben wiegt mehr als die körperliche Unversehrtheit des O), liegt es auf den ersten Blick nahe, die Voraussetzungen des § 34 StGB zu bejahen.[77] Konsequenz hiervon wäre jedoch, dass dem O gegen das Verhalten des A kein Notwehrrecht zustünde, da die von A verwirklichte Körperverletzung dann keinen rechtswidrigen Angriff dar-

---

[74] *Hörnle*, JuS 2009, 873, 878; *Rengier*, Strafrecht AT, § 26 Rn. 30.
[75] *Roxin*, JA 1990, 97, 102 f.; *Zieschang*, JA 2007, 679, 684.
[76] Hierzu auch *Bünemann/Hömpler*, JURA 2010, 184 ff.; *Neumann*, JA 1988, 329 ff.
[77] So etwa *Kindhäuser*, Strafrecht AT, § 17 Rn. 36; *Küper*, JURA 1983, 206, 215.

stellen würde. O müsste also dulden, dass auf ihn eingeschlagen wird, obgleich er hierfür selbst keinerlei Veranlassung gegeben hat. Da dies ein ersichtlich wertungswidriges Ergebnis darstellt, geht die h. M. zutreffend davon aus, dass A nicht die Voraussetzungen des § 34 StGB erfüllt, da das von ihm ergriffene Mittel nicht als angemessen zu bewerten ist (vgl. § 34 S. 2 StGB).[78] A ist jedoch nach § 35 StGB entschuldigt, mit der Folge, dass er sich durch das Einschlagen auf O nicht strafbar macht, dieser in seinem Vorgehen gegen die Schläge jedoch durch Notwehr gerechtfertigt ist.

f) Leitentscheidungen

BGHSt 46, 279, 285 f.; Entschuldigender Notstand: Ein Schweizer Theologe und Psychologe führt tödlich wirkende Betäubungsmittel nach Deutschland ein. Er übergibt die Betäubungsmittel an eine schwerkranke Frau, die sich mit deren Hilfe eigenverantwortlich das Leben nimmt. – Die nach dem BtMG strafbare Einfuhr der Betäubungsmittel ist nicht nach § 35 StGB entschuldigt. Zwar ist im Hinblick auf Art. 1 Abs. 1 GG der Sterbewille eines Menschen, der ein Sterben unter menschenunwürdigen Bedingungen fürchtet, nicht gänzlich unbeachtlich. Gleichwohl stellt die Wertordnung des GG den Schutz des Lebens an oberste Stelle, was sich auch darin widerspiegelt, dass nach § 216 StGB die Tötung auf Verlangen des Getöteten lediglich zu einer Strafmilderung gegenüber dem Totschlag führt. Da die Rechtsordnung die Mitwirkung eines anderen am Freitod eines Menschen grundsätzlich missbilligt, kommt zumindest bei Außenstehenden, die zum Getöteten keinerlei persönliche Bindung aufweisen, eine Entschuldigung der zur Ermöglichung einer Selbsttötung begangenen Straftaten nicht in Betracht.

BGHSt 48, 255, 257 ff.; Andere Abwendbarkeit: Eine Frau erschießt nachts ihren schlafenden Ehemann, der sie und ihre Tochter seit mehreren Jahren durch Gewalttätigkeiten und Beleidigungen immer wieder erheblich verletzt und gedemütigt hat. – Die Frau ist nicht nach § 35 Abs. 1 StGB entschuldigt. Zwar kann eine gegenwärtige Gefahr im Sinne der Vorschrift auch in Form der Dauergefahr vorliegen, jedoch ist die von einem „Familientyrannen" für die übrigen Familienmitglieder ausgehende Gefahr regelmäßig anders abwendbar, da diese die Hilfe staatlicher Stellen in Anspruch nehmen können. In Betracht kommt aber eine Entschuldigung nach § 35 Abs. 2 S. 1 StGB, wenn das handelnde Familienmitglied infolge der langjährigen Misshandlung unvermeidbar davon ausging, die Tötung sei die „einzige Lösungsmöglichkeit".

---

[78] *Wessels/Beulke/Satzger*, Strafrecht AT, Rn. 443; vgl. auch *Rengier*, Strafrecht AT, § 19 Rn. 51 ff. und § 26 Rn. 15; a. A. *Brand/Lenk*, JuS 2013, 883, 884 f.; *Kindhäuser*, Strafrecht AT, § 17 Rn. 36.

3. Sonstige Entschuldigungsgründe

a) Übergesetzlicher entschuldigender Notstand

428 In außergewöhnlichen Konfliktsituationen, in denen weder eine Rechtfertigung über § 34 StGB noch eine Entschuldigung über § 35 StGB eingreift, das Handeln des Täters jedoch aufgrund einer unlösbaren Gewissenskollision nicht strafwürdig erscheint, soll ausnahmsweise eine Entschuldigung über den Gedanken des übergesetzlichen Notstands in Betracht kommen. Übergesetzlich meint dabei, dass die Gründe als solche zwar nicht gesetzlich normiert sind, sich jedoch aus Rechtsprinzipien von gleichem oder höherem Gewicht herleiten lassen.[79] Von der Rechtsprechung wurde ein übergesetzlicher entschuldigender Notstand für Ärzte angenommen, die während der NS-Diktatur einzelne Patienten für „Euthanasieaktionen" auswählten, um hierdurch andere Patienten zu retten.[80] Hätten sich die Ärzte geweigert, wären sie durch regimetreue Ärzte ersetzt worden, durch deren Entscheidungen voraussichtlich noch weit mehr Patienten ums Leben gekommen wären. In einem derart unauflösbaren und außergewöhnlichen Gewissenskonflikt ist der Täter, der nach bestem Gewissen handelt und dessen Handeln sich unter den Umständen als **einziges Mittel** darstellt, um größeres Unheil von **Rechtsgütern von höchstem Wert** abzuwenden, ausnahmsweise vom Schuldvorwurf zu entlasten.[81] Nach teilweise vertretener Ansicht soll auch der gezielte Abschuss von entführten Passagierflugzeugen zur Rettung der durch einen Absturz gefährdeten Personen nach dem Gedanken des übergesetzlichen Notstands zu entschuldigen sein. Auch hier sei Leben gegen Leben abzuwägen und greife der rechtfertigende Notstand infolge der Gleichwertigkeit der Rechtsgüter bzw. der entschuldigende Notstand aufgrund der fehlenden Nähebeziehung nicht ein.[82]

b) Art. 4 Abs. 1 GG (Entschuldigende Gewissensnot)

429 Umstritten ist, inwieweit eine Gewissenstat nach Art. 4 Abs. 1 GG entschuldigt sein kann. Darunter versteht man Fälle, in denen eine Gewissensentscheidung, die aufgrund sittlicher, religiöser oder politischer Anschauung getroffen wird, zu einer Straftat führt.[83] Bsp.: Eltern weigern sich, eine für ihr Kind lebenserhaltende Bluttransfusion vornehmen zu lassen, da dies ihrer religiösen Überzeugung widerspricht.[84] Nach überwiegender Ansicht wird die Möglichkeit einer Entschuldigung unter Berufung auf die durch Art. 4 Abs. 1 GG geschützte

---

[79] Vgl. *Kühl*, Strafrecht AT, § 12 Rn. 93.
[80] Hierzu BGH NJW 1953, 513 ff.; *Koch*, JA 2005, 745 ff.
[81] *Kindhäuser*, Strafrecht AT, § 21 Rn. 14; *Wessels/Beulke/Satzger*, Strafrecht AT, Rn. 452.
[82] Hierzu BVerfGE 115, 118; *Dreier*, JZ 2007, 265 ff.; *Jäger*, Strafrecht AT, Rn. 452a f.; *Kindhäuser*, Strafrecht AT, § 21 Rn. 14; *Pieroth/Hartmann*, JURA 2005, 729 ff.; *Wessels/Beulke/Satzger*, Strafrecht AT, Rn. 316b, 452a.
[83] Zur Ausstrahlungswirkung von Art. 4 Abs. 1 GG auf das Strafrecht vgl. BVerfGE 32, 98 ff.; Abb. 1 dazu *Blei*, JA 1972, 231 ff.; *Handel*, NJW 1972, 327 ff.; *Peters*, JZ 1972, 83 ff.
[84] Vgl. zu dieser Fallkonstellation u. a. *Jäger*, Strafrecht AT, Rn. 202 ff.

Gewissensfreiheit abgelehnt.[85] Dem ist zumindest für die Mehrzahl der Fälle zuzustimmen, da die Geltung von Rechtsnormen nicht davon abhängen kann, ob sie vom Einzelnen gebilligt oder abgelehnt werden.[86] Die Gewissensentscheidung kann jedoch im Rahmen der Strafzumessung berücksichtigt werden.

V. Irrtum im Strafrecht

Besondere Schwierigkeiten können bei der strafrechtlichen Würdigung eines Sachverhaltes beggenen, wenn das objektive Geschehen und die subjektive Vorstellung des Täters auseinanderfallen, wenn dieser also einem „Irrtum" unterliegt. Im Rahmen der bisherigen Darstellung wurden im Wesentlichen zwei Formen der Fehlvorstellung auf Seiten des Täters behandelt: Der im subjektiven Tatbestand zu verortende Tatbestandsirrtum, bei dem der Täter einen Umstand des gesetzlichen Tatbestands nicht kennt (hierzu Rn. 177 ff.), sowie die fehlende Kenntnis des Vorliegens eines Rechtfertigungsgrundes, die das subjektive Rechtfertigungselement betrifft (hierzu Rn. 272 ff.). Von den weiteren möglichen Fehlvorstellungen des Täters sollen nachfolgend der Verbots-, der Erlaubnistatbestands- sowie der Entschuldigungstatbestands- und Entschuldigungsirrtum vertieft behandelt werden.

430

1. Verbotsirrtum

a) Gegenstand, Erscheinungsformen und Auswirkung des Verbotsirrtums

Beim Verbotsirrtum weiß der Täter, was er tut, er hält sein Verhalten jedoch irrtümlich nicht für verboten.[87] So liegt es etwa, wenn A ohne Wissen des O ein mit diesem geführtes Telefongespräch auf Tonband aufzeichnet, da er dies für erlaubt hält. Hier ist A sich des tatsächlichen Geschehensablaufes (des Aufzeichnungsvorgangs) bewusst, so dass er Kenntnis von den Umständen hat, aus denen sich die Verwirklichung des Tatbestandes in § 201 Abs. 1 Nr. 1 StGB (Verletzung der Vertraulichkeit des Wortes) ergibt – es liegt daher kein Tatbestandsirrtum im Sinne von § 16 Abs. 1 StGB vor. Da A jedoch sein Verhalten nicht für verboten hält, fehlt ihm die **Einsicht, Unrecht zu tun**. Dies erfüllt die Grundvoraussetzungen eines Verbotsirrtums, der in § 17 StGB eine gesetzliche Normierung erfahren hat. Kein Verbotsirrtum liegt allerdings vor, wenn der Täter sein Verhalten zwar nicht für strafbewehrt, aber gleichwohl für verboten hält.[88] Ist A sich im Beispielsfall sicher, dass er durch sein Verhalten

431

---

[85] *Wessels/Beulke/Satzger*, Strafrecht AT, Rn. 403 f.; a. A. *Jäger*, Strafrecht AT, Rn. 203. Für eine differenzierende Betrachtung nach Begehungs- und Unterlassungsdelikten etwa *Rengier*, Strafrecht AT, § 28 Rn. 4 ff.
[86] Ausführlich zur Auseinandersetzung *Kühl*, Strafrecht AT, § 12 Rn. 115 ff.
[87] Vgl. BGHSt 2, 194, 197; *Lesch*, JA 1996, 346; *Neumann*, JuS 1993, 793.
[88] *Hinderer*, JA 2009, 864; *Kindhäuser*, Strafrecht AT, § 28 Rn. 8.

keine Strafnorm verwirklicht, geht er aber zugleich davon aus, dass er eine Ordnungswidrigkeit begeht oder nach zivilrechtlichen Maßstäben verboten handelt, liegt die erforderliche Unrechtseinsicht vor und § 17 StGB greift nicht ein.

432 Hinsichtlich der **Erscheinungsformen** des Verbotsirrtums wird herkömmlich zwischen direktem und indirektem Verbotsirrtum unterschieden.[89] Neben dem Fall, dass der Täter die einschlägige Strafnorm gar nicht kennt, liegt ein direkter Verbotsirrtum auch dann vor, wenn er die Strafnorm zwar kennt, diese aber für ungültig hält (**Gültigkeitsirrtum**), oder ihre Reichweite verkennt und daher meint, sein Verhalten falle nicht unter den gesetzlichen Tatbestand (**Subsumtionsirrtum**).[90] Im **indirekten Verbotsirrtum** (oder **Erlaubnisirrtum**) handelt der Täter, wenn er sein Verhalten irrtümlich für gerechtfertigt hält, weil er an einen in Wahrheit nicht existierenden Rechtfertigungsgrund glaubt oder die Reichweite eines tatsächlich existierenden Rechtfertigungsgrundes überdehnt.[91] Somit unterliegt einem Verbotsirrtum, wer einen 13-jährigen schlägt, weil er an die Existenz eines allgemeinen Züchtigungsrechts (sogar gegenüber fremden Kindern) glaubt, oder wer meint, im Rahmen des rechtfertigenden Defensivnotstands fände keinerlei Interessenabwägung statt und daher einen wertvollen Zuchtbullen erschießt, um zu verhindern, dass dieser eine Pflanze im Wert von 1 € frisst.

433 Für die Rechtsfolge eines Verbotsirrtums kommt es darauf an, ob der Täter diesen hätte **vermeiden** können: Ein unvermeidbarer Verbotsirrtum (§ 17 S. 1 StGB) führt zum Schuldausschluss, ein vermeidbarer Verbotsirrtum (§ 17 S. 2 StGB) lediglich zur fakultativen Strafmilderung. Unvermeidbar ist ein Verbotsirrtum, wenn „der Täter trotz der ihm nach den Umständen des Falles, seiner Persönlichkeit sowie seinem Lebens- und Berufskreis zuzumutenden Anspannung des Gewissens die Einsicht in das Unrechtmäßige seines Handelns nicht zu gewinnen vermochte."[92] Es kommt also in der Regel darauf an, ob der Täter bei angestrengtem Nachdenken hätte erkennen können, dass sein Verhalten von der Rechtsordnung sanktioniert wird.[93] Dabei stellt die Rechtsprechung hohe Anforderungen an die Annahme einer Unvermeidbarkeit,[94] wenn sie ausführt, dass der Täter „Zweifel (…) durch Nachdenken oder Erkundigung zu beseitigen (hat)."[95] Hätte der Täter rechtzeitig verlässlichen Rechtsrat einholen können oder wäre er bei „**gehöriger Gewissensanspannung**" zur Unrechtseinsicht gekommen, ist sein Irrtum als vermeidbar zu bewerten.[96] Demgegenüber ist ein Verbotsirrtum etwa dann unvermeidbar, wenn der Täter sich auf

---

[89] Zu den einzelnen Erscheinungsformen des Verbotsirrtums *Jäger*, Strafrecht AT, Rn. 188; *Lesch*, JA 1996, 504, 505 ff.; *Rengier*, Strafrecht AT, § 31 Rn. 10 ff.
[90] *Lesch*, JA 1996, 504, 505 f.; vgl. auch *Neumann*, JuS 1993, 793, 796 f.
[91] *Lesch*, JA 1996, 504, 506; *Neumann*, JuS 1993, 793, 796.
[92] BGH NJW 1966, 842; vgl. auch BGHSt 2, 194, 201; 3, 357, 366; 21, 18, 20; *Neumann*, JuS 1993, 793, 797 f.; *Rengier*, Strafrecht AT, § 31 Rn. 19 f.
[93] *Rengier*, Strafrecht AT, § 31 Rn. 21.
[94] Vgl. BGHSt 21, 18, 20 f.; krit. hierzu *Kühl*, Strafrecht AT, § 13 Rn. 61.
[95] BGHSt 2, 194, 201.
[96] BGHSt 3, 366.

eine gefestigte höchstrichterliche Rechtsprechung verlässt, von der plötzlich abgewichen wird.⁹⁷

Kein Verbotsirrtum im Sinne von § 17 StGB, sondern ein (in jedem Fall) strafloses „Wahndelikt" liegt bei einem **umgekehrten Verbotsirrtum** vor. Dieser betrifft Konstellationen, in denen der Täter irrig meint, sich strafbar zu verhalten, während in Wirklichkeit kein Straftatbestand existiert, unter den sein Verhalten zu subsumieren ist. – Bsp.: Abiturient A schwört gegenüber einem Lehrer falsch und denkt, dies sei als Meineid strafbar. Ebenfalls nur ein strafloses Wahndelikt ist der **umgekehrte Erlaubnisirrtum**, bei dem der Täter die rechtlichen Grenzen eines Rechtfertigungsgrundes (zu seinen Lasten) zu eng zieht. – Bsp.: A tötet O in Notwehr, geht aber davon aus, dass ein Totschlag auch in diesem Fall strafbar wäre. 434

b) Leitentscheidungen

BGHSt 42, 123, 130; Unrechtseinsicht bei Qualifikationstatbeständen: Zwei mit Schusswaffen ausgestattete Freunde erwerben in den Niederlanden 30 g Heroin und führen dieses nach Deutschland ein. Dass der kurz zuvor ins BtMG aufgenommene § 30a Abs. 2 Nr. 2 für die unerlaubte Einfuhr von Betäubungsmitteln einen erhöhten Strafrahmen vorsieht, wenn der Täter eine Schusswaffe bei sich führt, war ihnen nicht bekannt. – Die Freunde befinden sich bzgl. § 30a Abs. 2 Nr. 2 BtMG nicht im Verbotsirrtum. Bei Qualifikationen liegt Unrechtseinsicht vor, wenn der Täter die spezifische Rechtsgutsverletzung des Grundtatbestandes erkennt, da sich dann sein Unrechtsbewusstsein auch auf die Qualifikation erstreckt. Dies gilt insbesondere dann, wenn der straferhöhende Umstand wie das unerlaubte Führen einer Schusswaffe schon für sich genommen strafrechtliches Unrecht begründet. 435

BGHSt 45, 97, 100 ff.; Unrechtseinsicht: Ein Schweizer Ehepaar unterstützt einen deutschen Immobilienkaufmann finanziell und organisatorisch bei seiner Ausreise aus Deutschland über die Schweiz in die USA. Als sie erfahren, dass gegen den Kaufmann in Deutschland ein Ermittlungsverfahren eingeleitet wurde, konsultieren die Ehegatten einen Anwalt, der ihnen erklärt, dass sie sich durch die Unterstützungshandlungen nach Schweizer Strafrecht nicht strafbar gemacht hätten. Im Rahmen einer späteren Vernehmung leugnet das Ehepaar, den Aufenthaltsort des Kaufmanns zu kennen. – Hinsichtlich der von ihnen verwirklichten Strafvereitelung (§ 258 Abs. 1 StGB) befinden sich die Ehegatten nicht im Verbotsirrtum. Ein solcher liegt gemäß § 17 S. 1 StGB nicht schon dann vor, wenn der Täter die auf sein Verhalten anzuwendende Strafnorm nicht kennt, vielmehr kommt es darauf an, dass ihm die Einsicht fehlt, Unrecht zu tun. Da dem Ehepaar zumindest in laienhafter Vorstellung bewusst war, dass sie durch ihr Verhalten die in Deutschland betriebene Strafverfolgung in unzulässiger Weise verzögern, hatten sie unabhängig von der anwaltlichen Auskunft hinreichende Unrechtseinsicht. 436

---

⁹⁷ BGHSt 37, 55; *Jäger*, Strafrecht AT, Rn. 189; vgl. auch *Kindhäuser*, Strafrecht AT, § 28 Rn. 16 f.

2. Erlaubnistatbestandsirrtum

437 Zu den meistdiskutierten Irrtumskonstellationen im Strafrecht zählt der Erlaubnistatbestandsirrtum.[98] Er betrifft Fälle, in denen der Täter über die **tatsächlichen Voraussetzungen** eines anerkannten Rechtfertigungsgrundes irrt, also fälschlicherweise davon ausgeht, dass die Voraussetzungen eines tatsächlich existierenden Rechtfertigungsgrundes vorliegen. Bsp.: A geht nachts spazieren, als plötzlich O mit erhobenen Armen auf ihn zustürmt. A nimmt an, O wolle ihn überfallen und schlägt diesen nieder, um sich zu verteidigen. In Wirklichkeit wollte O nur seinen Bekannten B, der von A unbemerkt hinter A ging, begrüßen. – In diesem Fall einer **Putativnotwehr** (vgl. bereits Rn. 223 ff., 407) lag nach der Vorstellung des A ein gegenwärtiger und rechtswidriger Angriff und daher eine Notwehrlage vor. Hätte O ihn tatsächlich überfallen, hätte § 32 StGB darüber hinaus das Niederschlagen gerechtfertigt, so dass A sich insgesamt irrig Umstände vorstellte, die im Fall ihres tatsächlichen Vorliegens die Voraussetzungen eines von der Rechtsordnung anerkannten Rechtfertigungsgrundes erfüllen würden.

438 **Abzugrenzen** ist der Erlaubnistatbestandsirrtum insbesondere **vom Erlaubnisirrtum**.[99] Während der Täter bei Letzterem an die Existenz eines von der Rechtsordnung nicht anerkannten Rechtfertigungsgrundes glaubt (z. B. umfassendes Züchtigungsrecht gegenüber Kindern) oder die Grenzen eines anerkannten Rechtfertigungsgrundes überdehnt (z. B. Ausübung eines Notstandsrechts unabhängig von einer Interessenabwägung), geht er beim Erlaubnistatbestandsirrtum irrtümlich von Umständen aus, die ihn im Fall ihres tatsächlichen Vorhandenseins (etwa nach § 32 StGB) rechtfertigen würden. Der im Verbotsirrtum Handelnde erfasst also das Geschehen richtig, nimmt aber eine falsche rechtliche Wertung vor, während der im Erlaubnistatbestandsirrtum Handelnde das Geschehen nicht richtig erfasst.

439 Der Erlaubnistatbestandsirrtum hat keine ausdrückliche gesetzliche Regelung erfahren und ist in seiner rechtlichen Behandlung umstritten. Kern der Auseinandersetzung ist die Frage, ob auf ihn § 16 StGB (direkt, analog oder nur hinsichtlich seiner Rechtsfolgen) oder § 17 StGB Anwendung finden soll.

a) Vorsatztheorie

440 Die Vertreter der Vorsatztheorie gehen davon aus, dass der Vorsatz des Täters auch das **Unrechtsbewusstsein** umfassen muss.[100] Danach handelt der Täter nicht vorsätzlich, wenn er überzeugt ist, dass sein Verhalten kein Unrecht begründet. Da der im Erlaubnistatbestandsirrtum Handelnde die Verwirklichung

---

[98] Instruktiv zum Ganzen *Dieckmann*, JURA 1994, 178 ff.; *Gasa*, JuS 2005, 890 ff.; *Herzberg/Scheinfeld*, JuS 2002, 649 ff.; *Kelker*, JURA 2006, 591, 592 ff.; Kraatz, JURA 2014, 787 ff.; *Momsen/Rackow*, JA 2006, 550 ff., 654 ff.; *Scheffler*, JURA 1993, 617, 618 ff.; *Schmelz*, JURA 2002, 391 ff.; *Stiebig*, JURA 2009, 274 ff.
[99] Hierzu auch *Kelker*, JURA 2006, 591, 597; *Kudlich*, JA 2014, 587, 588.
[100] U. a. *Schmidhäuser*, FS Mayer, 317 ff.; vgl. Darstellungen bei *Dieckmann*, JURA 1994, 178, 179; *Kraatz*, JURA 2014, 787, 792; *Scheffler*, JURA 1993, 617, 618; *Stiebig*, JURA 2009, 274 f.

des objektiven Tatbestandes für gerechtfertigt hält, fehlt ihm das Unrechtsbewusstsein und nach dieser Sicht daher auch der erforderliche Tatbestandsvorsatz. Im Beispielsfall hätte A hiernach zwar den objektiven Tatbestand des § 223 Abs. 1 StGB verwirklicht, kann mangels vorsätzlichen Handelns aber nicht hieraus bestraft werden. Zu prüfen bliebe jedoch eine Strafbarkeit wegen fahrlässiger Körperverletzung nach § 229 StGB.

Wer der Vorsatztheorie folgen will, muss im Rahmen des **Prüfungsaufbaus** bereits im subjektiven Tatbestand auf das Vorliegen eines Erlaubnistatbestandsirrtums hinweisen und infolgedessen den Vorsatz des Täters verneinen.[101] Gegen die Vorsatztheorie spricht jedoch, dass sie mit der geltenden Gesetzeslage nicht zu vereinbaren ist.[102] Das StGB differenziert eindeutig zwischen Irrtümern, welche den Vorsatz betreffen (§ 16 StGB), und solchen, die sich auf das Unrechtsbewustein beziehen (§ 17 StGB). Da § 17 StGB bei fehlender Einsicht, Unrecht zu tun, einen Schuldausschluss vorsieht, den Vorsatz aber unberührt lässt, kann das Unrechtsbewusstsein nicht ohne weiteres dem Vorsatz des Täters zugeordnet werden.

441

b) Strenge Schuldtheorie

Nach den Schuldtheorien ist das Unrechtsbewustein ein selbständiges Element der Schuld. Dabei orientiert sich die **strenge Schuldtheorie** konsequent an der Differenzierung in den § 16 und § 17 StGB mit der Folge, dass sich der Vorsatz des Täters nur auf die Umstände des objektiven Tatbestandes beziehen muss und alle übrigen subjektiven Deliktselemente in den Bereich der Schuld fallen.[103] Da es sich bei dem Vorliegen der Voraussetzungen eines tatsächlich existierenden Rechtfertigungsgrundes nicht um einen Umstand des objektiven Tatbestandes handelt, lässt daher auch eine diesbezügliche (Fehl-) Vorstellung den Tatbestandsvorsatz unberührt.[104] Konsequenz dieser Auffassung ist, dass der Erlaubnistatbestandsirrtum (ebenso wie der Erlaubnisirrtum) als Verbotsirrtum im Sinne von § 17 StGB zu behandeln ist und es für die Strafbarkeit des Täters auf die Vermeidbarkeit der Fehlvorstellung ankommt. Im Beispielsfall hat A nach der strengen Schuldtheorie den § 223 Abs. 1 StGB vorsätzlich und rechtswidrig verwirklicht. Jedoch unterlag er einem Verbotsirrtum in Form des Erlaubnistatbestandsirrtums, so dass seine Strafbarkeit davon abhängt, ob er hätte erkennen können, dass O ihn nicht angreifen, sondern lediglich seinen Bekannten B begrüßen wollte.

442

Im **Prüfungsaufbau** führt die Anwendung der strengen Schuldtheorie dazu, dass der Erlaubnistatbestandsirrtum erst auf der Ebene der Schuld relevant wird; erst dort ist das Vorliegen eines Verbotsirrtums zu bejahen und auf dessen Vermeidbarkeit einzugehen. Obgleich die strenge Schuldtheorie der Differenzierung in § 16 und § 17 StGB Rechnung trägt, vermag sie jedoch im Ergebnis

443

---

[101] Vgl. auch *Stiebig*, JURA 2009, 274 f.
[102] *Kelker*, JURA 2006, 591, 594 f.; *Scheffler*, JURA 1993, 617, 618.
[103] Vgl. die Darstellung bei *Kindhäuser*, Strafrecht AT, § 29 Rn. 16; *Kraatz*, JURA 2014, 787, 793 f.
[104] *Kaufmann*, JZ 1955, 37 ff.

nicht zu überzeugen und wird daher von der heute h. L. zu Recht abgelehnt.[105] Die Gleichbehandlung von Erlaubnisirrtum und Erlaubnistatbestandsirrtum verkennt, dass der Täter im einen Fall (Erlaubnisirrtum) über die rechtliche Bewertung seines Tuns irrt, im anderen Fall (Erlaubnistatbestandsirrtum) aber über den wahren Sachverhalt (vgl. schon oben Rn. 438). Beim Erlaubnistatbestandsirrtum ist er „an sich rechtstreu", er „will die Rechtsgebote befolgen und verfehlt dieses Ziel nur wegen seines Irrtums über die Sachlage, aus der sein Handeln erwächst."[106] Da der Erlaubnistatbestandsirrtum somit letztlich auf einen Mangel an Sorgfalt auf Seiten des Täters zurückzuführen ist, ist er strukturell eher mit dem Tatbestandsirrtum als mit dem Verbotsirrtum vergleichbar, so dass die Anwendung des § 17 StGB nicht angemessen erscheint.[107]

c) Eingeschränkte Schuldtheorie

444 Infolge der Unvereinbarkeit der Vorsatztheorie mit dem Gesetzeswortlaut sowie der soeben aufgezeigten Wertungswidersprüche der strengen Schuldtheorie werden im Schrifttum mehrheitlich Ansätze der eingeschränkten Schuldtheorie vertreten.[108] Den einzelnen Ausprägungen dieser Sichtweise ist dabei gemein, dass sie den Erlaubnistatbestandsirrtum im Ergebnis wie einen Tatbestandsirrtum behandeln. Unterschiedlich beantwortet wird jedoch, ob dies durch eine direkte oder analoge Anwendung von § 16 StGB erzielt werden kann.

aa) Lehre von den negativen Tatbestandsmerkmalen

445 Unmittelbar zur Anwendung des § 16 Abs. 1 S. 1 StGB führt die **Lehre von den negativen Tatbestandsmerkmalen**.[109] Nach dieser bezieht sich der Begriff „Tatbestand" in § 16 Abs. 1 S. 1 StGB auf einen **„Gesamtunrechtstatbestand"**, der sich aus den positiven Tatbestandsmerkmalen des Deliktstatbestandes und den negativen Tatbestandsmerkmalen des Rechtfertigungsgrundes zusammensetzt.[110] Da hiernach das Fehlen von Rechtfertigungsgründen Voraussetzung der Verwirklichung des objektiven Tatbestandes ist, muss sich der Vorsatz des Täters auch hierauf beziehen und nicht nur auf die Elemente des jeweiligen Straftatbestandes.[111] Im Fall der Körperverletzung (§ 223 Abs. 1 StGB) müsste

---

[105] Vgl. auch die Kritik bei *Dieckmann*, JURA 1994, 178, 185; *Kelker*, JURA 2006, 591, 595.
[106] BGHSt 3, 105, 107.
[107] Vgl. auch *Kindhäuser*, Strafrecht AT, § 29 Rn. 18; *Trüg/Wentzel*, JURA 2001, 30, 33.
[108] Vgl. etwa die Darstellungen bei *Dieckmann*, JURA 1994, 178, 179; *Jäger*, Strafrecht AT, Rn. 214ff.; *Kelker*, JURA 2006, 591, 593f.; *Kraatz*, JURA 2014, 787, 794ff.; *Rengier*, Strafrecht AT, § 30 Rn. 15ff.; *Scheffler*, JURA 1993, 617, 618f.
[109] Vgl. etwa *Dieckmann*, JURA 1994, 178, 179; *Hruschka*, FS Roxin, 441, 451ff.; *Kindhäuser*, Strafrecht AT, § 29 Rn. 20; Kraatz, JURA 2014, 787, 794f.; *Momsen/Rackow*, JA 2006, 654, 658; *Scheffler*, JURA 1993, 617, 618; *Schmelz*, JURA 2002, 391, 392; *Schünemann*, GA 2006, 777; *Stiebig*, JURA 2009, 274, 275; *Wessels/Beulke/Satzger*, Strafrecht AT, Rn. 473; zum Aufbau *Graul*, JuS-Lernbogen 1992, L 49, 50f.
[110] *Dieckmann*, JURA 1994, 178, 179; *Hruschka*, FS Roxin, 441, 451ff.; *Schmelz*, JURA 2002, 391, 392; *Stiebig*, JURA 2009, 274, 275.
[111] *Hruschka*, FS Roxin, 441, 451ff.; *Schünemann*, GA 1985, 348ff.; *Stiebig*, JURA 2009, 274, 275.

der Täter also bspw. Vorsatz haben bzgl. der Verletzung eines Menschen ohne Vorliegen der tatsächlichen Voraussetzungen eines Rechtfertigungsgrundes. Auf der Grundlage der Lehre von den negativen Tatbestandsmerkmalen hat A im Beispielsfall zwar den objektiven Tatbestand des § 223 Abs. 1 StGB erfüllt, da er den O niederschlug, ohne (tatsächlich) die Voraussetzungen eines Rechtfertigungsgrundes zu erfüllen. Jedoch entfällt sein Vorsatz in unmittelbarer Anwendung des § 16 Abs. 1 S. 1 StGB, da er nur hinsichtlich der Voraussetzungen des § 223 Abs. 1 StGB, nicht aber hinsichtlich des Fehlens von Rechtfertigungsgründen vorsätzlich handelte.

Die Lehre von den negativen Tatbestandsmerkmalen führt zu einem **Prüfungsaufbau,** der sich fundamental von demjenigen der h. L. unterscheidet. Da sie die fehlende Rechtfertigung als Element des (Gesamtunrechts-)Tatbestandes betrachtet, entfällt der dreistufige Prüfungsaufbau, der zwischen Tatbestandsmäßigkeit, Rechtswidrigkeit und Schuld differenziert. Stattdessen legt sie einen zweigliedrigen Prüfungsaufbau zugrunde, wonach nur noch zwischen (Gesamtunrechts-)Tatbestand und Schuld zu differenzieren ist.[112] Indes vermag auch die Lehre von den negativen Tatbestandsmerkmalen im Ergebnis nicht zu überzeugen. Zwar ist sie in der Lage, bei der rechtlichen Behandlung des Erlaubnistatbestandsirrtums in sich schlüssig zu einer einfachen Lösung zu führen. Doch werden so die funktionalen Unterschiede zwischen Tatbestand und Rechtswidrigkeit eingeebnet. Im Tatbestand wird der Deliktstypus festgelegt, um zu beschreiben, wann ein strafrechtserheblicher Unwert verwirklicht ist, während auf der Ebene der Rechtswidrigkeit geprüft wird, ob trotz der Unwertverwirklichung das Verhalten rechtmäßig ist (vgl. bereits oben Rn. 40). Es macht – um ein Bsp. von *Welzel*[113] aufzugreifen – trotz Straflosigkeit in beiden Fällen für die Unwertverwirklichung einen Unterschied, ob ein Mensch in Notwehr oder bloß eine Mücke getötet wird.

446

bb) Analogielösung

Die **eingeschränkte Schuldtheorie im engeren Sinne** schlägt eine analoge Anwendung des § 16 Abs. 1 S. 1 StGB auf den Erlaubnistatbestandsirrtum vor.[114] Zwar sei zuzugeben, dass sich die Vorschrift nach ihrem Wortlaut nur auf Deliktstatbestandsmerkmale beziehe. Da aber der Erlaubnistatbestandsirrtum angesichts des beim Täter auszumachenden Willens zu rechtstreuem Verhalten wie ein Tatbestandsirrtum zu behandeln sei, müsse nach § 16 Abs. 1 S. 1 StGB analog der Vorsatz entfallen.[115] Auch nach dieser Spielart der eingeschränkten Schuldtheorie hat A im Beispielsfall nicht vorsätzlich gehandelt, allerdings ergibt sich dies lediglich aus einer analogen Anwendung von § 16 Abs. 1 S. 1 StGB.

447

---

[112] Vgl. auch die Darstellung bei *Jäger*, Strafrecht AT, Rn. 213.
[113] *Welzel*, ZStW 67 (1955), 196, 210.
[114] *Herzberg*, JA 1989, 294; *Jäger*, Strafrecht AT, Rn. 214; *Kindhäuser*, Strafrecht AT, § 29 Rn. 19.
[115] *Herzberg*, JA 1989, 294, 295 ff.; *Kühl*, Strafrecht AT, § 13 Rn. 73; *Momsen/Rackow*, JA 2006, 654, 658.

448 Die Auswirkungen, welche die Analogielösung auf den **Prüfungsaufbau** zeitigt, setzen sie beachtlicher Kritik aus: Nach ihr ist der Vorsatz des Täters auf Tatbestandsebene zunächst zu bejahen, später jedoch auf der Ebene der Rechtswidrigkeit zu verneinen. Darüber hinaus ergeben sich aus der Analogielösung Folgeprobleme bei der Teilnahme.[116] Da Anstiftung und Beihilfe jeweils eine vorsätzlich und rechtswidrig begangene Haupttat voraussetzen (vgl. noch Rn. 555 f.), wäre auch derjenige, der einen im Erlaubnistatbestandsirrtum Handelnden anstiftet oder unterstützt, straflos, selbst wenn in seiner Person keinerlei Irrtum vorliegt. Zwar wird dieser Argumentation verbreitet entgegengehalten, dass in entsprechenden Konstellationen häufig die Voraussetzungen der mittelbaren Täterschaft vorliegen werden,[117] jedoch gilt dies keinesfalls für sämtliche denkbaren Fallgestaltungen, wie folgender Beispielsfall verdeutlicht: A nimmt irrig an, dass er von O angegriffen wird. B, der die Situation richtig erfasst, aber den O nicht mag, ruft A zu, dieser solle O niederschlagen. A tut dies. – B nimmt hier gegenüber A wohl eher keine derart beherrschende Stellung ein, dass man die Voraussetzungen einer mittelbaren Täterschaft bejahen könnte. Nach der eingeschränkten Schuldtheorie könnte B darüber hinaus mangels vorsätzlicher Haupttat auch nicht wegen Anstiftung zur Körperverletzung (§§ 223 Abs. 1, 26 StGB) bestraft werden, so dass sein Verhalten gänzlich straflos wäre.

cc) Rechtsfolgenverweisende Schuldtheorie

449 Den soeben aufgezeigten Problemen der Analogielösung begegnet die rechtsfolgenverweisende Schuldtheorie.[118] Nach dieser entfällt nicht der Tatbestandsvorsatz, sondern nur die **Vorsatzschuld**. Der Erlaubnistatbestandsirrtum wird als Irrtum eigener Art angesehen und nur hinsichtlich seiner Rechtsfolgen wird analog § 16 Abs. 1 S. 1 StGB auf diejenigen des Tatbestandsirrtums verwiesen. Die Rechtsfolge der Vorsatztat entfällt. Zu prüfen bleibt, ob der Irrtum vorwerfbar ist und deshalb Fahrlässigkeit in Betracht kommt. Nach diesem überzeugenden Ansatz ist auf den Erlaubnistatbestandsirrtum im **Prüfungsaufbau** erst im Rahmen der Schuld einzugehen und dort in analoger Anwendung des § 16 Abs. 1 S. 1 StGB die Vorsatzschuld zu verneinen.

d) Zusammenfassung und Hinweis für die Fallbearbeitung

450 Soweit sich eine Fehlvorstellung des Täters auf die Voraussetzungen eines rechtlich anerkannten Rechtfertigungsgrundes bezieht, darf in der Fallbearbeitung nicht vorschnell mit der Erörterung der einzelnen zur Behandlung des Erlaubnistatbestandsirrtums vertretenen Auffassungen begonnen werden.[119]

---

[116] *Rengier*, Strafrecht AT, § 30 Rn. 20; *Scheffler*, JURA 1993, 617, 619; *Schmelz*, JURA 2002, 391, 392; *Wessels/Beulke/Satzger*, Strafrecht AT, Rn. 477; a. A. *Stiebig*, JURA 2009, 274, 275.

[117] *Dieckmann*, JURA 1994, 178, 185; *Jäger*, Strafrecht AT, Rn. 215; *Kindhäuser*, Strafrecht AT, § 29 Rn. 23; vgl. ferner *Scheffler*, JURA 1993, 617, 620 ff.

[118] BGH NStZ 2012, 272, 273; *Rengier*, Strafrecht AT, § 30 Rn. 19 f.; *Wessels/Beulke/Satzger*, Strafrecht AT, Rn. 478 f.

[119] Vgl. hinsichtlich einer Aufzählung verbreiteter Fehler bei der Prüfung *Kraatz*, JURA 2014, 787 ff.

Vielmehr ist zunächst festzustellen, ob bei tatsächlichem Vorliegen der vom Täter vorgestellten Umstände die Voraussetzungen eines existierenden Rechtfertigungsgrundes vorlägen und ob der Täter in diesem Fall eine Handlung vorgenommen hätte, die tatsächlich gerechtfertigt wäre. Derjenige, der irrig vom Vorliegen eines gegenwärtigen und rechtswidrigen Angriffs ausgeht, unterliegt also nur dann einem Erlaubnistatbestandsirrtum bzgl. der objektiven Voraussetzungen des § 32 StGB, wenn er eine Handlung vornimmt, die bei tatsächlich existierender Notwehrlage die erforderliche Verteidigung darstellen würde. Streckt bspw. O die Hand aus, um dem A zur Begrüßung die Hand zu schütteln, geht A jedoch davon aus, dass O ihm die gerade erworbene Cola-Dose aus der Hand reißen möchte, um diese selbst auszutrinken, und greift daher A nach seiner Pistole und erschießt den O, liegen die Voraussetzungen eines Erlaubnistatbestandsirrtums nicht vor. Zwar stellt A sich Umstände vor, die bei tatsächlichem Vorliegen die Voraussetzungen eines gegenwärtigen und rechtswidrigen Angriffs und damit einer Notwehrlage erfüllen würden. Selbst wenn O tatsächlich nach der Cola-Dose hätte greifen wollen, würde die Abgabe eines tödlich wirkenden Schusses jedoch keine erforderliche Verteidigung darstellen. Zweifelhaft erscheint schon die Erforderlichkeit der Verteidigung, da es in der Regel zur Abwehr des (vorgestellten) Angriffs ebenso erfolgversprechend sein wird, die Hand des O zur Seite zu schlagen. Jedenfalls wäre die Gebotenheit zu verneinen, da die Abgabe eines lebensbedrohlichen Schusses zum Erhalt eines Getränks im Wert von wenigen Cent grob rechtsmissbräuchlich ist (hierzu im Einzelnen Rn. 246f.). In dieser Konstellation liegt daher kein Erlaubnistatbestands-, sondern ein sog. „Doppelirrtum" vor, der als Verbotsirrtum zu behandeln ist (hierzu noch Rn. 458f.).

Ergibt die Prüfung, dass die Voraussetzungen eines Erlaubnistatbestandsirrtums vorliegen (etwa weil A im Beispielsfall sich tatsächlich darauf beschränkt, die Hand des O zur Seite zu schlagen), ist auf die oben dargestellten Lösungsansätze einzugehen, die nachfolgend in Tab. 17 zusammengefasst sind:

Tab. 17: Rechtliche Behandlung des Erlaubnistatbestandsirrtums

	Lösungsansatz	Rechtliche Behandlung
I	Vorsatztheorie	§ 16 Abs. 1 S. 1 StGB unmittelbar: Vorsatz entfällt
II	Strenge Schuldtheorie	§ 17 StGB: bei Unvermeidbarkeit: Schuldausschluss
III	Lehre von den negativen Tatbestandsmerkmalen	§ 16 Abs. 1 S. 1 StGB unmittelbar
IV	Eingeschränkte Schuldtheorie i.e.S. (Analogielösung)	§ 16 Abs. 1 S. 1 StGB analog: Vorsatz entfällt
V	Rechtsfolgenverweisende Schuldtheorie	Tatbestandsvorsatz bleibt bestehen, während Vorsatzschuld entfällt; Rechtsfolgen des § 16 Abs. 1 S. 1 StGB

453 Mit Ausnahme der strengen Schuldtheorie führen sämtliche Auffassungen zu einer direkten oder analogen Anwendung des § 16 Abs. 1 S. 1 StGB bzw. zu einer analogen Anwendung seiner Rechtsfolgen. Die Vorsatztheorie ist mit dem Gesetzeswortlaut eindeutig nicht zu vereinbaren, so dass ihre Darstellung in der Fallbearbeitung entbehrlich sein kann.[120] Innerhalb der eingeschränkten Schuldtheorien ist eine Streitentscheidung zumindest dann nicht erforderlich, wenn es im konkreten Fall nur um die Strafbarkeit des im Erlaubnistatbestandsirrtum Handelnden geht, da sie diesbezüglich zum gleichen Ergebnis gelangen: Eine Bestrafung wegen vorsätzlicher Deliktsbegehung kommt wegen (direkter oder analoger) Anwendung des § 16 Abs. 1 S. 1 StGB nicht in Betracht; zu prüfen bleibt, ob der Täter die Voraussetzungen eines Fahrlässigkeitsdeliktes erfüllt hat (vgl. § 16 Abs. 1 S. 2 StGB). In jedem Fall entschieden werden muss die Auseinandersetzung um die Behandlung des Erlaubnistatbestandsirrtums demgegenüber, wenn neben dem Irrenden die **Teilnahmestrafbarkeit** eines anderen zu prüfen ist. Nur nach der strengen Schuldtheorie sowie der rechtsfolgenverweisenden eingeschränkten Schuldtheorie liegt eine teilnahmefähige Haupttat vor, während nach der Vorsatztheorie ebenso wie nach der Lehre von den negativen Tatbestandsmerkmalen und der eingeschränkten Schuldtheorie i. e. S. eine Teilnahmestrafbarkeit von vornherein ausscheidet.

454 Schon die Darstellung der einzelnen Lösungsansätze hat aufgezeigt, dass diese nicht nur zu einer unterschiedlichen rechtlichen Behandlung des Erlaubnistatbestandsirrtums führen, sondern sich auch in der Verortung der Problematik im **Deliktsaufbau** niederschlagen.[121] Dies gilt im besonderen Maße für die Lehre von den negativen Tatbestandsmerkmalen, da nach dieser grundsätzlich ein nur zweistufiger Deliktsaufbau zugrunde zu legen ist. Wer sich (entsprechend der herrschenden Auffassung) für einen dreigliedrigen Deliktsaufbau entscheidet, bringt also streng genommen schon hierdurch zum Ausdruck, dass er sich gegen die Lehre vom Gesamtunrechtstatbestand entschieden hat. Soweit in einer Klausur oder Hausarbeit entsprechend der hier befürworteten Sicht der rechtsfolgenverweisenden eingeschränkten Schuldtheorie gefolgt wird, ergeben sich bei der Erörterung der Strafbarkeitsvoraussetzungen grundsätzlich keinerlei Abweichungen gegenüber dem üblichen Prüfungsaufbau. Verdeutlicht an dem Beispielsfall aus Rn. 437 ist der Erlaubnistatbestandsirrtum dann wie folgt in die Falllösung zu integrieren:[122]

455 Strafbarkeit des A durch das Einschlagen auf O:

A. § 223 Abs. 1 StGB
I. Tatbestand
   Objektiver Tatbestand (+): Der Schlag stellt eine körperliche Misshandlung dar.

---

[120] Ebenso *Kindhäuser*, Strafrecht AT, § 29 Rn. 14.
[121] Hierzu auch *Jäger*, Strafrecht AT, Rn. 213 ff.; *Stiebig*, JURA 2009, 274, 276.
[122] Zum Prüfungsaufbau nach den abweichenden Lösungsansätzen *Jäger*, Strafrecht AT, Rn. 213 ff.

Subjektiver Tatbestand (+): A handelt vorsätzlich hinsichtlich der Misshandlung.
II. Rechtswidrigkeit (+):
Die Voraussetzungen eines Rechtfertigungsgrundes liegen nicht vor.
III. Schuld (–):
A stellt sich die Voraussetzungen eines rechtlich anerkannten Rechtfertigungsgrundes vor und handelt daher ohne Vorsatzschuld gem. § 16 Abs. 1 S. 1 StGB analog.
B. § 229 StGB

e) Leitentscheidungen

BGH NStZ 1983, 500; Erlaubnistatbestandsirrtum bei irriger Annahme der Voraussetzungen von § 32 StGB: Der ehemalige Lebensgefährte der Tochter eines gehbehinderten Rentners drang wiederholt in das Grundstück des Rentners ein und übte ihm und der Tochter gegenüber wiederholt schwere Gewalttätigkeiten aus. Am Tatabend erscheint er erneut und schlägt brutal auf die Tochter ein. Der Rentner ergreift daraufhin eine Eisenstange, mit der er zweimal auf den ehemaligen Lebensgefährten einschlägt. Dieser lässt zunächst von der Tochter ab und setzt sich in sein Auto. Als er sich kurze Zeit später aus dem Auto beugt, denkt der Rentner, er wolle erneut aussteigen und schlägt ihm mehrfach mit der Eisenstange auf den Kopf, was zu schweren Verletzungen führt. – Die Voraussetzungen eines Erlaubnistatbestandsirrtums liegen vor. Hätte der ehemalige Lebensgefährte tatsächlich aus dem Auto aussteigen wollen, um gewaltsam gegen die Tochter vorzugehen, wäre das Zuschlagen mit der Eisenstange nach § 32 StGB gerechtfertigt gewesen. Aufgrund der Gehbehinderung des Rentners und der weiten Eingriffsbefugnisse, die das Notwehrrecht vermittelt, hätte der Einsatz der Eisenstange (bei unterstelltem tatsächlichem Vorliegen eines gegenwärtigen und rechtswidrigen Angriffs) ferner die erforderliche und gebotene Verteidigung dargestellt.

456

BGH JuS 2011, 369; Erlaubnistatbestandsirrtum bei irriger Annahme der Voraussetzungen von § 32 StGB: Ein Mann gerät im Erdgeschoss des von ihm bewohnten Hauses mit einem anderen Mieter (der ihm körperlich weit überlegen ist) in eine tätliche Auseinandersetzung, in deren Verlauf dieser ihm einen Schlag ins Gesicht versetzt, der zu Schwellungen und Einblutungen am linken Auge führt. Der verletzte Mann geht hierauf in seine Wohnung, um die Polizei zu rufen, als ihm einfällt, dass sich seine Freundin noch im Erdgeschoss befindet. Aus Sorge, sein Kontrahent könne sich nun gegen sie wenden, ergreift er ein Küchenmesser und begibt sich in das Treppenhaus. Dort begegnet er dem Anderen, der die Auseinandersetzung seinerseits jedoch für beendet hält und an dem Mann vorbei in das höher gelegene Wohngeschoss gehen möchte. Dieser nimmt an, der auf ihn zukommende Nachbar wolle ihn erneut körperlich misshandeln und fordert ihn daher auf, stehenzubleiben, was dieser jedoch nicht tut. Darauf versetzt er ihm mit dem Messer einen Halsschnitt, der nach späterer ambulanter Behandlung folgenlos verheilt. –

457

Die Voraussetzungen eines Erlaubnistatbestandsirrtums liegen vor. Hätte der körperlich überlegene Nachbar tatsächlich mit den körperlichen Misshandlungen fortfahren wollen, hätte der Messerstich eine erforderliche und gebotene Verteidigungshandlung dargestellt. Da die weiteren Schläge nach der Vorstellung des vermeintlich Angegriffenen unmittelbar bevorstanden, durfte er das Messer zur Verteidigung einsetzen. Auch musste er sich aufgrund der vorangegangenen Auseinandersetzung im Erdgeschoss, in deren Verlauf seine körperliche Unterlegenheit gegenüber dem Nachbarn deutlich geworden war, nicht darauf beschränken, diesem unbewaffnet gegenüberzutreten. Da sich der Hausbewohner somit irrig Umstände vorstellte, die bei tatsächlichem Vorliegen einen gegenwärtigen und rechtswidrigen Angriff begründen würden und er in diesem Fall eine rechtmäßige Verteidigungshandlung vorgenommen hätte, irrte er über die tatsächlichen Voraussetzungen des § 32 StGB, so dass er nicht aus dem Vorsatzdelikt zu bestrafen ist. In Betracht kommt eine Bestrafung nach § 229 StGB.

457a BGH NStZ 2012, 272, 273 f.; **Erlaubnistatbestandsirrtum bei irriger Annahme der Voraussetzungen von § 32 StGB:** Ein Mitglied der „Hells Angels" wird durch die Versuche eines SEKs der Polizei, seine Haustür zu öffnen, geweckt. Auf das durch die teilweise verglaste Tür erkennbare Einschalten des Lichts im Flur und den Ruf „verpisst euch" reagieren die Polizisten nicht und geben folglich auch ihre Identität als Polizisten nicht zu erkennen, sondern fahren unverändert mit dem Öffnen der Tür fort. In der irrigen Annahme, es handele sich bei den Personen vor der Tür um Mitglieder des verfeindeten Rockerclubs „Bandidos", schießt der Hells Angel anschließend ohne weitere Warnung zweimal gezielt auf eine der Personen vor der Tür und verletzt einen Polizisten tödlich. – Die Voraussetzungen des Erlaubnistatbestandsirrtums liegen vor. Hätte es sich bei den Personen vor der Tür tatsächlich um Mitglieder der „Bandidos" gehandelt, wäre der Schütze nach § 32 StGB gerechtfertigt gewesen. Angesichts der für ihn nicht erkennbaren Anzahl und Bewaffnung der vermeintlichen „Bandidos", bei denen mit besonders aggressivem Vorgehen hätte gerechnet werden dürfen, und insbesondere der bereits weitgehend aufgebrochenen Haustür wäre der sofortige Schuss ohne vorherigen Warnschuss die gebotene und erforderliche Verteidigung gegen einen rechtswidrigen Angriff gewesen, da ein Warnschuss nicht (mehr) geeignet gewesen wäre, ein unmittelbar bevorstehendes Eindringen der Angreifer bzw. einen möglichen Beschuss durch die Tür abzuwehren. Da die Polizisten ihre Identität auch nach ihrer für sie klar erkennbaren Entdeckung nicht preisgaben und der Schütze somit keine Möglichkeit hatte, die Personen vor der Tür als Polizisten zu identifizieren, kommt auch eine Strafbarkeit nach § 222 StGB nicht in Betracht.

f) Exkurs: Der „Doppelirrtum"

458 Von einem Doppelirrtum spricht man, wenn der Täter nicht nur irrtümlich vom Vorliegen der Voraussetzungen eines rechtlich anerkannten Rechtfertigungsgrundes ausgeht, sondern auf Basis dieser Vorstellung auch noch über die Grenzen des von ihm vorgestellten Rechtfertigungsgrundes irrt.[123] So liegt es, wenn A im obigen Beispielsfall (Rn. 437), in dem er irrig davon ausgeht, dass O ihn angreift, den O niederschießt, weil er irrig annimmt, jedwede Verteidigung sei als Notwehr erlaubt. Dabei bestünde die erforderliche Verteidigung selbst in dem Fall, dass O ihn tatsächlich angreift, allein darin, den O bewusstlos zu schlagen. – A stellt sich zunächst Umstände vor, die eine Notwehrlage (d. h. einen gegenwärtigen und rechtswidrigen Angriff) begründen würden. Anders als in der Konstellation des Erlaubnistatbestandsirrtums beschränkt er sich aber nicht auf die Vornahme einer Handlung, die im Fall eines tatsächlich existierenden Angriffs gerechtfertigt wäre.

Der Doppelirrtum ist im Ergebnis wie ein **Verbotsirrtum** zu behandeln.[124] Hätte O den A tatsächlich angegriffen, wäre A lediglich das Niederschlagen gestattet und ein tödlich wirkender Schuss (den A irrtümlich für gerechtfertigt hält) nach § 17 StGB zu behandeln gewesen. Dass A zusätzlich noch über das Vorliegen der tatsächlichen Voraussetzungen einer Notwehrlage irrt, kann ihn nicht besser stellen. Für seine Strafbarkeit kommt es somit gemäß § 17 StGB darauf an, ob er seinen Irrtum vermeiden konnte.

459

3. Entschuldigungstatbestandsirrtum und Entschuldigungsirrtum

Der Täter kann auch über die tatsächlichen Voraussetzungen eines anerkannten Entschuldigungsgrundes irren, sich also irrtümlich Umstände vorstellen, die im Fall ihres tatsächlichen Vorliegens die Voraussetzungen eines von der Rechtsordnung anerkannten Entschuldigungsgrundes erfüllen würden. In Anlehnung an den Erlaubnistatbestandsirrtum kann diese Fehlvorstellung als „**Entschuldigungstatbestandsirrtum**" bezeichnet werden.[125]

460

Denkbar ist ein (in der Praxis eher selten vorkommender) Entschuldigungstatbestandsirrtum in den bereits skizzierten Haustyrannen-Fällen (vgl. Rn. 228, 420): A sieht sich und ihre Kinder seit Jahren ständigen Angriffen durch den Familientyrannen O ausgesetzt. Zwar könnte sie durch öffentliche Stellen Schutz erlangen, so dass die von O ausgehende Gefahr objektiv anders abwendbar ist. A ist aber fest davon überzeugt, dass ihre Situation ausweglos ist und sie sich und ihre Kinder vor weiteren Übergriffen nur durch die Tötung Os schützen kann. – Objektiv ist eine Tötung von O durch A nicht nach § 35 Abs. 1 StGB entschuldigt, da sie den Schutz staatlicher Stellen hätte in Anspruch nehmen können. Allerdings gestaltet sich die Situation nach der Vorstellung der A derart, dass der Schutz ihrer Familie nur durch die Tötung des O gewährleistet werden kann. Somit stellt sie sich Umstände vor, die sie im Fall ihres tatsächlichen Vorliegens nach § 35 Abs. 1 StGB entschuldigen würden.

461

---

[123] Vgl. auch *Britz*, JuS 2002, 465, 466 f.; *Plaschke*, JURA 2001, 235, 236 ff.; *Rengier*, Strafrecht AT, § 31 Rn. 15 f.; *Schuster*, JuS 2007, 617 ff.; *Wessels/Beulke/Satzger*, Strafrecht AT, Rn. 485 f.
[124] *Schuster*, JuS 2007, 617, 618 f.; *Wessels/Beulke/Satzger*, Strafrecht AT, Rn. 485.
[125] Vgl. zum „Entschuldigungstatbestandsirrtum" auch *Kindhäuser*, Strafrecht AT, § 28 Rn. 17 f.

462 Für den entschuldigenden Notstand hat der Entschuldigungstatbestandsirrtum in § 35 Abs. 2 StGB eine ausdrückliche gesetzliche Normierung erfahren. Nimmt ein Täter bei Begehung der Tat irrig Umstände an, die ihn nach § 35 Abs. 1 StGB entschuldigen würden, so wird er nach § 35 Abs. 2 S. 1 StGB nur bestraft, wenn er diesen Irrtum **vermeiden** konnte. Im Beispielsfall hängt die Strafbarkeit der A somit davon ab, ob sie hätte erkennen können, dass die Einschaltung staatlicher Stellen zur Abwehr der von O ausgehenden Gefahren ausgereicht hätte.[126]

463 Die Regelung in § 35 Abs. 2 StGB findet auf die übrigen Entschuldigungstatbestandsirrtümer (insbesondere auf § 33 StGB) analoge Anwendung. Stellt sich der Täter irrig Umstände vor, deren tatsächliches Vorliegen ihn nach einem von der Rechtsordnung anerkannten Entschuldigungsgrund entschuldigen würden, kommt es für seine Strafbarkeit nach § 35 Abs. 2 StGB (direkt oder analog) also stets darauf an, ob er den Irrtum vermeiden könnte. Stellt sich der Täter hingegen rechtsirrig die Existenz eines Entschuldigungsgrundes zu seinen Gunsten vor oder geht er irrig von einer größeren Reichweite eines Entschuldigungsgrundes aus **(Entschuldigungsirrtum)**, so ist dieser Irrtum über die rechtliche Wertung unbeachtlich.[127]

VI. Zusammenfassung

- Schuld ist individuelle Vorwerfbarkeit der konkreten Tat.
- Kinder (0 bis 13 Jahre) sind unbedingt schuldunfähig, § 19 StGB, Jugendliche (14 bis 17 Jahre) sind bedingt schuldfähig, § 3 S. 1 JGG, Heranwachsende (18 bis 20 Jahre) und Erwachsene sind regelmäßig schuldfähig.
- Schuldunfähigkeit kann gem. § 20 StGB wegen seelischer Störungen vorliegen.
- Ist der Täter bei Begehung der Tat (vgl. § 20 StGB) schuldunfähig, scheidet eine Strafe aus.
- Durch die Rechtsfigur der actio libera in causa wird der strafrechtliche Vorwurf auf die im Rausch begangene Tat erstreckt.
- Nach der sog. Tatbestandslösung soll bereits das zur Schuldunfähigkeit führende Sichversetzen in den Rauschzustand maßgeblicher Anfang der Ausführung der geplanten Tat sein. Mit diesem Ansatz wird die Prüfung auf den Zeitpunkt des schuldhaften Herbeiführens der Schuldlosigkeit vorverlegt („Vorverlagerungstheorie").
- Eine Anwendung der Grundsätze der a. l. i. c. nach der bei Erfolgsdelikten tragfähigen Tatbestandslösung scheidet bei Tätigkeitsdelikten aus.
- Vorsätzliche a. l. i. c. setzt doppelten Vorsatz voraus: Der Täter muss den Zustand der Schuldunfähigkeit vorsätzlich herbeigeführt haben und sein Vorsatz muss sich auf die Begehung einer bestimmten Straftat beziehen.

---

[126] Vgl. BGHSt 48, 255, 261; *Rotsch*, JuS 2005, 12, 17.
[127] Vgl. BGHSt 39, 374, 381.

- Die Rechtsfigur der a.l.i.c. ist bei fahrlässigen Erfolgsdelikten nicht erforderlich.
- Vom Entschuldigungsgrund der Überschreitung der Notwehr (§ 33 StGB) ist nur der intensive Notwehrexzess (nach bestrittener Auffassung), jedoch nicht der extensive Notwehrexzess erfasst.
- Die Aufzählung der Gründe für die Exzesshandlung in § 33 StGB ist abschließend: Verwirrung, Furcht oder Schrecken (sog. asthenische Affekte) müssen für die Notwehrexzesshandlung ursächlich sein.
- Im Hinblick auf die Notstandslage sind die Voraussetzungen des entschuldigenden Notstands nach § 35 Abs. 1 StGB gegenüber denen des rechtfertigenden Notstands (§ 34 StGB) enger. Andererseits sind die Voraussetzungen des § 35 Abs. 1 StGB weiter, da anders als bei § 34 StGB nicht gefordert wird, dass das geschützte Interesse das beeinträchtigte wesentlich überwiegt.
- Beim Verbotsirrtum nach § 17 StGB weiß der Täter, was er tatbestandlich tut, nimmt aber irrig an, es sei erlaubt. Ein unvermeidbarer Verbotsirrtum (§ 17 S. 1 StGB) führt zum Schuldausschluss, ein vermeidbarer Verbotsirrtum (§ 17 S. 2 StGB) lediglich zur fakultativen Strafmilderung.
- Irrt der Täter über die tatsächlichen Voraussetzungen eines anerkannten Rechtfertigungsgrundes, liegt ein Erlaubnistatbestandsirrtum vor. Seine rechtliche Behandlung ist umstritten. Nach der rechtsfolgenverweisenden (eingeschränkten) Schuldtheorie entfällt nicht der Tatbestandsvorsatz, sondern nur die Vorsatzschuld; es wird hinsichtlich der Rechtsfolgen analog § 16 Abs. 1 S. 1 StGB auf den Tatbestandsirrtum verwiesen.
- Irrt der Täter über die tatsächlichen Voraussetzungen eines anerkannten Entschuldigungsgrundes, liegt ein Entschuldigungstatbestandsirrtum vor. Der Entschuldigungstatbestandsirrtum ist für den entschuldigenden Notstand in § 35 Abs. 2 StGB ausdrücklich gesetzlich geregelt. Auf die übrigen Entschuldigungstatbestandsirrtümer (insbesondere bei § 33 StGB) ist § 35 Abs. 2 StGB analog anwendbar.

VII. Übungsfälle

1. Jäger A war von Landwirt S gebeten worden, beim Jagen dafür zu sorgen, dass Spaziergänger nicht mutwillig die angelegten Felder zerstörten. Eines Abends beim Jagen beobachtete A, wie der ihm körperlich überlegene O quer über einen frisch eingesäten Acker lief und auf dem angrenzenden Petersilienfeld einige Halme Petersilie pflückte. A trat mit zu Boden gesenkter Waffe aus seiner Deckung hervor und belehrte O, der gereizt erwiderte, es sei seine Sache, wo er hergehe und ob er Petersilie pflücke. Dann ging O mit angewinkelten Armen und geballten Fäusten auf A zu und sagte, er werde A „helfen, mit dem Gewehr herumzulaufen und fremde Leute zu belästigen". A wich zurück, während O ihn in steigender Wut verfolgte. Auch ein Warnschuss hielt O nicht davon ab, A weiter zu bedrohen. O sagte schließlich:

„Ich habe dich gleich!". A war zwar noch in der Lage, das Geschehen zutreffend wahrzunehmen und erkannte, dass ein Schuss auf die Beine zur endgültigen Abwehr des O ausgereicht hätte. Aus Furcht aber schoss er auf Os linken Brustbereich aus ein bis zwei Meter Entfernung. O starb noch am Tatort an inneren Verblutungen. Strafbarkeit des A?

2. Unmittelbar nach einem heftigen Streit mit A geht B in den Keller und kehrt mit einer Axt zurück. A nimmt irrtümlich an, B wolle sie jetzt erschlagen. In Wirklichkeit will B nur Holz hacken, um sich zu beruhigen. Obwohl eine Androhung des Gebrauchs ihres Revolvers, ein Warnschuss oder ein Schuss in Beinhöhe noch möglich sind, tötet A den B sofort mit einem Kopfschuss, da sie denkt, in Notwehr dürfe man den Angreifer immer sofort töten. Strafbarkeit der A wegen Totschlags?

5. Kapitel
Täterschaft und Teilnahme

I. Abgrenzung von Täterschaft und Teilnahme

Nach den §§ 25 ff. StGB ist zwischen den Beteiligungsformen Täterschaft und Teilnahme zu differenzieren.[1] Im Sinne einer groben Leitlinie kann der Täter als Zentralgestalt des Rechtsgutsangriffs bzw. des deliktischen Geschehens angesehen werden.[2] Dies ergibt sich aus der gesetzlichen Formulierung der Fälle einer Täterschaft: Täter ist jeweils derjenige, der die Tat „begeht", entweder selbst (§ 25 Abs. 1 Var. 1 StGB, **Alleintäterschaft**), durch einen anderen (§ 25 Abs. 1 Var. 2 StGB, **mittelbare Täterschaft**) oder gemeinschaftlich (§ 25 Abs. 2 StGB, **Mittäterschaft**). Im Gegensatz dazu ist der Teilnehmer Randfigur des Rechtsgutsangriffs, indem er die Tat eines anderen unterstützt oder fördert.[3] Die Teilnahme bezieht sich auf die Haupttat und ist somit von ihr abhängig. Formen der Teilnahme sind das Bestimmen (§ 26 StGB, **Anstiftung**) sowie die Hilfeleistung zur Tat (§ 27 StGB, **Beihilfe**).

464

Abb. 4: Täterschaft und Teilnahme

465

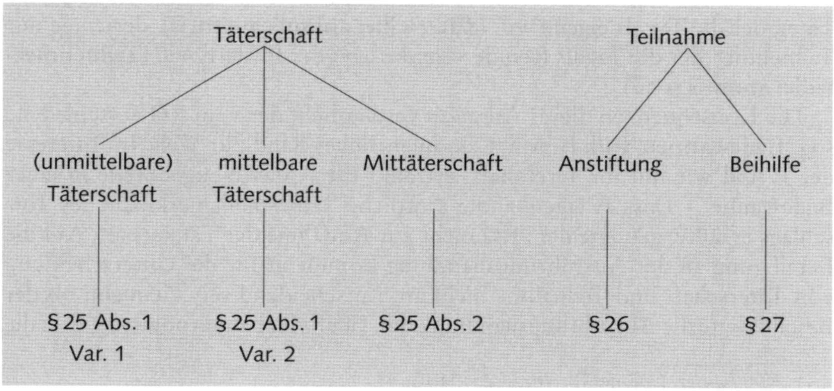

```
                  Täterschaft                         Teilnahme
         ┌────────────┼────────────┐              ┌──────────┐
   (unmittelbare)   mittelbare   Mittäterschaft   Anstiftung   Beihilfe
    Täterschaft    Täterschaft
         │             │             │               │            │
    § 25 Abs. 1   § 25 Abs. 1   § 25 Abs. 2        § 26         § 27
      Var. 1        Var. 2
```

---

[1] Vgl. zu den Beteiligungsformen auch *Bock*, JURA 2005, 673, 674; *Hecker*, ZJS 2012, 485 ff.; *Herzberg*, JuS 1974, 237 f.; *Kindhäuser*, Strafrecht AT, § 38 Rn. 1 ff.; *Kühl*, Strafrecht AT, § 20 Rn. 1 ff.; *ders.*, JA 2014, 668 ff.; *Rengier*, Strafrecht AT, § 40 Rn. 3 ff.
[2] *Bock*, JURA 2005, 673, 674; *Rengier*, JuS 2010, 281, 282.
[3] *Rengier*, Strafrecht AT, § 40 Rn. 6.

466 Die einzelnen Beteiligungsformen stehen im Hinblick auf ihren Unrechtsgehalt in einem **Stufenverhältnis**, wobei sich die unterschiedlichen Formen der Täterschaft auf der obersten, die Anstiftung auf der mittleren und die Beihilfe auf der untersten Stufe befinden.[4] Steht die Beteiligung einer Person an einer Deliktsverwirklichung fest, kann aber nicht geklärt werden, auf welcher Stufe ihr Tatbeitrag anzusiedeln ist, ist der **in dubio pro reo** Grundsatz anzuwenden und vom Vorliegen der weniger schwer wiegenden Beteiligungsform auszugehen.[5] In der Praxis ist dies vor allem dann von Bedeutung, wenn ein Tatbeteiligter infolge der Anwendung des Zweifelssatzes wegen Beihilfe und nicht wegen Anstiftung bzw. täterschaftlicher Deliktsbegehung zu bestrafen ist, da die Strafe des Gehilfen nach § 27 Abs. 2 StGB sich zwar nach der für den Täter geltenden Strafdrohung richtet, aber obligatorisch nach § 49 Abs. 1 StGB zu mildern ist. Demgegenüber wird die Relevanz der Unterscheidung zwischen Anstiftung und Täterschaft zumindest im Hinblick auf die Rechtsfolgen dadurch abgemildert, dass § 26 StGB für den Anstifter die gleiche Strafe wie für den Täter anordnet und nicht einmal eine fakultative Strafmilderung vorsieht.[6]

467 Wie Täterschaft und Teilnahme grundsätzlich voneinander abzugrenzen sind, ist umstritten.[7] Während die Literatur auf das Kriterium der Tatherrschaft abstellt, hat die Rechtsprechung zunächst allein nach der inneren Willensrichtung des Handelnden gefragt, sich in jüngerer Vergangenheit aber immer stärker an die objektivierende Auffassung der Literatur angenähert.

1. Rein subjektive Theorie

468 Das RG und ihm zunächst folgend der BGH haben für die Abgrenzung zwischen Täterschaft und Teilnahme eine rein subjektive Theorie entwickelt, die auf die innere Willensrichtung des Handelnden abstellt.[8] Danach ist derjenige Täter, der die Tat als eigene will **(Täterwille: animus auctoris)**, derjenige nur Teilnehmer, der die Tat als fremde veranlassen oder fördern will **(Teilnehmerwille: animus socii)**.

469 Die Konsequenzen dieses Ansatzes verdeutlicht der vom RG entschiedene sog. **Badewannen-Fall:** B bringt ein uneheliches Kind zur Welt. Im Interesse der B und wie mit ihr vereinbart, ertränkt die A das Neugeborene in einer Badewanne. – Dass A eigenhändig sämtliche Tatbestandsmerkmale des Totschlags erfüllte, genügte dem RG nicht zur Annahme der Täterschaft. Auf die Beteiligung an der Ausführungshandlung komme es für die Unterscheidung von Täterschaft und Teilnahme nicht an. Entscheidend sei „vielmehr, ob der Beschuldigte die Ausführungshandlung mit Täterwillen unternommen, d. h. die

---

[4] *Kindhäuser*, LPK-StGB, Vor §§ 25–31 Rn. 44.
[5] Vgl. BGHSt 31, 136, 137 f.; *Kindhäuser*, LPK-StGB, Vor §§ 25–31 Rn. 44.
[6] Hierzu auch *Schulz*, JuS 1986, 933
[7] Vgl. hierzu auch die Darstellungen bei *Bock*, JURA 2005, 673, 675; *Geerds*, JURA 1990, 173 ff.; *Herzberg*, JuS 1974, 237, 238 ff.; *Jäger*, Strafrecht AT, Rn. 227; *Kindhäuser*, Strafrecht AT, § 38 Rn. 34 ff.; *Kühl*, Strafrecht AT, § 20 Rn. 11 ff.; *Rengier*, Strafrecht AT, § 41 Rn. 1 ff.; *ders.*, JuS 2010, 281 ff.; *Rönnau*, JuS 2007, 514 f.; *Seher*, JuS 2009, 305, 307 f.
[8] Vgl. RGSt 64, 273, 274; 74, 84, 85; BGHSt 8, 70, 73; 18, 87, 89 f.

Tat als eigene gewollt hat, oder ob er damit lediglich eine fremde Tat als fremde hat unterstützen wollen. Nur im ersten Fall ist er Täter, im zweiten bloßer Gehilfe."[9] Daher liege im Badewannen-Fall auch eine bloße Beihilfe der A zum Totschlag vor (mit der B als Täterin), obgleich sie (und nur sie) die unmittelbar zum Todeseintritt führende Handlung eigenverantwortlich ausgeführt hat.

Das alleinige Abstellen auf den Täter- bzw. Teilnehmerwillen der streng subjektiven Theorie steht mit dem Konzept der §§ 25 ff. StGB nicht in Einklang.[10] Nach diesem soll derjenige als Täter bestraft werden, der Täter *ist*, nicht derjenige, der es nur sein *will*. Die eigenhändige Erfüllung sämtlicher Tatbestandsmerkmale führt stets zur Täterschaft, was sich daraus ergibt, dass § 25 Abs. 1 Var. 1 StGB denjenigen, der die Tat selbst begeht, als Täter bezeichnet.[11] Im Badewannen-Fall wird die täterschaftliche Stellung der A also dadurch begründet, dass sie vorsätzlich und eigenhändig einen anderen Menschen tötet und hierdurch in ihrer Person sämtliche Tatbestandsmerkmale des § 212 Abs. 1 StGB vereint. Dass sie nicht aus Eigennutz handelt, sondern es ihr darum geht, die B zu unterstützen, ist nach der Wertung des § 25 Abs. 1 Var. 1 StGB unerheblich. Darüber hinaus erscheint das Kriterium des Willens auch zu unscharf, um die für die elementare Unterscheidung zwischen Täterschaft und Teilnahme erforderliche Rechtssicherheit zu erreichen.[12]

470

2. Tatherrschaftslehre

Nach der von der Literatur zur Abgrenzung der Beteiligungsformen herangezogenen Tatherrschaftslehre ist Täter derjenige, der das zur Deliktsverwirklichung führende Geschehen beherrscht, d. h. **Tatherrschaft** innehat, während der Teilnehmer das Geschehen zwar beeinflusst, aber nicht maßgeblich gestaltet.[13] Tatherrschaft wird begriffen als das vom Vorsatz umfasste „In-den-Händen-Halten" des tatbestandsmäßigen Geschehensablaufs.[14] Die Tat beherrscht, wer das Geschehen dergestalt planvoll steuert, dass er es nach seinem Willen hemmen oder ablaufen lassen kann.[15]

471

Die Tatherrschaftslehre liefert vergleichsweise klare Abgrenzungskriterien. Sie vermag die unterschiedlichen Erscheinungsformen der Täterschaft im System der §§ 25 ff. StGB hinreichend zu erfassen: Unmittelbare Täterschaft als **Handlungsherrschaft**, mittelbare Täterschaft als **Willensherrschaft** und die Mittäterschaft als **funktionelle Tatherrschaft**.[16] Auch im Badewannen-Fall gelangt die an materiell-objektiven Gesichtspunkten ausgerichtete Tatherrschaftslehre zu sachgerechten Ergebnissen: A erscheint durch die eigenhändige

472

---

[9] RGSt 74, 84, 85.
[10] *Kindhäuser*, Strafrecht AT, § 38 Rn. 40.
[11] Vgl. *Herzberg*, JuS 1974, 237, 239.
[12] Vgl. *Herzberg*, JuS 1974, 237, 239.
[13] *Geerds*, JURA 1990, 173, 175; *Herzberg*, JuS 1974, 237, 239 f.; *Kühl*, JA 2014, 668, 669; *Rönnau*, JuS 2007, 514.
[14] *Herzberg*, JuS 1974, 237, 239.
[15] *Rengier*, JuS 2010, 281, 282; *Rönnau*, JuS 2007, 514.
[16] *Kindhäuser*, Strafrecht AT, § 38 Rn. 43 f.; *Rönnau*, JuS 2007, 514.

Vornahme der Tatausführung eindeutig als Zentralgestalt des Geschehens, so dass ihr die Tatherrschaft und damit eine täterschaftliche Stellung zufällt.

3. Modifizierte subjektive Theorie

473 Der BGH hat die subjektive Theorie mittlerweile dahingehend modifiziert, dass Aspekte der Tatherrschaft bei der Ermittlung des Täterwillens Berücksichtigung finden können. Ob der Beteiligte die Tat als eigene oder lediglich eine fremde Tat veranlassen bzw. fördern wollte, sei „auf Grund aller Umstände, welche von der Vorstellung des Angeklagten umfasst waren, in wertender Betrachtung zu entscheiden."[17] Wesentliche Anhaltspunkte für den festzustellenden Täterwillen können nach Ansicht des BGH „das **eigene Interesse am Taterfolg**, der **Umfang der Tatbeteiligung** und die **Tatherrschaft** oder wenigstens der **Wille zur Tatherrschaft** sein."[18] In letzter Konsequenz wird von der Rechtsprechung zum gegenwärtigen Zeitpunkt also keine rein subjektive Abgrenzungsformel mehr vertreten, sondern eine „beschränkt-subjektive Theorie" bzw. eine „subjektive Theorie auf objektiver Bewertungsgrundlage".[19] Soweit eine Person sämtliche Tatbestandsmerkmale eigenhändig erfüllt, also nicht nur ihr Tatbeitrag erhebliches Gewicht hat, sondern ihr auch noch die Tatherrschaft zufällt, wird dies auch die Rechtsprechung in der weit überwiegenden Mehrzahl der Fälle als hinreichendes Indiz für den die Täterschaft begründenden Täterwillen bewerten.

474 Die vom BGH herangezogenen Kriterien zur Ermittlung des Täterwillens führen dazu, dass die Rechtsprechung in Abgrenzungsfragen in der Regel zu den gleichen Ergebnissen gelangt wie die Tatherrschaftslehre. Da aber in der modifiziert subjektiven Theorie die einzelnen Kriterien in keiner bestimmten Rangfolge stehen, ist das Problem der **Rechtsunsicherheit** nicht gänzlich behoben. Zudem ist der Aspekt des Eigeninteresses als Unterscheidungskriterium bei näherer Betrachtung untauglich. Denn dieses Kriterium passt nicht auf Delikte, die schon nach dem klaren Gesetzeswortlaut täterschaftlich gerade auch zum Vorteil eines anderen begangen werden können, wie es z. B. bei drittnütziger Erpressung (vgl. § 253 Abs. 1 StGB: „(…) um sich *oder einen Dritten* zu Unrecht zu bereichern") und Betrug (vgl. § 263 Abs. 1 StGB: „(…) in der Absicht, sich *oder einem Dritten* einen rechtswidrigen Vermögensvorteil zu verschaffen") der Fall ist. Soweit die jüngere Auffassung der Rechtsprechung bei der Abgrenzung von Täterschaft und Teilnahme zu anderen Ergebnissen gelangt als die Tatherrschaftslehre, sollte daher auch weiterhin der von der Literatur befürworteten Auffassung gefolgt werden.

---

[17] BGHSt 28, 346, 348 f.; vgl. auch BGH NStZ 1999, 451.
[18] BGH NStZ 2003, 90; vgl. auch BGHSt 37, 289, 291; BGH NStZ 1995, 285; BGH wistra 2001, 420, 421.
[19] Vgl. auch *Wessels/Beulke/Satzger*, Strafrecht AT, Rn. 516.

4. Hinweise für die Fallbearbeitung

Die Auseinandersetzung um die Abgrenzung von Täterschaft und Teilnahme ist in der Regel nur in zwei Konstellationen von Bedeutung. Die erste betrifft Fälle, in denen im Rahmen der Tatbestandsverwirklichung mehrere Personen tätig werden und sich die Frage stellt, ob ihr jeweils erbrachter Tatbeitrag eine **Stellung als Mittäter (§ 25 Abs. 2 StGB) oder lediglich als Gehilfe (§ 27 StGB)** begründet. In der zweiten Konstellation wird eine Person von einer anderen zur Begehung einer Straftat veranlasst und es ist zu untersuchen, ob der Veranlassende als **mittelbarer Täter (§ 25 Abs. 1 Var. 2 StGB) oder als Anstifter (§ 26 StGB)** zu bestrafen ist.

475

Allenfalls kurz einzugehen ist auf die Abgrenzung zwischen Täterschaft und Teilnahme, wenn die **Beteiligungsform der Handelnden eindeutig** ist. Schlagen bspw. mehrere Personen auf eine andere ein, haben im Rahmen der Prüfung von § 223 Abs. 1 StGB detaillierte Ausführungen zur täterschaftlichen Qualität ihrer Tatbeiträge zu unterbleiben. Stattdessen ist nur kurz auf ihre Stellung als Mittäter und die Erfüllung der diesbezüglichen Voraussetzungen einzugehen (zum Prüfungsaufbau bei Mittäterschaft noch Rn. 549).

476

Ist im Zusammenhang mit der Herbeiführung eines strafrechtlich relevanten Erfolges nur eine **einzige Person** tätig geworden, kommt es auf die Abgrenzung zwischen Täterschaft und Teilnahme nicht an. Da eine Teilnahmestrafbarkeit das Vorliegen einer (zumindest versuchten) rechtswidrigen Tat einer **anderen Person** voraussetzt (zur Akzessorietät der Teilnahme noch Rn. 555 ff.), ist der gänzlich allein Handelnde entweder Täter oder hat sich gar nicht strafbar gemacht. Ebenfalls nicht erforderlich ist eine Abgrenzung zwischen den Beteiligungsformen bei den **Fahrlässigkeitsdelikten**. Da es bei diesen nur auf die Verursachung der Rechtsgutsverletzung ankommt, werden die Tatbeiträge auf Tatbestandsebene nicht gewichtet (Einheitstäterschaft).[20] Daher gibt es weder eine fahrlässige Teilnahme, noch eine fahrlässige Mittäterschaft[21] (str., vgl. hierzu noch Rn. 544). Handeln mehrere Personen fahrlässig und verwirklichen hierdurch einen Straftatbestand, sind sie (fahrlässige) Nebentäter desselben Deliktes. Zuletzt gelten die oben entwickelten Abgrenzungskriterien auch nicht für **eigenhändige** (z.B. Meineid nach § 154 StGB) und **Sonderdelikte** (z.B. Körperverletzung im Amt nach § 340 StGB), da bei diesen ohnehin Täter nur sein kann, wer die gesetzlich umschriebene Handlung selbst unmittelbar vornimmt bzw. die jeweils vom Gesetz geforderte besondere Subjektqualität in seiner Person verwirklicht (vgl. bereits Rn. 56). Wer die tatbestandlich umschriebene Handlung nicht selbst erbringt bzw. die erforderliche Subjektqualität nicht aufweist, kann daher strafrechtlich allenfalls als Teilnehmer erfasst werden.

477

Soweit in der **Fallbearbeitung** zu prüfen ist, ob der Tatbeitrag eines Beteiligten eine täterschaftliche Stellung begründet, oder allenfalls zu einer Teilnahme-

478

---
[20] *Kindhäuser*, Strafrecht AT, § 38 Rn. 3.
[21] *Mitsch*, JuS 2001, 105, 109 f.; a. A. *Otto*, JURA 1990, 47 ff.; *Pfeiffer*, JURA 2004, 519, 522 f.; *Rengier*, Strafrecht AT, § 53 Rn. 3; *Roxin*, Strafrecht AT II, § 25 Rn. 242.

strafbarkeit führt, ist darauf zu achten, die Abgrenzung an der richtigen Stelle vorzunehmen. Auf keinen Fall darf sie als Vorfrage erörtert werden, sondern ist in die Strafbarkeitsprüfung selbst zu integrieren. Als schwerer wiegende Beteiligungsform ist dabei mit der Prüfung der Täterschaft zu beginnen und im Rahmen der Prüfung des Tatbestandes zu erörtern, ob der vom Beteiligten erbrachte Tatbeitrag eine täterschaftliche Stellung begründet. Ist dies nicht der Fall, ist die Prüfung insoweit zu beenden und mit der Erörterung der Teilnahmestrafbarkeit fortzufahren.

5. Leitentscheidungen

479 **BGHSt 18, 87, 88 ff.; Abgrenzung von Täterschaft und Beihilfe:** Dem Agenten Staschynskij wird vom Leiter des KGB befohlen, zwei Exilpolitiker zu töten. Staschynskij tötet beide Politiker und nutzt hierbei ihre Arg- und Wehrlosigkeit aus. – Nach Auffassung des BGH ist Staschynskij nicht Täter sondern Gehilfe eines Heimtückemordes. Entscheidend für die Abgrenzung zwischen Täterschaft und Teilnahme sei die innere Haltung zur Tat. Zwar sei aus dem Umstand, dass eine Person sämtliche Tatbestandsmerkmale eigenhändig verwirklicht, regelmäßig auf seinen Täterwillen zu schließen, jedoch könne er unter bestimmten, seltenen Umständen auch lediglich Gehilfe sein. Derartige Umstände seien hier anzunehmen, da der Tötungsbefehl des Leiters des KGB dessen täterschaftliche Stellung begründe und Staschynskij die Tat nicht als eigene gewollt, sondern sich vielmehr lediglich der Autorität seiner politischen Führung gebeugt habe.

480 **BGHSt 32, 38, 41 ff.; Abgrenzung von Täterschaft und (strafloser) Teilnahme bei Selbsttötung („Siriusfall"):** Der Täter überzeugt das Opfer davon, dass er Bewohner des Sterns Sirius sei und als solcher auf philosophisch weit höherer Stufe stehe als die Menschen. Sie sei eine der wenigen Auserwählten, die nach ihrem Selbstmord in einem roten Raum am Genfer See in einem neuen Körper aufwachen würden, um dann auf einem anderen Planeten weiterzuleben. Der hierauf vom Opfer vorgenommene Selbstmordversuch misslingt. – Nach Auffassung des BGH liegt eine versuchte täterschaftliche Tötung und nicht eine straflose Teilnahme an der versuchten Selbsttötung vor. Wenn der Täter das Opfer durch Täuschung zur Selbsttötung bewege, hänge die Abgrenzung zwischen strafbarer Täterschaft und strafloser Teilnahme von Art und Tragweite des Irrtums ab. Vorliegend war das Opfer fest davon überzeugt, durch die Selbstmordhandlung nicht aus dem Leben zu scheiden. Da sie somit über die Tragweite ihrer Handlung geirrt habe, falle die Tatherrschaft dem Täter zu.

II. Täterschaft

1. Unmittelbare Allein- und Nebentäterschaft

§ 25 Abs. 1 Var. 1 StGB regelt den Fall der **unmittelbaren Alleintäterschaft**: Als Täter wird bestraft, wer die Tat selbst begeht. Eine unmittelbare Täterschaft ist gegeben, wenn eine Person selbst sämtliche objektiven und subjektiven Tatbestandsmerkmale erfüllt und hierdurch den Tatbestand eigenhändig verwirklicht.[22] Sie liegt etwa dann unproblematisch vor, wenn A den O erschießt, aber auch dann, wenn der Täter einen anderen Menschen zur Tatbegehung lediglich wie eine Sache einsetzt, also dessen Dazwischentreten keine Handlungsqualität (hierzu Rn. 84 ff.) hat. Keine mittelbare, sondern unmittelbare Täterschaft des A ist daher gegeben, wenn dieser den B (mit vis absoluta) auf O stößt, damit O in eine Glasscheibe fällt, die zerstört wird. – Hier hat A die Taten (Körperverletzung gemäß § 223 Abs. 1 StGB und Sachbeschädigung gemäß § 303 Abs. 1 StGB) nicht durch einen anderen i. S. v. § 25 Abs. 1 Var. 2 StGB, sondern selbst begangen und ist daher unmittelbarer Alleintäter.

481

Nicht ausdrücklich im Gesetz geregelt, aber ebenfalls in § 25 Abs. 1 Var. 1 StGB enthalten, ist die sog. **Nebentäterschaft**. Diese stellt einen Unterfall der Alleintäterschaft dar, da es an dem für eine gemeinschaftliche Begehung i. S. v. § 25 Abs. 2 StGB erforderlichen bewussten und gewollten Zusammenwirken mehrerer Tatbeteiligter fehlt.[23] Nebentäterschaft liegt vor, wenn mehrere Personen den gleichen Straftatbestand unabhängig voneinander verwirklichen. Dies ist etwa dann der Fall, wenn A und B unabhängig voneinander eine jeweils tödliche Menge Gift in das Trinkglas des O schütten, der das Glas austrinkt und stirbt. Die Nebentäterschaft wirft in der Fallbearbeitung keine speziellen Aufbaufragen auf. Da die Tatbeiträge der einzelnen Nebentäter grundsätzlich unabhängig voneinander zu bewerten sind, ist für jeden Nebentäter eine isolierte Strafbarkeitsprüfung vorzunehmen, insbesondere findet eine Zurechnung der Handlungen des anderen Nebentäters nicht statt.[24] Zu beachten ist allerdings, dass eine Nebentäterschaft auch im Fall der **alternativen Kausalität** vorliegen kann, mit der Folge, dass die Ursächlichkeit der Tatbeiträge nach der modifizierten conditio-sine-qua-non Formel festzustellen ist (hierzu bereits Rn. 117 f.).

482

---

[22] BGHSt 38, 315; *Bock*, JURA 2005, 673, 675; *Herzberg*, JuS 1974, 237; *Kühl*, JA 2014, 668, 670.
[23] Hierzu BGH NStZ 1996, 227, 228; *Herzberg*, JuS 1974, 574, 576 f.; *Kindhäuser*, Strafrecht AT, § 39 Rn. 3 f.
[24] *Wessels/Beulke/Satzger*, Strafrecht AT, Rn. 525; vgl. auch BGHSt 4, 20, 21 ff.

2. Mittelbare Täterschaft

a) Einführung

483 Mittelbarer Täter ist gem. § 25 Abs. 1 Var. 2 StGB wer als „Hintermann" die Tat **durch einen anderen** (Tatmittler oder „Vordermann") begeht. Der Tatmittler fungiert dabei als **„menschliches Werkzeug"** und ist in der Regel nicht selbst für den Rechtsgutsangriff verantwortlich. Sein Tun hat zwar Handlungsqualität, er ist dem mittelbaren Täter aber aus rechtlichen oder tatsächlichen Gründen unterlegen, weshalb nicht er, sondern der Hintermann als Zentralgestalt des Geschehens und daher als Täter einzustufen ist.[25]

484 In der **Fallbearbeitung** wird, wenn eine mittelbare Täterschaft in Betracht kommt, zunächst die Strafbarkeit des Tatnächsten (also des Tatmittlers) geprüft. Dabei wird zumindest in der Mehrzahl der Fälle ein Verantwortungsdefizit, d. h. das Fehlen eines die Strafbarkeit begründenden Umstands (z. B. des Vorsatzes), festgestellt und die Strafbarkeit hinsichtlich des geprüften Tatbestandes daher verneint werden. Sodann wird die Strafbarkeit des Hintermanns als mittelbarer Täter geprüft, dessen Tatbeitrag in der Regel darin besteht, dass er verbal und/oder durch tatsächliche Handlungen auf den Vordermann einwirkt. In diesem Rahmen ist auf die Frage einzugehen, ob das Handeln des Tatmittlers dem Hintermann gem. § 25 Abs. 1 Var. 2 StGB zugerechnet werden kann. Voraussetzung dafür ist die auf einer unterlegenen Stellung des Tatmittlers beruhende Tatherrschaft des mittelbaren Täters. Dieser muss aufgrund seines überlegenen Wissens (insbesondere **Irrtumsherrschaft**) oder dominierenden Willens (insbesondere **Nötigungsherrschaft**) entscheidend das Verhalten des Tatmittlers steuern und beherrschen.[26] Dies ist in der Regel anzunehmen, wenn der Hintermann das Verantwortungsdefizit des Vordermanns gezielt geschaffen hat oder zumindest ausnutzt und er selbst kein Strafbarkeitsdefizit aufweist.

485 Mittelbarer Täter kann nur sein, wer selbst sämtliche Tätermerkmale und subjektiven Strafbarkeitsvoraussetzungen des betroffenen Delikts erfüllt.[27] Dementsprechend kommt bei **eigenhändigen Delikten** (z. B. falscher uneidlicher Aussage oder Meineid, §§ 153 f. StGB) mittelbare Täterschaft nicht in Betracht, da sich hier die spezifische Strafwürdigkeit aus der eigenhändigen Ausführung der Tathandlung ergibt. Gleiches gilt bei **Sonderdelikten** (z. B. Vorteilsannahme, § 331 StGB), wenn der Hintermann nicht die geforderte Sondereigenschaft aufweist.

---

[25] Eingehend zur mittelbaren Täterschaft etwa *Herzberg*, JuS 1974, 237, 240 ff., 374 ff., 574 ff.; *Jäger*, Strafrecht AT, Rn. 233 ff.; *Kindhäuser*, Strafrecht AT, § 39 Rn. 7 ff.; *Kühl*, JA 2014, 668, 670 f.; *Rengier*, Strafrecht AT, § 43 Rn. 1 ff.

[26] *Koch*, JuS 2008, 399, 496; *Murmann*, JA 2008, 321; *Wessels/Beulke/Satzger*, Strafrecht AT, Rn. 535.

[27] Vgl. auch *Kindhäuser*, Strafrecht AT, § 39 Rn. 9.

b) Tatherrschaftsbegründendes „Defizit" beim Vordermann

Typischerweise kennzeichnet die mittelbare Täterschaft, dass der Tatmittler einen **Strafbarkeitsmangel** aufweist, der durch den mittelbaren Täter ausgeglichen wird. Die strafrechtliche Verantwortung des Hintermanns kann dabei durch jedes deliktskonstitutive Defizit begründet werden, welches beim Vordermann (im subjektiven oder objektiven Bereich, auf der Tatbestands-, Rechtswidrigkeits- oder Schuldebene) vorliegt.[28] Nicht ausreichend ist hingegen das bloße Bestehen eines sozialen oder finanziellen Abhängigkeitsverhältnisses zwischen Vorder- und Hintermann, solange der Vordermann selbst für die von ihm vorgenommenen Handlungen strafrechtlich einzustehen hat. Nur für einige wenige Fallgruppen wird diskutiert, ob eine mittelbare Täterschaft auch dann in Betracht kommen kann, wenn der Tatmittler selbst volldeliktisch gehandelt und sich daher strafbar gemacht hat, er aber gleichwohl lediglich als „Werkzeug" eines im Hintergrund agierenden Tatbeteiligten erscheint (vertiefend zum **„Täter hinter dem Täter"** Rn. 498 ff.).

486

Auf der Grundlage der in der Literatur vertretenen Tatherrschaftslehre ist eine mittelbar-täterschaftliche Stellung des Hintermanns zu bejahen, wenn er sich das Verantwortungsdefizit des Vordermanns zunutze macht und das Tatgeschehen kraft seiner überlegenen Stellung derart steuert, dass er als Zentralgestalt des Geschehens erscheint.[29] Je nachdem, worin das „Defizit" des Tatmittlers besteht, können dabei die nachfolgend dargestellten Erscheinungsformen der mittelbaren Täterschaft unterschieden werden.[30]

487

aa) Objektiv tatbestandslos handelnder Tatmittler

Mittelbare Täterschaft bei objektiv tatbestandslos handelndem Tatmittler kommt in erster Linie bei körperlichen Selbstschädigungen in Betracht.[31] Da die §§ 211 ff., §§ 223 ff. StGB voraussetzen, dass **ein anderer** getötet bzw. an der körperlichen Unversehrtheit geschädigt wird, macht sich derjenige, der versucht sich zu töten bzw. sich selbst verletzt, nicht strafbar. Wer die Selbstschädigung eines anderen veranlasst, kann hierfür jedoch als mittelbarer Täter bestraft werden, da für ihn ein taugliches Tatobjekt i. S. d. §§ 211 ff., §§ 223 ff. StGB vorliegt. In der Regel wird die Strafbarkeit hierbei daran geknüpft, dass der Hintermann den Vordermann dazu veranlasst, eine bestimmte Handlung vorzunehmen, und nur der Hintermann Kenntnis davon hat, dass die Handlung zu einer körperlichen Schädigung bzw. zum Tod des Vordermanns führen wird.

488

---

[28] *Kindhäuser*, LPK-StGB, § 25 Rn. 9; *Murmann*, JA 2008, 321, 322 ff.; *Wessels/Beulke/Satzger*, Strafrecht AT, Rn. 537.
[29] Zur Begründung der mittelbaren Täterschaft nach der subjektiven Theorie *Murmann*, JA 2008, 321 f.
[30] Zu den einzelnen Fallgruppen auch *Herzberg*, JuS 1974, 237, 241 ff., 374 ff., 574 ff.; *Jäger*, Strafrecht AT, Rn. 235 ff.; *Kindhäuser*, Strafrecht AT, § 39 Rn. 13 ff.; *Kühl*, JA 2014, 668, 670; *Koch*, JuS 2008, 399, 400 ff.; *Murmann*, JA 2008, 321, 322 ff.; *Roxin*, Strafrecht AT II, § 25 Rn. 45 ff.; *Wessels/Beulke/Satzger*, Strafrecht AT, Rn. 537.
[31] Vgl. hierzu *Kubiciel*, JA 2007, 729 ff.; *Kühl*, JURA 2010, 81, 82; *Wessels/Beulke/Satzger*, Strafrecht AT, Rn. 539 f.

489 Schwierigkeiten bereitet in dieser Fallgruppe häufig die Abgrenzung zwischen (strafloser) Teilnahme an der Selbstverletzung eines anderen und (strafbarer) mittelbarer Täterschaft. Keine mittelbare Täterschaft kommt in Betracht, wenn der Vordermann sich in vollem Bewusstsein des Geschehens selbst verletzt, da dann eine **eigenverantwortliche Selbstgefährdung** vorliegt. Während in der Literatur die Eigenverantwortlichkeit einer Selbstschädigung teilweise unter entsprechender Anwendung der Exkulpationsregeln, teilweise unter Orientierung an den Grundsätzen der Einwilligungslehre bestimmt wird (zur Auseinandersetzung bereits Rn. 303 ff.), stellt die Rechtsprechung für die Abgrenzung auf Art und Tragweite des vom Täter beim Opfer erregten Irrtums ab. Verschleiert der Täter „dem sich selbst ans Leben Gehenden die Tatsache, dass er eine Ursache für den eigenen Tod setzt, ist derjenige, der den Irrtum hervorgerufen und mit Hilfe des Irrtums das Geschehen, das zum Tod des Getäuschten führt oder führen soll, bewusst und gewollt ausgelöst hat, Täter eines (versuchten oder vollendeten) Tötungsdelikts kraft überlegenen Wissens, durch das er den Irrenden lenkt, zum Werkzeug gegen sich selbst macht"[32] Nach diesen Maßstäben ist A als mittelbarer Täter eines Tötungsdeliktes anzusehen, wenn er O dadurch ums Leben bringt, dass er diesem einen Becher Gift reicht und hierbei vorgibt, dass dieser Wein enthalte, O die Täuschung nicht durchschaut und daher durch die Einnahme des Giftes ums Leben kommt. – Die unmittelbar zum Tod führende Handlung (Trinken des Giftes) ist in Bezug auf den O wegen der Straflosigkeit des Suizids objektiv nicht tatbestandsmäßig. Sie kann aber dem A gem. § 25 Abs. 1 Var. 2 StGB kraft **Irrtumsherrschaft** zugerechnet werden, da A gegenüber O über überlegenes Wissen verfügt und daher keine eigenverantwortliche Selbstgefährdung und dementsprechend keine straflose Teilnahme an einer Selbsttötung vorliegt.

bb) Unvorsätzlich handelnder Tatmittler

490 Besonders häufig begegnet einem die mittelbare Täterschaft bei unvorsätzlich handelndem Tatmittler.[33] Typischerweise bedient sich der mittelbare Täter hier eines Vordermanns, der schon keine Kenntnis von der Verwirklichung des objektiven Tatbestandes hat, der also nicht weiß, dass er durch sein Verhalten, die Voraussetzungen eines Strafgesetzes erfüllt. Dementsprechend ist eine mittelbare Täterschaft durch Einsatz eines unvorsätzlich handelnden Tatmittlers etwa dann anzunehmen, wenn Arzt A seinen Plan, den Patienten O zu töten, dadurch in die Tat umsetzt, dass er der Krankenschwester B eine mit Gift gefüllte Spritze übergibt und ihr gegenüber behauptet, diese enthalte ein harmloses Schlafmittel. Verabreicht die gutgläubige B die Spritze und verstirbt O hieran, so ist sie selbst mangels Vorsatzes nicht aus § 212 Abs. 1 StGB zu bestrafen. A ist jedoch strafbar wegen Totschlags in mittelbarer Täterschaft (§§ 212 Abs. 1, 25 Abs. 1 Var. 2 StGB), da er den Irrtum bei der B gezielt hervorgerufen hat, sie

---

[32] BGHSt 32, 38, 42.
[33] *Kindhäuser*, Strafrecht AT, § 39 Rn. 13 sieht hierin den „Grundfall" der mittelbaren Täterschaft; vgl. auch *Herzberg*, JuS 1974, 374; *Kühl*, JA 2014, 668, 670 f.; *Rengier*, Strafrecht AT, § 43 Rn. 12 f.; *Wessels/Beulke/Satzger*, Strafrecht AT, Rn. 537.

hierdurch kraft überlegenen Wissens beherrscht und die Tatbestandsverwirklichung als Zentralgestalt des deliktischen Geschehens steuert.

cc) Absichtslos-doloser Tatmittler

Umstritten ist die Annahme mittelbarer Täterschaft in Fällen des **absichtslos-dolosen Werkzeugs**. Diese betreffen Konstellationen, in denen der Tatmittler zwar vorsätzlich (dolos) einen bestimmten Tatbestand verwirklicht, hierbei aber ohne eine deliktsspezifische Absicht handelt, welche der Hintermann aufweist.[34] Da nach dem 6. StrRG bei den besonders praxisrelevanten §§ 242, 263 StGB ein Handeln in Drittzueignungs- bzw. Drittbereicherungsabsicht ausreicht, kommt dieser Fallgruppe nur noch geringe Bedeutung zu.[35] Dass sie auch nach der gegenwärtigen Rechtslage nicht rein theoretischer Natur ist, verdeutlicht allerdings der folgende Beispielsfall: A lässt B eine Gans des O von dessen Hof stehlen. A will die Gans verspeisen. B hingegen kommt es nicht (auch nicht als Zwischenziel) auf die Zueignung an A an. Er will nur dem O schaden, indem er ihm die Gans entzieht. – Mangels (Dritt-)Zueignungsabsicht hat sich B nicht wegen Diebstahls nach § 242 Abs. 1 StGB strafbar gemacht. Denkbar erscheint jedoch eine Bestrafung des A nach §§ 242 Abs. 1, 25 Abs. 1 Var. 2 StGB. Erforderlich hierfür wäre, dass der bei B vorliegende Strafbarkeitsmangel (d. h. die fehlende Zueignungsabsicht) ausreicht, um dem A eine die Täterherrschaft begründende Stellung zu vermitteln. Teile der Literatur verneinen dies, da die Veranlassung einer Tatbegehung durch einen zwar absichtslos, aber ansonsten voll verantwortlich Handelnden nicht die für § 25 Abs. 1 Var. 2 StGB erforderliche beherrschende Stellung des Hintermanns konstituiere.[36] Vielmehr weise sein Verhalten bloßen **Anstiftungscharakter** auf und könne daher nicht zu einer Bestrafung als mittelbarer Täter führen.[37]

Zutreffend geht die h. M. davon aus, dass in Fällen des absichtslos-dolosen Werkzeugs die Tatherrschaft des Hintermanns **normativ** aufzufassen und daher eine mittelbare Täterschaft grundsätzlich für möglich zu erachten ist.[38] Die Auffassung, welche eine mittelbare Täterschaft durch Einsatz eines absichtslosen Werkzeugs nicht zulassen möchte, verkennt, dass auch derjenige, der eine Absicht aufweist, die für die Verwirklichung eines bestimmten Straftatbestandes konstitutiv ist, eine beherrschende Stellung gegenüber anderen Tatbeteiligten einnimmt, welche nicht mit der relevanten Absicht handeln.[39] Mittelbare Täterschaft i. S. v. § 25 Abs. 1 Var. 2 StGB setzt nicht zwingend eine tatsächliche Beherrschung des Vordermanns durch den Hintermann voraus, vielmehr kann

---

[34] Vgl. *Herzberg*, JuS 1974, 374, 377 f.; *Murmann*, JA 2008, 321, 322 f.
[35] *Krämer*, JURA 2005, 833, 834 ff.; *Murmann*, JA 2008, 321, 323.
[36] *Jakobs*, Strafrecht AT, 21. Abschnitt Rn. 104; *Otto*, JURA 1987, 246, 255 f.; *ders.*, Strafrecht AT, § 21 Rn. 97.
[37] *Jakobs*, Strafrecht AT, 21. Abschnitt Rn. 104; *Otto*, JURA 1987, 246, 255 f.; *ders.*, Strafrecht AT, § 21 Rn. 97.
[38] *Baumann/Weber/Mitsch*, Strafrecht AT, § 29 Rn. 128 f.; Sch/Sch-*Heine/Weißer*, § 25 Rn. 19, 21; *Krämer*, JURA 2005, 833, 838; *Lackner/Kühl*, StGB, § 25 Rn. 4; *Wessels/Beulke/Satzger*, Strafrecht AT, Rn. 537.
[39] Sch/Sch-*Heine/Weißer*, § 25 Rn. 19; *Krämer*, JURA 2005, 833, 838.

eine hinreichende Abstufung in der Verantwortlichkeit auch durch das Vorhandensein zusätzlicher subjektiver Deliktsmerkmale beim Hintermann ausgelöst werden, die der Vordermann nicht verwirklicht. Da im Beispielsfall nur A über die erforderliche Zueignungsabsicht verfügt und er den (absichtslosen) B gezielt zur Deliktsbegehung einsetzt, kann er nach §§ 242 Abs. 1, 25 Abs. 1 Var. 2 StGB bestraft werden. Handelt B hinsichtlich der bei A vorhandenen Zueignungsabsicht mit dolus eventualis, kann er wegen Beihilfe zu der von A in mittelbarer Täterschaft begangenen Tat bestraft werden.

dd) Qualifikationslos-doloser Tatmittler

493 Weitgehend parallel zur Auseinandersetzung über die mittelbare Täterschaft bei absichtslos-dolosem Werkzeug verläuft das Meinungsspektrum bei Einsatz eines **qualifikationslos-dolosen Werkzeugs**. In dieser Fallgruppe handelt der Tatmittler wiederum vorsätzlich, weist aber die bei einem Sonderdelikt erforderliche Täterqualifikation nicht auf.[40] Bsp.: Beamter A veranlasst innerhalb seiner Zuständigkeit den Nichtbeamten B zu einer diesem bewussten Falscheintragung ins Geburtenregister. – Mangels eigener Stellung als Amtsträger kann B trotz vorsätzlichen Handelns nicht wegen Falschbeurkundung im Amt (§ 348 Abs. 1 StGB) bestraft werden. Auch eine mittelbare Täterschaft des A wird von einigen Autoren nicht für möglich gehalten, da allein der Umstand, dass dieser eine Sonderpflicht aufweist, die der ansonsten voll verantwortlich Handelnde B nicht innehat, nicht ausreichen soll, um die Tatherrschaft des A zu begründen.[41] Auch an dieser Stelle ist jedoch die h. M. vorzugswürdig, welche eine Strafbarkeit des A aus §§ 348 Abs. 1, 25 Abs. 1 Var. 2 StGB kraft Einsatzes eines qualifikationslos-dolosen Werkzeugs zulässt.[42] Da das Vorhandensein der besonderen Subjektqualität kennzeichnend für das tatbestandliche Unrecht der Sonderdelikte ist, muss die Verletzung der besonderen Pflichtenstellung zur Begründung der Tatherrschaft grundsätzlich ausreichen. Im Beispielsfall hat nur A die bei § 348 Abs. 1 StGB erforderliche Amtsträgerstellung inne. Da er diese durch den bewussten Einsatz des Nichtamtsträgers B verletzt, fällt ihm im gesamtdeliktischen Geschehen die Tatherrschaft zu.

ee) Rechtmäßig handelnder Tatmittler

494 Auch der Einsatz eines Tatmittlers, der zwar den gesetzlichen Tatbestand verwirklicht, hierbei aber gerechtfertigt ist, kann eine mittelbare Täterschaft begründen.[43] Typischer Beispielsfall ist die Veranlassung einer (formell rechtmäßigen) **Inhaftierung eines tatsächlich Unschuldigen**: A schreibt an die Staatsanwaltschaft, ihr Schwiegersohn O sei für einen bestimmten Raubüber-

---

[40] Vgl. *Herzberg*, JuS 1974, 374, 376 f.; *Mitsch*, JURA 2014, 585, 591; *Murmann*, JA 2008, 321, 323 f.

[41] *Otto*, Strafrecht AT, § 21 Rn. 94.

[42] *Cramer*, FS Bockelmann, 389, 399; *Hünerfeld*, ZStW 99 (1987), 228, 240; *Rengier*, Strafrecht AT, § 43 Rn. 18; *Lackner/Kühl*, StGB, § 25 Rn. 4.

[43] Hierzu BGHSt 3, 4, 5 f.; 10, 306, 307; *Kindhäuser*, Strafrecht AT, § 39 Rn. 27; *Koch*, JuS 2008, 399, 401; *Murmann*, JA 2008, 321, 323 f.; *Rengier*, Strafrecht AT, § 43 Rn. 23 ff.; *Wessels/Beulke/Satzger*, Strafrecht AT, Rn. 537.

fall verantwortlich. Sie fügt falsche Beweise für die vermeintliche Tat, für eine Fluchtgefahr des O und für Gefahr im Verzug bei. O wird daraufhin festgenommen. A wollte ihrem Schwiegersohn Unannehmlichkeiten bereiten und rechnete damit, dass er in Haft genommen werden würde. – Für die Inhaftierung des O durch die Staatsanwaltschaft stellt § 127 Abs. 2 StPO i. V. m. § 112 StPO eine Ermächtigungsgrundlage dar, so dass die tatbestandliche Verwirklichung einer Freiheitsberaubung (§ 239 Abs. 1 StGB) durch die Strafverfolgungsorgane gerechtfertigt ist. Da A sich jedoch bewusst eines gerechtfertigten Werkzeugs bedient hat, um eine Inhaftierung ihres Schwiegersohns zu bewirken, ohne hierbei selbst gerechtfertigt zu sein, ist sie als mittelbare Täterin nach §§ 239 Abs. 1, 25 Abs. 1 Var. 2 StGB zu bestrafen. Ihre mittelbare Täterschaft folgt aus überlegenem Wissen und Wollen.

Wie der BGH zutreffend ausführt, ist die Konstellation des rechtmäßig handelnden Tatmittlers nicht auf einzelne Rechtfertigungsgründe und insbesondere nicht auf den soeben skizzierten „klassischen" Inhaftierungsfall beschränkt: „Veranlasst etwa jemand, dass ein anderer, der dadurch berechtigte Interessen wahrnimmt, also gerechtfertigt ist (§ 193 StGB), einen Dritten beleidigt, so ist der Veranlasser, falls ihm für seine Person kein Rechtfertigungsgrund zur Seite steht, wegen Beleidigung in mittelbarer Täterschaft strafbar (...). Wer durch Täuschung des Richters ein unrichtiges Urteil gegen seinen Prozessgegner herbeiführt und diesen so am Vermögen schädigt, um sich zu bereichern, ist wegen Betruges strafbar (...). Wer arglistig einen anderen in eine Notwehrlage versetzt, damit er einen Dritten verletze, ist mittelbarer Täter der Körperverletzung".[44]

ff) Nicht schuldhaft handelnder Tatmittler

Mittelbare Täterschaft kraft Einsatzes eines selbst nicht strafbaren Tatmittlers kann schließlich auch dann vorliegen, wenn der Hintermann sich eines nicht schuldhaft handelnden Vordermanns bedient. Die Tatherrschaft des Hintermanns kann dabei durch jeglichen Umstand begründet werden, der zu einem Schuldausschluss auf Seiten des Vordermanns führt, so z. B., wenn der **Tatmittler schuldunfähig** ist (Bsp.: A bringt den Geisteskranken B dazu, den PKW des O zu beschädigen), wenn der Hintermann einen **unvermeidbaren Verbotsirrtum** (§ 17 S. 1 StGB) oder einen **Entschuldigungstatbestandsirrtum** (§ 35 Abs. 2 StGB, ggf. analog) beim Tatmittler ausnutzt, oder wenn der Tatmittler sich in einem vom Hintermann geschaffenen **Nötigungsnotstand** befindet (§ 35 StGB; Bsp.: A zwingt B mit vorgehaltener Pistole, den O zu schlagen. A ist wegen Körperverletzung in mittelbarer Täterschaft nach §§ 223 Abs. 1, 25 Abs. 1 Var. 2 StGB strafbar). Im zuletzt genannten Fall kann von **Willensherrschaft kraft Nötigung** gesprochen werden.

Bei Einsatz eines nicht schuldhaft handelnden Werkzeugs ist es grundsätzlich erforderlich, im Rahmen der Strafbarkeitsprüfung des Hintermanns (ggf. nur gedanklich) die mittelbare Täterschaft von der Anstiftung abzugrenzen.

---

[44] BGHSt 3, 4, 5 f.

Da eine strafbare Anstiftung gem. § 26 StGB voraussetzt, dass eine vorsätzliche und rechtswidrige Haupttat vorliegt, die nicht zwingend schuldhaft begangen sein muss (vgl. noch Rn. 555), kann die Veranlassung einer Straftatbegehung durch einen schuldlos bzw. entschuldigt Handelnden sowohl eine mittelbare Täterschaft als auch eine bloße Anstiftung des Veranlassenden begründen. Auch an dieser Stelle ist für die Abgrenzung auf das Kriterium der **Tatherrschaft** abzustellen. Handelt der Vordermann (lediglich) schuldlos, ist daher eine mittelbare Täterschaft des Hintermanns anzunehmen, wenn er sich über die Schuldunfähigkeit bzw. Entschuldigung des Tatmittlers bewusst ist bzw. diese sogar selbst verursacht, und die Schuldunfähigkeit bzw. Entschuldigung gezielt ausnutzt, um den Tatmittler als „Werkzeug in der Hand" zu halten.[45]

gg) Volldeliktisch handelnder Tatmittler

498 Grundsätzlich ist eine mittelbare Täterschaft ausgeschlossen, wenn der Vordermann selbst volldeliktisch handelt, also keinerlei Strafbarkeitsdefizite aufweist. Er ist dann selbst verantwortlich und kein unterlegenes Werkzeug eines mittelbaren Täters. Insbesondere kann bei einem volldeliktisch handelnden Vordermann an sich nicht davon gesprochen werden, dass ein anderer Tatbeteiligter die Tat „durch den Vordermann begeht", so dass die Annahme einer mittelbaren Täterschaft in Fällen, in denen sich der Tatmittler selbst als Täter desselben Deliktes strafbar macht, schon am Wortlaut von § 25 Abs. 1 Var. 2 StGB zu scheitern droht. Trotz dieser Einwände wird von der Rechtsprechung und weiten Teilen der Literatur anerkannt, dass in bestimmten Konstellationen eine Deliktsbegehung sowohl einem voll verantwortlichen Vordermann als auch einem als mittelbaren Täter strafbaren Hintermann zuzurechnen sein kann. Diese Ausnahmen werden unter dem Schlagwort **„Täter hinter dem Täter"** diskutiert.[46] Hintergrund ist dabei regelmäßig der Gedanke, dass es trotz der eigenen täterschaftlichen Verantwortlichkeit des Vordermanns wertungswidrig sein kann, den Hintermann allenfalls als Anstifter zu bestrafen, wenn dieser den Vordermann in Bezug auf den konkreten Erfolgseintritt real beherrscht bzw. unter Kontrolle hat und ihm im deliktischen Geschehen daher maßgebliche Bedeutung zukommt.[47]

499 In der Literatur wird die Rechtsfigur des „Täters hinter dem Täter" vereinzelt generell abgelehnt. Eingewandt wird insbesondere, dass die volle Verantwortlichkeit des Vordermanns eine die mittelbare Täterschaft begründende Tatherrschaft des Hintermanns ausschließe und das Tatunrecht des Hintermanns regelmäßig über die Annahme einer Anstiftung oder ggf. auch einer

---

[45] Zutreffend *Wessels/Beulke/Satzger*, Strafrecht AT, Rn. 538.
[46] Eingehend hierzu *Koch*, JuS 2008, 399, 401 ff.; 496 ff.; *Kühl*, Strafrecht AT, § 20 Rn. 72 ff.; *ders.*, JA 2014, 668, 670; *Murmann*, JA 2008, 321, 324 f.; *Rengier*, Strafrecht AT, § 43 Rn. 38 ff.; *Sippel*, NJW 1983, 2226 ff.; *ders.*, JA 1984, 480 f.; *Teubner*, JA 1984, 144 f.; *Wessels/Beulke/Satzger*, Strafrecht AT, Rn. 541 ff.
[47] Vgl. *Hünerfeld*, ZStW 99 (1987), 228, 241; *Wessels/Beulke/Satzger*, Strafrecht AT, Rn. 541.

Mittäterschaft abgedeckt werden könne.⁴⁸ Wie die nachfolgenden Erörterungen der einzelnen zur „Täterschaft hinter dem Täter" diskutierten Fallgruppen verdeutlichen wird, sind aber durchaus Fallkonstellationen denkbar, in denen allein die Annahme einer mittelbaren Täterschaft trotz voll verantwortlich handelndem Vordermann geeignet ist, das vom Hintermann verwirklichte Unrecht sachgerecht zu erfassen, so dass ein Bedarf an dieser Rechtsfigur besteht. Den nicht gänzlich von der Hand zu weisenden Einwänden an ihrer dogmatischen Tragfähigkeit ist durch eine zurückhaltende Anwendung zu begegnen, was allerdings von der Rechtsprechung nicht immer hinreichend beachtet wird (vgl. hierzu insbesondere für die Übertragung der sog. Organisationsherrschaft auf Wirtschaftsunternehmen, Rn. 506).

(1) Vermeidbarer Verbotsirrtum des Tatmittlers: Der erste Anwendungsfall des „Täters hinter dem Täter" betrifft Konstellationen, in denen auf Seiten des Vordermanns ein vermeidbarer Verbotsirrtum vorliegt, mit der Folge, dass § 17 S. 2 StGB zwar die Möglichkeit einer Strafmilderung eröffnet, im Übrigen aber davon ausgeht, dass der Vordermann für die Deliktsverwirklichung selbst voll verantwortlich ist. Die von der h. M. befürwortete Annahme einer mittelbaren Täterschaft desjenigen, der den vermeidbaren Verbotsirrtum des Vordermanns hervorgerufen hat bzw. diesen ausnutzt, beruht auf dem Gedanken, dass sich der Vordermann trotz seiner eigenen strafrechtlichen Verantwortlichkeit im Hinblick auf die Bewertung seiner Tat in einem **erheblichen Irrtum** befindet, der ausreicht, um dem Hintermann kraft seines überlegenen Wissens die Tatherrschaft zu vermitteln.⁴⁹

500

Klassisches Bsp. einer durch die Ausnutzung eines vermeidbaren Verbotsirrtums begründeten mittelbaren Täterschaft ist der vielzitierte **Katzenkönigfall:** A, B und C lebten in einem von „Mystizismus, Scheinerkenntnis und Irrglauben" geprägten „neurotischen Beziehungsgeflecht" zusammen. A und B brachten den leicht beeinflussbaren, aber zurechnungsfähigen Polizisten C dazu, an die Existenz eines „Katzenkönigs" zu glauben, der seit Jahrtausenden das Böse verkörpere und die Welt bedrohe. A entschloss sich aus Hass und Eifersucht, die O von C töten zu lassen. Sie gaukelte dem C vor, der „Katzenkönig" verlange ein Menschenopfer in der Gestalt der O; falls C die Tat nicht binnen einer kurzen Frist vollende, würde die Menschheit vom „Katzenkönig" vernichtet. A zerstreute die Gewissensbisse des C mit dem Hinweis, dass das Tötungsverbot für sie nicht gelte, da sie die Menschheit zu retten hätten. Daher erstach C die O.⁵⁰ – C hat den Tatbestand des Totschlags gem. § 212 Abs. 1 StGB erfüllt. Auch ist sein Verhalten rechtswidrig. Für einen Notstand nach § 34 StGB fehlt

501

---

⁴⁸ Eingehend zu den einzelnen Fallgruppen und mit im Einzelnen voneinander abweichenden Begründungen *Baumann/Weber/Mitsch*, Strafrecht AT, § 29 Rn. 147; *Herzberg*, JuS 1974, 237, 241; *Jakobs*, Strafrecht AT, 21. Abschnitt Rn. 94 ff., 103; *ders.*, NStZ 1995, 26 f.; *Maiwald*, ZStW 88 (1976), 712, 736 f.; *ders.*, ZStW 93 (1981), 864, 892 f.; *Otto*, Strafrecht AT, § 21 Rn. 92.
⁴⁹ *Herzberg*, JURA 1990, 16, 22; *Kindhäuser*, FS Bemmann, 339, 344 ff.; *Lackner/Kühl*, StGB, § 25 Rn. 4.
⁵⁰ BGHSt 35, 347, 315 ff.

es bereits an einer tatsächlichen Notstandslage. C handelte auch schuldhaft. Er verkannte sowohl die tatsächlichen Voraussetzungen einer Notstandslage i. S. d. § 34 StGB als auch die rechtlichen Grenzen des § 34 StGB: Wenn Leben gegen Leben steht, scheidet ein wesentliches Überwiegen im Rahmen der Interessenabwägung und damit eine Rechtfertigung nach § 34 StGB aus. Letztlich liegt nur ein Erlaubnis- bzw. Verbotsirrtum (§ 17 StGB) vor, der vermeidbar war. C ist also für sein Tun strafrechtlich voll verantwortlich, da ein Andershandeln von ihm erwartet werden konnte.

502 Bei der Prüfung der Strafbarkeit der A wegen Totschlags in mittelbarer Täterschaft (§§ 212 Abs. 1, 25 Abs. 1 Var. 2 StGB) hatte der BGH daher die Frage zu klären, ob der Hintermann eines schuldhaft handelnden Täters mittelbarer Täter sein kann. Nach der **strengen Verantwortungstheorie** kann nur ein unvermeidbarer Verbotsirrtum des Vordermanns zur mittelbaren Täterschaft des Hintermanns führen.[51] Wenn der Vordermann selbst verantwortlicher Täter ist, könne er nicht Werkzeug eines anderen sein. Eine mittelbare Täterschaft der A würde damit ausscheiden. Der BGH ist jedoch mit der **eingeschränkten Verantwortungstheorie** davon ausgegangen, dass die Vermeidbarkeit des Verbotsirrtums nicht ausschließt, dass der Vordermann Tatmittler eines mittelbaren Täters ist. Dem ist zuzustimmen, da die Tatherrschaft des Hintermanns nach tatsächlichen Kriterien zu bestimmen ist. Dass die Rechtsordnung von dem Vordermann ein anderes Verhalten erwartet (Vermeidbarkeit des Irrtums), ist nicht entscheidend, vielmehr ist allein danach zu fragen, ob der Hintermann hinreichend bestimmenden Einfluss auf ihn hatte. Vor diesem Hintergrund kommt der BGH im Katzenkönig-Fall zu dem Ergebnis einer mittelbaren Täterschaft der A: „Mittelbarer Täter eines Tötungs- oder versuchten Tötungsdelikts ist jedenfalls derjenige, der mit Hilfe des von ihm bewusst hervorgerufenen Irrtums das Geschehen gewollt auslöst und steuert, so dass der Irrende bei wertender Betrachtung als ein – wenn auch schuldhaft handelndes – Werkzeug anzusehen ist."[52]

503 *(2) Organisationsherrschaft:* Ein weiterer Ausnahmefall, in dem eine mittelbare Täterschaft „hinter dem Täter" in Betracht kommt, ist derjenige der **„Willensherrschaft kraft organisatorischer Machtapparate"**.[53] Im Ausgangspunkt geht es hierbei um Fallkonstellationen, in denen Personen mit Leitungsfunktion in einem staatlichen Machtapparat ihre Stellung ausnutzen, um die Begehung von Straftaten anzuordnen, die dann von anderen (voll verantwortlich handelnden) in der Hierarchie nachgeordneten Personen ausgeführt werden. Entscheidender Grundgedanke für die Annahme einer „Täterschaft hinter dem Täter" ist hierbei, dass der unmittelbare Täter in derartigen Machtapparaten **nahezu unbegrenzt ersetzbar** und so für den Hintermann die Tat-

---

[51] *Bottke*, JuS 1992, 765, 768 f.; *Herzberg*, JuS 1974, 374; *Jakobs*, NStZ 1995, 26.
[52] BGHSt 35, 347, 354; *Küper*, JZ 1989, 935, 948; *Otto*, JURA 1987, 246, 255.
[53] Vgl. zu dieser viel diskutierten Fallgruppe etwa *Brammsen/Apel*, ZJS 2008, 256 ff.; *Koch*, JuS 2008, 496 ff.; *Kühl*, JA 2014, 668, 670; *Murmann*, JA 2008, 321, 325; *Otto*, JURA 2001, 753 ff.; *Roxin*, Strafrecht AT II, § 25 Rn. 105 ff.

ausführung **letztlich garantiert** ist.⁵⁴ Bei dieser Form der Organisationsherrschaft hält der Hintermann den Geschehensablauf in Händen, der Tatmittler ist nur ein „kleines Rädchen im Getriebe". Er wird nicht durch Nötigung oder Täuschung, sondern wegen seiner **Austauschbarkeit** (Fungibilität) und durch außerhalb der Rechtsordnung stehende, **hierarchische Befehlsstrukturen** zum Werkzeug des Hintermannes.⁵⁵ Die Rechtsordnung entlässt den Vordermann deshalb zwar nicht aus der strafrechtlichen Verantwortung (er hätte sich diesen Strukturen ja entziehen können und sollen), berücksichtigt aber dennoch seine Instrumentalisierung und bestraft daher auch den Hintermann als (mittelbaren) Täter.

Der BGH begründete eine mittelbare Täterschaft unter dem Gesichtspunkt der Organisationsherrschaft in seiner Entscheidung zur Verantwortung von Mitgliedern des Nationalen Verteidigungsrates der DDR für den Gebrauch von Schusswaffen an der innerdeutschen Grenze, der folgender Sachverhalt zugrunde lag: A ist Mitglied des Nationalen Verteidigungsrates und wirkte maßgeblich an der Befehlslage mit, nach der die Angehörigen der Grenztruppen dahingehend instruiert wurden, dass ein gelungener „Grenzdurchbruch" für die betreffenden Soldaten „Konsequenzen" habe. Da in vielen Fällen ein Flüchtling ohne Schusswaffeneinsatz nicht aufzuhalten war, wurde bei den Soldaten gezielt der Eindruck erweckt, die „Unverletzlichkeit der Grenze" habe Vorrang vor einem Menschenleben. Eine Vielzahl von Flüchtlingen wurde durch Schüsse von Grenzsoldaten an der Grenze der DDR zur Bundesrepublik Deutschland getötet. Die Tötung von Bürgern der DDR zur Verhinderung von Grenzdurchbrüchen war auch nach DDR-Recht strafbar.⁵⁶ – Obwohl die einzelnen Schützen selbst strafrechtlich verantwortlich waren, ging der BGH zutreffend davon aus, dass auch die Mitglieder des Nationalen Verteidigungsrates wegen Totschlags in mittelbarer Täterschaft strafbar sind. Es gebe „Fallgruppen, bei denen trotz eines uneingeschränkt verantwortlich handelnden Tatmittlers der Beitrag des Hintermannes nahezu automatisch zu der von diesem Hintermann erstrebten Tatbestandsverwirklichung führt. Dies ist gegeben, wenn der Hintermann durch **Organisationsstrukturen bestimmte Rahmenbedingungen ausnutzt,** innerhalb derer sein Tatbeitrag **regelhafte Abläufe auslöst**. Derartige Rahmenbedingungen mit regelhaften Abläufen kommen insbesondere bei staatlichen, unternehmerischen oder geschäftsähnlichen Organisationsstrukturen mit Befehlshierarchien in Betracht. Handelt in einem solchen Fall der Hintermann in Kenntnis dieser Umstände, nutzt er insbesondere auch die unbedingte Bereitschaft des unmittelbar Handelnden, ihm zu gehorchen, aus, und will der Hintermann den Erfolg als Ergebnis seines eigenen Handelns, ist er Täter in der Form mittelbarer Täterschaft. Er besitzt die Tatherrschaft."⁵⁷

---

⁵⁴ *Koch*, JuS 2008, 496, 497; *Murmann*, JA 2008, 321, 325.
⁵⁵ *Jäger*, Strafrecht AT, Rn. 249; *Koch*, JuS 2008, 496, 497.
⁵⁶ BGHSt, 40, 218, 236.
⁵⁷ BGHSt, 40, 218, 236; vgl. auch *Köhler*, Strafrecht AT, S. 509; *Schulz*, JuS 1997, 109.

505 Auch für die Konstellation der organisatorischen Machtapparate wird in der Literatur teilweise die Annahme einer mittelbaren Täterschaft des Hintermanns unter Berufung auf die **volle rechtliche Verantwortlichkeit** des Vordermanns abgelehnt.[58] Das vom Hintermann verwirklichte Unrecht solle nach den Grundsätzen der Anstiftung oder Mittäterschaft zu bewerten sein. Im Hinblick auf die soeben aufgezeigte Stellung der Nutzer eines organisatorischen Machtapparates im gesamtdeliktischen Geschehen vermag das strikte Beharren auf dem Verantwortungsprinzip indes nicht zu überzeugen. Eine Mittäterschaft der Mitglieder des Nationalen Verteidigungsrates für die Todesschüsse an der innerdeutschen Grenze kann (ebenso wie in vergleichbaren Konstellationen) zumindest dann nicht angenommen werden, wenn diese die konkrete Tatausführung den Grenzsoldaten überlassen und es daher an der gemeinschaftlichen Deliktsbegehung fehlt.[59] Die Annahme einer Anstiftung erscheint demgegenüber kaum geeignet, das vom Hintermann verwirklichte Unrecht sachgerecht zu erfassen.[60] Daher ist mit der Auffassung des BGH eine mittelbare Täterschaft kraft Organisationsherrschaft anzunehmen, wenn der Hintermann seine Stellung in einer **staatlichen oder staatsähnlichen Machtstruktur** ausnutzt und hierdurch regelhafte Abläufe auslöst, die zur Deliktsverwirklichung führen.

506 Durchaus kritisch zu beurteilen ist allerdings die in der Rechtsprechung auszumachende Tendenz,[61] die Figur der mittelbaren Täterschaft kraft Organisationsherrschaft auch auf **Wirtschaftsunternehmen** auszudehnen. Eine Organisationsherrschaft kann von vornherein nur angenommen werden, wenn sich die ausgenutzten Befehlsstrukturen gänzlich außerhalb der Rechtsordnung bewegen („**Rechtsgelöstheit**"), da nur dann davon gesprochen werden kann, dass auf dem eingesetzten Vordermann ein Gehorsamszwang lastet, der dazu führt, dass der Hintermann von einer „nahezu automatischen" Ausführung seiner Befehle ausgehen kann.[62] Sieht sich der Mitarbeiter eines Unternehmens mit einer rechtswidrigen Arbeitsanweisung seines Vorgesetzten konfrontiert, kann von ihm demgegenüber regelmäßig verlangt werden, Rechtsschutz zu suchen.[63] Schließlich wird in Wirtschaftsunternehmen häufig die für die Annahme einer Organisationsherrschaft erforderliche Austauschbarkeit des Vordermanns fehlen. Zumindest in Konstellationen, in denen es sich bei dem Vordermann um eine Fachkraft für einen bestimmten Tätigkeitsbereich handelt, ist er eben kein „austauschbares Rädchen im Getriebe", welches bei einer Weigerung, entsprechend der Anordnung des Hintermanns zu handeln, durch einen anderen Mitarbeiter ausgetauscht werden könnte.[64]

---

[58] *Jescheck/Weigend*, Strafrecht AT, § 62 II 8; *Kindhäuser*, Strafrecht AT, § 39 Rn. 40; *Otto*, JURA 2001, 753 ff.; *Rotsch*, JuS 2002, 887 ff. Im Ergebnis auch *Brammsen/Apel*, ZJS 2008, 256 ff.
[59] *Jäger*, Strafrecht AT, Rn. 249; vgl. auch *Koch*, JuS 2008, 496, 497.
[60] *Koch*, JuS 2008, 496, 498; vgl. insoweit auch *Otto*, JURA 2001, 753, 758.
[61] Vgl. insoweit BGHSt 43, 219, 231 f.; 49, 147, 163 f.; BGH NStZ 1996, 296, 297.
[62] *Jäger*, Strafrecht AT, Rn. 249; *Koch*, JuS 2008, 496, 498.
[63] *Brammsen/Apel*, ZJS 2008, 256, 262; *Roxin*, Strafrecht AT II, § 25 Rn. 130.
[64] *Rotsch*, NStZ 1998, 491, 494.

(3) Täuschung über den konkreten Handlungssinn: Auch wenn der Hintermann den Vordermann über den konkreten Handlungssinn täuscht, ist mit der überzeugenden h. M. trotz volldeliktischen Handelns des Vordermanns eine mittelbare Täterschaft prinzipiell möglich.[65] Allerdings ist hier sorgfältig zu prüfen, ob der Hintermann im Vergleich zum Vordermann tatsächlich über ein derart überlegenes Wissen verfügt, dass ihm die Tatherrschaft zufällt. Regelmäßig zu bejahen ist dies, wenn der Hintermann einen (unbeachtlichen) **error in persona** erregt, da dann er allein Kenntnis über die Identität des tatsächlichen Opfers hat. Bsp.: B lauert dem C auf, um ihn zu erschießen. A arrangiert es so, dass O von B mit C verwechselt und deshalb erschossen wird. – B ist in diesem Fall gem. § 212 Abs. 1 StGB, A gem. §§ 212 Abs. 1, 25 Abs. 1 Var. 2 StGB zum Nachteil des O strafbar.

507

Im Fall der Ausnutzung eines allgemeinen **Motivirrtums** kommt eine mittelbare Täterschaft demgegenüber allenfalls dann in Betracht, wenn dem Irrtum beachtliches Gewicht zukommt.[66] Hiervon ist etwa dann auszugehen, wenn A den B veranlasst, ein vermeintlich wertloses Gemälde des C zu zerstören, obwohl für dieses in Wahrheit ein sechsstelliger Millionenbetrag erzielt werden kann. Abzulehnen ist eine „Täterschaft hinter dem Täter" hingegen, wenn sich das Mehrwissen des Hintermanns auf eine ganz geringfügige Intensivierung des Schadensumfangs bezieht.[67]

508

c) Subjektiver Tatbestand

aa) Anforderungen

Der Hintermann muss im Rahmen des subjektiven Tatbestandes neben gegebenenfalls erforderlichen deliktsspezifischen besonderen subjektiven Tatbestandsmerkmalen mit Tatbestandsvorsatz handeln. Dieser muss insbesondere die Umstände erfassen, welche die mittelbare Täterschaft begründen, d. h. die eigene Tatherrschaft sowie die unterlegene Stellung des Tatmittlers.

509

Begeht der Tatmittler Straftaten, die über die vom mittelbaren Täter angestrebten Taten hinausgehen, und handelt der mittelbare Täter hinsichtlich der zusätzlichen Deliktsbegehungen nicht vorsätzlich, liegt ein **Exzess des Tatmittlers** vor.[68] Für diesen haftet der Hintermann zwar nicht wegen vorsätzlicher Deliktsbegehung in mittelbarer Täterschaft, in Betracht kommt jedoch eine Fahrlässigkeitsstrafbarkeit, wenn er hätte voraussehen können, dass der Tatmittler weitergehendes Unrecht verwirklicht, als er in seinen Vorsatz aufgenommen hat.

510

---

[65] Hierzu *Koch*, JuS 2008, 399, 402; *Rengier*, Strafrecht AT, § 43 Rn. 47 ff.
[66] Zur Problematik Sch/Sch-*Heine/Weißer*, § 25 Rn. 23 f.; *Jakobs*, Strafrecht AT, 21. Abschnitt Rn. 101; *Kindhäuser*, Strafrecht AT, § 39 Rn. 14 ff.; *Kühl*, Strafrecht AT, § 20 Rn. 75.
[67] Ähnlich auch Sch/Sch-*Heine/Weißer*, § 25 Rn. 23; *Roxin*, Strafrecht AT II, § 25 Rn. 96.
[68] *Kindhäuser*, Strafrecht AT, § 39 Rn. 11; *Roxin*, Strafrecht AT II, § 25 Rn. 168.

bb) Irrtumskonstellationen

511 Bei der mittelbaren Täterschaft ergeben sich mehrere spezielle Irrtumskonstellationen, die in Tab. 18 zusammengefasst sind und anhand des nachfolgenden Beispielsfalls veranschaulicht werden sollen.

512 **Tab. 18:** Irrtumskonstellationen bei mittelbarer Täterschaft

Irrtumskonstellation	Strafbarkeit des Hintermanns
1. Irrige Annahme der Tatherrschaft	Anstiftung (§ 26 StGB)
2. Nichterkennen der objektiven Tatbeherrschung	versuchte Anstiftung (§ 30 Abs. 1 StGB)
3. error in persona beim Tatmittler	aberratio ictus

513 **Beispielsfall:** Arzt A gibt Krankenschwester B eine Spritze mit Gift, um Patient O zu töten, wobei er
- **Var. 1:** annimmt, B halte den Spritzeninhalt für ein sinnvolles Medikament, während B in Wahrheit den Plan des A durchschaut und O trotzdem die tödliche Spritze gibt.
- **Var. 2:** annimmt, B wisse vom giftigen Spritzeninhalt, während B tatsächlich denkt, die Spritze enthalte ein sinnvolles Medikament. B injiziert den Spritzeninhalt, O stirbt.
- **Var. 3:** zutreffend annimmt, dass B denkt, die Spritze enthalte ein sinnvolles Medikament, die B das Gift infolge einer Personenverwechslung jedoch dem X injiziert. X stirbt.

514 In Var. 1 geht A davon aus, dass eine mittelbare Täterschaft gegeben ist. Objektiv ist jedoch lediglich eine Anstiftungslage gegeben, so dass eine **irrige Annahme der Tatherrschaft** vorliegt. Nur nach der subjektiven Theorie, die schon bloßen Tatherrschafts*willen* genügen lässt, kann man in diesem Fall zur Annahme eines vollendeten Totschlags in mittelbarer Täterschaft durch A gelangen.[69] Richtigerweise wird man aber auf Grundlage der Tatherrschaftslehre davon ausgehen müssen, dass die notwendige objektive Tatherrschaft fehlt und A daher nicht aus §§ 212 Abs. 1, 25 Abs. 1 Var. 2 StGB bestraft werden kann. Stattdessen erfüllt er die Voraussetzungen eines versuchten Totschlags in mittelbarer Täterschaft (§§ 212 Abs. 1, 22, 23 Abs. 1, 25 Abs. 1 Var. 2 StGB). Ob der vermeintliche mittelbare Täter in dieser Konstellation zusätzlich wegen vollendeter Anstiftung (im Hinblick auf den von B verwirklichten Totschlag) bestraft werden kann, ist innerhalb der Tatherrschaftslehre umstritten. Teilweise wird eine vollendete Anstiftung abgelehnt, da es an dem für § 26 StGB erforderlichen Vorsatz bzgl. einer vorsätzlichen, rechtswidrigen Haupttat fehle.[70] Nach der überzeugenden Gegenansicht liegt eine vollendete Anstiftung vor, da der Vorsatz hinsichtlich der Deliktsverwirklichung in mittelbarer Täterschaft

---

[69] Vgl. auch *Kindhäuser*, Strafrecht AT, § 39 Rn. 65.
[70] Vgl. *Kretschmer*, JURA 2003, 535, 536 ff.; *Kudlich*, JuS 2003, 755, 758.

als Plus gegenüber dem Anstiftervorsatz diesen ebenfalls umfasst. Im Tatherrschaftswillen ist a maiore ad minus der Anstiftervorsatz enthalten.[71] Die versuchte Deliktsbegehung in mittelbarer Täterschaft tritt als subsidiäres Delikt (hierzu noch Rn. 618, 887) hinter die vollendete Anstiftung zurück.[72] In Var. 1 ist B also gem. § 212 Abs. 1 StGB und A wegen Anstiftung zum Totschlag gem. §§ 212 Abs. 1, 26 StGB zu bestrafen.

In Var. 2 glaubt A eine Anstiftung zu begehen, handelt objektiv aber als mittelbarer Täter, so dass ein Fall des **Nichterkennens der objektiven Tatbeherrschung** vorliegt. Da er nicht erkennt, dass er die B beherrscht, fehlt ihm der für die Annahme einer mittelbaren Täterschaft erforderliche Vorsatz bez. des „In-den-Händen-Haltens" des tatbestandsmäßigen Geschehensablaufs. Für eine Anstiftung (§ 26 StGB) fehlt es an der vorsätzlichen Haupttat der B, so dass nur eine versuchte Anstiftung zum Totschlag, §§ 212 Abs. 1, 30 Abs. 1 StGB gegeben ist.[73]

515

Umstritten ist zuletzt, wie sich der in Var. 3 geschilderte **error in persona beim Tatmittler** für den Hintermann auswirkt. Eine Ansicht differenziert an dieser Stelle danach, ob der Hintermann klare Anweisungen zur Individualisierung des Opfers erteilt hat (dann soll für den Hintermann eine aberratio ictus vorliegen), oder ob er dem Tatmittler einen Spielraum ließ (dann muss er sich dessen Auswahlfehler als error in persona vel obiecto zurechnen lassen).[74] Im Beispielsfall könnte eine entsprechende Konkretisierung etwa darin gesehen werden, dass A der B neben der Nummer des Zimmers, in dem sich O aufhält, auch eine detaillierte Personenbeschreibung des O nennt. Da hierfür jedoch keine Anhaltspunkte existieren, würde diese Auffassung von einer für A unbeachtlichen Personenverwechslung ausgehen, so dass er aus §§ 212 Abs. 1, 25 Abs. 1 Var. 2 StGB zu bestrafen wäre. Demgegenüber geht die Gegenauffassung zutreffend davon aus, dass der Irrtum des Vordermanns für den Hintermann als ein Fehlgehen des (menschlichen) Werkzeugs zu bewerten ist.[75] Daher ist für den Hintermann immer eine **aberratio ictus** anzunehmen, so dass A in Var. 3 wegen versuchten Totschlags in mittelbarer Täterschaft an O (§§ 212 Abs. 1, 22, 23 Abs. 1, 25 Abs. 1 Var. 2 StGB) und fahrlässiger Tötung (§ 222 StGB) des X strafbar ist. Hierfür spricht, dass es keinen Unterschied machen sollte, ob sich der Hintermann bei der Verfehlung seines Zieles einer mechanischen Waffe oder eines menschlichen Werkzeuges bedient.

516

d) Mittelbare Täterschaft durch Unterlassen

Innerhalb der Literatur wird verbreitet davon ausgegangen, dass bei den unechten Unterlassungsdelikten eine mittelbare Täterschaft nicht möglich sei, da dem Hintermann im Fall des Unterlassens nicht die Tatherrschaft über den

517

---

[71] *Jescheck/Weigend*, Strafrecht AT, § 63 III 1; *Wessels/Beulke/Satzger*, Strafrecht AT, Rn. 549.
[72] Str. vgl. hierzu *Kindhäuser*, LPK-StGB, Vor §§ 25–31 Rn. 60 ff.
[73] Vgl. auch *Kindhäuser*, Strafrecht AT, Rn. 74 f.; *Kretschmer*, JURA 2003, 535, 536.
[74] *Rengier*, Strafrecht AT, § 43 Rn. 74; *Wessels/Beulke/Satzger*, Strafrecht AT, Rn. 550.
[75] U. a. *Kühl*, Strafrecht AT, § 20 Rn. 89a m. w. N.

Vordermann zufalle.⁷⁶ Demgegenüber geht der BGH zutreffend davon aus, dass eine mittelbare Täterschaft auch im Fall des pflichtwidrigen Unterlassens in Garantenstellung vorliegt, wenn der Vordermann selbst nicht volldeliktisch handelt und der Hintermann als Garant für die Beseitigung des beim Vordermann vorhandenen Strafbarkeitsdefizits einzustehen hat.⁷⁷ Unterlässt der Hintermann es trotz bestehender Garantenstellung pflichtwidrig, das beim Vordermann bestehende Strafbarkeitsdefizit zu beseitigen, anstatt den Strafbarkeitsmangel durch aktives Tun hervorzurufen, dann ergibt sich bereits aus der gesetzgeberischen Wertung in § 13 Abs. 1 StGB, dass die Tatbestandserfüllung durch Unterlassen derjenigen durch aktives Tun prinzipiell gleichsteht und daher dem Hintermann die Tatherrschaft zufällt.

e) Leitentscheidungen

518 **BGHSt 35, 347, 351 ff.; Mittelbare Täterschaft bei vermeidbarem Verbotsirrtum des Tatmittlers (hierzu bereits Rn. 501):** Einer Frau gelingt es, einen leicht beeinflussbaren Polizisten von der Existenz eines die Welt bedrohenden Katzenkönigs zu überzeugen. Um den Katzenkönig zu beruhigen und das Leben von Millionen von Menschen zu retten, müsse diesem ein Menschenopfer erbracht werden. Sie will in Wahrheit eine Rivalin loswerden und übergibt dem Polizisten ein Messer, womit dieser auf das Opfer einsticht, welches jedoch nicht lebensbedrohlich verletzt wird. – Zwar ging der Polizist beim Zustechen davon aus, die Tötung der Frau sei zur Rettung des Lebens einer Vielzahl von Menschen rechtlich zulässig, jedoch ist dieser Verbotsirrtum vermeidbar und der Polizist daher nicht entschuldigt (vgl. § 17 S. 2 StGB). Trotz der Strafbarkeit des Polizisten bestrafte der BGH auch die Frau als mittelbare Täterin. Auch in Fällen der Verursachung eines vermeidbaren Irrtums beim Vordermann käme es für die Abgrenzung zwischen mittelbarer Täterschaft und Anstiftung auf Art und Tragweite des Irrtums sowie die Intensität der Einwirkung an. Da die Frau die Wahnvorstellungen des Polizisten verursacht und wesentliche Teile der Tatausführung bestimmt habe, weise sie die vom Täterwillen getragene objektive Tatherrschaft auf.

519 **BGHSt 45, 270, 296 ff.; Mittelbare Täterschaft kraft Organisationsherrschaft (hierzu bereits Rn. 505):** Die Mitglieder des Nationalen Verteidigungsrates der DDR haben durch die ständige Einwirkung auf die DDR-Grenzsoldaten eine Befehlslage geschaffen, nach der „Grenzdurchbrüche" in jedem Fall zu verhindern sind und bei der Abwägung zwischen dem Leben eines „Grenzverletzers" und der Unverletzlichkeit der Grenze Letztere höher einzuschätzen sei. Mehrere Flüchtlinge werden infolge dieser Befehlslage erschossen. – Die Soldaten, welche die Schüsse abgegeben haben, sind wegen täterschaftlicher Tötung strafbar, da die Befehlslage weder rechtfertigende noch entschuldigende Wirkung entfaltet. Daneben sind auch die Mitglieder des Nationalen

---

⁷⁶ *Bachmann/Eichinger*, JA 2011, 105, 106; Sch/Sch-*Heine/Weißer*, § 25 Rn. 56 ff.; *Knauer*, NJW 2003, 3101, 3102; *Roxin*, Strafrecht AT II, § 31 Rn. 175.
⁷⁷ BGHSt 40, 257, 265 ff.; 48, 77, 89 ff.; ebenso *Brammsen*, NStZ 2000, 337 ff.; *Jakobs*, Strafrecht AT, 29. Abschnitt Rn. 103; *Kindhäuser*, Strafrecht AT, § 39 Rn. 41 f.

Verteidigungsrates wegen Totschlags in mittelbarer Täterschaft strafbar. Der Hintermann eines schuldhaft handelnden Täters kann ausnahmsweise mittelbarer Täter sein, wenn er durch Organisationsstrukturen Rahmenbedingungen ausnutzt, innerhalb derer sein Tatbeitrag regelhafte Abläufe auslöst.

BGHSt 48, 331, 342 f.; Mittelbare Täterschaft kraft Organisationsherrschaft: Drei Gründer einer OHG beabsichtigen Kleinanleger zu einer stillen Beteiligung an der Gesellschaft zu veranlassen, indem sie diese über die fehlenden finanziellen Rücklagen der OHG täuschen. Einer der Gründer schult hierfür Handelsvertreter, welche in 465 Fällen Anleger zu einer stillen Beteiligung veranlassen. – Nach Auffassung des BGH handeln die Gründer hinsichtlich der Betrugstaten als mittelbare Täter. Die Annahme von Organisationsherrschaft sei nicht auf staatliche Machtapparate beschränkt, vielmehr komme es allein darauf an, dass der Hintermann die durch Organisationsstrukturen geschaffenen Rahmenbedingungen nutzt, um das deliktische Geschehen maßgeblich zu beeinflussen, was auch durch das Leitungspersonal von Wirtschaftsunternehmen geschehen könne. Durch die Schulungen der Handelsvertreter habe der Gründer nicht nur die Rahmendaten der abzuschließenden Verträge vorgegeben, sondern auch das Verkaufsverhalten sowie den Umgang mit den Anlegern beherrscht. Da die OHG arbeitsteilig organisiert war, sei dies den anderen Gründern über § 25 Abs. 2 StGB zuzurechnen. Zuletzt hänge die Annahme von Organisationsherrschaft auch nicht davon ab, ob die Handelsvertreter selbst gut- oder bösgläubig hinsichtlich der fehlenden Finanzmittel der OHG handelten. 520

OLG München NStZ 2007, 157 f.: Mittelbare Täterschaft bei unvorsätzlich handelndem Tatmittler: Ein PKW-Fahrer erhebt gegen den Verkäufer seines PKWs Klage auf Zahlung des für den PKW gezahlten Kaufpreises Zug um Zug gegen Rückgabe des Fahrzeugs. Um feststellen zu lassen, ob das Fahrzeug die vom PKW-Fahrer geltend gemachten Mängel aufweist, erlässt das Gericht einen Beweisbeschluss auf Einholung eines Sachverständigengutachtens. Da die vom Sachverständigen festzustellenden Mängel das Klagebegehren nicht rechtfertigen werden, nimmt der PKW-Fahrer eigenhändig eine Manipulation an der Bremsleitung des Fahrzeugs vor und weist den Sachverständigen auf mögliche Mängel im Bremsbereich hin. Als der Sachverständige das Fahrzeug im Straßenverkehr verwendet, stellt er fest, dass sich das Bremspedal bis nahezu zum Boden durchtreten lässt und das Fahrzeug nur mit dem vorhandenen zweiten Bremskreis zum Stehen gebracht werden kann. – Weist der Sachverständige in seinem Gutachten gutgläubig darauf hin, dass der an den Bremsen festgestellte Mangel mit hoher Wahrscheinlichkeit bereits bei Erfüllung des Kaufvertrages vorlag und entscheidet das Gericht daraufhin zugunsten des PKW-Fahrers, ist dieser mittelbarer Täter eines Prozessbetrugs. Da der Sachverständige davon ausging, dass der von ihm festgestellte Mangel am Bremssystem nicht vom PKW-Fahrer herbeigeführt wurde, handelt er nicht vorsätzlich hinsichtlich der Unrichtigkeit seines Gutachtens. Da jedoch der PKW-Fahrer gezielt auf etwaige Mängel im Bremsbereich hingewiesen hat, von denen er wusste, dass er sie selbst zu verantworten hat, bediente er sich des Sachverständigen als unvorsätzliches Werkzeug und handelte daher als mittelbarer Täter. 521

3. Mittäterschaft

a) Einführung

522 Begehen mehrere Personen eine Straftat **gemeinschaftlich**, sind sie gem. § 25 Abs. 2 StGB als Mittäter einzustufen. In Abgrenzung zur Nebentäterschaft, bei der mehrere Tatbeteiligte voneinander unabhängig einen die Täterschaft begründenden Tatbeitrag erbringen, kennzeichnet die Mittäterschaft, dass mindestens zwei Täter einen gesetzlichen Tatbestand gemeinsam verwirklichen, indem sie bewusst und gewollt zusammenwirken.[78] Wichtigste Konsequenz der gemeinschaftlichen Tatbegehung ist die **wechselseitige Zurechnung** aller Tatbeiträge, die im bewussten und gewollten Zusammenwirken erbracht werden. Jedem Mittäter werden die Tatbeiträge der übrigen Mittäter so zugerechnet, als hätte er sie selbst ausgeführt (zu den Grenzen der wechselseitigen Zurechnung noch Rn. 534 ff.).[79]

523 Bedeutung erlangt die wechselseitige Zurechnung insbesondere bei **mehraktigen Delikten**, die im objektiven Tatbestand die Vornahme mehrerer unterschiedlicher Handlungen voraussetzen, und bei denen es § 25 Abs. 2 StGB ermöglicht, Tatbeteiligte als Täter zu bestrafen, die zwar jeder für sich genommen nur einen Teilausschnitt des objektiven Tatbestandes verwirklichen, durch ihr Zusammenwirken aber das gesamte tatbestandlich umschriebene Unrecht erfüllen.[80] Bsp.: A und B planen, den O auszurauben, indem A den O niederschlägt und B daraufhin die Geldbörse des O an sich nimmt. A und B führen die Tat entsprechend dieser Abrede aus. – Bei isolierter Betrachtung haben weder A noch B den objektiven Tatbestand des § 249 Abs. 1 StGB vollständig verwirklicht, da dieser den Einsatz eines Nötigungsmittels und die Wegnahme einer fremden beweglichen Sache voraussetzt. Da A und B jedoch bewusst und gewollt zusammenwirken und hierdurch die Voraussetzungen des § 25 Abs. 2 StGB erfüllen, müssen sie sich den Tatbeitrag des jeweils anderen zurechnen lassen.[81] Dies führt im konkreten Fall dazu, dass für A und B sowohl eine Nötigungs- als auch eine Wegnahmehandlung vorliegt und beide wegen mittäterschaftlich begangenen Raubes zu bestrafen sind (§§ 249 Abs. 1, 25 Abs. 2 StGB).

524 Im Hinblick auf die soeben aufgezeigten weitreichenden Folgen der wechselseitigen Zurechnung ist § 25 Abs. 2 StGB grundsätzlich eng auszulegen und die Mittäterschaft auf Fälle zu begrenzen, in denen mehreren Tatbeteiligten die Tatherrschaft zufällt, da (1.) eine objektiv **gemeinschaftliche Tatbegehung** vorliegt und (2.) in subjektiver Hinsicht ein **gemeinsamer Tatplan** festgestellt werden kann.[82] Ferner ist die Zurechnung grundsätzlich auf die von den ein-

---

[78] Vgl. BGHSt 24, 286; BGH NStZ 1996, 227; *Vogel/Fad*, JuS 2002, 790.
[79] BGHSt 24, 286, 288; 37, 289, 291.
[80] Vgl. auch *Seher*, JuS 2009, 304.
[81] Vgl. BGH NJW 2008, 387, 388; BGH NStZ 2008, 89, 90; *Kindhäuser*, Strafrecht AT, § 40 Rn. 2; *Kühl*, Strafrecht AT, § 20 Rn. 100; *Lesch*, JA 2000, 73; *Seher*, JuS 2009, 304.
[82] Eingehend zu den Voraussetzungen der Mittäterschaft auch *Geppert*, JURA 2011, 30, 31 f.; *Kindhäuser*, Strafrecht AT, § 40 Rn. 3 ff.; *Kühl*, JA 2014, 668, 671 f.; *Rengier*, JuS 2010, 281, 282, 285 f.; *Rotsch*, ZJS 2012, 680, 682 ff.; *Wessels/Beulke/Satzger*, Strafrecht AT, Rn. 524 ff.

zelnen Mittätern erbrachten objektiven Tatbeiträge beschränkt, das Fehlen besonderer subjektiver Strafbarkeitsvoraussetzungen bzw. einer besonderen Täterqualifikation kann auch über § 25 Abs. 2 StGB nicht überwunden werden.[83] Weist im Beispielsfall nur B die für § 249 Abs. 1 StGB erforderliche Zueignungsabsicht auf, während A davon ausgeht, dass dem O die Geldbörse mitsamt ihres Inhalts kurze Zeit später zurückgegeben werden soll, kann eine Strafbarkeit des A aus §§ 249 Abs. 1, 25 Abs. 2 StGB nicht damit begründet werden, dass B die beim Raub erforderliche überschießende Innentendenz aufweist. Ebenso kann ein Nichtamtsträger niemals Mittäter eines Amtsdeliktes sein, selbst wenn er in bewusstem und gewolltem Zusammenwirken mit einem Amtsträger strafrechtlich relevantes Unrecht verwirklicht.

b) Objektiver Tatbeitrag und funktionelle Tatherrschaft

aa) Grundlagen

Eine objektiv gemeinschaftliche Tatbegehung setzt voraus, dass jeder Mittäter „einen eigenen Tatbeitrag derart in eine gemeinschaftliche Tat einfügt, dass sein Beitrag als Teil der Tätigkeit des anderen und umgekehrt dessen Tun als Ergänzung seines eigenen Tatanteils erscheint"[84]. Entgegen der subjektiven Theorie (S. o. Rn. 468 ff., 473 f.) genügt dabei nicht schon jeder mit Täterwillen geleistete Beitrag eines Tatbeteiligten, sondern dieser muss auch **objektiv wesentlich** sein[85] und so **funktionelle Tatherrschaft**[86] vermitteln. Wer zwar an einem Rechtsgutsangriff mitwirkt, dabei aber nur unterstützend tätig wird und nicht als Zentralgestalt des Geschehens erscheint, da er auf das „Ob" und „Wie" der Tatbegehung keinen entscheidenden Einfluss ausübt, ist allenfalls als Teilnehmer an der von anderen begangenen Tat zu bestrafen.[87] Das objektive Gewicht eines Tatbeitrags ist dabei anhand einer wertenden Betrachtung zu ermitteln, wobei Grundvoraussetzung für das Vorliegen einer Mittäterschaft ist, dass jeder einzelne Tatbeitrag als Ergänzung des Tatbeitrags der anderen Mittäter zu einem einheitlichen tatbestandlichen Unrecht erscheint.[88]

525

Unproblematisch gestaltet sich die Annahme einer objektiv gemeinschaftlichen Tatbegehung in der Regel, wenn mehrere Personen am Tatort selbst anwesend sind und derart zusammenwirken, dass ihr Handeln wie das einer einzigen Person erscheint. So liegt es etwa, wenn A und B gemeinsam auf den X einschlagen oder nachts in die Wohnung des Y einbrechen, um die sich dort befindenden Wertgegenstände zu entwenden. Die Mittäterschaft ist aber keinesfalls auf derart eindeutige Fallkonstellationen beschränkt, insbesondere ist Mittäter nicht nur derjenige, der eigenhändig sämtliche Tatbestandsmerkmale erfüllt. Ein Tatbeitrag ist dann geeignet, funktionelle Tatherrschaft zu vermit-

526

---

[83] *Geppert*, JURA 2011, 30, 32; vgl. auch BGHSt 14, 123, 129; BGH NStZ 1998, 158.
[84] BGHSt 37, 289, 291.
[85] Zur Abgrenzung bei Handlungen, die selbst kein Tatbestandsmerkmal erfüllen, aber dennoch Tatherrschaft vermitteln *Seher*, JuS 2009, 304, 307 m.w.N.
[86] *Roxin*, JA 1979, 519, 522 ff.; krit. zu diesem Begriff *Lesch*, JA 2000, 73, 75 ff.
[87] Zur Abgrenzung zwischen Täterschaft und Teilnahme bereits Rn. 464 ff.
[88] BGHSt 39, 381, 386; *Geppert*, JURA, 2011, 30, 31.

teln, wenn ihm im gesamtdeliktischen Geschehen eine erhebliche Bedeutung zukommt, er mithin als wesentlich für die Tatbegehung einzuordnen ist.[89] Liegt ein entsprechender Tatbeitrag vor, kommt es für die Annahme einer gemeinschaftlichen Tatbegehung nicht mehr darauf an, dass die von den einzelnen Tatbeteiligten vorgenommenen Handlungen einen identischen Unrechtsgehalt aufweisen. Schlagen A, B und C auf den O ein, um ihm anschließend die Geldbörse entwenden zu können, und setzen A und B dabei nur ihre Fäuste ein, während C absprachegemäß einen Baseballschläger verwendet, liegen die Voraussetzungen der Mittäterschaft daher für alle drei Tatbeteiligten nicht nur hinsichtlich § 249 Abs. 1 StGB, sondern auch hinsichtlich § 250 Abs. 2 Nr. 1 Var. 2 StGB vor. Zuletzt kann Mittäter grundsätzlich auch derjenige sein, der nicht selbst am Tatort anwesend ist. Planen die Versicherungsvertreter A und B einen Betrug (§ 263 Abs. 1 StGB) zulasten des O zu begehen, indem A den O über die Leistungen aus einer Lebensversicherung täuscht, um diesen zum Abschluss eines überteuerten Versicherungsvertrages zu veranlassen, und beschränkt sich der Tatbeitrag des B darauf, eine telefonische Anfrage des O zum Versicherungsvertrag zu bestätigen, so kann bereits hierin eine gemeinschaftliche Tatbegehung von A und B liegen.

bb) Sonderproblem: Mitwirkung im Vorbereitungsstadium

527 Zu den bis heute meist diskutierten Problemen im Zusammenhang mit der Mittäterschaft zählt die Frage, ob der die mittäterschaftliche Stellung begründende Tatbeitrag im Ausführungsstadium geleistet werden muss oder ob schon eine **Mitwirkung nur bei der Vorbereitung** genügen kann.[90] Wie im folgenden Beispielsfall begegnet einem die Problematik insbesondere in Konstellationen, in denen ein „Bandenchef" einen detaillierten Tatplan entwirft, an dessen Ausführung er selbst aber nicht teilnimmt: Der Bandenchef A überredet die Bandenmitglieder B und C, eine Bank zu überfallen. A holt sämtliche erforderlichen Informationen über die Bank ein, beschafft die Ausrüstung für den Überfall und erstellt einen optimalen Fluchtplan für B und C. Die Beute soll zwischen A, B und C geteilt werden. Den Überfall selbst nehmen B und C allein vor, während A mit seiner Familie in den Urlaub fährt. – Die Tatbestandsverwirklichung durch B und C steht hier außer Frage, problematisch erscheint jedoch, ob A lediglich für das Hervorrufen des Tatentschlusses bei B und C und damit als Anstifter bestraft werden kann oder ob er aufgrund der umfassenden Vorbereitung des Überfalls als Mittäter anzusehen ist.

528 Auf der Grundlage der **subjektiven Theorie der Rechtsprechung** (s. o. Rn. 468 ff., 473 f.) kann auch die bloße Mitwirkung im Vorbereitungsstadium unproblematisch eine mittäterschaftliche Stellung begründen.[91] Soweit der Handelnde ein hohes Eigeninteresse an der Tatbestandsverwirklichung hat

---

[89] Vgl. auch *Kindhäuser*, Strafrecht AT, § 40 Rn. 4; *Rengier*, JuS 2010, 281, 282.
[90] Vgl. hierzu *Kindhäuser*, Strafrecht AT, § 38 Rn. 46 ff.; *Kühl*, JA 2014, 668, 671 f.; *Rengier*, Strafrecht AT, § 41 Rn. 18 ff.; *Roxin*, JA 1979, 519, 520 f.; *Seelmann*, JuS 1980, 571, 573; *Seher*, JuS 2009, 304, 308; *Wessels/Beulke/Satzger*, Strafrecht AT, Rn. 529.
[91] Vgl. insoweit BGHSt 32, 165, 178 ff.; 37, 289, 291 f.

und einen nicht völlig untergeordneten Tatbeitrag erbringt, genügt dies regelmäßig, um den hiernach erforderlichen Täterwillen zu bejahen. Im Beispielsfall würde für die Annahme eines hohen Tatinteresses bereits ausreichen, dass die Beute zwischen A, B und C gleichmäßig aufgeteilt werden soll.

Stellt man demgegenüber auf das Kriterium der **Tatherrschaft** ab, ist die Annahme einer Mittäterschaft auf den ersten Blick weniger eindeutig, da der nur im Vorbereitungsstadium Agierende bei der konkreten Tatausführung nicht mitwirkt und dadurch nicht unmittelbar als Zentralgestalt des Geschehens erscheint. Nach einer teilweise vertretenen Ansicht (sog. enge Tatherrschaftslehre), soll für die Bejahung einer Mittäterschaft daher zwingend erforderlich sein, dass der Beteiligte im Ausführungsstadium selbst tätig wird, wofür es allerdings ausreichen soll, dass er (per Funk oder Telefon) mit den anderen Tatbeteiligten in Kontakt tritt.[92] Im Beispielsfall wäre nach dieser Auffassung eine mittäterschaftliche Stellung des A anzunehmen, wenn er aus seinem Urlaub mit B und C telefonisch Kontakt aufnimmt, während diese den Überfall ausführen. Ist dies nicht der Fall, soll sein Tatbeitrag lediglich als Anstiftung erfasst werden können, soweit man nicht eine Bestrafung (als mittelbarer Täter) über die Rechtsfigur des „Täters hinter dem Täter" für möglich erachtet[93].

529

Zutreffend gehen die Vertreter der Tatherrschaftslehre aber mehrheitlich davon aus, dass ein nur im Vorbereitungsstadium Agierender ausnahmsweise auch dann als Mittäter zu bestrafen sein kann, wenn er im Ausführungsstadium gar nicht mehr tätig wird. Zwar kann er in diesem Fall den Tatablauf vor Ort nicht mehr umgestalten, gleichwohl fällt ihm die **funktionelle Tatherrschaft** zu, wenn der Tatbeitrag im Vorbereitungsstadium die Tatbegehung so erheblich beeinflusst, dass dies die Abwesenheit bei der Vornahme der Tathandlungen im Ausführungsstadium kompensiert, das „Beteiligungsminus" bei der realen Tatausführung also gewissermaßen durch das „Plus" der mitgestaltenden Deliktsplanung ausgeglichen wird.[94] Unter diesen engen Voraussetzungen kann eine Mitwirkung im Vorbereitungsstadium für eine Mittäterschaft genügen. Für diese Sichtweise spricht in erster Linie, dass es angesichts des entscheidenden Tatbeitrags des im Hintergrund agierenden Bandenchefs nicht wertungsgerecht wäre, ihn lediglich als Teilnehmer zu bestrafen. Ferner scheint die Forderung nach einem Kontakt per Funk oder Telefon willkürlich und wenig realitätsnah, da der im Hintergrund agierende Bandenchef sich in der Regel nicht telefonisch über die Tatbestandsverwirklichung vergewissern wird, wenn er sämtliche Einzelheiten des Tatplans vorgegeben hat. Im Beispielsfall zeichnet A das Verhalten von B und C bei der Tatbegehung vor. Er gestaltet durch seinen gewichtigen Beitrag im Vorbereitungsstadium die Tatbegehung, insbesondere wirkt sein Tatbeitrag im Ausführungsstadium maßgeblich fort und bewegt sich die Tatbestandserfüllung durch B und C im Rahmen des ursprünglichen

530

---

[92] *Roxin*, Strafrecht AT II, § 25 Rn. 200.
[93] Vgl. insoweit *Geppert*, JURA 2011, 30, 34.
[94] *Gaede*, JuS 2003, 774, 776 f.; *Küpper*, GA 1986, 437, 444; *Otto*, JURA 1998, 409, 410; *Rengier*, Strafrecht AT, § 41 Rn. 19; *ders.*, JuS 2010, 281, 283 f.; *Seelmann*, JuS 1980, 571, 573; *Seher*, JuS 2009, 304, 308.

Tatplans.⁹⁵ Damit hat A funktionelle Tatherrschaft im Sinne einer **Plan- und Gestaltungsherrschaft** und nimmt eine mittäterschaftliche Stellung ein.

531 Bejaht man eine funktionelle „(Mit-)Tatherrschaft"⁹⁶ entsprechend der hier befürworteten Sicht bereits bei umfassendem Tätigwerden im Vorbereitungsstadium, so kann man nicht nur im Schulbeispiel des ortsabwesenden Bandenchefs eine Mittäterschaft annehmen, vielmehr erscheint es grundsätzlich möglich, auch Personen mit Leitungsfunktion in Wirtschaftsunternehmen als Mittäter einzustufen, wenn sie selbst voll verantwortlich handelnde Arbeitnehmer zur Deliktsbegehung einsetzen und die Einzelheiten der Tatbegehung derart detailliert vorgeben, dass ihr Tatbeitrag noch im Ausführungsstadium maßgeblich fortwirkt. Auch insoweit erscheint die von der Rechtsprechung befürwortete Ausdehnung der mittelbaren Täterschaft kraft Organisationsherrschaft auf Wirtschaftsunternehmen (hierzu Rn. 506) nicht erforderlich, um die Verantwortung der unternehmerischen Führungsebene für Deliktsbegehungen durch untergeordnete Arbeitnehmer strafrechtlich adäquat erfassen zu können.

c) Gemeinsamer Tatplan

aa) Grundlagen

532 Die wechselseitige Zurechnung der Tatbeiträge gem. § 25 Abs. 2 StGB setzt auf subjektiver Ebene voraus, dass die Beteiligten nicht nur in Bezug auf den jeweiligen Tatbestand vorsätzlich, sondern auch auf der Grundlage eines **gemeinsamen Tatplans** bewusst und gewollt zusammenwirken.⁹⁷ Zurechenbar sind nur solche Tatbeiträge, die sich im Rahmen des Vereinbarten bewegen. Ein gemeinsamer Tatplan i. S. v. § 25 Abs. 2 StGB ist aber nicht nur dann gegeben, wenn sich die Täter vor Begehung der Tat beraten und die Begehungsmodalitäten in allen Einzelheiten explizit geplant und ausdrücklich vereinbart haben. Er kann vielmehr auch konkludent, also durch schlüssiges Verhalten (z. B. durch das Zuschlagen bei einer Körperverletzung, die durch den Erstschlag eines Mittäters begonnen wurde)⁹⁸ und auch noch im Verlauf der Tatbegehung selbst geschlossen werden.⁹⁹ Auch ist keine ins Detail gehende Kenntnis der Handlungen aller Beteiligten erforderlich und gelten **kleinere Abweichungen** vom geplanten Geschehen als vom Tatplan mit abgedeckt, soweit mit ihnen bei der Tatausführung zu rechnen ist.¹⁰⁰ Kein gemeinsamer Tatplan ist indes anzunehmen, wenn eine Person lediglich die von einer anderen Person geschaffene günstige Tatgelegenheit ausnutzt, ohne dass ein auch nur konkludentes Einvernehmen zwischen den beiden hergestellt wird.¹⁰¹

533 Gibt ein Tatbeteiligter seinen Tatplan noch vor Eintritt ins Versuchsstadium auf, und informiert er die übrigen Tatbeteiligten hierüber, so entfällt

---

⁹⁵ Vgl. auch *Wessels/Beulke/Satzger*, Strafrecht AT, Rn. 529.
⁹⁶ So ausdrücklich *Geppert*, JURA 2011, 30, 34.
⁹⁷ Vgl. ausführlich zum gemeinsamen Tatentschluss *Lesch*, JA 2000, 73.
⁹⁸ *Roxin*, JA 1979, 519; *Seelmann*, JuS 1980, 571, 572.
⁹⁹ Zu den dazu relevanten Sonderproblemen *Geppert*, JURA 2011, 30, 32.
¹⁰⁰ BGH NStZ 2010, 81, 82.
¹⁰¹ BGH NStZ 1996, 227, 228; *Otto*, Strafrecht AT, § 21 Rn. 58.

nach zutreffender Auffassung seine mittäterschaftliche Stellung, da mangels gemeinschaftlichen Tatplans eine der Grundvoraussetzungen für die wechselseitige Zurechnung nach § 25 Abs. 2 StGB fehlt.[102] Der BGH hat demgegenüber vereinzelt und in dogmatisch fragwürdiger Weise entschieden, dass trotz ausdrücklicher Abstandnahme von der Tat noch vor Versuchsbeginn die Voraussetzungen der Mittäterschaft erfüllt sein können, wenn der Betroffene zwischenzeitlich mit dem erforderlichen Täterwillen handelte.[103]

bb) Mittäterexzess

Das Prinzip der wechselseitigen Zurechnung bei der Mittäterschaft gilt nur für dasjenige Verhalten, das vom gemeinsamen Tatplan erfasst wird. Überschreitet ein Mittäter das gemeinsam Gewollte, hält sich also nicht an die Absprachen, liegt ein **Mittäterexzess** vor.[104] Die Exzesstat wird den übrigen Beteiligten nicht zugerechnet. Schlägt bspw. einer von drei Freunden, die gemeinsam vereinbart hatten, einen unbeliebten Klassenkameraden durch Beleidigungen einzuschüchtern, für die anderen beiden Freunde unvorhersehbar auf den Klassenkameraden ein, macht sich nur der zuschlagende Freund wegen einer Körperverletzung strafbar.[105] Ein Mittäterexzess liegt allerdings nicht vor, wenn einem Mittäter die Handlungsweise seines Tatgenossen gleichgültig ist, denn in einem solchen Fall ist der „akzeptierende Mittäter" für die Ausführungshandlungen des über den ursprünglichen Tatplan hinaus agierenden Mittäters ebenso verantwortlich, wie wenn der ursprüngliche Tatplan das „Exzessverhalten" von Anfang an mitumfasst hätte.[106] In Grenzfällen muss die Verabredung zwischen den Mittätern ausgelegt werden, wobei Abweichungen, mit denen üblicherweise bei einem bestimmten Deliktstyp oder einer bestimmten Begehungsweise gerechnet werden muss, in der Regel keinen Exzess darstellen.[107]

534

Im Zusammenhang mit der Exzessproblematik ist zu beachten, dass die Mittäterschaft tatbestandsbezogen ist und es daher auch eine **teilweise Mittäterschaft** geben kann.[108] So ist es möglich, dass von zwei Tatbeteiligten, deren Tatbeiträge grundsätzlich als mittäterschaftlich zu bewerten sind, der eine wegen Mordes und der andere lediglich wegen Totschlags zu bestrafen ist, wenn der gemeinsame Tatplan nur die Begehung eines Totschlags umfasste und nur einer der beiden zusätzlich ein tatbezogenes Mordmerkmal erfüllt.[109] Ferner kann der Umstand, dass ein Mittäter ein strafschärfendes oder -milderndes besonderes persönliches Merkmal nicht aufweist, welches beim anderen Mittäter vorliegt, zu einer Tatbestandsverschiebung über § 28 Abs. 2 StGB führen (hierzu noch Rn. 597).

535

---

[102] *Rengier*, Strafrecht AT, § 44 Rn. 16.
[103] Vgl. die Ausführungen in BGHSt 28, 346, 348 f.; vertiefend hierzu *Geppert*, JURA 2011, 30, 38.
[104] Hierzu *Rengier*, Strafrecht AT, § 44 Rn. 23 ff.; *Seelmann*, JuS 1980, 571, 572.
[105] BGH NJW 2009, 1360, 1362; *Jahn*, JuS 2009, 466.
[106] BGH NStZ 1998, 511, 512 f.; 2005, 261; 2013, 400.
[107] *Roxin*, JA 1979, 519; *Seelmann*, JuS 1980, 571, 572.
[108] Vgl. *Wessels/Beulke/Satzger*, Strafrecht AT, Rn. 531a.
[109] Vgl. BGHSt 36, 231, 233 ff.; *Küpper*, JuS 1991, 639; *Vietze*, JURA 2003, 397.

cc) Error in persona eines Mittäters

536 Umstritten ist, wie sich das Vorliegen eines **error in persona** (zu diesem bereits Rn. 193 ff.) bei einem Mittäter auf die Strafbarkeit der anderen Mittäter auswirkt.[110] Ein solcher Irrtum stellt zwar bei objektiver Betrachtung eine Abweichung vom gemeinsamen Tatplan dar, andererseits wirkt er sich aber auf die Strafbarkeit des Irrenden nicht aus, wenn vorgestelltes und tatsächlich getroffenes Objekt tatbestandlich gleichwertig sind.

537 Nach einer teilweise vertretenen Auffassung sollen die Mittäter für die Personenverwechslung eines Beteiligten zumindest dann nicht einzustehen haben, wenn die Verletzung des irrtümlich ausgewählten Tatopfers außerhalb des Tatplans liegt, da dann ein **Exzess** vorläge.[111] Wird zum Bsp. fälschlicherweise einer der Mittäter für einen Verfolger gehalten und erschossen, könne dieser Irrtum des Schützen den anderen Mittätern nicht zugerechnet werden, da zwar das „Freischießen" unter den Tätern vereinbart, davon jedoch das Schießen aufeinander nicht umfasst war.[112] Für diese Auffassung wird insbesondere angeführt, dass es für die Annahme eines Mittäterexzesses keinen Unterschied machen könne, ob die Überschreitung des gemeinsamen Tatplans durch einen Mittäter bewusst oder irrtümlich erfolgt.[113]

538 Die ganz h. M. geht demgegenüber zutreffend davon aus, dass der error in persona eines Mittäters auch für die übrigen Mittäter **unbeachtlich** ist, wenn die jeweilige Tathandlung die bestehenden Abmachungen nicht überschreitet und die Verwechslung wegen tatbestandlicher Gleichwertigkeit der Objekte den Tatbestandsvorsatz unberührt lässt.[114] Ist also vereinbart, dass auf eventuelle Verfolger geschossen werden darf, und einer der Mittäter schießt irrtümlich auf seinen Komplizen, kann dieses Verhalten allen anderen Mittätern zugerechnet werden.[115] Für diese Auffassung spricht insbesondere, dass nur sie dem die Mittäterschaft kennzeichnenden Grundsatz der wechselseitigen Zurechnung hinreichend Rechnung trägt.

d) Sonderfälle der Mittäterschaft

aa) Sukzessive Mittäterschaft

539 Das erforderliche Einverständnis in die gemeinsame Tatbegehung kann auch noch während der Tat erzielt werden. Umstritten ist allerdings, ob einem Mittäter, der nach Vollendung, aber vor Beendigung der Tat hinzutritt, bereits verwirklichtes und ihm bekanntes Tatunrecht zugerechnet werden kann. Man

---

[110] Zur Auseinandersetzung auch *Dehne-Niemann*, ZJS 2008, 351, 352 ff.; *Kindhäuser*, Strafrecht AT, § 40 Rn. 21; *Seelmann*, JuS 1980, 571, 572; *Seher*, JuS 2009, 304, 306; *Wessels/Beulke/Satzger*, Strafrecht AT, Rn. 533.
[111] *Roxin*, Strafrecht AT II, § 25 Rn. 195.
[112] Vgl. *Seelmann*, JuS 1980, 571, 572.
[113] *Roxin*, Strafrecht AT II, § 25 Rn. 195.
[114] *Kindhäuser*, Strafrecht AT, § 40 Rn. 21.
[115] Vgl. zum „Verfolgerfall" (BGHSt 11, 268) ausführlich *Dehne-Niemann*, ZJS 2008, 351.

spricht dabei von **sukzessiver Mittäterschaft**,[116] wie etwa in folgendem Beispielsfall: O ist mit einigen Reisetaschen unterwegs, als er von A überfallen wird. A schlägt O bewusstlos, um Sachen des O wegnehmen zu können. Unmittelbar darauf kommt B hinzu, der erkennt, was vorgefallen ist. Er einigt sich mit A über eine Beteiligung an der Beute, durchsucht mit diesem das Gepäck des O und teilt schließlich die Wertsachen mit A.

Nach teilweise vertretener Auffassung kann dem nach der Vollendung der Tat Hinzutretenden das zuvor durch einen anderen verwirklichte Unrecht nicht zugerechnet werden.[117] Im Beispielsfall war die Gewaltanwendung als solche bereits geschehen, so dass B nach diesem Lösungsvorschlag zwar Mittäter eines gemeinschaftlichen Diebstahls, nicht jedoch eines Raubes wäre. Für diesen engen Lösungsansatz spricht, dass das Verhalten des später Hinzutretenden für das Vorgeschehen nicht kausal ist.[118]

540

Damit wird aber nicht berücksichtigt, dass sich der später Hinzutretende das bisherige Geschehen vollumfänglich **zunutze macht**. Sein Einverständnis mit dem Mittäter bezieht sich auf den deliktischen Gesamtplan. Daher ist ihm die gesamte einheitliche Straftat auch als Einheit strafrechtlich zuzurechnen[119]. Allerdings vermag das Einverständnis trotz Kenntnis, Billigung oder Ausnutzung der durch den anderen Mittäter geschaffenen Lage keine strafbare Verantwortlichkeit für dasjenige Unrecht zu begründen, welches schon vollständig abgeschlossen vorliegt. Es ist daher unstreitig, dass bei Hinzutreten nach Beendigung der Tat keine Zurechnung mehr möglich ist.[120] Der Raub ist in dem Beispielsfall allerdings noch nicht vollständig abgeschlossen, B tritt in voller Kenntnis **nach Vollendung, aber vor Beendigung** des Raubes hinzu. Der Schlag des A ist ihm daher als Gewaltanwendung im Rahmen des Raubes zuzurechnen. Er ist Mittäter der Tat nach § 249 Abs. 1 StGB. Die Körperverletzung durch das Bewusstlosschlagen ist indes vollständig abgeschlossen, d.h. beendet, so dass insoweit keine Zurechnung im Rahmen sukzessiver Mittäterschaft mehr stattfinden kann und B nicht Mittäter der Körperverletzung ist.

541

bb) Mittäterschaft bei erfolgsqualifizierten Delikten

Besondere Schwierigkeiten kann die Prüfung einer mittäterschaftlichen Deliktsbegehung bei erfolgsqualifizierten Delikten (vgl. Rn. 842 ff.) bereiten. Zu berücksichtigen ist insbesondere, dass nach § 18 StGB jeder einzelne Mittäter hinsichtlich der besonderen Folge mindestens fahrlässig (bzw. wo gefordert leichtfertig) handeln muss.[121] Trifft einen der Mittäter bzgl. der besonderen Folge nicht einmal Fahrlässigkeit, so ist er allein nach dem einschlägigen Grund-

542

---

[116] Vgl. hierzu BGH NStZ 1985, 70; 2003, 85; 2009, 631, 632; *Grabow/Pohl*, JURA 2009, 656 ff.; *Hecker*, JuS 2013, 943 ff.; *Roxin*, JA 1979, 519, 525; *Seelmann*, JuS 1980, 571, 572 f.; *Seher*, JuS 2009, 304, 306.
[117] *Walter*, NStZ 2008, 548, 550.
[118] Vgl. ausführlich *Grabow/Pohl*, JURA 2009, 656, 657 m.w.N.
[119] BGH NStZ 2008, 280; *Wessels/Beulke/Satzger*, Strafrecht AT, Rn. 527.
[120] BGHSt 2, 344, 346; vgl. auch BGH NStZ 1994, 123; 1997, 272.
[121] BGH NStZ 1997, 82; 1998, 511.

delikt (etwa nach § 223 StGB anstatt nach § 227 StGB) zu bestrafen.[122] Vor diesem Hintergrund sind insbesondere die praxisrelevanten Verknüpfungen von Exzesshandlungen und Erfolgsqualifikationen bei mittäterschaftlicher Tatbegehung zu beurteilen. In dem vom BGH entschiedenen **Schweinetrogfall**[123] demütigten die Rechtsradikalen A und B entsprechend ihrem gemeinsamen Tatplan den O dadurch, dass sie auf ihn einschlugen und ihn zwangen, in die Steinkante eines Schweinetrogs zu beißen. Dabei sprang A, ohne den B vorher darüber informiert zu haben, in Tötungsabsicht mit seinen Springerstiefeln auf den Kopf des O, woraufhin dieser verstarb. – A hat sich wegen Totschlags bzw. Mordes (§§ 212, 211 StGB) strafbar gemacht. Demgegenüber ist weder der Tritt mit den Springerstiefeln, noch der Tod des O vom Vorsatz des B umfasst, sodass insoweit ein Exzess vorliegt und B sich nur nach §§ 224 Abs. 1 Nr. 4, 25 Abs. 2 StGB strafbar gemacht hat. Da jedoch ein möglicher tödlicher Verlauf des Geschehens bereits in denjenigen Körperverletzungen angelegt war, die dem Exzessverhalten vorausgingen, hat sich in dem Tod des O auch diejenige Gefahr realisiert, die mit dem von B verwirklichten Grunddelikt einherging.[124] War für ihn in der konkreten Tatsituation darüber hinaus erkennbar bzw. vorhersehbar, dass A zu der späteren Tötungshandlung ausholen würde, ist dem B diesbezüglich fahrlässiges Verhalten vorzuwerfen, so dass die Voraussetzungen einer mittäterschaftlich begangenen Körperverletzung mit Todesfolge (§§ 227, 25 Abs. 2 StGB) erfüllt sind.

543 Die Möglichkeit einer Bestrafung aus einer mittäterschaftlich begangenen Erfolgsqualifikation in Fällen, in denen die schwere Folge durch den Exzess eines Mittäters herbeigeführt wird, findet dort ihre Grenze, wo die vom Vorsatz der übrigen Mittäter umfasste Verwirklichung des Grunddeliktes für den Eintritt der schweren Folge schon nicht ursächlich geworden ist bzw. der erforderliche tatbestandsspezifische Gefahrzusammenhang nicht festgestellt werden kann. So liegt es etwa, wenn A und B gemeinschaftlich einen Raub begehen, indem A den O mit einem Messer bedroht, damit B diesem 200 € wegnehmen kann und A nach Tatvollendung und nachdem er sich gemeinsam mit B zur Flucht entschlossen hat, den O (für B völlig überraschend) mit einem gezielten Stich ins Herz tötet.[125] Anders als im Schweinetrogfall hat sich von denjenigen Tatbeiträgen, die vom Vorsatz des B umfasst waren, keiner im Tod des O realisiert. Der Eintritt der schweren Folge i. S. v. § 251 StGB kann B daher nicht zugerechnet werden, so dass für ihn lediglich ein mittäterschaftlich begangener schwerer Raub (§§ 250 Abs. 2 Nr. 1, 25 Abs. 2 StGB) vorliegt.

---

[122] BGH NStZ 2010, 33; *Roxin*, Strafrecht AT II, § 25 Rn. 197.
[123] BGH NStZ 2005, 93.
[124] Zutreffend *Heinrich*, NStZ 2005, 95, 96 f.
[125] Nach BGH NStZ 2010, 33 f. 81 f., wo es um eine räuberische Erpressung mit Todesfolge ging.

cc) Fahrlässige Mittäterschaft

Da § 25 Abs. 2 StGB eine gemeinschaftliche Tatplanung voraussetzt, wird von Rechtsprechung und Literatur traditionell eine fahrlässige Mittäterschaft nicht für möglich gehalten. **Planung** erfordert notwendigerweise „**Wissen und Wollen**" und damit vorsätzliches Handeln. Dieses aus der allgemeinen Dogmatik der Mittäterschaft gewonnene Ergebnis wirft jedoch dann Probleme auf, wenn mehrere Personen unvorsätzlich jeweils eine Handlung ausführen, von denen eine kausal für einen strafrechtlich relevanten Erfolg wird, sich im Nachhinein aber nicht sicher klären lässt, welche der erbrachten Handlungen letztlich ursächlich wurde. Bsp.: A und B brechen in ein Gebäude ein, um Wertgegenstände zu entwenden. Dabei beleuchten sie den Innenraum jeweils mit einem Streichholz. Ein nicht sorgsam ausgetretenes Streichholz löst einen Brand aus, in dessen Folge das Gebäude niederbrennt. Ob es sich dabei um das von A oder B verwendete Streichholz handelt, kann nachträglich nicht festgestellt werden.[126] – Eine Bestrafung wegen vorsätzlicher Brandstiftung scheidet hier mangels Vorsatzes aus. In Betracht kommt lediglich eine fahrlässige Brandstiftung (§ 306d StGB) begangen durch A oder B, die aber an der fehlenden Nachweisbarkeit der Kausalität zu scheitern droht, wenn nicht eine wechselseitige Zurechnung der von A und B erbrachten Tatbeiträge über § 25 Abs. 2 StGB möglich ist. Dies würde voraussetzen, dass trotz des fehlenden Tatbestandsvorsatzes die Voraussetzungen der Mittäterschaft bejaht werden können. Die Rechtsprechung muss bei konsequenter Anwendung der von ihr vertretenen subjektiven Theorie die Voraussetzungen der Mittäterschaft jedoch verneinen und daher eine fahrlässige Nebentäterschaft annehmen, mit der Folge, dass sowohl für A als auch für B die Kausalität nach dem in dubio pro reo Grundsatz zu verneinen wäre.[127] Um dieses als inadäquat empfundene Ergebnis zu vermeiden, wurde in der Rechtsprechung teilweise erwogen, die strafbarkeitsbegründende Sorgfaltspflichtverletzung auf einen früheren Zeitpunkt zu verlagern[128] bzw. eine Garantenstellung aus Ingerenz anzunehmen und zu einer Strafbarkeit wegen fahrlässiger Brandstiftung durch Unterlassen zu gelangen[129]. Beiden Lösungsmodellen wird indes zu Recht entgegengehalten, dass durch sie die Anforderungen an eine Sorgfaltspflicht bzw. an eine Garantenstellung in dogmatisch nicht tragfähiger Weise aufgelockert werden.[130] Anders als von sich mehrenden Stimmen im Schrifttum[131] gefordert, können die hierdurch entstehenden Strafbarkeitslücken auch nicht durch die Rechtsfigur der „fahrlässigen Mittäterschaft" geschlossen werden, da diese mit den § 25 Abs. 2 StGB zu entnehmenden Vorgaben zum **gemeinsamen Tatplan** nicht in

544

---

[126] BGH NStZ 1981, 116, 117.
[127] Vgl. insoweit BGH NStZ 1981, 116, 117.
[128] Vgl. BGHSt 7, 112, 114.
[129] Vgl. BayObLG NJW 1990, 3032.
[130] Vgl. *Geppert*, JURA 2011, 30, 33.
[131] *Beulke/Bachmann*, JuS 1992, 737, 744; *Brammsen*, JURA 1991, 533, 537 f.; SK/*Hoyer*, § 25 Rn. 154; *Lampe*, ZStW 106 (1994), 693, 705; *Otto*, JURA 1990, 47 ff.; *ders.*, JURA 1998, 409, 412.

Einklang zu bringen ist und Schwierigkeiten, die bei der Kausalitätsfeststellung bestehen, nicht durch eine unzulässige Gesetzesauslegung zulasten des Täters umgangen werden dürfen.[132] Dies gilt im Übrigen ausnahmslos und damit auch für die Konstellation der pflichtwidrigen Kollegialentscheidung, in denen die Annahme einer fahrlässigen Mittäterschaft besonders reizvoll erscheint, um Zweifel hinsichtlich der Ursächlichkeit des Abstimmungsverhaltens einzelner Kollegialmitglieder überwinden zu können (vgl. insoweit bereits Rn. 125, 789).

e) Prüfungsaufbau bei Mittäterschaft

545 Für den Prüfungsaufbau bei Mittäterschaft kommen verschiedene Möglichkeiten in Betracht, insbesondere ist zu entscheiden, ob mehrere Tatbeteiligte, die möglicherweise als Mittäter zu bestrafen sind, zusammen oder getrennt geprüft werden müssen.

546 Die erste Möglichkeit besteht darin, die Mittäter **getrennt** zu prüfen, wobei mit dem „Tatnäheren" begonnen wird, d. h. demjenigen, der die objektiven Tatbestandsmerkmale am vollständigsten in eigener Person verwirklicht. Soweit ein Beteiligter bestimmte objektive Merkmale nicht selbst verwirklicht hat, ist festzustellen, ob ihm das Handeln des/der anderen Beteiligten über § 25 Abs. 2 StGB zuzurechnen ist.

547 Die zweite Möglichkeit, d. h. die **gemeinsame** Prüfung der Beteiligten als Mittäter, sollte die Ausnahme bilden und nur dann erfolgen, wenn das Handeln der Beteiligten wie das einer einzigen Person geschildert wird (A und B schlagen den O mit Baseballschlägern) oder wenn die verschiedenen Mittäter jeweils unterschiedliche Teilakte eines mehraktigen Deliktes verwirklichen (A hält den Bankangestellten O mit einer Waffe in Schach, während B den Tresor ausräumt). Hier kann eine getrennte Prüfung zu unerwünschten Verweisen nach „unten bzw. oben" führen.[133]

548 Unabhängig davon, ob ein getrennter oder gemeinsamer Aufbau zugrunde gelegt wird, sind die Voraussetzungen der Mittäterschaft jeweils auf Tatbestandsebene zu erörtern:

549 **Tab. 19:** Voraussetzungen der Mittäterschaft

I. Objektiver Tatbestand
1. Deliktsspezifische Merkmale müssen bei jedem Mittäter vorliegen
2. Eintritt des tatbestandsmäßigen Erfolges

---

[132] Gegen die Annahme einer fahrlässigen Mittäterschaft *Mitsch*, JuS 2001, 105, 109 f.; *Puppe*, FS Spinellis, 915, 922 f.; zurückhaltend auch *Kühl*, Strafrecht AT, § 20 Rn. 116a ff.

[133] Vgl. zu Aufbaufragen auch *Jäger*, Strafrecht AT, Rn. 223 f.; *Kindhäuser*, Strafrecht AT, § 40 Rn. 23 ff.; *Marlie*, JA 2006, 613; *Rengier*, Strafrecht AT, § 44 Rn. 5 ff.; *Wessels/Beulke/Satzger*, Strafrecht AT, Rn. 882.

3. Tathandlung: Zurechnung fremder Tatbeiträge (als eigene) über § 25 Abs. 2 StGB (ausgeschlossen bei eigenhändigen Delikten)
   a) objektiver Tatbeitrag, der funktionelle Tatherrschaft vermittelt
   b) gemeinsamer Tatplan (grundsätzliche Übereinstimmung zwischen Tatplan und Tatausführung, sonst Exzess)

II. **Subjektiver Tatbestand**

1. Tatbestandsvorsatz

2. Deliktsspezifische Absichten müssen bei jedem Mittäter selbst vorliegen

f) Leitentscheidungen

BGHSt 2, 344, 347 f.; Voraussetzungen sukzessiver Mittäterschaft: Ein Gewohnheitsdieb bricht in eine Verkaufsbude ein und trägt die von ihm dort entwendete Beute zu einem Freund. Nachdem er diesem mitgeteilt hat, dass sich in der Bude noch weitere Ware befindet, begeben sie sich gemeinsam zu dieser und entwenden weitere Beute. – War der Dieb von vornherein dazu entschlossen, ein weiteres Mal in die Bude einzusteigen, so ist der durch den Einbruch begründete Erschwerungsgrund dem Freund im Wege der sukzessiven Mittäterschaft zuzurechnen. Hat sich der Dieb demgegenüber erst später zum wiederholten Einstieg entschieden, so liegen zwei selbständige Handlungen vor und der Freund hat durch die Ausnutzung der durch den Einbruch geschaffenen Lage zwar einen einfachen, aber keinen Einbruchsdiebstahl begangen. 550

BGHSt 11, 268, 270 ff.; Error in persona eines Mittäters: Drei Freunde dringen nachts in ein Geschäft ein, um dort zu stehlen. Vorher hatten sie vereinbart, auf etwaige Verfolger mit den von ihnen mitgeführten Pistolen zu schießen. Der Inhaber des Geschäfts entdeckt die Einbrecher, woraufhin diese fliehen. Einer von ihnen bemerkt eine hinter ihm laufende Person und schießt (in dem Glauben, es sei der Ladenbesitzer) auf diese. In Wirklichkeit handelt es sich jedoch um einen seiner Komplizen, der durch den Schuss aber nur leicht verletzt wird. – Der BGH bestrafte die drei Täter jeweils wegen versuchten Verdeckungsmords. Der error in persona des Schützen ist wegen der Gleichwertigkeit des Objektes unbeachtlich und wirke auch gegen die Mittäter, da sich das Verhalten im Rahmen des vereinbarten Vorgehens bewege. Auch der Täter, auf den der Schuss abgegeben wurde, müsse sich diesen zurechnen lassen. 551

BGHSt 16, 12, 13 ff.; Mittäterschaft bei Tätigwerden im Vorbereitungsstadium: Zwei Freunde wollen einen PKW entwenden, um mit diesem eine größere Autofahrt zu unternehmen. Da sie selbst keine Erfahrung im Aufbrechen von Fahrzeugen haben und auch selbst nicht fahren können, überreden Sie einen Bekannten dazu, einen PKW aufzubrechen und mit ihnen zu fahren. Das für die Fahrt erforderliche Benzin würden Sie bezahlen. Der Bekannte bricht einen PKW auf und holt die beiden anderen Freunde für die gemeinsame Fahrt ab. – Die Voraussetzungen der Mittäterschaft liegen vor. Zwar haben die Freunde am Aufbrechen des PKW nicht mitgewirkt und waren 552 auch nicht am Tatort anwesend. Jedoch kann auch eine Vorbereitungshandlung eine mittäterschaftliche Stellung begründen, bspw. wenn der Mittäter dem unmittelbar Ausführenden mit Rat zur Seite steht und den tatbestandlichen Erfolg als eigenen mitverursachen will. Da sich der Wille der Handelnden von vornherein auf eine Fahrt mit drei Personen bezog, der Bekannte die Tat nur infolge der Einwirkung der Freunde ausführte und in dem Bewusstsein handelte, dass die Freunde das für die Fahrt erforderliche Benzingeld stellen, handelten sie als Mittäter.

553 **BGHSt 36, 231, 233 ff.; Mittäterschaft bei §§ 211, 212 StGB:** Eine Mutter überredet ihren Sohn gemeinsam die Tante der Mutter zu töten, um deren Schmuck entwenden zu können und frühzeitig an die erwartete Erbschaft zu gelangen. Der Sohn stimmt zu, um seiner Mutter einen Gefallen zu tun. Die Mutter versucht zunächst die Tante mit Tabletten zu vergiften, diese wird jedoch nur müde und schläft ein. Auf eindringliche Aufforderung der Mutter hin erschlägt der Sohn die schlafende Tante mit einer Bleikristallvase, wobei ihm infolge seiner erheblich verminderten Steuerungsfähigkeit nicht bewusst ist, dass er die Arglosigkeit der Tante zur Tötung ausnutzt. – Mutter und Sohn handelten als Mittäter. Obgleich der Sohn selbst keine Mordmerkmale verwirklicht hat, ist die Mutter nach Auffassung des BGH aufgrund der von ihr verwirklichten Mordmerkmale der Heimtücke und Habgier als mittäterschaftliche Mörderin zu bestrafen. Die gemeinschaftliche Begehung einer Straftat i. S. v. § 25 Abs. 2 StGB setze nicht voraus, dass die Beteiligten den gleichen Straftatbestand verwirklichen. Obgleich Mord und Totschlag selbständige Tatbestände darstellten (vgl. dazu Rn. 600 ff.), sei bei diesen eine mittäterschaftliche Tatbegehung möglich, da im Mord sämtliche Tatbestandsmerkmale des Totschlags enthalten seien.

554 **BGHSt 37, 289 (291 ff.); Voraussetzungen der Mittäterschaft:** Ein beurlaubter Häftling wird von einem Freund überredet, wie dieser selbst einige Jahre zuvor, den Hafturlaub zur Flucht zu nutzen. Beide statten sich mit Schusswaffen aus, um hierdurch im Fall einer drohenden Verhaftung auf Polizisten zu schießen. Als sie in ihrem Auto von vier Polizisten kontrolliert werden, schießt einer der flüchtigen Häftlinge auf diese und verletzt zwei tödlich. Der andere hebt demgegenüber nach dem ersten Schuss seines Freundes die Hände zum Zeichen der Aufgabe und läuft weg. – Die beiden Freunde sind Mittäter der durch die Schüsse verwirklichten Straftaten. Auch der Häftling, der selbst keine Schüsse abgegeben hat, hat mit seinem Freund die von beiden für verbindlich gehaltene Absprache getroffen, sich einer drohenden Verhaftung durch die Anwendung der Schusswaffen zu entziehen. Durch diese Zusage hat er nicht nur in den gemeinsamen Tatplan eingewilligt, sondern zugleich einen wesentlichen Tatbeitrag geleistet, da sein Freund durch die Zusage maßgeblich in seinem Tun bestärkt wurde. Dass er selbst keinen Schuss abgegeben hat und mit den über den ersten Schuss hinausgehenden Schüssen nicht einverstanden war, steht der Annahme von Mittäterschaft nicht entgegen, da sein Tatbeitrag während des gesamten Tatgeschehens fortwirkte. Seine Aufgabe könnte nur dann Einfluss auf seine Strafbarkeit ausüben, wenn sein Freund diese wahrnimmt.

III. Teilnahme

1. Einführung

a) Akzessorietät der Teilnahme

Im Gegensatz zum Alleintäter, Mittäter oder mittelbaren Täter hat der Teilnehmer keine Tatherrschaft.[134] Es geht bei der Teilnahme um das strafbare Mitwirken an der Tat *eines anderen*.[135] Die beiden im StGB geregelten Teilnahmeformen Anstiftung (§ 26 StGB) und Beihilfe (§ 27 StGB) sind deshalb jeweils vom Vorliegen einer (teilnahmefähigen) Haupttat bzw. von dem durch diese verwirklichten Unrecht abhängig (akzessorisch). Die §§ 26, 27 Abs. 1 StGB sehen aber nur eine **limitierte Akzessorietät** vor: Die Teilnahme erfordert eine tatbestandsmäßige, vorsätzliche und rechtswidrige, aber **keine schuldhafte Haupttat**, da § 29 StGB eindeutig klarstellt, dass jeder Beteiligte unabhängig von der Schuld der Anderen bestraft wird.

Angesichts dieser Grundvoraussetzung der Teilnahme muss immer zuerst eine täterschaftliche Straftatverwirklichung geprüft (und hinsichtlich Tatbestandsmäßigkeit und Rechtswidrigkeit bejaht) werden, bevor eine Teilnahme überhaupt in Betracht kommt.[136] Eine Teilnahme am Suizid kann es daher bspw. nicht geben, weil die Selbsttötung keinen Straftatbestand erfüllt und es daher an der teilnahmefähigen Haupttat fehlt.[137] Vorsatz-Fahrlässigkeitskombinationen wie z. B. § 315c Abs. 3 Nr. 1 StGB sind teilnahmefähig, da sie gem. § 11 Abs. 2 StGB als Vorsatztaten zu behandeln sind. Allerdings haftet der Teilnehmer bei Erfolgsqualifikationen nur dann, wenn auch ihn hinsichtlich der besonders schweren Folge (mindestens) ein Fahrlässigkeitsvorwurf trifft (vgl. § 18 StGB).[138]

b) Strafgrund der Teilnahme

Es existiert ein Streit darüber, worin der Strafgrund der Teilnahme besteht. Dabei geht es im Kern um die Frage, ob der spezifische Unwert der Teilnahmehandlung daraus resultiert, dass jemand durch die Unterstützung des Teilnehmers „zum Täter gemacht" wird (sog. „Schuldverstrickungs-" oder Schuld- bzw. Unrechtsteilnahmetheorie)[139], oder ob auch der durch das Verhalten des Teilnehmers realisierte Unwert anhand des durch die Haupttat ver-

---
[134] *Koch/Wirth*, JuS 2010, 203 m. w. N.
[135] Vgl. *Roxin*, Strafrecht AT II, § 26, Rn. 1 ff.
[136] Alles andere wäre eine „aufbaumäßige ‚Todsünde'", *Geppert*, JURA 1997, 299, 300.
[137] *Wessels/Beulke/Satzger*, Strafrecht AT, Rn. 551.
[138] BGHSt 19, 339, 341; *Kühl*, Strafrecht AT, § 20 Rn. 275.
[139] *H. Mayer*, FS Rittler, 243 ff., 253 ff. Die ursprüngliche Schuldteilnahmetheorie ist durch die Einführung des § 29 StGB überholt, da danach die Strafbarkeit des Teilnehmers von der Schuld des Täters unabhängig ist.

letzten Rechtsgutes bestimmt werden sollte (Verursachungstheorien).[140] In der Fallbearbeitung muss diese Diskussion in der Regel nicht dargelegt werden. Eine wichtige Ausnahme bilden allerdings Fälle, in denen jemand Teilnehmer einer Tat ist, die sich gegen ein Rechtsgut richtet, dessen Verletzung für ihn nicht strafbewehrt ist (z. B. die eigene körperliche Unversehrtheit) bzw. das er selbst gar nicht verletzen kann (z. B. das eigene Eigentum). In solchen Fällen sind die tatbestandlichen Voraussetzungen (vorsätzliche, rechtswidrige Haupttat; Bestimmen oder Hilfeleisten; doppelter Teilnehmervorsatz) formal erfüllt, der Annahme einer Teilnahmestrafbarkeit steht insofern nichts im Wege.[141] Stellt man auf die Verwicklung des Haupttäters in strafbares Verhalten ab, kommt man ebenfalls zu einer Strafbarkeit des Teilnehmers, da er einen anderen durch sein Einwirken „zum Täter gemacht" hat. Nach der zutreffenden herrschenden Auffassung ist der Strafgrund der Teilnahme aber nicht die Schuldverstrickung des Haupttäters, sondern die Förderung einer Haupttat durch ihre Initiierung oder Unterstützung, also die mittelbare Verletzung des auch durch die Haupttat angegriffenen Rechtsgutes[142]. An dieser fehlt es jedoch in den genannten Fällen, da der Teilnehmer das Rechtsgut gar nicht verletzen kann, so dass eine Strafbarkeit wegen vollendeter Anstiftung oder Beihilfe ausscheidet. So ist bspw. jemand, der seine eigene Tötung auf Verlangen initiiert und planwidrig überlebt, nicht gem. §§ 212, 22, 26 StGB strafbar.[143] Ebenfalls nicht strafbar ist eine Anstiftung zum Diebstahl durch den Eigentümer.[144] Es ist dann jedoch zu prüfen, ob eine Versuchsstrafbarkeit in Betracht kommt. Dabei ist umstritten, ob es sich um eine Beihilfe bzw. Anstiftung zum Versuch handelt, oder um eine versuchte Beihilfe (straflos) bzw. eine versuchte Anstiftung (nur bei Verbrechen strafbar).[145]

558 Eine zweite Fallgruppe, bei deren Lösung auf den Strafgrund der Teilnahme eingegangen werden sollte, sind die sog. polizeilichen „Testkäufer" oder „Diebesfallen", vgl. Rn. 577.

c) Teilnahme im Prüfungsaufbau

559 Anstiftung und Beihilfe werden im Ausgangspunkt beide nach dem Schema geprüft, welches in Tab. 20 dargestellt ist. Im objektiven Tatbestand ist neben der Frage nach dem Vorhandensein einer teilnahmefähigen (d. h. tatbestandsmäßi-

---

[140] *Lüderssen*, Zum Strafgrund der Teilnahme, 1967, S. 78 ff., 119; vgl. ausführlich zur Begründung der Teilnehmerstrafbarkeit: *Baumann/Weber/Mitsch*, Strafrecht AT, § 30 Rn. 3 ff.; *Freund*, Strafrecht AT, § 10 Rn. 110 f.; *Otto*, JuS 1982, 557; *Roxin*, Strafrecht AT II, § 26 Rn. 11 ff.

[141] *Kudlich/Prangel*, JuS 2004, 791, 792.

[142] Vgl. zur Anstiftung BGHSt 4, 355, 358; *Koch/Wirth*, JuS 2010, 203, 204; einen guten Überblick über die verschiedenen Theorien über den Strafgrund der Teilnahme bietet LK-*Schünemann*, Vor § 26 Rn. 1 ff.

[143] *Freund*, Strafrecht AT, § 10 Rn. 111; *Rengier*, Strafrecht AT, § 45 Rn. 5; dieser Fall kann auch unter dem Gesichtspunkt der „notwendigen Teilnahme" gelöst werden, da der Tatbestand logisch die Teilnahme des Verlangenden voraussetzt.

[144] Weitere Beispielskonstellationen bei *Mitsch*, JuS 1999, 372 f.; *Nowak*, JuS 2004, 197; *Park*, JuS 1999, 887, 890.

[145] Vgl. ausführlich *Nowak*, JuS 2004, 197, 198 f.

gen, vorsätzlichen und rechtswidrigen) **Haupttat** auf die Vornahme der jeweiligen **Teilnahmehandlung** einzugehen.[146] Während diese bei der Anstiftung im Bestimmen des Haupttäters besteht, muss bei der Beihilfe Hilfe zur Haupttat geleistet werden. Im subjektiven Tatbestand ist ein **doppelter Teilnahmevorsatz** erforderlich. Danach muss der Täter nicht nur die Begehung der Haupttat durch einen Anderen, sondern auch die Vornahme der Teilnahmehandlung in seinen Vorsatz aufnehmen. Eine weitere Besonderheit des Prüfungsschemas der Beihilfe besteht zuletzt darin, dass es durch die Anwendung des § 28 Abs. 2 StGB zu einer **Tatbestandsverschiebung** kommen kann (hierzu Rn. 597).[147]

Tab. 20: Prüfungsaufbau bei Anstiftung und Beihilfe

I.	Tatbestand	
	1. objektiver Tatbestand	
	a) vorsätzliche, rechtswidrige Haupttat	
	b) Teilnahmehandlung	
	– bei Anstiftung: bestimmen	Hervorrufen des Tatentschlusses
	– bei Beihilfe: Hilfe leisten	(psychische oder physische) Förderung der Haupttat
	2. subjektiver Tatbestand	
	Vorsatz („doppelter Teilnahmevorsatz")	– bzgl. vorsätzlicher und rechtswidriger Haupttat – bzgl. Teilnahmehandlung (Bestimmen/Hilfeleisten)
	3. ggf. Tatbestandsverschiebung nach § 28 Abs. 2 StGB	
II.	Rechtswidrigkeit	
III.	Schuld	Beachte: limitierte Akzessorietät (§ 29 StGB)

2. Anstiftung (§ 26 StGB)

Die Anstiftung ist die „schärfste" Form der Teilnahme, da der Anstifter als Initiator des Tatentschlusses des Täters dafür mitverantwortlich ist, dass die Tat überhaupt verübt wird. Er wird daher „gleich einem Täter" bestraft. In der Regel muss die Anstiftung insbesondere zur mittelbaren Täterschaft und zur Beihilfe abgegrenzt werden.

---

[146] Zur zweigeteilten Prüfung der Teilnehmerstrafbarkeit im objektiven und subjektiven Tatbestand vgl. *Satzger*, JURA 2008, 514.
[147] Vgl. ausführlich zur Abgrenzung von Anstiftung und Beihilfe: *Schulz*, JuS 1986, 933.

a) Objektiver Tatbestand

aa) Grundlagen

562 **Taterfolg** der Anstiftung ist eine tatbestandsmäßige und rechtswidrige Haupttat. Dies kann auch eine (unechte) Unterlassungstat[148] oder eine versuchte Tat sein. Eine solche Anstiftung zum Versuch (die Tat, zu der ein Täter angestiftet wurde, bleibt im Versuchsstadium stecken) ist allerdings von der versuchten Anstiftung (die Anstiftung, also das Bestimmen, bleibt im Versuchsstadium stecken, weil sich der Anzustiftende bspw. weigert, die Tat auszuführen) zu unterscheiden.[149] Letztere ist gem. § 30 Abs. 1 StGB nur bei Verbrechen (vgl. Rn. 602 ff.) strafbar.

563 Möglich ist auch eine **Kettenanstiftung**[150]: A stiftet B an, den C anzustiften, den D anzustiften, O zu töten. Letztlich hat (auch) A in D den Tatentschluss zur Tötung des O hervorgerufen, ist also bei Tod des O wegen Anstiftung zum Totschlag, §§ 212 Abs. 1, 26 StGB, strafbar. Wird nur zu einer Beihilfe angestiftet, liegt lediglich eine Beihilfe zur Haupttat vor.

bb) Bestimmen

564 **Teilnahmehandlung** nach § 26 StGB ist das Bestimmen eines Anderen. Bestimmen ist das Hervorrufen des Tatentschlusses beim Haupttäter.[151] Der Anstifter muss also (mit)ursächlich dafür werden, dass sich der Haupttäter zur Begehung einer bestimmten Straftat entschließt.[152] Umstritten sind die Anforderungen an das Mittel des Bestimmens.[153] Im Schrifttum wird teilweise eine kommunikative Beeinflussung des Täters durch den Anstifter gefordert. So genüge es nicht, wenn lediglich eine Sachlage geschaffen werde, die einen Tatanreiz bietet.[154] Teilweise wird sogar eine taugliche Anstiftungshandlung nur dann angenommen, wenn zwischen Haupttäter und Anstifter ein gemeinsamer Tatplan im Sinne eines „Unrechtspaktes" existiert.[155] Gegen derartige Einschränkungen spricht aber, dass das vom Anstifter geschaffene Unrecht nicht davon abhängig ist, ob und inwieweit der Angestiftete von der Anstiftung Kenntnis erlangt. Auch ist der vom Gesetzgeber gewählte **verhaltensneutrale Begriff des Bestimmens** für eine weite Auslegung offen. Daher ist es mit der Gegenmeinung in Rechtsprechung und Schrifttum als gleichgültig anzusehen, welcher Mittel sich der Anstiftende bedient.[156] Neben Anregungen, Überredungen etc. kommen auch Drohungen und Täuschungen sowie allgemein schlüssiges Verhalten (z. B. das Schaffen provozierender Umstände) in Frage.

---

[148] *Kindhäuser*, Strafrecht AT, § 38 Rn. 60. Zur Frage der Anstiftung durch Unterlassen vgl. Rn. 564.
[149] Vgl. *Geppert*, JURA 1997, 299, 301 f.
[150] Vgl. *Geppert*, JURA 1997, 358, 364 f.; *Hecker*, ZJS 2012, 485, 487; *Krell*, JURA 2011, 499 ff.
[151] *Kühl*, Strafrecht AT, § 20 Rn. 169.
[152] *Rengier*, Strafrecht AT, § 45 Rn. 24.
[153] Zum Meinungsstand m. w. N. *Koch/Wirt*, JuS 2010, 203, 204 f.
[154] *Krüger*, JA 2008, 492 ff.; *Kühl*, JA 2014, 668, 672; *Rengier*, Strafrecht AT, § 45 Rn. 30.
[155] Insbesondere *Puppe*, NStZ 2006, 424 ff.
[156] BGHSt 45, 373, 374; BGH NStZ 2000, 421; *Kindhäuser*, Strafrecht AT, § 41 Rn. 10.

Letzteres ist allerdings vom umstrittenen und praktisch auch nur in wenigen Fallkonstellationen denkbaren[157] **Bestimmen durch Unterlassen** abzugrenzen.[158] Gegen Selbiges spricht nach der herrschenden Meinung vor allem, dass ein Nicht-Handeln mangels Aufforderungscharakter keine Anstiftung des Täters darstellen könne[159], es fehle an der psychischen Einflussnahme.[160] Es mangelt demnach sowohl an der Mitursächlichkeit des Anstifterverhaltens als auch am Bestimmen selbst. Einige Autoren nehmen allerdings an, dass in Fällen, in denen ein Überwachergarant (z. B. ein Vater gegenüber dem minderjährigen Sohn) eine Anstiftung eines Dritten durch den Überwachten nicht verhindert, der Garant wegen Anstiftung durch Unterlassen strafbar ist.[161] Eine weitere Ausnahme soll gelten, wenn jemand – z. B. durch einen eigentlich nicht ernst gemeinten Scherz – das Risiko geschaffen hat, eine andere Person zur Begehung einer Straftat zu bestimmen und dann bewusst nicht einschreitet, wenn sich das Risiko realisiert und die Person tatsächlich die Tat zu begehen droht.[162]

Ist jemand zur Tat schon fest entschlossen (**omnimodo facturus**), kann er nicht mehr zur Tat bestimmt werden. Zu denken ist in dieser Konstellation jedoch bei Verbrechen an eine Strafbarkeit wegen versuchter Anstiftung (vgl. § 30 Abs. 1 StGB) bzw. bei Vergehen wegen psychischer Beihilfe nach § 27 Abs. 1 StGB.[163]

565

cc) Auf-, Ab- und Umstiftung

Problemträchtig im Bereich des objektiven Tatbestandes der Anstiftung sind die Fälle der Auf-, Ab- und Umstiftung, da hier der Anstifter nicht den ursprünglichen Tatentschluss hervorruft, sondern auf ein bereits bestehendes Vorhaben des Haupttäters modifizierend Einfluss nimmt. Die verschiedenen möglichen Konstellationen werden in folgendem Beispielsfall deutlich:

566

B war entschlossen, aus der Wohnung der achtzigjährigen O Geld zu entwenden. Er rechnete damit, O niederschlagen zu müssen, um unentdeckt zu entkommen.
- **Var. 1:** A schlug vor, B solle einen Knüppel mitnehmen und O auf den Hinterkopf schlagen, damit sie bewusstlos werde. So führte B die Tat aus.
- **Var. 2:** B wollte ursprünglich einen Knüppel mitnehmen. A sagte jedoch, dies sei angesichts des Alters der O zu gefährlich. B führte die Tat ohne Mitnahme eines Knüppels aus.
- **Var. 3:** A überzeugt B davon, die Tat lieber bei X statt bei O auszuführen, da bei X die Risiken geringer und „mehr zu holen" sei.

567

Eine sog. **Aufstiftung** (Var. 1) liegt vor, wenn in dem zur Begehung des Grunddelikts fest Entschlossenen der Entschluss zur Verwirklichung eines Quali-

568

---

[157] *Freund*, Strafrecht AT, § 10 Rn. 117; *Geppert*, JURA 1997, 358, 365, spricht in diesem Kontext gar von „Lehrbuchkriminalität".
[158] Eher ablehnend *Baumann/Weber/Mitsch*, Strafrecht AT, § 30 Rn. 67.
[159] LK-*Schünemann*, § 26 Rn. 54 m. w. N.
[160] *Wessels/Beulke/Satzger*, Strafrecht AT, Rn. 568.
[161] *Bloy*, JURA 1987, 490; *Bock*, JA 2007, 599, 601; LK-*Schünemann*, § 26 Rn. 56.
[162] *Kindhäuser*, Strafrecht AT, § 41 Rn. 19.
[163] *Wessels/Beulke/Satzger*, Strafrecht AT, Rn. 569.

fikationstatbestandes hervorgerufen wird. Teilweise wird vertreten, dass in Fällen der Aufstiftung eine Strafbarkeit als Anstifter nur in Betracht komme, wenn die zusätzlichen qualifizierenden Umstände selbständig strafbar sind; ansonsten käme nur (psychische) Beihilfe in Betracht.[164] In Var. 1 läge danach keine Anstiftung zum schweren Raub, sondern nur zur Körperverletzung in Tateinheit mit Beihilfe zum schweren Raub vor. Für diesen Ansatz spricht zwar, dass der Täter bzgl. der Unrechtsteile des Grunddelikts schon omnimodo facturus ist. Indes beachtet er jedoch nur unzureichend, dass in den Qualifikationstatbeständen ein eigenständiger erhöhter Unwertgehalt liegt, der nach der gesetzlichen Einordnung einer anderen Bewertungsstufe angehört als die bloße Summe aus Grunddelikt und qualifizierendem Umstand (ein Raub ist bspw. „mehr" als Diebstahl plus Nötigung). Daher ist mit der in Literatur und Rechtsprechung vertretenen Auffassung davon auszugehen, dass das Hervorrufen des Tatentschlusses zur Qualifikation ein Bestimmen zum qualifizierten Delikt darstellt.[165] Im Beispielsfall Var. 1 hat A den B, der zur Begehung eines Raubes (§ 249 Abs. 1 StGB) bereits entschlossen war, zu einem schweren Raub (§ 250 Abs. 2 Nr. 1 StGB) bestimmt und ist daher wegen Anstiftung zum schweren Raub gem. §§ 249 Abs. 1, 250 Abs. 2 Nr. 1, 26 StGB strafbar.

569 Der umgekehrte Fall, die sog. **Abstiftung**, führt lediglich zu einer Risikoverringerung und mithin im Beispielsfall Var. 2 zur Straflosigkeit des A.[166] Dies gilt auch in Fällen, in denen lediglich zu einer weniger intensiven Begehung ein und desselben Delikts „abgestiftet" wird.[167]

570 Hingegen ist ein Umstimmen dahingehend, dass eine andere Tat begangen wird (sog. **Umstiftung**, Var. 3), als eigenständiges Bestimmen zu dieser Tat zu bewerten. Eine andere Tat liegt vor, wenn ein anderes Rechtsgut oder ein anderer Rechtsgutsträger betroffen ist.[168] In Var. 3 ist A also wegen Anstiftung zum Raub strafbar.

b) Subjektiver Tatbestand

aa) Grundlagen

571 Die Anstiftung gem. § 26 StGB erfordert auf der subjektiven Seite einen **doppelten Anstiftervorsatz**: Der Anstifter muss zum einen den Tatentschluss beim Haupttäter hervorrufen (Bestimmungsvorsatz) und zum anderen die (vollendete) Tat wollen (Tatvorsatz).[169] Die Bestimmungshandlung und der Vorsatz müssen sich auf eine hinreichend konkretisierte Tat beziehen[170]. Die Haupttat muss nicht in allen Einzelheiten, wohl aber in ihren Grundzügen, wesentlichen

---

[164] *Kühl*, Strafrecht AT, § 20 Rn. 183.
[165] Vgl. BGHSt 19, 339, 340.
[166] Vgl. zur Abstiftung *Kudlich*, JuS 2005, 592; *Rengier*, Strafrecht AT, § 45 Rn. 43.
[167] Vgl. *Kühl*, Strafrecht AT, § 20, Rn. 186 m. w. N.
[168] *Küpper*, JuS 1996, 23 f.; *Rengier*, Strafrecht AT, § 45 Rn. 42.
[169] *Wessels/Beulke/Satzger*, Strafrecht AT, Rn. 572.
[170] Vgl. dazu auch *Koch/Wirth*, JuS 2010, 203, 206, welche die Bestimmtheit allerdings im objektiven Tatbestand beim „Bestimmen" prüfen.

Merkmalen und möglichen Tätern vom Vorsatz erfasst werden.[171] Der Anstifter muss zudem auch den Kausalverlauf in seinen wesentlichen Zügen kennen und wollen. Hieran scheitert eine strafbare Anstiftung im folgenden **„Ratgeberfall"**: A traf sich mit B, der ihm erzählte, er wolle ins Ausland fliehen, habe aber kein Geld. A äußerte: „Dann müsstest du eine Bank oder Tankstelle machen." Später überfiel B die Zweigstelle einer Kreissparkasse, bedrohte dort einen Bankangestellten mit einem Revolver, forderte ihn auf, Geld in seine Sporttasche zu füllen und erbeutete auf diese Weise 20 335 €. – Der BGH verneinte eine Anstiftung des A, da es zur Bestimmtheit des Vorsatzes nicht genüge, wenn der Haupttäter nur zu der Gattung oder dem Tatbestand nach umschriebenen Handlungen veranlasst werde.[172] Eine ausreichende Konkretisierung der Haupttat setze voraus, dass die Tat in ihren Merkmalen und Grundzügen, insbesondere ihrem wesentlichen Unrechtsgehalt und ihrer Angriffsrichtung umrissen ist. Daran fehle es im Ratgeber-Fall.

Auch das Vorhandensein **besonderer subjektiver Tatbestandsmerkmale beim Täter** muss vom Anstiftervorsatz umfasst sein. Wenn A den B zur Begehung eines Diebstahls (§ 242 Abs. 1 StGB) anstiftet, muss er also zumindest mit dolus eventualis hinsichtlich der bei B vorhandenen Zueignungsabsicht handeln. Gerade nicht erforderlich ist demgegenüber, dass A auch selbst mit (Dritt-)Zueignungsabsicht handelt. 572

Der **Exzess eines Haupttäters** (also ein vom Anstiftervorsatz wesentlich abweichendes Verhalten) belastet den Anstifter nicht.[173] Stiftet A den B an, auf den O einzuschlagen und lässt B sich dann aber dazu hinreißen, den O zu töten, so ist A gleichwohl lediglich wegen einer Anstiftung zu Körperverletzungsdelikten zu bestrafen, soweit er einen tödlichen Verlauf des Geschehens nicht in seinen Vorsatz aufgenommen hatte. 573

bb) Auswirkung des error in persona des Täters für den Anstifter

Umstritten ist, wie sich ein **error in persona** des Haupttäters auf die Strafbarkeit des Anstifters auswirkt. Die Problematik wird anschaulich am klassischen **„Rose-Rosahl-Fall"**[174]: Holzhändler Rosahl bot dem Arbeiter Rose Geld, damit dieser den Zimmermann Schliebe töte. Rose legte sich im Dunkeln auf die Lauer und erschoss einen Menschen, den er für Schliebe hielt. In Wirklichkeit aber war der tödlich Getroffene der Gymnasiast Harnisch. 574

Rose ist wegen vollendeten Mordes, § 211 StGB (Mordmerkmale Heimtücke und Habgier) strafbar; der error in persona ist wegen Gleichwertigkeit der Objekte unbeachtlich (vgl. bereits Rn. 193 ff.). Rosahl könnte wegen Anstiftung zum Mord gem. §§ 211, 26 StGB strafbar sein. Eine tatbestandsmäßige und 575

---

[171] Vgl. *Koch/Exner*, JuS 2007, 40; *Satzger*, JURA 2008, 514, 520; *Wessels/Beulke/Satzger*, Strafrecht AT, Rn. 572.
[172] Vgl. BGHSt 34, 63, 64 f.; BGH, JR 1999, 248.
[173] Vgl. *Kühl*, Strafrecht AT, § 20 Rn. 198; *Rengier*, Strafrecht AT, § 45 Rn. 55 f.
[174] Pr. Obertribunal GA 7 (1859), 322; *Streng* JuS 1991, 910; als „Rose-Rosahl II" (Hoferbenfall) wird eine Entscheidung des BGH von 1990 bezeichnet, die bei Rn. 581 wiedergegeben ist. Vgl. auch *Geppert*, JURA 1997, 358, 362 f.; *Kubiciel*, JA 2005, 694.

rechtswidrige Haupttat liegt mit dem Mord gem. § 211 StGB durch Rose vor. Rosahl hat in Rose auch den Tatentschluss dazu hervorgerufen und ihn somit zur Haupttat bestimmt. Fraglich ist jedoch, ob Rosahl Anstiftervorsatz, insbesondere Vorsatz bzgl. der begangenen rechtswidrigen Haupttat hatte, da diese ja im Ergebnis in der Tötung einer Person bestand, deren Tod Rosahl gar nicht wollte. Teilweise wird vertreten, ein error in persona des Haupttäters stelle für den Anstifter eine **aberratio ictus** dar,[175] da der Anstifter nicht über die Identität der Person des Opfers, sondern über den Kausalverlauf irre.[176] Danach würde für Rosahl eine vollendete Anstiftung zum vollendeten Mord ausscheiden. Nach der Gegenauffassung in Schrifttum und Rechtsprechung lässt der für den Täter **unerhebliche error in persona** auch beim Anstifter den Vorsatz unberührt.[177] Demnach wäre Rosahl gem. §§ 211, 26 StGB zu bestrafen gewesen. Dieser Herangehensweise schloss sich auch der BGH grundsätzlich an, da man vom im Gesetz geregelten Verhältnis von Täterschaft und Teilnahme ausgehen müsse: „Nach § 26 StGB wird der Anstifter gleich dem Täter bestraft. Hiernach verwirklicht der Anstifter grundsätzlich gleiches Unrecht wie der Täter und soll ebenso wie dieser haftbar sein. Nichts anderes ergibt sich aus dem Strafgrund der Anstiftung, dass nämlich der Anstifter als entfernter Urheber die Straftat herbeiführt und damit für die Rechtsgutverletzung der Haupttat ursächlich wird (vgl. Rn. 557). Der Anstifter greift das geschützte Rechtsgut durch seine Einwirkung auf den Täter mittelbar an."[178] Nach der Auffassung des BGH gibt es allerdings eine Ausnahme von dem Grundsatz, dass die für den Täter unerhebliche Personenverwechselung auch für die Strafbarkeit des Anstifters ohne Auswirkung bleibt: Wenn der Täter die (detaillierten oder groben) Identifizierungsvorgaben missachtet oder andere nicht vorsehbare Umstände zu einer Fehlidentifizierung führen, fehle es entweder an der Zurechenbarkeit des Erfolges oder es liege ein erheblicher Irrtum über den Kausalverlauf beim Anstifter vor,[179] sodass eine Verurteilung wegen Anstiftung zum vollendeten Delikt ausscheide.

576 Im Beispielsfall gibt es keine solche Ausnahmekonstellation, Rosahl hat also Anstiftervorsatz. Er handelte überdies rechtswidrig sowie schuldhaft und ist daher wegen Anstiftung zum Mord gem. §§ 211, 26 StGB strafbar.

c) Agent provocateur

577 Standardproblem im Kontext der Anstiftung ist der Umgang mit sog. „agents provocateurs" oder **„Lockspitzeln"** der Polizei. Im Rahmen ihrer verdeckten dienstlichen Tätigkeit wirken sie zum Zweck der Strafverfolgung an der Initiierung von Straftaten mit. Soll es dabei nur zum Versuch der Tat kommen und dann bspw. die Festnahme der Täter erfolgen, geht die überwiegende

---

[175] *Otto*, JuS 1982, 557, 562; *Schreiber*, JuS 1985, 873.
[176] In diesem Sinne *Dehne-Niemann/Weber*, JURA 2009, 373, 377; vgl. allgemein die ausführlichere Darstellung bei *Geppert*, JURA 1992, 163, 167.
[177] *Backmann*, JuS 1971, 113, 119; *Loewenheim*, JuS 1966, 310, 314.
[178] BGHSt 37, 214, 217; vgl. auch BGH, NStZ 1998, 294.
[179] Ausführlich und m. w. N. *Heilbronner*, JuS 1991, 910, 917.

Meinung davon aus, dass es dem „agent provocateur" schon am Vorsatz fehlt, da ein Anstifter die Tat auch in ihrer Vollendung wollen muss.[180] Problematisch sind jedoch bspw. die sog. **„Testkäufer"** der Polizei, die zur Überführung von Drogenhändlern eingesetzt werden.[181] Hier soll die Tat (§ 29 BtMG) gerade vollendet werden, um das Handeltreiben mit Betäubungsmitteln nachweisen zu können. Je nachdem, worin der Strafgrund der Teilnahme gesehen wird (vgl. Rn. 557), gelangt man zu verschiedenen Ergebnissen. Diejenigen Theorien, die das Unrecht der Teilnahme darin sehen, dass jemand in einem Rechtsbruch unterstützt wird, können die Straffreiheit des Polizeibeamten nur im Rahmen der Rechtswidrigkeit (§ 34 StGB) erreichen. Geht man aber davon aus, dass neben dem akzessorisch aus der Haupttat folgenden Unrecht auch in der Teilnahmehandlung ein spezifischer (mittelbarer) Rechtsgutsangriff liegt, kann man hier schon auf Tatbestandsebene die Strafbarkeit des Polizisten verneinen, weil dieser (zumindest in Fällen, wo die Vollendung noch keine irreversiblen Rechtsgutsverletzung darstellt) ja gerade diesen Rechtsgutsangriff gar nicht will. Es fehlt daher nach dieser Ansicht an einem die Teilnahmestrafbarkeit konstituierenden Element.[182]

d) Leitentscheidungen

BGHSt 2, 223, 224 ff.; Exzess des Haupttäters: Der Aufseher eines Kriegsgefangenenlagers äußert gegenüber zwei Wachposten, deren hohe Gewaltbereitschaft er kennt, dass ein vor kurzem eingelieferter Inhaftierter die Verantwortung für den Tod vieler KZ-Häftlinge trage. Wie vom Aufseher geplant, nehmen die Wachposten dies zum Anlass, mit Holzlatten auf den Inhaftierten einzuschlagen. Als sie bemerken, dass dieser die Schläge überlebt hat, ergreifen sie eine Pistole und erschießen den Inhaftierten. – Zwar haben die Wachposten vorsätzlich ein Tötungsdelikt verwirklicht, jedoch bezog sich der Vorsatz des Aufsehers nur auf eine körperliche Misshandlung des Inhaftierten, nicht jedoch auf eine Tötung, so dass ihm insoweit der erforderliche Anstiftungsvorsatz fehlt. Gegeben ist jedoch eine Anstiftung zur gefährlichen Körperverletzung. Zusätzlich bejahte der BGH eine Anstiftung zur Körperverletzung mit Todesfolge. Da der Aufseher um die hohe Gewaltbereitschaft der Wachposten wusste, bewege sich auch der Einsatz von Schusswaffen im Rahmen des von ihm Vorgestellten. Zwar begründe dies noch keinen Vorsatz bezüglich eines Tötungsdeliktes, wohl aber einen Fahrlässigkeitsvorwurf hinsichtlich der auf den Schusswaffeneinsatz zurückzuführenden Tötung.

578

---

[180] Ausführlich hierzu *Bock*, JA 2007, 599, 602 f.; *Deiters*, JuS 2006, 302; *Kühl*, Strafrecht AT, § 20 Rn. 201 ff.; *Rönnau* JuS 2015, 19 ff.
[181] Ähnlich ist die Problematik bei sog. Diebesfallen, wo jemand zu einem Diebstahl verleitet wird, um ihn dann festzunehmen bzw. festnehmen zu lassen (vgl. *Kühl*, Strafrecht AT, § 20 Rn. 202).
[182] Vgl. *Hillenkamp*, 32 Probleme AT, S. 183 f.; davon ausgehend, dass die h. M. das Teilnahmeunrecht zu stark aus dem Unrecht der Haupttat ableitet und daher die Straflosigkeit agent provocateur nicht überzeugend begründen könne: LK-*Schünemann*, Vor § 26 Rn. 15.

579 **BGHSt 19, 339, 340 f.; Aufstiftung:** Zwei Jugendliche planen eine Frau niederzuschlagen, um das in ihrer Wohnung befindliche Geld entwenden zu können. Ein Freund überzeugt die beiden davon, den Schlag mit einem Knüppel auszuführen. – Der Freund ist im Vollendungsfall strafbar wegen Anstiftung zum schweren Raub. Zwar waren die Jugendlichen zur Begehung eines Raubes bereits fest entschlossen, jedoch hat der Freund sie zu einer schwerer wiegenden Ausführungsart verleitet. Daher liegt nicht lediglich psychische Beihilfe, sondern Anstiftung vor.

580 **BGHSt 34, 63, 64 ff.; Anstiftervorsatz (hierzu bereits Rn. 571):** Ein Jugendlicher möchte sich ins Ausland absetzen und berät mit einem Freund, wie er an das hierfür erforderliche Geld kommen könnte. Der Freund meint, er müsse „eine Bank oder Tankstelle machen". Zwei Tage später überfällt der Jugendliche eine Bank. – Der Freund ist nicht wegen Anstiftung zu der durch den Überfall verwirklichten Tat zu bestrafen. Unabhängig davon, ob seine Äußerungen den Tatentschluss hervorgerufen haben oder nicht, fehlt es am erforderlichen Vorsatz bzgl. einer bestimmten Haupttat. Zwar muss der Anstifter diese nicht in sämtlichen Einzelheiten und Tatmodalitäten, wohl aber in ihren wesentlichen Merkmalen oder Grundzügen erfassen. Selbst wenn der Freund davon ausging, seine Äußerungen seien dazu geeignet, den Jugendlichen zur Begehung einer Straftat zu veranlassen, hatte er in Bezug auf deren Hergang keine hinreichende Vorstellung.

581 **BGHSt 37, 214 (216 ff.); error in persona des Haupttäters (vgl. Rn. 574 f., Hoferbenfall):** Ein Vater möchte seinen Sohn und Hoferben töten, da dieser ihm sein Nießbrauchrecht an dem Hof streitig macht. Er überredet einen Bekannten, den Sohn bei seiner nächtlichen Heimkehr in den Pferdestall zu erschießen. Um eine Verwechslung auszuschließen, überreicht der Vater dem Bekannten ein Lichtbild des Sohnes und informiert ihn über dessen Gewohnheiten und Aussehen. Während der Bekannte auf den Sohn wartet, betritt ein Nachbar den Stall. Da dieser dem Sohn in der Statur ähnelt und (wie der Sohn es zu tun pflegt) eine Tüte in der Hand hält, glaubt der Bekannte, den Sohn vor sich zu haben und erschießt den Nachbarn. – Nach Auffassung des BGH wirkt sich der für den Bekannten unbeachtliche error in persona auch auf die Strafbarkeit des Vaters nicht aus, so dass dieser wegen vollendeter Anstiftung zum Mord zu bestrafen ist. Zwar sei der Vorsatz des Vaters auf die Tötung seines Sohnes gerichtet gewesen und die Verwechslung stelle daher eine Abweichung vom geplanten Tatgeschehen dar. Da sich die Verwechslung jedoch trotz der vom Vater vorgenommenen Beschreibung seines Sohnes in den Grenzen des nach allgemeiner Lebenserfahrung Vorhersehbaren hielt, sei auch die Tötung des Nachbarn noch vom Vorsatz des Vaters umfasst.

582 **BGH NStZ 1998, 294, 295; error in persona des Haupttäters:** Zwei Gesellschafter einer GmbH beauftragen aus Rache für die Strafverfolgung wegen Kapitalanlagebetruges zwei Bekannte damit, den verantwortlichen Polizeibeamten zu töten. Die Bekannten befestigen eine Handgranate unter dem vor einer Garage geparkten Auto. Sie gehen davon aus, dass es sich um die Garage des Polizeibeamten handelt, tatsächlich gehört die Garage jedoch zum Anwe-

sen des Nachbarn, der sein Auto vor dieser abgestellt hat. Als der Nachbar sein Auto zehn Tage später zum ersten Mal wieder benutzen möchte, reißt die Zugleitung der Sprengfalle ab, ohne die Granate zu zünden. – Die Täter haben sich wegen versuchten Mordes strafbar gemacht. Dass sie das Auto irrigerweise für dasjenige des Polizeibeamten hielten, stellt eine unbeachtliche Personenverwechslung dar, da ihr Tötungsvorsatz durch das Anbringen der Sprengfalle auf die Person individualisiert wurde, die zuerst das Auto benutzt. Auch für die GmbH-Mitarbeiter ist die fehlerhafte Zuordnung des Fahrzeugs zu einem bestimmten Tatopfer rechtlich unbeachtlich. Da sie den Bekannten keinerlei Vorgaben für das Erkennen des Polizeibeamten gemacht haben und sie mit der Verwendung der in ihrer Wirkung nur schwer beherrschbaren Handgranate einverstanden waren, bewegt sich die Tatabweichung im Rahmen des von ihnen gesetzten Risikos. Sie sind daher wegen Anstiftung zum versuchten Mord zu bestrafen.

3. Beihilfe (§ 27 StGB)

a) Objektiver Tatbestand

aa) Tathandlung, Taterfolg und Kausalität

Auch der Taterfolg der Beihilfe besteht in der (zumindest versuchten) vorsätzlichen und rechtswidrigen Haupttat. Teilnahmehandlung der Beihilfe ist das Hilfeleisten. Hilfeleisten i. S. d. § 27 Abs. 1 StGB ist das **Fördern der Haupttat** durch aktives Tun oder pflichtwidriges Unterlassen in Garantenstellung.[183] Umstritten ist, ob die Gehilfenleistung kausal für den Erfolg der Haupttat sein muss.[184] Eine insbesondere in der Rechtsprechung vertretene Auffassung verneint dies und lässt als taugliche Gehilfenleistung jeden Beitrag ausreichen, der die Handlung des Täters (irgendwie) gefördert hat.[185] Gegen eine solch weite Begriffsbestimmung des Hilfeleistens spricht indes, dass damit die Grenze zur (vom Gesetzgeber straflos gelassenen) versuchten Beihilfe verschwimmt. Außerdem verlangt auch der Strafgrund der Teilnahme – die Verursachung fremden Unrechts – eine **Kausalität des Gehilfenbeitrags**. Daher kann als Hilfeleisten nur ein Tatbeitrag gelten, der conditio sine qua non für die Begehung der Haupttat **in ihrer konkreten Gestalt** ist. Innerhalb dieses Rahmens genügt jedes Ermöglichen, Verstärken oder Erleichtern der Rechtsgutsverletzung.[186] Auch eine ausschließlich **psychische Beihilfe**[187] (z. B. Beraten, das Bieten eines Anreizes oder Anfeuern des Täters) erfüllt den § 27 StGB, wobei

583

---

[183] Zum Begriff des Hilfeleistens *Rengier*, Strafrecht AT, § 45 Rn. 81 ff.; *Timpe*, JA 2012, 430 ff.; *Wessels/Beulke/Satzger*, Strafrecht AT, Rn. 582.
[184] Vgl. *Murmann*, JuS 1999, 548, 549 f., der stattdessen auf das Kriterium der Risikoschaffung bzw. -erhöhung abstellt; krit. dazu *Geppert*, JURA 1999, 266, 268.
[185] Vgl. BGHSt 46, 107, 109.
[186] Vgl. auch *Kühl*, Strafrecht AT, § 20 Rn. 214 ff.; ders., JA 2014, 668, 672 f.; *Timpe*, JA 2012, 430, 435; a. A. *Wessels/Beulke/Satzger*, Strafrecht AT, Rn. 582.
[187] Vgl. hierzu *Stoffers*, JURA 1993, 11.

hier regelmäßig die Kausalität der Beihilfehandlung schwer feststellbar ist.[188] Dennoch ist auch ein bloßes Bestärken des Tatentschlusses (selbst gegenüber dem omnimodo facturus) ggf. mitursächlich für die Tat und daher taugliche Beihilfehandlung. Problematisch sind Fälle, in denen jemand die Täter durch seine bloße Anwesenheit während der Tatbegehung in ihrem Tun bestärkt oder bspw. das Opfer durch seine Präsenz einschüchtert. Die Rechtsprechung hat hier teilweise trotz der Passivität dieses Verhaltens Beihilfe durch aktives Tun angenommen.[189] Dagegen spricht jedoch, dass so die Grenzen zwischen Begehens- und Unterlassensstrafbarkeit verwischen.[190] Es ist hier daher eine restriktive Abgrenzung ratsam. Die Unterscheidung zwischen psychischer Beihilfe und (strafloser) Billigung der Tat sollte unter dem Gesichtspunkt der Kausalität vorgenommen werden.

bb) Sukzessive Beihilfe

584 In zeitlicher Hinsicht kann die strafbare Unterstützung bereits im Vorbereitungsstadium erfolgen, sofern sie in das Stadium der Tatbegehung hinein wirkt. Hinsichtlich der Phase zwischen Vollendung und Beendigung der Tat gibt es allerdings ähnlich wie bei der Mittäterschaft (vgl. Rn. 539 ff.) einen Streit über die rechtliche Behandlung der sog. **sukzessiven Beihilfe**.[191] Im Ausgangspunkt besteht auch hier Einigkeit darüber, dass jedenfalls nach der Beendigung der Tat keine Beihilfe mehr möglich ist.[192] Ist die Tat noch nicht vollendet, macht es nichts aus, wenn zum Zeitpunkt des „Einstiegs" des Gehilfen in das Geschehen bereits einige Tatbestandsmerkmale verwirklicht wurden, sofern er von der Lage Kenntnis hat. Das vorherige Geschehen wird ihm zugerechnet.[193]

585 Da bei den meisten Tatbeständen der Zeitpunkt der Vollendung und der Beendigung im Eintritt des tatbestandlichen Erfolges zusammenfallen, bestehen insoweit keine Probleme. Insbesondere beim Diebstahl und beim Raub fallen Vollendungs- und Beendigungszeitpunkt jedoch auseinander.[194] Umstritten sind deshalb Fälle, wo bspw. ein Dieb zum Zeitpunkt der Unterstützungshandlung die Beute schon an sich genommen hat und damit auf der Flucht ist.[195] Der Diebstahl ist dann bereits vollendet, aber nicht beendet. Es kommt sowohl eine Strafbarkeit des Helfers gem. §§ 242, 27 Abs. 1 StGB als auch nach §§ 257 ff. StGB in Betracht. Die Rechtsprechung stellt in solchen Fällen auf die subjektive Vorstellung des Helfers ab.[196] Will er die (zum Zeitpunkt seines Aktivwerdens schon vollendete) Haupttat fördern, mache er sich wegen Beihilfe zu dieser

---

[188] *Kühl*, Strafrecht AT, § 20, Rn. 225.
[189] Vgl. etwa BGH StV 1982, 517; dazu ausführlich und m.w.N. *Stoffers*, JURA 1993, 11.
[190] *Geppert*, JURA 1999, 266, 270.
[191] Vgl. auch *Gaede*, JA 2007, 757, 758 f.
[192] Vgl. *Geppert*, Jura 1999, 266, 272.
[193] Vgl. *Roxin*, Strafrecht AT II, § 26 Rn. 263.
[194] *Eher*, JuS 2009, 793, 797.
[195] Vgl. BGHSt 4, 132; *Geppert*, JURA 1999, 266, 272; *Rengier*, Strafrecht BT I, § 7, Rn. 44 ff.
[196] Vgl. auch *Gaede*, JA 2007, 757, 758 f., der unter klausurtaktischen Erwägungen empfiehlt, der Meinung der Rechtsprechung zu folgen.

strafbar. Möchte er hingegen dem Haupttäter nur die Vorteile sichern, begehe er eine Begünstigung gem. § 257 StGB.[197] Eine bedeutende Meinung in der Literatur will hingegen die Möglichkeit der sukzessiven Beteiligung nach der Vollendung der Haupttat nur bei Dauerdelikten zulassen[198], da der Zeitpunkt der Beendigung bei den sonstigen Delikten nur schwer zu bestimmen sei und daher den Anforderungen des Bestimmtheitsgebotes aus Art. 103 Abs. 2 GG nicht gerecht werde.[199] Auch unter systematischen Gesichtspunkten spreche die Existenz der §§ 257, 258, 259 StGB gegen die Figur der sukzessiven Beihilfe nach Tatvollendung, da es auch bei ihrer Ablehnung keine Strafbarkeitslücke gäbe.[200]

cc) Beihilfe durch „neutrale" Handlungen

Zu den meist diskutierten Problemstellungen im Zusammenhang mit der Beihilfestrafbarkeit zählt die Frage, inwieweit rein äußerlich „neutrale" Handlungen, d. h. allgemein übliche **Alltagsgeschäfte** oder **berufsbedingte Handlungen** als nach § 27 StGB strafbare Beihilfe anzusehen sind.[201] Diese Problematik taucht bspw. auf, wenn der Taxifahrer T den Täter A zu einem Ort fährt, an dem dieser ein Verbrechen begeht, oder der Florist F dem Täter B ein Pflanzenpestizid verkauft, welches dieser zur Tötung seiner Ehefrau verwendet. In der Praxis ist die Fallgestaltung der Beihilfe durch alltagstypische Handlungen darüber hinaus häufig bei Bankangestellten und Steuerberatern einschlägig, welche durch die Ausübung ihres Berufes daran mitwirken können, dass rechtswidrig erlangte Vermögenswerte vor den staatlichen Ermittlungsbehörden verborgen bleiben bzw. rechtmäßige Vermögenswerte nicht ordnungsgemäß versteuert werden. 586

Teilweise wird in Fällen der Beihilfe durch „neutrale" Handlungen eine Restriktion des objektiven Tatbestandes befürwortet, wenn das als Beihilfe in Betracht kommende Verhalten **sozial adäquat** ist oder innerhalb des **erlaubten Risikos** liegt.[202] Diese Ansatzpunkte sind zur Begrenzung aber letztlich nicht trennscharf, da die Begriffe der sozialen Adäquanz bzw. des erlaubten Risikos erhebliche Wertungsspielräume eröffnen. Auch die Auffassung, die eine Straflosigkeit solange bejahen will, wie keine Tat gefördert wird, die im Katalog des § 138 StGB genannt ist, bzw. die eine Hilfspflicht nach § 323c StGB auslöst,[203] ist abzulehnen, da sie auf einer willkürlichen und dogmatisch kaum begründbaren Grenzziehung beruht. 587

---

[197] Vgl. BGHSt 4, 132; *Geppert*, JURA 2007, 589, 593; *Roxin*, Strafrecht AT II, § 24 Rn. 257.
[198] *Kühl*, Strafrecht AT, § 20 Rn. 235.
[199] *Kühl*, Strafrecht AT, § 20 Rn. 236; *Geppert*, JURA 1999, 266, 272; *Kindhäuser*, Strafrecht AT, § 42 Rn. 28; *Rengier*, Strafrecht BT I, § 7 Rn. 48.
[200] *Kühl*, Strafrecht AT, § 20 Rn. 238; *ders.*, JA 2014, 668, 673.
[201] Ausführlich hierzu *Ambos*, JA 2000, 721 ff.; *Beckember*, JURA 2001, 163 ff.; *Gaede*, JA 2007, 759 f.; *Kretschmer*, JURA 2008, 270; *Kühl*, Strafrecht AT, § 20 Rn. 222 ff.; *Rengier*, Strafrecht AT, § 45 Rn. 101 ff.
[202] *Murmann*, JuS 1999, 548, 552. In diese Richtung auch *Wessels/Beulke/Satzger*, Strafrecht AT, Rn. 582a.
[203] *Puppe*, JURA 1998, 21, 27; *Ransiek*, wistra 1997, 41, 43 ff.

588 Richtigerweise ist die Problematik der Beihilfe durch „neutrale" Handlungen durch die Heranziehung enger Kriterien für den Gehilfenvorsatz bzgl. der Haupttat aufzulösen.[204] Ein Tatbeitrag verliert seinen Charakter als neutrale Handlung, wenn er einen **deliktischen Sinnbezug** hat.[205] Es kommt also auf das Wissen bzgl. der Haupttatbegehung an. „Weiß der Hilfeleistende dagegen nicht, wie der von ihm geleistete Beitrag vom Haupttäter verwendet wird, hält er es lediglich für möglich, dass sein Tun zur Begehung einer Straftat genutzt wird, so ist sein Handeln regelmäßig noch nicht als strafbare Beihilfehandlung zu beurteilen, es sei denn, das von ihm erkannte Risiko strafbaren Verhaltens des von ihm Unterstützten war derart hoch, dass er sich mit seiner Hilfeleistung die Förderung eines erkennbar tatgeneigten Täters angelegen sein ließ."[206] Erkennt also in den obigen Beispielsfällen der Taxifahrer T, dass er einen Einbrecher zum Tatort fährt bzw. der Florist F, dass er Pflanzenpestizid an einen zur Tötung entschlossenen Ehegatten verkauft, liegt strafbare Beihilfe vor. Halten sie es lediglich für möglich, dass der Fahrgast zu einem Tatort unterwegs sein könnte bzw. der Ehegatte das Pestizid für ein Tötungsdelikt verwendet, fehlt es in der Regel am deliktischen Sinnbezug und somit am Gehilfenvorsatz. Anders zu entscheiden ist nur, wenn der Einbrecher A bzw. der Ehegatte B erkennbar tatgeneigt ist, die fehlende Einsicht von T und F bzgl. der deliktischen Pläne also allein darauf zurückzuführen ist, dass sie sich der naheliegenden Erkenntnis verschließen.

b) Subjektiver Tatbestand

589 Die Anforderungen an den subjektiven Tatbestand der Beihilfe entsprechen weitgehend denjenigen bei der Anstiftung (vgl. Rn. 571 ff.). Auch hier ist ein **doppelter Vorsatz** erforderlich, der sich auf die Vollendung der Haupttat sowie die Vornahme der Unterstützungshandlung beziehen muss. Die Haupttat muss nicht in allen Einzelheiten, wohl aber in ihren Grundzügen vom Vorsatz erfasst werden (vgl. o. Rn. 571); der Gehilfe muss auch den Kausalverlauf in seinen wesentlichen Zügen in seinen Vorsatz aufnehmen, wobei die Anforderungen etwas niedriger anzusetzen sind als bei der Anstiftung.[207] Im Übrigen gelten die Ausführungen zur Anstiftung, insbesondere diejenigen zu den Auswirkungen eines error in persona beim Haupttäter, entsprechend.

c) Leitentscheidungen

590 **BGHSt 31, 136, 137 f.; Verhältnis zwischen Anstiftung und Beihilfe:** Ein Italiener erschießt den Ehemann einer Frau, mit der er sich zuvor über die Erschießung unterhalten hatte. Ob die Frau den Italiener hierbei dazu bestimmt hat, ihren Mann zu erschießen, oder lediglich seinen schon vorhandenen Tat-

---

[204] Für eine Verortung der Problematik im subjektiven Tatbestand (mit im Einzelnen unterschiedlicher Akzentuierung) auch *Ambos*, JA 721, 724; *Otto*, JZ 2001, 436, 441 f.; *Roxin*, Strafrecht AT II, § 26 Rn. 221 ff.
[205] Vgl. *Roxin*, Strafrecht AT II, § 26 Rn. 218 ff.
[206] BGHSt 46, 107, 112.
[207] *Rengier*, Strafrecht AT, § 45 Rn. 115 ff.; *Satzger*, JURA 2008, 514, 520.

entschluss bestärkt hat, kann im Nachhinein nicht mehr festgestellt werden. – Die Frau ist wegen Beihilfe zum Tötungsdelikt zu bestrafen. Anstiftung und Beihilfe stehen in einem Stufenverhältnis, so dass bei nicht eindeutiger Tatsachengrundlage in dubio pro reo vom Vorliegen einer Beihilfe auszugehen ist. Eine Wahlfeststellung ist zwischen Anstiftung und Beihilfe nicht zulässig.

BGHSt 42, 135, 137 ff.; Gehilfenvorsatz: Ein Sachverständiger wird beauftragt, den Wert mehrerer Diamanten zu schätzen, wobei zwischen ihm und dem Auftraggeber stillschweigend Einigkeit darüber besteht, dass die Schätzung einen überhöhten Wert ausweisen soll. Der Sachverständige erstattet daraufhin ein falsches Gutachten und nimmt hierbei billigend in Kauf, dass dieses zu einer Beleihung der Diamanten zu einem überhöhten Wert führen kann. Der Auftraggeber verpfändet die Diamanten und stützt sich hierbei auf das Gutachten. – Der Sachverständige ist wegen Beihilfe zum Betrug strafbar. Sein Vorsatz muss die Haupttat lediglich in ihren wesentlichen Merkmalen oder Grundzügen erfassen, wobei weniger strenge Anforderungen gelten als beim Anstifter. Da der Sachverständige wusste, dass sein Gutachten als Täuschungsmittel zum Nachteil eines Kreditgebers eingesetzt werden könnte und eine Vorstellung über den Umfang des hieraus folgenden Vermögensnachteils hatte, ist die Haupttat hinreichend konkretisiert.

BGHSt 46, 107, 112 ff.; Beihilfe durch berufstypisches („neutrales") Verhalten: Ein Bankangestellter wird von fünf Kunden angewiesen, Geld in die Schweiz zu transferieren, damit das Finanzamt von den Zinserträgen der Kunden keine Kenntnis erhält. Nachdem der Angestellte erfolglos versucht hat, die Kunden umzustimmen, entspricht er den Anweisungen. Die Kunden verschweigen in ihren Steuererklärungen die in die Schweiz überwiesenen Geldbeträge. – Die Mitwirkung des Angestellten an den Kapitaltransfers ins Ausland stellt für diesen eine berufstypische Handlung dar. Nach Auffassung des BGH kann eine solche dann eine Beihilfestrafbarkeit begründen, wenn der Hilfeleistende weiß, dass das Handeln des Haupttäters darauf abzielt, eine strafbare Handlung zu begehen, oder wenn er dies zwar lediglich für möglich hält, der Haupttäter jedoch erkennbar tatgeneigt ist. Da für den Bankangestellten eine Steuerhinterziehung ersichtlich das naheliegendste Motiv der Überweisungsvorgänge war, hat er sich hiernach wegen Beihilfe zur Steuerhinterziehung strafbar gemacht.

BGHSt 47, 100, 103 ff.; Abgrenzung zwischen Beihilfe und mittelbarer Täterschaft kraft Organisationsherrschaft: Ein Oberleutnant ist für die sogenannte „Vergatterung" (Einweisung vor Antritt des Wachdienstes) von DDR-Grenzsoldaten verantwortlich, bei der er die Soldaten unter anderem dazu anweist, „Grenzverletzer" an der Flucht zu hindern und sie notfalls zu erschießen. Er tut dies, weil er selbst von seinem Vorgesetzten die strikte inhaltliche Vorgabe erhalten hat, erfolgreiche Fluchtbemühungen nötigenfalls durch den Einsatz von Schusswaffen zu verhindern. Die dem Oberleutnant unterstehenden Soldaten erschießen einen Rentner, den sie für einen „Grenzverletzer" halten. – Nach Ansicht des BGH begründet die „Vergatterung" eine Strafbarkeit wegen Beihilfe zu dem durch die Soldaten verübten Totschlag, nicht aber wegen mittelbarer Täterschaft oder Anstiftung. Da der Oberleutnant selbst in eine hierarchische Befehlsstruktur eingebunden war und der Entschluss der Soldaten, Flüchtlinge notfalls zu erschießen, nicht erst durch ihre „Vergatterung" hervorgerufen wurde, sondern bereits infolge ihrer allgemeinen Bereitschaft zur Befehlserfüllung latent vorhanden war, sei sein Verhalten lediglich als Hilfeleisten zur Haupttat zu bewerten.

594 BGH NStZ 2007, 230, 232 f.; **Gehilfenbeitrag und Gehilfenvorsatz:** Der Gehilfe ist Mitglied einer in Hamburg gegründeten terroristischen Vereinigung. Am 11. September 2001 entführen Mitglieder der Vereinigung Passagierflugzeuge in den USA und lenken diese in das World Trade Center und das Pentagon, wodurch sie den Tod von mindestens 3000 Menschen verursachen. Der Gehilfe unterstützte die Attentäter bei der Vorbereitung, indem er deren Aufenthaltsort verschleierte und bei der Beschaffung von Finanzmitteln behilflich war. Die Anschläge wären jedoch vermutlich auch ohne diese Unterstützungshandlungen durchgeführt worden. Ferner wusste der Gehilfe zwar, dass der geplante Anschlag durch die Entführung von Passagierflugzeugen durchgeführt werden sollte, die Dimension des letztlich verwirklichten Unrechts hat er indes nicht vorhergesehen. – Nach Auffassung des BGH hat sich der Gehilfe nicht nur wegen einer Mitgliedschaft in einer terroristischen Vereinigung, sondern auch wegen Beihilfe zum 246-fachen Mord hinsichtlich der durch die Abstürze ums Leben gekommenen Flugzeugpassagiere strafbar gemacht. Eine strafbare Gehilfenleistung läge nicht nur dann vor, wenn diese für den tatbestandlichen Erfolgseintritt irgendwie kausal geworden ist, vielmehr reiche aus, dass durch ihre Vornahme die Herbeiführung des Taterfolges durch den Haupttäter objektiv gefördert oder erleichtert wird. Auch werde der Gehilfenvorsatz nicht dadurch ausgeschlossen, dass der Gehilfe das tatsächliche Ausmaß der Anschläge nicht vorhersehen konnte. Für den Vorsatz des Gehilfen reiche es aus, dass dieser für möglich hält und billigt, dass sein Verhalten die Haupttat fördert. Eine Erfassung der vollständigen Unrechtsdimension sei nicht erforderlich. Da der Gehilfe vorsätzlich hinsichtlich des Anschlags auf Passagierflugzeuge handelte, sei zumindest der Tod der sich in diesen befindenden Passagieren von seinem Gehilfenvorsatz umfasst.

4. Besondere persönliche Merkmale (§ 28 StGB)

a) Grundlagen

595 Wegen des Grundsatzes der Akzessorietät bestimmt sich die Strafbarkeit des Teilnehmers nach derjenigen des Täters.[208] Strafbarkeit und Strafe des Teilnehmers werden grundsätzlich von der Haupttat abgeleitet, da auch demjenigen, der selbst nicht Täter ist, gem. §§ 26, 27 StGB unter bestimmten Umständen die Begehung der Haupttat angelastet wird. Steht jemand draußen als bloßer Gehilfe „Schmiere", während seine Freunde im Gebäude einen Diebstahl begehen, wirkt die Verwirklichung der Tatbestandsmerkmale (vorsätzliche Weg-

---

[208] *Kühl*, Strafrecht AT, § 20 Rn. 147.

nahme einer fremden beweglichen Sache mit Zueignungsabsicht) auch gegen ihn (wobei seine Strafe wegen des begrenzten Ausmaßes seiner Beteiligung gem. §§ 27 Abs. 2, 49 Abs. 1 StGB zu mildern ist). Dieses Akzessorietätsprinzip wird gemäß § 29 StGB hinsichtlich der Schuld eingeschränkt (limitierte Akzessorietät, vgl. auch Rn. 555), da diese als persönliche Verantwortung des Einzelnen nicht wechselseitig zugerechnet werden kann. Es wird daher jeder Beteiligte unabhängig von der Schuld der anderen bestraft.

Die strenge Anwendung des Akzessorietätsgrundsatz erscheint jedoch nicht nur auf der Ebene der Schuld, sondern auch auf Tatbestandsebene dann zweifelhaft, wenn (nur) ein Beteiligter in seiner Person bestimmte vom Straftatbestand vorausgesetzte Eigenschaften aufweist, während diese beim anderen Beteiligten nicht vorliegen. § 28 StGB normiert daher bestimmte Ausnahmen vom Akzessorietätsgrundsatz (Akzessorietätslockerungen) für sog. „besondere persönliche Merkmale".[209] Im Gegensatz zu **tatbezogenen** Merkmalen charakterisieren diese Merkmale den Täter. Es sind laut § 14 Abs. 1 StGB besondere persönliche Eigenschaften (z. B. Schwangerschaft i. S. v. § 218 StGB), Verhältnisse (z. B. Verwandtschaftsverhältnisse i. S. v. § 173 StGB) oder Umstände (z. B. Gewerbsmäßigkeit i. S. v. § 260 Abs. 1 Nr. 1 StGB). Das Gesetz teilt diese **täterbezogenen** Merkmale in zwei Gruppen:

596

§ 28 Abs. 2 StGB sieht für Fälle, in denen bei den Beteiligten (Täter oder Teilnehmer!) Unterschiede bzgl. strafschärfender, -mildernder oder -ausschließender besonderer persönlicher Merkmale gegeben sind, eine **Tatbestandsverschiebung** vor. Strafschärfendes besonderes persönliches Merkmal ist bspw. die Bandenmäßigkeit bei Diebstahl und Raub (§§ 244 Abs. 1 Nr. 2, 250 Abs. 1 Nr. 2 StGB). Ist sie nur bei dem Haupttäter gegeben, so wird er nach dem Qualifikationstatbestand bestraft, während auf Mittäter und Teilnehmer nur der Grundtatbestand anzuwenden ist. In der Fallbearbeitung sollte die Tatbestandsverschiebung nach dem subjektiven Tatbestand geprüft werden, vgl. Tab. 20.

597

§ 28 Abs. 1 StGB betrifft Tatbestände, wo das besondere persönliche Merkmal strafbegründend ist, es also für Fälle, in denen das Merkmal nicht vorliegt, keinen allgemeinen Grundtatbestand gibt (z. B. Rechtsbeugung, § 339 StGB[210]). Die Anwendung des § 28 Abs. 2 StGB würde hier zur Straflosigkeit des (merkmallosen) Gehilfen oder Anstifters führen, da eine Tatbestandsverschiebung nicht möglich ist. § 28 Abs. 1 StGB sieht daher vor, dass der Teilnehmer zwar nach demselben Tatbestand wie der Täter bestraft werden soll, ordnet aber zugleich eine **Strafmilderung** für den Teilnehmer an. Die Regelung bezieht sich im Gegensatz zu Abs. 2 ausschließlich auf Teilnehmer, da eine täterschaftliche Begehung eines Delikts, dessen tatbestandlichen Voraussetzungen (hier: das „besondere persönliche Merkmal") der Tatbeteiligte selbst gar nicht erfüllt, ausgeschlossen ist.[211] Strafbegründend i. S. d. § 28 Abs. 1 StGB ist bspw. die

598

---

[209] Vgl. ausführlich *Fischer/Gutzeit*, JA 1998, 41; *Mitsch*, JURA 2014, 585, 590 ff.; *Otto*, JURA 2004, 469; *Valerius*, JURA 2011, 15, 17.
[210] *Fischer/Gutzeit*, JA 1998, 41, 43.
[211] BGHSt 2, 317, 320; *Rengier*, Strafrecht AT, § 46 Rn. 11.

Tätereigenschaft in § 203 StGB. Da § 28 Abs. 1 StGB nur die Strafzumessung betrifft (**Strafrahmenverschiebung**[212]), ist er in der Fallbearbeitung erst nach der Schuld anzusprechen.

599 § 28 StGB kommt folglich immer nur dann überhaupt in Betracht, wenn ein täterbezogenes („besonderes persönliches") Merkmal nicht bei allen Beteiligten vorliegt. Als nächstes stellt sich dann die Frage, welcher Absatz des § 28 StGB passt. Die Antwort hängt davon ab, ob das Merkmal strafbegründend (Abs. 1) oder strafschärfend, -mildernd oder -ausschließend (Abs. 2) ist. Diese Einstufung wiederum korrespondiert mit der Frage, ob der jeweilige das besondere persönliche Merkmal voraussetzende Straftatbestand die Qualifikation eines Grundtatbestandes darstellt, welcher das Merkmal nicht voraussetzt, oder ob er eigenständig ist.

b) Anwendung von § 28 StGB auf §§ 211, 212 StGB

600 Die Tötungsdelikte der §§ 211, 212 StGB sind hinsichtlich der besonderen persönlichen Merkmale besonders prüfungsrelevant, da hier die Frage, ob Mord eine Qualifikation des Totschlags oder einen eigenständigen Tatbestand darstellt, zwischen Literatur und Rechtsprechung umstritten ist.[213] Je nachdem, wie man sich in diesem Streit entscheidet, stuft man die (als besondere persönliche Merkmale i. S. v. § 28 StGB anzusehenden) Mordmerkmale der 1. und 3. Gruppe des § 211 Abs. 2 StGB als strafbegründend oder strafschärfend ein, was wiederum weitereichende Konsequenzen für die jeweilige Strafbarkeit der Beteiligten hat, wenn nicht bei allen (subjektive) Mordmerkmale vorliegen.

601 Die Lösung des folgenden Beispielsfalls verdeutlicht das Problem: T tötet O aus einem sonstigen niedrigen Beweggrund und ist wegen Mordes gem. § 211 StGB strafbar. Bei Gehilfe A fehlt der niedrige Beweggrund. – Der Mord des T stellt eine vorsätzliche und rechtswidrige Haupttat dar, zu der A mit doppeltem Gehilfenvorsatz Hilfe geleistet hat. Fraglich ist, ob eine Tatbestandsverschiebung nach § 28 Abs. 2 StGB in Betracht kommt. Nach einer vor allem in der Rechtsprechung vertretenen Auffassung sollen die besonderen persönlichen Mordmerkmale als strafbegründend (§ 28 Abs. 1 StGB) einzuordnen sein, da § 211 StGB als selbständiger Tatbestand zu betrachten sei.[214] Auf dieser Grundlage wäre angesichts des Fehlens des besonderen persönlichen Merkmals bei A nur § 28 Abs. 1 StGB anzuwenden und er wäre wegen Beihilfe zum Mord gem. §§ 211, 27 StGB strafbar (wobei die Strafe zu mildern wäre). Hingegen sind die subjektiven Mordmerkmale mit der überwiegenden Auffassung in der Lehre als strafschärfend gem. § 28 Abs. 2 StGB einzuordnen.[215] § 211 StGB stellt gegenüber dem Grundtatbestand des § 212 StGB angesichts der quantitativen Unrechts- und Schuldsteigerung eine Qualifikation dar. Daher ergibt sich im

---

[212] *Rengier*, Strafrecht AT, § 46 Rn. 2
[213] Vgl. dazu auch *Engländer*, JA 2004, 410; *Geppert*, JURA 2008, 34; Sch/Sch-*Eser/Sternber-Lieben*, Vorbem. §§ 211 ff. Rn. 2 ff.; *Vietze*, JURA 2003, 394.
[214] BGHSt 22, 375, 377 ff.; 50, 1, 5.
[215] Sch/Sch-*Eser/Sternberg-Lieben*, Vorbem. §§ 211 ff. Rn. 5.

Bsp. eine Tatbestandsverschiebung nach § 28 Abs. 2 StGB: Während T Täter eines Mordes nach § 211 StGB ist, ist sein Gehilfe A nur wegen Beihilfe zum Totschlag gem. §§ 212 Abs. 1, 27 StGB strafbar. Die (nach der Literaturansicht angezeigte) Anwendung des § 28 Abs. 2 StGB erfolgt hier zu Gunsten des Teilnehmers. Die Konstellation ist aber auch umgekehrt denkbar: Liegt ein persönliches Mordmerkmal nur beim Teilnehmer vor, so kann dieser auch für den Fall, dass der Täter lediglich einen Totschlag verwirklicht, wegen Beihilfe zum Mord gem. §§ 211, 27 StGB bestraft werden.[216]

5. Versuch der Beteiligung (§ 30 StGB)

a) Grundlagen und Anwendungsfälle

Bei den in § 30 StGB geregelten Vorstufen der Verbrechensbeteiligung sind die versuchte Anstiftung nach § 30 Abs. 1 StGB und die sonstigen Beteiligungsformen im Vorbereitungsstadium nach § 30 Abs. 2 StGB zu unterscheiden. Beide Absätze setzen in sämtlichen Begehungsvarianten voraus, dass es sich bei der ins Auge gefassten Tat um ein Verbrechen i. S. v. § 12 Abs. 1 StGB handelt.[217]

602

Nach § 30 Abs. 1 StGB steht nur die versuchte Anstiftung unter Strafe. Wer sich erfolglos darum bemüht, einem anderen bei dessen Tat Hilfe zu leisten und hierdurch zumindest begrifflich eine versuchte Beihilfe begeht, macht sich daher nicht strafbar. Kennzeichnend für die versuchte Anstiftung nach § 30 Abs. 1 StGB ist, dass sich eine Person darum bemüht, einen anderen zur Begehung einer bestimmten Tat zu veranlassen, hiermit aber keinen Erfolg hat. Dies kann im Wesentlichen auf drei Umstände zurückzuführen sein:[218] Zunächst kann der andere sich von vornherein **weigern, die Tat auszuführen** (Bsp.: A rät B, die C zu erschießen, B weist dieses Ansinnen jedoch entrüstet von sich). Darüber hinaus kann sich der andere zunächst zur Tatbegehung bereit erklären, dann aber noch vor Eintreten ins Versuchsstadium **von der Deliktsverwirklichung absehen** (Bsp.: A rät B, die C zu erschießen. B lässt sich von A überzeugen, die Tat am kommenden Abend auszuführen, kommt jedoch nach einer unruhigen Nacht zu der Überzeugung, dass es doch besser ist, auf die Tötung der C zu verzichten). Schließlich ist an § 30 Abs. 1 StGB auch dann zu denken, wenn sich eine Person darum bemüht, einen bereits zur Tat fest Entschlossenen (**omnimodo facturus**) anzustiften (Bsp.: A rät B, die C zu erschießen, und weiß dabei nicht, dass B hierzu schon seit Tagen fest entschlossen ist und für den kommenden Tag einen detaillierten Tatplan entworfen hat).

603

§ 30 Abs. 2 StGB enthält drei Begehungsvarianten. Das von § 30 Abs. 2 Var. 1 StGB umschriebene **Sich-Bereiterklären** zu einem Verbrechen erfasst in erster

604

---

[216] *Wessels/Beulke/Satzger*, Strafrecht AT, Rn. 557; vgl. zu den verschiedenen in Hinblick auf § 28 StGB problematischen Konstellationen bei Verwirklichung der §§ 211, 212 StGB durch mehrere Beteiligte die gute Übersicht bei *Fischer/Gutzeit*, JA 1998, 41, 46.
[217] Vgl. hierzu ausführlich *Dessecker*, JA 2005, 549; *Geppert*, JURA 1997, 546; *Rotsch*, ZJS 2012, 680, 685 f.; *Roxin*, JA 1979, 169.
[218] Vgl. auch *Rengier*, Strafrecht AT, § 47 Rn. 6.

Linie Konstellationen, in denen sich eine Person gegenüber einer anderen, die sie hierzu aufgefordert hat, bereit erklärt, ein bestimmtes Verbrechen zu begehen. Die **Annahme des Erbietens** nach § 30 Abs. 2 Var. 2 StGB erfasst das Verhalten desjenigen, der die Zusage eines anderen annimmt, ein bestimmtes Verbrechen zu begehen. Von großer Praxisrelevanz ist zuletzt die sog. **Verbrechensverabredung** in § 30 Abs. 2 Var. 3 StGB, bei der mindestens zwei Personen fest vereinbaren, mittäterschaftlich ein Verbrechen zu begehen (oder zu ihm anzustiften).[219]

b) Prüfungsschema

605 Das Prüfungsschema für die versuchte Anstiftung nach § 30 Abs. 1 StGB ergibt sich aus einer Kombination des Versuchsschemas (hierzu noch Rn. 617) mit Elementen des Prüfungsschemas der Anstiftung. Wie bei der Versuchsprüfung ist zunächst der subjektive Tatbestand zu prüfen und hier festzustellen, dass der Handelnde einen **doppelten Vorsatz** aufweist, der sich auf die Begehung eines (hinreichend konkretisierten) Verbrechens durch einen anderen und das Hervorrufen des Tatentschlusses beziehen muss. Im Rahmen des objektiven Tatbestandes ist festzustellen, dass der Auffordernde **unmittelbar zum Bestimmen angesetzt** hat, was von der h. M. dann bejaht wird, wenn er den Kausalverlauf derart aus der Hand gegeben hat, dass er mit der baldigen Kenntnisnahme der Aufforderung durch den Anzustiftenden rechnen konnte.[220]

606 Die Vorstufen der Verbrechensverabredung in § 30 Abs. 2 StGB werden nach dem üblichen Schema geprüft, d. h. an die Feststellung des objektiven Tatbestandes schließt sich diejenige des subjektiven Tatbestandes an. Im objektiven Tatbestand ist zunächst festzustellen, dass es sich bei der geplanten Tat um ein Verbrechen handelt und anschließend der Frage nachzugehen, ob der Betroffene sich zu diesem bereit erklärt, das Erbieten eines anderen angenommen oder sich mit (mindestens) einem anderen zur Deliktsbegehung (bzw. Anstiftung hierzu) verabredet hat. Im subjektiven Tatbestand ist erforderlich, dass der Handelnde Vorsatz bzgl. der Vollendung der verabredeten Tat und seiner eigenen Beteiligung hieran (entsprechend der jeweils geprüften Variante) aufweist.

607 Die Prüfung von Rechtswidrigkeit und Schuld weist bei § 30 StGB grundsätzlich keine Besonderheiten auf. Unbedingt zu beachten ist jedoch die Regelung in § 31 StGB, die für sämtliche Begehungsvarianten in § 30 Abs. 1 und 2 StGB die Möglichkeit eines strafbefreienden Rücktritts eröffnet.[221]

608 Aus dem Vorstehenden ergibt sich für die Prüfung des Versuchs der Beteiligung nach § 30 StGB das in Tab. 21 zusammengefasste Schema.

---

[219] Hierzu *Rengier*, Strafrecht AT, § 47 Rn. 24.
[220] Sch/Sch-*Heine/Weißer*, § 30 Rn. 18; *Rengier*, Strafrecht AT, § 47 Rn. 21 f.
[221] Vgl. *Kütterer-Lang*, JuS 2006, 206.

Tab. 21: Versuch der Beteiligung

Versuchte Anstiftung nach § 30 Abs. 1 StGB	Vorstufen der Verbrechensbeteiligung nach § 30 Abs. 2 StGB
I. **Tatbestand** 　1. subjektiver Tatbestand (Tatentschluss) 　　a. Vorsatz bzgl. tatbestandsmäßigem und rechtswidrigem Verbrechen 　　b. Vorsatz bzgl. Bestimmen (zu Tat oder Anstiftung) 　2. objektiver Tatbestand 　　Unmittelbares Ansetzen zum Bestimmen	I. **Tatbestand** 　1. objektiver Tatbestand 　　a. geplantes Verbrechen 　　b. Vorbereitungshandlung 　　　– Sichbereiterklären 　　　– Annahme des Erbietens 　　　– Verabredung 　2. subjektiver Tatbestand 　　Vorsatz bzgl. Vollendung der verabredeten Tat und eigener Beteiligung
II. **Rechtswidrigkeit**	II. **Rechtswidrigkeit**
III. **Schuld**	III. **Schuld**
IV. ggf. **Rücktritt** nach § 31 StGB (Abs. 1 Nr. 1 und Abs. 2)	IV. ggf. **Rücktritt** nach § 31 StGB (Abs. 1 Nr. 2, 3 und Abs. 2)

c) Leitentscheidung

BGHSt 44, 99 (101 ff.); Voraussetzungen des § 30 Abs. 1 StGB: Ein rechtsradikaler Fußball-Hooligan trifft sich mit zwei Freunden in seiner Wohnung und konsumiert erhebliche Mengen Alkohol. Nachdem er bereits zehn Flaschen Bier getrunken hat, fragt er seine Freunde, ob diese nicht „Bock" hätten, mit ihm gemeinsam ein Ausländerwohnheim anzuzünden. Die Freunde lehnen strikt ab, da sich in diesem auch Kinder befänden. Der Hooligan, der infolge des Alkoholgenusses bereits Schwierigkeiten hat zu sprechen, erwidert, dass er es „geil" fände, wenn auch diese sterben, und schlägt vor, sich Benzin für Molotow-Cocktails zu beschaffen, vermummt in das Wohnheim zu stürmen und dieses anzuzünden. Die Freunde lehnen das Vorhaben weiterhin strikt ab. – Der Hooligan ist strafbar gemäß § 30 Abs. 1 StGB. Die Tat, die er mit seinen Freunden begehen wollte, war bereits hinreichend konkretisiert, da sein Tatplan bereits die Tatzeit, den Tatort, die potenziellen Opfer sowie die Begehungsweise umfasste. Darüber hinaus handelte der Hooligan auch mit dem erforderlichen Vorsatz. Wie bei § 26 StGB genügt auch bei § 30 Abs. 1 StGB, dass der Täter mit dolus eventualis handelt, er es also für möglich hält und billigend in Kauf nimmt, dass er einen anderen zur Ausführung der Tat bestimmt. Dass der Hooligan ernsthaft davon ausging, seine Freunde zur Tatbegehung überreden zu können, ist daher nicht erforderlich.

6. Zusammenfassung

- Beteiligungsformen sind Täterschaft und Teilnahme. Formen der Täterschaft sind unmittelbare Alleintäterschaft sowie Nebentäterschaft (§ 25 Abs. 1 Var. 1 StGB), mittelbare Täterschaft (§ 25 Abs. 1 Var. 2 StGB) und Mittäterschaft (§ 25 Abs. 2 StGB). Teilnahmeformen sind Anstiftung (§ 26 StGB) und Beihilfe (§ 27 StGB).
- Täter ist nach der Tatherrschaftslehre derjenige, der die Tatherrschaft inne hat. Tatherrschaft ist das vom Vorsatz umfasste In-den-Händen-Halten des tatbestandsmäßigen Geschehensablaufs.
- Voraussetzung für mittelbare Täterschaft gem. § 25 Abs. 1 Var. 2 StGB ist die auf einer unterlegenen Stellung des Tatmittlers beruhende Tatherrschaft des mittelbaren Täters. Dieser muss aufgrund seines überlegenen Wissens oder dominierenden Willens entscheidend das Verhalten des Hintermanns steuern und beherrschen.
- Regelmäßig kann der Hintermann dann nicht mittelbarer Täter sein, wenn der Vordermann seinerseits volldeliktisch handelt. In Ausnahmefällen, insbesondere bei einem vermeidbaren Verbotsirrtum des Tatmittlers oder der Willensherrschaft kraft organisatorischer Machtapparate handelt jedoch ein mittelbarer „Täter hinter dem Täter".
- Mittäterschaft gem. § 25 Abs. 2 Var. StGB setzt bewusstes und gewolltes Zusammenwirken auf der Grundlage eines gemeinsamen Tatplans voraus. Der Mittäter muss funktionelle Tatherrschaft haben. Dies kann auch bei einer Mitwirkung im Vorbereitungsstadium gegeben sein.
- Teilnahmehandlung nach § 26 StGB ist das Bestimmen eines anderen. Bestimmen ist das Hervorrufen des Tatentschlusses beim Haupttäter. Ist der andere schon zur Tat fest entschlossen (omnimodo facturus), kann er nicht mehr zur Tat bestimmt werden. Als Anstiftung möglich sind aber Aufstiftung (Hervorrufen des Tatentschlusses zur Verwirklichung eines Qualifikationstatbestands) und Umstiftung (Bestimmen zu einer anderen Tat).
- Teilnahmehandlung der Beihilfe ist das Hilfeleisten. Hilfeleisten i. S. d. § 27 Abs. 1 StGB ist ein kausales Fördern der Haupttat.
- § 28 Abs. 2 StGB sieht eine Tatbestandsverschiebung bei Unterschieden bzgl. besonderer persönlicher Merkmale vor, welche die Strafe schärfen, mildern oder ausschließen. § 28 Abs. 1 StGB ordnet bei strafbegründenden besonderen persönlichen Merkmalen nur eine Strafmilderung für den Teilnehmer an, bei dem sie fehlen.

IV. Übungsfälle

1. A hatte sich mit O angefreundet. Als er obdachlos wurde, nahm ihn O vorübergehend in die Wohnung, die er mit seiner Ehefrau B teilte, auf. B lebte mit O in Unfrieden und drängte A wiederholt, ihren Ehemann zu töten. A verfügt nur über geringe Durchsetzungsfähigkeiten in Situationen,

die er nicht mehr überblicken kann. Er hat nur einen schwach entwickelten Willen und geringe innere Kraft, sich in schwierigen Lagen durchzusetzen. B redete so lange auf A ein, dass er schließlich nachgab. B tat ihm leid, weil sie in einer unglücklichen Ehe lebte. Ein eigenes Interesse am Tod des O hatte A nicht. A und B besprachen den von B ersonnenen Tatplan, legten ihn in allen Einzelheiten fest und führten ihn in folgender Weise durch: A verbarg unter seiner Kleidung ein Beil, das ihm B gegeben hatte. So ausgerüstet, warteten beide an der Arbeitsstelle des O, wo ihm seine Ehefrau nach Arbeitsschluss vorschlug, mit ihnen in ein Nachbardorf zu gehen. O ahnte nicht, dass das nur ein Vorwand war, und willigte ein. Unterwegs kürzten die drei Personen auf Vorschlag der B den Weg ab und gingen hintereinander auf einem einsamen, schmalen Pfad dicht am Ufer der Saale. Dort gab B dem A das verabredete Zeichen, einen Stoß in den Rücken. A schlug daraufhin mit der stumpfen Seite des Beils kräftig auf den Hinterkopf des vor ihm gehenden O. Dieser fiel zu Boden und gab nur einen schwachen Laut von sich. Auf die Aufforderung der B versetzte ihm der A mit der stumpfen Seite des Beils noch zwei bis drei sehr wuchtige Schläge auf die Schädeldecke. B stellte zutreffend den Tod des O fest. A lief nun weg. B rief ihn zurück. A gehorchte. Beide rollten dann den Erschlagenen in die Saale. Strafbarkeit des A?
2. Strafbarkeit der B im Fall 1?
3. Strafbarkeit der B im Fall 1, wenn sie A zwar wiederholt drängt, O nach ihrem Plan zu töten, der A diesem Drängen aber nicht nachgibt.
4. Strafbarkeit der B im Fall 1, wenn A bei der Tötung des O wegen einer krankhaften seelischen Störung unfähig ist, das Unrecht der Tat einzusehen, und B dies erkannt hat?

6. Kapitel
Versuch und Rücktritt

I. Versuch

1. Grundlagen: Stadien der Deliktsverwirklichung

611 Im Rahmen der vorsätzlichen Verwirklichung eines Straftatbestandes werden verschiedene Deliktsstadien durchlaufen: Die Planung, die Vorbereitung, der Versuch, die Vollendung sowie die Beendigung.[1] Das in den Straftatbeständen des Besonderen Teils umschriebene Unrecht beschreibt das Vollendungsstadium. Hat der Täter dieses erreicht, steht seine prinzipielle Strafbarkeit fest. Vollendet ist eine Tat, wenn sämtliche Tatbestandsmerkmale eines Deliktes verwirklicht wurden,[2] der Täter also bspw. einen anderen Menschen gegen dessen Willen in einem Zimmer einsperrt und hierdurch den objektiven Tatbestand einer Freiheitsberaubung nach § 239 Abs. 1 Var. 1 StGB erfüllt. Von Beendigung spricht man, wenn das Tatgeschehen seinen tatsächlichen Abschluss gefunden hat, wovon im Fall der Freiheitsberaubung auszugehen ist, wenn die eingesperrte Person ihre Freiheit wieder zurückerlangt.[3] Die Unterscheidung zwischen Vollendung und Beendigung hat für die Strafbarkeit des Täters grundsätzlich keine Bedeutung, da diese bereits mit Vollendung der Tat gegeben ist.[4] Soweit die Zeitpunkte von Vollendung und Beendigung auseinanderfallen (hierzu bereits Rn. 57), kann dies aber gleichwohl eine Rolle spielen, etwa für die Bestimmung des Zeitpunktes, in dem die Verjährung zu laufen beginnt (§ 78a StGB)[5], oder die Frage, ob in der Phase zwischen Vollendung und Beendigung (sukzessive) Mittäterschaft oder Beihilfe möglich ist (hierzu noch Rn. 539 ff., 584 f.).

612 Planung und Vorbereitung stellen bloße Vorstufen der Deliktsbegehung dar.[6] Straflos ist die gedankliche Planung einer Straftat, die etwa dann vorliegt, wenn eine Person mit dem Gedanken spielt, eine andere Person einzusperren, um sie ihrer Freiheit zu berauben. Auch die Vorbereitung der zu einem späteren Zeitpunkt geplanten Deliktsbegehung ist grundsätzlich nicht strafbar. Typische

---

[1] Vgl. hierzu auch *Kühl*, JA 2014, 907 ff.; *ders.*, Strafrecht AT, § 14 Rn. 5 ff.
[2] *Kindhäuser*, Strafrecht AT, § 31 Rn. 1; *Kühl*, Strafrecht AT, § 14 Rn. 6.
[3] *Rengier*, Strafrecht AT, § 33 Rn. 13; *Wessels/Beulke/Satzger*, Strafrecht AT, Rn. 592.
[4] Zum Ganzen *Kühl*, JuS 1979, 718, 720; *Wessels/Beulke/Satzger*, Strafrecht AT, Rn. 591.
[5] Vgl. zur Verjährung die Darstellung von *Meyer*, JA 2014, 342 ff.
[6] *Kindhäuser*, Strafrecht AT, § 31 Rn. 1; *Rengier*, Strafrecht AT, § 33 Rn. 8.

Vorbereitungshandlung ist die Beschaffung von Tatwerkzeugen, bspw. das Einstecken eines Schlüssels, um eine andere Person am kommenden Tag damit einsperren zu können. In einigen wenigen Konstellationen sanktioniert das StGB auch die bloße Vorbereitung einer Tat, wenn bereits mit dieser eine besondere Gefährlichkeit einhergeht. Dies gilt etwa für die Verbrechensverabredung in § 30 Abs. 2 StGB sowie die Vorbereitung einer Geldfälschung nach § 149 Abs. 1 StGB.[7] Sind mehrere Personen an einer Tatbestandsverwirklichung beteiligt, ist darüber hinaus zu beachten, dass es für die Strafbarkeit einzelner Tatbeteiligter ausreichen kann, wenn sie lediglich im Vorbereitungsstadium tätig werden. Insbesondere Anstiftung (§ 26 StGB) und Beihilfe (§ 27 StGB) sind typischerweise dadurch gekennzeichnet, dass der jeweilige Tatbeitrag noch vor der eigentlichen Tatausführung erbracht wird (vgl. bereits Rn. 555 f.). Aber auch bei der Mittäterschaft ist nach vorherrschender Auffassung nicht erforderlich, dass sämtliche Mittäter noch nach Abschluss der Vorbereitungsphase aktiv werden (vgl. bereits Rn. 527 ff.).

Das Versuchsstadium fällt in den Zeitraum zwischen Vorbereitung und Vollendung der Tat. Nach der Legaldefinition in § 22 StGB versucht eine Straftat, wer nach seiner Vorstellung von der Tat zur Verwirklichung des Tatbestandes unmittelbar ansetzt. Von der Vorbereitung unterscheidet sich der Versuch dadurch, dass der Täter bei Letzterem deutlich näher an die Tatbestandsverwirklichung rückt, was in § 22 StGB durch das Unmittelbarkeitserfordernis angedeutet wird. Während eine Vorbereitungshandlung (etwa in Form der Beschaffung von Tatwerkzeugen) ggf. mehrere Tage vor der geplanten Tatausführung vorgenommen werden kann, kann von einem Versuch i. S. v. § 22 StGB i. d. R. erst dann gesprochen werden, wenn die Verwirklichung eines bestimmten Straftatbestandes (zumindest nach der Vorstellung des Täters) als unmittelbar bevorstehend erscheint. Von der Vollendung unterscheidet sich das Versuchsstadium demgegenüber dadurch, dass beim Versuch die Verwirklichung des objektiven Tatbestandes vollständig oder teilweise ausbleibt. In Abgrenzung zur Vorbereitung und Vollendung wäre bei der Freiheitsberaubung ein Versuch daher dann anzunehmen, wenn der Täter einen Schlüssel in ein Türschloss steckt, um anschließend eine andere Person gegen ihren Willen einzusperren. Hier steht die Deliktsverwirklichung unmittelbar bevor, so dass das bloße Vorbereitungsstadium verlassen ist. Da aber das anvisierte Tatopfer noch nicht seiner Freiheit beraubt ist, fehlt es an der für das Erreichen des Vollendungsstadiums erforderlichen Verwirklichung des objektiven Tatbestandes.

613

2. Strafgrund des Versuchs

Der Versuch einer Straftat ist gemäß § 23 Abs. 1 StGB nur strafbar, wenn es sich bei der Tat um ein Verbrechen handelt oder um ein Vergehen, für das die Versuchsstrafbarkeit ausdrücklich angeordnet ist. Warum der Gesetz-

614

---

[7] Vgl. auch *Rengier*, Strafrecht AT, § 33 Rn. 8.

geber sich überhaupt dazu entschieden hat, bestimmte Versuchstaten unter Strafe zu stellen, wird unterschiedlich beantwortet.[8] Im Wesentlichen stehen sich hierbei objektive Theorien[9], welche den Versuch für strafwürdig erachten, weil der Täter ein bestimmtes Rechtsgut bereits konkret gefährdet hat, und subjektive Theorien[10], die den Strafgrund des Versuchs in der Betätigung des rechtsfeindlichen Willens erblicken, gegenüber. Vorherrschend dürfte ein vermittelnder Ansatz sein, der in unterschiedlicher Akzentuierung unter dem Stichwort der Eindruckstheorie diskutiert wird. Danach liegt der Strafgrund des Versuchs in der Betätigung des rechtsfeindlichen Willens, dessen Einfluss auf die Allgemeinheit zu einer Gefährdung des Rechtsfriedens führen kann.[11]

3. Prüfungsschema

615 Eine Versuchsstrafbarkeit muss in der Regel nicht erörtert werden, wenn es zur Deliktsvollendung gekommen ist oder der Versuch des einschlägigen Deliktes nicht unter Strafe steht. Daher wird verbreitet empfohlen, die Prüfung der Versuchsstrafbarkeit mit einer „Vorprüfung" zu beginnen, in deren Rahmen auf die Nichtvollendung und die Strafbarkeit des Versuchs eingegangen wird (hierzu noch Rn. 618 ff.). Im Übrigen ist auch im Rahmen der Versuchsprüfung auf objektive und subjektive Strafbarkeitsvoraussetzungen einzugehen. Da beim Versuchsdelikt jedoch ein „Mangel" im objektiven Bereich besteht, kommt den subjektiven Merkmalen größeres Gewicht zu als beim vollendeten Delikt, insbesondere ist der „subjektive Tatbestand" in Form des Tatentschlusses vor dem „objektiven Tatbestand" in Form des unmittelbaren Ansetzens zu prüfen.[12] Während die Feststellung von Rechtswidrigkeit und Schuld weitgehend nach den üblichen Kriterien erfolgt, besteht beim Versuch zuletzt die Besonderheit, dass § 24 StGB einen speziellen persönlichen Strafaufhebungsgrund normiert. Danach wird der Täter nicht bestraft, wenn er freiwillig von der Tat zurücktritt.

616 Die Versuchsstrafbarkeit ist somit nach folgendem Schema zu prüfen:

---

[8] Vgl. zur Auseinandersetzung auch Sch/Sch-*Eser/Bosch*, Vorbem. § 22 Rn. 17 ff.; *Kindhäuser*, Strafrecht AT, § 30 Rn. 5 ff.; *Kühl*, Strafrecht AT, § 15 Rn. 5 f., 38 ff.; *Rath*, JuS 1998, 1006, 1007 ff.; *Roxin*, JuS 1979, 1; *Safferling*, ZStW 118 (2006), 682, 688 ff.; *Wessels/Beulke/Satzger*, Strafrecht AT, Rn. 594.
[9] Vgl. *Kindhäuser*, Strafrecht AT, § 30 Rn. 6.
[10] BGHSt 1, 13, 16; 2, 74, 76.
[11] *Rengier*, Strafrecht AT, § 33 Rn. 4; *Wessels/Beulke/Satzger*, Strafrecht AT, Rn. 594.
[12] Vgl. zum Aufbau des Versuchsdelikts auch *Kindhäuser*, Strafrecht AT, § 30 Rn. 4; *Kühl*, JuS 1980, 120, 122 ff.; *Rengier*, Strafrecht AT, § 34 Rn. 1 f.; *Wessels/Beulke/Satzger*, Strafrecht AT, Rn. 874.

Tab. 22: Versuchsaufbau

	Vorprüfung	1. Fehlen der Vollendung 2. Strafbarkeit des Versuchs
I.	**Tatbestand**	
	1. Subjektiver Tatbestand: Tatentschluss	a. Tatbestandsvorsatz (Vorsatz bzgl. objektiver Tatbestandsmerkmale) b. sonstige subjektive Tatbestandsmerkmale
	2. Objektiver Tatbestand: unmittelbares Ansetzen	Handlungen, die nach dem Tatplan der Erfüllung eines Tatbestandsmerkmals unmittelbar vorgelagert sind und im ungestörten Fortgang ohne wesentliche Zwischenakte in die Tatbestandshandlung einmünden sollen
II.	**Rechtswidrigkeit**	
III.	**Schuld**	
IV.	**Persönlicher Strafaufhebungsgrund**	Rücktritt (§ 24 StGB)

a) Vorprüfung

Eine Verurteilung wegen eines versuchten Deliktes kommt in Betracht, wenn es nicht zur Vollendung der vorsätzlichen Straftat gekommen und der Versuch strafbar ist. Das Erfordernis der **Nichtvollendung** ergibt sich aus rein konkurrenzrechtlichen Erwägungen. Auch wenn der Täter eine bestimmte Tat vollendet, hat er zuvor das (ggf. strafbare) Versuchsstadium durchlaufen, jedoch tritt dieses im Wege der Subsidiarität (hierzu noch Rn. 615) hinter das vollendete Delikt zurück.[13] Wenn etwa A den O erschießt, begründet bereits die Abgabe des Schusses eine Strafbarkeit wegen versuchten Totschlags (§§ 212, 22, 23 Abs. 1 StGB), jedoch tritt dieser als notwendiges Durchgangsstadium hinter dem anschließend verwirklichten vollendeten Totschlag (§ 212 Abs. 1 StGB) zurück und muss im strafrechtlichen Gutachten daher keine eigenständige Erwähnung finden.

Die **Strafbarkeit des Versuchs** bestimmt sich nach § 23 Abs. 1 StGB. Danach ist der Versuch, ein Verbrechen zu begehen, stets strafbar, während der Versuch eines Vergehens nur unter Strafe steht, wenn dies im Gesetz angeordnet ist (vgl. etwa § 242 Abs. 2 StGB: „Der Versuch ist strafbar."). Wann eine Straftat Verbrechen und wann sie Vergehen ist, bestimmt sich nach den Legaldefinitionen in § 12 Abs. 1 und 2 StGB (vgl. bereits Rn. 47f.).

Ob die Prüfungspunkte „Nichtvollendung" und „Strafbarkeit des Versuchs" in der **Fallbearbeitung** unter dem Stichwort der „Vorprüfung" zusammen-

---

[13] *Wessels/Beulke/Satzger*, Strafrecht AT, Rn. 790.

gefasst werden sollten, wird unterschiedlich beantwortet.[14] Manche Autoren gehen davon aus, dass grundsätzlich eine gedankliche Vorprüfung ausreicht und daher bei der gutachterlichen Prüfung einer Strafbarkeit wegen Versuchs unmittelbar mit der Erörterung des Tatentschlusses begonnen werden sollte.[15] Für Letzteres spricht, dass die „Nichtvollendung" tatsächlich keine Strafbarkeitsvoraussetzung des Versuchs, sondern lediglich eine konkurrenzrechtliche Problemstellung betrifft, und die Frage nach der Strafbarkeit des Versuchs bereits durch die Aufnahme der §§ 12, 23 Abs. 1 StGB in den Obersatz beantwortet werden kann. Auf diese Auseinandersetzung ist in der gutachterlichen Darstellung nicht einzugehen, da der Prüfungsaufbau für sich selbst zu stehen hat und nicht zu begründen ist. Soweit die beiden Prüfungspunkte (wie in der Mehrzahl der Fälle) keinerlei Probleme bereiten, bietet es sich an, diese in einem Prüfungspunkt zusammenzufassen und nur kurz zu prüfen; die Bezeichnung als „Vorprüfung" erscheint demgegenüber nicht zwingend erforderlich (Bsp. für die Prüfung eines versuchten Totschlags: „I. O ist nicht tot, so dass die Tat mangels tatbestandlichen Erfolgseintritts nicht vollendet ist. Darüber hinaus stellt der Totschlag aufgrund der angedrohten Mindeststrafe von 5 Jahren Freiheitsstrafe ein Verbrechen dar (vgl. § 12 Abs. 1 StGB), so dass der Versuch nach § 23 Abs. 1 StGB strafbar ist. II. Prüfung des Tatentschlusses ..."). Soweit im konkreten Fall die Feststellung der Nichtvollendung Schwierigkeiten bereitet (etwa weil der tatbestandliche Erfolg eingetreten ist, aber fraglich erscheint, ob er dem Täter zugerechnet werden kann), sollte demgegenüber mit der Prüfung des vollendeten Delikts begonnen werden. Ergibt diese, dass die Tat nicht vollendet wurde, kann dann mit der Prüfung des Versuchstatbestandes fortgefahren und im Rahmen der „Vorprüfung" auf die vorstehenden Erörterungen verwiesen werden.

b) Tatentschluss

aa) Grundlagen

621 Der subjektive Tatbestand des Versuchs wird als **Tatentschluss** bezeichnet.[16] Dieser umfasst den auf alle objektiven Tatbestandsmerkmale gerichteten **Vorsatz** und die **sonstigen subjektiven Tatbestandsmerkmale**.[17] Auch beim versuchten Delikt ist daher zunächst danach zu fragen, ob der Täter vorsätzlich hinsichtlich der Verwirklichung sämtlicher objektiver Tatbestandsmerkmale gehandelt hat, wobei sich an dieser Stelle keine wesentlichen Unterschiede zur Vorsatzprüfung beim vollendeten Delikt ergeben (vgl. insoweit Rn. 150 ff.). Soweit das vollendete Delikt ein Handeln des Täters mit dolus eventualis aus-

---

[14] So etwa Sch/Sch-*Eser/Bosch*, § 22 Rn. 5; *Hartmann*, JA 1998, 946, 949; *Kindhäuser*, Strafrecht AT, § 30 Rn. 3; *Kühl*, JuS 1980, 120, 122 f.; *Meier/Loer*, JURA 1999, 424; *Mitsch*, JA 1997, 655, 660 f.; *Warda/Faber*, JuS 1965, 442, 446 f.; *Wessels/Beulke/Satzger*, Strafrecht AT, Rn. 874; ablehnend *Hardtung*, JURA 1996, 293 ff.
[15] Eingehend hierzu *Hardtung*, JURA 1996, 293 ff.
[16] *Kühl*, JuS 1980, 120, 124 f.; *Roxin*, JuS 1979, 1 ff.; krit. *Putzke*, JuS 2009, 894, 896.
[17] *Kindhäuser*, Strafrecht AT, § 31 Rn. 4 f.; *Roxin*, JuS 1979, 1 ff.; *Wessels/Beulke/Satzger*, Strafrecht AT, Rn. 598.

reichen lässt, gilt dies auch für den Tatentschluss beim versuchten Delikt.[18] Unabhängig von der jeweiligen Vorsatzform muss der Täter in dem Willen handeln, die Tat zu vollenden. Kein Tatentschluss liegt daher vor, wenn der Täter das Versuchsstadium von vornherein nicht überschreiten wollte.[19] Demgegenüber ist ein hinreichender Tatvorsatz gegeben, wenn der Täter mehrere Tatpläne hat, die er alternativ ausführen will (alternativer Tatentschluss), oder wenn er das Tatobjekt bzw. deren Anzahl noch nicht abschließend konkretisiert hat. Letzteres ist etwa anzunehmen, wenn der Täter nachts in einen Supermarkt einsteigt, um dort Wertgegenstände zu stehlen, sich aber noch im Unklaren darüber ist, welche Gegenstände er genau finden wird.

Da ein strafbarer Versuch stets das Vorliegen eines Tatentschlusses und damit vorsätzliches Handeln erfordert, ist bei den **Fahrlässigkeitsdelikten** kein Versuch möglich, anders aufgrund § 11 Abs. 2 StGB jedoch bei **erfolgsqualifizierten Delikten** (hierzu noch Rn. 849 ff.). Kein strafbarer Versuch liegt beim sog. **abergläubischen bzw. irrealen Versuch** vor, da nach h. M. bereits der Vorsatz bzgl. Kausalität und Vollendungsmöglichkeit fehlt[20] und darüber hinaus das Verhalten des Handelnden nicht dem Strafgrund des Versuchs (hierzu oben Rn. 614) entspricht (Bsp.: A versucht durch Aussprechen von Beschwörungsformeln die Schwangerschaft der O abzubrechen). 622

Soweit das vom Täter versuchte Delikt im Fall der Vollendung die Erfüllung **besonderer subjektiver Unrechtsmerkmale** voraussetzt, gilt dies auch für die Versuchsstrafbarkeit.[21] Um den für einen Diebstahl erforderlichen Tatentschluss aufzuweisen, muss der Täter also nicht nur vorsätzlich hinsichtlich sämtlicher objektiver Tatbestandsmerkmale des § 242 Abs. 1 StGB handeln, sondern zusätzlich die gesetzlich geforderte Absicht rechtswidriger Zueignung aufweisen. Hieran fehlt es etwa, wenn er davon ausgeht, einen durchsetzbaren Anspruch auf Übereignung des von ihm anvisierten Tatobjekts zu haben. 623

bb) Abgrenzung zur bloßen Tatgeneigtheit

Der Tatentschluss des Täters muss vorbehaltlos, die Entscheidung über das „Ob" der Tat also gefallen sein.[22] Selbst wenn eine Person prinzipiell zur Begehung einer bestimmten Straftat bereit ist, liegt kein hinreichender Tatentschluss vor, wenn sie lediglich **tatgeneigt** ist.[23] Davon ist auszugehen, wenn der Täter noch nicht fest entschlossen ist, die Tat zu begehen, sondern noch subjektive Vorbehalte hat und es daher noch eines „inneren Willensrucks" bedarf.[24] 624

---

[18] Sch/Sch-*Eser/Bosch*, § 22 Rn. 17; *Putzke*, JuS 2009, 894, 896; *Rath*, JuS 1998, 1006, 1011.
[19] *Putzke*, JuS 2009, 894, 897; *Roxin*, Strafrecht AT II, § 29 Rn 80.
[20] Vgl. ausführlich zu dieser Problematik *Satzger*, JURA 2013, 1017, 1025; aber auch *Seier/Gaude*, JuS 1999, 456, 459 f.; *Valerius*, JA 2010, 113, 116.
[21] Sch/Sch-*Eser/Bosch*, § 22 Rn. 23; *Lackner/Kühl*, StGB, § 22 Rn. 2; *Wessels/Beulke/Satzger*, Strafrecht AT, Rn. 598.
[22] LK-*Hillenkamp*, § 22 Rn. 40; *Rath*, JuS 1998, 1006, 1011 f.; *Roxin*, JuS 1979, 1, 2; für eine Verortung der Problematik im Rahmen des „unmittelbaren Ansetzens" *Putzke*, JuS 2009, 894, 897.
[23] *Fischer*, StGB, § 22 Rn. 8a; *Kühl*, JuS 1980, 273, 275.
[24] BGHSt 48, 34, 36.

Der für den Tatentschluss notwendige unbedingte Handlungswille liegt jedoch vor, wenn der Täter subjektiv zur Tat fest entschlossen ist und sich lediglich vorbehält, bei besonderen Ausführungsschwierigkeiten von der weiteren Verwirklichung abzusehen (**Tatentschluss unter Rücktrittsvorbehalt**) oder wenn die Ausführung der Tat von einer bestimmten Gestaltung der Sachlage abhängt, auf die der Täter keinen Einfluss hat (**Tatentschluss auf bewusst unsicherer Tatsachengrundlage**).[25] Daher ist von einem unbedingten Handlungswillen auszugehen, wenn A entschlossen ist, seine von ihm getrennt lebende Ehefrau zu töten, falls sie nicht zu ihm zurückkehrt.[26]

625 In der **Fallbearbeitung** ist auf die Frage, ob der Tatentschluss des Täters endgültig ist, nur dann einzugehen, wenn dies zweifelhaft erscheint. Soweit der Täter schon gezielte Ausführungshandlungen vorgenommen hat, die der Verwirklichung des gesetzlichen Tatbestandes dienen, wird dies in der weit überwiegenden Mehrzahl der Fälle als Nachweis für die Endgültigkeit seines Tatentschlusses ausreichen.[27]

cc) Abgrenzung zwischen untauglichem Versuch und straflosem Wahndelikt

626 In bestimmten Konstellationen kann es bei der Prüfung des Tatentschlusses erforderlich sein, zwischen (grundsätzlich strafbarem) untauglichem Versuch und (straflosem) Wahndelikt abzugrenzen.[28] Ein **untauglicher Versuch** liegt vor, wenn die Tatausführung des Täters infolge objektiver Gegebenheiten „von vornherein zum Scheitern verurteilt" ist, der Täter aber infolge einer Fehlvorstellung über tatsächliche Umstände davon ausgeht, dass er in der Lage ist, den gesetzlichen Tatbestand zu verwirklichen.[29] Von einem untauglichen Versuch ist daher etwa dann auszugehen, wenn A dem O eine Flüssigkeit in den Kaffee mischt, die er für tödlich wirkendes Gift hält, bei der es sich aber in Wahrheit um harmlosen Hustensaft handelt. – Objektiv ist die Handlung des A ungefährlich und kann nicht zur Verwirklichung des § 212 Abs. 1 StGB führen. Nach der Vorstellung des A ist dies jedoch anders. Somit kennzeichnet den untauglichen Versuch, dass sich der Täter irrig Umstände vorstellt, die im Fall ihres tatsächlichen Vorhandenseins die Voraussetzungen eines Straftatbestandes erfüllen würden. Da es nach § 22 StGB für das Vorliegen eines strafbaren Versuchs allein darauf ankommt, dass der Täter nach seiner Vorstellung von der Tat unmittelbar zur Tatbestandsverwirklichung ansetzt, ist auch der untaugliche Versuch **grundsätzlich strafbar**. § 23 Abs. 3 StGB eröffnet dem Gericht lediglich die Möglichkeit, von Strafe abzusehen oder die Strafe zu mildern, wenn der Täter aus **grobem Unverstand** nicht erkannt hat, dass der

---

[25] Hierzu *Kühl*, JuS 1980, 273, 275; *Roxin*, JuS 1979, 1, 2.
[26] BGHSt 21, 14, 17.
[27] Vgl. auch *Kindhäuser*, Strafrecht AT, § 31 Rn. 8.
[28] Vgl. hierzu *Mitsch*, JURA 2014, 585, 586 ff.; *Schmitz*, JURA 2003, 591 ff.; *Valerius*, JA 2010, 113 ff.
[29] *Mitsch*, JURA 2014, 585, 586 ff.; *Valerius*, JA 2010, 113; *Wessels/Beulke/Satzger*, Strafrecht AT, 619.

Versuch überhaupt nicht zur Vollendung führen konnte (sog. **grob untauglicher Versuch**).[30] Hierbei handelt es sich um einen Ausnahmetatbestand, der nach Auffassung des BGH erst dann zur Anwendung kommt, wenn die Fehlvorstellung des Täters „eine für jedermann ersichtlich abwegige Verkennung der Ursachenzusammenhänge" darstellt.[31] Dem entspricht auch die Gesetzesbegründung, wonach ein Absehen von Strafe über § 23 Abs. 3 StGB nur bei Versuchstaten in Betracht kommen soll, die „kein besonnener Mensch ernst nimmt" und die aufgrund ihrer offensichtlichen Ungefährlichkeit keinerlei Strafbedürfnis begründen.[32]

Beim **Wahndelikt** unterliegt der Täter keinem Irrtum über tatsächliche Umstände. Vielmehr erfasst er die Situation genau so, wie sie sich objektiv darstellt, hält aber sein tatsächlich erlaubtes Verhalten für strafrechtlich verboten.[33] Daher liegt ein Wahndelikt vor, wenn der Ehemann A ein Verhältnis mit seiner Arbeitskollegin B unterhält und hierbei davon ausgeht, sich durch den Ehebruch strafbar zu machen.[34] Da der Täter beim Wahndelikt somit dazu ansetzt, eine nicht vorhandene Strafnorm bzw. eine zwar existierende Strafnorm zu verwirklichen, die aber nur bei Überdehnung ihrer Voraussetzungen auch das von ihm vorgenommene Verhalten erfasst,[35] ist das Wahndelikt **grundsätzlich straflos.**

627

In der Mehrzahl der Fälle bereitet die Abgrenzung zwischen untauglichem Versuch und Wahndelikt keine Probleme und kann nach den soeben dargestellten Kriterien vorgenommen werden. Äußerst umstritten ist demgegenüber, wie die Abgrenzung bei normativen Tatbestandsmerkmalen (zu diesen bereits Rn. 157) und Sonderdelikten (zu diesen bereits Rn. 56) zu erfolgen hat. Im Zusammenhang mit Irrtümern über **normative Tatbestandsmerkmale** (auch als „**Vorfeldirrtümer**" bezeichnet) geht eine Mindermeinung stets vom Vorliegen eines Wahndeliktes aus.[36] Begründet wird dies damit, dass es den Täter grundsätzlich nicht belasten dürfe, wenn er eine unzutreffende rechtliche Wertung vornimmt.[37] Wenn also der Täter eine in seinem Eigentum stehende Sache wegnimmt und hierbei irrtümlich davon ausgeht, dass er die Sache an seinen Freund übereignet hat und sie daher für ihn fremd ist, liegt nach dieser Sicht lediglich ein strafloses Wahndelikt vor. Anders entscheidet die h. M., die bei der Abgrenzung zwischen untauglichem Versuch und Wahndelikt nicht zwischen deskriptiven und normativen Tatbestandsmerkmalen differenziert.[38] Hiernach belastet den Täter grundsätzlich jede Fehlvorstellung über Umstände, die im Fall ihres tatsächlichen Vorliegens einen Straftatbestand erfüllen würden.

628

---

[30] Sch/Sch-*Eser/Bosch*, § 22 Rn. 65; *Rengier*, Strafrecht AT, § 35 Rn. 9.
[31] BGHSt 41, 94, 96.
[32] BT-Drucks. V/4095, S. 12.
[33] Sch/Sch-*Eser/Bosch*, § 22 Rn. 78; *Putzke*, JuS 2009, 894, 898; *Rath*, JuS 1999, 32 ff.
[34] *Kindhäuser*, Strafrecht AT, § 30 Rn. 24; *Valerius*, JA 2010, 113 ff.
[35] LK-*Hillenkamp*, § 22 Rn. 202; *Kindhäuser*, Strafrecht AT, § 30 Rn. 23.
[36] OLG Düsseldorf NStZ 1989, 370, 372; Sch/Sch-*Eser/Bosch*, § 22 Rn. 89; anders LK-*Hillenkamp*, § 22 Rn. 225 ff.; *Kindhäuser*, LPK-StGB, Vor §§ 22–24 Rn. 15; SK/*Rudolphi*, § 22 Rn. 32a, die von einem untauglichen Versuch ausgehen.
[37] Vgl. Sch/Sch-*Eser/Bosch*, § 22 Rn. 89.
[38] *Kindhäuser*, LPK-StGB, Vor §§ 22–24 Rn. 15.

Nimmt der Täter eine ihm gehörende Sache weg, die er irrtümlich für fremd hält, hat er sich (bei Vorliegen auch der weiteren Voraussetzungen) daher nach der h. M. gem. §§ 242, 22, 23 Abs. 1 StGB strafbar gemacht.

629 Auch wenn der Täter irrig davon ausgeht, dass er die für die Begehung eines **Sonderdeliktes** erforderliche besondere Subjektsqualität aufweist, geht die h. M. vom Vorliegen eines untauglichen Versuchs aus.[39] Wenn also der Täter einer Körperverletzung fälschlicherweise annimmt, dass er Polizeibeamter ist und die Tat in Ausübung seines Dienstes begeht, macht er sich nach dieser Auffassung nicht nur wegen vollendeter Körperverletzung, sondern zugleich wegen versuchter Körperverletzung im Amt (§§ 340, 22, 23 Abs. 1 StGB) strafbar. Die Gegenauffassung geht wiederum vom Vorliegen eines Wahndeliktes aus, da die Bejahung eines Versuchs zur Bestrafung einer Person führen würde, die per se gar nicht in der Lage ist, das betreffende Delikt zu verwirklichen.[40] Hiergegen ist jedoch wiederum einzuwenden, dass es nach § 22 StGB beim strafbaren Versuch allein auf die Vorstellung des Täters ankommt. Zwar kann § 340 Abs. 1 StGB nur von Personen vollendet werden, die tatsächlich die geforderte Amtsträgereigenschaft aufweisen. Jedoch wird der Normbefehl über § 22 StGB auf Personen erweitert, die fälschlicherweise annehmen, Amtsträger zu sein, und, von dieser Vorstellung geleitet, unmittelbar zur Tatbestandsverwirklichung ansetzen. Daher ist auch bei irriger Annahme der von einem Tatbestand geforderten besonderen Subjektsqualität grundsätzlich vom Vorliegen eines untauglichen Versuchs auszugehen.

dd) Leitentscheidungen

630 **BGHSt 13, 235, 239 f.; Wahndelikt:** Ein in Deutschland stationierter Angehöriger des kanadischen Militärs druckt 1000 Bezugskarten und verkauft diese an andere Kanadier. Jede Bezugskarte besteht aus einem Stammabschnitt und einzelnen Bezugsabschnitten, die zum Erwerb von je 20 oder 200 Zigaretten berechtigen. Der Stammabschnitt wird mit dem Namen des Berechtigten und der Unterschrift des Offiziers seiner Einheit versehen. Ohne die Unterschriften ist die Kantine nicht zur Aushändigung der Zigaretten befugt. Die Kanadier reichen die Bezugsabschnitte ein, ohne den Stammabschnitt unterschrieben zu haben. Hierbei gehen sie davon aus, dass es sich bei den Bezugsabschnitten um Urkunden handelt. – Da der Stammabschnitt und die einzelnen Bezugsabschnitte ohne Unterschrift keine Urkunden darstellen, haben die Kanadier sich nicht gemäß § 267 Abs. 1 Var. 3 StGB strafbar gemacht. Auch begründet ihre diesbezügliche Vorstellung keinen strafbaren Versuch. Da sie die Umstände des Geschehens richtig erfassten und die Bezugsabschnitte lediglich infolge einer irrigen rechtlichen Bewertung für Urkunden hielten, liegt kein (grundsätzlich strafbarer) untauglicher Versuch, sondern nur ein strafloses Wahndelikt vor.

---

[39] BGHSt 16, 155, 160; *Wessels/Beulke/Satzger*, Strafrecht AT, Rn. 619.
[40] So bspw. *Kindhäuser*, Strafrecht AT, § 30 Rn. 33.

BGHSt 41, 94, 95 f.; Grob untauglicher Versuch: Eine Frau sprüht Insektenspray auf das Vesperbrot ihres Ehegatten, um diesen zu töten. Die Spraydose enthält insgesamt lediglich 0,85 ml des giftigen Stoffes Fenitrothion, die tödliche Dosis beträgt bei oraler Einnahme 40 g. Der Ehegatte nimmt einen Bissen von dem Brot, spuckt diesen aufgrund des bitteren Geschmacks aber wieder aus. – Der BGH verneinte das Vorliegen eines grob untauglichen Versuchs und daher auch die Möglichkeit einer Strafmilderung nach § 23 Abs. 3 StGB. Zwar war das von der Frau eingesetzte Insektenspray von vornherein ungeeignet, den Verletzungserfolg herbeizuführen, jedoch erfülle der Täter nur dann das Merkmal des groben Unverstands, wenn er trotz fehlender Eignung des Tatmittels den Erfolgseintritt für möglich hält, weil er bei der Tatausführung völlig abwegige Vorstellungen über gemeinhin bekannte Ursachenzusammenhänge hat. Insbesondere müsse der Irrtum nicht nur für fachkundige Personen erkennbar, sondern für jeden Menschen mit durchschnittlichem Erfahrungswissen offenkundig sein, was für die unrichtige Dosierung eines grundsätzlich giftigen Insektensprays nicht zuträfe.

631

BGHSt 42, 268, 271 ff.; Tatentschluss: Ein Urologe wird wegen vermeintlich fehlerhafter Behandlung auf Zahlung von Schmerzensgeld verklagt. Er vermutet, die Behandlung lege artis durchgeführt zu haben, hält aber auch für möglich, dass die Klage begründet ist. Daher reicht er beim Gericht eine von ihm veränderte Krankenakte ein, aus der sich ergibt, dass er die Behandlung fachgerecht vorgenommen habe. Ob die Behandlung pflichtwidrig erfolgte, kann nicht geklärt werden. – Der Urologe ist wegen versuchten (Prozess-)Betrugs strafbar. Zwar ist zu seinen Gunsten davon auszugehen, dass die gegen ihn erhobene Klage unbegründet und der angestrebte Vermögensvorteil daher nicht rechtswidrig ist. Jedoch kommt es für die Strafbarkeit wegen Versuchs allein auf die subjektive Vorstellung des Täters an. Da der Urologe es für möglich hält, dass die gegen ihn erhobene Klage begründet ist und er sich daher durch Täuschung einen (nach seiner Vorstellung) rechtswidrigen Vermögensvorteil verschaffen will, handelt er mit hinreichendem Tatentschluss.

632

c) Unmittelbares Ansetzen

aa) Grundlagen

Den objektiven Tatbestand des Versuchs markiert das unmittelbare Ansetzen. Wie dieses zu bestimmen und dadurch die grundsätzlich straflose Vorbereitung vom Versuchsstadium abzugrenzen ist, wird uneinheitlich beantwortet.[41] Dem Wortlaut des § 22 StGB lässt sich diesbezüglich zweierlei entnehmen: Zunächst kommt es auf die **Vorstellung des Täters** an. Die von ihm vorgenommene Handlung muss nicht tatsächlich geeignet gewesen sein, in die Deliktsverwirklichung einzumünden, vielmehr reicht grundsätzlich eine diesbezügliche

633

---

[41] Hierzu *Berz*, JURA 1984, 511 ff.; Sch/Sch-*Eser/Bosch*, § 22 Rn. 36 ff.; *Kindhäuser*, Strafrecht AT, § 31 Rn. 10 ff.; *Kühl*, JuS 1980, 506 ff.; *Putzke*, JuS 2009, 985 ff.; *Rengier*, Strafrecht AT, § 34 Rn. 21 ff.; *Roxin*, Strafrecht AT II, § 29 Rn. 97 ff.; *Wessels/Beulke/Satzger*, Strafrecht AT, Rn. 599 m. w. N.

Vorstellung.⁴² Auf der anderen Seite muss der Täter jedoch **unmittelbar** zur Tatbestandsverwirklichung ansetzen. Demnach ist erforderlich, dass der Täter eine objektive Ausführungshandlung vorgenommen hat, die (zumindest nach seiner Vorstellung) dazu geeignet ist, in nahem zeitlichen Zusammenhang zur Verwirklichung eines bestimmten Straftatbestandes zu führen.⁴³ Handlungen, die erst mit erheblicher zeitlicher Verzögerung zur Herbeiführung des deliktischen Erfolges führen sollen, begründen daher kein unmittelbares Ansetzen.

634 Häufig bereitet die Bejahung des unmittelbaren Ansetzens keine Probleme, wenn der Täter bereits einen **Teil des objektiven Tatbestandes erfüllt hat**.⁴⁴ Ist der Täter zur Begehung eines Raubes (§ 249 StGB) entschlossen und hat bereits mit der Gewaltanwendung begonnen, kann daher das unmittelbare Ansetzen in der Regel unabhängig davon bejaht werden, ob auch die Wegnahmehandlung unmittelbar bevorstehend erscheint. Allerdings sind durchaus Konstellationen denkbar, in denen der Täter zwar ein bestimmtes Tatbestandsmerkmal erfüllt, aber gleichwohl noch nicht unmittelbar zur Tatbestandsverwirklichung ansetzt. Insbesondere die Vornahme einer Täuschungshandlung muss nicht zwangsläufig den Versuchsbeginn beim Betrug (§ 263 StGB) markieren.⁴⁵

bb) Abgrenzungsformeln

635 In Literatur und Rechtsprechung sind zahlreiche Abgrenzungsformeln zur Bestimmung des genauen Zeitpunktes des unmittelbaren Ansetzens entwickelt worden.⁴⁶ Insbesondere die nachfolgend skizzierten Auffassungen sollten bekannt sein:
– **Zwischenaktstheorie:** Der Täter setzt dann unmittelbar an, wenn er eine Handlung vornimmt, die ohne weitere wesentliche Zwischenschritte in die Tatbestandsverwirklichung einmünden soll.⁴⁷
– **Gefährdungstheorie:** Versuchsbeginn ist dann anzunehmen, wenn der Täter Handlungen vornimmt, die nach seiner Vorstellung das geschützte Rechtsgut konkret gefährden bzw. die Gefahr der Tatbestandsverwirklichung schaffen.⁴⁸
– **Sphärentheorie:** Unmittelbares Ansetzen ist zu bejahen, sobald der Täter in die Schutzsphäre des Opfers eingedrungen ist und zwischen der Tathandlung und dem angestrebten Erfolgseintritt ein enger zeitlicher Zusammenhang besteht.⁴⁹

---

⁴² *Berz*, JURA 1984, 511 m. w. N; vgl. auch *Putzke*, JuS 2009, 985.
⁴³ Vgl. hierzu die ausführliche Darstellung bei Sch/Sch-*Eser/Bosch*, § 22 Rn. 37 ff.
⁴⁴ *Kühl*, JuS 1980, 650; *Roxin*, JuS 1979, 1, 7.
⁴⁵ Nach h. M. liegt Versuchsbeginn vor, wenn die Täuschungshandlung unmittelbar auf die Herbeiführung einer irrtumsbedingten Vermögensverfügung gerichtet ist, BGHSt 37, 294; krit. *Burkhardt*, JuS 1983, 426.
⁴⁶ Überblick bei *Bosch*, JURA 2011, 909 f.; *Kindhäuser*, Strafrecht AT, § 31 Rn. 13 ff.; *Putzke*, JuS 2009, 985 f.; *Rengier*, Strafrecht AT, § 34 Rn. 21 ff.; *Wessels/Beulke/Satzger*, Strafrecht AT, Rn. 599.
⁴⁷ Vgl. beispielhaft BGHSt 26, 201, 203; *Vogler*, FS Stree/Wessels, 285, 286.
⁴⁸ BGHSt 30, 363, 364 ff.; Sch/Sch-*Eser/Bosch*, § 22 Rn. 42; *Gropp*, FS Gössel, 175, 179.
⁴⁹ Vgl. *Jakobs*, Strafrecht AT, 25. Abschnitt, Rn. 68; *Roxin*, JuS 1979, 1, 5 f.

– **„Jetzt geht es los"-Formel:** Versuchsbeginn ist anzunehmen, wenn der Täter bzgl. der Tatbestandsverwirklichung subjektiv die Schwelle zum „jetzt geht es los" überschritten hat.[50]

Die soeben skizzierten Auffassungen gelangen nur selten zu unterschiedlichen Ergebnissen und sollten daher auch in der Klausur nicht schematisch angewandt werden.[51] Da der Zeitpunkt, in dem der Täter in die Sphäre des Opfers eindringt, in der Regel auch denjenigen Moment markiert, in dem er die Gefahr der Tatbestandsverwirklichung geschaffen hat bzw. keine weiteren wesentlichen Zwischenakte mehr ausführen muss, um den tatbestandlichen Erfolg herbeizuführen, kann eine ausführliche Streitdarstellung in der Fallbearbeitung häufig unterbleiben. Soweit nicht der Schwerpunkt der durch einen Sachverhalt aufgeworfenen Fragestellung auf der Abgrenzung zwischen Vorbereitungs- und Versuchsstadium liegt, können vielmehr die Kriterien der einzelnen Formeln kombiniert und als Argumente für bzw. gegen das Vorliegen des unmittelbaren Ansetzens herangezogen werden.

Auch der BGH bestimmt das unmittelbare Ansetzen nicht immer einheitlich, sondern kombiniert Elemente der **Gefährdungs- und Zwischenaktstheorie** mit der **„jetzt geht es los"-Formel:** „Die Grenze von der Vorbereitungshandlung zum Versuch wird nicht erst überschritten, wenn der Täter ein Tatbestandsmerkmal verwirklicht, sondern schon dann, wenn er Handlungen vornimmt, die nach seinem Tatplan der Erfüllung eines Tatbestandsmerkmals vorgelagert sind, in die Tatbestandshandlung **unmittelbar einmünden** und das geschützte Rechtsgut – nach der Vorstellung des Täters – in eine **konkrete Gefahr** bringen. Ein Versuch liegt deshalb vor, wenn der Täter Handlungen begeht, die im ungestörten Fortgang **unmittelbar zur Tatbestandserfüllung führen sollen** oder die im **unmittelbaren räumlichen und zeitlichen Zusammenhang** mit ihr stehen"[52]. „Das ist der Fall, wenn der Täter subjektiv die Schwelle zum **„jetzt geht es los"** überschreitet und objektiv zur tatbestandsmäßigen Angriffshandlung ansetzt, so dass sein Tun **ohne Zwischenakte** in die Tatbestandsverwirklichung übergeht."[53]

Auf dieser Grundlage ist jeweils unter Berücksichtigung der Umstände des Einzelfalls zu prüfen, ob ein unmittelbares Ansetzen i. S. d. § 22 StGB gegeben ist. Hat der Täter bereits diejenige Handlung vorgenommen, welche nach seiner Vorstellung dazu geeignet ist, unmittelbar zur Verwirklichung des tatbestandlich umschriebenen Unrechts zu führen, sind dabei in der Regel keine ausführlichen Erörterungen erforderlich. So kann auf der Grundlage sämtlicher in Rn. 635 dargestellten Abgrenzungsformeln das unmittelbare Ansetzen zu § 212 Abs. 1 StGB ohne weiteres bejaht werden, wenn der Täter einen Schuss auf das Opfer abgegeben hat und er davon ausging, dass dieser zum Tod des Opfers führen wird. Eine detaillierte Auseinandersetzung mit den objektiven Voraussetzungen der Versuchsstrafbarkeit wird immer dann erforderlich, wenn

---

[50] BGHSt 26, 201, 203, BGH NJW 1980, 1759.
[51] Vgl. *Kühl*, JuS 1980, 120, 125; *Rengier*, Strafrecht AT, § 34 Rn. 21.
[52] BGHSt 30, 363, 364.
[53] BGHSt 40, 257, 268.

die letzte vom Täter vorgenommene Ausführungshandlung noch nicht ohne weiteres in die Tatbestandsverwirklichung einmünden sollte. Dies verdeutlicht der folgende Beispielsfall: A läutet mit gezogener Pistole an der zu einer Tankstelle gehörenden Wohnungstür und nimmt dabei an, dass auf das Läuten der Tankwart, der Inhaber der Tankstelle oder eine andere Person erscheinen werde. Sogleich bei ihrem Erscheinen sollte die öffnende Person mit der Pistole bedroht, gefesselt und zur Ermöglichung und Duldung der Wegnahme genötigt werden. – Das unmittelbare Ansetzen kann hier nur dann bejaht werden, wenn man bereits das Läuten an der Wohnungstür als wesentliche Ausführungshandlung zur Tat nach § 249 StGB wertet und daher die nach Erscheinen des potenziellen Opfers noch vorzunehmenden Handlungen als unwesentlich betrachtet. Der BGH nimmt dies an, indem er maßgeblich auf den Zwischenaktsgedanken zurückgreift: Die Handlung des A sollte „ohne Zwischenakte in die Tatbestandsverwirklichung (der Bedrohung des Erscheinenden mit der Pistole) einmünden (...). Eine **zu enge**, nach körperlichen Bewegungen **aufspaltende Betrachtung** wäre es, das Heben und Anlegen der Pistole als Zwischenakte anzusehen"[54].

639 Auch die sorgfältige Anwendung der in Rechtsprechung und Literatur zur Bestimmung des Versuchsbeginns entwickelten Ansätze wird nicht immer zu eindeutigen Ergebnissen führen. Die Frage, ob der Täter mit einer bestimmten Handlung bereits in die maßgebliche Opfersphäre eingedrungen ist bzw. ob er eine Handlung vorgenommen hat, die ohne wesentliche Zwischenschritte in die Tatbestandserfüllung einmünden sollte, kann in bestimmten Konstellationen häufig mit guten Argumenten sowohl bejaht als auch verneint werden. Auch die Entscheidungspraxis des BGH stellt sich keinesfalls als einheitlich dar. So verneinte dieser die Voraussetzungen des Versuchsbeginns in einem Fall, der sich kaum von dem in Rn. 638 dargestellten zu unterscheiden scheint: A wollte seine bei der Schwiegermutter lebende Ehefrau töten und hatte dies telefonisch angekündigt. Er klingelte (mit einem geladenen Revolver im Hosenbund) an der Eingangstür zu dem von mehreren Parteien bewohnten Mietshaus. Sobald ihm die Wohnungstür geöffnet würde, wollte er seine Ehefrau sofort erschießen. – Unmittelbares Ansetzen scheide hier aus, da noch wesentliche Zwischenakte bis zur Tatbestandsverwirklichung notwendig gewesen wären. A müsse „bewusst gewesen sein, dass er zunächst noch den Weg von der Haustür bis zu der Wohnung seiner Schwiegermutter zurücklegen und dafür sorgen musste, dass ihm auch die Wohnungstür geöffnet wurde. Da er die beabsichtigte Tötung seiner Ehefrau kurz zuvor angekündigt hatte, konnte er nicht ohne weiteres damit rechnen, dass er die Wohnungstür geöffnet vorfinden werde."[55]

640 Für die Fallbearbeitung folgt aus den Unsicherheiten, die mit der Bestimmung des unmittelbaren Ansetzens einhergehen, dass es häufig eher auf die schlüssige Argumentation als auf das „richtige" Ergebnis ankommt. Mit Ausnahme derjenigen Konstellationen, in denen der Täter derart nah an die Tat-

---

[54] BGHSt 26, 201, 204.
[55] BGH StV 1984, 420.

bestandsverwirklichung herangerückt ist, dass eindeutig von einem unmittelbaren Ansetzen auszugehen ist, bzw. bei denen der Eintritt des tatbestandlichen Erfolges noch derart weit in der Zukunft liegt, dass die nach § 22 StGB erforderliche Schwelle eindeutig nicht überschritten ist, ist daher besonders viel Wert auf eine überzeugende Darstellung unter Berücksichtigung sämtlicher im Sachverhalt geschilderter Informationen und unter Heranziehung der gängigen Abgrenzungsformeln zu legen.

cc)   Versuchsbeginn bei mittelbarer Täterschaft

In bestimmten Konstellationen helfen die soeben entwickelten Kriterien zur Bestimmung des unmittelbaren Ansetzens nicht alleine weiter. Dies betrifft zunächst die Frage des Versuchsbeginns bei der mittelbaren Täterschaft, die sich etwa im folgenden Beispielsfall (nach BGHSt 30, 363) stellt: A wollte O aus Eifersucht töten. Da O ihn kannte, entschloss er sich, die Tat durch Dritte ausführen zu lassen. Diese sollten über seine Tötungsabsicht im Unklaren bleiben, durch die Aussicht auf hohe Beute für einen Raubüberfall geködert werden und sich bei der Tatausführung unwissentlich eines tödlichen Mittels bedienen. A übergab B eine Plastikflasche, die angeblich ein Schlafmittel, in Wirklichkeit aber mindestens 100 ml 35 %ige Salzsäure enthielt, die bei Aufnahme von 20 ml in den leeren Magen mit Sicherheit tödlich wirkt. B sollte zusammen mit C und D alsbald O überfallen, ihm (notfalls mit Gewalt) das angebliche Schlafmittel verabreichen und ihn dann berauben. Unterwegs öffneten die zur Begehung der angesonnenen Tat entschlossenen Männer aus Neugierde den Schraubverschluss der Flasche. Der ätzende Geruch, der ihnen beinahe den Atem nahm, machte ihnen klar, dass es sich nicht um ein Schlafmittel, sondern um eine gefährliche Säure handelte. Sie nahmen daraufhin von der Tat Abstand.

641

Im Rahmen der Prüfung einer Strafbarkeit des A wegen versuchten Mordes in mittelbarer Täterschaft (§§ 211, 22, 23 Abs. 1, 25 Abs. 1 Var. 2 StGB) ist nach der Feststellung des bei A vorliegenden Tatentschlusses zu klären, ob A i. S. d. § 22 StGB zur Tatbestandsverwirklichung unmittelbar angesetzt hat. Der Versuchsbeginn bei mittelbarer Täterschaft ist umstritten. Nach der sog. **Einzellösung** soll der Versuch bereits mit der Einwirkung auf den Tatmittler beginnen.[56] A hat B bereits die Plastikflasche übergeben und zum Raubüberfall aufgefordert, auf den Tatmittler also eingewirkt. Versuchsbeginn wäre nach der Einzellösung also zu bejahen. Gegen die Einzellösung spricht aber, dass mit der Einwirkung auf den Tatmittler noch kein Zustand erreicht sein muss, der zu einer Gefährdung des Opfers führt. Damit entspricht die Einzellösung nicht dem Unmittelbarkeitskriterium des § 22 StGB.[57]

642

Nach der sog. **Gesamtlösung** ist der Versuchsbeginn erst erreicht, wenn der Tatmittler nach der Vorstellung des mittelbaren Täters unmittelbar zur Tat-

643

---

[56] *Baumann/Weber/Mitsch*, Strafrecht AT, § 29 Rn. 155; *Jakobs*, Strafrecht AT, 21. Abschnitt Rn. 105; *Puppe*, Strafrecht AT, § 20 Rn. 28 ff.
[57] *Putzke*, JuS 2009, 985, 989; *Rath*, JuS 1999, 140, 143; *Wessels/Beulke/Satzger*, Strafrecht AT, Rn. 614.

bestandsverwirklichung ansetzt.⁵⁸ B sowie C und D hatten noch nicht unmittelbar zur Verabreichung des Flascheninhaltes an O angesetzt; Versuchsbeginn wäre nach der Gesamtlösung also zu verneinen. Gegen diesen Lösungsansatz spricht, dass sich das Geschehen für den Tatmittler regelmäßig nicht als „Verwirklichung eines Tatbestandes" i. S. d. § 22 StGB darstellt. Vielmehr ist nach § 25 Abs. 1 Var. 2 StGB auf den mittelbaren Täter abzustellen. Daher kommt es auch für den Versuchsbeginn auf dessen Verhalten an.⁵⁹

644 Dies berücksichtigt zutreffend ein Ansatz, der auf die **materielle Gefährdung** des betroffenen Rechtsgutes abstellt. Danach liegt ein unmittelbares Ansetzen des mittelbaren Täters vor, wenn er den Tatmittler aus seinem Einwirkungsbereich in der Vorstellung entlässt, dass dieser die tatbestandsmäßige Handlung ohne längere Unterbrechung im Geschehensablauf nunmehr vornehmen werde.⁶⁰ A hat B, C und D mit dem Flascheninhalt auf dem Weg zu O aus seinem Einwirkungsbereich entlassen. A hat also i. S. d. § 22 StGB zur Tatbestandsverwirklichung unmittelbar angesetzt. (Er handelte zudem rechtswidrig und schuldhaft und ist daher wegen versuchten Mordes in mittelbarer Täterschaft gemäß §§ 211, 22, 23 Abs. 1, 25 Abs. 1 Var. 2 StGB strafbar.)

dd) Versuch mit Opfermitwirkung

645 Schwierigkeiten bereitet die Bestimmung des unmittelbaren Ansetzens ferner, wenn nach der Vorstellung des Täters die Verwirklichung des Straftatbestandes die Vornahme einer bestimmten Handlung durch das Opfer voraussetzt. Zur sachgerechten Lösung entsprechender Fälle sind die zum Versuchsbeginn bei der mittelbaren Täterschaft entwickelten Grundsätze anzuwenden. Bsp. aus der Rechtsprechung: Unbekannte waren Anfang März in das Haus des A eingedrungen und hatten dort vorhandene Flaschen mit verschiedenen Getränken ausgetrunken. Weiter waren Elektrogeräte in das Dachgeschoss des Hauses verbracht worden. Deshalb gingen A und die von ihm verständigte Polizei davon aus, die Täter könnten an den folgenden Tagen noch einmal zurückkehren, um die zum Abtransport bereitgestellte Diebesbeute abzuholen. In der Nacht vom 8. auf den 9. März hielten sich deshalb vier Polizeibeamte in dem Haus auf, um dort mögliche Einbrecher ergreifen zu können. A, ein Apotheker, stellte am 8. März aus Verärgerung über den Einbruch im Flur des Erdgeschosses eine handelsübliche Steingutflasche mit der Aufschrift „Echter Hieke's Bayerwald Bärwurz" auf, die er mit 178 ml eines hochgiftigen Stoffs und 66 ml Wasser füllte und wieder verschloss. In dem Wissen, dass bereits der Konsum geringster Mengen der genannten Mischung rasch zum Tode führen könne, nahm A es beim Aufstellen dieser Flasche jedenfalls in Kauf, dass möglicherweise erneut Einbrecher im Haus erscheinen, aus der Flasche trinken und tödliche Vergiftungen erleiden könnten. Später kamen A Bedenken. Er warnte die Polizisten und entfernte die Flasche am nächsten Morgen. – Der

---

⁵⁸ *Krack*, ZStW 110 (1998), 611, 625 ff., *Lackner/Kühl*, StGB, § 22 Rn. 9; *Rath*, JuS 1999, 140, 143.
⁵⁹ *Eschenbach*, JURA 1992, 637, 645; Sch/Sch-*Eser/Bosch*, § 22 Rn. 54a; *Kühl*, JuS 1983, 180.
⁶⁰ BGHSt 30, 363, 365; *Wessels/Beulke/Satzger*, Strafrecht AT, Rn. 614.

BGH hatte zu klären, ob A unmittelbar zu einem Totschlag zum Nachteil eines Einbrechers angesetzt hatte. Zwar hatte A alles aus seiner Sicht zur Tatbestandsverwirklichung Erforderliche getan. Doch ist nach dem Tatplan noch nicht auf das Opfer dergestalt eingewirkt worden, dass es ohne längere Unterbrechung im Geschehensablauf die zum Taterfolg (Tod) führende Handlung vornimmt (vgl. die materielle Gefährdungstheorie zum Versuchsbeginn bei mittelbarer Täterschaft). Dazu müsste sich das Opfer nach dem Tatplan in den **Wirkungskreis des Tatmittels** begeben haben.[61] Dass Einbrecher auch im Wiederholungsfall erneut Lebensmittel im Erdgeschoss verzehren würden, war für A schon wegen der vier im Hause versteckten Polizeibeamten kaum zu erwarten. A konnte allenfalls noch mit einem späteren, nicht mehr polizeilich überwachten Auftauchen der Einbrecher und deren Griff zur Giftflasche rechnen. Es fehlt im Bärwurz-Fall also an der Unmittelbarkeit des Ansetzens und damit am Versuchsbeginn.

ee) Versuchsbeginn bei Mittäterschaft

Bei der Mittäterschaft findet gem. § 25 Abs. 2 StGB eine wechselseitige Gesamtzurechnung der von den einzelnen Mittätern erbrachten Tatbeiträge statt (hierzu bereits Rn. 522 f.). Abzulehnen ist daher die sog. **Einzellösung**[62], wonach der Versuchsbeginn für jeden einzelnen Mittäter unter isolierter Betrachtung der von ihm vorgenommenen Handlungen ermittelt wird. § 25 Abs. 2 StGB entspricht es nur, wenn das unmittelbare Ansetzen bei der Mittäterschaft – anders als bei der mittelbaren Täterschaft – nach einer **Gesamtlösung** vorgenommen wird. Somit treten sämtliche Mittäter einheitlich in das Versuchsstadium ein, sobald ein Mittäter im Rahmen des gemeinsamen Tatentschlusses zur Ausführungshandlung unmittelbar ansetzt.[63]

646

Da es für den Versuchsbeginn allein auf die Vorstellung des Täters ankommt, wird teilweise ein unmittelbares Ansetzen auch im Fall der bloß „**vermeintlichen Mittäterschaft**" angenommen.[64] Diese ist dadurch gekennzeichnet, dass der Täter irrtümlich davon ausgeht, dass ein gemeinsamer Tatplan besteht, wonach sein (vermeintlicher) Mittäter unmittelbar zur Tatbestandsverwirklichung ansetzen soll. Bsp.: A überfällt den Münzhändler O. Hierbei geht er davon aus, dass O mit dem Überfall einverstanden ist, da dieser einen Versicherungsbetrug begehen wolle. Tatsächlich hat O keinerlei Kenntnis von diesem Plan und meldet den Überfall daher gutgläubig bei seiner Versicherung. – Folgt man der Auffassung, die ein unmittelbares Ansetzen auch durch einen „vermeintlichen Mittäter" für möglich hält, würde die von O vorgenommene Schadensmeldung bei der Versicherung den Versuchsbeginn des A zur Begehung eines

647

---

[61] Vgl. BGHSt 43, 177, 181 ff.
[62] LK-*Roxin*, § 25 Rn. 198 ff.; *Valdagua*, ZStW 98 (1986), 839, 869 ff.
[63] BGHSt 40, 299, 302 f.; 36, 249; 39, 221; *Bosch*, JURA 2011, 909, 915; LK-*Hillenkamp*, § 22 Rn. 173; *Küpper/Mosbacher*, JuS 1995, 488; *Rath*, JuS 1999, 140, 144; *Rengier*, Strafrecht AT, § 36 Rn. 20 ff.; *Wessels/Beulke/Satzger*, Strafrecht AT, Rn. 611.
[64] Vgl. insb. BGHSt 40, 299, 301 ff.

Betruges markieren.⁶⁵ Richtigerweise ist das Ansetzen zur Tatbestandsverwirklichung durch einen nur vorgestellten Mittäter indes nicht als Versuchsbeginn zu werten. Der Versuchsbeginn ist nach § 22 StGB zwar ausgehend von der Vorstellung des Täters, aber eben nicht rein subjektiv zu bestimmen. Vielmehr ist erforderlich, dass eine objektive Ausführungshandlung vorgenommen wird, die als Betätigung des Tatentschlusses gewertet werden kann. Da bei der vermeintlichen Mittäterschaft aber kein gemeinsamer Tatplan und damit auch kein gemeinsamer Tatentschluss existiert, stellt die Handlung des vermeintlichen Mittäters keine Betätigung des Tatentschlusses und daher auch kein unmittelbares Ansetzen dar.⁶⁶ A ist im Beispielsfall daher nicht wegen versuchten Betruges, sondern lediglich wegen Versicherungsmissbrauchs (§ 265 StGB) zu bestrafen.

ff) Versuch des unechten Unterlassungsdeliktes

648 Umstritten ist der Versuchsbeginn auch beim unechten Unterlassungsdelikt. Bsp. (nach BGHSt 38, 356): Der bewusstlose O liegt auf den Schienen einer S-Bahn-Strecke. Garant A steht zunächst daneben am Streckenrand und geht davon aus, dass in Kürze eine Bahn herannahen und O überfahren wird. Sodann entfernt sich A von den Gleisen. O wird von B gerettet.

649 Im Rahmen der Prüfung eines versuchten Totschlags durch Unterlassen (§§ 212 Abs. 1, 22, 23 Abs. 1, 13 StGB) ist zu klären, ob ein unmittelbares Ansetzen des A vorliegt. Teilweise wird vertreten, bereits das Verstreichenlassen der – nach der Tätervorstellung – **ersten Rettungschance** genüge beim unechten Unterlassungsdelikt als unmittelbares Ansetzen.⁶⁷ A würde nach dieser Auffassung also bereits dann unmittelbar zum Totschlag durch Unterlassen ansetzen, wenn er den auf den Schienen liegenden O wahrnimmt und nicht sofort mit der Einleitung von Rettungsmaßnahmen beginnt. Demgegenüber stellen andere auf das Versäumen der **letzten Rettungsgelegenheit** ab.⁶⁸ Ein unmittelbares Ansetzen wäre hiernach erst in dem Zeitpunkt zu bejahen, in dem A untätig bleibt, obgleich eine herannahende S-Bahn den O unmittelbar anschließend zu erfassen droht.

650 Dem Kriterium der **Unmittelbarkeit** des Ansetzens gem. § 22 StGB entspricht es jedoch nur, wenn man auf den Zeitpunkt abstellt, in dem die Untätigkeit des Garanten eine **Verletzung seiner Garantenpflicht** darstellt.⁶⁹ Dies ist gegeben, wenn nach der Tätervorstellung das Rechtsgut ohne sofortige Abhilfe unmittelbar gefährdet ist bzw. wenn sich die Lage für das Rechtsgut jederzeit verschlechtern kann (insbesondere, wenn der Täter den Geschehensablauf aus der Hand gibt). Im Beispielsfall kann jederzeit eine S-Bahn eintreffen. Es liegt

---

⁶⁵ BGHSt 40, 299, 301 ff.
⁶⁶ Vgl. *Küpper/Mosbacher*, JuS 1995, 488, 490 ff.; vgl. ferner BGHSt 39, 236, 237 f.
⁶⁷ *Schröder*, JuS 1962, 81 ff.
⁶⁸ *Kaufmann*, Unterlassungsdelikte, 210, 216.
⁶⁹ Sch/Sch-*Eser/Bosch*, § 22 Rn. 50; *Fischer*, StGB, § 22 Rn. 32 m. w. N.; *Frisch/Murmann*, JuS 1999, 1196, 1199; *Kühl*, Strafrecht AT, § 18 Rn. 148 ff.; *ders.* JA 2014, 507, 511; *Rengier*, Strafrecht AT, § 36 Rn. 36.

bereits eine unmittelbare Gefahr für das Rechtsgut Leben des O und damit ein unmittelbares Ansetzen des A zum Totschlag durch Unterlassen vor.

gg) Versuchsbeginn bei der a. l. i. c.

Wann der Täter einer a. l. i. c. unmittelbar zur Tatbestandsverwirklichung ansetzt, hängt davon ab, welchem Modell zur Begründung der Rechtsfigur (hierzu Rn. 376 ff.) gefolgt wird.[70] Für die Vertreter des **Ausnahmemodells** ergeben sich keine Abweichungen gegenüber den allgemeinen Abgrenzungskriterien. Versuchsbeginn wäre hiernach in dem Moment zu bejahen, in dem der Täter im Zustand der Schuldunfähigkeit nach seiner Vorstellung von der Tat unmittelbar zur Tatbestandsverwirklichung ansetzt. Für die Vertreter des **Modells der mittelbaren Täterschaft** ist der Versuchsbeginn demgegenüber in entsprechender Anwendung der in Rn. 641 ff. für die mittelbare Täterschaft entwickelten Grundsätze zu bestimmen. Wer der überzeugenden **Vorverlagerungstheorie** folgt, muss ein unmittelbares Ansetzen in Fällen der a. l. i. c. in dem Moment bejahen, in dem der Täter den Defektzustand herbeiführt.

651

hh) Versuchsbeginn bei Qualifikationen und Regelbeispielen

Steht eine Versuchsstrafbarkeit aus einem Qualifikationstatbestand in Frage, ist bei der Prüfung des unmittelbaren Ansetzens zu beachten, dass eine **Qualifikation** frühestens in dem Zeitpunkt versucht wird, in dem der Täter unmittelbar zum Grunddelikt ansetzt. Selbst die Verwirklichung eines qualifizierenden Merkmals begründet kein unmittelbares Ansetzen, wenn die erforderliche Schwelle bzgl. des Grunddeliktes noch nicht überschritten ist. Wenn also A fest entschlossen ist, einen Diebstahl zu begehen, bei dem er eine geladene Pistole in seiner Tasche mit sich trägt, setzt er nicht schon auf dem Weg zum Tatort unmittelbar zur Verwirklichung des § 244 Abs. 1 Nr. 1a StGB an, nur weil er bereits „eine Waffe bei sich führt".[71] Vielmehr ist der Versuchsbeginn sowohl bei § 242 Abs. 1 StGB als auch bei § 244 Abs. 1 Nr. 1a StGB frühestens in dem Moment zu bejahen, in dem A unmittelbar zur Wegnahme einer fremden und beweglichen Sache ansetzt.

652

Ebenso wie der Versuch oder die Verwirklichung eines qualifizierenden Merkmals für sich genommen kein unmittelbares Ansetzen begründet, reicht erst recht die Verwirklichung eines **Regelbeispiels** nicht aus, um den Versuchsbeginn zu markieren. Vielmehr bleibt hier sorgfältig zu prüfen, ob sich nach der Vorstellung des Täters von der Tat an die Erfüllung der Voraussetzungen des Regelbeispiels die Begehung des jeweiligen Tatbestandes unmittelbar anschließen sollte. Wenn A nachts die Tür eines Bürogebäudes aufbricht (vgl. § 243 Abs. 1 S. 1 Nr. 1 StGB), um einen Computer aus selbigem zu stehlen, setzt er hiermit nur dann unmittelbar zur Verwirklichung des § 242 Abs. 1 StGB an, wenn sich nach seiner Vorstellung von der Tat die Wegnahmehandlung unmittelbar an das Aufbrechen der Tür anschließen sollte. Hieran kann

653

---

[70] Vgl. insoweit auch *Kindhäuser*, Strafrecht AT, § 31 Rn. 19 ff.
[71] Vertiefend *Herzberg/Putzke*, FS Szwarc, 205, 212 f.; *Kudlich*, JA 2015, 152 ff.

es bspw. fehlen, wenn A davon ausging, dass er infolge der erforderlichen Kraftanstrengung nach Aufbrechen der Tür erst einmal verschnaufen müsste und daher eine längere „Zigarettenpause" in seinen Tatplan aufgenommen hatte.

ii) Leitentscheidungen

654 **BGHSt 22, 80, 81 f.; Unmittelbares Ansetzen zu § 248b StGB:** Zwei Freunde möchten sich vorübergehend den Besitz an einem KFZ verschaffen, um hiermit eine Spritztour zu unternehmen. Nachdem sie sich für ein Fahrzeug entschieden haben, rütteln sie an dessen Vorderrädern, um festzustellen, ob das Lenkradschloss eingerastet ist. – Bereits das Rütteln an den Vorderrädern begründet nach Auffassung des BGH ein unmittelbares Ansetzen zu § 248b StGB. Der Vorsatz der Freunde war bereits auf ein konkretes Tatobjekt gerichtet. Da sie sich für den Fall, dass das Lenkradschloss nicht eingerastet ist, unmittelbar im Anschluss an das Rütteln des Fahrzeugs bemächtigen wollten, liege der erforderliche enge zeitliche Zusammenhang zwischen Tathandlung und beabsichtigter Tatbestandsverwirklichung vor.

655 **BGHSt 26, 201, 203 f.; Unmittelbares Ansetzen zu § 249 StGB (hierzu schon Rn. 638):** Zwei mit Strumpfmasken maskierte und mit Pistolen bewaffnete Freunde klingeln an der Wohnung eines Tankwarts, den sie unmittelbar nach seinem Erscheinen überfallen wollen. Da auf das Klingeln und auch nach mehrmaligem Klopfen an den Wohnungsfenstern niemand erscheint, entfernen sich die Freunde wieder. – Der BGH bejahte die Voraussetzungen eines strafbaren Raubversuchs. Da die Täter unmittelbar nach Erscheinen des Tankwarts mit der Nötigungshandlung beginnen wollten, hätten sie die Schwelle zum „jetzt geht es los" überschritten und die letzte von ihnen selbst zu erbringende Handlung vorgenommen, die ohne weitere wesentliche Zwischenakte in die Tatbestandsverwirklichung einmünden sollte.

656 **BGHSt 30, 363, 365 f.; Unmittelbares Ansetzen bei mittelbarer Täterschaft (hierzu schon Rn. 641 ff.):** Der Täter möchte seinen Nebenbuhler aus Eifersucht töten, will die Tat aber durch Dritte ausführen lassen, ohne diese über seine Tötungsabsicht aufzuklären. Er beauftragt daher zwei Bekannte, den Nebenbuhler auszurauben, und überreicht ihnen hierfür eine Plastikflasche, die angeblich ein Schlafmittel, in Wirklichkeit aber giftige Salzsäure enthält. Auf dem Weg zum Opfer öffnen die zur Begehung des Raubes entschlossenen Bekannten die Flasche und nehmen den ätzenden Geruch der Flüssigkeit wahr. Daraufhin nehmen sie von der Tatbegehung Abstand. – Der BGH bejahte ein unmittelbares Ansetzen zum Mord in mittelbarer Täterschaft. Im Fall der mittelbaren Täterschaft sei Versuchsbeginn anzunehmen, wenn der Täter die nach seiner Vorstellung erforderliche Einwirkung auf den Tatmittler abgeschlossen hat, so dass nach dem Tatplan dieser im unmittelbaren Anschluss die Tat ausführen soll. Da der Täter seine Bekannten in der Vorstellung aus seinem Einwirkungsbereich entlassen hat, dass diese dem Nebenbuhler in nahem zeitlichen Zusammenhang das vermeintliche Schlafmittel verabreichen werden, sei der Versuchsbeginn zu bejahen.

BGHSt 38, 356, 360; Unmittelbares Ansetzen bei unechten Unterlassungsdelikten: Zwei Zechkumpane treffen gegen 0.30 Uhr an einem S-Bahnhof auf einen Passanten, auf den sie solange einschlagen, bis er bewusstlos auf dem Boden liegt. Aus Angst vor drohender Strafverfolgung beschließen sie, den Passanten zu töten. Einer der Zechkumpane legt ihn hierfür so auf die S-Bahngleise, dass er nach seiner Vorstellung von einer ankommenden Bahn erfasst werden würde. Der andere Zechkumpan steht untätig daneben. Anschließend verlassen die beiden den Bahnhof. Dem Fahrer einer um 0.49 Uhr einlaufenden S-Bahn gelingt es, den Zug rechtzeitig anzuhalten. – Der BGH bejahte hinsichtlich des untätig gebliebenen Zechkumpans ein unmittelbares Ansetzen zu einem Mord durch Unterlassen. In dem Zeitpunkt, in dem er den Bahnhof verließ, habe er sich jeder Einflussmöglichkeit auf das Geschehen entledigt und die letzte Rettungsgelegenheit verstreichen lassen, wodurch die Todesgefahr für das Opfer nach seiner Vorstellung derart erhöht war, dass er die Schwelle zum Versuch überschritten habe.

657

BGHSt 39, 236, 237 f.; Unmittelbares Ansetzen bei Mittäterschaft: Zwei Freunde planen einen Überfall auf ein Ehepaar und versuchen einen weiteren Bekannten als dritten Tatbeteiligten zu gewinnen. Dieser soll an der Haustür klingeln und die Ehefrau überwältigen, anschließend sollen die Freunde in die Wohnung stürmen und den Ehegatten fesseln und zur Herausgabe eines Tresorschlüssels zwingen. Der Bekannte sagt seine Beteiligung zu, offenbart sich jedoch vor der Tatausführung der Polizei. Als der Bekannte an der Haustür klingelt, schreitet die Polizei (wie zuvor vereinbart) ein und überwältigt die beiden Freunde. – Die Freunde haben sich wegen Verbrechensverabredung, nicht aber wegen Versuchs strafbar gemacht. Im Fall der Mittäterschaft treten alle Mittäter ins Versuchsstadium ein, wenn einer von ihnen zur Tatbegehung unmittelbar ansetzt. Dies ist aber nur dann der Fall, wenn der Handelnde tatsächlich einen mittäterschaftlichen Tatbeitrag erbringt, wofür erforderlich ist, dass er in dem Willen handelt, gemeinschaftlich mit anderen zum Zweck der Tatausführung zusammenzuwirken. Da der Bekannte durch das Klingeln jedoch lediglich das Zeichen zum Zugriff für die Polizei geben wollte, begründet es weder für ihn selbst noch für die Freunde ein unmittelbares Ansetzen.

658

BGHSt 40, 299, 301 ff.; Unmittelbares Ansetzen bei vermeintlicher Mittäterschaft (hierzu schon Rn. 647): Ein Unbekannter spielt dem Täter gegenüber vor, er kenne einen Münzhändler, der seine Versicherung betrügen wolle. Der Täter solle den Händler zum Schein überfallen und die aus dem Tresor entwendeten Münzen an den Unbekannten übergeben. Der Täter nimmt den Überfall vor, tatsächlich ist der Münzhändler jedoch mit diesem nicht einverstanden und meldet den hierdurch bewirkten Schaden daher gutgläubig bei seiner Versicherung. – Der BGH bejahte die Voraussetzungen eines strafbaren Betrugsversuchs. Zwar stelle der vorgetäuschte Raubüberfall nach Ansicht des Täters lediglich eine Vorbereitungshandlung für den geplanten Versicherungsbetrug dar. Jedoch sei die Versuchsschwelle für ihn in dem Zeitpunkt überschritten worden, in dem der Münzhändler (als vermeintlicher Mittäter) den Überfall bei der Versicherung meldete, da dies nach der Vorstellung des Täters

659

das unmittelbare Ansetzen zur Verwirklichung des gemeinsamen Tatplans begründe. Die Entscheidung in BGHSt 39, 236 stehe dem aufgrund der anders gelagerten Fallkonstellation nicht entgegen.

660 **BGHSt 43, 177, 180 ff.; Unmittelbares Ansetzen bei erforderlicher Mitwirkung des Opfers (hierzu schon Rn. 645):** In die Wohnung eines Apothekers wird eingebrochen, wobei die Täter in der Küche vorhandene Getränke austrinken und eine Reihe von technischen Geräten ins Dachgeschoss der Wohnung verbringen. Dies veranlasst die Polizei zu der Annahme, dass die Täter noch einmal zurückkehren werden, um die Geräte abzuholen. In der nächsten Nacht halten sich daher vier Polizeibeamte in der Wohnung auf, um die Täter zu ergreifen. Zusätzlich stellt der Apotheker eine Flasche mit der Aufschrift „Echter Hieke's Bayerwald Bärwurz" auf, in die er zuvor eine hochgiftige Flüssigkeit gefüllt hatte. Später fällt ihm ein, dass nicht nur die Täter, sondern auch die Beamten hieraus trinken könnten und informiert diese über den Inhalt. Am nächsten Morgen fordern diese den Apotheker auf, die Flasche zu entfernen. Zunächst lehnt er ab, erklärt sich aber schließlich damit einverstanden, dass die Beamten die Flasche sicherstellen. – Der BGH verneinte das unmittelbare Ansetzen zu einem Tötungsdelikt. Hält der Täter für die Tatbestandsverwirklichung eine Mitwirkung des Opfers für zwingend erforderlich, so sei der Versuchsbeginn in Anlehnung an die für die mittelbare Täterschaft entwickelten Grundsätze zu bestimmen. Hat der Täter alles seinerseits für die Tatbestandsverwirklichung Erforderliche getan und steht für ihn fest, dass das Opfer die erforderliche Handlung vornimmt, so läge unmittelbares Ansetzen bereits mit Vornahme der Tathandlung vor. Wenn wie vorliegend der Täter das Erscheinen des Opfers lediglich für möglich hält, so soll der Versuchsbeginn hingegen nur dann zu bejahen sein, wenn dieses tatsächlich erscheint und Anstalten macht, die erforderliche Handlung vorzunehmen.

II. Rücktritt

1. Grundlagen

a) Dogmatische Einordnung

661 § 24 StGB regelt einen persönlichen Strafaufhebungsgrund, der **im Anschluss an die Schuld zu prüfen** ist. Ein Versuchstäter macht sich nicht strafbar, wenn er freiwillig von der Tat zurücktritt. Rechtsfolge ist daher, dass der Täter gar nicht aus dem Versuchsdelikt bestraft wird, möglich bleibt jedoch eine Bestrafung aus nicht von dem Rücktrittsverhalten betroffenen Tatbeständen. Wenn bspw. A vorsätzlich auf O schießt und lebensbedrohlich verwundet, er jedoch anschließend beschließt, O zu retten, was ihm auch durch die rechtzeitige Verbringung in ein Krankenhaus gelingt, ist A zwar wirksam nach § 24 Abs. 1 S. 1 Var. 2 StGB vom Totschlagsversuch zurückgetreten; da die Tat nach

§ 224 Abs. 1 Nr. 2 Var. 1 und Nr. 5 StGB aber bereits vollendet und damit nicht rücktrittsfähig ist, ist er wegen gefährlicher Körperverletzung zu bestrafen.

Von der h. M. wird auch ein sog. **Teilrücktritt** für möglich gehalten. Dieser ist dadurch gekennzeichnet, dass der Täter nach Versuchsbeginn freiwillig darauf verzichtet, ein bereits erfülltes qualifizierendes Tatbestandsmerkmal weiter zu verwirklichen, von der Begehung des Grunddeliktes aber nicht Abstand nimmt.[72] Typische Anwendungsfälle eines Teilrücktritts sind daher Konstellationen, in denen der Täter ursprünglich beabsichtigt, einen Diebstahl oder Raub unter Beisichführung einer Waffe zu begehen, er sich nach Eintritt ins Versuchsstadium jedoch der Waffe entledigt.[73] Geschieht dies aus freiwilligen Motiven, ist der Täter allenfalls nach § 242 bzw. § 249 StGB zu bestrafen, nicht aber aus einer etwaigen Qualifikation nach § 244 Abs. 1 Nr. 1a) StGB bzw. § 250 Abs. 1 Nr. 1a) StGB. 662

Da es sich bei dem Rücktritt um einen **persönlichen Strafaufhebungsgrund** handelt, ist er für jeden Tatbeteiligten gesondert zu prüfen – der Rücktritt eines Tatbeteiligten hat für die Strafbarkeit eines anderen Tatbeteiligten grundsätzlich keine Bedeutung. 663

b) Zweck der Rücktrittsregelung

Vielfach wird als Zweck der Rücktrittsregelung die „**Theorie der goldenen Brücke**" angeführt, wonach dem Täter durch die Strafbefreiung ein Anreiz gesetzt werden soll, von der Tatvollendung abzusehen, um hierdurch auf den „Boden des Rechts" zurückzukehren.[74] Gegen diesen Erklärungsansatz spricht jedoch, dass der Täter im Rahmen der Tatausführung häufig gar nicht an die strafrechtlichen Folgen seines Verhaltens, geschweige denn an den Weg zur Straflosigkeit denken wird.[75] 664

Vertreter der **Strafzwecktheorie** gehen davon aus, dass im Falle eines Rücktritts die Strafzwecke der General- und Spezialprävention nicht gegeben sind: Die Gefährlichkeit des Täters, „die im Versuch zunächst zum Ausdruck gekommen war, erweist sich nachträglich als wesentlich geringer. Aus diesem Grunde sieht das Gesetz davon ab, den ‚Versuch als solchen' zu ahnden. Denn eine Strafe erscheint ihm nicht mehr nötig, um den Täter für die Zukunft von Straftaten abzuhalten, um andere abzuschrecken und die verletzte Rechtsordnung wiederherzustellen."[76] 665

Richtigerweise liegt der Grund der Rücktrittsregelung schon darin, dass der Opfer- bzw. Rechtsgüterschutz als Legitimationsgrundlage der Versuchsstrafbarkeit beim Rücktritt **nachträglich entfällt**.[77] Die Rücktrittsregelung reagiert auf den Umstand, dass beim strafbaren Versuch der Rechtsgüterschutz 666

---

[72] *Rengier*, Strafrecht AT, § 37 Rn. 150; *Roxin*, Strafrecht AT II, § 30 Rn. 295 ff.; vgl. dazu auch *Mitsch*, JA 2014, 268 ff.
[73] *Rengier*, Strafrecht AT, § 37 Rn. 150; *Wessels/Beulke/Satzger*, Strafrecht AT, Rn. 643; vgl. auch *Mitsch*, JA 2014, 268, 270.und 273.
[74] RGSt 73, 52, 60; *Fahl*, JA 2008, 757, 758; *Kudlich*, JuS 1999, 240, 241.
[75] BGHSt 9, 48, 52; *Fahl*, JA 2008, 757, 759; *Wessels/Beulke/Satzger*, Strafrecht AT, Rn. 626.
[76] BGHSt 9, 48, 52; *Fahl*, JA 2008, 757, 759.
[77] BGHSt 14, 75, 80.

zeitlich in einen Bereich vorverlagert wird, der einer Verletzung des Rechtsgutes vorausgeht (Vorfeldbestrafung). Das Rechtsgut bedarf des Schutzes durch die Vorfeldbestrafung nach § 22 StGB aber nicht mehr, wenn der Täter das begonnene Geschehen von der Rechtsgutsverletzung eigenverantwortlich und zurechenbar wegsteuert. Vielmehr dient es dem Schutz des durch den Beginn der Tatausführung gefährdeten Rechtsguts, dem Täter die Rücktrittsmöglichkeit offenzuhalten.[78]

c) Aufbau des § 24 StGB

667 Innerhalb der Rücktrittsregelung des § 24 StGB ist zunächst zu unterscheiden, ob ein Rücktritt vom Versuch des Alleintäters (Abs. 1) oder ein Rücktritt bei mehreren Tatbeteiligten (Abs. 2) in Betracht kommt.[79] Allerdings findet § 24 Abs. 1 StGB nach h. M. in bestimmten Konstellationen auch bei Vorhandensein mehrerer Tatbeteiligter Anwendung. Dies gilt namentlich für den Alleintäter, der von einem anderen angestiftet oder von einem Gehilfen unterstützt wurde, sowie für den ausnahmsweise deliktisch handelnden (hierzu bereits Rn. 498 ff.) Tatmittler.[80]

2. Der Rücktritt nach § 24 Abs. 1 StGB

668 Beim Rücktritt vom Versuch des Alleintäters ergeben sich – in verschiedenen, in Abb. 5 dargestellten Kombinationen – vier Prüfungsschritte des Rücktritts.

669 Abb. 5: Rücktritt vom Versuch des Alleintäters

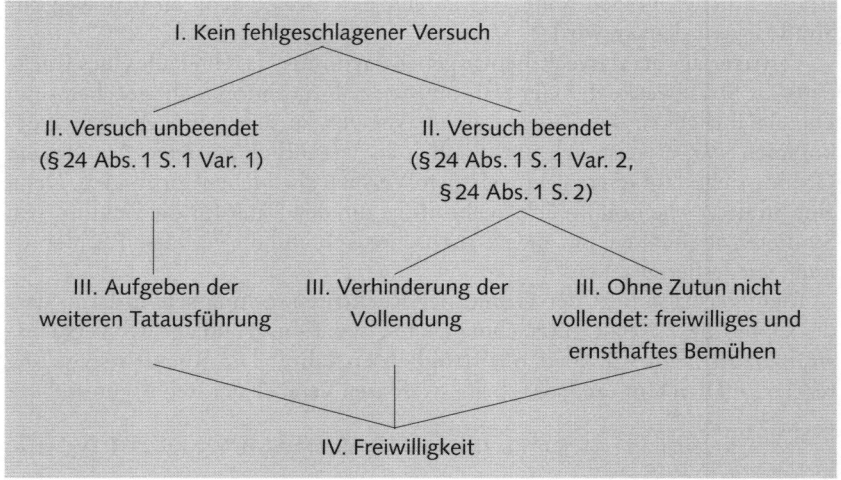

---

[78] BGHSt 39, 221, 232.
[79] Vgl. hierzu z. B. *Hoven*, JuS 2013, 305, 306; *Kölbel/Selter*, JA 2012, 1 ff.
[80] *Rengier*, Strafrecht AT, § 37 Rn. 11; *Roxin*, Strafrecht AT II, § 30 Rn. 308.

a) Kein fehlgeschlagener Versuch

Ein strafbefreiender Rücktritt kommt nur in Betracht, wenn der Täter davon ausgeht, dass es ihm noch möglich ist, die Tat zu vollenden. Dies ist nicht der Fall, wenn der Versuch (subjektiv) fehlgeschlagen ist. Ein fehlgeschlagener Versuch liegt vor, wenn der Täter zu der Annahme gelangt, er könne die Tat nicht mehr ohne zeitliche Zäsur mit den bereits eingesetzten oder anderen bereitliegenden Mitteln vollenden.[81] Bsp.: Die Klinge des Messers, mit dem A den O erstechen will, bricht an der Jacke des O ab. Der körperlich unterlegene A sieht keine andere Möglichkeit mehr, O zu töten.

670

Bei der Bestimmung des Fehlgeschlagenseins kommt es auf die **subjektive Sicht des Täters** an.[82] Ist es ihm objektiv noch möglich, die Tat zu vollenden, geht er aber davon aus, dass dies nicht der Fall ist, liegt ein Fehlschlag vor. Demgegenüber ist der Versuch auch bei objektiver Unmöglichkeit der Erfolgsherbeiführung nicht fehlgeschlagen, wenn der Täter davon ausgeht, dass er die Tat noch vollenden kann.

671

Umstritten ist, auf welchen **Zeitpunkt** für die Bestimmung des Fehlgeschlagenseins abzustellen ist. Wie die Lösung des folgenden Ausgangsfalls verdeutlicht, spielt die diesbezügliche Auseinandersetzung insbesondere bei mehraktigen Geschehensabläufen eine Rolle, bei denen der Täter durch den Einsatz eines von ihm für erfolgstauglich gehaltenen Mittels nicht den von ihm angestrebten Erfolg herbeigeführt hat, es ihm in der konkreten Situation aber möglich wäre, durch Wiederholung des ursprünglichen oder Anwendung eines anderen ihm zur Verfügung stehenden Mittels den Erfolg noch herbeizuführen.

672

aa) Zeitpunkt der Bestimmung des Fehlgeschlagenseins: Ausgangsfall (BGHSt 34, 53)

C lehnte es ab, sich von ihrem früheren Lebensgefährten A aus einer Gaststätte nach Hause bringen zu lassen. Sie ließ sich lieber von B begleiten. A, der in Bezug auf den Umgang mit C noch immer „Vorrechte" für sich reklamierte, war darüber wütend. Er verfolgte C und B mit seinem PKW, fuhr an ihnen vorbei, wendete und entschloss sich in eifersüchtig wütender Gefühlsaufwallung, B zu überfahren und so zu töten. Er fuhr gezielt auf den vor C stehenden B zu, der aber vom Fahrzeug nur gestreift wurde, weil er sich im letzten Moment mit einem Sprung retten konnte. Die hinter B stehende C konnte nicht mehr ausweichen; sie wurde vom Kühler des Wagens erfasst und durch die Luft geschleudert. B lief zu ihr und kniete sich neben sie. In diesem Augenblick stieg A aus seinem Fahrzeug aus und erkannte, dass sein Plan, B durch Überfahren zu töten, gescheitert war. Er stürzte sich von hinten auf B und würgte ihn mit beiden Händen am Hals, bis es B schwarz vor Augen wurde. B gelang es aber noch, A zu überreden, die Tätlichkeiten einzustellen, damit man sich um C kümmern könne.

673

---

[81] *Rengier*, Strafrecht AT, § 37 Rn. 15; *Wessels/Beulke/Satzger*, Strafrecht AT, Rn. 628.
[82] *Bosch*, JURA 2014, 395, 396; *Hoven*, JuS 2013, 305, 306; *Rengier*, Strafrecht AT, § 37 Rn. 17; *Roxin*, JuS 1981, 1.

674 A hat durch das Zufahren auf B einen rechtswidrigen und schuldhaften Totschlagsversuch begangen, von dem er strafbefreiend zurückgetreten sein könnte, indem er darauf verzichtete, den B zu erwürgen. Ein Rücktritt wäre jedoch von vornherein ausgeschlossen, wenn der Versuch fehlgeschlagen ist. Ein Fehlschlag ist zu bejahen, wenn der Täter keine Möglichkeit mehr sieht, den von ihm angestrebten Erfolg herbeizuführen. Insoweit könnte man im vorliegenden Bsp. einen Fehlschlag verneinen, indem man darauf abstellt, dass es dem A möglich wäre, den B zu erwürgen und hierdurch sein angestrebtes Ziel (den Tod des B) zu erreichen. Man könnte jedoch auch zur Bejahung eines Fehlschlags gelangen, indem man den ursprünglichen Plan des A in die Betrachtung miteinbezieht und darauf abstellt, dass es ihm nicht gelungen ist, den B durch das Überfahren zu töten. Die zuletzt genannte Sicht der Dinge wird von den Vertretern der **Einzelaktstheorie** befürwortet, während der zunächst skizzierte Ansatz als **Gesamtbetrachtungslehre** bezeichnet wird.

bb) Lösung des Ausgangsfalls auf Grundlage der Einzelaktstheorie

675 Nach der Einzelaktstheorie ist jeder einzelne aus Tätersicht zur Erfolgsherbeiführung geeignete Akt **selbständig** zu betrachten.[83] Hat der Einsatz eines vom Täter für erfolgstauglich gehaltenen Mittels nicht zur Herbeiführung des Erfolges geführt (ist also dieses Mittel fehlgeschlagen), soll der gesamte Versuch als fehlgeschlagen zu bewerten sein.[84] Das Vorhaben, B durch Überfahren zu töten, stellt einen von A für erfolgstauglich gehaltenen Einzelakt dar, der jedoch nicht zum Erfolg geführt hat und daher fehlgeschlagen ist. Nach der Einzelaktstheorie wäre im Beispielsfall daher der Totschlagsversuch an B insgesamt fehlgeschlagen und ein Rücktritt nicht mehr möglich.

676 In Literatur und Rechtsprechung wird die Einzelaktstheorie mittlerweile zu recht mehrheitlich abgelehnt.[85] Dabei wird insbesondere darauf hingewiesen, dass die Einzelaktstheorie einheitliche Lebensvorgänge willkürlich auseinander reißt und in schwer voneinander abgrenzbare Teile aufspaltet.[86] Dies führt zu erheblichen Wertungswidersprüchen und einer unverhältnismäßigen **Verkürzung der Rücktrittsmöglichkeiten**. Wäre es A im Beispielsfall gelungen, den B anzufahren und hierdurch lebensbedrohlich zu verletzen, könnte er auch auf Grundlage der Einzelaktstheorie erfolgreich zurücktreten, indem er die erforderlichen Rettungsmaßnahmen einleitet und hierdurch den Todeseintritt verhindert (vgl. § 24 Abs. 1 S. 1 2. Alt. StGB). Demgegenüber soll das Verfehlen des B als Fehlschlag zu bewerten und ein Rücktritt insgesamt ausgeschlossen sein. Die Einzelaktstheorie prämiert den Täter folglich dafür, dass es ihm gelungen ist, möglichst nah an die Deliktsverwirklichung heranzurücken.[87] Ob

---

[83] Sch/Sch-*Eser/Bosch*, § 24 Rn. 20 f.; *Jakobs*, Strafrecht AT, 26. Abschnitt Rn. 15 ff.; vgl. dazu auch *Bosch* JURA 2014, 395, 398 f.

[84] *Fahrenhorst*, JURA 1986, 291, 292 f.

[85] *Bergmann*, ZStW 100 (1988), 329; *Hoven*, JuS 2013, 305, 308; *Perron/Bott/Gutfleisch*, JURA 2006, 706, 712; *Rengier*, JZ 1986, 964; *ders.*, JZ 1988, 931; *Wessels/Beulke/Satzger*, Strafrecht AT, Rn. 629.

[86] *Wessels/Beulke/Satzger*, Strafrecht AT, Rn. 629.

[87] Vgl. auch *Kühl*, Strafrecht AT, § 16 Rn. 19; *Rengier*, Strafrecht AT, § 37 Rn. 45.

A im Falle des erfolgreichen Anfahrens die erforderlichen Maßnahmen zur Rettung des B einleitet oder ob er (im Fall des Verfehlens) darauf verzichtet, den wehrlosen B zu erwürgen, hat für den Umstand, dass eine grundsätzlich honorierfähige Rücktrittsleistung vorliegt, jedoch keine Bedeutung.

cc) Lösung des Ausgangsfalls auf Grundlage der Gesamtbetrachtungslehre

Infolge der gegenüber der Einzelaktstheorie angeführten Kritikpunkte ist die Bestimmung des Fehlgeschlagenseins auf der Grundlage der herrschenden Gesamtbetrachtungslehre vorzunehmen.[88] Schlägt lediglich der Einsatz eines bestimmten Tatmittels fehl, so liegt insgesamt kein Fehlgeschlagensein eines einheitlich zu betrachtenden Versuchs vor, „wenn der Täter, wie er weiß, ohne zeitliche Zäsur sofort ein neues bereitstehendes Mittel einsetzen könnte"[89]. A konnte im Beispielsfall, obgleich der Einsatz des Tatmittels PKW misslungen war, nach seiner Vorstellung noch durch Erwürgen den Tod des B herbeiführen. Aufgrund der gebotenen Gesamtbetrachtung war der Versuch daher nicht fehlgeschlagen und A konnte noch strafbefreiend zurücktreten.

Ist es dem Täter nicht gelungen, mit einem ursprünglich für erfolgstauglich gehaltenen Mittel den angestrebten Erfolg herbeizuführen, ist somit nach der überzeugenden Gesamtbetrachtungslehre danach zu fragen, ob es dem Täter nach seiner Vorstellung möglich wäre, den Tatbestand gleichwohl noch in engem räumlichen und zeitlichen Zusammenhang zu verwirklichen.[90] Dies ist selbst dann anzunehmen, wenn der Täter hierfür eine Handlung vornehmen müsste, an die er vor Tatbeginn noch gar nicht gedacht hatte. Der ursprüngliche Tatplan kann allerdings insoweit eine Rolle für die Frage nach dem Fehlgehen des Versuchs spielen, als dass eine vom Täter erkannte Notwendigkeit, den Tatablauf grundlegend zu ändern bzw. ein ganz anderes als die bisher eingesetzten Tatmittel einzusetzen, ein **Indiz** dafür darstellen kann, dass nach seiner Vorstellung der Versuch fehlgeschlagen ist.[91] Auch auf Grundlage der Gesamtbetrachtungslehre ist ein Versuch insbesondere dann fehlgeschlagen, wenn der Täter es zwar für möglich hält, den Erfolg noch herbeizuführen, er die hierfür erforderlichen Handlungen jedoch erst nach einer **maßgeblichen Zäsur** ergreifen könnte. Wenn A im Beispielsfall im Anschluss an das Misslingen des Überfahrens davon ausgeht, dass B ihm körperlich weit überlegen ist und er ihn nur dadurch töten könnte, dass er zunächst nach Hause fährt und sich bewaffnet, wäre der Versuch daher auch nach der Gesamtbetrachtungslehre als fehlgeschlagen zu bewerten.

---

[88] BGHSt 10, 129; 21, 319, 322; BGH NStZ 2006, 685; 2007, 399, 400; 2008, 393; vgl. auch *Bosch*, JA 2010, 70; *Jahn*, JuS 2006, 1135.
[89] BGHSt 34, 53, 57.
[90] BGH NStZ 1986, 264, 265; *Fahrenhorst*, JURA 1987, 291, 294; *Wessels/Beulke/Satzger*, Strafrecht AT, Rn. 629.
[91] BGH NStZ 2008, 393; 2009, 688, 689.

dd) Fallgruppen

679 Auf der Grundlage der überzeugenden Gesamtbetrachtungslehre sind im Wesentlichen zwei Erscheinungsformen des fehlgeschlagenen Versuchs zu unterscheiden. Die erste betrifft Konstellationen, in denen die **Tatbestandsverwirklichung aus Sicht des Täters nicht mehr möglich** ist. Neben der bereits in Rn. 670 skizzierten Situation, in der die dem Täter zur Verfügung stehenden Tatmittel aus seiner Sicht nicht dazu geeignet sind, den tatbestandlichen Erfolg herbeizuführen, kann ein Fehlschlag unter diesem Gesichtspunkt auch dadurch begründet werden, dass das Tatobjekt einer Vollendung entgegensteht, also bspw. der vom Täter aufgebrochene Tresor einer Supermarktfiliale nicht die erhofften Tageseinnahmen enthält. Ferner kann die Tatbestandsverwirklichung auch deshalb aus Sicht des Täters ausgeschlossen sein, weil er sich selbst nicht in der Lage sieht, eine hierfür erforderliche Handlung durchzuführen, etwa weil er erkennt, dass er dem anvisierten Opfer einer Körperverletzung kräftemäßig weit unterlegen ist. Die zweite Fallgruppe des fehlgeschlagenen Versuchs betrifft Fälle, in denen der Täter davon ausgeht, dass sein **Tatplan sinnlos** geworden ist. Diese Konstellation kennzeichnet sich typischerweise dadurch, dass der Täter zwar die Verwirklichung eines tatbestandlichen Erfolges noch für möglich hält, dieser jedoch deutlich hinter dem von ihm zunächst vorgestellten Erfolg zurückbleiben würde. Ein Fehlschlag liegt daher vor, wenn A sich Wertgegenstände zueignen möchte, die O in einem Leinenbeutel bei sich trägt, noch vor vollendeter Wegnahme jedoch erkennt, dass sich in dem Leinenbeutel lediglich Turnschuhe befinden.[92] – Zwar könnte A die Turnschuhe noch wegnehmen und hierdurch die Tat nach § 242 Abs. 1 StGB bzw. § 249 Abs. 1 StGB vollenden. Da sein Tatentschluss jedoch von vornherein nur auf den vermeintlich wertvollen Inhalt des Beutels gerichtet war und nicht auf die für ihn bedeutungslosen Turnschuhe, ist für ihn die Realisierung seines Tatplans sinnlos geworden und der Versuch insgesamt fehlgeschlagen.

680 Umstritten innerhalb Rechtsprechung und Literatur ist, ob ein fehlgeschlagener Versuch auch in den Fällen der **rechtlichen Unmöglichkeit** vorliegt, in denen der Täter nach Eintreten ins Versuchsstadium zu der Überzeugung gelangt, dass ein tatbestandsausschließendes Einverständnis des Opfers (hierzu bereits Rn. 304) vorliegt.

681 Die Literatur bejaht überwiegend das Vorliegen eines Fehlschlags, da der Täter auch in dieser Konstellation davon ausgehe, dass er den Tatbestand durch sein Verhalten nicht mehr verwirklichen kann.[93] Dem ist jedoch der BGH (zumindest für den Fall der Vergewaltigung) ausdrücklich entgegengetreten. Selbst wenn der Täter nach Versuchsbeginn zu der Überzeugung gelangt, dass ein tatbestandsausschließendes Einverständnis vorliegt, sei er nicht daran gehindert, an seinem ursprünglichen Tatplan festzuhalten, insbesondere könne er den Tatbestand auch weiterhin auf eine dem Einverständnis widersprechende Art und

---

[92] Vgl. hierzu auch BGH NStZ 2004, 333.
[93] Vgl. *Bottke*, JZ 1994, 71, 75; *Hoven*, JuS 2013, 305, 307; *Kühl*, Strafrecht AT, § 16 Rn 14; *Roxin*, NStZ 2009, 319, 320.

Weise verwirklichen.⁹⁴ So könne der Täter einer versuchten Vergewaltigung trotz angenommenen Einverständnisses „sein Handlungsziel weiterverfolgen und den Beischlaf – ggf. sogar begleitet von weiteren, vorsorglich angewendeten Zwangsmitteln – durchführen. (…) Der Täter [könne] seinen Tatplan auch aus Gründen, die mit der Einwilligung in keinem Zusammenhang stehen, etwa aus Scham oder Reue über sein bisheriges Verhalten, aufgeben."⁹⁵

ee) Leitentscheidungen

BGH NStZ 1986, 264, 265; Kein fehlgeschlagener Versuch bei fortbestehender Vollendungsmöglichkeit: Der Täter möchte seine Ehefrau aufgrund der von dieser geäußerten Scheidungsabsicht töten. Er überschüttet sie hierfür mit Benzin und versucht sie anzuzünden. Bei der anschließenden Rangelei, während derer sich der Täter weiterhin erfolglos bemüht, die Ehefrau anzuzünden, gelingt es dieser, in den Garten zu fliehen. Der Täter folgt ihr, wirft sie zu Boden und würgt sie bis zur Bewusstlosigkeit, verzichtet dann aber darauf, die wehrlos vor ihm liegende Ehefrau zu töten. – Der Tötungsversuch ist nicht infolge des Scheiterns des Inbrandsetzens der Ehefrau als fehlgeschlagen anzusehen. Auch bei Fehlgehen eines Tatmittels ist ein Versuch nach der Gesamtbetrachtungslehre nicht fehlgeschlagen, wenn der Täter die Tat, wie er weiß, mit dem bereits eingesetzten oder den zur Hand liegenden einsatzbereiten Mitteln im engen zeitlichen und räumlichen Zusammenhang noch vollenden kann. Zwischen dem misslungenen Anzünden und dem Würgen der Ehefrau besteht ein derart enger Zusammenhang. Dem Täter war zudem bewusst, dass es ihm möglich war, den Todeserfolg noch herbeizuführen. Es liegt daher ein einheitlicher, nicht fehlgeschlagener Versuch vor.

682

BGH NStZ 2008, 393 f.; Entscheidungserheblicher Zeitpunkt: Der Täter sticht ein Küchenmesser von 12 cm Klingenlänge in die Brust seiner ehemaligen Lebensgefährtin, die er aus Eifersucht töten möchte. Der Lebensgefährtin gelingt es zunächst, das Messer aus der Brust zu ziehen, woraufhin der Täter ihr noch sieben weitere Stiche in den Hals und die Brust versetzt, bevor ihn ein Bekannter von der Lebensgefährtin wegzieht. Zwar wäre es dem körperlich überlegenen Täter, nachdem er den Bekannten weggeschubst hat, möglich, den Angriff auf die Lebensgefährtin fortzusetzen, stattdessen wirft er jedoch das Messer weg und informiert mit seinem Mobiltelefon einen Notarzt, dem es gelingt, die Lebensgefährtin zu retten. – Der Tötungsversuch ist nicht fehlgeschlagen. Maßgeblich für die Feststellung eines Fehlschlags ist in erster Linie der Erkenntnishorizont des Täters nach der letzten Ausführungshandlung und nicht der ursprüngliche Tatplan. Es ist also danach zu fragen, ob der Täter nach dem letzten Zustechen den Erfolgseintritt nicht mehr für möglich hielt. Dass der Täter vorliegend davon ausging, die Möglichkeit des Todeseintritts geschaffen zu haben, liegt schon deshalb nahe, weil er den Notarzt informierte, um das Leben seiner ehemaligen Lebensgefährtin zu retten.

683

---

⁹⁴ BGHSt 39, 244, 247.
⁹⁵ BGHSt 39, 244, 247.

684 **BGH NStZ 2009, 628 f.; Voraussetzungen des fehlgeschlagenen Versuchs:** Der Täter befährt mit seinem Geländewagen eine Landstraße und beschließt aus ungeklärten Gründen, seinen Beifahrer zu töten. Nachdem er unter einem Vorwand auf dem Randstreifen geparkt hat, schießt er auf den Beifahrer, verletzt diesen jedoch lediglich am linken Schlüsselbein. Der Beifahrer steigt aus dem Wagen aus und flüchtet in ein nahegelegenes Waldstück. Während der Flucht gibt der Täter drei weitere Schüsse ab, die aber alle ihr Ziel verfehlen. Obwohl sich noch zwei weitere Patronen in der Pistole befinden, verfolgt der Täter den Beifahrer nicht in das Waldstück. – Ob ein Versuch fehlgeschlagen ist, bestimmt sich danach, ob der Täter nach der letzten Ausführungshandlung davon ausging, den Taterfolg in engem räumlichen und zeitlichen Zusammenhang noch herbeiführen zu können. Vorliegend wäre also von einem Fehlschlag auszugehen, wenn der Täter sich nicht in der Lage sah, den Beifahrer im Wald aufzuspüren und dort ums Leben zu bringen. Ging der Täter jedoch davon aus, dass es ihm möglich war, den Beifahrer zu verfolgen und von einer günstigen Schussposition auf ihn zu schießen, war der Versuch nicht fehlgeschlagen und daher noch rücktrittsfähig.

685 **BGH NStZ 2010, 690, 691; Fehlschlag durch wirksamen Rücktritt eines anderen Tatbeteiligten:** Zwei Jugendliche beschließen, einem Bekannten, der sie mehrfach beleidigt hatte, einen „Denkzettel" zu verpassen. Nachdem es ihnen gelungen ist, zwei weitere Freunde für die „Racheaktion" zu gewinnen, locken sie den Bekannten unter einem Vorwand auf eine Waldlichtung. Dort zwingen die beiden Jugendlichen den Bekannten zunächst unter Drohungen sich auszuziehen, um ihn anschließend mit Benzin zu überschütten und anzuzünden, wobei sie einen Todeseintritt für möglich halten und billigend in Kauf nehmen. Auch die beiden Freunde, die bislang untätig an der Lichtung standen, erkennen, dass der Bekannte zu Tode kommen kann. Nachdem er in Brand geraten ist, wirft sich der Bekannte auf den Boden und löscht einen Großteil der Flammen, woraufhin die beiden Freunde hinzu springen und den Rest der Flammen löschen. Anschließend fahren sämtliche Tatbeteiligte den Bekannten zu dessen Cousin, der ihn ins Krankenhaus bringt. Die vom Bekannten erlittenen Verletzungen waren unmittelbar lebensbedrohlich. – Die beiden Jugendlichen sind nicht wirksam vom Versuch des Totschlags zurückgetreten, da dieser für sie fehlgeschlagen war. Spätestens in dem Moment, in dem die beiden Freunde dem Bekannten dabei halfen, die Flammen zu löschen, war für alle Tatbeteiligten ersichtlich, dass das zuvor bestehende Einverständnis mit der Tötung des Bekannten nicht mehr fortbestand. Hätten die Jugendlichen den Bekannten weiterhin ums Leben bringen wollen, hätten sie also zunächst den Widerstand der beiden Freunde überwinden und einen ganz neuen, abweichenden Tatplan entwickeln und umsetzen müssen. Da sie somit nicht davon ausgingen, den tatbestandlichen Erfolg ohne maßgebliche Zäsur herbeiführen zu können, liegt für die beiden Jugendlichen ein rücktrittsunfähiger fehlgeschlagener Versuch vor.

685a **BGH NStZ 2011, 688 f.; kein unbeendeter Versuch bei für möglich gehaltenem Erfolgseintritt; Freiwilligkeit des Rücktritts:** Ein Mann verletzt seine Ehefrau schwer mit einer Machete und hält sie für tot. Dies erzählt er einem Nachbarn, der daraufhin vom Ehemann unbemerkt telefonisch Polizei und Rettungsdienst verständigt. Auch der Ehemann verständigt anschließend unabhängig von seinem Nachbarn die Polizei, bemerkt jedoch während des Telefongesprächs, dass seine Frau noch lebt, woraufhin er nach einem Arzt verlangt. Er hält es für möglich, dass seine Frau ohne medizinische Hilfe doch noch verblutet. Die Frau kann gerettet werden. Der Ehemann ist nicht im Rahmen eines korrigierten Rücktrittshorizonts durch Aufgabe der weiteren Tatausführung von einem unbeendeten Versuch zurückgetreten. Er verzichtet lediglich auf die Beschleunigung der Erfolgsherbeiführung, da er den Tod seiner Frau und somit den Eintritt des Taterfolgs auch ohne weitere Handlungen für möglich hält. Es liegt somit ein beendeter Versuch vor. Von diesem ist er allerdings nach § 24 Abs. 1 S. 2 StGB zurückgetreten, da er sich durch das Verlangen nach einem (allerdings ohnehin schon durch den Nachbarn verständigten) Arzt freiwillig und ernsthaft um die Verhinderung der Vollendung bemüht. Dass er seinem Nachbarn bereits von der Tat erzählt hatte, diese also bereits entdeckt war, steht der Freiwilligkeit hier nicht entgegen, denn der Ehemann bemüht sich ohne äußeren Zwang oder seelischen Druck, den Eintritt des Erfolges seiner bereits „gestandenen" Tat zu verhindern.

b) Abgrenzung von beendetem und unbeendetem Versuch

Wesentliche Weichenstellung für die Anforderungen an das Rücktrittsverhalten ist die Frage, ob ein **unbeendeter** oder ein **beendeter** Versuch vorliegt. Ist der Versuch unbeendet, gilt die Rücktrittsregelung in § 24 Abs. 1 S. 1 Var. 1 StGB, wonach der Täter dadurch zurücktreten kann, dass er „freiwillig die weitere Ausführung der Tat aufgibt". Ist der Versuch beendet, ist das erforderliche Rücktrittsverhalten demgegenüber § 24 Abs. 1 S. 1 Var. 2 StGB bzw. § 24 Abs. 1 S. 2 StGB zu entnehmen. Danach ist für einen wirksamen Rücktritt erforderlich, dass der Täter freiwillig die Vollendung verhindert oder (im Fall fehlender Verhinderungskausalität) sich freiwillig und ernsthaft bemüht, die Vollendung zu verhindern. Während der Täter beim unbeendeten Versuch also dadurch strafbefreiend zurücktreten kann, dass er schlicht aufhört, weiterzuhandeln, ist beim beendeten Versuch erforderlich, dass er aktiv Rettungsmaßnahmen einleitet.

686

Von einem **unbeendeten Versuch** ist auszugehen, wenn der Täter noch nicht alles getan zu haben glaubt, was nach seiner Vorstellung von der Tat zu ihrer Vollendung notwendig ist.[96] **Beendet** ist der Versuch, wenn der Täter alles getan zu haben glaubt, was nach seiner Vorstellung von der Tat zur Herbeiführung des tatbestandlichen Erfolges notwendig oder möglicherweise ausreichend ist.[97]

687

---

[96] BGH NStZ 2005, 263, 264; 2008, 508, 509; 2011, 688; *Bosch* JURA 2014, 395, 396; *Fischer*, StGB, § 24 Rn. 14; *Hoven*, JuS 2013, 403; *Kindhäuser*, Strafrecht AT, § 32 Rn. 8; *Rengier*, Strafrecht AT, § 37 Rn. 31; *Wessels/Beulke/Satzger*, Strafrecht AT, Rn. 631.
[97] BGHSt 14, 75, 79; BGH NStZ 2005, 263, 264; 2008, 508, 509; 2011, 688; *Bosch* JURA 2014, 395, 396; *Fahrenhorst*, JURA 1987, 291, 292; *Fischer*, StGB, § 24 Rn. 14; *Kindhäuser*, Strafrecht AT, § 32 Rn. 8; *Wessels/Beulke/Satzger*, Strafrecht AT, Rn. 631.

688 Nach der früher insbesondere von der Rechtsprechung vertretenen **Tatplantheorie** sollte es für die Abgrenzung zwischen unbeendetem und beendetem Versuch auf die Vorstellung des Täters bei Tatbeginn ankommen.[98] Lag der Tatausführung ein fest umrissener Tatplan zugrunde, nach dem sich der Täter auf bestimmte Ausführungshandlungen beschränken wollte, sollte der Versuch beendet sein, sobald er die entsprechenden Handlungen vorgenommen hatte.[99] Dies sollte selbst dann gelten, wenn der Täter nach Vornahme der in seinen Tatplan aufgenommenen Handlungen erkannte, dass diese nicht ausreichen würden, um den Erfolg herbeizuführen.[100] Mittlerweile gehen Rechtsprechung und Literatur davon aus, dass die Abgrenzung zwischen unbeendetem und beendetem Versuch nach dem **Rücktrittshorizont** nach Vornahme der letzten Ausführungshandlung vorzunehmen ist.[101] Zu fragen ist also danach, ob der Täter nach seiner letzten Ausführungshandlung annimmt, alles zur Tatvollendung Erforderliche getan zu haben. Ausnahmsweise soll eine **Korrektur des Rücktrittshorizontes** zulässig sein. Geht der Täter nach seiner letzten Ausführungshandlung davon aus, alles zur Erfolgsherbeiführung Erforderliche getan zu haben, erkennt er aber unmittelbar anschließend, dass dies doch nicht der Fall ist, ist daher nicht ein beendeter, sondern ein unbeendeter Versuch gegeben.[102] Ebenso soll eine „Korrektur in andere Richtung" möglich sein, bei der der Täter zunächst davon ausgeht, noch nicht alles zur Erfolgsherbeiführung Erforderliche getan zu haben, **in engstem räumlichen und zeitlichen Zusammenhang** jedoch zu der Einschätzung gelangt, dass dies doch der Fall ist.[103]

689 Ein beendeter Versuch ist auch dann gegeben, wenn der Täter sich nach seiner letzten Ausführungshandlung keinerlei Vorstellung davon macht, ob die Tat ohne sein weiteres Zutun vollendet wird.[104] Der Große Strafsenat des BGH hat in der lesenswerten Entscheidung BGHSt 39, 221 die soeben skizzierten Kriterien für die Abgrenzung von unbeendetem und beendetem Versuch zusammengefasst.[105]

---

[98] BGHSt 31, 170, 175; *Geilen*, JZ 1972, 335 f.; *Hassemer*, JuS 1983, 556, 557; vgl. auch die Darstellung bei *Bosch*, JURA 2014, 395, 397 f.
[99] BGHSt 22, 330, 331.
[100] BGHSt 22, 330, 331.
[101] BGHSt 31, 170, 175 ff.; 33, 295, 298; 35, 90, 92; BGH NStZ 2002, 427, 428; 2005, 331, 332; 2007, 91; 2011, 688; 2013, 156, 157; 2014, 569, 570; BGH NStZ-RR 2012, 239, 240; *Fahrenhorst*, JURA 1987, 291, 292; *Otto*, JURA 2001, 341 f.; *Puppe*, NStZ 1986, 14, 15; *Rengier*, JZ 1986, 964; ders., JZ 1988, 931.
[102] BGHSt 36, 224, 226; BGH NStZ 1999, 449, 450; 2005, 150, 151; 2005, 263, 264; 2010, 146; 2014, 569, 570; *Bosch*, JURA 2014, 395, 401 ff.; *Hecker*, JuS 2012, 947, 949; ders. JuS 2014, 1041, 1042; *Otto*, JURA 2001, 341, 344; *Rengier*, Strafrecht AT, § 37 Rn. 36; *Wessels/Beulke/Satzger*, Strafrecht AT, Rn. 637; dazu kritisch *Bosch* JURA 2014, 395, 402 ff.
[103] BGH NStZ 1998, 614; 2005, 263, 264; *Otto*, JURA 2001, 341, 344; zu den Anforderungen an einen „engsten räumlichen und zeitlichen Zusammenhang": BGH NStZ 2010, 146.
[104] BGHSt 31, 170, 175; 35, 90, 93; 40, 304 ff.; BGH NStZ 2014, 143; *Fischer*, StGB, § 24 Rn. 15a.
[105] BGHSt 39, 221, 227 f.

c) Leitentscheidungen

BGHSt 35, 90, 93 ff.; Rücktrittshorizont: Der Täter hat den Plan gefasst, das Opfer in seine Wohnung zu locken und durch einen Messerstich von hinten zu töten. In Ausführung dieses Plans sticht er dem arglosen Opfer ein 7 cm langes Messer von hinten in den Nacken, verletzt dabei jedoch keine lebenswichtigen Gefäße. Als das Opfer das Messer aus dem Hals zieht und ohne erhebliche körperliche Beeinträchtigung die Wohnung des Täters verlassen will, lässt dieser das Opfer gehen. – Auch bei Vorliegen eines fest umrissenen Tatplans kommt es für die Abgrenzung zwischen beendetem und unbeendetem Versuch darauf an, ob der Täter nach Vornahme der letzten Ausführungshandlung den Eintritt des tatbestandlichen Erfolges für möglich hält. Dies war vorliegend nicht der Fall, so dass der Täter gemäß § 24 Abs. 1 S. 1 Var. 1 StGB grundsätzlich bereits durch freiwilliges Nichtweiterhandeln zurücktreten konnte. Anders zu entscheiden wäre nur, wenn der Täter keine Gelegenheit mehr sah, das Opfer noch zu töten, da dann ein rücktrittsunfähiger fehlgeschlagener Versuch vorläge. 690

BGHSt 36, 224, 225 f.; Korrektur des Rücktrittshorizonts: Der Täter sticht solange mit einem Messer auf sein Opfer ein, bis er dieses für tödlich verwundet hält. Das in Wahrheit nicht lebensgefährlich verletzte Opfer ruft jedoch „Ich lebe noch, ich rufe die Polizei" und läuft davon. Zwar könnte er das Opfer verfolgen, der Täter verzichtet jedoch hierauf, obgleich er selbst nicht mehr davon ausgeht, lebensbedrohliche Verletzungen hervorgerufen zu haben. – Es liegt ein wirksamer Rücktritt vom Tötungsversuch vor. Geht der Täter nach seiner letzten Ausführungshandlung davon aus, alles zur Tatbestandsverwirklichung Erforderliche getan zu haben und hält er den Erfolgseintritt für möglich, kann ausnahmsweise gleichwohl ein unbeendeter Versuch vorliegen, wenn er unmittelbar anschließend erkennt, dass er sich geirrt hat. Da vorliegend eine entsprechende Korrektur des Rücktrittshorizonts gegeben ist und dem Täter die Tatbestandsverwirklichung auch noch möglich war, konnte er gemäß § 24 Abs. 1 S. 1 Var. 1 StGB durch bloßes Untätigbleiben zurücktreten. 691

BGHSt 40, 304, 306; Beendeter Versuch: Zwei Brüder geraten in eine heftige Auseinandersetzung, in deren Verlauf der eine zweimal mit einem Springmesser auf den anderen einsticht und hierbei den Todeseintritt billigend in Kauf nimmt. Nach den Stichen macht er sich keine Gedanken mehr darüber, ob die hierdurch hervorgerufenen Verletzungen zum Tod seines vor ihm liegenden Bruders führen werden, und entfernt sich von diesem. Tatsächlich ist der Bruder lebensbedrohlich verletzt, kann aber durch rechtzeitiges Eingreifen Dritter gerettet werden. – Es liegt kein wirksamer Rücktritt vor. Zwar kann ein unbeendeter Versuch auch dann anzunehmen sein, wenn der Täter objektiv die Gefahr der Tatbestandsverwirklichung geschaffen hat, er aber davon ausgeht, dass dies nicht der Fall ist. Macht er sich nach seiner letzten Ausführungshandlung gar keine Vorstellung über die Folgen seines Tuns, ist jedoch ein beendeter Versuch gegeben, mit der Folge, dass der Täter aktive Rettungsmaßnahmen einleiten muss, um erfolgreich zurückzutreten. 692

693 **BGH NStZ 2014, 569 ff.; Korrektur des Rücktrittshorizonts:** Der Täter stach in Tötungsabsicht mit einem Küchenmesser auf sein Opfer ein, wobei das Messer in dessen Rücken stecken blieb. Anschließend begaben sich beide zum Pkw des Opfers und dieses forderte den Täter auf, einen Krankenwagen über dessen Handy im Pkw zu rufen. Der Täter gab vor, dem Wunsch des Opfers nachzukommen, wobei er davon ausging, dass er durch die Verzögerung dessen Tod herbeiführen würde. Das Opfer ging dann aber mit dem Messer im Rücken zu einer 700 Meter entfernte Gaststätte. Der Täter folgte ihm, unternahm aber nichts weiter. In der Gaststätte riefen die dort anwesenden Personen einen Notarzt; das Opfer konnte gerettet werden. – Auch hier liegt ein wirksamer Rücktritt vom noch unbeendeten Versuch des Tötungsdelikts vor. Zwar ging der Täter beim ersten Stich und auch beim vorgetäuschten Anruf noch davon aus, alles Erforderliche für den Erfolgseintritt getan zu haben. Allerdings waren die körperlichen Reaktionen des Opfers geeignet, Zweifel daran aufkommen zu lassen, dass das Opfer bereits tödlich verletzt gewesen ist. Insbesondere der Umstand, dass das Opfer augenscheinlich ohne größere Schwierigkeiten in der Lage gewesen war, sich vom Tatort wegzubewegen, war Indiz genug für eine irrtumsbedingte Korrektur des Rücktrittshorizonts auf Seiten des Täters. Dieser konnte durch bloßes Aufgeben der weiteren Tatausführung vom unbeendeten Versuch zurücktreten.

d) Rücktrittsverhalten beim unbeendeten Versuch

694 Da der Täter beim unbeendeten Versuch davon ausgeht, dass er noch nicht alles zur Erfolgsherbeiführung Erforderliche getan hat, führt bereits sein Untätigbleiben nach seiner Vorstellung dazu, dass es nicht zum Eintritt des tatbestandlichen Erfolges kommen wird. Dementsprechend genügt nach § 24 Abs. 1 S. 1 Var. 1 StGB als objektives Rücktrittsverhalten das Aufgeben der weiteren Tatausführung, also schlichtes Nichtweiterhandeln. Wenn etwa A mit Tötungsvorsatz auf O eingestochen hat und anschließend erkennt, dass er O noch nicht lebensbedrohlich verletzt hat, kann er nach § 24 Abs. 1 S. 1 Var. 1 StGB bereits dadurch zurücktreten, dass er auf weiteres Zustechen verzichtet.

aa) Aufgeben der Tatausführung trotz vorbehaltener Ausführungshandlungen

695 Während in der Mehrzahl der Fälle unproblematisch festgestellt werden kann, ob der Täter die weitere Ausführung der Tat aufgegeben hat, kann ausnahmsweise fraglich sein, ob sein Nichtweiterhandeln die Voraussetzungen des § 24 Abs. 1 S. 1 Var. 1 StGB erfüllt. Dies ist namentlich dann der Fall, wenn er sich vorbehält, die Tat zu einem anderen Zeitpunkt noch auszuführen. So erscheint fraglich, ob bei dem in Rn. 694 skizzierten Fall ein wirksamer Rücktritt von A auch dann anzunehmen wäre, wenn er zwar kein weiteres Mal auf O einsticht, dies aber nur tut, weil er O stattdessen am kommenden Tag ums Leben bringen möchte.

696 Der BGH ging zunächst davon aus, dass von einer Aufgabe der weiteren Tatausführung nur dann die Rede sein könne, wenn der Täter seinen Entschluss zur Tatbegehung „im Ganzen und endgültig" aufgebe.[106] Ein wirksamer Rücktritt nach § 24 Abs. 1 S. 1 Var. 1 StGB sollte also nur vorliegen, wenn der Täter im Zeitpunkt des Nichtweiterhandelns davon ausging, dass er die Tat auch zu einem späteren Zeitpunkt nicht begehen wird. Diese **abstrakte Betrachtungsweise** findet auch heute noch vereinzelt Zuspruch in der Literatur, da ein Täter, der sich zum Zeitpunkt des Nichtweiterhandelns weitere Ausführungshandlungen vorbehält, noch nicht „auf den Boden des Rechts zurückgekehrt" sei und sich daher das Rücktrittsprivileg noch nicht verdient habe.[107] Ganz überwiegend wird gegen diese Auffassung jedoch zu Recht eingewandt, dass sie den Rücktrittsmöglichkeiten zu enge Grenzen setzt. So mag es für eine verwerfliche Gesinnung des Täters sprechen, wenn er sich vorbehält, die Tat zu irgendeinem anderen Zeitpunkt noch auszuführen; dies vermag jedoch nichts an dem Umstand zu ändern, dass er von der konkreten Tatausführung durch sein Nichtweiterhandeln wirksam zurückgetreten ist.[108]

Nach einer teilweise vertretenen Auffassung soll ein wirksames Aufgeben der weiteren Tatausführung immer schon dann anzunehmen sein, wenn der Täter auf die **konkrete Ausführungshandlung** verzichtet.[109] Im Beispielsfall wäre daher der Verzicht auf weiteres Zustechen stets als wirksame Rücktrittsleistung i. S. v. § 24 Abs. 1 S. 1 Var. 1 StGB anzusehen. Diesem Ansatz ist freilich entgegen zu halten, dass er einheitliche Geschehensabläufe zu stark aufspaltet und sich hierdurch die Möglichkeit nimmt, das sich an den Verzicht auf die konkrete Ausführungshandlung anschließende Täterverhalten in die Betrachtung miteinzubeziehen. So kann von einem Aufgeben der Tatausführung nicht die Rede sein, wenn A verzichtet, ein weiteres Mal auf O einzustechen, weil er ihn stattdessen mit der griffbereiten Pistole erschießen möchte.

Im Ergebnis ist somit ein zwischen den soeben skizzierten Auffassungen vermittelnder Ansatz zu wählen, wonach ein wirksames Aufgeben der Tatausführung immer dann anzunehmen ist, wenn der Täter im Zeitpunkt des Nichtweiterhandelns von sämtlichen Akten Abstand nimmt, die mit dem bereits begonnenen Versuch eine „**natürliche Handlung**" bilden würden. Behält sich der Täter trotz des zwischenzeitlichen Nichtweiterhandelns vor, die Tat noch auszuführen, hindert dies einen Rücktritt nach § 24 Abs. 1 S. 1 Var. 1 StGB somit nur dann, wenn die vorbehaltenen Fortsetzungsakte mit der bereits begonnenen Straftat einen **einheitlichen Lebensvorgang** bilden würden.[110] Daher liegt ein wirksamer Rücktritt vor, wenn A im Beispielsfall kein weiteres Mal auf O einsticht, weil er ihn erst am nächsten Tag töten möchte, nicht jedoch, wenn er stattdessen unmittelbar anschließend mit der griffbereiten Pistole auf O schießen möchte.

---

[106] Vgl. BGHSt 7, 296, 297.
[107] SK/*Rudolphi*, § 24 Rn. 18 f.
[108] *Wessels/Beulke/Satzger*, Strafrecht AT, Rn. 641.
[109] *Bloy*, JuS 1986, 987.
[110] *Hoven*, JuS 2013, 403, 405; *Küper*, JZ 1979, 775, 779; *Wessels/Beulke/Satzger*, Strafrecht AT, Rn. 641.

bb) Sonderproblem: Das Erreichen außertatbestandlicher Handlungsziele

699 Viel diskutiert ist im Zusammenhang mit dem Rücktrittsverhalten beim unbeendeten Versuch, ob von einem mit bedingtem Vorsatz ausgeführten Versuch noch strafbefreiend zurückgetreten werden kann, wenn der Täter ein **außertatbestandliches Handlungsziel** erreicht hat. Dieses Problem stellt sich insbesondere in den sog. **Denkzettel-Fällen (BGHSt 39, 221, vgl. Rn. 702)**: A stieß O ein Messer mit einer 12 cm langen, spitz zulaufenden Klinge kräftig in den Leib, um ihm einen „Denkzettel" zu verpassen. Dabei nahm A den Tod des O billigend in Kauf. Als nach dem ersten Stich erhebliche Verletzungen erkennbar waren, jedoch keine Todesgefahr eintrat, stach A trotz bestehender Möglichkeit nicht erneut auf O ein, da er sein Ziel (das Verpassen eines „Denkzettels") als erreicht ansah.

700 Nach teilweise vertretener Auffassung kann derjenige, der sein – auch außertatbestandliches – Ziel erreicht hat, schon begrifflich nichts mehr aufgeben, so dass ein Rücktritt nach § 24 Abs. 1 S. 1 Var. 1 StGB nicht in Betracht kommen soll.[111] A hat sein Ziel, O einen Denkzettel zu verpassen, bereits erreicht. Danach wäre ein Aufgeben durch das Abbrechen des Angriffs nicht gegeben.

701 Jedoch ist mit der mittlerweile einheitlichen Rechtsprechung davon auszugehen, dass auch bei außertatbestandlicher Zielerreichung ein Aufgeben nicht ausgeschlossen ist.[112] Denn der Begriff des „Aufgebens" bezieht sich auf die weitere Ausführung einer Tat. „Tat i. S. v. § 24 Abs. 1 StGB ist (jedoch) die Tat im sachlich-rechtlichen Sinn, also die in den gesetzlichen Straftatbeständen umschriebene tatbestandsmäßige Handlung und der tatbestandsmäßige Erfolg (…). Hierauf bezieht sich der strafwürdige Vorsatz des Versuchstäters. Dementsprechend beschränkt sich beim unbeendeten Versuch der Entschluss, die weitere Tatausführung aufzugeben, auf die Verwirklichung der gesetzlichen Tatbestandsmerkmale. Auf weitergehende, außertatbestandsmäßige Beweggründe, Absichten oder Ziele stellen weder der die Strafbarkeit des Versuchs begründende § 22 StGB noch der spiegelbildlich dazu Strafbefreiung durch Rücktritt ermöglichende § 24 StGB ab."[113] Da es für einen Rücktritt vom Tötungsversuch nach § 24 Abs. 1 S. 1 Var. 1 StGB somit allein darauf ankommt, dass der Täter auf die Herbeiführung des Todes eines anderen Menschen verzichtet, ist der Rücktritt des A trotz der Erreichung seines außertatbestandlichen Handlungsziels nicht ausgeschlossen.

---

[111] BGH NStZ 1990, 77, 78 mit Anm. *Puppe*, NStZ 1990, 433; *Rudolphi*, JZ 1991, 525, 527; vgl. auch *Beckemper*, JA 2003, 203 ff.; *Bock*, JuS 2006, 603, 606; *Jäger* JA 2015, 149, 150 f.

[112] BGHSt 39, 221 ff.; BGH NStZ 2009, 86; 2013, 105; vgl. hierzu auch *Bott*, JURA 2008, 753 ff.; *Brüning*, ZJS 2011, 93, 95; *Engländer* NStZ 2014, 450, 451; *Hoven*, JuS 2013, 403, 404; *Kindhäuser*, Strafrecht AT, § 32 Rn. 18; *Rengier*, Strafrecht AT, § 37 Rn. 62; *Walter/Schneider*, JA 2008, 262, 264.

[113] BGHSt 39, 221, 230.

cc) Leitentscheidung

BGHSt 39, 221, 228 ff.; Erreichen außertatbestandlicher Handlungsziele 702
(vgl. hierzu bereits Rn. 699 ff.): Zwei Bewohner eines Wohnheims für Asylbewerber leben in andauerndem Streit. Um ihm einen „Denkzettel" zu verpassen, sticht der eine Bewohner mit einem Messer auf den anderen ein und nimmt hierbei dessen Tod billigend in Kauf. Er sieht schon in diesem Zustechen einen hinreichenden Denkzettel und verzichtet daher darauf, ein weiteres Mal auf das schwer verletzte Opfer einzustechen. – Da nicht festgestellt werden konnte, dass der Täter nach dem ersten Zustechen davon ausging, die Gefahr des Todeseintritts geschaffen zu haben, nahm der BGH das Vorliegen eines unbeendeten Versuchs an. Der Rücktritt von diesem werde auch nicht dadurch ausgeschlossen, dass der Täter sein außertatbestandliches Handlungsziel in Form der Erteilung eines Denkzettels bereits erreicht hatte. § 24 Abs. 1 S. 1 Var. 1 StGB stelle allein darauf ab, dass der Täter die Ausführung einer Tat im sachlichrechtlichen Sinn aufgebe. Da die Vorschrift nicht auf außertatbestandsmäßige Beweggründe, Absichten oder Ziele abstelle, läge somit ein Rücktritt vom unbeendeten Versuch des § 212 StGB immer schon dann vor, wenn der Täter freiwillig auf die Tötung eines Menschen verzichtet, unabhängig davon, ob er seine außertatbestandlichen Handlungsziele bereits erreicht hat.

BGH NStZ 2014, 450; Herbeiführung eines außertatbestandlichen Ziels: Der 702a
Täter begab sich mit einem Elektroschocker und einer Dose Pfefferspray in die Wohnung der Geschädigten, um dort Geld zu entwenden. Dabei wurde er von der Geschädigten überrascht und er versuchte mehrfach erfolglos mit dem Elektroschocker am deren Arm einen Stromstoß auszulösen. Dies scheiterte daran, dass der Sicherungsstift des Geräts nicht eingeführt war. Ob der Täter diesen bei sich führte, konnte nicht geklärt werden. Das Pfefferspray wendete er ebenfalls nicht an, da die Geschädigte um weitere körperliche Übergriffe fürchtete und ihn auf Bargeld in Höhe von 2 185 € in der Wohnung hinwies. – Der Täter konnte zunächst vom unbeendeten Versuch der gefährlichen Körperverletzung zurücktreten, da dieser nicht fehlgeschlagen war. Zumindest hätte er für die Körperverletzung noch auf das Pfefferspray zurückgreifen können. Dass der Täter möglicherweise deshalb von weiteren Einwirkungen auf die Geschädigte absah, weil diese bereits aufgrund des folgenlosen Einsatzes des Elektroschockers um Leib und Leben fürchtete und sich zur Duldung der Wegnahme des Geldes veranlasst sah, schließt einen Rücktritt vom unbeendeten Versuch nicht aus. Dem steht gerade nicht entgegen, dass der Täter sein mit der Verwendung des Elektroschockers verfolgtes außertatbestandliches Ziel, an das Geld der Geschädigten zu gelangen, erreicht hatte.

e) Rücktrittsverhalten beim beendeten Versuch

Da der Täter beim beendeten Versuch davon ausgeht, dass er alles zur Herbei- 703
führung des tatbestandlichen Erfolges Erforderliche getan hat, kann er nicht bereits dadurch Strafbefreiung erlangen, dass er nicht weiter handelt. Vielmehr ist erforderlich, dass er aktive Rettungsmaßnahmen einleitet, die auf die Ver-

hinderung des Erfolgseintritts abzielen. Beim Rücktritt nach § 24 Abs. 1 S. 1 Var. 2 StGB führt das Verhalten des Täters tatsächlich dazu, dass der Erfolg ausbleibt. Beim Rücktritt nach § 24 Abs. 1 S. 2 StGB tritt der Erfolg ohne Zutun des Täters nicht ein, dieser hat sich aber freiwillig und ernsthaft darum bemüht, den Erfolgseintritt zu verhindern.

aa) Rücktritt vom beendeten Versuch nach § 24 Abs. 1 S. 1 Var. 2 StGB

704 Vollendungsverhinderung nach § 24 Abs. 1 S. 1 Var. 2 StGB setzt ein Verhalten voraus, das subjektiv auf Erfolgsabwendung gerichtet und objektiv für die Verhinderung der Tatvollendung ursächlich ist.[114] Der BGH stellt diesbezüglich allein darauf ab, dass der Täter die Vollendung tatsächlich verhindert. Es soll nicht darauf ankommen, ob er unter mehreren Möglichkeiten der Erfolgsverhinderung die schnellere oder sicherste („optimalste") wählt.[115] Nach diesem (auch als **Chanceneröffnungstheorie** bezeichneten) Ansatz verhindert derjenige den Erfolg i. S. v. § 24 Abs. 1 S. 1 Var. 2. StGB, der eine neue Kausalkette in Gang setzt, die für die Nichtvollendung der Tat ursächlich oder jedenfalls mitursächlich wird.[116] Wenn also der Täter einen Notarzt über den Aufenthaltsort des schwerverletzten Tatopfers informiert und der Notarzt rechtzeitig am Tatort erscheint, um dem Tatopfer das Leben zu retten, wird nach dieser Auffassung ein wirksamer Rücktritt nicht dadurch ausgeschlossen, dass der Täter selbst praktizierender Arzt ist und das Opfer daher „schneller" hätte retten können.

705 Die Literatur stellt teilweise strengere Anforderungen an das Rücktrittsverhalten bei § 24 Abs. 1 S. 1 Var. 2 StGB. Einige wollen die bloße Ursächlichkeit für die Erfolgsverhinderung nicht ausreichen lassen, sondern fordern, dass der Täter stets die optimalste Rettungshandlung vornehmen muss (**„Bestleistungstheorie"**).[117] Andere wollen danach differenzieren, ob der Täter die zur Erfolgsverhinderung führende Handlung selbst vornimmt oder ob er hierfür Dritte einschaltet: Während es im Fall der **eigenhändigen Erfolgsverhinderung** ausreichen soll, dass dem Täter der Nichteintritt des Erfolges zugerechnet werden kann, soll bei der **fremdhändigen Erfolgsverhinderung** zu fordern sein, dass der Täter die bestmögliche Rettungshandlung ergreift.[118] Diesen Ansätzen ist jedoch entgegen zu halten, dass § 24 Abs. 1 S. 1 Var. 2 StGB allein darauf abstellt, dass der Täter ursächlich für die Nichtvollendung wird und es gerade nicht darauf ankommt, ob er noch erfolgversprechendere Maßnahmen hätte ergreifen können (**„Ende gut, alles gut"-Lösung**)[119]. Anders als in § 24 Abs. 1 S. 2 StGB (hierzu noch Rn. 707 f.) findet die Forderung nach einem optimalen Rettungs-

---

[114] BGHSt 33, 295, 301; BGH NJW 1989, 2068; BGH NStZ 1999, 300, 301; 2008, 329; vgl. auch *Rengier*, Strafrecht AT, § 37 Rn. 111 f.; *Wessels/Beulke/Satzger*, Strafrecht AT, Rn. 644.
[115] Vgl. BGHSt 48, 147, 150.
[116] BGH NStZ 2004, 614, 615; 2006, 503, 505; 2008, 508, 509; *Engländer*, JuS 2003, 641, 643.
[117] *Engländer*, JuS 2003, 641, 643; *Herzberg*, NJW 1989, 862, 865; *Rudolphi*, NStZ 1989, 508, 511 ff.
[118] *Roxin*, Strafrecht AT II, § 30 Rn. 243.
[119] Vgl. *Kühl*, Strafrecht AT, § 16 Rn. 70.

verhalten (und sei es nur in bestimmten Fallkonstellationen) im Wortlaut des § 24 Abs. 1 S. 1 Var. 2 StGB keine Stütze und stellt daher eine unzulässige Ausdehnung des Gesetzeswortlauts zu Lasten des Täters dar.

In der Lehre weit verbreitet ist ein Ansatz, der das bei § 24 Abs. 1 S. 1 Var. 2 StGB erforderliche Rücktrittsverhalten entsprechend den Beteiligungsregeln der §§ 25 ff. StGB bestimmt und fordert, dass der Täter die Deliktsvollendung wie ein „unmittelbarer Täter" oder (bei Einschaltung Dritter) wie ein „Mittäter", „mittelbarer Täter" oder „Anstifter" verhindert.[120] Diese Auffassung führt in der weit überwiegenden Mehrzahl der Fälle zu den gleichen Ergebnissen wie der von der Rechtsprechung befürwortete Ansatz. Da der Täter im oben skizzierten Beispielsfall (Rn. 704) den Notarzt angerufen und diesen daher wie ein „Anstifter" zur Rettung des Tatopfers veranlasst hat, gelangt auch die h. L. zur Bejahung eines wirksamen Rücktritts.

706

bb) Rücktritt vom beendeten Versuch nach § 24 Abs. 1 S. 2 StGB

§ 24 Abs. 1 S. 2 StGB eröffnet dem Täter beim beendeten Versuch ausnahmsweise die Möglichkeit, bereits durch ernsthaftes Bemühen wirksam zurückzutreten, wenn der Erfolg ohne Zutun des Täters nicht eintritt.[121] In den **Anwendungsbereich** der Vorschrift fallen zunächst der (beendete) untaugliche sowie der objektiv fehlgeschlagene Versuch, den der Täter für vollendbar hält.[122] Daneben kann der Täter auch dann nach § 24 Abs. 1 S. 2 StGB zurücktreten, wenn Dritte (vom Täter unerkannt) den Erfolgseintritt vollenden oder wenn die Vollendung zwar eintritt, dies dem Täter aber nicht zugerechnet werden kann.[123]

707

Objektiv ist erforderlich, dass der Täter sich ernsthaft darum bemüht, den Erfolgseintritt zu verhindern. Diesen Anforderungen ist nach h. M. nur Genüge getan, wenn der Täter die Verhinderungsmöglichkeiten ausschöpft.[124] In diesem Fall muss also unter mehreren Möglichkeiten die **optimale** gewählt werden, wobei besonders hohe Anforderungen zu stellen sind, wenn ein Menschenleben auf dem Spiel steht.[125]

708

---

[120] *Rudolphi*, NStZ 1989, 508, 513.
[121] *Kindhäuser*, Strafrecht AT, § 32 Rn. 30.
[122] *Noltensmeier/Henn*, JA 2010, 269, 270.
[123] BGHSt 31, 46, 48 f.; *Noltensmeier/Henn*, JA 2010, 269, 271; *Rengier*, Strafrecht AT, § 37 Rn. 132 f.
[124] BGHSt 31, 46, 49 ff.; vgl. auch BGHSt 33, 295, 302 (bei Einschaltung eines Dritten).
[125] BGH NStZ-RR 2010, 276, 277.

cc) Leitentscheidungen

709 **BGHSt 31, 46, 49; Rücktrittsverhalten beim beendeten Versuch:** Im Verlauf einer tätlichen Auseinandersetzung schlägt ein Mann mit einer Bierflasche und einem Stuhl auf seine Ehefrau ein, wobei er vorsätzlich hinsichtlich des Todeseintritts handelt. Nach seinem letzten Schlag rechnet der Mann damit, seiner Ehefrau lebensbedrohliche Verletzungen beigebracht zu haben, entschließt sich jetzt aber doch dazu, sie ins Krankenhaus zu fahren. Er fährt 95 Meter an einen Nebeneingang des Krankenhauses heran und lässt seine Ehefrau dort aussteigen. Noch bevor die Ehefrau das Krankenhaus erreicht hat, verliert sie das Bewusstsein, wird jedoch von einem Passanten gefunden, der die erforderlichen Rettungsmaßnahmen einleitet. – Obgleich der Mann für die Rettung mitursächlich geworden ist, verneinte der BGH einen wirksamen Rücktritt vom beendeten Tötungsversuch. Erkennt der Täter, dass die von ihm eingeleiteten Rettungsbemühungen unzureichend sind, könne er sich nicht auf diese beschränken, wenn ihm bessere Möglichkeiten zur Verfügung stehen, um die Vollendung seiner Tat zu verhindern. Insbesondere dürfe er dem Zufall dort keinen Raum bieten, wo er ihn vermeiden kann, so dass der Mann seine Ehefrau zumindest bis zum Krankenhaus hätte fahren müssen.

710 **BGH NStZ-RR 2010, 276 f.; Rücktrittsvarianten beim beendeten Versuch:** Zwischen dem 40-jährigen Täter und seiner an der Lunge erkrankten Mutter, die gemeinsam ein Einfamilienhaus bewohnen, kommt es vermehrt zu heftigen verbalen Auseinandersetzungen. Am Tatabend beschließt der Täter nach dem Konsum von Drogen einem spontanen Entschluss folgend, sich durch einen Sprung aus dem Fenster das Leben zu nehmen. Hierbei zieht er sich jedoch lediglich leichte Verletzungen zu, woraufhin seine Mutter ihn in die Wohnung lässt und per Telefon einen Notarzt informiert. Als sich die Mutter anschließend zu dem Täter begibt, stürzt sich dieser auf sie, um sie zu ersticken. Erst als er das Alarmsignal des Rettungswagens hört, lässt er von der Mutter ab, wobei der Täter davon ausgeht, dass diese infolge der von ihm beigebrachten Verletzungen ohne ärztliche Hilfe sterben würde. Er lässt die Rettungskräfte in die Wohnung ein, denen es gelingt, das Leben der Mutter zu retten. – Der BGH hielt auf der Grundlage der bisherigen Feststellungen einen wirksamen Rücktritt nicht für naheliegend. Da der Täter davon ausging, seine Mutter bereits lebensbedrohlich verletzt zu haben, liegt ein beendeter Versuch vor. Für einen Rücktritt nach § 24 Abs. 1 S. 1 Var. 2 StGB wäre daher erforderlich, dass er eine Kausalkette in Gang gesetzt hat, die für die Erfolgsverhinderung zumindest mitursächlich geworden ist. Da jedoch zu vermuten sei, dass die Rettungskräfte die Mutter auch unabhängig vom Verhalten des Täters gefunden und gerettet hätten, könne eine derartige Mitursächlichkeit nicht ohne weiteres angenommen werden. Auch ein ernsthaftes Bemühen i. S. v. § 24 Abs. 1 S. 2 StGB sei eher fernliegend, da hierfür zu fordern sei, dass der Täter die aus seiner Sicht ausreichenden Verhinderungsmöglichkeiten ausschöpft, wobei besonders hohe Anforderungen gelten, wenn ein Menschenleben auf dem Spiel steht. Vorliegend hätte die naheliegende Rettungsmaßnahme in der Herbeirufung eines

Arztes bestanden, entsprechende Handlungen wurden aber nicht vom Täter, sondern allein von seiner Mutter vorgenommen.

f) Freiwilligkeit des Rücktritts

Sämtliche Varianten des § 24 StGB setzen voraus, dass der Täter freiwillig vom Versuch zurücktritt. Wie die Freiwilligkeit zu bestimmen ist, wird unterschiedlich beantwortet.[126]

aa) Normative Bestimmung der Freiwilligkeit

Teile der Literatur bestimmen die Freiwilligkeit normativ.[127] Danach kommt es darauf an, ob der Rücktritt als Rückkehr in die Legalität zu bewerten ist. So ist nach der **Lehre von der Verbrechervernunft** ein Rücktritt unfreiwillig, wenn die Tat nach den Regeln einer kalt die Risiken abwägenden Verbrechervernunft abgebrochen wird.[128] Freiwillig sei er hingegen nur dann, wenn er nach den Maßstäben einer Verbrechervernunft – etwa wegen Angst oder Mitleid – unvernünftig ist.[129]

Zwar mögen mit einem solchen Ansatz kriminalpolitische Erwägungen berücksichtigt werden, gegen eine normative Bestimmung des Freiwilligkeitsmerkmals spricht aber, dass derartig wertende Einschränkungen keine Stütze in der Textfassung von § 24 StGB finden und daher die nach Art. 103 Abs. 2 GG zu beachtende Wortlautgrenze missachten.[130] Kriminalpolitische Erwägungen können nicht an die Stelle gesetzlicher Kriterien treten. Zudem bleibt die Bestimmung von Maßstäben einer Verbrechervernunft letztlich vage.

bb) Empirisch-psychologische Betrachtung

Da der Begriff der Freiwilligkeit psychologisch geprägt ist, ist mit der Rechtsprechung und Teilen der Lehre eine empirisch-psychologische Bestimmung vorzunehmen.[131] Der Rücktritt ist freiwillig, wenn der Täter die Tatvollendung aus **autonomen (selbstgesetzten) Motiven** nicht mehr erreichen will.[132] Unfreiwillig ist der Rücktritt, wenn **heteronome (vom Täterwillen unabhängige) Motive** entscheidend sind.[133] Freiwilligkeit kann daher bspw. angenommen werden bei Gewissensbissen, allgemeiner Furcht vor späterer Bestrafung und wenn der Täter den Mut zur Tatbegehung verliert. Unfreiwilligkeit ist bspw. gegeben, wenn der Täter aufgrund neuer Umstände das Tat- bzw. Ent-

---

[126] Vgl. dazu ausführlich *Amelung*, ZStW 120 (2008), 205 ff. oder auch *Hoven*, JuS 2013, 403, 406 f.
[127] *Beckemper*, JA 2003, 207, Roxin, Strafrecht AT II, § 30 Rn. 355 f.; SK/*Rudolphi*, § 24 Rn. 24 f.
[128] Roxin, Strafrecht AT II, § 30 Rn. 383 ff.; ders., ZStW 77 (1965), 97.
[129] Roxin, Strafrecht AT II, § 30 Rn. 383.
[130] BGHSt 35, 184, 187.
[131] So BGHSt 7, 296, 299; 35, 184, 186; BGH NStZ 1993, 279; 1998, 510; 1999, 395, 396; 2005, 150, 151, 2014, 202.
[132] *Schröder*, JuS 1962, 81, 82; *Wessels/Beulke/Satzger*, Strafrecht AT, Rn. 651.
[133] *Schröder*, JuS 1962, 81, 83; *Wessels/Beulke/Satzger*, Strafrecht AT, Rn. 652.

deckungsrisiko für zu hoch hält oder wenn der Täter „durch ihn unwiderstehlich zwingende innere Hemmungen" außerstande ist, die Tat zu vollbringen.[134]

715 Nicht erforderlich ist nach Auffassung der Rechtsprechung, dass der Täter aus Gründen zurücktritt, die sittlich zu billigen sind.[135] Daher liegt ein freiwilliger Rücktritt auch dann vor, wenn der Täter nur deshalb von der weiteren Ausführung eines Tötungsversuchs absieht, weil er die Tötung eines anderen Menschen für dringlicher erachtet.[136]

716 Wesentliches Indiz für eine Unfreiwilligkeit des Rücktrittsverhaltens kann der Umstand einer (tatsächlichen oder vom Täter vermuteten) **Entdeckung** sein, da die Furcht vor Überführung und Bestrafung sonstige Rücktrittsmotive regelmäßig überwiegt.[137] Auch für den Fall, dass der Täter erkennt bzw. befürchtet, entdeckt worden zu sein, ist ein freiwilliger Rücktritt indes nicht zwangsläufig ausgeschlossen. Von einem freiwilligen Verhalten trotz Entdeckung ist etwa dann auszugehen, wenn die Tat von Beginn an in der Öffentlichkeit durchgeführt wurde, es dem Täter also nicht auf die Heimlichkeit seines Vorgehens ankam.[138]

717 Ein freiwilliger Rücktritt kann auch dann vorliegen, wenn dieser maßgeblich auf die **Einwirkung durch Dritte oder das Opfer** zurückzuführen ist. Erforderlich ist allein, dass der Rücktritt Folge einer eigenen inneren Entscheidung des Versuchstäters ist, so dass die Freiwilligkeit auch dann zu bejahen ist, wenn der Täter auf die Vollendung eines Diebstahls verzichtet, weil ihn ein weiterer Tatbeteiligter darauf hingewiesen hat, dass er sich noch in der Bewährungszeit befindet.[139] Zweifel an der Freiwilligkeit sind zugunsten des Täters aufzulösen.[140]

cc) Leitentscheidung

718 **BGHSt 35, 184, 186 f.; Psychologisierende Bestimmung der Freiwilligkeit:** Der Täter möchte seine geschiedene Ehefrau und deren neuen Freund töten und lauert ihnen hierfür auf einem Parkplatz auf. Nachdem er den Freund mit einem Fleischermesser schwer verletzt hat, gelingt es diesem zunächst zu fliehen und sich hinter einer Hecke zu verschanzen. Der Täter verfolgt ihn darauf, um ihn zu überfahren, bleibt jedoch mit seinem Auto in der Hecke stecken. Obgleich der Freund wehrlos vor ihm liegt, lässt er von ihm ab und läuft zu seiner geschiedenen Ehefrau, die er tödlich verletzt. – Hat der Täter von dem Freund abgelassen, weil es ihm wichtiger war, die Frau zu töten, hindert dies nach Auffassung des BGH nicht die Annahme eines freiwilligen Rücktrittsverhaltens. Entscheidend sei allein, ob der Täter aus selbstbestimmten

---

[134] BGH NStZ 1994, 428, 429.
[135] BGHSt 35, 184, 186; BGH NStZ 2005, 150, 151.
[136] BGHSt 35, 184, 186; vgl. *Lampe*, JuS 1989, 610 f.
[137] BGH NStZ 2008, 215.
[138] BGN NStZ 2007, 399, 400.
[139] BGHSt 21, 319, 321.
[140] BGH NStZ-RR 2003, 199; 2007, 136, 137.

Motiven von der Tat Abstand genommen hat; sittlich billigenswert bräuchten diese Motive nicht zu sein.

g) Exkurs: Der Rücktritt vom Versuch des Unterlassungsdeliktes
aa) Grundlagen

Die Rechtsprechung ging ursprünglich davon aus, dass bei einem Rücktritt von einem Unterlassungsdelikt nicht zwischen beendetem und unbeendetem Versuch zu unterscheiden sei. Ein strafbefreiender Rücktritt vom versuchten Unterlassungsdelikt komme von vornherein nur in Betracht, wenn der Täter aktive Rettungshandlungen vornimmt.[141] Da ein Rücktritt durch bloßes Nichtweiterhandeln beim Versuch des Unterlassungsdeliktes nicht möglich sei, sei der Rücktritt stets nach den Grundsätzen des beendeten Versuchs beim Begehungsdelikt zu beurteilen.[142]

719

Die Literatur geht demgegenüber mehrheitlich davon aus, dass auch bei versuchten Unterlassungsdelikten zwischen beendeten und unbeendeten Versuchen differenziert werden müsse.[143] Ein **unbeendeter** Versuch soll solange vorliegen, wie der Eintritt des tatbestandlichen Erfolges nach der Vorstellung des Täters noch durch Nachholung der ursprünglich gebotenen Handlung abgewendet werden kann. **Beendet** sei der Versuch, wenn nach der Vorstellung des Täters die Nachholung der ursprünglich gebotenen Handlung für sich genommen nicht mehr ausreicht, um den tatbestandlichen Erfolg abzuwenden, vielmehr darüber hinausgehende Maßnahmen erforderlich geworden sind.

720

Nach einer neueren Entscheidung des 2. Strafsenats des BGH[144] unterscheidet nun auch die höchstrichterliche Rechtsprechung bei Unterlassungsdelikten zwischen beendeten und unbeendeten Versuchen.[145] Anders als die herrschende Auffassung in der Literatur legt der BGH hierbei jedoch die Regeln zur Abgrenzung beim Versuch des Begehungsdeliktes zugrunde. Es soll auch beim Versuch des Unterlassungsdelikts darauf ankommen, ob der Täter in dem durch den Rücktrittshorizont markierten Zeitpunkt den **Erfolgseintritt für möglich hält**. Ist dies nicht der Fall, soll auch beim Unterlassungsdelikt ein unbeendeter Versuch vorliegen mit der Folge, dass der Täter durch bloßes Untätigbleiben zurücktreten könnte.

721

bb) Leitentscheidung

BGHSt 48, 147, 149 ff.; Rücktritt vom Versuch des Unterlassungsdeliktes: Ein Wohnungsinhaber öffnet zwei Gashähne, um sich das Leben zu nehmen. Als ihm später bewusst wird, dass es hierdurch zu einer Explosion kommen könnte, die zahlreiche Hausbewohner töten kann, informiert er die Feuerwehr und anschließend die Polizei. Da er seine Selbsttötungsabsicht nicht aufgegeben hat, kommt er deren Aufforderung nicht nach, die Gashähne zu schließen,

722

---

[141] BGH NStZ 2003, 252 f.
[142] BGH NStZ 2003, 252, 253.
[143] *Küpper*, JuS 2000, 225 ff.; *Satzger*, JURA 2006, 513 ff.
[144] Dazu im Folgenden BGH NStZ 2010, 690, 691 f.
[145] BGH NStZ 2010, 690, 691 f.

bittet sie jedoch um eine Evakuierung der Hausbewohner. Die Feuerwehr schließt die Gashähne bevor der Wohnungsinhaber oder die Hausbewohner geschädigt werden. – Der BGH bejahte einen wirksamen Rücktritt vom Versuch eines Tötungsdeliktes durch Unterlassen. Der Rücktritt vom Versuch des Unterlassungsdeliktes entspreche dem Rücktritt vom beendeten Versuch des Begehungsdeliktes. Da das Verhalten des Täters für den Nichteintritt des Erfolges mitursächlich geworden sei, läge ein Fall des § 24 Abs. 1 S. 1 2. Alt. StGB vor. Dieser setze auch beim Rücktritt vom Versuch eines unechten Unterlassungsdeliktes nicht voraus, dass der Täter die sicherste Möglichkeit zur Erfolgsverhinderung wählt.

3. Überblick über die Rücktrittsregelung in § 24 Abs. 2 StGB

a) Grundlagen

723 Auch bei mehreren Tatbeteiligten bleibt der Rücktritt, dessen Voraussetzungen dann regelmäßig nach § 24 Abs. 2 StGB zu bestimmen sind (zu Ausnahmen vgl. Rn. 667), ein persönlicher Strafaufhebungsgrund. Er wirkt also nur für den Beteiligten, in dessen Person die Rücktrittsvoraussetzungen erfüllt sind.[146] Deshalb können mehrere Tatbeteiligte nur gleichzeitig zurücktreten. Kann nämlich die Tat nicht mehr vollendet werden, weil ein Beteiligter bereits zurückgetreten ist, stellt sich der Versuch für die anderen als fehlgeschlagen, d. h. nicht mehr rücktrittsfähig, dar. § 24 Abs. 2 StGB unterscheidet nicht zwischen beendetem und unbeendetem Versuch. Er sieht insgesamt drei Möglichkeiten des Rücktritts vor, die in Abs. 2 S. 1, Abs. 2 S. 2 Var. 1 und Abs. 2 S. 2 Var. 2 geregelt sind.

724 **Abb. 6:** Rücktritt bei mehreren Tatbeteiligten

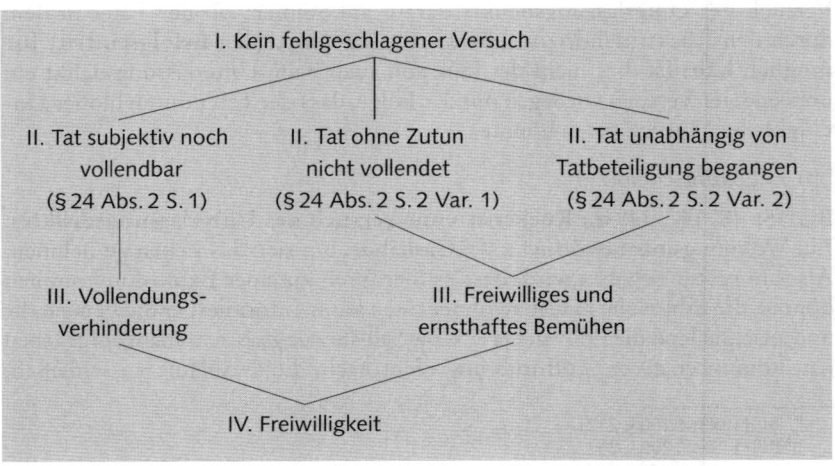

---

[146] Sch/Sch-*Eser/Bosch*, § 24 Rn. 73.

Den einzelnen Tatbeständen des § 24 Abs. 2 StGB ist gemein, dass sie **strengere Anforderungen** an ein wirksames Rücktrittsverhalten stellen als die Regelungen in § 24 Abs. 1 StGB. Dies liegt darin begründet, dass die Gefahr der Deliktsbegehung bei mehreren Tatbeteiligten regelmäßig größer ist als beim Alleintäter. Während die Aufgabe der weiteren Tatausführung bzw. das Rückgängigmachen des eigenen Tatbeitrags beim Alleintäter in der Regel zur Folge hat, dass die Tatbestandsverwirklichung abgewendet wird, bleibt bei mehreren Tatbeteiligten stets das Risiko bestehen, dass die anderen Tatbeteiligten die Tat unabhängig vom Tatbeitrag des Zurücktretenden weiter ausführen. Dementsprechend lässt § 24 Abs. 2 StGB das bloße Rückgängigmachen des eigenen Tatbeitrags regelmäßig nicht ausreichen. Erforderlich ist vielmehr, dass der Zurücktretende tatsächlich ursächlich für die Nichtvollendung der Tat wird bzw. sich in den Fällen des § 24 Abs. 2 S. 2 StGB zumindest ernsthaft um die Verhinderung der Vollendung bemüht. Die Rücktrittsvoraussetzungen des Nichtfehlgeschlagenseins und der Freiwilligkeit entsprechen demgegenüber weitgehend denjenigen bei § 24 Abs. 1 StGB.

725

b) Leitentscheidung

BGHSt 44, 204, 206 ff.; Rücktritt des mittelbaren Täters: Ein General wirkt am Erlass eines Befehls des Verteidigungsministers der DDR mit, demzufolge zur Sicherung der Grenze Fluchtbemühungen durch Minensperren zu verhindern sind. Zugleich ordnet er an, dass an der Grenze verletzte Flüchtlinge durch speziell gebildete Trupps geborgen und versorgt werden sollen. Entsprechend dieser Anordnung versorgen die Grenzsoldaten einen durch eine Splittermine lebensbedrohlich verletzten Flüchtling und verhindern hierdurch den Todeseintritt. – Zwar erfüllt seine Mitwirkung am Beschluss die Voraussetzungen einer versuchten Tötung in mittelbarer Täterschaft, jedoch ist der General wirksam von dieser zurückgetreten. Da der Flüchtling lebensbedrohlich verletzt war, liegt ein beendeter Versuch vor, so dass für einen wirksamen Rücktritt grundsätzlich erforderlich ist, dass der Täter die Vollendung verhindert, also eine Kausalreihe in Gang setzt, die für die Nichtvollendung mitursächlich wird. Bedient sich ein mittelbarer Täter hierfür eines Dritten, kommt es darauf an, ob dieser in bewusster Willensvertretung des mittelbaren Täters gehandelt hat. Da die Grenzsoldaten die Rettungsmaßnahmen infolge der Anordnung des Generals vornahmen, war diese für die Vollendungsverhinderung mitursächlich.

726

III. Zusammenfassung

- Ein strafbarer Versuch kommt in Betracht, wenn es nicht zur Vollendung einer vorsätzlichen Straftat gekommen und der Versuch gem. § 23 Abs. 1 StGB i. V. m. § 12 StGB strafbar ist.
- Im subjektiven Tatbestand des Versuchs (sog. Tatentschluss) finden sich der Vorsatz bzgl. der einzelnen objektiven Merkmale und sonstige subjektive

Merkmale. Der Tatentschluss muss vorbehaltlos sein, wobei aber ein Tatentschluss auf bewusst unsicherer Tatsachengrundlage genügt.
- Unmittelbares Ansetzen i. S. d. § 22 StGB liegt bei Handlungen vor, die nach dem Tatplan der Erfüllung eines Tatbestandsmerkmals unmittelbar vorgelagert sind und im ungestörten Fortgang ohne wesentliche Zwischenakte in die Tatbestandshandlung einmünden sollen.
- Nach der sog. materiellen Gefährdungstheorie beginnt der Versuch bei mittelbarer Täterschaft erst, wenn der mittelbare Täter den Tatmittler aus seinem Einwirkungsbereich in der Vorstellung entlässt, dass dieser die tatbestandsmäßige Handlung ohne längere Unterbrechung im Geschehensablauf nunmehr vornehmen werde.
- Die Grundsätze zum Versuchsbeginn bei mittelbarer Täterschaft können auf Fälle übertragen werden, in denen die Mitwirkung des Opfers notwendig ist. Der Versuch beginnt dabei erst, wenn sich das Opfer nach dem Tatplan in den Wirkungskreis des Tatmittels begibt.
- Bei der Mittäterschaft ist der Versuchsbeginn nach einer Gesamtlösung zu bestimmen. Alle Mittäter treten einheitlich in das Versuchsstadium ein, sobald ein Mittäter im Rahmen des gemeinsamen Tatentschlusses zur Ausführungshandlung unmittelbar ansetzt.
- Der Versuch beim unechten Unterlassungsdelikt beginnt, wenn nach der Tätervorstellung das Rechtsgut ohne sofortige Abhilfe unmittelbar gefährdet ist bzw. wenn sich die Lage für das Rechtsgut jederzeit verschlechtern kann (insbesondere, wenn der Täter den Geschehensablauf aus der Hand gibt).
- Der Rücktritt nach § 24 StGB ist ein persönlicher Strafaufhebungsgrund, der nach der Schuld zu prüfen ist.
- Ein strafbefreiender Rücktritt nach § 24 StGB ist nur möglich, wenn der Versuch nicht fehlgeschlagen ist. Ein fehlgeschlagener Versuch liegt vor, wenn der Täter zu der Annahme gelangt, er könne die Tat nicht mehr ohne zeitliche Zäsur mit den bereits eingesetzten oder anderen bereitliegenden Mitteln vollenden.
- Beendet ist der Versuch, wenn der Täter nach der letzten Ausführungshandlung denkt, er habe bereits alles getan, damit der Erfolg eintritt, oder wenn der Täter sich keine Vorstellung davon macht, ob die Tat ohne weiteres Zutun vollendet wird. Unbeendet ist der Versuch, wenn der Täter nach der letzten Ausführungshandlung denkt, dass er noch etwas tun müsste, um den tatbestandlichen Erfolg herbeizuführen.
- Beim unbeendeten Versuch nach § 24 Abs. 1 S. 1 Var. 1 StGB genügt als objektives Rücktrittsverhalten das Aufgeben der weiteren Tatausführung, also schlichtes Nichtweiterhandeln.
- Vollendungsverhinderung beim beendeten Versuch nach § 24 Abs. 1 S. 1 Var. 2 StGB setzt ein Verhalten voraus, das subjektiv auf Erfolgsabwendung gerichtet und objektiv für die Verhinderung der Tatvollendung ursächlich ist.
- § 24 Abs. 1 S. 2 StGB erfasst den Fall des beendeten Versuchs, bei dem der Erfolg ohne Zutun des Täters nicht eintritt. Dabei wird der Versuchstäter,

der noch an den Eintritt der Vollendung glaubt, straflos, wenn er sich freiwillig und ernsthaft bemüht, die Vollendung zu verhindern.
- Freiwilligkeit ist empirisch-psychologisch zu bestimmen. Der Rücktritt ist freiwillig, wenn der Täter die Tatvollendung aus autonomen (selbstgesetzten) Motiven nicht mehr erreichen will. Unfreiwillig ist der Rücktritt, wenn heteronome (vom Täterwillen unabhängige) Motive entscheidend sind.
- § 24 Abs. 2 StGB, der den Rücktritt bei mehreren Tatbeteiligten regelt, unterscheidet nicht zwischen beendetem und unbeendetem Versuch.

IV. Übungsfälle

1. A möchte den B aus Eifersucht töten und begibt sich hierfür mit einem durchgeladenen Gewehr zu dem Haus seiner Schwiegereltern, da er davon ausgeht, dass sich B in deren Wohnzimmer aufhält. Zwar gelingt es ihm, nachdem er seine Schwiegereltern erschossen hat, in das Haus einzudringen, jedoch kann er die Wohnzimmertür zunächst nicht öffnen, da B diese mit einer Bettcouch verbarrikadiert hat. A durchschlägt hierauf mit dem Gewehrkolben das Türblatt der Wohnzimmertür und wirft sich anschließend solange mit dem Oberkörper gegen die Tür, bis diese so weit geöffnet ist, dass er sich ins Innere des Wohnzimmers zwängen kann. Inzwischen ist B jedoch durch das Wohnzimmerfenster geflohen. A erkennt dies, gibt gleichwohl einen Schuss auf die leere Bettcouch ab und entfernt sich anschließend von dem Haus. Hat A sich im Hinblick auf die anvisierte Tötung des B strafbar gemacht?
2. A stach mit einem Messer auf O ein, um diesen zu töten. A führte die Stiche überwiegend gegen die linke Oberkörperseite des O aus und rief bei O auch Verletzungen hervor. Schließlich ließ A von O ab, wobei er äußerte „Jetzt bist du erledigt". Er war der Meinung, er habe nun alles Erforderliche getan, um O zu töten. O erwiderte jedoch: „Ich lebe noch, ich rufe die Polizei". Er wandte sich ab und lief davon. A steckte das Messer ein und folgte dem davonlaufenden O nicht, obwohl er die Möglichkeit dazu hatte. O war durch die Messerstiche schwer, aber nicht lebensbedrohlich verletzt. Hat A sich wegen versuchten Totschlags strafbar gemacht?

7. Kapitel
Unterlassungsdelikte

I. Aufbau des vorsätzlichen unechten Unterlassungsdeliktes

727 Unter dem Begriff der Unterlassungsdelikte werden Straftaten zusammengefasst, bei denen der Täter eine rechtlich gebotene Handlung nicht vornimmt.[1] Zu unterscheiden sind hierbei die echten Unterlassungsdelikte von den unechten Unterlassungsdelikten. Während bei den **echten Unterlassungsdelikten** (zu diesen noch Rn. 809) schon der gesetzlich umschriebene Tatbestand vorsieht, dass der Täter eine Handlung unterlässt (z.B. eine Hilfeleistung im Fall des § 323c StGB bzw. die Anzeige einer geplanten Straftat im Fall des § 138 StGB), ist ein **unechtes Unterlassungsdelikt** gegeben, wenn (irgend) ein Straftatbestand des Besonderen Teils unter den zusätzlichen Voraussetzungen des § 13 Abs. 1 StGB durch Unterlassen verwirklicht wird.[2] Ein unechtes Unterlassungsdelikt entsteht also dadurch, dass ein Begehungsdelikt mit § 13 StGB kombiniert wird. Während die Strafbarkeitsvoraussetzungen einer Körperverletzung durch aktives Tun unmittelbar aus § 223 Abs. 1 StGB zu entnehmen sind, folgen diejenigen der Körperverletzung durch Unterlassen daher aus §§ 223 Abs. 1, 13 Abs. 1 StGB.[3] Auf diese Weise kann grundsätzlich jeder Tatbestand des Besonderen Teils um eine Unterlassungsvariante erweitert werden, insbesondere beschränkt sich der Anwendungsbereich des § 13 StGB nicht auf Vorsatzdelikte. Auch Fahrlässigkeitsdelikte können in Form des unechten Unterlassens verwirklicht werden.

728 Die Prüfung eines unechten Unterlassungsdeliktes unterscheidet sich nicht nur dadurch von derjenigen eines Begehungsdeliktes, dass die Handlung des Täters nicht in einem Tun, sondern in einem Unterlassen besteht. Vielmehr fordert § 13 Abs. 1 StGB darüber hinaus, dass der Täter rechtlich dafür einzustehen hat, dass der Erfolg nicht eintritt. Hierdurch wird die als **Garantenstellung** bezeichnete Strafbarkeitsvoraussetzung des unechten Unterlassungsdeliktes umschrieben (hierzu Rn. 743 ff.). Wer nicht verhindert, dass eine

---

[1] BGHSt 14, 280, 281; *Kindhäuser*, Strafrecht AT, § 35 Rn. 1; vgl. zum Unterlassungsdelikt auch *Kühl*, JA 2014, 507 ff.
[2] *Kühl/Hinderer*, JuS 2009, 919; *Ransiek*, JuS 2010, 490, 491.
[3] Vgl. zur gefährlichen Körperverletzung durch Unterlassen *Wengenroth*, JA 2014, 428 ff.

andere Person körperlich misshandelt wird, ist hierfür nur dann nach §§ 223 Abs. 1, 13 Abs. 1 StGB zu bestrafen, wenn er dazu verpflichtet ist, die Person gerade vor den konkreten Körperverletzungen zu schützen (bspw. weil es sich bei dem Betroffenen um das 10-jährige Kind des Unterlassenden handelt). Zusätzlich fordert § 13 Abs. 1 StGB, dass „das Unterlassen der Verwirklichung des gesetzlichen Tatbestandes durch ein Tun entspricht" (sog. **Entsprechensklausel**; hierzu Rn. 792). Auch die Prüfung der bereits vom Begehungsdelikt bekannten Strafbarkeitsvoraussetzungen vollzieht sich beim unechten Unterlassungsdelikt teilweise nach abweichenden Kriterien. Dies gilt insbesondere für den Prüfungspunkt der Kausalität, bei dem nicht danach zu fragen ist, was passiert wäre, wenn die Handlung des Täter hinweggedacht wird, sondern wie sich das Geschehen entwickelt hätte, hätte der Täter die rechtlich gebotene Handlung vorgenommen (sog. **„Quasi-Kausalität"**; hierzu Rn. 787 ff.).

Somit sollte die Prüfung der Voraussetzungen eines vorsätzlichen unechten Unterlassungsdeliktes nach folgendem Schema erfolgen:

Tab. 23: Vorsätzliches unechtes Unterlassungsdelikt

I.	**Tatbestand**		
	1.	Objektiver Tatbestand	
		a) Eintritt des Erfolges	
		b) Unterlassen (ggf. Abgrenzung zum positiven Tun)	Nichtvornahme der zur Erfolgsabwendung – objektiv gebotenen – und möglichen Handlung
		c) Garantenstellung	– Beschützergarantenstellung – Überwachergarantenstellung
		d) Ursächlichkeit des Unterlassens	Quasi-Kausalität
		e) Objektive Zurechnung	
		f) Entsprechensklausel	
	2.	Subjektiver Tatbestand	a. Unterlassungsvorsatz b. Besondere subjektive Tatbestandsmerkmale
II.	**Rechtswidrigkeit**		Insb. rechtfertigende Pflichtenkollision
III.	**Schuld**		Insb. Unzumutbarkeit normgemäßen Verhaltens

II. Abgrenzung von Tun und Unterlassen

1. Grundlagen

731 Ist das äußere Erscheinungsbild eindeutig, bedarf es in der Fallbearbeitung keiner ausdrücklichen Abgrenzung von Tun und Unterlassen (Bsp. für Tun: A ersticht O mit einem Messer; Bsp. für Unterlassen: A bleibt untätig, während sein Sohn O ertrinkt). Problematisch und erörterungsbedürftig ist die Abgrenzung von Tun und Unterlassen hingegen bei mehrdeutigen Verhaltensweisen, insbesondere wenn von einer Person sowohl Energie aufgewandt wird, als auch ein Untätigbleiben vorliegt. Dies wird deutlich am folgenden sog. **Ziegenhaar-Fall**: A hat für seine Pinselfabrik von einer Händlerfirma chinesische Ziegenhaare bezogen und diese trotz der Mitteilung der Händlerfirma, dass er sie desinfizieren müsse, ohne vorherige Desinfektion durch seine Arbeiterinnen zu Pinseln verarbeiten lassen. Vier Arbeiterinnen, die mit der Herstellung der Pinsel beschäftigt waren, wurden durch Milzbrandbazillen, mit denen die Haare behaftet waren, angesteckt; die vier Arbeiterinnen sind an Milzbrand gestorben.[4]

732 Zur Abgrenzung von Tun und Unterlassen wird teilweise auf das Kriterium des Energieeinsatzes zurückgegriffen.[5] Aktives Tun ist danach anzunehmen, wenn **Energie aufgewendet**, Unterlassen, wenn **keine Energie eingesetzt** wird. Gegen eine solche Abgrenzung spricht indes, dass gerade bei den mehrdeutigen Verhaltensweisen verschiedenartige Anknüpfungspunkte gegeben sind; zudem ist z.B. bei Unterlassungstaten von Ingerenzgaranten (pflichtwidriges Vorverhalten) regelmäßig ein Energieeinsatz vorausgegangen. Mit einer insbesondere in der Rechtsprechung vertretenen Auffassung wird man daher die Abgrenzung zwischen Tun und Unterlassen als Wertungsfrage begreifen müssen.[6] Danach ist darauf abzustellen, wo unter Berücksichtigung des sozialen Handlungssinns der **Schwerpunkt der Vorwerfbarkeit** liegt.[7] Im Ziegenhaar-Fall liegt zwar mit dem Nichtdesinfizieren der Ziegenhaare bei isolierter Betrachtung ein Unterlassen vor. Zur Schädigung der Arbeiterinnen kam es aber, weil A die Ziegenhaare zur Verarbeitung ausgegeben hat. Auf diesem aktiven Tun liegt der Schwerpunkt der Vorwerfbarkeit, so dass auch insgesamt nicht von einem Unterlassen, sondern einem positiven Tun auszugehen ist.

---

[4] RGSt 63, 211.
[5] Vgl. zu diesem Kriterium *Kühl*, JA 2014, 507, 509f.; *Otto/Brammsen*, JURA 1985, 530, 531f.; *Wessels/Beulke/Satzger*, Strafrecht AT, Rn. 699.
[6] So auch *Führ*, JURA 2006, 265, 266; *Hecker*, JuS 2010, 1027, 1029; *Otto*, JURA 2000, 549f.; *Wessels/Beulke/Satzger*, Strafrecht AT, Rn. 700.
[7] Vgl. BGHSt 6, 46, 59; 40, 257, 266; 51, 165, 173; *Tiedemann*, JURA 1982, 371, 379; krit. *Ransiek*, JuS 2010, 494.

2. Lösung spezieller Fallgruppen

Auf der Grundlage der soeben skizzierten Kriterien können Abgrenzungsprobleme, die insbesondere in den sog. **Retterfällen** vorkommem, gelöst werden. Um den Schwerpunkt der Vorwerfbarkeit zu ermitteln, ist dabei zu unterscheiden, wessen Rettungsbemühungen abgebrochen werden.

a) Abbruch eigener Rettungsbemühungen

Bsp.: A wirft dem ertrinkenden O einen Rettungsring zu, zieht diesen aber wieder an der daran befestigten Leine zu sich zurück, bevor der Ring in Reichweite des O gelangt ist.

Bricht der Täter einen rettenden, noch nicht beendeten und von ihm selbst in Gang gesetzten Kausalverlauf ab, bevor die Rettungshandlung das gefährdete Opfer erreicht, liegt der Schwerpunkt der Vorwerfbarkeit beim Unterlassen (weiterer Rettungsbemühungen).[8] Anders ist nur dann zu entscheiden, wenn der Täter bereits eine **realisierbare Rettungsmöglichkeit** geschaffen hat. Wenn A den Rettungsring also erst wegzieht, nachdem O diesen erreicht hat, ist von einem aktiven Tun auszugehen.[9]

Von einem Unterlassen dürfte auch bei einem technischen Behandlungsabbruch durch einen behandelnden Arzt auszugehen sein, etwa wenn ein notwendiger Respirator abgeschaltet oder eine notwendige Magensonde entfernt wird und der Patient daraufhin stirbt (vgl. zur Konstellation des Behandlungsabbruchs aber auch Rn. 319 f.).[10] Zwar stellt sich das Abschalten bzw. Entfernen äußerlich als ein Tun dar, nach dem sozialen Sinngehalt liegt der Schwerpunkt – als Abbruch einer eigenen Rettungsbemühung des Behandelnden – jedoch auf dem Unterlassen (es kann daher auch von einem „**Unterlassen durch Tun**" gesprochen werden).

b) Abbruch fremder Rettungsbemühungen

Bsp.: A entreißt B, der dem ertrinkenden O einen Rettungsring zugeworfen hat, die Leine des Rettungsrings und zieht diesen wieder von O weg.

Greift der Täter aktiv durch Zwang oder Täuschung in fremde Rettungshandlungen ein und bricht so einen rettenden Kausalverlauf ab, liegt der Schwerpunkt der Vorwerfbarkeit auf dem aktiven Tun.[11] Dies gilt auch bei einem technischen Behandlungsabbruch, der durch einen Nicht-Behandelnden, vorgenommen wird. Wenn also der Erbe A den Respirator, der den Erbonkel O

---
[8] Vgl. *Jäger*, Strafrecht AT, Rn. 335; *Kühl*, JA 2014, 507, 510; *Otto*, Strafrecht AT, § 9 Rn. 10; *Roxin*, Strafrecht AT II, § 31 Rn. 108.
[9] So auch *Jäger*, Strafrecht AT, § 9 Rn. 335; *Kühl*, JA 2014, 507, 510; *Wessels/Beulke/Satzger*, Strafrecht AT, Rn. 702; krit. *Ransiek*, JuS 2010, 490, 494; *Rengier*, Strafrecht AT, § 48 Rn. 22 f.
[10] Vgl. BGHSt 40, 257, 266; *Kühl*, Strafrecht AT, § 18 Rn. 17 ff.; *ders.*, JA 2014, 507, 510; *Vogel/Hocke*, JURA 2005, 709.
[11] So auch *Kühl*, JA 2014, 507, 510; *Küper*, JuS 1971, 474, 476 f.; *Rengier*, Strafrecht AT, § 48 Rn. 18 ff.; *Tröndle*, ZStW 99 (1987), 25, 31; *Wessels/Beulke/Satzger*, Strafrecht AT, Rn. 703 f.

versorgt, abschaltet, stellt das Verhalten des A den Abbruch fremder Rettungsbemühungen dar und ist daher als aktives Tun zu bewerten.

c) Omissio libera in causa

739 Als omissio libera in causa wird eine Situation bezeichnet, in der der Täter sich selbstverschuldet in einen Zustand versetzt, in dem es ihm nicht möglich ist, eine ihn zu einem späteren Zeitpunkt treffende Handlungspflicht zu erfüllen.[12] Bsp.: Der Bahnwärter A konsumiert derart viel Alkohol, dass er vor dem Eintreffen des nächsten Zuges außerstande ist, die Schranke herabzulassen. Bei einem daraufhin erfolgenden Zusammenstoß zwischen dem Zug und einem PKW werden mehrere Menschen verletzt.[13]

740 Nach nahezu einhelliger Auffassung scheidet im Fall der omissio libera in causa eine Bestrafung unter Anknüpfung an das Unterlassen in demjenigen Zeitpunkt, in dem die gebotene Handlung hätte vorgenommen werden müssen, aus, da der Täter in diesem Zeitpunkt handlungsunfähig war.[14] Stattdessen ist auf die Herbeiführung der Schuldunfähigkeit abzustellen, die von der h. M. als Unterlassen in Form des „Unterlassens durch Tun" gewertet wird. Ob sich der Täter in dieser Konstellation tatsächlich strafbar gemacht hat, hängt davon ab, ob die Herbeiführung der Handlungsunfähigkeit vorsätzlich oder zumindest fahrlässig erfolgte.[15]

d) Abgrenzung bei Fahrlässigkeitsdelikten

741 Problematisch erscheint die Abgrenzung zwischen Tun und Unterlassen häufig bei Fahrlässigkeitsdelikten (vgl. insoweit bereits den Ziegenhaar-Fall in Rn. 731). Dies liegt darin begründet, dass die für die Fahrlässigkeitsstrafbarkeit zentrale Voraussetzung der Sorgfaltspflichtverletzung als „Außerachtlassen der im Verkehr erforderlichen Sorgfalt" definiert wird (ausführlich noch Rn. 819ff.). Der Fahrlässigkeitsvorwurf knüpft also typischerweise daran an, dass der Täter es unterlassen hat, die von ihm zu erwartende Sorgfalt anzuwenden, so dass letztlich jede Fahrlässigkeitsstrafbarkeit an ein Unterlassensmoment anknüpft.[16] Gleichwohl führt auch hier das **Schwerpunktkriterium** zu sachgerechten Ergebnissen, soweit bei dessen Anwendung den Besonderheiten des Fahrlässigkeitsdeliktes hinreichend Rechnung getragen wird. Da jede fahrlässige Deliktsbegehung zwangsläufig die Nichtberücksichtigung der im konkreten Einzelfall zu beachtenden Sorgfaltspflichten umfasst, ist nur dann von einer Deliktsbegehung durch Unterlassen auszugehen, wenn der Schwerpunkt der Vorwerfbarkeit eindeutig auf dem Unterlassensmoment und nicht auf den daneben vorgenommenen aktiven Handlungen liegt.

---

[12] *Kühl*, Strafrecht AT, § 18 Rn. 22; *Satzger*, JURA 2006, 513, 516; *Stoffers*, JA 1992, 140.
[13] Vgl. auch *Jäger*, Strafrecht AT, Rn. 336a; *Roxin*, Strafrecht AT II, § 31 Rn. 103.
[14] *Jäger*, Strafrecht AT, Rn. 336a; *Satzger*, JURA 2006, 513, 516 ff.
[15] Vertiefend OLG Frankfurt NStZ-RR 2001, 57, 59; *Kindhäuser*, Strafrecht AT, § 35 Rn. 14.
[16] RGSt 63, 392; BGH NStZ 2003, 657; *Rengier*, Strafrecht AT, § 48 Rn. 13.

3. Unterlassen einer zur Erfolgsabwehr geeigneten und möglichen Handlung

Soweit nach den soeben entwickelten Maßstäben das Verhalten des Täters als Unterlassen zu bewerten und daher die Strafbarkeit aus einem unechten Unterlassungsdelikt zu prüfen ist, ist noch vor der Erörterung der weiteren Strafbarkeitsvoraussetzungen (d. h. insbesondere der Garantenstellung sowie der hypothetischen Kausalität) festzustellen, ob der Täter eine zur Erfolgsabwehr **geeignete** und ihm **physisch-real mögliche** Handlung unterlassen hat. Die Vornahme der zur Verhinderung des Erfolgseintritts geeigneten Handlung kann vom Normadressaten nur verlangt werden, wenn er in der konkreten Situation und nach seinen persönlichen Fähigkeiten in der Lage ist, diese zu ergreifen.[17] Wenn bspw. ein 7-Jähriger in das Kieler Hafenbecken gefallen ist und zu ertrinken droht, sind seine Eltern und erwachsenen Geschwister regelmäßig dazu verpflichtet, ihn zu retten. Wenn sich die übrigen Familienmitglieder zum relevanten Zeitpunkt in München aufhalten, ist ihnen die Vornahme der rechtlich gebotenen Handlung in der konkreten Situation jedoch aus tatsächlichen Gründen nicht möglich und eine etwaige Strafbarkeit aus einem unechten Unterlassungsdelikt daher ausgeschlossen.[18]

742

III. Garantenstellung

1. Grundlagen

Nach § 13 Abs. 1 StGB setzt die Strafbarkeit aus einem unechten Unterlassungsdelikt voraus, dass der Täter „rechtlich dafür einzustehen hat, daß der Erfolg (der zum Tatbestand eines Strafgesetzes gehört), nicht eintritt". Der Unterlassende muss also eine **Garantenstellung** aufweisen, die sich gerade auf die Verhinderung des im konkreten Fall eingetretenen Erfolges bezieht.[19] Eine ausdrückliche gesetzliche Stellungnahme zu der Frage, wann eine Person eine Garantenstellung innehat, existiert nicht. Einigkeit besteht jedoch darüber, dass das Vorliegen von Umständen, unter denen eine Bestrafung aus einem echten Unterlassungsdelikt in Betracht kommt (z. B. ein Unglücksfall i. S. v. § 323c StGB) nicht ausreicht, um eine Garantenstellung zu begründen.[20] Ebenfalls unbestritten ist, dass sich eine Garantenstellung nicht bereits aus überlegenem Wissen, sittlichen Pflichten oder besonderen Fähigkeiten ergibt.[21] Dass jemand in besonderem Maße in der Lage ist, einen bestimmten Erfolgseintritt abzuwenden, reicht für sich genommen nicht aus, um eine Garanten-

743

---
[17] Vgl. etwa BGH wistra 2000, 136; *Kühl*, Strafrecht AT, § 18 Rn. 30; *Satzger*, JURA 2006, 513.
[18] Vgl. auch *Rengier*, Strafrecht AT, § 49 Rn. 8 ff.; *ders.*, Strafrecht BT II, § 49 Rn. 12.
[19] BGHSt 16, 155, 158; 19, 167; *Arzt*, JA 1980, 553, 647, 712; *Kühl*, JuS 2007, 487; *ders.*, JA 2014, 507, 510 f.
[20] Vgl. *Rengier*, Strafrecht AT, § 49 Rn. 26.
[21] Vgl. *Mitsch*, JuS 1994, 555; *Ransiek*, JuS 2010, 585, 587.

stellung zu begründen.²² Typische Fehlannahme ist daher, dass eine Garantenstellung allein aus einer bestimmten beruflichen Stellung (bspw. derjenigen eines Arztes) folge.

744 Für die dogmatische Begründung von Garantenstellungen wird neben der sog. Rechtsquellenlehre heute überwiegend auf die sog. Funktionenlehre zurückgegriffen. Die **Rechtsquellenlehre** unterscheidet Garantenstellungen nach ihrem Ursprung. Daraus folgt die Anerkennung einer klassischen Garantentrias.²³ Diese sieht Garantenpflichten aus Gesetz, aus Vertrag und aus vorangegangenem gefährdendem Tun (sog. Ingerenz) vor. Im Laufe der Zeit wurde die Garantentrias um den Aspekt der engen persönlichen Lebensbeziehung erweitert. Demgegenüber ist nach der sog. **Funktionenlehre** zwischen Beschützer- und Überwachergaranten zu differenzieren.²⁴ Beschützergarant ist, wer besondere Schutzpflichten gegenüber bestimmten Rechtsgütern zu erfüllen hat. Der Überwachergarant hat eine bestimmte Gefahrenquelle zu überwachen. Mit dieser Unterscheidung wird die Schutzrichtung der Garantenstellungen systematisiert. Dies hilft z. B. bei der Beantwortung der Frage, inwieweit Garantenpflichten zur Verhinderung fremder Straftaten bestehen, wie die Lösung des folgenden Beispielfalls verdeutlicht: A hat den O auf Rückzahlung eines Darlehens verklagt, das er diesem nie gegeben hatte. Auf Antrag des A wurde in dem Rechtsstreit seine Ehefrau B als Zeugin vernommen. Sie beschwor die falsche Aussage. – Das RG bejahte in diesem Fall eine der Ehefrau gegenüber bestehende Pflicht des Ehemannes, einen Meineid zu verhindern. Dies folge aus der Beistandspflicht, die sich aus der Ehe ergibt.²⁵ Daher wäre A u. a. wegen Beihilfe zum Meineid durch Unterlassen zu bestrafen. Betrachtet man jedoch auf der Grundlage der Funktionenlehre die Schutzrichtung der Garantenstellung des A, so zeigt sich, dass dieser Schaden von seiner Ehefrau abwenden soll, nicht jedoch ihre Lebensführung zu überwachen hat. Aus der Beschützergarantenstellung gegenüber der B folgt keine Pflicht zum Schutz der Rechtsgüter Dritter (des Staates bzw. des O). Eine Strafbarkeit des A wegen Beihilfe zum Meineid durch Unterlassen ist also abzulehnen. Vereinfacht: A muss (als Beschützergarant) seine Ehefrau vor Dritten, nicht jedoch (als Überwachergarant) Dritte vor seiner Ehefrau schützen. Allerdings wird man bspw. im Verhältnis von Eltern zu minderjährigen Kindern (mangels Selbstverantwortlichkeit der Kinder) sowohl eine Beschützer- als auch eine Überwachergarantenstellung annehmen können.

2. Beschützergaranten

745 Eine Beschützergarantenstellung haben Personen inne, die verpflichtet sind, Gefahren von bestimmten Rechtsgütern abzuwenden. Der Beschützergarant hat sich also „vor das Rechtsgut zu stellen" und zu verhindern, dass dieses

---
[22] Vgl. *Otto*, Strafrecht AT, § 9 Rn. 42 ff.; *Ransiek*, JuS 2010, 585, 587.
[23] Vgl. dazu auch *Kühl*, Strafrecht AT, § 18 Rn. 43 ff.
[24] Vgl. *Kölbel*, JuS 2006, 309, 312; *Kühl*, Strafrecht AT, § 18 Rn. 44.
[25] Vgl. RGSt 74, 283, 285.

beeinträchtigt wird.²⁶ Die zentralen Beschützergarantenstellungen sind in Tab. 24 zusammengefasst:

Tab. 24: Beschützergarantenstellungen

Garantenstellung aus:	Bsp.:
Enger Gemeinschaftsbeziehung auf familienrechtlicher Grundlage	– (praktizierte) eheliche Lebensgemeinschaft (vgl. §§ 1353, 1354 BGB) – eheähnliche Partnerschaft – Eltern gegenüber minderjährigen Kindern (vgl. §§ 1626 ff. BGB) – Kind gegenüber Eltern in familiärer Lebensgemeinschaft
Einverständlicher Übernahme einer Schutzfunktion	– Schwimmlehrer gegenüber Schülern – Bereitschaftsärzte gegenüber Notfallpatienten – Herrschaft über Privatwohnung, wenn diese besonderer Schutzraum
Schutzpositionen aufgrund von Amtsträgerpflichten	Polizeibeamte im Rahmen der Dienstausübung gegenüber straftatbedrohten Bürgern
Gefahrengemeinschaft	Bergsteigergruppe

a) Enge Gemeinschaftsbeziehung auf familienrechtlicher Grundlage

aa) Grundlagen

Im Ausgangspunkt unbestritten ist, dass eine Beschützergarantenstellung durch enge Gemeinschaftsbeziehungen auf familienrechtlicher Grundlage begründet werden kann.²⁷ Erfasst sind hiervon insbesondere Eheleute, Lebenspartner, Geschwister sowie in gerader Linie Verwandte.²⁸ Häufig finden sich diesbezüglich auch Anhaltspunkte in gesetzlichen Vorschriften, etwa in § 1353 Abs. 1 BGB für Ehegatten (vgl. auch § 2 LPartG für Lebenspartner) bzw. in den §§ 1626 ff. BGB für Eltern gegenüber ihren minderjährigen Kindern. Umstritten ist allerdings, ob die so begründete natürliche Verbundenheit stets ausreicht, um eine Beschützergarantenstellung zu bejahen. Dies wird im Ausgangspunkt von den Vertretern der sog. **Rechtspflichttheorie** angenommen.²⁹ Danach zieht die durch die verwandtschaftliche bzw. familienrechtliche Beziehung begründete Pflicht zur Rücksichtnahme stets eine Beschützergarantenstellung nach sich, unabhängig davon, ob die beteiligten Personen tatsächlich einen engen

---
²⁶ *Ebert*, Strafrecht AT, S. 177; *Jäger*, Strafrecht AT, Rn. 337; *Otto*, Strafrecht AT, § 9 Rn. 22.
²⁷ Vgl. zu dieser Thematik *Kretschmer*, JURA 2006, 898 ff.; *Nikolaus*, JA 2005, 605 ff.
²⁸ *Rengier*, Strafrecht AT, § 50 Rn. 13 f.; *Wessels/Beulke/Satzger*, Strafrecht AT, Rn. 718.
²⁹ So tendenziell bei Sch/Sch-*Stree/Bosch*, § 13 Rn. 18; *Wessels/Beulke/Satzger*, Strafrecht AT, Rn. 718.

sozialen Kontakt pflegen.[30] Konsequenz dieser Auffassung ist, dass bspw. eine Ehefrau selbst dann dafür Sorge zu tragen hat, dass ihr Ehegatte nicht an Leib und Leben verletzt wird, wenn sie bereits seit Monaten aus der gemeinsamen Wohnung ausgezogen ist und die (noch nicht rechtsgültige) Scheidung eingereicht hat. Zutreffend wird die Rechtspflichttheorie heute überwiegend abgelehnt, da sie die abnehmende Bedeutung des familiären Zusammenlebens in der Gesellschaft nicht widerspiegelt und das Maß der von Verwandten bzw. Verheirateten einzufordernden Solidarität überspannt.[31] Mit der vom BGH vertretenen Sicht ist vielmehr eine Beschützergarantenstellung aus natürlicher Verbundenheit insbesondere unter Ehegatten nur dann anzuerkennen, wenn die eine Person **tatsächlich** darauf **vertrauen kann**, dass die andere ihr beim Schutz ihrer Rechtsgüter beisteht.[32]

bb) Anwendungsfall (BGHSt 48, 301)

748 Die Konsequenzen der Auseinandersetzung um die zeitlichen Grenzen der Garantenpflicht unter Ehegatten verdeutlicht die Lösung des folgenden Beispielsfalls: B würgte As Ehemann O bis an die Grenze der Bewusstlosigkeit und schlug ihm mit der Faust in den Magen. Er war über O verärgert, weil dieser ihn wegen eines Diebstahls bei der Polizei angezeigt hatte. A hatte kurz vor der Tat von dem Vorhaben des B Kenntnis erlangt, unterließ es aber, ihren Ehemann O vor dem Angriff zu warnen oder B von seiner Tat abzuhalten. A hatte sich etwa vier Wochen vor der Tat von O getrennt und einem anderen Mann zugewandt.

749 Innerhalb der Prüfung der Strafbarkeit der A ist zu klären, ob sich diese wegen (Beihilfe zur) Körperverletzung durch Unterlassen strafbar gemacht hat. Dies setzt eine Garantenstellung der A zum Zeitpunkt der Tatbegehung voraus. Auf der Grundlage der **Rechtspflichttheorie** ergibt sich die Garantenstellung der Ehegatten unmittelbar aus § 1353 Abs. 1 S. 2 BGB und es kommt zumindest hinsichtlich der Rechtsgüter Leben, Leib und Freiheit allein auf den rechtlichen Fortbestand der Ehe an. Dass sich A von O getrennt hat, würde danach keine Rolle spielen. Angesichts der rechtlich fortbestehenden Ehe wäre sie Garantin für die körperliche Unversehrtheit des O. Demgegenüber wird in der Literatur teilweise vertreten, dass die Garantenpflicht unter Eheleuten ihre Grundlage nicht in der rechtlichen Regelung des § 1353 BGB, sondern in dem **tatsächlichen Bestehen** des gegenseitigen Vertrauens- und Abhängigkeitsverhältnisses zwischen Eheleuten habe.[33] A lebte von O bereits getrennt; es bestand damit kein tatsächliches Vertrauens- und Abhängigkeitsverhältnis mehr, so dass A nach dieser Auffassung nicht als Garantin anzusehen wäre. Der BGH hat im vorliegenden Fall eine überzeugende **vermittelnde Lösung** entwickelt: Da Ehegatten nach § 1353 Abs. 1 S. 2 BGB Verantwortung für-

---

[30] So etwa RGSt 71, 189; BGHSt 2, 150; 7, 268; 19, 167.
[31] Vgl. *Kretschmer*, JURA 2006, 898, 899; *Nikolaus*, JA 2005, 605, 609.
[32] BGH NJW 2003, 3212; BGHSt 48, 301, 302; *Kindhäuser*, Strafrecht AT, § 36 Rn. 76.
[33] So auch *Kühl*, Strafrecht AT, § 18 Rn. 58; *ders.*, JuS 2007, 497, 501; *Nikolaus*, JA 2005, 605, 608; *Rengier*, Strafrecht AT, § 50, Rn. 20 f.

einander tragen, „kann die gegenseitige Beistandspflicht nicht etwa schon mit dem bloßen Auszug eines Ehegatten aus der Ehewohnung als solchem, also mit der bloßen räumlichen Trennung als beendet angesehen werden (...). Andererseits würde es eine nicht zu rechtfertigende Überdehnung der strafrechtlichen Beistandspflicht unter Eheleuten bedeuten, wollte man annehmen, dass diese erst mit dem Ende der Ehe, ggf. also erst mit der Rechtskraft des Scheidungsurteils endet. Es sind zahlreiche Lebensgestaltungen denkbar, in denen – ungeachtet des formal fortbestehenden Ehebands – keiner der beiden Ehegatten tatsächlich darauf vertraut oder auch nur Anlass hätte, darauf zu vertrauen, der andere Teil würde ihm zum Schutze seiner Rechtsgüter beistehen (...). Dementsprechend endet die strafrechtliche Garantenpflicht unter Eheleuten, wenn sich ein Ehegatte vom anderen in der ernsthaften Absicht getrennt hat, die eheliche Lebensgemeinschaft nicht wieder herzustellen."[34] Angesichts des Umstands, dass A nicht nur von O getrennt lebte, sondern sich bereits einem anderen Mann zugewandt hatte, ist davon auszugehen, dass sie sich in der ernsthaften Absicht von ihrem Ehemann getrennt hat, die eheliche Lebensgemeinschaft nicht wieder herzustellen. Sie hatte daher zum Tatzeitpunkt keine Garantenstellung mehr gegenüber O inne. Damit scheidet eine Strafbarkeit wegen eines unechten Unterlassungsdelikts aus. Zu bejahen ist allerdings eine Strafbarkeit wegen unterlassener Hilfeleistung gem. § 323c StGB (zu den diesbezüglichen Voraussetzungen noch Rn. 810).

b) Einverständliche Übernahme einer Schutzfunktion

Eine Garantenstellung kann sich auch daraus ergeben, dass eine Person eine **Schutzfunktion über bestimmte Rechtsgüter übernimmt**.[35] In diese Fallgruppe fallen bspw. die Vornahme ärztlicher Behandlungen sowie die Aufsicht über fremde Kinder (Babysitten). Ob die Übernahme der Schutzfunktion auf einem zivilrechtlich wirksamen Vertrag beruht, ist unerheblich.[36] Für die Begründung der Garantenstellung genügt die faktische Übernahme einer Tätigkeit, mit der eine Schutzwirkung einhergeht.

750

Das tatsächliche **Zusammenleben in einer Wohnung** und die Herrschaft über diesen räumlichen Bereich begründen als solche noch keine Beschützergarantenstellung.[37] Für eine Garantenstellung ist zumindest die „Übernahme einer Schutzfunktion vorauszusetzen (...) Anderenfalls würde bei der Unterschiedlichkeit der vorkommenden Wohngemeinschaften – Kommunen, Heimbewohner, Arbeiter in Gemeinschaftsunterkünften usw. – der Kreis der Handlungspflichtigen in unüberschaubarer und teils unvertretbarer Weise ausgedehnt."[38]

751

---

[34] BGHSt 48, 301, 304 ff.
[35] *Arzt*, JA 1980, 647, 653; *v. Danwitz*, JURA 2000, 486, 487 f.; *Ransiek*, JuS 2010, 585, 587.
[36] *Krey*, Strafrecht AT, Rn. 1145; *Kühl*, JuS 2007, 497, 502; *Rengier*, Strafrecht AT, § 50 Rn. 29.
[37] *Kühl*, JuS 2007, 497, 501; *Roxin*, Strafrecht AT II, § 32 Rn. 56.
[38] BGH NStZ 1984, 163.

752 Eine Garantenstellung kraft Übernahme einer Schutzfunktion kann auch dadurch begründet werden, dass anderen in Not geratenen Personen geholfen wird. Die rechtliche Erfolgsabwendungspflicht ist in diesem Fall darauf zurückzuführen, dass durch das Einleiten bestimmter Rettungsmaßnahmen **andere potenziell Rettungswillige** vom Einschreiten **abgehalten** werden können oder andere Rettungsmöglichkeiten vereitelt werden.[39] Wenn also ein KFZ-Fahrer an einer Unfallstelle vorbeifährt und dort einen Schwerverletzten in sein Auto einlädt, um diesen zu einem Krankenhaus zu fahren, begründet dies zumindest dann eine Garantenstellung, wenn hierdurch andere Rettungsmöglichkeiten aufgehoben werden bzw. deren Realisierung unwahrscheinlicher wird.

753 Eine Garantenstellung kraft Übernahme endet mit faktischer, erkennbarer und **zulässiger Aufgabe der Verpflichtung**.[40] Sobald ein KFZ-Fahrer den in seinem Wagen mitgenommenen Unfallverletzten ins Krankenhaus eingeliefert hat, hat er daher für etwaige Verschlechterungen der körperlichen Integrität nicht mehr einzustehen. Demgegenüber würde seine Garantenstellung fortdauern, wenn er den Verletzten nachts an einer Landstraße absetzt, da dann keine zulässige Aufgabe der Verpflichtung vorläge.

c) Schutzpositionen aufgrund von Amtsträgerpflichten

754 Bei Amtsträgern kann eine Garantenstellung aus den sie treffenden Dienstpflichten erwachsen, bspw. sind Polizeibeamte während ihrer Dienstausübung verpflichtet, zum Schutz straftatbedrohter Bürger tätig zu werden.[41] Umstritten ist demgegenüber, inwieweit Staatsanwälte und Polizeibeamte eine Garantenstellung für strafrechtlich geschützte Rechtsgüter trifft, wenn sie außerdienstlich Kenntnis von Straftaten erlangen.[42] Nach zustimmungswürdiger Auffassung des BGH besteht die Garantenstellung grundsätzlich nur **im Rahmen der Dienstausübung**. Wird der Polizeibeamte in seiner Freizeit Zeuge einer Straftat, haftet er demgegenüber prinzipiell nur im Rahmen der echten Unterlassungsdelikte, also insbesondere nach § 323c StGB.[43] Anders ist jedoch zu entscheiden, wenn ein Polizeibeamter außerdienstlich Kenntnis von Straftaten erlangt, die während seiner Dienstausübung fortwirken. In diesem Fall ist durch eine **Abwägung sämtlicher Umstände des Einzelfalls** festzustellen, ob das öffentliche Interesse an der Strafverfolgung den Interessen des Polizeibeamten an einem ungestörten Privatleben vorgeht. Entscheidend für die Abwägung ist dabei insbesondere das Gewicht der durch die potenziellen Straftaten betroffenen Rechtsgüter. Ungeachtet etwaiger privater Interessen nimmt der BGH daher eine Pflicht eines Polizeibeamten zum Einschreiten an, wenn er von „schwerwiegenden Verstößen gegen das Waffengesetz mit Dauer-

---

[39] Im Wesentlichen ebenso BGH NJW 1993, 2628 f.; *Kühl*, Strafrecht AT, § 18 Rn. 73; *Otto*, Strafrecht AT, § 9 Rn. 64 ff.; *Roxin*, Strafrecht AT II, § 32 Rn. 61 f.; vgl. auch *Mitsch*, JuS 1994, 555, 556 f., der die „Erhöhung von Risikofaktoren oder Verringerung von Chancenfaktoren" verlangt.
[40] Vgl. *Roxin*, Strafrecht AT II, § 32 Rn. 68 f.
[41] Vgl. BGHSt 2, 150, 153; *Arzt*, JA 1980, 647, 651 f.
[42] Vgl. hierzu *Laubenthal*, JuS 1993, 907.
[43] BGHSt 38, 388, 391.

charakter, nicht auf den Einzelfall beschränkten Handel mit harten Drogen oder Schutzgelderpressungen erfährt. Gleiches gilt für Straftaten aus dem Bereich der organisierten Kriminalität, die erfahrungsgemäß auf Wiederholung angelegt sind. Verhindert der Polizeibeamte im Rahmen seiner Dienstausübung derartige Taten nicht, obwohl er hierzu aufgrund außerdienstlich erworbener Kenntnisse in der Lage wäre, so kann er wegen Teilnahme an dem jeweiligen Delikt belangt werden."[44]

d) Gefahrgemeinschaft

Eine Beschützergarantenstellung können zuletzt die Mitglieder einer **rechtlich anerkannten Gefahrgemeinschaft** innehaben. Hierbei handelt es sich um Gemeinschaften, die ihrem Wesen nach darauf angelegt sind, sich untereinander Hilfe und Beistand zu leisten.[45] Anwendungsfall ist bspw. die Bergsteigergruppe, bei der die einzelnen Mitglieder sich in der Regel darauf verlassen, dass die anderen sich um ihre Rettung bemühen, wenn sie in eine Notlage geraten. Keine Garantenstellung erwächst demgegenüber aus bloßen Zufallsgemeinschaften, selbst wenn diese (wie im Fall von Drogenkonsumenten) eine Tätigkeit vornehmen, die mit einer besonderen Risikoschaffung einhergeht.[46]

755

e) Speziell: Beschützergarantenstellung zur Verhinderung einer Selbsttötung

Unter welchen Voraussetzungen eine Beschützergarantenstellung die Pflicht umfasst, eine Selbsttötung zu verhindern, ist in Literatur und Rechtsprechung umstritten. Noch bevor in der Fallbearbeitung auf eine etwaige Strafbarkeit nach §§ 212 Abs. 1, 13 Abs. 1 StGB wegen unterlassener Rettung des Sterbewilligen eingegangen wird, ist allerdings zu prüfen, ob nicht eine Strafbarkeit wegen Mitwirkung am Tötungsdelikt vorliegt. Erst wenn festgestellt wurde, dass weder ein Fall der nach § 212 Abs. 1 StGB strafbaren eigenhändigen Fremdtötung noch eine nach §§ 212 Abs. 1, 25 Abs. 1 Var. 2 StGB strafbare Tötung in mittelbarer Täterschaft vorliegt (und dass nach überzeugender h. M. mangels teilnahmefähiger Haupttat auch keine Beihilfe zu der Selbsttötung in Betracht kommt), ist der Frage nachzugehen, ob eine Strafbarkeit wegen Totschlags durch Unterlassen dadurch begründet wird, dass keine Maßnahmen eingeleitet wurden, um den Todeseintritt des Suizidenten zu verhindern.[47]

756

Neben dem Vorliegen einer **Beschützergarantenstellung** ist nach überwiegender Auffassung für eine Strafbarkeit nach §§ 212 Abs. 1, 13 Abs. 1 StGB durch Nichteinschreiten gegen eine Selbsttötung erforderlich, dass der Suizident im Zeitpunkt des Ansetzens zur Selbsttötung „unfrei" handelt. Eine Beschützergarantenstellung, welche grundsätzlich auch die Verhinderung einer

757

---

[44] BGHSt 38, 388, 391.
[45] *Kindhäuser*, Strafrecht AT, § 36 Rn. 80; *Maiwald*, JuS 1981, 473, 481.
[46] *Kindhäuser*, Strafrecht AT, § 36 Rn. 80; *Kühl*, Strafrecht AT, § 18 Rn. 66; *ders.*, JuS 2007, 497, 501.
[47] Überblick zum Prüfungsaufbau bei *Jäger*, Strafrecht AT, Rn. 351; *Kühl*, JURA 2010, 81 ff.

Selbsttötung umfasst, haben insbesondere Ehegatten, Lebenspartner, Eltern sowie Haus- und Notärzte inne. Das Erfordernis eines unfreien Handelns des Sterbewilligen folgt daraus, dass (selbst) von einem Garanten nicht verlangt werden kann, dass er sich über den eindeutigen Sterbewillen und das Selbstbestimmungsrecht eines anderen hinwegsetzt.[48] Nur für den Fall, dass die Selbsttötung nicht als freiverantwortlich zu bewerten ist (zu den diesbezüglichen Voraussetzungen bereits Rn. 134 ff.), beinhaltet die Beschützergarantenstellung auch die Pflicht, eine Selbsttötung des zu Beschützenden zu verhindern. Zu beachten ist in diesem Zusammenhang, dass der BGH in Fällen einer an sich freiverantwortlichen Selbsttötung einen „Tatherrschaftswechsel" in dem Zeitpunkt annimmt, in dem der Suizident das Bewusstsein verliert. Auch wenn die angestrebte Selbsttötung auf einem freien Entschluss beruht, führe die Bewusstlosigkeit dazu, dass „der Eintritt des Todes jetzt allein vom Verhalten des Garanten ab(hängt). In dessen Hand liegt nunmehr, ob das Opfer, für dessen Leben er von Rechts wegen einzustehen hat, gerettet wird oder nicht."[49] In diesem Zeitraum hafte der Garant daher nach den allgemeinen Grundsätzen und es käme nur eine Strafbefreiung unter dem Gesichtspunkt der „Umzumutbarkeit normgemäßen Verhaltens" (hierzu noch Rn. 796 f.) in Betracht. In der Literatur wird die vom BGH vorgenommene Konstruktion eines Tatherrschaftswechsels zu Recht überwiegend abgelehnt.[50] Sie widerspricht nicht nur der gesetzgeberischen Entscheidung, die Teilnahme an einer Selbsttötung nicht unter Strafe zu stellen, zusätzlich wird von ihr verkannt, dass auch der Eintritt der Bewusstlosigkeit nichts daran ändert, dass das Verhalten des untätig bleibenden Garanten als Respektierung des freiverantwortlichen Sterbewillens zu bewerten ist.[51] Die Strafbarkeit aus §§ 212 Abs. 1, 13 Abs. 1 StGB ist daher auf Fälle zu beschränken, in denen sich entweder die Selbsttötung von Beginn an als nicht freiverantwortlich darstellt, oder der zunächst freiverantwortliche Sterbewille nach Beginn des Selbsttötungsvorgangs erlischt und dies nach außen tatsächlich erkennbar wird.

758 Liegen die soeben skizzierten Voraussetzungen einer Strafbarkeit des Garanten nach §§ 212 Abs. 1, 13 Abs. 1 StGB nicht vor, wird er in Fällen des Nichteinschreitens gegen eine Selbsttötung regelmäßig gänzlich straflos sein. Eine Bestrafung nach § 221 Abs. 1 Nr. 2 StGB würde wiederum voraussetzen, dass eine Pflicht zur Verhinderung des Todeseintritts besteht, was bei einer freiverantwortlichen Tötung aus den oben genannten Gründen zu verneinen ist. Die Voraussetzungen einer unterlassenen Hilfeleistung (§ 323c StGB) sind ebenfalls nicht erfüllt, da ein freiverantwortlicher Suizid entsprechend der überzeugenden herrschenden Literaturauffassung keinen Unglücksfall darstellt.[52]

---

[48] Vgl. *Jäger*, Strafrecht AT, Rn. 350; *Rengier*, Strafrecht BT II, § 8 Rn. 14.
[49] BGHSt 32, 367, 374.
[50] *Achenbach*, JURA 2002, 544; Sch/Sch-*Eser/Sternberg-Lieben*, Vorbem. §§ 211 ff. Rn. 43; *Lackner/Kühl*, StGB, Vor § 211 Rn. 15; *Rengier*, Strafrecht BT II, § 8 Rn. 14.
[51] *Achenbach*, JURA 2002, 544; *Rengier*, Strafrecht BT II, § 8 Rn. 14, 16.
[52] *Jäger*, Strafrecht AT, Rn. 351.

f) Leitentscheidungen

BGHSt 2, 150, 153 ff.; Garantenstellung bei Ehegatten: Ein Ehemann tötet sich durch Erhängen. Die hinzutretende Ehefrau unternimmt nichts zur Rettung ihres bewusstlosen Ehemanns, da sie mit dem Verlauf der ohne ihr Zutun in Gang gesetzten Ereignisse einverstanden ist. – Als Ausfluss ihrer gegenseitigen Fürsorgepflicht (vgl. § 1353 Abs. 1 BGB) haben in ehelicher Gemeinschaft lebende Ehegatten eine gegenseitige Garantenpflicht inne, die sich insbesondere darauf bezieht, den Eintritt körperlicher Schäden abzuwenden. Obgleich eine aktive Beihilfe zur Selbsttötung nicht strafbar ist und der Ehemann seinen freiverantwortlichen Sterbewillen eindeutig zum Ausdruck gebracht hat, hielt der BGH die Ehefrau für verpflichtet, ihren Ehemann nicht nur vor äußeren Gefahren zu schützen, sondern auch den von ihm selbst veranlassten Kausalverlauf zu unterbrechen.

BGHSt 27, 10, 12 f.; Garantenstellung kraft Aufnahme in Wohnraum: Ein Wohnungsinhaber lernt einen Rentner kennen, der auf der Suche nach einem Zimmer ist. Gegen einen Mietvorschuss nimmt er den Rentner in seiner Wohnung auf. Am Abend bekommt der Wohnungsinhaber Besuch von zwei Freunden, die mit ihm und dem Rentner erhebliche Mengen Alkohol konsumieren. Als sich der Rentner auf die Couch legt, entwendet einer der Gäste dessen Sparbuch und schlägt mehrfach auf den Rentner ein, um diesen zur Preisgabe des für die Verwendung des Sparbuchs erforderlichen Kennworts zu veranlassen. Der Rentner antwortet nicht und verstirbt kurze Zeit später infolge der Schläge. Dem Wohnungsinhaber wäre es möglich gewesen, die Tat zu verhindern. – Der BGH bejahte eine Garantenstellung des Wohnungsinhabers zur Verhinderung von Gewalttaten gegen den Rentner. Wer als Gastwirt oder Wohnungsinhaber einen anderen in seinen Räumlichkeiten aufnimmt und ihm deren Schutz zur Verfügung stellt, schaffe hierdurch eine Vertrauensgrundlage. Diese begründe zumindest bei Gefahren für Leib und Leben, die sich gerade aus dem Aufenthalt in der Wohnung ergeben, eine Garantenstellung.

BGHSt 43, 82, 84 ff.; Keine Garantenstellung Vollzugsbediensteter im Zusammenhang mit § 258 StGB: Zwei Strafvollzugsabteilungsleiter erfahren, dass Neuankömmlinge einer Vollzugsanstalt ohne ersichtlichen Grund von Vollzugsbediensteten mit Gummiknüppeln geschlagen wurden. Sie verschweigen den Vorfall jedoch gegenüber der Anstaltsleitung. – Der BGH verneinte eine Strafvereitelung durch Unterlassen. Rechtsgut des § 258 StGB sei die staatliche Strafrechtspflege, so dass eine Garantenpflicht nur solche Personen träfe, welche Belange der Strafrechtspflege wahrnehmen oder fördern. Gemäß §§ 160, 161, 163 Abs. 1 StPO, § 152 GVG nähmen Vollzugsbedienstete an der Strafverfolgung nicht teil. Auch etwaige Verwaltungsvorschriften, nach denen sie Straftaten gegen Vollzugsinsassen mitzuteilen haben, dienten nicht der Strafverfolgung, sondern allein der Ordnung innerhalb der Vollzugsanstalt. Zuletzt könne eine Garantenstellung auch nicht daraus hergeleitet werden, dass durch die Straftaten gegen die Vollzugsinsassen deren Resozialisierung erschwert werde. Zwar haben nach § 2 S. 1 StVollzG Vollzugsbeamte auf die

Resozialisierung der Gefangenen hinzuwirken, jedoch handle es sich hierbei um eine bloße Zielbestimmung, der einzelne Handlungsgebote nicht entnommen werden könnten.

762 **BGHSt 48, 301, 302 ff.; Grenzen der Garantenstellung unter Ehegatten (hierzu bereits Rn. 748 f.):** Nach einem heftigen Streit trennt sich eine Frau von ihrem Ehegatten und wendet sich einem anderen Mann zu. Vier Wochen später erfährt sie, dass ein Bekannter sich gewaltsam an ihrem Ehegatten dafür rächen möchte, dass dieser ihn bei der Polizei angezeigt hat. Obwohl sie genügend Zeit hätte, ihren Gatten zu warnen oder den Bekannten von seinem Vorhaben abzubringen, bleibt sie untätig. – Die Frau ist nicht zum Tätigwerden zugunsten ihres Gatten verpflichtet. Zwar sind Eheleute bei bestehender Lebensgemeinschaft zum gegenseitigen Schutz verpflichtet, jedoch endet ihre strafrechtliche Garantenpflicht, wenn sich ein Ehegatte vom anderen in der ernsthaften Absicht trennt, die eheliche Lebensgemeinschaft nicht wieder herzustellen. Auf den formellen Scheidungsakt kommt es hierfür nicht an.

3. Überwachergaranten

763 Eine Überwachergarantenstellung haben Personen inne, die verpflichtet sind, die von einer bestimmten Gefahrenquelle ausgehenden Risiken abzuschirmen. Der Überwachergarant muss sich also „vor die Gefahr stellen" und verhindern, dass durch diese andere Rechtsgüter beeinträchtigt werden.[53] Die wesentlichen Überwachergarantenstellungen sind in Tab. 25 zusammengefasst:

764 Tab. 25: Überwachergarantenstellungen

Garantenstellung aus:	Bsp.:
Gefährdendes Vorverhalten (Ingerenz)	– Verursachung eines Verkehrsunfalls
Sachherrschaft über Gefahrenquellen	– Betreiber von Sprungturmanlagen – Beaufsichtigung zum Zweck der Gefahrenminimierung: Lehrer bzgl. minderjähriger Schüler im Schulbereich – Herrschaft über Privatwohnung, wenn diese besondere Gefahrenquelle

a) Gefährdendes Vorverhalten (Ingerenz)

aa) Einführung

765 Zu den bedeutsamsten Quellen einer Garantenstellung zählt die Ingerenz, das gefährdende Vorverhalten des Unterlassenden. Hiernach ist der Täter für die Überwachung einer Gefahr verantwortlich, die er zuvor selbst geschaffen hat.[54] Grundfall der Überwachergarantenstellung aus vorausgegangenem ge-

---

[53] *Jäger*, Strafrecht AT, Rn. 337.
[54] BGH NStZ 2009, 381; *Arzt*, JA 1980, 713; *Rengier*, Strafrecht AT, § 50 Rn. 70.

fährlichen Tun ist das **pflichtwidrige Vorverhalten**.⁵⁵ Bsp.: A fährt mit seinem PKW Radfahrer O nachts fahrlässig an. O bleibt schwerverletzt liegen. Zwar rechnet A zutreffend damit, dass O ohne ärztliche Hilfe, die noch rechtzeitig hätte herbeigerufen werden können, stirbt. Um aber unerkannt zu entkommen, fährt er weg und lässt O liegen, der daraufhin seinen Verletzungen erliegt. – A hat sich wegen fahrlässiger Tötung (§ 222 StGB) und unerlaubten Entfernens vom Unfallort (§ 142 Abs. 1 StGB) strafbar gemacht. Dazu steht in Tateinheit ein Totschlag durch Unterlassen gem. §§ 212 Abs. 1, 13 Abs. 1 StGB. A ist Überwachergarant kraft Ingerenz. Er hat durch sein vorausgegangenes pflichtwidriges Tun (die Verursachung des Verkehrsunfalls) eine Gefahrenquelle geschaffen, zu deren Überwachung er als Garant verpflichtet ist.

bb)   Ingerenz bei rechtmäßigem Vorverhalten?

Umstritten ist, ob auch ein **rechtmäßiges Vorverhalten** zur Garantenstellung kraft Ingerenz führen kann. Wie auch im folgenden Beispielsfall begegnet die Problematik besonders häufig in Konstellationen, in denen eine Person eine andere im Rahmen der rechtmäßigen Ausübung eines Notwehrrechts verletzt und sich anschließend die Frage stellt, ob der sich Verteidigende dafür verantwortlich ist, dass keine Intensivierung der beim ursprünglichen Angreifer hervorgerufenen Verletzungen eintritt: A verletzt seinen Zechkumpanen O in Notwehr durch einen Messerstich schwer. Obwohl A erkennt, dass O in Todesgefahr schwebt und er ihn durch Herbeirufen eines Arztes retten könnte, lässt er O hilflos zurück und nimmt dessen Tod billigend in Kauf. O verblutet.⁵⁶ – Eine Strafbarkeit des A wegen Totschlags durch Unterlassen gem. §§ 212 Abs. 1, 13 Abs. 1 StGB setzt eine Garantenstellung des A voraus. In Betracht kommt eine Überwachergarantenstellung kraft Ingerenz. Allerdings war das Vorverhalten des A nicht pflichtwidrig, da er in Notwehr handelte. Nach einer in der Literatur teilweise vertretenen Auffassung (sog. **Verursachungstheorie**) genügt für die Entstehung einer Garantenstellung kraft Ingerenz die Verursachung einer im Hinblick auf den abzuwendenden Erfolg adäquaten Gefahr.⁵⁷ Auf die Rechts- bzw. Pflichtwidrigkeit des Vorverhaltens komme es nicht an. Danach wäre A im Beispielsfall Garant für das Leben des O, das er durch den Messerstich in Gefahr gebracht hat.

Demgegenüber wird in Rechtsprechung und Literatur im Sinne einer **Pflichtwidrigkeitstheorie** für das Bestehen einer Garantenstellung aus vorangegangenem Verhalten grundsätzlich eine Pflichtwidrigkeit vorausgesetzt.⁵⁸ Dem ist zuzustimmen. Denn ein nicht pflichtwidriges Vorverhalten schafft keine Verantwortlichkeit, die über den Rahmen der echten Unterlassungs-

---

⁵⁵ Vgl. hierzu *Rengier*, Strafrecht AT, § 50 Rn. 70 ff.; *Sowada*, JURA 2003, 236, 238.
⁵⁶ BGHSt 30, 391, 396; vgl. hierzu auch *Herzberg*, JuS 1971, 74.
⁵⁷ Hierzu *Arzt*, JA 1980, 714, 715 f.; *Jäger*, Strafrecht AT, Rn. 356; *Kaufmann/Hassemer*, JuS 1964, 151, 152.
⁵⁸ BGH NStZ 2000, 414; hierzu auch *Engländer*, JuS 2001, 958; *v. Schröder*, JA 2001, 191; vgl. auch *Geppert*, JURA 2001, 492; *Kelker*, JURA 1996, 98; *Rengier*, Strafrecht AT, § 50 Rn. 73 ff.; *Roxin*, Strafrecht AT II, § 32 Rn. 165 ff.; *Sowada*, JURA 2003, 239 f.

delikte (insbesondere des § 323c StGB) hinausgeht. Ansonsten würde der Anwendungsbereich des § 13 StGB überdehnt, was insbesondere für den Fall gilt, dass die Gefahrschaffung durch Notwehr gerechtfertigt ist. Der in Notwehr Handelnde befindet sich in einer wesentlich anderen Situation als derjenige, der pflichtwidrig eine Gefahrensituation herbeiführt. Die Verteidigung gegen den Angreifer ist nicht auf einen freien Entschluss des Angegriffenen zurückzuführen, sondern beruht auf dem rechtswidrigen Verhalten des Angreifers. „Wer durch einen rechtswidrigen Angriff eine Selbstgefährdung herbeiführt, kann hierdurch nicht erzwingen, dass der Angegriffene als Garant zu seinem Beschützer wird (…). Den Angegriffenen (…) mit der Garantenstellung zu belasten, widerspricht dem Sinn des Notwehrrechts. Denn damit wäre der Angreifer stärker geschützt als ein ohne eigene und fremde Schuld Verunglückter."[59] Die Verletzung des O in Notwehr macht daher den A nicht zum Garanten für das Leben des O. Eine Strafbarkeit des A wegen Totschlags durch Unterlassen gem. §§ 212 Abs. 1, 13 StGB scheidet aus. A hat sich jedoch wegen unterlassener Hilfeleistung strafbar gemacht, da ein Unglücksfall i. S. d. § 323c StGB auch dann vorliegt, wenn der Betroffene die Notlage selbst hervorgerufen hat.[60]

768   Ein Abweichen von der soeben skizzierten Pflichtwidrigkeitstheorie scheint nur dann geboten, wenn die durch das Vorverhalten des Unterlassenden herbeigeführte Gefahr zwar rechtmäßig erfolgte, hierdurch aber **unbeteiligte Dritte** in den Wirkungskreis der Gefahrenquelle einbezogen wurden.[61] Dies gilt insbesondere in Konstellationen, in denen eine über das Notstandsrecht in § 34 StGB gerechtfertigte Handlung zu einer Gefährdung Unbeteiligter führt. Bsp.: Der die Straße überquerende A kann nur dadurch verhindern, dass er von einem heranfahrenden Auto überfahren wird, dass er beherzt zur Seite springt und hierdurch den auf dem Bürgersteig stehenden O umreißt. O wird hierdurch zwar nicht schwer verletzt, stößt sich jedoch den Hinterkopf, was zu einer vorübergehenden Bewusstlosigkeit führt. – Die von A gegenüber O verwirklichte (fahrlässige) Körperverletzung ist nach § 34 StGB gerechtfertigt, da A nur durch deren Begehung sein eigenes Leben retten konnte und dieses im Vergleich zur körperlichen Integrität des O wesentlich höher wiegt. Da A jedoch durch sein gerechtfertigtes Vorverhalten in die Rechtsgüter einer unbeteiligten Person eingegriffen hat, ist es wertungsgerecht, ihm die Verpflichtung aufzuerlegen, zu verhindern, dass der Unbeteiligte zusätzliche Einbußen seiner Rechtsgüter hinnehmen muss.[62] Im Beispielsfall führt dies dazu, dass A dafür Sorge zu tragen hat, dass dem bewusstlosen O keine zusätzlichen Schäden entstehen. Entfernt sich A, ohne sich um O zu kümmern und führt dies dazu, dass dieser zusätzliche körperliche Schmerzen erleidet, die ansonsten hätten verhindert werden können, ist A daher nach §§ 223 Abs. 1, 13 Abs. 1 StGB zu bestrafen.

---

[59] Vgl. BGHSt 23, 327.
[60] BGH NJW 1991, 1120; *Fischer*, StGB, § 323c Rn. 3.
[61] *Rengier*, Strafrecht AT, § 50 Rn. 94 f.; *Sowada*, JURA 2003, 236, 240 f.
[62] Vgl. auch BGHSt 32, 34 und die Fallbearbeitung bei *Jäger*, Strafrecht AT, Rn. 361 f.

cc) Ingerenzgarantenstellungen im Straßenverkehr

Besonders häufig ist die Ingerenzgarantenstellung im **Straßenverkehr** zu erörtern. Dabei ist zwischen den folgenden Konstellationen zu differenzieren: Schafft ein Verkehrsteilnehmer wie in dem in Rn. 765 skizzierten Fall durch ein pflichtwidriges Verkehrsverhalten eine Gefahrenquelle für einen anderen Verkehrsteilnehmer, so begründet dies unproblematisch eine Überwachergarantenstellung.

Wer sich in jeder Hinsicht verkehrsgerecht verhält, wird demgegenüber auch dann nicht Adressat einer Garantenpflicht, wenn er in einen Verkehrsunfall verwickelt wird – die bloße Teilnahme am Straßenverkehr begründet also keine Garantenstellung.

Umstritten ist die Fallgruppe, in der sich ein Verkehrsteilnehmer zwar verkehrswidrig verhält, die Schaffung einer gefährdenden Situation aber nicht auf sein eigenes pflichtwidriges Verhalten zurückzuführen ist. Bsp.: KFZ-Führer A fährt nachts mit deutlich überhöhter Geschwindigkeit durch eine Ortschaft, als plötzlich der nicht beleuchtete Motorradfahrer O auf die Straße einschwenkt und von A erfasst wird. Auch bei Einhaltung der zulässigen Höchstgeschwindigkeit hätte A den Unfall nicht verhindern können. Er entscheidet sich dazu, weiterzufahren, anstatt dem O zu helfen, welcher daraufhin an seinen Verletzungen verstirbt.[63] – Der BGH tendierte in einigen Entscheidungen zu der Auffassung, dass schon die durch die Geschwindigkeitsüberschreitung begründete Pflichtwidrigkeit ausreiche, um eine Ingerenzgarantenstellung des A anzunehmen.[64] Dieser hätte also dafür Sorge zu tragen, dass der beim Unfall verletzte O nicht dadurch zusätzliche Schmerzen erleidet bzw. verstirbt, dass ihm keine Hilfe zuteil kommt. In der Literatur wird diese Position mit überzeugenden Argumenten mehrheitlich abgelehnt.[65] Der Umstand, dass A sich selbst pflichtwidrig verhalten hat, steht mit dem schadensbegründenden Ereignis nicht in Zusammenhang und kann daher keine Ingerenzgarantenstellung begründen. Die Auffassung des BGH führt darüber hinaus zu dem wenig einleuchtenden Ergebnis, dass A sich zwar durch das Anfahren des O nicht wegen § 222 StGB strafbar gemacht hat (mangels Pflichtwidrigkeitszusammenhang; vgl. bereits Rn. 138 ff.), dass sein Verhalten jedoch ausreichen soll, um eine Strafbarkeit nach §§ 212 Abs. 1, 13 Abs. 1 StGB auszulösen.[66]

dd) Leitentscheidungen

BGHSt 19, 152, 154 ff.: Keine Garantenstellung bei sozialadäquatem Vorverhalten: Nachdem er ihnen erhebliche Mengen Alkohol ausgeschenkt hat, erkennt ein Gastwirt, dass drei seiner Gäste stark angetrunken sind. Er rät ihnen daher, ein Taxi zu nehmen. Die Gäste lehnen dies jedoch ab und fahren mit ihrem eigenen Wagen nach Hause. Der Fahrer, der zu dieser Zeit eine BAK

---

[63] Vgl. auch die Fallbearbeitung bei *Jäger*, Strafrecht AT, Rn. 357 f.
[64] BGHSt 34, 82, 84.
[65] *Kühl*, Strafrecht AT, § 18 Rn. 102; *Ransiek*, JuS 1989, L60, 61 f.; *Roxin*, Strafrecht AT II, § 32 Rn. 170; *Sowada*, JURA 2003, 236, 242 f.
[66] Vgl. BGHSt 34, 82, 84; *Kindhäuser*, Strafrecht AT, § 36 Rn. 71.

von 2,14 ‰ aufweist, kommt infolge seiner Fahruntüchtigkeit von der Straße ab und fährt auf einen Acker, wodurch zwei Personen verletzt werden. – Der BGH verneinte eine Pflicht des Gastwirtes, die Autofahrt der Gäste zu verhindern. Das gewerbsmäßige Ausschenken von Alkohol stelle solange ein sozialadäquates Verhalten dar, wie die Gäste nicht offensichtlich so stark betrunken sind, dass sie sich nach verständiger Beurteilung nicht mehr eigenverantwortlich verhalten können. Da dies vorliegend nicht der Fall sei, falle die Art der Heimfahrt seiner Gäste nicht in den Verantwortungsbereich des Gastwirtes.

774 **BGHSt 23, 327 f.; Keine Ingerenzgarantenstellung bei gerechtfertigtem Vorverhalten (hierzu bereits Rn. 766 ff.):** Zwei Zechkumpane geraten auf der Heimfahrt in eine heftige Auseinandersetzung. Als sich der eine auf den anderen stürzen möchte, ergreift dieser ein Messer und nimmt eine nach § 32 StGB gerechtfertigte Verteidigungshandlung vor. Anschließend lässt er den Schwerverletzten im Auto liegen, der kurze Zeit später verstirbt. – Die mit dem Messer zugefügte Verletzung begründet keine Garantenstellung. Wer eine durch Notwehr gerechtfertigte Handlung vornimmt, befindet sich in einer anderen Lage als sonstige Urheber einer Gefahrenquelle, da die Verteidigung nicht auf seinem Entschluss beruht, sondern durch das rechtswidrige Verhalten des Angreifers provoziert ist. Dieser kann nicht erwarten, dass der Angegriffene als Garant zu seinem Beschützer wird, da er ansonsten stärker geschützt wäre als ein ohne eigene und fremde Schuld Verunglückter. In Betracht kommt lediglich eine Strafbarkeit nach § 323c StGB.

775 **BGHSt 25, 218, 220 ff.; Keine Ingerenzgarantenstellung bei sorgfaltsgemäßem Vorverhalten:** Ein Autofahrer ist mit ordnungsgemäßer Geschwindigkeit unterwegs und erfasst einen alkoholisierten Fußgänger, der unvorhersehbar in die Fahrbahn hineinlief. Der Autofahrer steigt aus und sucht die Straße flüchtig nach einem Verletzten ab. Er findet jedoch niemanden und fährt daher weiter. Der bewusstlose Fußgänger wird später von einem LKW erfasst und tödlich verletzt. – Den Autofahrer trifft keine Garantenstellung zur Verhinderung weiterer Schäden des bewusstlosen Fußgängers. Die ordnungsgemäße Teilnahme am öffentlichen Straßenverkehr stellt eine sozialadäquate Handlung dar und begründet im Falle eines Verkehrsunfalls jedenfalls dann keine Garantenstellung, wenn das Opfer durch sein verkehrswidriges und schuldhaftes Verhalten die alleinige Ursache für den Unfall gesetzt hat. Da der Autofahrer sich ordnungsgemäß verhalten hat und der Unfall für ihn unvermeidbar war, hat er somit keine Ingerenzgarantenstellung inne.

776 **BGHSt 34, 82, 84; Garantenstellung bei verkehrswidrigem Verhalten (vgl. schon Rn. 772):** Ein Kraftfahrer fährt bei zugelassener Höchstgeschwindigkeit von 100 km/h mit 120 km/h einen Mopedfahrer an, wodurch dieser zur Seite geschleudert wird. Der Kraftfahrer fährt zunächst weiter, kehrt dann jedoch um. Er bemerkt den stark blutenden Mopedfahrer, fährt jedoch erneut davon. Der Mopedfahrer verblutet, bei sofortiger ärztlicher Hilfe wäre ein Überleben nicht ausgeschlossen gewesen. Es kann im Nachhinein nicht festgestellt werden, ob der Mopedfahrer vor dem Unfall seinerseits verkehrswidrig in die Fahrbahn einschwenkte. – Nach Auffassung des BGH hängt die

Garantenstellung des Kraftfahrers nicht davon ab, ob der Mopedfahrer als der Hauptverursacher des Unfalls anzusehen ist. Wer sich seinerseits verkehrswidrig verhalten hat, sei dafür verantwortlich, eine Intensivierung der durch einen Unfall hervorgerufenen Schäden zu verhindern, wenn sein Verhalten in unmittelbarem Zusammenhang mit dem Unfall steht. Die Benutzung des öffentlichen Verkehrsraums mit einem KFZ gehöre nur solange zu den allgemein als sozialüblich gebilligten Verhaltensweisen, wie das Fahrzeug in jeder Hinsicht verkehrsgerecht gehandhabt wird.

b)   Sachherrschaft über Gefahrenquellen

Wer eine bestimmte Gefahrenquelle eröffnet oder beherrscht, hat dafür Sorge zu tragen, dass von dieser keine **schädlichen Außenwirkungen** ausgehen.[67] Man spricht hier auch von sog. Verkehrssicherungspflichten,[68] die bspw. den Betreiber eines Atomkraftwerkes, den Fahrer eines KFZs sowie den Halter eines gefährlichen Tieres treffen.[69] Ob die jeweilige Gefahrenquelle durch ein pflichtwidriges Verhalten begründet wird oder mit einer sozialadäquaten, d. h. rechtlich erlaubten Betätigung verbunden ist, ist für die Begründung einer Überwachergarantenstellung ohne Bedeutung.[70] So muss derjenige, der in Übereinstimmung mit den gesetzlichen Vorschriften einen bissigen Pitbull hält, ebenso kontrollieren, dass dieser niemanden attackiert, wie derjenige, der ohne eine erforderliche Genehmigung zu besitzen, einen Alligator auf seinem Grundstück hält.

777

Ebenso wie durch die Aufnahme einer Person in die eigene Wohnung nicht per se eine Beschützergarantenstellung begründet wird (vgl. schon Rn. 760), reicht die Eigenschaft als **Wohnungsbesitzer** nicht aus, um eine Überwachergarantenstellung anzunehmen. Vielmehr trifft den Wohnungsbesitzer nur dann eine Überwachergarantenstellung, „wenn die Wohnung wegen ihrer besonderen Beschaffenheit oder Lage eine Gefahrenquelle darstellt, die er so zu sichern und zu überwachen hat, dass sie nicht zum Mittel für die leichtere Ausführung von Straftaten gemacht werden kann."[71] Auch der **Eigentümer eines Grundstücks** ist nicht ohne Weiteres dazu verpflichtet, gegen das rechtswidrige Verhalten von Mietern des Anwesens einzuschreiten.[72]

778

Verstärkt diskutiert wird in jüngerer Zeit, wie weit die Garantenstellung eines **Internet-Providers** reicht, zu verhindern, dass strafbare Daten und In-

779

---

[67] BGHSt 19, 286, 288 f.; BGH NJW 1975, 108; *Kindhäuser*, Strafrecht AT, § 36 Rn. 59.
[68] *Emmerich*, JuS 2003, 1026; *Kühl*, JuS 2007, 497, 502.
[69] LK-*Weigend*, § 13 Rn. 48 ff.; *Wessels/Beulke/Satzger*, Strafrecht AT, Rn. 723.
[70] BGH NJW 2003, 2018 für einen Sportveranstalter; *Wessels/Beulke/Satzger*, Strafrecht AT, Rn. 723.
[71] BGHSt 30, 391, 396; vgl. zur Garantenstellung des Wohnungsinhabers bei Angriffen auf einen Gast auch *Tenckhoff*, JuS 1978, 308.
[72] Vertiefend hierzu OLG Zweibrücken NStZ-RR 2000, 119; *Lackner/Kühl*, StGB, § 326 Rn. 7a.

formationen zugänglich gemacht werden.[73] Die Auseinandersetzung betrifft insbesondere Konstellationen, in denen der Nutzer eines Providers pornographische (§§ 184 ff. StGB), volksverhetzende (§ 130 StGB) oder beleidigende (§§ 185 ff. StGB) Inhalte auf eine Website einstellt. Seit dem Jahr 2007 ist zur Bestimmung der Reichweite des Verantwortungsbereichs von Internetprovidern auf das Telemediengesetz (TMG) zurückzugreifen, wonach die Haftung eines Providers in erster Linie davon abhängt, welche Leistungen er erbringt. Beschränkt sich die Funktion des Providers darauf, fremde Informationen zu **übermitteln** bzw. den **Zugang zu fremden Informationen zu ermöglichen**, ist er nach § 8 Abs. 1 S. 1 TMG im Ausgangspunkt nicht für den Inhalt der Informationen verantwortlich. Etwas anderes gilt nach § 8 Abs. 1 S. 2 TMG jedoch dann, wenn ein Provider absichtlich mit einem Nutzer seiner Dienste zusammenarbeitet, um rechtswidrige Handlungen zu begehen. Selbst für den Fall, dass fremde Informationen durch einen Provider gespeichert werden, trägt er für diese nach § 9 Abs. 1 TMG grundsätzlich keine Verantwortung, wenn es sich um eine **zeitlich begrenzte Zwischenspeicherung** handelt, die allein dazu dient, die Übermittlung der Informationen effizienter zu gestalten. Für **dauerhaft gespeicherte** Fremdinformationen, die rechtswidrige Inhalte enthalten, trifft den Provider nach § 10 TMG eine persönliche Verantwortung, wenn er von den Informationen Kenntnis hat und nicht unverzüglich einschreitet, um eine Entfernung oder Sperrung der Informationen zu bewirken.[74] Eine uneingeschränkte Verantwortlichkeit begründet § 7 Abs. 1 TMG zuletzt für **eigene Informationen**.

780   Umstritten ist, ob **Vorgesetze** infolge der ihnen zufallenden Verantwortung generell eine Garantenstellung innehaben, die darauf gerichtet ist, Straftaten ihrer nachgeordneten **Mitarbeiter** zu verhindern.[75] Der BGH und einige Autoren wollen zumindest für Betriebsinhaber sowie die von diesen eingesetzten Vertreter eine entsprechende Garantenstellung annehmen und begründen dies mit deren „Befehls- und Organisationsherrschaft"[76]. Allerdings sei die Garantenstellung auf die Verhinderung betriebsbezogener Straftaten zu beschränken und es könne von jedem Betriebsmitglied grundsätzlich nur die Einleitung solcher Maßnahmen verlangt werden, die innerhalb des jeweiligen Zuständigkeitsbereichs liegen.[77] Andere Autoren lehnen eine entsprechende Garantenstellung generell ab und verweisen darauf, dass Vorgesetzten zwar ein Weisungsrecht gegenüber nachgeordneten Mitarbeitern zukomme, sich

---

[73] Hierzu *Kudlich*, JA 2002, 801 ff.; *Kühl*, Strafrecht AT, § 18 Rn. 115b; *Wessels/Beulke/Satzger*, Strafrecht AT, Rn. 723; vgl. allgemein LG München I, NJW 2000, 1051 ff.; *Liebau*, JURA 2006, 520 ff.
[74] Vgl. auch LG Karlsruhe MDR 2008, 109.
[75] Vgl. zur Auseinandersetzung auch *Kindhäuser*, Strafrecht AT, § 36 Rn. 73 f.
[76] So etwa *Rogall*, ZStW 98 (1986), 573, 617 f.; *Schünemann*, wistra 1982, 41, 43 f.; vgl. auch BGHSt 57, 42, 45.
[77] BGHSt 57, 42, 45 f.; *Rogall*, ZStW 98 (1986), 573, 618 f.

hieraus aber keine Herrschaftsposition ergebe, welche zur Begründung einer Garantenstellung ausreiche.[78]

Die eine Person infolge der Beherrschung einer Gefahrenquelle treffende Garantenstellung kann auf andere Personen **übertragen** werden.[79] Wer sich gegenüber dem Halter eines Pitbulls bereit erklärt, sich während dessen Urlaubs um den Hund zu kümmern, hat also dafür Sorge zu tragen, dass sich die vom Pitbull ausgehenden Gefahren nicht realisieren. Auch hier kommt es für die wirksame Übertragung der Garantenstellung allein darauf an, dass die Aufsicht über die Gefahrenquelle tatsächlich von einem anderen übernommen wird. Ob die Übertragung auf einem zivilrechtlich wirksamen Vertrag beruht, ist prinzipiell ohne Bedeutung. Der die Garantenstellung Übertragende wird hierdurch nicht automatisch von seiner Haftung befreit, vielmehr trifft ihn eine Pflicht, die **ordnungsgemäße Aufgabenerfüllung zu überwachen**.[80] Soweit für den Halter des Pitbulls erkennbar ist, dass sich sein Nachbar entgegen dem gegenüber ihm erklärten Versprechen nicht hinreichend um das Tier kümmern wird, bleibt er also Adressat des Handlungsgebotes.

781

c) Garantenstellung durch Inverkehrbringen gefährlicher Produkte

Eine Garantenstellung kann sich zuletzt auch durch den Vertrieb gefährlicher Produkte ergeben. Standardbeispiel ist die Lederspray-Entscheidung des BGH, der ein Fall zugrundelag, in dem die von einer GmbH vertriebenen Ledersprays Hautreizungen bei den Verbrauchern verursachten, sich die Geschäftsführer der GmbH aber zunächst dagegen entschieden, eine Rückrufaktion zu starten (vgl. hierzu auch schon Rn. 110, 125).[81] In der Literatur wird teilweise vertreten, die Garantenstellung der Geschäftsführer hinsichtlich der von den Ledersprays ausgehenden Gefahren sei mit einer entsprechenden Anwendung der im Zivilrecht entwickelten **Produkthaftungspflichten** zu begründen.[82] Demgegenüber hält der BGH die Pflicht, Verbraucher vor gesundheitsschädlichen Produkten zu warnen, für einen bloßen **Unterfall der allgemeinen Ingerenzgarantenstellung**. Wer gesundheitsschädliche Produkte vertreibe, bewege sich außerhalb des im allgemeinen geschäftlichen Verkehr Erlaubten und schaffe hierdurch pflichtwidrig eine Gefahr für die Verbraucher. Dementsprechend treffe ihn eine Garantenstellung aus pflichtwidrigem schadensnahem Vorverhalten, die auf die Verhinderung eines Schadenseintritts bei den Verbrauchern ausgerichtet sei.[83]

782

---

[78] *Otto*, JURA 1998, 409, 413; vgl. auch *Jäger*, JA 2012, 392, 394; *Roxin*, Strafrecht AT II, § 32 Fn. 237; SK/*Rudolphi*, § 13 Rn. 35a.
[79] BGHSt 19, 286, 289, 52, 159, 163; *Lindemann*, ZJS 2008, 405 f.; *Rengier*, Strafrecht AT, § 50 Rn. 46.
[80] *Lindemann*, ZJS 2008, 404, 405.
[81] Vgl. auch die Fallbearbeitung bei *Jäger*, Strafrecht AT, Rn. 364 ff.
[82] Vgl. *Roxin*, Strafrecht AT II, § 32 Rn. 206 f.
[83] BGHSt 37, 106, 115 ff.; *Beulke/Bachmann*, JuS 1992, 737, 739 f.

d) Leitentscheidungen

783 **BGHSt 30, 391, 393 ff.; Keine Garantenstellung aufgrund (bloßer) Wohnungsinhaberschaft:** Vier Männer entführen eine Frau, schleppen diese in das offen zugängliche Dachgeschoss der Wohnung eines Ehepaars und vergewaltigen die Frau dort. Auf deren Schreie hin erscheint der Wohnungsinhaber, dem die Frau das Geschehene erklärt und um Hilfe bittet. Auf die Drohung eines der Männer verlässt der Wohnungsinhaber jedoch das Dachgeschoss und leitet auch keinerlei Hilfsmaßnahmen ein. Auch die später erscheinende Ehefrau kommt der Frau weder zur Hilfe, noch informiert sie die Polizei. – Allein die Eigenschaft als Wohnungsinhaber begründet keine Garantenstellung. Etwas anderes gilt nur, wenn zusätzliche Umstände hinzutreten, die eine Rechtspflicht zum Handeln begründen, bspw. wenn die Wohnung wegen ihrer Beschaffenheit oder Lage eine Gefahrenquelle darstellt, die der Wohnungsinhaber so zu sichern hat, dass sie nicht zum Mittel für die leichtere Ausführung von Straftaten gemacht werden kann. Da die offene Zugänglichkeit eines Dachgeschosses hierfür nicht ausreicht, hat sich das Ehepaar nicht wegen Beihilfe zur Vergewaltigung durch Unterlassen, sondern nur nach § 323c StGB strafbar gemacht.

784 **BGHSt 37, 106, 114 ff.; Garantenstellung in Produkthaftungsfällen (vgl. schon Rn. 782):** Obgleich ein Sachverständiger die vier Geschäftsführer einer GmbH in einer Sondersitzung darüber aufgeklärt hat, dass ein von ihnen vertriebenes Lederspray mit hoher Wahrscheinlichkeit zu Hautreizungen bei den Verbrauchern führt, beschließen diese, das Lederspray weiterhin zu vertreiben und keine Rückrufaktion zu starten. Nach der Sondersitzung kommt es noch bei 38 Verbrauchern infolge der Verwendung des Ledersprays zu teils erheblichen körperlichen Schäden. – Hinsichtlich der 38 Schadensfälle bejahte der BGH die Voraussetzungen eines unechten Unterlassungsdeliktes. Die Garantenstellung der Geschäftsführer ergebe sich aus ihrem vorangegangenen, pflichtwidrigen Gefährdungsverhalten. Wer unter Verstoß gegen das Lebensmittel- und Bedarfsgegenständegesetz fehlerhafte Produkte vertreibe, sei dafür verantwortlich, dass die Verbraucher durch deren Verwendung keine Schäden erleiden. Da die Ingerenz nur ein objektiv pflichtwidriges Vorverhalten voraussetze, sei es für das Vorliegen der Garantenstellung ferner unerheblich, ob die Geschäftsführer das pflichtwidrige Vorverhalten schuldhaft verursacht haben. Ob daneben eine Garantenstellung nach den Grundsätzen der zivilrechtlichen Verkehrssicherungspflichten eingreift, ließ der BGH offen.

785 **BGHSt 47, 224, 229 ff.; Garantenstellung bei arbeitsteiliger Beherrschung einer Gefahrenquelle:** Zwei Bauarbeiter sind mit der Entfernung von Stahlkrallen an den Gleisen der Wuppertaler Schwebebahn beauftragt. Als nur noch zwei Krallen abzumontieren sind, kommen ihnen zwei Kollegen zur Hilfe, mit denen sie sich die noch verbleibende Arbeit aufteilen. Die Arbeiter entfernen eine Kralle ordnungsgemäß, vergewissern sich aber nicht, dass ihre Kollegen (wie abgesprochen) mit der anderen Kralle ebenso verfahren. Da diese die zweite Kralle nicht ordnungsgemäß abmontieren, kommt es bei der Inbetriebnahme der Schwebebahn zu einem Unfall, bei dem fünf Fahrgäste sterben und 37 verletzt werden. – Durch die tatsächliche Übernahme des ihnen erteilten Auftrags wurde eine Garantenstellung der Arbeiter begründet, die sich auf die gezielte Beseitigung einer Gefahrenquelle für den Fahrbetrieb bezog. Diese Garantenstellung wurde durch das Hinzutreten der Kollegen nicht aufgehoben. Eine später vereinbarte Arbeitsteilung führt in der Regel allenfalls zu einer Modifizierung, nicht aber zu einer Aufhebung der auf einer tatsächlichen Übernahme beruhenden Garantenstellung. Insbesondere aufgrund der außerordentlich hohen Gefährlichkeit der Kralle im Schienenbereich blieben die Bauarbeiter verpflichtet, sich zu vergewissern, dass ihre Kollegen die zweite Kralle ordnungsgemäß entfernt haben.

BGHSt 52, 159, 163 ff.; Garantenstellung kraft tatsächlicher Übernahme einer LKW-Untersuchung: Ein Werkstattmitarbeiter stellt bei einer Überprüfung fest, dass die Vorderradbremsen eines LKW schadhaft sind, unterlässt jedoch eine weitere Untersuchung bei der er bemerkt hätte, dass auch die hinteren Bremsen vollständig abgefahren sind. Obgleich er seinen Arbeitgeber über die Schäden an den Vorderradbremsen informiert, setzt dieser den LKW auch weiterhin ein. In der Folgezeit kommt es aufgrund vollständigen Bremsversagens zu einem Unfall, bei dem der Fahrer und zwei weitere Personen ums Leben kommen. – Der Werkstattmitarbeiter hat kraft tatsächlicher Übernahme eine Garantenstellung zur Abwehr der sich aus technischen Mängeln des LKWs ergebenden Gefahren inne. Die gesetzlich angeordnete Zuständigkeit des Halters (§ 31 Abs. 2 StVZO) und des Fahrzeugführers (§ 23 Abs. 1 und 2 StVO) stehen der Annahme einer Garantenstellung nicht entgegen, da der Halter seine Verantwortlichkeit durch die Bestellung einer sachkundigen und zuverlässigen Hilfsperson einschränken kann. Ob das pflichtwidrige Unterlassen der vollständigen Untersuchung ursächlich für den Unfall geworden ist, hängt davon ab, ob der Arbeitgeber mit an Sicherheit grenzender Wahrscheinlichkeit auf die weitere Nutzung des LKWs verzichtet hätte, wenn er auch Kenntnis vom schlechten Zustand der Hinterradbremsen gehabt hätte.

BGHSt 57, 42, 45 ff.; Garantenpflicht des Vorgesetzten: Mitarbeiter einer städtischen Straßenbaukolonne attackieren wiederholt einen Kollegen aus einer anderen Kolonne auf demütigende Weise und verwenden dabei teilweise auch gefährliche Werkzeuge. Der Vorarbeiter der Angreifer ist bei einigen Übergriffen anwesend. – Eine Strafbarkeit des Vorarbeiters wegen gefährlicher Körperverletzung durch Unterlassen scheidet aus. Zwar kann einen Vorgesetzten je nach den Umständen des Einzelfalls eine Garantenpflicht zur Verhinderung von Straftaten Untergebener treffen, doch ist diese Pflicht auf die Verhinderung betriebsbezogener Straftaten beschränkt. Ein innerer Zusammenhang der Übergriffe mit der betrieblichen Tätigkeit der Angreifer oder der Art des Betriebes sei hier nicht festzustellen. Dass Mobbing auch in Verbindung mit körperlichen Übergriffen die Verwirklichung einer allgemein in Betriebsgemeinschaften angelegten Gefahr ist, genügt für die Annahme von Betriebsbezogenheit nicht. Abzustellen ist auf den konkreten Betrieb. Gerade weil eine Gefahr von Übergriffen bei jedem Betrieb mit mehr als einem Mitarbeiter besteht, liegt keine Verwirklichung einer dem konkreten Betrieb innewohnenden Gefahr vor.

IV. Kausalität und objektive Zurechnung beim Unterlassen

1. Anforderungen an die Kausalität

787 Da nach § 13 Abs. 1 StGB eine Bestrafung aus einem unechten Unterlassungsdelikt nur in Betracht kommt, wenn das Unterlassen gleichwertig zur Tatbestandsverwirklichung durch aktives Tun ist, ist auch hier eine Kausalität zwischen dem Verhalten des Täters und dem Erfolgseintritt erforderlich.[84] Im Ausgangspunkt ist auch an dieser Stelle die Bedingungstheorie anzuwenden, sie muss jedoch modifiziert werden, um den Besonderheiten des Unterlassens Rechnung zu tragen: Ein bloßes Nichthandeln kann als solches nicht Ursache eines Erfolges sein, vielmehr ist zu untersuchen, wie sich das Geschehen entwickelt hätte, wenn der Täter die rechtlich gebotene Handlung vorgenommen hätte – man spricht daher im Zusammenhang mit den unechten Unterlassungsdelikten auch von **„hypothetischer" Kausalität** oder **Quasi-Kausalität**.[85] Somit bestimmt sich die Ursächlichkeit des Untätigbleibens des Täters beim unechten Unterlassungsdelikt nach folgender Formel: Der hypothetische Kausalzusammenhang (Quasi-Kausalität) ist gegeben, wenn die unterlassene Handlung nicht **hinzugedacht** werden kann, ohne dass der Erfolg **mit an Sicherheit grenzender Wahrscheinlichkeit** entfiele.[86]

788 Der Hinweis darauf, dass für die Ursächlichkeit lediglich erforderlich ist, dass der Erfolgseintritt bei Hinzudenken der gebotenen Handlung *mit an Sicherheit grenzender Wahrscheinlichkeit* entfiele, ist darauf zurückzuführen, dass man sich über die Entwicklung eines hypothetischen Geschehensablaufs nie gänzlich sicher sein kann und betrifft daher kein eigenständiges Kausalitätskriterium, sondern eine bloße **Beweisregel**.[87] Soweit der Erfolgseintritt bei Vornahme der rechtlich gebotenen Handlung nur „möglicherweise" ausgeblieben wäre, muss der Unterlassende unter Anwendung des in dubio pro reo-Grundsatzes freigesprochen werden.[88]

789 Mit Ausnahme der soeben skizzierten Besonderheiten gelten die zum Ursachenzusammenhang beim Begehungsdelikt entwickelten Grundsätze entsprechend. Auch bei der Bestimmung der hypothetischen Kausalität bleiben also **Reserveursachen** außer Betracht und es kann (insbesondere im Zusammenhang mit Kollegialentscheidungen) erforderlich sein, die Grundsätze der **alternativen Kausalität** entsprechend anzuwenden, um das Zusammen-

---

[84] Ganz h. M. vgl. nur BGHSt 6, 12; *Bosch*, JA 2008, 737; *Jäger*, Strafrecht AT, Rn. 366; *Wessels/Beulke/Satzger*, Strafrecht AT, Rn. 711. Zur Gegenauffassung vgl. die Darstellung bei *Kindhäuser*, Strafrecht AT, § 36 Rn. 13.

[85] BGHSt 48, 77, 87; *Gropp*, Strafrecht AT, § 11 Rn. 71.

[86] BGH NStZ 2000, 583; krit. dazu *Bosch*, JA 2008, 737; *Wessels/Beulke/Satzger*, Strafrecht AT, Rn. 711.

[87] *Engländer*, JuS 2001, 958, 960 f.; *Rengier*, Strafrecht AT, § 49 Rn. 14.

[88] *Engländer*, JuS 2001, 958, 960 f.; *Rengier*, Strafrecht AT, § 49 Rn. 14.

wirken mehrerer Personen im Rahmen der Erfolgsherbeiführung sachgerecht zu erfassen.[89]

2. Anforderungen an die objektive Zurechnung

Auch die für das Begehungsdelikt entwickelten Grundsätze zur objektiven Zurechnung des Erfolges sind im Ausgangspunkt auf das unechte Unterlassungsdelikt zu übertragen. Objektiv zurechenbar ist ein tatbestandlicher Erfolgseintritt beim Unterlassungsdelikt, wenn er gerade auf der **Pflichtwidrigkeit des Unterlassens** beruht.[90] Insbesondere unter Ehegatten wird die objektive Zurechnung häufig unter dem Gesichtspunkt der **eigenverantwortlichen Selbstgefährdung** zu verneinen sein. Auch wenn Ehegatten bei tatsächlich existierender Ehegemeinschaft prinzipiell zu gegenseitiger Fürsorge angehalten sind, wird man einen Ehegatten nicht als verpflichtet betrachten können, jedwede Schädigung der körperlichen Integrität seines Ehepartners abzuwenden, wenn sich dieser in vollem Bewusstsein der drohenden Gefahren einem bestimmten Risiko aussetzt.[91]

3. Leitentscheidung

BGHSt 6, 1, 2; Hypothetische Kausalität: Der Fahrdienstleiter eines Bahnhofs unterlässt es entgegen den geltenden Fahrdienstvorschriften, einen Schrankenwärter darüber zu informieren, dass ein Eilgüterzug 21 Minuten früher als geplant eintreffen wird. Als der Zug die Schranke passiert, ist diese geöffnet und es befindet sich ein Motorradfahrer auf den Gleisen, der vom Zug erfasst wird und verstirbt. – Ein Unterlassen ist ursächlich für einen Erfolg, wenn dieser durch die unterbliebene Handlung verhindert worden wäre, wobei die Feststellung einer an Sicherheit grenzenden Wahrscheinlichkeit ausreicht. Da davon auszugehen ist, dass der Schrankenwärter die Schranke geschlossen hätte, wäre er über die frühzeitige Durchfahrt des Zuges informiert worden, ist das Untätigbleiben des Fahrdienstleiters ursächlich für den Tod des Motorradfahrers.

V. Entsprechensklausel

Gem. § 13 Abs. 1 StGB muss das Unterlassen der Verwirklichung des gesetzlichen Tatbestands durch ein Tun entsprechen.[92] Bei **schlichten Erfolgsdelikten** (hierzu bereits Rn. 51) folgt diese Entsprechung schon daraus, dass sowohl beim Tun als auch beim garantenpflichtwidrigen Unterlassen der Erfolgsein-

---

[89] Vgl. auch *Kindhäuser*, Strafrecht AT, § 36 Rn. 18, 22.
[90] *Wessels/Beulke/Satzger*, Strafrecht AT, Rn. 713.
[91] Vgl. auch *Kindhäuser*, Strafrecht AT, § 36 Rn. 27 ff.
[92] Vgl. eingehend *Satzger*, JURA 2011, 749 ff.; aber auch *Fahl*, JA 2013, 674 ff., der sich mit dem richtigen Prüfungsstandort der Entsprechungsklausel auseinandersetzt.

tritt verursacht wird. (Prüfungs-)Relevant ist die Entsprechensklausel des § 13 Abs. 1 StGB hingegen bei **verhaltensgebundenen Straftaten**, deren spezifisches Unrecht eine bestimmte Begehungsweise (Modalität) erfordert.[93] In diesen Fällen bedeutet die Entsprechensklausel, dass es einer sog. **Modalitätenäquivalenz** bedarf, die gegeben ist, wenn das Unterlassen einen dem Tun vergleichbaren sozialen Sinngehalt besitzt.[94] Verhaltensgebunden ist bspw. der Mord (§ 211 StGB) im Hinblick auf das Mordmerkmal der Heimtücke (§ 211 Abs. 2, 2. Gruppe Var. 1 StGB). Verhindert ein (Beschützer-)Garant nicht, dass sein Schützling heimtückisch getötet wird, so besitzt sein Unterlassen nicht einen der Heimtücke vergleichbaren Sinngehalt. In diesem Fall ist der Garant also nur wegen Totschlags durch Unterlassen, §§ 212 Abs. 1, 13 Abs. 1 StGB strafbar. Verhindert er hingegen eine grausame Tötung (§ 211 Abs. 2, 2. Gruppe Var. 2 StGB) nicht, so entspricht das durch sein Unterlassen verwirklichte Unrecht nach seinem sozialen Sinngehalt der Grausamkeit durch aktives Tun. Es ist also modalitätenäquivalent. Der Garant ist in diesem Fall wegen Mordes durch Unterlassen strafbar (§§ 211 Abs. 2, 2. Gruppe Var. 2, 13 Abs. 1 StGB).

VI. Vorsatz und Irrtum beim Unterlassungsdelikt

1. Anforderungen an den Vorsatz und Irrtumskonstellationen

793 Der Vorsatz beim Unterlassungsdelikt muss neben dem Entschluss, trotz erkannter Möglichkeit des Erfolgseintritts untätig zu bleiben, insbesondere die tatsächlichen Umstände umfassen, aus denen die Garantenstellung folgt.[95] Ein Irrtum über diese tatsächlichen Voraussetzungen (Bsp.: Der untätig bleibende Vater erkennt nicht, dass das ertrinkende Kind sein Sohn ist) stellt einen **Tatbestandsirrtum** nach § 16 Abs. 1 S. 1 StGB dar.[96] Der Täter handelt daher nicht vorsätzlich, möglich bleibt eine Strafbarkeit wegen fahrlässiger Deliktsbegehung.

794 Erkennt der Täter zwar die tatsächlichen Umstände der Garantenstellung, hält sich aber irrig nicht für verpflichtet, den Erfolg abzuwenden (Bsp.: Der untätig bleibende Vater erkennt den Ertrinkenden als seinen Sohn, rettet diesen aber nicht, weil er irrig annimmt, bei gefährlichen Tätigkeiten seines Sohnes sei er nicht zu dessen Rettung verpflichtet), so liegt lediglich ein **Gebotsirrtum**

---

[93] *Wessels/Beulke/Satzger*, Strafrecht AT, Rn. 730; vgl. hierzu mit Unterschieden im Einzelnen auch *Grünewald*, JURA 2005, 519, 520 f.; *Roxin*, Strafrecht AT II, § 32 Rn. 223 ff.
[94] *Rengier*, Strafrecht AT, § 49 Rn. 33; vgl. zur Modalitätenäquivalenz in Bezug auf die Tötung mit „gemeingefährlichen Mitteln" auch BGH NStZ 2010, 87 mit Besprechung *Hecker*, JuS 2010, 360.
[95] *Kühl*, Strafrecht AT, § 18 Rn. 125 ff.; *ders.*, JA 2014, 507, 511; *Satzger*, JURA 2011, 432, 433, 435; vgl. auch *Engländer*, JuS 2001, 960 f.
[96] *Fahl/Scheurman-Kettner*, JA 1998, 658, 659; *Satzger*, JURA 2011, 432, 435.

vor, der dem Verbotsirrtum nach § 17 StGB entspricht (vgl. zu diesem bereits Rn. 431 ff.).[97]

2. Leitentscheidung

BGHSt 16, 155, 158 ff.; Irrtum beim Unterlassungsdelikt: Ein KFZ-Führer fährt vier männliche Jugendliche und ein Mädchen zu einem abgeschiedenen Feldweg. Er weiß, dass es dort zum Geschlechtsverkehr kommen soll, rechnet aber nicht damit, dass dieser gewaltsam erzwungen werden soll. Als er ausgestiegen ist, bemerkt er jedoch, dass die Jugendlichen gewaltsam gegen das Mädchen vorgehen und dieses um Hilfe schreit. Gleichwohl schreitet er nicht ein, da er sich hierzu nicht verpflichtet fühlt. – Der BGH nahm eine Garantenstellung des KFZ-Führers zur Verhinderung der Vergewaltigung an. Dass er davon ausging, nicht zum Einschreiten verpflichtet zu sein, sei als unerheblicher Verbotsirrtum zu bewerten. Vorsätzlich handeln müsse der Täter nur hinsichtlich der Garantenstellung, nicht aber bzgl. seiner Garantenpflicht. Erkennt er die Umstände, aus denen sich seine Garantenstellung ergibt, hält sich aber gleichwohl nicht zum Einschreiten verpflichtet, liegt mithin ein Verbotsirrtum vor, so dass es für die Strafbarkeit auf dessen Vermeidbarkeit ankommt.

795

VII. Unzumutbarkeit normgemäßen Verhaltens

Während auf der Ebene der Rechtswidrigkeit insbesondere an eine **rechtfertigende Pflichtenkollision** als Rechtfertigungsgrund zu denken ist (zu dieser bereits Rn. 346 ff.), kommt auf der Ebene der Schuld bei den unechten Unterlassungsdelikten als spezieller Entschuldigungsgrund die **Unzumutbarkeit normgemäßen Verhaltens** in Betracht.[98] Dieser Entschuldigungsgrund kann aber nur in engen Grenzen anerkannt werden. Bspw. vermag das Motiv, eine eigene Strafverfolgung vermeiden zu wollen, grundsätzlich nicht die Unzumutbarkeit normgemäßen Verhaltens zu begründen.

796

Nach Auffassung des BGH kommt die Annahme einer Unzumutbarkeit normgemäßen Verhaltens insbesondere in Selbsttötungsfällen in Betracht, in denen ein Beschützergarant nicht gegen die freiverantwortliche Selbsttötung eines anderen einschreitet. Während die Literatur mit überzeugenden Erwägungen in dieser Konstellation schon die Tatbestandsmäßigkeit eines Tötungsdeliktes durch Unterlassen verneint (vgl. Rn. 757 f.)[99], hat der BGH im sog. **Wittig-Fall** die Straflosigkeit des untätig bleibenden Garanten erst unter

797

---

[97] BGHSt 16, 155, 156 ff.; *Fahl/Scheurman-Kettner*, JA 1998, 658, 659; *Rengier*, Strafrecht AT, § 49 Rn. 37; *Satzger*, JURA 2011, 432, 435.
[98] Hierzu *Kühl*, Strafrecht AT, § 18 Rn. 140 ff. m. w. N.; *Rengier*, Strafrecht AT, § 49 Rn. 47 ff.
[99] Sch/Sch-*Eisele*, Vorbem. §§ 13 ff. Rn. 155; Sch/Sch-*Lenckner/Sternberg-Lieben*, Vorbem. §§ 32 ff. Rn. 125.

zu Hilfenahme von Zumutbarkeitserwägungen begründet: A, der Hausarzt der schwer kranken 76-jährigen Witwe U, die nach dem Tod ihres geliebten Ehemanns „Peterle" in ihrem Leben keinen Sinn mehr sieht, kommt in die Wohnung der U und erkennt, dass diese in Selbsttötungsabsicht eine Überdosis Schlaftabletten genommen hat. A weiß, dass U schon vor einiger Zeit ein Schriftstück verfasst hat, in dem es heißt: „Willenserklärung: Im Vollbesitz meiner Sinne bitte ich meinen Arzt – keine Einweisung in ein Krankenhaus oder Pflegeheim, keine Intensivstation und keine Anwendung lebensverlängernder Medikamente. Ich möchte einen würdigen Tod sterben. Keine Anwendung von Apparaten (...)". Unter den gefalteten Händen der U befindet sich ein Zettel, auf dem sie handschriftlich vermerkt hat: „An meinen Arzt – bitte kein Krankenhaus – Erlösung! (...) Ich will zu meinem Peterle." A geht davon aus, dass U nicht ohne schwere Dauerschäden zu retten wäre. Das Wissen um den immer wieder geäußerten Selbsttötungswillen und die vorgefundene Situation veranlassen ihn schließlich, nichts zu ihrer Rettung zu unternehmen und bei der U bis zu deren Tod auszuharren. – Der BGH ging zwar von einer Garantenpflicht des A aus,[100] nahm aber an, dass die unterlassene Rettung der U im konkreten Fall wegen Unzumutbarkeit normgemäßen Verhaltens entschuldigt sei: Der Arzt dürfe „berücksichtigen, dass es keine Rechtsverpflichtung zur Erhaltung eines erlöschenden Lebens um jeden Preis gibt. Maßnahmen zur Lebensverlängerung sind nicht schon deswegen unerlässlich, weil sie technisch möglich sind. Angesichts des bisherige Grenzen überschreitenden Fortschritts medizinischer Technologie bestimmt nicht die Effizienz der Apparatur, sondern die an der Achtung des Lebens und der Menschenwürde ausgerichtete Einzelfallentscheidung die Grenze ärztlicher Behandlungspflicht (...). Wenn der Angeklagte in dieser Grenzsituation den Konflikt zwischen der Verpflichtung zum Lebensschutz und der Achtung des Selbstbestimmungsrechts der nach seiner Vorstellung bereits schwer und irreversibel geschädigten Patientin dadurch zu lösen suchte, dass er nicht den bequemeren Weg der Einweisung in eine Intensivstation wählte, sondern in Respekt vor der Persönlichkeit der Sterbenden bis zum endgültigen Eintritt des Todes bei ihr ausharrte, so kann seine ärztliche Gewissensentscheidung nicht von Rechts wegen als unvertretbar angesehen werden."[101]

VIII. Täterschaft und Teilnahme beim unechten Unterlassen

798 Auch beim Unterlassen stellt sich die Frage nach der Abgrenzung von Täterschaft und Teilnahme. Liegt lediglich ein auf denselben Erfolg bezogenes Unterlassen mehrerer Garanten vor, ergeben sich keine Besonderheiten (Bsp.:

---

[100] Vgl. zur Begründung der Garantenstellung *Schultz*, JuS 1985, 270, 271 ff.
[101] BGHSt 32, 367, 379 ff.

Die Eltern A und B verhindern nicht den Hungertod ihres Kindes O). Hier haften alle täterschaftlich als Garanten. Problematisch ist die Abgrenzung, wenn ein Garant nicht das Unrecht durch aktives Tun eines Dritten verhindert, sog. **„Beteiligung durch Unterlassen"**. Dies verdeutlicht die Lösung des folgenden Beispielsfalls: Die Inhaberin einer Gastwirtschaft duldete, dass vier männliche Stammgäste einer jungen Frau, die sich geweigert hatte, mit einem von ihnen zum zweiten Mal zu tanzen, gewaltsam das Haupthaar und einen Teil der Schamhaare abschnitten. – Die vier männlichen Täter waren u. a. wegen gefährlicher Körperverletzung in Mittäterschaft zu bestrafen (§§ 223 Abs. 1, 224 Abs. 1 Nr. 2 u. 4, 25 Abs. 2 StGB). Der BGH ging von einer Garantenstellung der Wirtin und der für sie bestehenden Möglichkeit der Erfolgsabwendung aus.[102] Somit war zu klären, ob sich die Wirtin als Täterin wegen gefährlicher Körperverletzung durch Unterlassen oder lediglich wegen Beihilfe durch Unterlassen zur gefährlichen Körperverletzung strafbar gemacht hat. Die Frage, unter welchen Voraussetzungen der untätig bleibende Garant neben dem aktiven Begehungstäter als Täter zu bestrafen ist, wird in Literatur und Rechtsprechung kontrovers diskutiert, wobei sich insbesondere die im Folgenden dargestellten Ansichten herausgebildet haben.

1. Tatherrschaft beim Unterlassen

Wie beim aktiven Tun wird für die Abgrenzung von Täterschaft und Teilnahme beim Unterlassen teilweise auf den Aspekt der **Tatherrschaft** abgestellt.[103] Hiergegen ist jedoch einzuwenden, dass die Frage nach der Tatherrschaft bei den Unterlassensdelikten kein trennscharfes Abgrenzungskriterium liefert. Denn ein vom Vorsatz umfasstes „In-den-Händen-Halten des tatbestandsmäßigen Geschehensablaufs" gibt es beim Unterlassen nicht.[104] Hier hält der Beteiligte gerade nichts in Händen, sondern könnte nur etwas in die Hand nehmen.

799

2. Subjektive Theorie und Unterlassen

Auf den ersten Blick plausibel erscheint die von der Rechtsprechung befürwortete Anwendung der subjektiven Theorie auf das Unterlassen, also die Frage nach **Täter- oder Teilnehmerwille** (vgl. hierzu bereits Rn. 468 ff.). Danach hängt „die Beurteilung im konkreten Fall (…) davon ab, ob die innere Haltung des Unterlassenden zur Begehungstat des anderen – insbesondere wegen des Interesses am abzuwendenden Taterfolg – als Ausdruck eines sich die Tat des anderen zu eigen machenden Täterwillens aufzufassen ist oder ob seine innere Einstellung davon geprägt ist, dass er sich dem Handelnden – etwa

800

---

[102] BGHSt 32, 367, 379 ff., Diskussion des Falles bei *Bosch*, JA 2009, 655; *Hoffmann-Holland*, ZStW 118 (2006), 620; *Rengier*, JuS 2010, 281, 284.
[103] *Wessels/Beulke/Satzger*, Strafrecht AT, Rn. 734.
[104] Vgl. auch schon *Hoffmann-Holland*, ZStW 118 (2006), 620, 624; *Rengier*, Strafrecht AT, § 51 Rn. 15; *Sowada*, JURA 1986, 399, 405.

weil er dessen bestimmenden Einfluss besonders unterliegt – im Willen unterordnet und das Geschehen ohne innere Beteiligung und ohne Interesse am drohenden Erfolg im Sinne bloßen Gehilfenwillens lediglich ablaufen lässt."[105]

801 Gegen die Anwendung der subjektiven Theorie auf das Unterlassen sprechen jedoch schon die allgemeinen Einwände gegen diesen Lösungsvorschlag (vgl. hierzu oben Rn. 470). Insbesondere ist der Umstand, dass das Kriterium des Willens keine trennscharfe Abgrenzung liefert und deshalb zur Rechtsunsicherheit führt, beim Unterlassen noch um ein praktisches Problem erweitert: Gerade im Bereich des Unterlassens – wenn der Beteiligte nach außen nichts tut – fehlen regelmäßig Anhaltspunkte, die es ermöglichen, Rückschlüsse auf die innere Einstellung des Beteiligten zu ziehen.[106]

3. Lehre von den Pflichtdelikten

802 Eine in der Literatur vielfach vertretene Auffassung geht davon aus, dass bei den unechten Unterlassungsdelikten eine Differenzierung zwischen Täterschaft und Teilnahme regelmäßig **entbehrlich** ist, da der untätig bleibende Garant stets als Täter zu bestrafen sei, unabhängig davon, ob er allein oder neben einem aktiven Begehungstäter (hypothetisch) kausal für den Erfolgseintritt wird.[107] Begründet wird diese Sicht damit, dass es sich bei den unechten Unterlassungsdelikten um so genannte **Pflichtdelikte** handle, bei denen die täterschaftliche Stellung des Unterlassenden unmittelbar aus seiner Garantenstellung und den mit dieser einhergehenden besonderen Pflichten folge.[108] Im Ausgangsfall wird die täterschaftliche Stellung der Wirtin nach dieser Auffassung also bereits dadurch begründet, dass sie infolge ihrer Garantenstellung eine besondere Verantwortung für die körperliche Unversehrtheit des Tatopfers trägt.

803 Obgleich die Lehre von den Pflichtdelikten zutreffend erfasst, dass die täterschaftliche Verwirklichung eines unechten Unterlassungsdeliktes primär an das Untätigbleiben trotz besonderer Pflichtenstellung (in Form der Garantenstellung) anknüpft,[109] vermag sie im Ergebnis nicht zu überzeugen. Den untätig bleibenden Garanten neben dem aktiven Begehungstäter stets als Täter eines unechten Unterlassungsdeliktes zu bestrafen, hätte zur Folge, dass er ggf. strenger haften würde als derjenige, der aktiv an der Tatbestandsverwirklichung mitwirkt.[110] Denn während für Letzteren auch die Möglichkeit einer Teilnahmestrafbarkeit besteht, verbliebe für den untätig bleibenden Garanten immer nur die Option der täterschaftlichen Deliktsverwirklichung. Verdeutlicht am Beispielsfall: Wer die vier männlichen Täter bei der Tatbestandsverwirklichung unterstützt, indem er ihnen eine Schere reicht oder durch lautstarkes Anfeuern

---

[105] BGH NJW 1966, 1763.
[106] Vgl. *Roxin*, Strafrecht AT II, § 31 Rn. 139.
[107] Hierzu *Mitsch*, JURA 1989, 193, 197; *Roxin*, Strafrecht AT II, § 31 Rn. 140 ff.; vgl. auch die Falllösungen auf dieser Linie bei *Bosch*, JA 2007, 418, 420 ff.; *Ellbogen/Stage*, JA 2005, 353, 355 f.
[108] Vgl. *Mitsch*, JURA 1989, 193, 197; *Roxin*, Strafrecht AT II, § 31 Rn. 140.
[109] Vgl. insoweit auch *Jäger*, Strafrecht AT, Rn. 373b.
[110] Vgl. *Rengier*, Strafrecht AT, § 51 Rn. 16.

psychisch in ihrem Verhalten bestärkt, wäre mangels eigener Tatherrschaft lediglich als Teilnehmer an der gefährlichen Körperverletzung zu bestrafen. Demgegenüber bestraft die Lehre von den Pflichtdelikten die Wirtin zwingend als Täterin eines unechten Unterlassungsdeliktes, obgleich ihrem Tatbeitrag (dem nicht Einschreiten) für die Tatbestandsverwirklichung nicht zwingend höheres Gewicht zukommt als der aktiven Beihilfehandlung in Form der Übergabe der Schere.

4. Zwingende Annahme der Teilnahmestrafbarkeit

Eine andere Auffassung in der Literatur vertritt einen zur Pflichtdeliktstheorie entgegengesetzten Ansatz, indem sie den untätig bleibenden Garanten neben dem aktiven Begehungstäter immer nur als **Teilnehmer** bestrafen möchte.[111] Diese Lehre stützt sich im Wesentlichen auf die Erwägung, dass dem Unterlassenden neben dem die unmittelbare Handlungsherrschaft ausübenden Begehungstäter in der Regel nur eine untergeordnete Bedeutung für die Tatbestandsverwirklichung zukomme. Die untätig bleibende Wirtin wäre nach dieser Auffassung infolge der täterschaftlichen Deliktsverwirklichung durch die vier Männer zwingend als bloße Gehilfin zu bestrafen.

804

Obgleich dieser (auch als „**Gehilfentheorie**" bezeichnete)[112] Ansatz den der Lehre von den Pflichtdelikten entgegenzuhaltenden Bedenken entgeht, ist auch er beachtlicher Kritik ausgesetzt. Hat eine Person eine Garantenstellung inne, die auf den Schutz eines bestimmten Rechtsgutes abzielt, hat sie dieses prinzipiell vor jeglicher Gefahrenquelle zu schützen, unabhängig davon, welchen Ursprung diese hat.[113] So ist nicht recht einzusehen, warum dem Vater, der untätig bleibt, während sein Sohn zu ertrinken droht, eine täterschaftliche Stellung zufallen soll, nicht jedoch dem Vater, der nicht dagegen vorgeht, dass sein Sohn von einem anderen niedergestochen wird. In beiden Fällen ist der Vater dafür verantwortlich, dass die körperliche Integrität seines Sohnes nicht beeinträchtigt wird. Ihn im Falle eines Naturereignisses schlechter zu stellen als im Falle des Tätigwerdens Dritter, erscheint nicht sachgerecht.

805

5. Funktionenlehre

Sinnvoll ist es, im Rahmen der Abgrenzung zwischen Täterschaft und Teilnahme beim unechten Unterlassungsdelikt nach dem Inhalt der verschiedenen Garantenpflichten zu unterscheiden. Ein in der Literatur vielfach vertretener Ansatz stellt auf die **Differenzierung zwischen Beschützer- oder Überwachergarantenstellung** ab: Hat der Unterlassende als Beschützergarant für den Bestand des Rechtsgutes einzustehen, so soll er als Täter anzusehen sein, wenn er es unterlässt, den Angriff eines Dritten auf das Rechtsgut abzuwenden;

806

---

[111] Hierzu *Gallas*, JZ 1952, 372; *Kühl*, Strafrecht AT, § 20 Rn. 230; *Ranft*, ZStW 94 (1982), 815, 828 ff.
[112] Vgl. etwa *Jäger*, Strafrecht AT, Rn. 370, 373b.
[113] Vgl. *Sowada*, JURA 1986, 399, 402 f.

der unterlassende Überwachergarant, der eine Gefahrenquelle zu überwachen hat, soll hingegen nur Gehilfe sein.[114] Damit ist die Unterscheidung zwischen Täterschaft und Teilnahme aber häufig nicht trennscharf. Identische Garantenpflichten können sowohl als Schutz- als auch als Überwachungspflichten begriffen werden.[115] So sieht der BGH im Ausgangsbeispiel der Wirtin, die ihre Gäste nicht am Verletzen der jungen Frau hindert, die Garantenpflicht der Wirtin darin, „in den Räumen, über die sie die Verfügungsgewalt hatte, für Ordnung zu sorgen, insbesondere ihre Gäste vor (…) Ausschreitungen anderer Gäste (…) zu schützen". Unklar bleibt, ob die Wirtin damit Beschützerin der sich in der Gaststätte aufhaltenden Gäste oder Überwacherin der Gefährdungen durch andere Gaststättenbesucher in der Gefahrenquelle Gastwirtschaft ist.

807 Trotz des Einwands der Unschärfe ist es zutreffend, auf die Beziehung zwischen Garantenpflicht und angegriffenem Rechtsgut für die Unterscheidung von Täterschaft und Teilnahme abzustellen. Dabei kann differenziert werden zwischen **situationsbezogenen Garantenpflichten** auf der einen und **situationsunabhängigen Garantenpflichten** auf der anderen Seite. Ist der Bezugspunkt der Garantenpflicht die Gestaltung einer Situation, um das Rechtsgut zu schützen, so ist der unterlassende Garant nur Randfigur des Geschehens und damit Gehilfe. Denn seine Pflicht bezieht sich auf die Tatsituation, die aber vorrangig von dem aktiv Handelnden gesteuert wird. Situationsbezogene Garantenpflichten sind neben derjenigen aus Gefahrgemeinschaft etwa die einverständliche Übernahme einer Schutzfunktion, die Garantenstellung aus Ingerenz und die Sachherrschaft über Gefahrenquellen. Ist hingegen eine Garantenpflicht nicht lediglich auf die Gestaltung einer Situation bezogen, sondern situationsunabhängig, ist es irrelevant, woher die Gefahr für das Rechtsgut droht. Der Garant, der situationsunabhängig das Rechtsgut zu schützen hat, steht also generell in einer direkten Beziehung zum Rechtsgut. Der situationsunabhängig schutzpflichtige Garant ist damit immer Zentralgestalt des Rechtsgutsangriffs und deshalb Täter.[116] Situationsunabhängige Garantenpflichten, die Täterschaft begründen, sind gegeben bei engen Gemeinschaftsbeziehungen auf familienrechtlicher Basis, also etwa dem Verhältnis der Eltern zu ihren Kindern sowie bei denjenigen, die in einer tatsächlich praktizierten ehelichen Lebensgemeinschaft verbunden sind. Im Fall der Wirtin, die vier junge Männer nicht hindert, einen weiblichen Gast zu verletzen, ist zu fragen, ob ihre Garantenpflicht auf die Gestaltung der Situation zum Schutz des angegriffenen Rechtsgutes zielt oder ob diese Pflicht situationsunabhängig ist. Die Pflicht der Wirtin besteht darin, die Situation in der Gastwirtschaft so zu gestalten, dass der weibliche Gast nicht zu Schaden kommt. Ihre Garantenpflicht ist also situationsbezogen. Die Wirtin nimmt daher nur an dem Rechtsgutsangriff der

---

[114] Sch/Sch-*Heine/Weißer*, Vorbem. §§ 25 ff. Rn. 103 ff.; ähnlich *Jakobs*, Strafrecht AT, 29. Abschnitt Rn. 101 ff.; mit umgekehrtem Ergebnis differenzierend *Krüger*, ZStW 123 (2011), 1, 7 f.

[115] Vgl. *Rengier*, Strafrecht AT, § 51 Rn. 17; *Sowada*, JURA 1986, 399, 406 ff.

[116] *Hoffmann-Holland*, ZStW 118 (2006), 620, 633 ff.

vier jungen Männer teil, ist mithin wegen Beihilfe zur gefährlichen Körperverletzung durch Unterlassen zu bestrafen.

6. Leitentscheidung

BGH NStZ 2009, 321, 322: Abgrenzung von Täterschaft und Teilnahme bei Beteiligung durch Unterlassen: Drei Insassen einer Justizvollzugsanstalt misshandelten ihren Mithäftling bereits seit Wochen auf brutalste Weise. Einer der Häftlinge zwingt ihn in der Zelle auf einen Stuhl zu steigen und seinen Kopf in eine Schlinge zu stecken. Anschließend beginnt er, den Stuhl wegzuziehen, so dass der Mithäftling in Atemnot gerät. Einer der bislang untätigen Insassen schreitet schließlich ein. – Der BGH bejahte eine Garantenstellung aus Ingerenz des zunächst untätigen Insassen aufgrund der vorangegangenen Misshandlungen. Bei der Abgrenzung zwischen Mittäterschaft und Beihilfe durch Unterlassen ist für den BGH die innere Haltung des Unterlassenden zur Tat bzw. dessen Tatherrschaft maßgebend. Da der Insasse das Geschehen als bloßer Zuschauer geschehen ließ, ohne dass eine innere Beteiligung oder ein gesteigertes Interesse am Taterfolg erkennbar war, kommt der BGH hier daher zu einer Strafbarkeit wegen Beihilfe durch Unterlassen zur gefährlichen Körperverletzung.

808

IX. Exkurs: Echte Unterlassungsdelikte

1. Grundlagen

Bei **echten Unterlassungsdelikten** ist das strafbare Unterlassen im Besonderen Teil tatbestandlich speziell beschrieben. Es handelt sich also um Straftaten, die sich im bloßen Unterlassen einer vom Gesetz geforderten Tätigkeit erschöpfen.[117] Hauptanwendungsfall ist die unterlassene Hilfeleistung nach § 323c StGB (weitere Bsp.: §§ 123 Abs. 1 Var. 2, 138 StGB). Bei der Prüfung von echten Unterlassungsdelikten bestehen im Vergleich zu den vorsätzlichen Begehungsdelikten keine wesentlichen Besonderheiten. Es sind also wie üblich die im gesetzlichen Tatbestand umschriebenen Voraussetzungen zu prüfen – auf die zusätzlichen Merkmale des § 13 Abs. 1 StGB kommt es nicht an. Dementsprechend wäre eine Strafbarkeit wegen unterlassener Hilfeleistung gem. § 323c StGB nach folgendem Schema zu prüfen:

809

---

[117] *Kindhäuser*, Strafrecht AT, § 37 Rn. 1.

810 **Tab. 26:** Vorsätzliches echtes Unterlassungsdelikt am Bsp. des § 323c StGB

I.	**Tatbestand**		
	1.	Objektiver Tatbestand	
		a) Tatsituation	– Unglücksfall – gemeine Gefahr oder – gemeine Not
		b) Unterlassen der Hilfeleistung	Nichtvornahme der – erforderlichen, – möglichen und – zumutbaren Hilfeleistung
	2.	Subjektiver Tatbestand	Vorsatz
II.	**Rechtswidrigkeit**		
III.	**Schuld**		

2. Leitentscheidungen

811 **BGHSt 2, 296, 298; Inhalt der Hilfspflicht bei § 323c StGB:** Ein Krankenhausleiter ist zum Fischen mit seinem KFZ an einen abgelegenen Bach gefahren. Dort bittet ihn ein Bauer, einen verunglückten und stark blutenden Jungen ins Krankenhaus zu fahren. Der Krankenhausleiter weigert sich, da er seinen Wagen nicht beschmutzen will. Der verletzte Junge muss infolgedessen über eine Stunde im nassen Gras liegend auf den Krankenhaustransport warten. – Nach Ansicht des BGH sind für den Inhalt der Hilfspflicht aus § 323c StGB nicht nur die örtlichen Umstände, sondern auch die persönlichen Fähigkeiten des Hilfspflichtigen maßgeblich. Aufgrund seiner besonderen Sachkunde war der Krankenhausleiter daher nicht nur zum Transport des Verletzten, sondern vielmehr zur Vornahme einer vorläufigen Untersuchung verpflichtet.

812 **BGHSt 11, 353, 354f.; Zumutbarkeit bei § 323c StGB:** Ein Jugendlicher überlässt einem Freund sein Messer, mit dem dieser einen anderen anwesenden Jugendlichen lebensbedrohlich verletzt. Der Jugendliche fürchtet bei einem Eintreffen der Polizei vorläufig festgenommen sowie einem Strafverfahren ausgesetzt zu werden und beschließt daher, dem Verletzten nicht zu helfen. – Der Jugendliche ist strafbar gemäß § 323c StGB, insbesondere war ihm die Vornahme der gebotenen Hilfeleistung zumutbar. Ob eine im konkreten Einzelfall mit der Hilfeleistung verbundene Benachteiligung oder Gefährdung im Verhältnis zu den drohenden Schäden erheblich oder gering ist, muss durch Abwägung des öffentlichen Interesses und des Interesses der Verletzten an baldiger Hilfeleistung gegen das persönliche Interesse des Dritten an der Bewahrung vor Schaden ermittelt werden. Soweit die Hilfeleistung zur Abwehr einer Lebensgefahr geboten ist, wird die Zumutbarkeit durch eine drohende Strafverfolgung regelmäßig nicht beeinträchtigt.

BGHSt 17, 166, 168 f.; Inhalt der Hilfspflicht bei § 323c StGB: Der behandelnde Hausarzt eines erkrankten Kindes verreist und teilt den Eltern mit, er werde von jedem Arzt in der Stadt vertreten. Als das Kind hohes Fieber bekommt, rufen sie einen anderen Arzt an, der sie auffordert die Fiebertemperatur zu messen und am nächsten Tag in die Sprechstunde zu kommen. Nachdem die Eltern eine Temperatur von 42 Grad feststellen, lehnt der Arzt trotz dreimaligen Anrufs der Eltern ein Kommen mit der Begründung ab, er vertrete den Hausarzt nicht. Schließlich erreichen die Eltern einen zweiten Arzt, der sein Kommen zusagt. Als dieser 15 Minuten später eintrifft, ist das Kind bereits tot. – Der BGH entschied, dass der zunächst kontaktiere Arzt auch dann wegen unterlassener Hilfeleistung zu bestrafen sei, wenn er bei Ankunft an der Unglücksstelle womöglich nicht mehr hätte helfen können. Zwar könne die nach § 323c StGB erforderliche Hilfe grundsätzlich nur einem noch Lebenden geleistet werden. Maßgeblich für die Beurteilung sei jedoch, dass die Hilfe zu dem Zeitpunkt noch möglich war, indem der Arzt Kenntnis von dem an ihn gerichteten Hilferuf erlangte. Da das Kind zu diesem Zeitpunkt weder tot war, noch ein Tätigwerden des Hilfspflichtigen aus Sicht eines verständigen Beobachters von vornherein sinnlos erschien, hat sich der Arzt nach § 323c StGB strafbar gemacht.

813

X. Zusammenfassung

- Zur Abgrenzung von Tun und Unterlassen kann darauf abgestellt werden, wo unter Berücksichtigung des sozialen Handlungssinns der Schwerpunkt der Vorwerfbarkeit liegt.
- Bricht der Täter einen rettenden, noch nicht beendeten Kausalverlauf ab, den er selbst in Gang gesetzt hat, liegt der Schwerpunkt der Vorwerfbarkeit beim Unterlassen (weiterer Rettungsbemühungen). Dies wird auch bei einem technischen Behandlungsabbruch durch einen behandelnden Arzt anzunehmen sein (wenn ein notwendiger Respirator abgeschaltet wird).
- Greift der Täter aktiv durch Zwang oder Täuschung in fremde Rettungshandlungen ein und bricht so einen rettenden Kausalverlauf ab, liegt der Schwerpunkt beim Tun. Dies gilt auch bei einem technischen Behandlungsabbruch, der durch einen Dritten, Nicht-Behandelnden, vorgenommen wird.
- Nach § 13 Abs. 1 StGB ist das Unterlassen einem aktiven Tun nur dann gleichzustellen, wenn der Unterlassende rechtlich dafür einzustehen hat, dass der Erfolg (der zum Tatbestand eines Strafgesetzes gehört) nicht eintritt. Der Unterlassende muss bei unechten Unterlassungsdelikten eine Garantenstellung innehaben.
- Nach der sog. Funktionenlehre ist zwischen Beschützer- oder Überwachergaranten zu differenzieren. Beschützergarant ist, wer besondere Schutzpflichten gegenüber bestimmten Rechtsgütern zu erfüllen hat. Der Überwachergarant hat eine bestimmte Gefahrenquelle zu überwachen.

– Beschützergarantenstellungen können insbesondere aus enger Gemeinschaftsbeziehung auf familienrechtlicher Grundlage, einverständlicher Übernahme einer Schutzfunktion, Gefahrgemeinschaft und Schutzpositionen aufgrund von Amtsträgerpflichten entstehen.
– Überwachergarantenstellungen können aus (pflichtwidrig) gefährdendem Vorverhalten (Ingerenz) und der Sachherrschaft über Gefahrenquellen folgen.
– Der hypothetische Kausalzusammenhang (Quasi-Kausalität) beim Unterlassen ist gegeben, wenn die unterlassene Handlung nicht hinzugedacht werden kann, ohne dass der Erfolg mit an Sicherheit grenzender Wahrscheinlichkeit entfiele.
– Bei verhaltensgebundenen Straftaten bedeutet die Entsprechensklausel des § 13 Abs. 1 StGB, dass es einer sog. Modalitätenäquivalenz bedarf. Diese ist gegeben, wenn das Unterlassen einen dem Tun vergleichbaren sozialen Sinngehalt besitzt.
– Der Vorsatz beim Unterlassungsdelikt muss neben dem Entschluss, trotz erkannter Möglichkeit des Erfolgseintrittes untätig zu bleiben, insbesondere die tatsächlichen Umstände, aus denen die Garantenstellung folgt, umfassen.

XI. Übungsfälle

1. A ist die zwei Jahre ältere Schwester des B und lebte mit diesem in einer gemeinsamen Wohnung. B war der Hauptmieter der Wohnung, während sich A nur im Innenverhältnis hälftig an den Mietkosten beteiligte. B hatte sich nach dem Abbruch einer Ausbildung als Zeitsoldat verpflichtet und sollte zum 1.3.2006 seinen Dienst bei der Bundeswehr antreten. Innerhalb der Wohnung bewohnten A und B eigene Zimmer, so dass ihr Zusammenleben insgesamt nicht über die Begründung einer vorübergehenden „WG" hinausging. B konsumierte am 31.1.2006 in seinem Zimmer 6,9 ml Methadon und wurde bewusstlos. A bemerkte die Bewusstlosigkeit des B, beließ ihn aber in der Zeit vom 31.1.2006 bis 4.2.2006 in dessen Zimmer, ohne einen Arzt oder sonst ärztliche Hilfe zu rufen. Am 5.2.2006 konnte ein Arzt nur noch den Tod des B feststellen. Wäre früher ärztliche Hilfe hinzugezogen worden, wäre B noch gerettet worden. A hatte in der Zeit vom 31.1.2006 bis 4.2.2006 erkannt, dass der Tod des B eintreten könnte, und sich damit abgefunden. Strafbarkeit der A?
2. Die in alpiner Lage gelegene Stadt B errichtete 1973 eine Eissporthalle. In den anschließenden 33 Betriebsjahren kam es infolge einer fehlerhaften Konstruktion der Dachträger zu ständiger Kondenswasserbildung, welche die Dachträger immer weiter schwächte, bis diese nicht mehr in der Lage waren, die bei starkem Schneefall bestehenden Lasten zu tragen. Der mit der Untersuchung der Halle beauftragte Bauingenieur A wies die Stadt in den Jahren 2001 und 2002 auf leichte Schäden am Dach der Halle hin, worauf

die B jedoch nicht reagierte. 2003 beauftragte die Stadt den A mit der Erstellung eines „Gesamtgutachtens", in dem die Kosten etwa erforderlicher Sicherungsmaßnahmen an der Halle ermittelt werden sollten. Hinsichtlich der Dachkonstruktion der Halle wurde A ausdrücklich dazu angewiesen eine „handnahe" Untersuchung, also eine Betrachtung aus nächster Nähe, vorzunehmen. In mehreren Ortsterminen betrachtete A die Dachträger vom Boden aus, ohne etwaige Mängel festzustellen. Eine „handnahe" Untersuchung nahm er nicht vor, diese hätte das Eindringen von Feuchtigkeit in die Holzkonstruktion aufgezeigt. In seinem Gutachten gelangte A zu der Einschätzung, dass sich die Tragekonstruktion der gesamten Eissporthalle in einem als gut zu bezeichnenden Zustand befindet. Infolge besonders hoher Schneelast stürzte das Dach der Halle im Januar 2006 ein. 15 Menschen wurden durch herabfallende Teile getötet, sechs weitere verletzt. Strafbarkeit des A nach dem StGB? Etwaig erforderliche Strafanträge sind gestellt.

8. Kapitel
Fahrlässigkeit und Erfolgsqualifikation

I. Fahrlässiges Erfolgsdelikt

1. Einführung und Prüfungsschema

814 Gemäß § 15 StGB ist fahrlässiges Handeln nur strafbar, wenn es vom Gesetz ausdrücklich mit Strafe bedroht wird (vgl. etwa §§ 222, 229 StGB). Während der Täter beim Vorsatzdelikt Kenntnis von sämtlichen objektiven Tatbestandsmerkmalen hat und willentlich hinsichtlich der Tatbestandsverwirklichung handelt (vgl. bereits Rn. 152), kennzeichnet die Fahrlässigkeitstat, dass es zu einer ungewollten Verwirklichung eines gesetzlichen Tatbestandes kommt, weil der Täter pflichtwidrig die im Verkehr erforderliche Sorgfalt missachtet.[1] Von dem Normadressaten wird also nicht nur verlangt, auf die willentliche Beeinträchtigung von Rechtsgütern zu verzichten, vielmehr hat er sich auch generell sorgfältig zu verhalten, um im gesellschaftlichen Zusammenleben die Einhaltung eines bestimmten Sicherheitsniveaus zu gewährleisten.[2] Dass § 15 StGB die Haftung gleichwohl auf diejenigen Fälle beschränkt, in denen fahrlässiges Verhalten ausdrücklich unter Strafe gestellt wird, ist auf den gegenüber der vorsätzlichen Deliktsverwirklichung deutlich herabgesetzten Schuldgehalt zurückzuführen.[3]

815 Im Bereich der Fahrlässigkeitshaftung wird herkömmlich zwischen bewusster und unbewusster Fahrlässigkeit unterschieden. Die **unbewusste Fahrlässigkeit** kennzeichnet sich dadurch, dass der Täter die im Verkehr erforderliche Sorgfalt nicht beachtet und hierbei die Möglichkeit der Tatbestandsverwirklichung nicht erkennt. Bei der **bewussten Fahrlässigkeit** begeht der Täter demgegenüber eine Sorgfaltspflichtverletzung und hält die Verwirklichung eines Tatbestandes für möglich, vertraut aber darauf, dass sie nicht eintreten wird. Der bewussten Fahrlässigkeit kommt insbesondere im Zusammenhang mit ihrer Abgrenzung zum dolus eventualis eine erhebliche Bedeutung zu (vgl. bereits Rn. 163 ff.). Die Unterscheidung zwischen unbewusster und bewusster Fahrlässigkeit spielt in der gutachterlichen Fallbearbeitung demgegenüber keine Rolle, weil die Fahrlässigkeitstatbestände ein Handeln aus unbewusster Fahrlässigkeit ausreichen lassen und der Umstand,

---

[1] *Rengier*, Strafrecht AT, § 52 Rn. 5; *Wessels/Beulke/Satzger*, Strafrecht AT, Rn. 656.
[2] *Kindhäuser*, Strafrecht AT, § 33 Rn. 5.
[3] Vgl. darüber hinaus auch *Beck*, JA 2009, 111; *Kühl*, Strafrecht AT, § 17 Rn. 1 f.

dass der Täter bewusst fahrlässig gehandelt hat, allenfalls für die Strafzumessung Bedeutung erlangt.[4]

Da der Täter beim Fahrlässigkeitsdelikt nicht vorsätzlich handelt, entfällt im **Prüfungsaufbau** die ansonsten übliche Unterscheidung zwischen objektivem und subjektivem Tatbestand. Es bietet sich daher an, nicht vom „objektiven Tatbestand", sondern von der „Tatbestandsmäßigkeit" oder einfach vom „Tatbestand" zu sprechen. Eine ausdrückliche Legaldefinition des Fahrlässigkeitsbegriffs ist im StGB nicht enthalten. Die h. M. deutet die Fahrlässigkeit als zweistufigen Begriff, dem eine **objektive** und eine **individuelle Stufe** zuzuordnen ist.[5] Objektiv setzt Fahrlässigkeit das **Außerachtlassen der im Verkehr erforderlichen Sorgfalt** bei objektiver **Vorhersehbarkeit** des Erfolgseintritts voraus. Dem entspricht auf individueller Ebene, dass der konkrete Täter in der Lage gewesen sein muss, sorgfaltsgemäß zu handeln und den Erfolgseintritt vorherzusehen. Daraus ergibt sich der folgende Prüfungsaufbau für das fahrlässige Erfolgsdelikt:

Tab. 27: Fahrlässiges Erfolgsdelikt

I.	**Tatbestand**	
	1. Eintritt des Erfolges	
	2. Kausalität	
	3. Objektive Fahrlässigkeit	– Außerachtlassen der im Verkehr erforderlichen Sorgfalt – Objektive Vorhersehbarkeit des Erfolgseintritts
	4. Objektive Zurechnung	– Insb. Pflichtwidrigkeitszusammenhang
II.	**Rechtswidrigkeit**	
III.	**Schuld**	
	1. Individuelle Fahrlässigkeit	– Individuelle Fähigkeit zur Beachtung der erforderlichen Sorgfalt – Individuelle Vorhersehbarkeit des Erfolgseintritts
	2. Sonstige Schuldmerkmale	Insb. Zumutbarkeit normgemäßen Verhaltens

---

[4] Vgl. auch *Kaspar*, JuS 2012, 16, 17; *Rengier*, Strafrecht AT, § 52 Rn. 8.

[5] *Beck*, JA 2009, 111, 112; *Jäger*, Strafrecht AT, Rn. 374; *Kretschmer*, JURA 2000, 267, 269 ff.; *Quentin*, JuS Lernbogen 1994, L 41, 42; Sch/Sch-*Sternberg-Lieben/Schuster*, § 15 Rn. 118; *Wessels/Beulke/Satzger*, Strafrecht AT, Rn. 657 f.

2. Erfolgseintritt und kausale Handlung

818 Auch das fahrlässige Erfolgsdelikt setzt den Eintritt des im gesetzlichen Tatbestand umschrieben Erfolges sowie ein hierfür ursächliches Verhalten des Täters voraus.[6] Demnach ist bei § 222 StGB erforderlich, dass der Täter mit seinem Verhalten ursächlich für die Tötung eines anderen Menschen geworden ist, während § 229 StGB voraussetzt, dass die körperliche Misshandlung oder Gesundheitsschädigung einer Person auf das Verhalten des Täters zurückgeführt werden kann. Es ergeben sich insoweit keine Unterschiede zur Prüfung des vorsätzlichen Begehungsdeliktes, insbesondere ist die Kausalität auf der Grundlage der Conditio-sine-qua-non Formel zu ermitteln (vgl. im Übrigen die Darstellung bei Rn. 98 ff.).

3. Objektive Fahrlässigkeit

a) Außerachtlassen der im Verkehr erforderlichen Sorgfalt

819 Maßstab für das objektive Außerachtlassen der im Verkehr erforderlichen Sorgfalt ist ein (gedachter) einsichtiger und gewissenhafter Mensch in der sozialen Rolle des Täters.[7] Es geht also mit anderen Worten um die Frage, ob sich der Täter in der konkreten Tatsituation so verhalten hat, wie man es von einem **durchschnittlichen Dritten** erwarten würde, oder ob sein Verhalten hinter diesen Sorgfaltsanforderungen zurückbleibt.[8]

820 Soweit für einen bestimmten Lebensbereich spezielle **Rechtsnormen** existieren, die das Maß des erlaubten Risikos eingrenzen, sind diese vorrangig zur Bestimmung der im Verkehr erforderlichen Sorgfalt heranzuziehen.[9] Von besonderer Praxisrelevanz sind hierbei die Vorschriften der StVO und des StVG, aus denen sich ergibt, welche Anforderungen an einen Verkehrsteilnehmer zu stellen sind. Wenn bspw. ein KFZ-Fahrer bei schlechten Witterungsverhältnissen in einen Unfall verwickelt wird, bei dem mehrere andere Verkehrsteilnehmer verletzt werden, so ist § 3a StVO heranzuziehen, um zu ermitteln, ob der KFZ-Fahrer hinsichtlich der Ausrüstung seines Fahrzeugs die im Verkehr erforderliche Sorgfalt beachtet hat. Kommt es demgegenüber zu einem Verkehrsunfall, dessen Umstände nicht von einer Spezialvorschrift aus StVO bzw. StVG erfasst werden, ist auf die allgemeinen Grundregeln in § 1 Abs. 1 und 2 StVO zurückzugreifen, wonach die Teilnahme am Straßenverkehr ständige Vorsicht und gegenseitige Rücksicht erfordert und sich jeder Verkehrsteilnehmer so zu verhalten hat, dass kein anderer geschädigt oder gefährdet wird.

821 Soweit sich ein tatbestandlicher Erfolgseintritt in einem Lebensbereich vollzieht, für den keine ausdrücklichen gesetzlichen Sorgfaltskonkretisierungen existieren, ist der einzuhaltende Sorgfaltsmaßstab fallbezogen und durch Be-

---

[6] *Beck*, JA 2009, 111, 113; *Kaspar*, JuS 2012, 16, 19; *Neubacher*, JURA 2005, 857, 859.
[7] So die h.M.; vgl. *Beck*, JA 2009, 111, 114; *Stoffers*, JuS 2004, 948, 953; *Quentin*, JuS Lernbogen 1996, L 41, 42 f., Zur Auseinandersetzung insgesamt *Laue*, JA 2000, 666, 668 f.
[8] *Beck*, JA 2009, 111, 114.
[9] *Kretschmer*, JURA 2000, 267, 269; *Neubacher*, JURA 2005, 857, 860.

trachtung der konkreten Tatsituation zu bestimmen. Hierbei gilt es, diejenigen Anforderungen zu ermitteln, die bei einer Betrachtung der Gefahrenlage „ex ante" an einen besonnenen und gewissenhaften Menschen in der konkreten Lage des Handelnden zu stellen sind.[10] Grundsätzlich kann die Prüfung hierbei anhand einer „Je-desto-Formel" vorgenommen werden: Je größer die Gefahr und der zu erwartende Schaden, desto höher sind die Anforderungen an die Sorgfalt. Im Einzelnen ergeben sich folgende Gruppen von Sorgfaltspflichten:

Tab. 28: Sorgfaltspflichten

Pflichten vor und nach der gefährlichen Handlung	– Vorsorgepflicht – Erkundungspflicht – Nachsorgepflicht
Pflichten während der Handlung bei persönlicher Durchführung	– Übernahmeverpflichtung – Kontrollpflicht
Pflichten bei arbeitsteiligem Handeln/ Delegation	– Auswahlpflicht – Anleitungspflicht – Überwachungspflicht

Die Sorgfaltspflichten werden durch das **erlaubte Risiko** begrenzt. Der Begriff des erlaubten Risikos bezeichnet ein Verhalten, dem zwar erkennbare Risiken für Rechtsgüter innewohnen, das aber generell strafrechtlich nicht verboten ist.[11] In einer Gesellschaft ist der umfassende Ausschluss von Risiken für Rechtsgüter nicht denkbar. Soziale Interaktion, sowohl in elementaren als auch in komplexeren Bereichen, geht immer auch mit gewissen Gefahren und Risiken einher. Um dennoch Handlungsfreiräume zu gewährleisten, gibt es sog. erlaubte Risiken. Beispiele sind die Teilnahme am Straßen-, Luft-, Schienen- und Wasserverkehr, die Ausübung riskanter Sportarten sowie der Betrieb gefährlicher Industriewerke.[12] Auch bei Beachtung der bereichsspezifischen Sorgfaltsanforderungen bleiben jeweils (Rest-)Risiken erhalten, die aber unabhängig vom Einzelfall zulässig sind. Als Konkretisierung des erlaubten Risikos ist insbesondere der **Vertrauensgrundsatz** im Straßenverkehr bedeutsam. Danach muss sich derjenige, der sich selbst verkehrsgerecht verhält, grundsätzlich nicht auf verkehrswidriges Verhalten anderer einstellen.[13] Von einem Verkehrsteilnehmer wird also in den Worten des BGH „nicht verlangt, dass er sich auf jede denkbare Gefahr, die das verkehrswidrige Verhalten anderer hervorruft, so einzustellen habe, dass er sie bannen könnte. Ein solches Gebot würde einen sinnvollen Kraftverkehr unmöglich machen. (…). Auf Verkehrswidrigkeiten anderer, die er rechtzeitig wahrnimmt oder bei pflichtgemäßer Aufmerksam-

---

[10] *Kretschmer*, JURA 2000, 267, 271; *Quentin*, JuS Lernbogen 1996, L 41, 42 f.
[11] *Kühl*, Strafrecht AT, § 17 Rn. 16; Sch/Sch-*Sternberg-Lieben/Schuster*, § 15 Rn. 146.
[12] *Kretschmer*, JURA 2000, 267, 270 f.
[13] Ausführlich hierzu auch *Kindhäuser*, Strafrecht AT, § 33 Rn. 30 ff.; *Kretschmer*, JURA 2000, 267, 270; *Kühl*, Strafrecht AT, § 17 Rn. 36 ff.; *Quentin*, JuS Lernbogen 1994, L 57 f.; *Wessels/Beulke/Satzger*, Strafrecht AT, Rn. 671.

keit wahrnehmen müsste, hat der Kraftfahrer sich dagegen einzustellen, ebenso auf für ihn noch nicht erkennbare Verkehrswidrigkeiten anderer, mit denen zu rechnen er bei verständiger Würdigung aller gegebenen Umstände triftige Veranlassung hat."[14] Seine Grenzen findet der Vertrauensgrundsatz demnach dort, wo aufgrund konkreter Umstände nicht mit sorgfaltsgemäßem Verhalten anderer Personen zu rechnen ist.[15] So ist einem in einen Verkehrsunfall Verwickelten die Berufung auf den Vertrauensgrundsatz zu versagen, wenn er darauf vertraut hat, dass sich ein (für ihn erkennbar) Betrunkener oder ein Kind im Alter von 10 Jahren an die geltenden Verkehrsregeln hält.

824 Die Ermittlung der im Verkehr erforderlichen Sorgfalt erfolgt grundsätzlich nach einem **objektiven Maßstab**, da danach gefragt wird, welches Verhalten von einem durchschnittlichen Dritten in der konkreten Situation des Täters erwartet werden würde. Schon im Rahmen der objektiven Fahrlässigkeitsvoraussetzungen ist im Hinblick auf die Erkennbarkeit von Gefahren jedoch ein etwaiges **Sonderwissen** des Täters zu berücksichtigen.[16] Die durchschnittlichen Kenntnisse eines besonnenen und einsichtigen Menschen sind also nur das Mindestmaß für Sorgfalt und Vorhersehbarkeit. Danach wird man an das Verhalten eines Fahrzeugführers, der seit mehreren Jahren auf seinem Weg zur Arbeit täglich an einer gefährlichen Straßenkreuzung vorbeifährt und der daher Kenntnis von deren Unfallträchtigkeit hat, höhere Anforderungen stellen können als an das Verhalten eines Verkehrsteilnehmers, der zum ersten Mal an der betreffenden Straßenkreuzung vorbeifährt.[17]

b) Objektive Vorhersehbarkeit

825 Es muss der konkrete Erfolgseintritt, nicht auch der Geschehensablauf, wie er sich im Einzelnen zugetragen hat, unter den konkreten Umständen als möglich voraussehbar gewesen sein.[18] Erforderlich ist daher, dass für einen durchschnittlichen Dritten in der tatsächlichen Situation die Möglichkeit bestanden hat, die konkret drohende Tatbestandsverwirklichung vorherzusehen.[19] Die Vorhersehbarkeit ist „für solche Ereignisse, die so sehr außerhalb der gewöhnlichen Erfahrung liegen, dass sie der Täter auch bei der nach den Umständen gebotenen und ihm nach seinen persönlichen Kenntnissen und Fähigkeiten zumutbaren sorgfältigen Überlegung nicht ins Auge zu fassen braucht"[20] zu verneinen.

---

[14] BGHSt 13, 169, 172 f.
[15] *Kindhäuser*, Strafrecht AT, § 33 Rn. 33; *Kühl*, Strafrecht AT, § 4 Rn. 49 f.
[16] *Beck*, JA 2009, 111, 114; *Quentin*, JuS Lernbogen 1994, L 49, 51.
[17] Vgl. *Rengier*, Strafrecht AT, § 52 Rn. 19 ff.; Sch/Sch-*Sternberg-Lieben/Schuster*, § 15 Rn. 138 ff.
[18] Hierzu *Beck*, JA 2009, 111, 115; *Laue*, JA 2000, 666, 667 f.
[19] *Wessels/Beulke/Satzger*, Strafrecht AT, Rn. 667a.
[20] BGHSt 12, 75, 78.

4. Objektive Zurechnung

Der eingetretene Erfolg muss dem Fahrlässigkeitstäter objektiv zuzurechnen sein. Dabei gelten grundsätzlich die gleichen Voraussetzungen wie für die objektive Zurechnung beim vorsätzlichen Erfolgsdelikt (hierzu Rn. 128 ff.). Besonderer Beachtung bedarf beim Fahrlässigkeitsdelikt jedoch regelmäßig die Frage nach dem Pflichtwidrigkeits- sowie dem Schutzzweckzusammenhang.

826

a) Pflichtwidrigkeitszusammenhang

Die objektive Zurechnung entfällt, wenn der Erfolgseintritt nicht auf den Pflichtverstoß des Täters zurückgeführt werden kann.[21] Demnach ist der tatbestandliche Erfolg nicht objektiv zurechenbar, wenn sich in diesem nicht die durch die Pflichtwidrigkeit gesetzte Gefahr realisiert.[22] Hier stellt sich die schon im Rahmen der objektiven Zurechnung behandelte Frage (oben Rn. 138 ff.), wie es sich auf die Strafbarkeit des Täters auswirkt, wenn der Erfolg auch bei **sorgfaltsgemäßem Verhalten** eingetreten wäre. Steht fest, dass der tatbestandliche Erfolg auch dann eingetreten wäre, wenn der Täter die im konkreten Fall einzuhaltende Sorgfalt beachtet hätte, entfällt die Strafbarkeit. Die h. M. verneint den Pflichtwidrigkeitszusammenhang darüber hinaus auch dann, wenn die nicht ganz fernliegende Möglichkeit besteht, dass es auch bei pflichtgemäßem Verhalten zum Erfolgseintritt gekommen wäre.[23] Die objektive Zurechnung ist hiernach nur zu bejahen, wenn sie mit an Sicherheit grenzender Wahrscheinlichkeit nachgewiesen werden kann.[24] Nach der (abzulehnenden) Risikoerhöhungslehre reicht es für die Bejahung der objektiven Zurechenbarkeit hingegen aus, wenn die Wahrscheinlichkeit des Erfolgseintritts geringer gewesen wäre, hätte der Täter sich sorgfaltsgemäß verhalten (ausführlich hierzu bereits Rn. 140).

827

b) Schutzzweckzusammenhang

Von besonderer Relevanz für die Prüfung der objektiven Zurechenbarkeit beim Fahrlässigkeitsdelikt ist ferner die Frage, ob der Erfolgseintritt in den **Schutzbereich der verletzten Sorgfaltspflicht** fällt. Die vom Täter verletzte Sorgfaltsnorm muss es zumindest (mit-)bezwecken, dass solche Erfolge, wie der tatsächlich eingetretene, verhindert werden.[25]

828

Typischer Anwendungsfall eines fehlenden Schutzzweckzusammenhangs sind die bereits behandelten Straßenverkehrsfälle, in denen ein Fahrzeugführer durch das Überschreiten der zulässigen Höchstgeschwindigkeit zeitlich früher an einem bestimmten Ort erscheint und dort in einen Unfall verwickelt wird (vgl. bereits Rn. 142, 149). Zwar stellt die Überschreitung der zulässigen

829

---

[21] Hierzu auch *Beck*, JA 2009, 268 f.; *Kaspar*, JuS 2012, 112, 114; *Kretschmer*, JURA 2000, 267, 273 ff.
[22] *Beck*, JA 2009, 268; ausführlich *Kühl*, Strafrecht AT, § 17 Rn. 47 ff.; *Rengier*, Strafrecht AT, § 52 Rn. 26.
[23] *Wessels/Beulke/Satzger*, Strafrecht AT, Rn. 676.
[24] Vgl. *Kühl*, Strafrecht AT, § 17 Rn. 51; *Rengier*, Strafrecht AT, § 52 Rn. 33.
[25] Hierzu *Kretschmer*, JURA 2000, 267, 275; *Quentin*, JuS Lernbogen 1994, L 49, 51 f.

Höchstgeschwindigkeit eine Sorgfaltspflichtverletzung dar, jedoch besteht deren Schutzzweck nicht darin, zu verhindern, dass ein bestimmter Ort erst zu einem späteren Zeitpunkt erreicht wird.[26] Soweit der Fahrzeugführer sich am Unfallort selbst sorgfaltsgemäß verhalten hat, kann also eine Fahrlässigkeitsstrafbarkeit nicht durch einen Rückgriff auf die vorangegangene Geschwindigkeitsüberschreitung begründet werden.

830 Schwierigkeiten bereitet im Zusammenhang mit dem Schutzzweckzusammenhang häufig die Bewertung von **Folgeschäden** des ursprünglichen Erfolges.[27] Hiervon werden Konstellationen erfasst, in denen sich die vom Täter beim Opfer herbeigeführten Verletzungen zu einem späteren Zeitpunkt in einer weiteren Rechtsgutsverletzung niederschlagen. Bsp.: A begeht eine fahrlässige Körperverletzung zu Lasten des O, aufgrund derer O erblindet. Ein Jahr später stürzt O infolge seiner Blindheit so schwer, dass er sich ein Bein bricht. – Nach überzeugender h. M. sind dem Täter entsprechende Folgeschäden nicht mehr zuzurechnen. Dass durch die fahrlässige (Erst-)Verletzung ein erhöhtes Schadensrisiko geschaffen wurde, ist vielmehr bei der unmittelbaren Sanktionierung des Täters zu berücksichtigen und dann mit dieser abgegolten.[28] Somit ist A im Beispielsfall nur wegen der fahrlässigen Körperverletzung zu bestrafen, welche die Erblindung des O verursacht hat. Eine eigenständige Haftung auch für den später erlittenen Beinbruch ist demgegenüber zu verneinen.

c) Eigenverantwortliche Selbstgefährdung und Pflichtverletzung Dritter

831 Von besonderer Praxis- und Prüfungsrelevanz sind im Bereich der Fahrlässigkeitshaftung schließlich auch Konstellationen der **eigenverantwortlichen Selbstgefährdung** sowie des **pflichtwidrigen Verhaltens Dritter**.[29] In der ersten Konstellation ist wie üblich durch entsprechende Anwendung des Tatherrschaftskriteriums zwischen Fremdgefährdung und eigenverantwortlicher Selbstgefährdung abzugrenzen (vgl. bereits Rn. 136). Maßgeblich ist demnach, ob das Tatopfer den gefährlichen Akt allein oder wenigstens mitbeherrscht hat.[30] Stand die gefährliche Handlung unter Alleinherrschaft des Täters, liegt eine (ggf. einverständliche) Fremdgefährdung vor.[31] Daneben ist die objektive Zurechenbarkeit auch dann zu verneinen, wenn ein Dritter vollverantwortlich eine rechtlich missbilligte Gefahr setzt, die sich allein im tatbestandlichen Erfolg realisiert (zur Konstellation des pflichtwidrigen Verhaltens Dritter bereits Rn. 145).

---

[26] *Kühl*, Strafrecht AT, § 17 Rn. 70 ff.; *Wessels/Beulke/Satzger*, Strafrecht AT, Rn. 674; weitere Fallbeispiele bei Sch/Sch-*Sternberg-Lieben/Schuster*, § 15 Rn. 158.
[27] Vgl. hierzu *Roxin*, Strafrecht AT I, § 24 Rn. 43 ff.; *Rudolphi*, JuS 1969, 549, 554.
[28] *Rengier*, Strafrecht AT, § 52 Rn. 42.
[29] Hierzu auch *Beck*, JA 2009, 268; *Kaspar*, JuS 2012, 112, 113; *Kretschmer*, JURA 2000, 267, 275 f.; *Quentin*, JuS Lernbogen 1994, L 57, 58 f.; *Wessels/Beulke/Satzger*, Strafrecht AT, Rn. 684.
[30] Vgl. hierzu *Christmann*, JURA 2002, 679 ff.
[31] Vgl. zur Abgrenzung zwischen selbst- und einverständlicher Fremdgefährdung BGHSt 53, 55.

5. Individuelle Fahrlässigkeit

Die Prüfung der Schuld vollzieht sich bei Fahrlässigkeitsdelikten grundsätzlich nach den gleichen Prinzipien wie bei den Vorsatzdelikten. Daher ist in der Fallbearbeitung auf die Prüfungspunkte Schuldfähigkeit, (Fehlen von) Entschuldigungsgründen und Unrechtsbewusstsein nur einzugehen, wenn der Sachverhalt hierfür Anlass bietet. Stets anzusprechen sind jedoch die **individuellen Fahrlässigkeitsvoraussetzungen** in Form der **subjektiven Vorwerfbarkeit**. 832

Die subjektive Vorwerfbarkeit besteht in der **individuellen Fähigkeit zur Beachtung der erforderlichen Sorgfalt** sowie der **individuellen Vorhersehbarkeit des Erfolgseintritts**.[32] An dieser Stelle ist also nicht auf einen objektiven Dritten aus dem Verkehrskreis des Täters abzustellen, sondern es kommt auf die persönlichen Fähigkeiten und Kenntnisse des Täters an. Dieser muss in der Lage gewesen sein, sorgfältig zu handeln und die wesentlichen Folgen seines Verhaltens abzusehen.[33] In der Mehrzahl der Fälle führt das Vorliegen einer objektiven Sorgfaltspflichtverletzung dazu, dass auch die Voraussetzungen individueller Fahrlässigkeit als erfüllt anzusehen sind. Gleichwohl sind Konstellationen denkbar, in denen die von einem durchschnittlichen Dritten erwartete Sorgfalt vom konkreten Täter nicht eingehalten werden kann. Wenn bspw. ein unerfahrener Fahrschüler in einen Verkehrsunfall verwickelt wird, weil er die Vorfahrt missachtet, liegt eine objektive Sorgfaltspflichtverletzung vor, es kann jedoch ggf. die subjektive Vorwerfbarkeit entfallen, wenn der Fahrschüler nach seinen persönlichen Fahrkenntnissen noch nicht in der Lage war, sich an die in § 8 StVO normierten Vorfahrtsregeln zu halten.[34] Zu denken ist in dieser Konstellation indes an eine Fahrlässigkeitsstrafbarkeit des Fahrlehrers. 833

Soweit das Vorliegen der individuellen Fahrlässigkeit im konkreten Fall zweifelhaft erscheint, ist zu bedenken, ob ein Fall sogenannter **Übernahmefahrlässigkeit** vorliegt. Wenn der Täter eine gefährliche berufliche Tätigkeit übernimmt, für die er (wie er weiß) nicht hinreichend qualifiziert ist, kann es ihm zwar nicht vorgeworfen werden, wenn er sich in einer konkret gefährdenden Situation sorgfaltswidrig verhält, jedoch wird der Vorwurf individueller Fahrlässigkeit dadurch begründet, dass er die Tätigkeit überhaupt übernommen hat.[35] 834

6. Fahrlässige unechte Unterlassungsdelikte

Auch Fahrlässigkeitstatbestände können in Form des unechten Unterlassens verwirklicht werden, wenn die zusätzlichen Voraussetzungen des § 13 Abs. 1 StGB vorliegen (vgl. zur Abgrenzung zwischen Tun und Unterlassen beim Fahrlässigkeitsdelikt auch schon Rn. 741). Das fahrlässige unechte Unterlas- 835

---

[32] *Beck*, JA 2009, 268, 270; *Wessels/Beulke/Satzger*, Strafrecht AT, Rn. 692.
[33] *Rengier*, Strafrecht AT, § 52 Rn. 71; *Wessels/Beulke/Satzger*, Strafrecht AT, Rn. 692.
[34] Vgl. *Jäger*, Strafrecht AT, Rn. 374; *Kühl*, Strafrecht AT, § 17 Rn. 35 m.w.N.
[35] Vgl. *Jäger*, Strafrecht AT, Rn. 374.

sungsdelikt stellt im Aufbau eine Kombination der bereits genannten Strukturen dar und ist wie folgt zu prüfen:

Tab. 29: Fahrlässiges unechtes Unterlassungsdelikt

I. Tatbestand	
– Eintritt des Erfolges	
– Unterlassen	
– Ursächlichkeit des Unterlassens	Quasi-Kausalität
– Garantenstellung	– Beschützergarantenstellung – Überwachergarantenstellung
– Objektive Fahrlässigkeit	– Außerachtlassen der im Verkehr erforderlichen Sorgfalt – objektive Vorhersehbarkeit des Erfolges
– Objektive Zurechnung	– Insbesondere Pflichtwidrigkeitszusammenhang
– Entsprechensklausel	
II. Rechtswidrigkeit	
III. Schuld	
1. Individuelle Fahrlässigkeit	– Individuelle Fähigkeit zur Beachtung der erforderlichen Sorgfalt – Individuelle Vorhersehbarkeit des Erfolgseintritts
2. Sonstige Schuldmerkmale	Insb. Zumutbarkeit normgemäßen Verhaltens

7. Leichtfertige Deliktsbegehung

Einzelne Fahrlässigkeitstatbestände setzen voraus, dass der Täter leichtfertig handelt (vgl. etwa §§ 306c, 308, 345 Abs. 3 StGB). Leichtfertigkeit stellt einen gesteigerten Grad der Fahrlässigkeit und damit des Unrechts- und Schuldgehalts dar.[36] Der Täter muss in diesem Fall die im Verkehr erforderliche Sorgfalt **in besonders hohem Maße** verletzt haben. Dies ist insbesondere dann anzunehmen, wenn sich der drohende Erfolgseintritt objektiv aufdrängte und auch dem Täter die Gefährlichkeit seines Verhaltens unschwer erkennbar war.[37]

---

[36] *Beck*, JA 2009, 111, 112; *Kretschmer*, JURA 2000, 267, 268; *Wessels/Beulke/Satzger*, Strafrecht AT, Rn. 662.

[37] *Kindhäuser*, Strafrecht AT, § 33 Rn. 71; *Kühl*, Strafrecht AT, § 17 Rn. 44; *Sowada*, JURA 1995, 644 f.

8. Leitentscheidungen

BGHSt 3, 62, 63 f.; Fehlende Voraussehbarkeit des Erfolgseintritts: Ein 838
Fahrradfahrer bricht auf dem nächtlichen Nachhauseweg aufgrund seiner
erheblichen Alkoholisierung bewusstlos am Straßenrand zusammen. Ein vorbeifahrendes Ehepaar hält an, um ihm zu helfen. Noch bevor das Ehepaar
die Straße verlassen hat, nähert sich ein anderes KFZ, dessen Fahrer in angetrunkenem Zustand und mit überhöhter Geschwindigkeit fährt. Das KFZ
erfasst die Ehefrau und verletzt diese tödlich. – Der Fahrradfahrer hat sich
nicht wegen fahrlässiger Tötung strafbar gemacht. Zwar hat er durch sein
Verhalten eine Ursache für den Tod der Ehefrau gesetzt, jedoch bewegt sich
dieser Ablauf des Geschehens außerhalb des nach allgemeiner Lebenserfahrung
vorhersehbaren. Während mit der Hilfsbereitschaft des Ehepaars sowie dem
möglichen verkehrswidrigen Verhalten von Fahrzeugführern noch gerechnet
werden muss, konnte der Fahrradfahrer nicht vorhersehen, dass eine Person,
die ihm aufgrund seiner alkoholbedingten Bewusstlosigkeit helfen möchte, nur
aufgrund ihrer Hilfsbereitschaft in den Bereich der von einem angetrunkenen
KFZ-Fahrer ausgehenden Verkehrsgefahr gerät.

BGHSt 14, 97, 99 f.; Grenzen des Vertrauensgrundsatzes: Ein KFZ-Fahrer 839
nähert sich mit 50 km/h einer Kreuzung, an der sich eine Rentnerin und eine
weitere Frau befinden. Als er sich den Frauen auf 50 Meter genähert hat, betreten diese plötzlich die Fahrbahn. Der KFZ-Fahrer bremst sofort und hupt,
woraufhin eine der Frauen stehen bleibt, während die Rentnerin nur für einen
kurzen Augenblick innehält, um anschließend weiter über die Fahrbahn zu
gehen. Nachdem die Frauen zunächst beide stehen geblieben sind, geht der
KFZ-Fahrer davon aus, dass sie ihn vorbeifahren lassen wollen, und gibt daher
wieder Gas. Er erfasst die Rentnerin und verletzt diese tödlich. – Der KFZ-Fahrer ist strafbar wegen fahrlässiger Tötung. Zwar kann ein Fahrzeugführer
grundsätzlich darauf vertrauen, dass ein erwachsener Fußgänger nicht kurz
vor seinem Fahrzeug versuchen wird, die Straße zu überqueren, bzw. dass ein
Fußgänger, der beim Überqueren der Fahrbahn auf der Mitte der Straße anhält,
nicht plötzlich unerwartet weiter in die Fahrbahn läuft. Dieser Grundsatz gilt
aber nicht, wenn der Fahrzeugführer Anlass hat, am verkehrsgerechten Verhalten anderer Verkehrsteilnehmer zu zweifeln. Da die beiden Frauen sich
bereits zuvor nicht verkehrsgerecht verhalten und die Rentnerin erst einen
kurzen Augenblick inne gehalten hatte, durfte der KFZ-Fahrer nicht darauf
vertrauen, dass sie ihn nun passieren lassen, und hätte daher nicht unmittelbar
anschließend die Bremse lösen dürfen.

BGHSt 33, 66, 67 ff.; Voraussetzungen leichtfertigen Verhaltens: Zwei 840
Freunde besorgen sich 2 g Heroin, wovon sie sich jeweils 1/10 g mittels einer
Spritze setzen und dabei feststellen, dass der Stoff eine stärkere Wirkung hat als
sonst. Als sie sich später am Abend mit einem Bekannten treffen, bemerken sie
dessen „aufgekratzte" Stimmung und vermuten daher, dass er bereits Drogen
konsumiert hat. Darüber hinaus registrieren sie eine „leichte Alkoholfahne".
Gleichwohl händigen sie dem Bekannten ¾ g Heroin aus und weisen ihn darauf

hin, dass dieses eine starke Wirkung habe. Der Bekannte setzt sich mit ungefähr 1/10 g des Heroins eine Spritze und verstirbt hieran. – Die Freunde haben sich nicht wegen leichtfertiger Tötung durch die Abgabe von Betäubungsmitteln (§ 30 Abs. 1 Nr. 3 BtMG) strafbar gemacht. Leichtfertig i. S. v. § 30 Abs. 1 Nr. 3 BtMG handelt, wer die sich ihm aufdrängende Möglichkeit eines tödlichen Verlaufs aus besonderem Leichtsinn oder aus besonderer Gleichgültigkeit außer Acht lässt. Da die Freunde um den regelmäßigen Drogenkonsum des Bekannten wussten und sie sich selbst genau die Menge Heroin gesetzt hatten, die später zum Tod des Bekannten führte, ohne eine akut lebensbedrohliche Verschlechterung ihres Befindens wahrzunehmen, war ein tödlicher Verlauf des Geschehens für sie nicht unmittelbar naheliegend. Die Wahrnehmung der leichten Alkoholisierung und des möglicherweise vorangegangenen Drogenkonsums reichen zur Begründung leichtfertigen Verhaltens nicht aus.

841   **BGH NStZ 2003, 657, 658; Bestimmung der Sorgfaltspflichten im medizinischen Bereich:** Ein Herzchirurg lässt sich während seiner Tätigkeit an der medizinischen Fakultät einer Hochschule nicht auf eine Hepatitis B-Infektion untersuchen, obgleich in Ärztekreisen seit Beginn der 90er Jahre die Gefahr wechselseitiger HBV-Infektionen zwischen Ärzten und Patienten (einschließlich des besonderen Risikos bei chirurgischen Tätigkeiten) eingehend diskutiert wird. Im Zeitraum zwischen 1994 bis 1998 infiziert der Chirurg zwölf seiner Patienten. – Das Verhalten des Chirurgen stellt eine Verletzung der im Verkehr erforderlichen Sorgfalt dar. Die im konkreten Fall einzuhaltende Sorgfalt ergibt sich aus den Anforderungen, die bei Betrachtung der Gefahrenlage „ex ante" an einen besonnenen und gewissenhaften Menschen in der konkreten Lage und sozialen Rolle des Handelnden zu stellen sind. Steht die Verwirklichung eines Fahrlässigkeitstatbestandes durch die medizinische Behandlung eines Arztes in Frage, kommt es daher darauf an, wie sich ein umsichtiger und erfahrener Arzt derselben Fachrichtung in gleichen Situationen verhalten hätte, so dass nachträgliche wissenschaftliche Erkenntnisse außer Betracht bleiben. Vorliegend hätte sich ein umsichtiger Chirurg spätestens mit Beginn der 90er Jahre auf eine etwaige HBV-Infizierung untersuchen lassen. Da der Täter dies unterließ und ohne besondere Sicherungsvorkehrungen weitere chirurgische Eingriffe vornahm, verletzte er die im Verkehr erforderliche Sorgfalt.

II.   Erfolgsqualifizierte Delikte

1.   Einführung und Prüfungsschema

842   Bei den erfolgsqualifizierten Delikten tritt zu dem Erfolg des vorsätzlichen Grunddeliktes ein zumindest fahrlässig (§ 18 StGB) herbeigeführter weiterer Erfolg hinzu (vgl. bereits Rn. 51).[38] Beispiele für erfolgsqualifizierte Tatbestän-

---

[38] Einführend *Kudlich*, JA 2009, 246 ff.; *Kühl*, JURA 2002, 810 ff.; *Sowada*, JURA 1995, 644 ff.; vgl. zum Exzess bei erfolgsqualifizierten Delikten *Isfen*, JURA 2014, 1087 ff.

de sind die schwere Körperverletzung in § 226 Abs. 1 StGB, die Körperverletzung mit Todesfolge in § 227 Abs. 1 StGB sowie der Raub mit Todesfolge nach § 251 StGB. Da die Erfolgsqualifikationen an die vorsätzliche Verwirklichung eines **Grunddeliktes** anknüpfen, bietet es sich an, dieses zuerst zu prüfen. Die Strafbarkeit aus einer Erfolgsqualifikation setzt neben der **Verursachung des qualifizierenden Erfolges** voraus, dass der Täter (mindestens) **objektiv** und **individuell fahrlässig** handelt, wobei sich zumindest das Vorliegen einer Sorgfaltspflichtverletzung in der Regel bereits aus der vorsätzlichen Begehung des Grunddeliktes ergibt.[39] Die wesentliche Besonderheit des erfolgsqualifizierten Deliktes besteht darin, dass das Grunddelikt und der qualifizierende Erfolg in Form eines **tatbestandsspezifischen Gefahrzusammenhangs** miteinander verbunden sein müssen. Daraus ergibt sich, dass das erfolgsqualifizierte Delikt nach dem folgenden Schema zu prüfen ist:

Tab. 30: Erfolgsqualifiziertes Delikt

I.	Grunddelikt		(Tatbestand, Rechtswidrigkeit, Schuld)
II.	Erfolgsqualifikation		
	1.	Verursachung des qualifizierenden Erfolges	z.B. Tod des Opfers in § 227 Abs. 1 StGB oder schwere Körperverletzung in § 226 Abs. 1 Nr. 1–3 StGB
	2.	Tatbestandsspezifischer Gefahrzusammenhang	Die spezifische Gefahr des Grunddelikts muss sich im konkreten Erfolg niedergeschlagen haben
	3.	Objektive Fahrlässigkeit	– Sorgfaltspflichtverletzung liegt bereits in der Verwirklichung des Grunddeliktes – Objektive Vorhersehbarkeit des Erfolgseintritts
	4.	Individuelle Fahrlässigkeit	– Individuelle Fähigkeit zur Beachtung der erforderlichen Sorgfalt – Individuelle Vorhersehbarkeit des Erfolgseintritts

2. Tatbestandsspezifischer Gefahrzusammenhang

a) Grundlagen

Kernproblem der erfolgsqualifizierten Delikte ist die Bestimmung des tatbestandsspezifischen Gefahrzusammenhangs. Die hohen Strafrahmen der erfolgsqualifizierten Delikte sind nur dann mit dem Schuldprinzip vereinbar, wenn der Handlungsunwert des Vorsatzdelikts mit dem Erfolgsunwert **spezifisch verknüpft** ist. Dies hat der BGH im **Hochsitz-Fall**, bei dem eine Körper-

---

[39] BGHSt 24, 213, 215; *Kindhäuser*, Strafrecht AT, § 34 Rn. 11.

verletzung mit Todesfolge zu prüfen war, folgendermaßen zusammengefasst: „Es reicht nicht aus, dass zwischen der Körperverletzungshandlung und dem Todeserfolg überhaupt ein ursächlicher Zusammenhang besteht, die Körperverletzung also nicht hinweggedacht werden kann, ohne dass damit zugleich der Tod des Verletzten entfiele. Vielmehr ergibt sich aus Sinn und Zweck des § 227 Abs. 1 StGB, dass hier eine engere Beziehung zwischen der Körperverletzung und dem tödlichen Erfolg verlangt wird. Die Vorschrift soll der mit der Körperverletzung verbundenen Gefahr des Todeseintritts entgegenwirken. Sie gilt deshalb nur für solche Körperverletzungen, denen die spezifische Gefahr anhaftet, zum Tode des Opfers zu führen; gerade diese Gefahr muss sich im tödlichen Ausgang niedergeschlagen haben."[40]

845 Für den tatbestandsspezifischen Gefahrzusammenhang ist somit erforderlich, dass sich im Eintritt der schweren Folge ein **für den Grundtatbestand eigentümliches Risiko** verwirklicht.[41] Wann dies zu bejahen ist, ist durch Auslegung des jeweiligen Grundtatbestandes zu ermitteln. Zu fragen ist danach, was zum spezifischen Risiko des Grunddeliktes zählt bzw. welches typische Risiko der Gesetzgeber erfassen wollte.[42] Verdeutlicht anhand der Interpretation des Tatbestandes des Raubs mit Todesfolge: Mit der Normierung von § 251 StGB wollte der Gesetzgeber die Konstellation erfassen, dass das Tatopfer durch Anwendung des Nötigungsmittels (also insbesondere durch eine Gewaltanwendung) zu Tode kommt.[43] Nicht erfasst werden sollte hingegen ein Todeseintritt, der auf die Wegnahmehandlung zurückzuführen ist.[44] Der tatbestandsspezifische Gefahrzusammenhang wäre also bei § 251 StGB zu bejahen, wenn der Täter das Opfer niederschlägt, um diesem die Geldbörse wegnehmen zu können, und das Opfer später an den Folgen des Schlages verstirbt. Demgegenüber wäre der tatbestandsspezifische Gefahrzusammenhang zu verneinen, wenn der Täter das Opfer niederschlägt, um diesem die mitgeführten Medikamente wegnehmen zu können, und das Opfer verstirbt, weil es die Medikamente nicht rechtzeitig einnehmen kann.

b) Tatbestandsspezifischer Gefahrzusammenhang bei § 227 Abs. 1 StGB

846 Besonders umstritten ist, worin der tatbestandsspezifische Gefahrzusammenhang bei § 227 Abs. 1 StGB besteht. Während einige Autoren fordern, dass sich im Todeseintritt gerade die spezifische Gefahr des Körperverletzungs*erfolges* realisiert, lässt es die h. M. ausreichen, dass der Tod des Opfers auf der der Körperverletzungs*handlung* anhaftenden Gefahr beruht. Relevant wird die Auseinandersetzung etwa im folgenden klassischen Beispielsfall: A zieht und entsichert eine Pistole und versetzt B damit einen Schlag auf den Kopf. Dabei löst sich ein Schuss, der B in den Kopf trifft und seinen Tod herbeiführt. A

---

[40] BGHSt 31, 96, 98.
[41] Hierzu *Kudlich*, JA 2009, 246, 248; *Kühl*, JURA 2002, 810, 811 f.; *Sowada*, JURA 1994, 643, 645 ff.
[42] Vgl. *Kudlich*, JA 2009, 246, 248; *Kühl*, JURA 2002, 810, 812.
[43] Sch/Sch-*Eser/Bosch*, § 251 Rn. 4.
[44] *Seelmann*, JuS 1986, 201, 205.

wollte mit der Waffe nicht schießen, sondern nur schlagen.[45] – Fraglich ist, ob A eine Körperverletzung mit Todesfolge gem. § 227 Abs. 1 StGB begangen hat. A hat den Grundtatbestand der Körperverletzung i.S.d. § 223 Abs. 1 StGB rechtswidrig und schuldhaft verwirklicht und den Tod des B verursacht. Es müsste ein tatbestandsspezifischer Gefahrzusammenhang gegeben sein, der nur vorliegt, wenn sich die spezifische Gefahr des Grunddelikts im konkreten Erfolg niedergeschlagen hat.

Nach einer teilweise vertretenen Auffassung muss sich im Tod des Opfers die spezifische Gefährlichkeit, d.h. Art und Schwere des vorsätzlich herbeigeführten Körperverletzungserfolgs niedergeschlagen haben (sog. **Letalitätslehre**).[46] Vorliegend besteht der Körperverletzungserfolg in der durch den Schlag mit der Pistole hervorgerufenen Kopfverletzung. Da sich diese nicht im Todeserfolg realisiert hat, wäre nach der sog. Letalitätslehre der tatbestandsspezifische Gefahrzusammenhang zu verneinen.

847

Die Gegenauffassung, die insbesondere in der Rechtsprechung vertreten wird,[47] sieht es anhand zutreffender Erwägungen als hinreichend an, wenn sich die **spezifische Gefahr der Grunddeliktshandlung** im Todeserfolg niedergeschlagen hat: „Soweit die Vorschrift verlangt, dass sich im Tod des Verletzten die der Körperverletzung eigentümliche Gefahr verwirklicht hat, kommt es nicht nur auf die zunächst eingetretene Körperverletzungsfolge an. (…) Eine derart einengende Auslegung des Gesetzes würde dem Schutzzweck der Vorschrift nicht gerecht; sie findet auch im Wortlaut (…) keine Stütze. Danach genügt es, dass durch die ‚Körperverletzung' der Tod des Verletzten verursacht worden ist. Als ‚Körperverletzung' stellt sich nicht nur die jeweils eingetretene Verletzungsfolge dar; vielmehr umfasst dieser Begriff auch das Handeln des Täters, das zu der Körperverletzungsfolge geführt hat."[48] Auf der Grundlage dieses Ansatzes ist im Pistolenschlag-Fall angesichts der spezifischen Gefährlichkeit der Körperverletzungshandlung (dem Schlag mit der entsicherten Pistole) der tatbestandsspezifische Gefahrzusammenhang zu bejahen. A hat sich wegen Körperverletzung mit Todesfolge gem. § 227 Abs. 1 StGB strafbar gemacht.

848

3. Erfolgsqualifikation und Versuch

Die Kombination von Erfolgsqualifikation und Versuch ist in drei Varianten möglich, die in Tab. 31 zusammengefasst sind:

849

---

[45] BGHSt 14, 110, 112.
[46] *Maiwald*, JuS 1984, 439, 443 f.; *Mitsch*, JURA 1993, 18, 19 f.; *Puppe*, NStZ 1983, 22, 24; *Rath*, JuS 1999, 140, 142.
[47] BGHSt 48, 34, 37 f.; 38, 295, 298; 31, 96, 99; 14, 110, 112.
[48] BGHSt 31, 96, 99.

850 **Tab. 31:** Erfolgsqualifikation und Versuch

Bezeichnung	Grunddelikt	qualifizierende Folge
Erfolgsqualifizierter Versuch	versucht	eingetreten
Versuchte Erfolgsqualifikation	vollendet	versucht
Versuchte Erfolgsqualifikation	versucht	versucht

a) Erfolgsqualifizierter Versuch
aa) Strafbarkeit des erfolgsqualifizierten Versuchs

851 Ein erfolgsqualifizierter Versuch liegt vor, wenn das Grunddelikt lediglich versucht, die besonders schwere Folge aber eingetreten ist. Die Strafbarkeit des erfolgsqualifizierten Versuchs ist umstritten, wobei die einzelnen hierzu vertretenen Auffassungen nachfolgend anhand der Lösung des sog. Verfolger-Falls[49] veranschaulicht werden sollen: Die Skinheads A und B versuchten, den Algerier O gemeinsam zusammenzuschlagen. In Angst und Panik flüchtete O vor A und B, die ihn verfolgten, jedoch zwischenzeitlich aus den Augen verloren. O lief sodann zu einem etwa 200 Meter von A und B entfernten Mehrfamilienhaus. Da O die Haustür nicht öffnen konnte, trat er in Todesangst die untere Glasscheibe der Tür ein. Dabei oder beim anschließenden Durchsteigen verletzte er sich an den im Türrahmen verbliebenen Glasresten; er zog sich eine 8,5 cm tiefe Wunde am rechten Bein und die Verletzung einer Schlagader zu. Binnen kurzer Zeit verblutete O.

852 A und B haben eine versuchte gefährliche Körperverletzung in Mittäterschaft nach §§ 224 Abs. 1 Nr. 4, 25 Abs. 2, 22, 23 Abs. 1 StGB rechtswidrig und schuldhaft begangen. In Betracht kommt überdies eine versuchte Körperverletzung mit Todesfolge in Mittäterschaft (§§ 227 Abs. 1, 25 Abs. 2, 22, 23 Abs. 1 StGB). Eine versuchte Körperverletzung als Grunddelikt ist gegeben. Die qualifizierende Folge, der Tod des O, ist eingetreten. Problematisch ist, ob A und B den Tod des O i. S. d. § 227 Abs. 1 StGB „durch die Körperverletzung" verursacht haben. Nach einer teilweise vertretenen Auffassung muss die qualifizierende Folge an die Vollendung des Grunddelikts, also dessen Erfolg, anknüpfen – mit der Konsequenz, dass ein erfolgsqualifizierter Versuch nicht möglich wäre.[50] Der gesetzlichen Formulierung der Erfolgsqualifikationen, insbesondere des § 227 Abs. 1 StGB, entspricht es aber, darauf abzustellen, ob sich die tatbestandsspezifische Gefahr in der qualifizierenden Folge niedergeschlagen hat.[51] Der erfolgsqualifizierte Versuch ist also grundsätzlich möglich, wobei es jeweils darauf ankommt, ob die tatbestandsspezifische Gefahr an den Tatbestandserfolg des Grunddelikts gekoppelt ist oder ob sie bereits in der Tatbestandshandlung zum Tragen kommt. Bei § 227 Abs. 1 StGB genügt

---

[49] BGHSt 48, 34 ff.; dazu *Hardtung*, NStZ 2003, 261 ff.; *Heger*, JA 2003, 455 ff.; *Kühl*, JZ 2003, 635, 637 ff.; *Laue*, JuS 2003, 743 ff.
[50] *Kühl*, FS Gössel, 191, 200; Sch/Sch-*Sternberg-Lieben/Schuster*, § 18 Rn. 8 m. w. N.
[51] Vgl. ausführlich dazu MüKo-StGB/*Hardtung* § 227 Rn. 8 ff.

insoweit die spezifische Gefahr der Tatbestandshandlung (s. o. Rn. 846 ff.). Daher ist der Versuch einer Körperverletzung mit Todesfolge in Form eines erfolgsqualifizierten Versuchs möglich. Bezogen auf den Verfolger-Fall: Eine spezifische Gefahr der Körperverletzungshandlung ging von dem Verhalten der A und B angesichts des drohenden Zusammenschlagens aus. „Der erforderliche Zurechnungszusammenhang wurde auch nicht durch das eigene Verhalten des Opfers unterbrochen. Denn dessen Reaktion war eine naheliegende und nachvollziehbare Reaktion auf den massiven Angriff der Angeklagten. Ein solches durch eine Flucht ‚Hals über Kopf …' geprägtes Opferverhalten ist vielmehr bei den durch Gewalt und Drohung geprägten Straftaten geradezu deliktstypisch und entspringt dem elementaren Selbsterhaltungstrieb des Menschen"[52]. Der tatbestandsspezifische Gefahrzusammenhang ist mithin (ebenso wie Fahrlässigkeit seitens A und B) gegeben. A und B sind daher wegen versuchter Körperverletzung mit Todesfolge in Mittäterschaft gem. §§ 227 Abs. 1, 25 Abs. 2, 22, 23 Abs. 1 StGB strafbar.

bb) Rücktritt trotz Eintritt des qualifizierenden Erfolges?

Hat der Täter den qualifizierenden Erfolg bereits herbeigeführt, ist umstritten, ob er gleichwohl noch vom Versuch des Grunddelikts und damit auch vom erfolgsqualifizierten Versuch zurücktreten kann.[53] Bsp.: A bedroht O mit einer Pistole, damit dieser ihn nicht daran hindert, ihm die Geldbörse wegzunehmen. Gerade als A nach der Geldbörse greift, löst sich (von A nicht gewollt) ein Schuss, der den O tötet. Obwohl A die Geldbörse noch wegnehmen könnte, entschließt er sich nun dazu, auf die Wegnahme zu verzichten und den Ort des Geschehens zu verlassen. – A hat freiwillig auf die Wegnahme verzichtet, jedoch könnte ein Rücktritt vom Versuch des § 249 StGB (und damit auch vom Versuch des § 251 StGB) ausgeschlossen sein, weil A bereits die besonders schwere Folge des § 251 StGB (Tod eines anderen Menschen) herbeigeführt hat. 853

Nach teilweise vertretener Auffassung bewirkt der Eintritt der besonders schweren Folge, dass der Täter zwingend aus dem erfolgsqualifizierten Delikt zu bestrafen und ein strafbefreiender Rücktritt vom Versuch nicht mehr möglich ist. Begründet wird diese Sicht damit, dass das die Erfolgsqualifikation kennzeichnende Unrecht mit Eintritt der schweren Folge vollständig abgeschlossen, also vollendet sei, so dass ein Rücktritt vom Versuch begriffsnotwendig ausscheiden müsse.[54] Daher wäre A nach dieser Auffassung im Beispielsfall aus §§ 251, 22, 23 Abs. 1 StGB zu bestrafen. 854

Die überzeugende h. M. geht demgegenüber davon aus, dass der Täter auch dann noch vom versuchten Grunddelikt und dem erfolgsqualifizierten Versuch zurücktreten kann, wenn die qualifizierende Folge eingetreten ist.[55] § 24 Abs. 1 855

---

[52] BGHSt 48, 34, 38 f.
[53] Vgl. hierzu auch *Kühl*, JURA 2003, 19, 22 f.; SK/*Rudoplhi*, § 18 Rn. 8a.
[54] Vgl. *Jäger*, NStZ 1998, 161, 163; *Sowada*, JURA 1995, 644, 653 m. w. N.; *Wolter*, JuS 1981, 168, 178.
[55] BGHSt 42, 158, 160 f.; *Herzberg*, JZ 2007, 615, 619 ff.

S. 1 Var. 1 StGB lässt es für einen wirksamen Rücktritt vom Versuch ausreichen, dass der Täter die weitere Ausführung „der Tat" aufgibt. Der Begriff der „Tat" bezieht sich jedoch auf das Grunddelikt, für dessen Versuch der Eintritt der schweren Folge grundsätzlich nicht von Bedeutung ist.[56] Das Vorliegen der qualifizierenden Folge führt nicht dazu, dass Grunddelikt und schwere Folge so zu einer Einheit verschmelzen, dass ein Rücktritt nicht mehr möglich ist.[57] Da A im Beispielsfall freiwillig auf die Wegnahme der Geldbörse verzichtet hat, ist er wirksam vom Versuch des § 249 StGB zurückgetreten, so dass er mangels Grunddelikt auch nicht aus §§ 251, 22, 23 Abs. 1 StGB bestraft werden kann. Hinsichtlich der Tötung des O ist er jedoch strafbar wegen fahrlässiger Tötung (§ 222 StGB).

b) Versuchte Erfolgsqualifikation

856 Versucht oder vollendet der Täter das Grunddelikt und versucht er die qualifizierende Folge, so kann von einer versuchten Erfolgsqualifikation gesprochen werden.[58] Aus § 18 StGB i. V. m. § 11 Abs. 2 StGB ergibt sich, dass erfolgsqualifizierte Delikte als Vorsatzdelikte zu behandeln sind. Daraus folgt, dass ein Versuch gem. § 22 StGB möglich ist. Bsp.: A will O ausrauben, indem er O zunächst erschießt und sodann dessen Geld an sich nimmt. Schießt A vorbei oder trifft er den O lediglich so, dass dieser verletzt ist, ohne zu sterben, so liegt nicht lediglich ein versuchter Mord (aus Habgier i. S. d. § 211 Abs. 2 StGB), sondern auch ein versuchter Raub mit Todesfolge gem. §§ 251, 12 Abs. 1, 22, 23 Abs. 1 StGB vor. Die Formulierung „wenigstens leichtfertig" in § 251 StGB beinhaltet, dass auch der Vorsatz bzgl. der qualifizierenden Folge von § 251 StGB erfasst ist. Zu beachten ist im Zusammenhang mit der versuchten Erfolgsqualifikation allerdings, dass diese häufig hinter anderen Tatbeständen zurücktritt und daher eine Prüfung entbehrlich sein kann. Begeht etwa der Täter eine Körperverletzung und handelt mit dolus eventualis hinsichtlich des Todeseintritts des Opfers, liegt zwar grundsätzlich ein Versuch des § 227 StGB vor, da dieser aber eindeutig hinter §§ 212, 22, 23 Abs. 1 StGB zurücktritt, kann man in der Regel gänzlich auf die Prüfung verzichten.

857 Anders als beim erfolgsqualifizierten Versuch ist bei versuchter Erfolgsqualifikation nicht zunächst das Grunddelikt vollständig zu prüfen und sodann auf die Erfolgsqualifikation einzugehen; vielmehr sind Grunddelikt und Erfolgsqualifikation wie folgt in einen einheitlichen Versuchsaufbau zu integrieren:

---

[56] Vgl. *Günther*, FS Hirsch, 543, 553; *Kühl*, JURA 2003, 19, 22 f.
[57] *Sowada*, JURA 1995, 644, 653.
[58] Vgl. BGH NStZ 2001, 371; dazu *Baier*, JA 2001, 751; *Wessels/Beulke/Satzger*, Strafrecht AT, Rn. 617.

Tab. 32: Versuchte Erfolgsqualifikation 858

Vorprüfung		1. Fehlen der Vollendung
		2. Strafbarkeit des Versuchs
I.	**Tatbestand**	
	1. Subjektiver Tatbestand: Tatentschluss	– bzgl. Grunddelikt
		– bzgl. qualifizierender Folge
	2. Objektiver Tatbestand: Unmittelbares Ansetzen	
II.	**Rechtswidrigkeit**	
III.	**Schuld**	
IV.	**Persönlicher Strafaufhebungsgrund**	Rücktritt, § 24 StGB

4. Teilnahme am erfolgsqualifizierten Delikt

Da das erfolgsqualifizierte Delikt gemäß § 11 Abs. 2 StGB als Vorsatztat zu behandeln ist, ist eine strafbare Teilnahme an der Erfolgsqualifikation eines anderen möglich. Bzgl. des Anstifters bzw. Gehilfen ist jedoch gemäß §§ 18, 29 StGB eine persönliche Zurechnung der schweren Folge erforderlich. Der Teilnahmevorsatz muss beim erfolgsqualifizierten Delikt nicht nur die Verwirklichung des Grunddeliktes, sondern auch die Handlung umfassen, durch die gerade die schwere Folge verursacht wurde.[59] Nicht erforderlich ist hingegen vorsätzliches Handeln hinsichtlich der schweren Folge. Diese muss lediglich vom subjektiv sorgfaltswidrigen Verhalten umfasst sein, so dass eine Berufung darauf, dass diese gar nicht gewollt gewesen sei, für die strafrechtliche Haftung ohne Bedeutung ist. 859

5. Leitentscheidungen

BGHSt 19, 339, 341 f.; Teilnahme am erfolgsqualifizierten Delikt: Zwei Freunde beschließen, eine Ladeninhaberin auszurauben, indem sie diese niederschlagen und anschließend wertvolle Gegenstände aus ihrer Wohnung entwenden. Ein Bekannter überredet sie, einen Knüppel mitzunehmen, um der Ladeninhaberin kräftig auf den Hinterkopf zu schlagen. Die Ladeninhaberin verstirbt an den Folgen der Schläge. Während die Freunde den Todeseintritt für möglich hielten und billigend in Kauf nahmen, handelte der Bekannt diesbezüglich nicht vorsätzlich. – Der Bekannte ist strafbar wegen Anstiftung zum Raub mit Todesfolge. Zwar hat er den Todeseintritt nicht in seinen Vorsatz aufgenommen, jedoch hat er leichtfertig verkannt, dass kräftige Schläge auf den Hinterkopf, die mit einem Knüppel ausgeführt werden, zum Tod führen 860

---

[59] Vgl. *Noak*, JuS 2005, 312 ff.; zum Prüfungsaufbau auch *Kudlich*, JA 2000, 511, 515.

können. Vorsätzliches Handeln ist auch beim Teilnehmer nur bzgl. des Grunddeliktes, nicht jedoch bzgl. der schweren Folge erforderlich.

861 **BGHSt 42, 158, 160 f.; Rücktritt vom erfolgsqualifizierten Versuch trotz Eintritt der qualifizierenden Folge:** Drei Jugendliche führen einen Raubüberfall durch. Sie haben sich hierfür mit einer Pistole bewaffnet, mit der notfalls in die Luft geschossen werden soll, um möglichen Widerstand bei den beabsichtigten Wegnahmehandlungen zu brechen. Als sie den Gewahrsamsinhaber mit der Pistole bedrohen, löst sich versehentlich ein Schuss, der den Gewahrsamsinhaber tödlich verletzt. Die Jugendlichen verzichten daraufhin auf die Wegnahme der anvisierten Tatobjekte. – Die Möglichkeit eines Rücktritts vom versuchten Raub mit Todesfolge wird nicht dadurch aufgehoben, dass die qualifizierende schwere Folge in Form des Todes bereits eingetreten ist. Nach dem Wortlaut des § 24 StGB hat die Realisierung der schweren Folge keine Auswirkung auf die Voraussetzungen des Rücktritts vom Grunddelikt. Tritt der Täter wirksam vom versuchten Grunddelikt zurück, so entfällt hierdurch zugleich der Anknüpfungspunkt für die Qualifikation, da diese zumindest einen strafbaren Versuch des Grunddeliktes voraussetzt.

862 **BGH NStZ 2008, 278; Tatbestandsspezifischer Gefahrzusammenhang bei § 227 StGB:** Der Täter besucht seine im 8. Stock eines Berliner Appartementhauses wohnende Ehefrau, um diese zu überreden, mit ihm nach Afrika zu ziehen. Als sich die Ehefrau weigert, sticht der Täter ihr mit einem Küchenmesser in den Rücken, wobei er lediglich vorsätzlich bzgl. einer Körperverletzung, nicht jedoch bzgl. des Todes der Ehefrau handelt. Die Frau flieht hierauf ins Schlafzimmer und klettert in einer Kurzschlussreaktion aufs Fensterbrett, wo sie keinen Halt findet und zu Tode stürzt. – Der BGH bejahte die Voraussetzungen einer Körperverletzung mit Todesfolge. Da die erforderliche Verknüpfung zwischen Grunddelikt und besonders schwerer Folge bei § 227 StGB auch durch die der Körperverletzungshandlung anhaftende Gefahr begründet werden könne, könne der tatbestandsspezifische Gefahrzusammenhang bei § 227 StGB vorliegen, wenn die unmittelbar zum Tod führende Ursache ein Verhalten des Opfers war. Erforderlich sei allein, dass das selbstschädigende Verhalten sich als naheliegende und deliktstypische Reaktion darstellt. Der panikartige Fluchtversuch der Ehefrau ist auf den Stich mit dem Messer und die dadurch hervorgerufene Todesangst zurückzuführen. Da ihr Verhalten angesichts der Bedrohungssituation eine typische, dem Schutzzweck des § 227 StGB unterfallende Reaktion auf die Körperverletzungshandlung des Täters darstelle, sei der tatbestandsspezifische Gefahrzusammenhang zu bejahen.

863 **BGH NStZ 2008, 686 f.; Voraussetzungen des § 227 StGB:** Im Anschluss an eine längere Auseinandersetzung in einer Diskothek schubst der Täter einen stark alkoholisierten Bekannten, von dem er sich belästigt fühlt, zu Boden. Anschließend tritt er dem Bekannten mit der Spitze seines beschuhten Fußes kräftig gegen den Oberkörper. Der Fußtritt löst eine Reizung des Solarplexus aus, die zum Herzstillstand führt. – Der Täter ist strafbar wegen vollendeter Körperverletzung mit Todesfolge. Im Todeseintritt hat sich gerade die durch die Fußtritte gesetzte Gefahr verwirklicht. Zwar fehlt es an dem erforderlichen tatbestandsspezifischen Gefahrzusammenhang, wenn der tatsächliche Geschehensablauf, der Körperverletzung und Todesfolge miteinander verknüpft, außerhalb jeder Lebenswahrscheinlichkeit liegt, dies ist vorliegend jedoch nicht der Fall. Dass ein kräftiger Tritt gegen den Rumpf eines am Boden Liegenden zum Tod führt, liegt nicht außerhalb jeder Lebenswahrscheinlichkeit, was selbst dann gilt, wenn es sich bei dem tatsächlichen Geschehensablauf um eine „medizinische Rarität" handelt. Auch die individuelle Vorhersehbarkeit des Todes ist zu bejahen, da keine Anhaltspunkte dafür bestehen, dass der Täter nach seinen persönlichen Fähigkeiten und Kenntnissen nicht in der Lage war, einen möglichen tödlichen Geschehensverlauf vorherzusehen.

III. Zusammenfassung

- Objektiv setzt Fahrlässigkeit das Außerachtlassen der im Verkehr erforderlichen Sorgfalt bei objektiver Vorhersehbarkeit des Erfolgseintritts voraus. Dem entspricht auf individueller Ebene, dass der konkrete Täter in der Lage gewesen sein muss, sorgfaltsgemäß zu handeln und den Erfolgseintritt vorherzusehen.
- Maßstab für das objektive Außerachtlassen der im Verkehr erforderlichen Sorgfalt ist ein (gedachter) einsichtiger und gewissenhafter Mensch in der sozialen Rolle des Täters.
- Die Sorgfaltspflichten werden durch das erlaubte Risiko begrenzt. Als Konkretisierung des erlaubten Risikos ist insbesondere der Vertrauensgrundsatz im Straßenverkehr bedeutsam. Nach dem Vertrauensgrundsatz, der den gesamten Straßenverkehr beherrscht, kann ein Verkehrsteilnehmer, der sich verkehrsgemäß verhält, sofern nicht besondere Umstände dagegen sprechen, damit rechnen, dass ein anderer Verkehrsteilnehmer den Verkehr nicht durch pflichtwidriges Verhalten gefährdet.
- Schon im Rahmen der objektiven Fahrlässigkeitsvoraussetzungen ist im Hinblick auf die Erkennbarkeit von Gefahren ein etwaiges Sonderwissen des Täters zu berücksichtigen.
- Die objektive Vorhersehbarkeit entfällt für solche Ereignisse, die so sehr außerhalb der gewöhnlichen Erfahrung liegen, dass sie der Täter auch bei der nach den Umständen gebotenen und ihm nach seinen persönlichen Kenntnissen und Fähigkeiten zumutbaren sorgfältigen Überlegung nicht ins Auge zu fassen braucht.
- Auf der Ebene der Schuld sind die individuellen Fahrlässigkeitsvoraussetzungen zu prüfen. Dies sind die individuelle Fähigkeit zur Beachtung der erforderlichen Sorgfalt und die individuelle Vorhersehbarkeit des Erfolgseintritts.
- Bei erfolgsqualifizierten Delikten tritt zu dem Erfolg des vorsätzlichen Grunddelikts ein zumindest fahrlässig (§ 18 StGB) herbeigeführter weiterer Erfolg hinzu, z. B. §§ 226 Abs. 1, 227 Abs. 1 StGB.

- Erfolgsqualifizierte Delikte setzen einen tatbestandsspezifischen Gefahrzusammenhang voraus, der nur vorliegt, wenn sich die spezifische Gefahr des Grunddelikts im konkreten Erfolg niedergeschlagen hat.
- Die Strafbarkeit des erfolgsqualifizierten Versuchs, also die Kombination von versuchtem Grunddelikt und eingetretener qualifizierender Folge, ist grundsätzlich ebenso möglich wie die Strafbarkeit der versuchten Erfolgsqualifikation, die bei versuchtem oder vollendetem Grunddelikt mit jeweils nur versuchter qualifizierender Folge in Betracht kommt.

IV. Übungsfälle

1. A empfing im Wohnzimmer ihrer Wohnung mehrere Gäste, die gemeinsam mit ihr zahlreiche Zigaretten rauchten und Alkohol tranken. Ihre vier bzw. drei Jahre alten Kinder schliefen im benachbarten Kinderzimmer. Zwischen 20.30 Uhr und 20.45 Uhr verließ A mit einem der Gäste die Wohnung und suchte eine Gaststätte auf. Kurze Zeit später verließen zwei weitere Gäste die Wohnung. Gegen 22.00 Uhr folgte die letzte Besucherin, nachdem sie sich vergewissert hatte, dass beide Kinder in ihrem Bett fest schliefen. Der Sohn war zu diesem Zeitpunkt an Windpocken erkrankt und hatte Fieber. Gegen 23.30 Uhr kehrte A in die Wohnung zurück, verließ jedoch die Wohnung kurz darauf wieder und ließ die Kinder unbeaufsichtigt zurück. A unterließ es, hierbei das Wohnzimmer auf feuergefährliche Gegenstände, insbesondere auf heruntergefallene brennende oder glimmende Zigarettenreste zu untersuchen. Auf der Couch im Wohnzimmer hinterließ sie in unordentlichem Zustand unter anderem ein Feuerzeug, Papier, eine Zeitschrift, ein Kissen und ein Kleidungsstück. Während der Abwesenheit der A entwickelte sich auf der Couch ein Schwelbrand. Im Wohnzimmer entstanden direkte Brandschäden an der Couch, den Fenstern, Wänden und Deckenbalken; sämtliche Zimmer der Wohnung wurden stark verrußt. Als A gegen 4.45 Uhr mit ihren Gästen in die Wohnung zurückkehrte, fand sie die Kinder aufgrund des durch den Schwelbrand freigesetzten Kohlenmonoxyds und Cyanids bewusstlos vor. Beide Kinder verstarben durch Vergiftung bei gleichzeitigem Sauerstoffmangel. Der Schwelbrand ist durch einen auf die Couch gefallenen glimmenden Zigarettenrest oder durch heruntergefallene Zigarettenglut entstanden. Es ist nicht auszuschließen, dass der Tod der Kinder auch eingetreten wäre, wenn A ihre Kinder nicht unbeaufsichtigt in ihrer Wohnung zurückgelassen, sondern sich selbst schlafen gelegt hätte. Hat A sich wegen fahrlässiger Tötung strafbar gemacht?
2. A und B misshandelten den O eine halbe Stunde lang in einer im zehnten Stock eines Wohnhauses gelegenen Wohnung, weil sie diesen dazu bringen wollten, Schulden zu begleichen. A schlug O mit einem Besenstiel kraftvoll auf die Stirn, was zu einer stark blutenden Platzwunde, einer Schädelprellung und einem Schädel-Hirn-Trauma ersten Grades führte. Aufgrund die-

ses Schlags war O fortan deutlich sichtbar benommen und litt an Bewusstseinsstörungen. Es folgten mehrere Faustschläge und Tritte, auch gegen den Kopf, die weitere Verletzungen hervorriefen. O war vor lauter Verzweiflung und Angst kaum noch in der Lage, zusammenhängend zu sprechen. Er bat darum, an das Fenster zu dürfen, worauf A das Wohnzimmerfenster öffnete. In diesem Moment schlug B kraftvoll mit einem Baseballschläger gegen das rechte Schienbein des O, der stöhnend zu Boden ging. A forderte B auf, abzulassen und sagte zu O, er solle „mal frische Luft schnappen", worauf O sichtlich benommen zum Fenster humpelte. Während sich A und B unterhielten, ohne sich um O Gedanken zu machen, schaute dieser voller Angst vor den schweren Misshandlungen aus dem Fenster. Unter dem durch seinen gegenwärtigen geistigen und körperlichen Zustand verursachten Eindruck, sich angesichts der Übermacht der Angreifer und deren Brutalität in einer völlig ausweglosen Lage zu befinden, geriet er in Panik, verlor völlig die Selbstkontrolle und ließ sich wortlos aus dem Fenster fallen. Der Sturz aus einer Höhe von 27 Metern war tödlich. Haben sich A und B wegen Körperverletzung mit Todesfolge strafbar gemacht?

9. Kapitel
Konkurrenzen

I. Grundlagen

1. Einführung

864 Den Abschluss des Gutachtens bildet die Prüfung der Konkurrenzen. Diese betreffen die Frage, in welchem Verhältnis mehrere vom Täter verwirklichte Straftatbestände stehen und nach welcher Vorschrift sich die Rechtsfolgen richten.[1] Den Konkurrenzen kommt erhebliche praktische Bedeutung zu, da sie darüber entscheiden, welche Tatbestände tatsächlich im gerichtlichen **Urteilstenor** auftauchen und innerhalb welchen Rahmens die **Strafzumessung** vorzunehmen ist.[2] Auch ihre Bedeutung für das strafrechtliche Gutachten sollte nicht unterschätzt werden. Auf eine Prüfung der Konkurrenzen kann nur selten verzichtet werden, namentlich dann, wenn sich sämtliche in einem Sachverhalt agierenden Personen gar nicht oder lediglich nach einem einzigen (zu prüfenden) Tatbestand strafbar gemacht haben. Dass in einer Klausur oder Hausarbeit auf die Konkurrenzen einzugehen ist, dürfte den Regelfall darstellen.[3]

865 Die Konkurrenzlehre erscheint auf den ersten Blick häufig verwirrend und schwer nachvollziehbar. Dies ist zum einen darauf zurückzuführen, dass sie im Wesentlichen die Frage nach dem Verhältnis einzelner Tatbestände zueinander betrifft und daher strenggenommen vertiefte Kenntnisse der Vorschriften des Strafrecht BT voraussetzt.[4] Darüber hinaus ist im Bereich der Konkurrenzen vieles umstritten, was die Erschließung dieses Themengebiets zusätzlich erschwert. Wichtiger als das Auswendiglernen sämtlicher existierender Streitstände ist indes das sichere Beherrschen der Grundlagen der Konkurrenzdogmatik.[5] Insbesondere die im Folgenden erläuterten zentralen Begriffe der Konkurrenzlehre müssen beherrscht und in der Klausur zutreffend angewandt werden. Gerade weil im Bereich der Konkurrenzen vieles umstritten ist, kommt es häufig weniger auf das „richtige" Ergebnis als auf die Einhaltung

---

[1] *Steinberg/Bergmann*, JURA 2009, 905, 906; *Warda*, JuS 1964, 81; vgl. auch die klausurorientierte Aufbereitung bei *Rückert*, JA 2014, 826 ff.
[2] *Walter*, JA 2004, 133 f.; vgl. *Geppert*, JURA 2000, 598, 599.
[3] *Geppert*, JURA 1982, 358; *ders.*, JURA 2000, 598; *Kindhäuser*, Strafrecht AT, § 44 Rn. 2; *Rückert*, JA 2014, 826; *Steinberg/Bergmann*, JURA 2009, 905; *Walter*, JA 2004, 133.
[4] *Rengier*, Strafrecht AT, § 56 Rn. 1.
[5] Vgl. bereits *Kühl*, JA 1978, 475, 477.

der relevanten Prüfungsschritte und eine überzeugende Argumentation an. Fehlende Kenntnisse in diesem Bereich führen indes mit hoher Wahrscheinlichkeit zu abwegigen Erörterungen, die nahezu zwangsläufig in grundlegende inhaltliche Fehler münden.

Die Konkurrenzen sind in der Regel für **jeden Tatbeteiligten isoliert** und immer dann zu prüfen, wenn dieser **mehrere Tatbestände** verwirklicht hat. Dies gilt unabhängig davon, ob es sich um unterschiedliche Tatbestände handelt und ob die einzelnen Tatbestandsverwirklichungen in unmittelbarem räumlichen und zeitlichen Zusammenhang erfolgen. Wirft eine Person mit einem Stein durch eine geschlossene Fensterscheibe auf eine dahinter sitzende Person und verwirklicht hierdurch § 303 Abs. 1 StGB, § 223 Abs. 1 StGB sowie § 224 Abs. 1 Nr. 2 Var. 2 StGB, ist daher ebenso auf das Konkurrenzverhältnis einzugehen, wie wenn eine Person an zwei aufeinanderfolgenden Tagen jeweils einen Totschlag (§ 212 Abs. 1 StGB) verwirklicht. In der Regel hat eine Konkurrenzprüfung nur am Ende der Fallbearbeitung zu erfolgen. Soweit ein Sachverhalt in mehrere Tatkomplexe gegliedert werden kann, in denen jeweils eine große Anzahl an Tatbeständen zu prüfen ist, kann es sich aber auch anbieten, nach jedem einzelnen Tatkomplex eine Konkurrenzprüfung vorzunehmen, um dann an das Ende der Klausur bzw. Hausarbeit eine Prüfung der Gesamtkonkurrenzen zu setzen. 866

2. Gesetzliche Regelungen und Grundbegriffe

Die gesetzliche Grundlage der Konkurrenzlehre findet sich in §§ 52, 53 StGB. Begrifflich zu unterscheiden ist die Voraussetzung **Handlungseinheit** („dieselbe Handlung", § 52 Abs. 1 StGB) von deren Rechtsfolge **Tateinheit**. Gleiches gilt für die Voraussetzung **Handlungsmehrheit** („mehrere Straftaten", § 53 Abs. 1 StGB) gegenüber deren Rechtsfolge **Tatmehrheit**. Aus diesem Verhältnis von Voraussetzungen und Rechtsfolgen ergeben sich zwei zentrale Grundregeln: 867
– Handlungseinheit führt zur Tateinheit (§ 52 StGB), wenn nicht ein Fall der Gesetzeskonkurrenz gegeben ist.
– Handlungsmehrheit führt zur Tatmehrheit (§ 53 StGB), wenn nicht ein Fall der Gesetzeskonkurrenz gegeben ist.

Handlungseinheit liegt vor, wenn der Täter durch eine Handlung mehrere Straftatbestände (mehrere verschiedene Strafgesetze oder dasselbe Strafgesetz mehrmals, § 52 Abs. 1 StGB) verletzt.[6] Im obigen Beispielsfall, in dem der Täter einen Stein durch ein Fenster auf eine dahinter sitzende Person wirft, stehen die verwirklichten § 303 Abs. 1 StGB, § 223 Abs. 1 StGB, § 224 Abs. 1 Nr. 2 Var. 2 StGB also in Handlungseinheit, da sie auf die gleiche Handlung (Wurf mit dem Stein) zurückzuführen sind. 868

---

[6] *Mitsch*, JuS 1993, 385, 387; *Rückert*, JA 2014, 826, 827; *Seher*, JuS 2004, 392, 393.

869 **Handlungsmehrheit** liegt vor, wenn der Täter durch mehrere Handlungen mehrere Tatbestände verwirklicht.[7] Im obigen Beispielsfall, in dem der Täter an zwei aufeinanderfolgenden Tagen zwei Personen erschießt, stehen die beiden verwirklichten Taten nach § 212 Abs. 1 StGB in Handlungsmehrheit, da sie auf zwei verschiedene Handlungen (Schuss an Tag 1 und Schuss an Tag 2) zurückzuführen sind.

870 **Gesetzeskonkurrenz** bedeutet, dass ein dem Wortlaut nach verwirklichter Tatbestand hinter einem anderen zurücktritt, weil der Unrechtsgehalt des zurücktretenden Tatbestands von dem anderen erschöpfend erfasst wird (hierzu noch Rn. 883 ff.).[8]

871 Die Rechtsfolge der **Tateinheit ("Idealkonkurrenz")** im Hinblick auf die Sanktionen ist, dass die Strafe nach demjenigen Gesetz bestimmt wird, das die schwerste Strafe androht, dabei jedoch nicht milder sein darf, als die anderen anwendbaren Gesetze es zulassen (sog. eingeschränktes **Absorptionsprinzip**, § 52 Abs. 2 StGB).[9] Rechtsfolge der **Tatmehrheit ("Realkonkurrenz")** ist die Bildung einer Gesamtstrafe, die unter Anwendung des in §§ 53 Abs. 1, § 54 Abs. 1 StGB enthaltenen **Asperationsprinzips** vorzunehmen ist.[10] Ist eine der Einzelstrafen eine lebenslange Freiheitsstrafe, so wird hiernach als Gesamtstrafe auf lebenslange Freiheitsstrafe erkannt. In allen übrigen Fällen wird die Gesamtstrafe durch Erhöhung der verwirkten höchsten Strafe, bei Strafen verschiedener Art durch Erhöhung der ihrer Art nach schwersten Strafe gebildet. Dabei werden die Person des Täters und die einzelnen Straftaten zusammenfassend gewürdigt.[11]

II. Prüfungsreihenfolge

872 Aus den in Rn. 867 genannten Grundregeln ergibt sich die in Abb. 7 dargestellte Prüfungsreihenfolge:

---

[7] Vgl. *Mitsch*, JuS 1993, 385, 387; *Rückert*, JA 2014, 826, 827; *Warda*, JuS 1964, 81, 82.
[8] *Geppert*, JURA 1982, 418, 421; *Rengier*, Strafrecht AT, § 56 Rn. 26 ff.; *Seher*, JuS 2004, 482; *Steinberg/Bergmann*, JURA 2009, 905, 908 f.; *Warda*, JuS 1964, 81, 89.
[9] Vgl. *Geppert*, JURA 1982, 358, 360; *Kindhäuser*, Strafrecht AT, § 47 Rn. 4.
[10] Vgl. *Geppert*, JURA 1982, 358, 360; *Wessels/Beulke/Satzger*, Strafrecht AT, Rn. 786.
[11] *Geppert*, JURA 2000, 651, 654; *Wessels/Beulke/Satzger*, Strafrecht AT, Rn. 786.

Abb. 7: Prüfungsreihenfolge bei Konkurrenzen

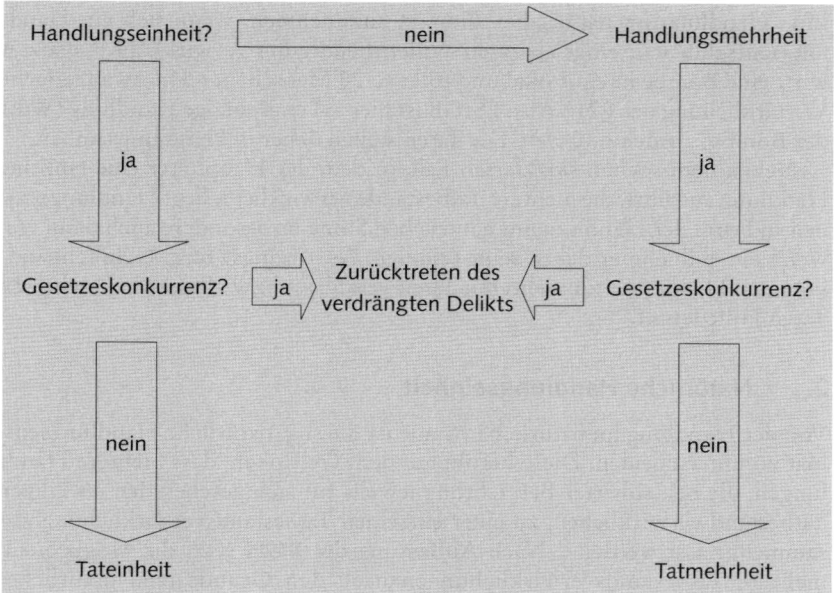

Die **wesentlichen Prüfungsschritte** der Konkurrenzen sind daher wie folgt zusammenzufassen: Die erste Weichenstellung ist die Grundfrage nach Handlungseinheit bzw. Handlungsmehrheit. Die zweite Weichenstellung betrifft die Frage der Gesetzeskonkurrenz: Stehen mehrere verwirklichte Tatbestände im Verhältnis der Handlungseinheit, führt diese zur Tateinheit, es sei denn, es liegt Gesetzeskonkurrenz in Form der Subsidiarität, Spezialität oder Konsumtion (hierzu Rn. 886 ff.) vor. Stehen mehrere verwirklichte Tatbestände nicht im Verhältnis der Handlungseinheit, ist Handlungsmehrheit gegeben. Diese führt zur Tatmehrheit, es sei denn es liegt Gesetzeskonkurrenz in Form der mitbestraften Vor- oder mitbestraften Nachtat (hierzu Rn. 890 f.) vor.

III. Handlungseinheit

Der Handlungsbegriff der Konkurrenzlehre weicht vom allgemeinen strafrechtlichen Handlungsbegriff (hierzu oben Rn. 84 ff.) ab. Die einzelnen Fälle der konkurrenzrechtlichen Handlungseinheit sind nachfolgend skizziert. Ist keine dieser Konstellationen einschlägig, liegt keine Handlungseinheit, sondern Handlungsmehrheit vor.

1. Handlung im natürlichen Sinne

876 Eine Handlung im natürlichen Sinn ist anzunehmen, wenn sich ein Handlungsentschluss in einer einzigen Willensbetätigung verwirklicht.[12] Bsp.: A wirft eine Bombe in ein Lokal und tötet so 20 Menschen. – Die zwanzigfache Verwirklichung des § 212 Abs. 1 StGB ist hier auf eine einzige Handlung (Wurf der Bombe) zurückzuführen. Die Taten stehen daher in Handlungseinheit.

877 Neben dem soeben skizzierten Fall, in dem der Haupttäter eine einzelne Handlung ausführt, die mehrere Tatbestände verwirklicht, liegt Handlungseinheit in Form der Handlung im natürlichen Sinne insbesondere auch dann vor, wenn ein Teilnehmer durch seine (einzige) Anstiftungs- bzw. Gehilfenhandlung den Haupttäter zu mehreren Taten veranlasst bzw. diesem bei mehreren Taten Hilfe leistet.[13]

2. Natürliche Handlungseinheit

878 Von der Handlung im natürlichen Sinne ist die sog. natürliche Handlungseinheit zu unterscheiden. Diese beruht auf dem Gedanken, dass mehrere Handlungen, die bei isolierter Betrachtung jeweils für sich gesehen den jeweiligen Tatbestand verwirklichen, zu einer einzelnen Tatbestandsverwirklichung zusammengefasst werden.[14] Nach Auffassung des BGH setzt die Möglichkeit, mehrere Tatbestandsverwirklichungen nach den Grundsätzen natürlicher Handlungseinheit zu einer materiellrechtlichen Tat zusammenzufassen, voraus, „dass der Täter aufgrund eines **einheitlichen Willens** im Sinne derselben Willensrichtung handelt und die einzelnen tatbestandsverwirklichenden Handlungen in einem derart **engen – zeitlichen, räumlichen und sachlichen –** Zusammenhang stehen, dass sie bei natürlicher, an den Anschauungen des Lebens orientierter Betrachtungsweise als ein **einheitliches zusammengehörendes Tun** erscheinen."[15] Besondere Bedeutung hat dabei die Einheitlichkeit des Tatentschlusses.

879 Anzunehmen ist eine natürliche Handlungseinheit nach den soeben skizzierten Kriterien etwa für den Täter A, der auf einem Parkplatz nacheinander mehrere PKW aufbricht, um daraus die Autoradios zu entwenden.[16] – Es liegt daher *ein* besonders schwerer Fall des Diebstahls mehrerer Autoradios vor (§§ 242 Abs. 1, 243 Abs. 1 Nr. 1 StGB).

---

[12] *Mitsch*, JuS 1993, 385, 388; *Steinberg/Bergmann*, JURA 2009, 905, 906.
[13] *Steinberg/Bergmann*, JURA 2009, 905, 906; *Wessels/Beulke/Satzger*, Strafrecht AT, Rn. 758; vgl. auch BGHSt 40, 374, 377; 49, 306, 316; BGH NStZ 2009, 443, 444.
[14] *Geppert*, JURA 1982, 358, 362; *Kindhäuser*, Strafrecht AT, § 45 Rn. 6; *Kühl*, JA 1978, 475, 478; *Seher*, JuS 2004, 392, 395; *Steinberg/Bergmann*, JURA 2009, 905, 908.
[15] BGHSt 43, 312, 315; vgl. auch *Sowada*, JURA 1995, 245, 252 f.
[16] Vgl. BGH NStZ 1996, 493.

3. Tatbestandliche Handlungseinheit

Eine tatbestandliche Handlungseinheit ist gegeben, wenn verschiedene Handlungen im natürlichen Sinne durch den Tatbestand eines Strafgesetzes zu einer Einheit verklammert werden (**Klammerwirkung des gesetzlichen Tatbestands**).[17] Gegeben ist eine tatbestandliche Handlungseinheit etwa dann, wenn A den O niederschlägt und diesem, wie von vornherein geplant, sein Geld wegnimmt. – Das zusammengesetzte Delikt des Raubes (§ 249 Abs. 1 StGB) verklammert Beutewegnahme und Gewaltanwendung zu einer tatbestandlichen Handlungseinheit.

880

Auch **Dauerdelikte** vermögen zu einer tatbestandlichen Handlungseinheit zu führen: „Als Dauerdelikt, das zur Annahme nur einer Tat führt, sind (…) solche Straftaten anzusehen, bei denen der Täter den von ihm in deliktischer Weise geschaffenen rechtswidrigen Zustand willentlich aufrechterhält oder die deliktische Tätigkeit ununterbrochen fortsetzt, so dass sich der strafrechtliche Vorwurf sowohl auf die Herbeiführung als auch auf die Aufrechterhaltung des rechtswidrigen Zustandes bezieht."[18] Bsp.: A sperrt O in einem Zimmer ein. Als er merkt, dass O die Tür aufzubrechen versucht, verbarrikadiert er diese mit Möbeln: Ein Dauerdelikt der Freiheitsberaubung nach § 239 Abs. 1 StGB.

881

4. Handlungseinheit durch Klammerwirkung

Handlungseinheit zwischen zwei an sich selbständigen Straftaten kann zuletzt auch durch **Klammerwirkung eines dritten Delikts** herbeigeführt werden, wenn jedes der beiden Delikte mit dem Dritten tateinheitlich zusammenfällt und zwischen dem dritten (verklammernden) Delikt und zumindest einem der verklammerten Delikte annähernde Wertgleichheit besteht.[19] Bsp.: Eine Untreue (§ 266 Abs. 1 StGB) vermag einen Betrug (§ 263 Abs. 1 StGB) und eine Bestechlichkeit (§ 332 Abs. 1 StGB) zu verklammern.

882

IV. Gesetzeskonkurrenz

Die Fälle der Gesetzeskonkurrenz führen zum **Zurücktreten des verdrängten Delikts**. Mit anderen Worten wird eine bestimmte Strafnorm nicht angewandt, obgleich der Täter ihre Voraussetzungen erfüllt hat.[20] Die Gesetzeskonkurrenz greift in Konstellationen, in denen das Unrecht des zurücktretenden Tatbestandes bereits von einem anderen Tatbestand erfasst wird, den der Täter ebenfalls verwirklicht hat.[21] Da eine Bestrafung wegen der zurücktretenden Tat nicht

883

---

[17] *Geppert*, JURA 1982, 358, 362; *Kindhäuser*, Strafrecht AT, § 45 Rn. 13.
[18] BGHSt 42, 215, 216.
[19] Vgl. BGHSt 31, 29, 30 f.; *Rückert*, JA 2014, 826, 828.
[20] Vgl. *Kindhäuser*, Strafrecht AT, § 46 Rn. 1; *Steinberg/Bergmann*, JURA 2009, 905, 908.
[21] *Kindhäuser*, Strafrecht AT, § 46 Rn. 1; *Warda*, JuS 1964, 81, 89.

erfolgt, finden die §§ 52 bis 54 StGB keine Anwendung. Eine Berücksichtigung auch des verdrängten Delikts auf der Ebene der Strafzumessung ist indes zulässig bzw. sogar geboten, da sein Mindeststrafrahmen nicht unterschritten werden darf, es sei denn der verdrängende Tatbestand stellt eine Privilegierung dar.[22]

884 Die Gesetzeskonkurrenz wird auch als unechte Konkurrenz bezeichnet. Zu unterscheiden ist die **Idealkonkurrenz**, deren Anwendungsbereich im Fall der Handlungseinheit eröffnet sein kann, von der **Realkonkurrenz**, die in Betracht kommt, wenn die vom Täter verwirklichten Taten im Verhältnis der Handlungsmehrheit stehen.

1. Unechte Idealkonkurrenz

885 Eine unechte Idealkonkurrenz kommt in Betracht, wenn mehrere vom Täter verwirklichte Tatbestände im Verhältnis der Handlungseinheit stehen. Im Rahmen der unechten Idealkonkurrenz kann zwischen drei Formen der Gesetzeskonkurrenz unterschieden werden: Spezialität, Subsidiarität und Konsumtion.

886 **Spezialität** ist gegeben, wenn eine Norm (lex specialis) sämtliche Merkmale einer anderen Norm (lex generalis) enthält, jedoch noch ein weiteres (spezielles) Merkmal.[23] Bsp.: gefährliche Körperverletzung (§ 224 Abs. 1 StGB, Qualifikation) gegenüber der Körperverletzung (§ 223 Abs. 1 StGB);[24] Tötung auf Verlangen (§ 216 Abs. 1 StGB, Privilegierung) gegenüber Totschlag (§ 212 Abs. 1 StGB). Im obigen Steinwurfbeispiel (Rn. 866), in dem der Täter durch eine Handlung neben § 303 Abs. 1 StGB auch § 223 Abs. 1 StGB sowie § 224 Abs. 1 StGB verwirklicht hat, tritt § 223 Abs. 1 StGB daher aus Spezialitätsgründen hinter § 224 Abs. 1 StGB zurück und taucht im Urteilstenor nicht auf. Keine Spezialität zwischen Qualifikations- und Privilegierungstatbestand ist indes anzunehmen, wenn die Qualifikation lediglich versucht, das Grunddelikt aber vollendet ist.[25]

887 **Subsidiarität** ist gegeben, wenn ein Straftatbestand nur hilfsweise zur Anwendung kommen soll, falls nicht ein anderer Straftatbestand eingreift.[26] Ist die Subsidiarität ausdrücklich geregelt (z. B. § 265a Abs. 1 StGB), spricht man von **formeller** Subsidiarität. **Materielle** Subsidiarität ergibt sich aus dem Sinnzusammenhang, so etwa bei fahrlässiger Begehung, die hinter der vorsätzlichen Begehung zurücktritt.

888 **Konsumtion** liegt vor, wenn zwar keine Spezialität gegeben ist, aber der Unrechts- und Schuldgehalt der einen (konsumierten) Tat von der anderen

---

[22] *Geppert*, JURA 2000, 651, 656; *Mitsch*, JuS 1993, 471, 475; *Wessels/Beulke/Satzger*, Strafrecht AT, Rn. 792; vgl. auch BGH NStZ 2006, 288, 290.
[23] *Kühl*, JA 1978, 475, 482; *Rückert*, JA 2014, 826, 829; *Seher*, JuS 2004, 482; *Steinberg/Bergmann*, JURA 2009, 905, 909.
[24] Zum Konkurrenzverhältnis zwischen § 224 und § 226 BGH NStZ 2009, 572, 573.
[25] Hierzu *Kindhäuser*, Strafrecht AT, § 46 Rn. 7; *Seher*, JURA 2004, 482.
[26] *Geppert*, JURA 1982, 418, 423 ff.; *Kühl*, JA 1978, 475, 482; *Rückert*, JA 2014, 826, 829; *Seher*, JuS 2004, 482.

mitumfasst ist.²⁷ Die Konsumtion soll daher in Konstellationen eingreifen, in denen ein Tatbestand zwar nicht notwendig in einem anderen Tatbestand enthalten ist, eine Tat aber typischerweise mit der Begehung einer anderen zusammenfällt.²⁸ Bsp.: Hausfriedensbruch (§ 123 Abs. 1 StGB) und Sachbeschädigung (§ 303 Abs. 1 StGB) werden vom Wohnungseinbruchsdiebstahl (§ 244 Abs. 1 Nr. 3 StGB) konsumiert.²⁹

2. Unechte Realkonkurrenz

Unechte Realkonkurrenz kommt in Betracht, wenn mehrere vom Täter verwirklichte Tatbestände im Verhältnis der Handlungsmehrheit stehen. Sie kann in den Formen der mitbestraften Vor- bzw. Nachtat auftreten. 889

Wegen einer **mitbestraften Vortat** wird nicht bestraft, wenn sie notwendig oder zumindest regelmäßig Mittel zur Begehung der nachfolgenden Tat ist. Erfasst werden also Deliktsverwirklichungen, die straflos bleiben, weil sie in ihrem Unrechtsgehalt maßgeblich hinter der Nachtat zurückbleiben.³⁰ Bsp.: A unterschlägt einen Autoschlüssel, um später damit einen PKW zu stehlen. Hier ist die Unterschlagung (§ 246 Abs. 1 StGB) mitbestrafte Vortat.³¹ Ebenso stellt eine nach § 30 Abs. 2 StGB strafbare Verbrechensverabredung eine mitbestrafte Vortat im Verhältnis zur tatsächlich durchgeführten Tat dar. 890

Eine **Nachtat** ist als mitbestrafte Tat straflos, wenn sie den Unrechtsgehalt nicht vergrößert, sondern lediglich Sicherung oder Verwertung der bereits durch die Vortat herbeigeführten Position ist.³² Bsp.: Erneuter Betrug zur Abwehr von Schadensersatzforderungen wegen eines vorangegangenen Betruges. Eine mitbestrafte Nachtat kann regelmäßig nur dann angenommen werden, wenn sie sich gegen dasjenige Rechtsgut richtet, das bereits durch die Vortat verletzt wurde. Führt die Nachtat zu einer Beeinträchtigung eines weiteren Rechtsgutes bzw. eines anderen Rechtsträgers, liegt keine unechte Realkonkurrenz vor.³³ 891

---

²⁷ Hierzu *Geppert*, JURA 1982, 418, 425 f.; *Kühl*, JA 1978, 475, 482; *Seher*, JuS 2004, 482, 483 f.; *Steinberg/Bergmann*, JURA 2009, 905, 909; *Warda*, JuS 1964, 81, 90 f.
²⁸ *Rengier*, Strafrecht AT, § 56 Rn. 30; *Wessels/Beulke/Satzger*, Strafrecht AT, Rn. 791; vgl. auch *Geppert*, JURA 2000, 651, 655; *Seher*, JuS 2004, 482, 483; *Steinberg/Bergmann*, JURA 2009, 905, 909.
²⁹ Zur umstrittenen Frage, ob dies auch im Verhältnis der §§ 303 Abs. 1, 123 Abs. 1 StGB zu §§ 242, 243 Abs. 1 S. 2 Nr. 1 StGB gilt, *Wessels/Beulke/Satzger*, Strafrecht AT, Rn. 791.
³⁰ *Kindhäuser*, Strafrecht AT, § 46 Rn. 16; vgl. *Geppert*, JURA 2000, 651, 655; *Seher*, JuS 2004, 482, 484.
³¹ *Kindhäuser*, Strafrecht AT, § 46 Rn. 16; vgl. auch OLG Hamm MDR 1979, 421 f.
³² *Geppert*, JURA 1982, 418, 428.
³³ *V. Heintschell-Heinegg*, JA 2008, 899.

V. Konkurrenzfragen in tatsächlichen Zweifelsfällen

892 Die Sachverhalte universitärer Abschlussklausuren kennzeichnen sich in der Regel dadurch, dass keinerlei Zweifel bzgl. des tatsächlichen Ablaufs eines (möglicherweise) strafrechtlich relevanten Geschehens bestehen. Demgegenüber führt in der strafjustiziellen Praxis auch die Heranziehung sämtlicher vorhandener Erkenntnis- und Beweismittel nicht immer dazu, dass das Tatgeschehen in allen Einzelheiten aufgeklärt werden kann.[34] Da ein Gericht gemäß § 261 StPO eine Verurteilung nur vornehmen darf, wenn es von der Schuld des Angeklagten überzeugt ist, stellt sich daher häufig die Frage, welche Zweifel hinsichtlich des Tatgeschehens zwingend zu einem Freispruch führen und in welchen Konstellationen eine Verurteilung trotz bestehender Unklarheiten in Betracht kommt. Zu unterscheiden ist in diesem Zusammenhang zwischen der Anwendung des **in dubio pro reo** Grundsatzes, der Verurteilung aufgrund wahldeutiger Feststellung (**Wahlfeststellung**) sowie der Verurteilung aufgrund eindeutiger **Post- bzw. Präpendenzfeststellung**.[35] Da auch in den Klausuren, die während des juristischen Studiums bzw. des ersten juristischen Staatsexamens zu verfassen sind, ausnahmsweise auf bestehende Zweifel bzgl. des Tatgeschehens einzugehen sein kann, soll nachfolgend ein Überblick über die zur Lösung entsprechender Konstellationen existierenden Rechtsinstitute verschafft werden.

1. In dubio pro reo

893 Bei dem Art. 103 Abs. 2 GG und Art. 6 Abs. 2 EMRK zu entnehmenden in dubio pro reo Grundsatz handelt es sich um eine Entscheidungsregel für die Rechtsanwendung, welche die grundsätzliche Auflösung von Zweifelsfällen betrifft.[36] Da „im Zweifel für den Angeklagten" zu entscheiden ist, darf eine Verurteilung nur auf Tatsachen gestützt werden, die als erwiesen anzusehen sind.[37] Hieraus ergeben sich zwei zentrale Schlussfolgerungen:

894 Kann nach Abschluss der Beweisaufnahme nicht ausgeschlossen werden, dass das Tatgeschehen einen Verlauf genommen hat, nach dem sich der Angeklagte gar nicht strafbar gemacht hat, so ist er freizusprechen. Bsp.: A ist wegen einer gegenüber O verübten Körperverletzung nach § 223 Abs. 1 StGB angeklagt. Es kann nicht geklärt werden, ob A den O planmäßig angegriffen oder ob er lediglich die erforderliche Verteidigung gegen einen von O ausgeübten Angriff vorgenommen hat. – Da hier sowohl eine rechtswidrige und schuldhafte Tatbestandsverwirklichung als auch eine nach § 32 Abs. 1 StGB

---

[34] *Wessels/Beulke/Satzger*, Strafrecht AT, Rn. 801.
[35] Hierzu auch *v. Heintschell-Heinegg*, JA 2008, 660 ff.; *Kindhäuser*, Strafrecht AT, § 48 Rn. 1 ff.; *Kühl*, Strafrecht AT, § 21 Rn. 68 ff.; *Noak*, JURA 2004, 539 ff.; *Norouzi*, JuS 2008, 17 ff., 113 ff.; *Rengier*, Strafrecht AT, § 57 Rn. 1 ff.; *Stuckenberg*, JA 2001, 221 ff.; *Wachsmuth/Waterkamp*, JA 2005, 509 ff.; *Wessels/Beulke/Satzger*, Strafrecht AT, Rn. 801 ff.
[36] *Kindhäuser*, Strafrecht AT, § 48 Rn. 1.
[37] *Kindhäuser*, Strafrecht AT, § 48 Rn. 1; *Wolter*, JuS 1983, 363 ff.

gerechtfertigte Deliktsbegehung vorliegen kann und A sich nach der zweiten Variante nicht strafbar gemacht hat, ist er in dubio pro reo freizusprechen.

Sind nach Abschluss der Beweisaufnahme mehrere Geschehensabläufe möglich und hat sich der Täter in sämtlichen Varianten strafbar gemacht, hat eine Verurteilung nach dem weniger schweren Delikt zu erfolgen, wenn die einzelnen möglichen Taten zueinander in einem Stufenverhältnis stehen. Bsp.: A ist wegen einer gegenüber O verübten gefährlichen Körperverletzung nach § 224 Abs. 1 Nr. 2 Var. 2 StGB angeklagt. Nach Abschluss der Beweisaufnahme steht zwar zur Überzeugung des Gerichts fest, dass A den O körperlich misshandelt hat, ob er die Körperverletzung tatsächlich mittels eines gefährlichen Werkzeugs begangen oder lediglich seine Fäuste eingesetzt hat, kann indes nicht geklärt werden. – Da hier sowohl eine Verwirklichung von § 223 Abs. 1 StGB als auch eine solche nach § 224 Abs. 1 Nr. 2 Var. 2 StGB möglich ist und die Taten im Verhältnis eines „Mehr oder Weniger" zueinander stehen, ist A in dubio pro reo aus der für ihn günstigeren Tat (d. h. nach § 223 Abs. 1 StGB) zu bestrafen. 895

2. Wahlfeststellung

Eine sog. Wahlfeststellung kommt in Betracht, wenn (1.) nach Abschluss der Beweisaufnahme mehrere Geschehensabläufe möglich erscheinen, (2.) der Täter sich nach sämtlichen möglichen Geschehensabläufen strafbar gemacht hat und (3.) die in den einzelnen möglichen Geschehensabläufen verwirklichten Straftaten nicht in einem Stufenverhältnis stehen.[38] Zu unterscheiden ist zwischen gleichartiger und ungleichartiger Wahlfeststellung: 896

Bei der **gleichartigen Wahlfeststellung** steht fest, dass der Täter einen ganz bestimmten Tatbestand erfüllt hat und die bestehenden Zweifel betreffen allein die Frage, durch welche Handlung die Tatbestandsverwirklichung erfolgte. In diesem Fall ist eine eindeutige Verurteilung auf wahldeutiger Tatsachengrundlage auszusprechen. Bsp.: A ist wegen einer gegenüber O verübten Körperverletzung angeklagt. Nach Abschluss der Beweisaufnahme steht fest, dass A den O durch einen Schlag ins Gesicht körperlich misshandelt hat, ob er diesen Schlag am Dienstag den 11. oder Mittwoch den 12. Januar ausgeführt hat, kann nicht geklärt werden. – A ist wegen einer Körperverletzung nach § 223 Abs. 1 StGB auf wahldeutiger Tatsachengrundlage zu bestrafen. 897

Im Fall der **ungleichartigen Wahlfeststellung** steht fest, dass der Täter sich strafbar gemacht hat, die in den einzelnen in Betracht kommenden Sachverhaltsalternativen verwirklichten Delikte sind jedoch nicht identisch. Um nicht eine Person freisprechen zu müssen, die sich erwiesenermaßen strafbar gemacht hat, lässt die h. M. in diesem Fall ausnahmsweise eine Verurteilung auf mehrdeutiger Tatsachengrundlage zu, wenn die einzelnen Tatvorwürfe rechtsethisch 898

---

[38] Allgemein zur Wahlfeststellung v. *Heintschel-Heinegg*, JA 2008, 660, 661; *Kindhäuser*, Strafrecht AT, § 48 Rn. 7 ff.; *Noak*, JURA 2004, 539, 541 ff.; *Norouzi*, JuS 2008, 17 ff. und 113 ff.; *Rengier*, Strafrecht AT, § 57 Rn. 14 ff.; *Wessels/Beulke/Satzger*, Strafrecht AT, Rn. 805 ff.; vgl. auch BGHSt 9, 390, 393 f.; 25, 182, 183 f.; 30, 77, 78.

und psychologisch gleichwertig sind. Bsp.: Bei A wird eine dem O gestohlene Sache gefunden. Nach Abschluss der Beweisaufnahme steht zur Überzeugung des Gerichts fest, dass A entweder die Sache selbst weggenommen hat, um sich diese zuzueignen, oder dass er die Sache einem Dritten abgekauft hat, der diese zuvor dem O weggenommen hat, um sie gewinnbringend zu veräußern. – Es steht fest, dass A sich entweder nach § 242 Abs. 1 StGB oder nach § 259 StGB strafbar gemacht hat. Da § 242 StGB und § 259 StGB einen vergleichbaren Schutzzweck aufweisen und der jeweils gegenüber A zu erhebende Schuldvorwurf in etwa die gleiche Schwere erreicht (unabhängig davon, ob er tatsächlich einen Diebstahl oder eine Hehlerei begangen hat), ist A wahldeutig wegen Diebstahls oder Hehlerei zu verurteilen.

898a Der 2. Senat des BGH stellte in einem Anfragebeschluss (vgl. § 132 GVG) die Verfassungsmäßigkeit der ungleichartigen Wahlfeststellung in Frage.[39] Es handele sich um ein materiell-rechtliches Institut, das als richterrechtlich entwickelte Figur mit dem Analogieverbot des Art. 103 Abs. 2 GG nicht vereinbar sei. Die gesetzesalternative Wahlfeststellung sei strafbarkeitsbegründend; die wahlweise Verurteilung geschehe letztlich anhand eines Rumpftatbestandes und beruhe damit praktisch auf einer dritten, ungeschriebenen Norm (die über das Kriterium der rechtsethischen Vergleichbarkeit übereinstimmende Unrechtselemente der beiden nicht zur Anwendung kommenden Normen in sich vereinigen solle).[40]

898b Andere Strafsenate des BGH haben inzwischen auf den Anfragebeschluss geantwortet und halten an der bisherigen Rechtsprechung und damit der Anwendung der ungleichartigen, echten Wahlfeststellung fest.[41] Zutreffend wird darauf abgestellt, dass es sich um eine verfahrensrechtliche Entscheidungsregel, wie mit einer Beweissituation umzugehen ist, handelt, also nicht das „Ob" der Strafbarkeit, sondern lediglich das „Wie" der Schuldspruchfassung betroffen ist.[42] Grundlage der Bestrafung sind damit ausschließlich die vom Gesetzgeber kodifizierten und so vom Normadressaten jederzeit vorhersehbaren Tatbestände des StGB und nicht eine ungeschriebene dritte Norm.[43] Als prozessuale Regelung wird die ungleichartige, echte Wahlfeststellung daher nicht von Art. 103 Abs. 2 GG erfasst.[44]

---

[39] BGH NStZ 2014, 392 ff.; vgl. auch *Heintschel-Heinegg*, JA 2014, 710 ff.; *Jahn*, JuS 2014, 753 f.; *Schuhr*, NStZ 2014, 437 ff.
[40] BGH NStZ 2014, 392, 395.
[41] BGH NStZ-RR 2014, 308 f.; 2015, 39 f.; 2015, 40 f.; 2014, 307 f.
[42] BGH NStZ-RR 2015, 39.
[43] BGH NStZ-RR 2015, 39 f.; BGH NStZ-RR 2014, 308, 309.
[44] BGH NStZ-RR 2015, 39; NStZ-RR 2014, 308; auch der Gesetzgeber ging davon aus, dass die Zulässigkeit der wahlweisen Schuldfeststellung der Rechtsprechung überlassen werden könne und es keiner Kodifizierung bedürfe, vgl. BT-Drs. I/3713, S. 19; BGH NStZ-RR 2014, 308, 309.

3. Postpendenz und Präpendenz

In den Fällen der Post- bzw. Präpendenz steht fest, dass der Täter an einem bestimmten strafrechtlich relevanten Geschehen beteiligt war, zweifelhaft bleibt jedoch seine Beteiligung an einem zeitlich davor bzw. danach erfolgten Geschehen.[45] In diesem Fall hat eine Verurteilung nur wegen dem unzweifelhaft feststehenden Sachverhalt zu erfolgen.

Bei der **Postpendenz** steht der Geschehensablauf einer Nachtat fest, nicht geklärt werden kann jedoch, ob sich der Angeklagte auch durch eine Beteiligung an der Vortat strafbar gemacht hat. Bsp.: Nach Abschluss der Beweisaufnahme steht fest, dass A sich eine im Eigentum des O stehende Sache verschafft hat, um diese weiterzuveräußern. Ob er zugleich als Mittäter an der Wegnahme der Sache mitgewirkt hat, kann nicht geklärt werden. – A ist lediglich nach § 259 StGB, nicht auch nach §§ 242 Abs. 1, 25 Abs. 2 StGB zu bestrafen.

Bei der **Präpendenz** steht der Geschehensablauf einer Vortat fest, nicht geklärt werden kann jedoch, ob sich der Angeklagte auch durch eine Beteiligung an der später begangenen Nachtat strafbar gemacht hat. Bsp.: Nach Abschluss der Beweisaufnahme steht fest, dass A mit mehreren Freunden verabredet hat, den O gemeinschaftlich grausam zu töten. Ob A später an dem tatsächlich ausgeübten Mord mitgewirkt hat, kann nicht festgestellt werden. – A ist lediglich nach §§ 211 Abs. 2, 2. Gruppe Var. 2, 30 Abs. 2 Var. 3 StGB zu bestrafen, nicht auch nach §§ 211 Abs. 2, 2. Gruppe Var. 2, 25 Abs. 2 StGB.

4. Hinweise für die Fallbearbeitung

Werden in einem Sachverhalt ausnahmsweise mehrere mögliche Geschehensabläufe geschildert, so ist in der Fallbearbeitung zunächst die Strafbarkeit der Beteiligten in sämtlichen denkbaren Konstellationen zu prüfen. Ergibt auch nur eine einzige mögliche Sachverhaltsalternative, dass sich der Täter gar nicht strafbar gemacht hat, ist er in dubio pro reo freizusprechen. Ist der Täter in sämtlichen Sachverhaltsalternativen strafbar und stehen die in den einzelnen Varianten begangenen Taten in einem Stufenverhältnis, ist der Täter in dubio pro reo nach der für ihn günstigsten Tat zu bestrafen. Stehen die einzelnen Taten nicht in einem Stufenverhältnis, ist zu prüfen, ob die Voraussetzungen einer gleichartigen oder ungleichartigen Wahlfeststellung vorliegen.

VI. Zusammenfassung

– Handlungseinheit führt zur Tateinheit (§ 52 StGB), wenn nicht ein Fall der Gesetzeskonkurrenz gegeben ist.

---

[45] Zur Post- und Präpendenz *Kindhäuser*, Strafrecht AT, § 48 Rn. 19 ff.; *Noak*, JURA 2004, 539, 542 f.; *Norouzi*, JuS 2008, 17 ff., 113 ff.; *Rengier*, Strafrecht AT, § 57 Rn. 32 ff.; *Wessels/Beulke/Satzger*, Strafrecht AT, Rn. 809.

- Handlungsmehrheit führt zur Tatmehrheit (§ 53 StGB), wenn nicht ein Fall der Gesetzeskonkurrenz gegeben ist.
- Handlungseinheit liegt vor, wenn der Täter durch eine Handlung mehrere Straftatbestände verletzt. Handlungsmehrheit liegt vor, wenn der Täter durch mehrere Handlungen mehrere Tatbestände verwirklicht.
- Gesetzeskonkurrenz bedeutet, dass ein dem Wortlaut nach verwirklichter Tatbestand hinter einem anderen zurücktritt, weil der Unrechtsgehalt des zurücktretenden Tatbestands von dem anderen erschöpfend erfasst wird.
- Eine Handlung im natürlichen Sinn liegt vor, wenn sich ein Handlungsentschluss in einer einzigen Willensbetätigung verwirklicht.
- Natürliche Handlungseinheit setzt voraus, dass der Täter aufgrund eines einheitlichen Willens im Sinne derselben Willensrichtung handelt und die einzelnen tatbestandsverwirklichenden Handlungen in einem so engen Zusammenhang stehen, dass sie bei natürlicher Betrachtungsweise als ein einheitliches zusammengehörendes Tun erscheinen.
- Eine tatbestandliche Handlungseinheit liegt vor, wenn verschiedene Handlungen im natürlichen Sinne durch den Tatbestand eines Strafgesetzes zu einer Einheit verklammert werden.
- Handlungseinheit zwischen zwei an sich selbständigen Straftaten kann auch durch Klammerwirkung eines dritten Delikts herbeigeführt werden, wenn jedes der beiden Delikte mit dem Dritten tateinheitlich zusammenfällt und zwischen dem dritten (verklammernden) Delikt und zumindest einem der verklammerten Delikte annähernde Wertgleichheit besteht.
- Im Rahmen der unechten Idealkonkurrenz kann zwischen drei Formen der Gesetzeskonkurrenz unterschieden werden: Spezialität, Subsidiarität, Konsumtion.
- Unechte Realkonkurrenz kann in den Formen der mitbestraften Vor- bzw. Nachtat auftreten.

VII. Übungsfälle

1. A fasste den spontanen Entschluss, die ihm unbekannte 18-jährige B zu überfallen. A stach mit einem so genannten Bundeswehrkappmesser mehrfach auf die B in Richtung ihres Oberkörpers ein, um B zu töten. Dabei durchtrennte ein Stich den Brustkorb, wodurch es zum Kollaps des linken Lungenflügels kam. A ließ B schließlich im Gebüsch liegen und entfernte sich. Die inneren Verletzungen führten bei B zu akuter Lebensgefahr. Sie konnte jedoch durch eine Notoperation gerettet werden. In welchem Konkurrenzverhältnis stehen versuchter Totschlag (§§ 212 Abs. 1, 12 Abs. 1, 22, 23 Abs. 1 StGB) und gefährliche Körperverletzung (§ 224 Abs. 1 Nr. 2, Nr. 5 StGB)?

2. A erstach B und nahm anschließend dessen Mobiltelefon und Geldbeutel an sich. In welchem Konkurrenzverhältnis stehen Totschlag (§ 212 Abs. 1 StGB) und Unterschlagung (§ 246 Abs. 1 StGB)?

10. Kapitel
Lösungen der Fälle

Antworten zu Kapitel 1

Zu Fall 1

(nach RGSt 32, 165):

E könnte sich wegen eines Diebstahls gem. § 242 Abs. 1 StGB strafbar gemacht haben, indem er von seiner Wohnung aus heimlich städtische Stromleitungen anzapfte.

I. Tatbestand
1. Objektiver Tatbestand
Dazu müsste E eine fremde bewegliche Sache weggenommen haben. Fraglich ist bereits, ob der elektrische Strom als Sache i. S. d. § 242 Abs. 1 StGB einzustufen ist. Das StGB enthält keine Legaldefinition des Sachbegriffs. Es ist umstritten, ob der strafrechtliche Sachbegriff zivilrechtsakzessorisch auszulegen ist oder strafrechtsautonom.[1] Systematisch spricht für eine zivilrechtsakzessorische Auslegung des Sachbegriffs, dass innerhalb des § 242 Abs. 1 StGB das Tatbestandsmerkmal der Fremdheit ebenfalls auf Grundlage der zivilrechtlichen Eigentumsregeln des BGB bestimmt wird. Hiergegen und für einen eigenständigen strafrechtlichen Sachbegriff kann freilich angeführt werden, dass sich Sach- und Fremdheitsbegriff gedanklich trennen lassen. Nähert man sich der Problematik von einem teleologischen Standpunkt, so ist festzustellen, dass § 242 StGB das Eigentum schützen will. Da dieses aber nur an Sachen i. S. d. BGB erworben werden kann, erscheint es vorzugswürdig, den Sachbegriff in § 242 Abs. 1 StGB zivilrechtsakzessorisch auszulegen.

Sachen i. S. d. § 90 BGB sind alle *körperlichen* Gegenstände. Bei der Frage, ob auch elektrischer Strom die Voraussetzungen dieser Definition erfüllt, geht es letztlich um die Abgrenzung zulässiger Auslegung von der gemäß Art. 103 Abs. 2 GG, § 1 StGB unzulässigen Analogie zu Lasten des Täters (sog. Analogie „in malam partem"). Hiermit hatte sich bereits das RG auseinanderzusetzen.[2] Einige erstinstanzliche Gerichte hatten zuvor den „Elektrizitätsdiebstahl" un-

---
[1] Vgl. zur Auseinandersetzung LK-*Vogel*, § 242 Rn. 4.
[2] RGSt 29, 111, 116; 32, 165, 186. Vgl. auch BayObLG NJW 1980, 132 f. (zum Sachbegriff nach § 303 StGB).

ter § 242 Abs. 1 StGB subsumiert. Da vor der Einführung des § 248c StGB nur eine Strafbarkeit nach § 242 Abs. 1 StGB in Betracht kam, wurden solche Fälle aufgrund der angenommenen Strafwürdigkeit als Diebstahl erfasst. Infolge der Äußerung von Sachverständigen im Jahr 1896 ging das RG jedoch davon aus, dass elektrischer Strom kein körperlicher Gegenstand sei und damit die Voraussetzungen des Sachbegriffs nicht erfülle.[3] Da elektrischer Strom hiernach kein taugliches Tatobjekt i. S. d. § 242 Abs. 1 StGB darstellt, sah das RG die von den erstinstanzlichen Gerichten vorgenommene Gesetzesauslegung als nicht mehr vom Wortlaut der Norm gedeckt an: „Die Rechtsprechung kann nicht den Mangel gesetzlicher Bestimmungen durch analoge Anwendung von Normen ausfüllen, die für diesen Fall nicht gegeben sind."[4] Somit handelt es sich bei dem elektrischen Strom nicht um eine Sache i. S. d. § 242 Abs. 1 StGB.

2. Zwischenergebnis
Mangels eines tauglichen Tatobjektes ist bereits der objektive Tatbestand des § 242 Abs. 1 StGB zu verneinen.

II. Ergebnis
E hat sich nicht wegen Diebstahls gem. § 242 Abs. 1 StGB strafbar gemacht.

Klausurhinweis: Auf der Rechtsprechung des RG fußt die Einführung des § 248c StGB. Bei der Beurteilung des Falles nach geltendem Recht könnte daher letztlich offen bleiben, ob Elektrizität ein körperlicher Gegenstand ist, weil der Gesetzgeber mit der Einführung des § 248c StGB als lex specialis die elektrische Energie dem Sachbegriff i. S. d. §§ 242, 246 StGB entzogen hat.[5]

Vertiefungshinweis: Zur Abgrenzung zwischen zulässiger Auslegung und unzulässiger Analogie zu Lasten des Täters vgl. die Darstellung in Rn. 26 ff.

Zu Fall 2

Ö könnte sich wegen Totschlags nach § 212 Abs. 1 StGB strafbar gemacht haben, indem er eine Briefbombe an P versandte.

I. Anwendbarkeit des § 212 Abs. 1 StGB
1. Sachverhalt mit Auslandsbezug
Die Besonderheit des Falles liegt darin, dass die Briefbombe von einem österreichischen Staatsbürger von Wien nach München geschickt wurde. Der Sachverhalt weist mithin einen Auslandsbezug auf, so dass bereits fraglich ist, ob das Verhalten des Ö überhaupt nach § 212 Abs. 1 StGB zu beurteilen ist. Dafür müsste ein in §§ 3 ff. StGB enthaltener strafanwendungsrechtlicher Anknüpfungspunkt gegeben sein. Gem. § 3 StGB gilt das deutsche Strafrecht für Taten, die im Inland begangen werden. Demnach ist zunächst zu prüfen, an welchem

---
[3] RGSt 32, 165, 186; siehe auch bereits RGSt 29, 111.
[4] RGSt 29, 111, 116.
[5] *Ranft*, JA 1984, 1, 3; *Samson*, JA 1980, 285, 286.

Ort die Straftat begangen wurde und anschließend festzustellen, ob dieser Ort im Inland liegt.

a) Ort der Tat

Nach § 9 Abs. 1 StGB ist eine Tat bei Erfolgsdelikten grundsätzlich an jedem Ort begangen, an dem der Täter gehandelt hat oder an dem der zum Tatbestand gehörende Erfolg eingetreten ist. Ö hat in Wien gehandelt, so dass der Handlungsort der Tat i. S. d. § 9 Abs. 1 StGB in Österreich liegt. P öffnete den Brief, ohne zu wissen, dass er sich damit gefährdete. Das Opfer P könnte daher als Tatmittler gegen sich selbst, Ö als mittelbarer Täter gem. § 25 Abs. 1 Var. 2 StGB anzusehen sein, der das Opfer im Wege der Irrtumsherrschaft beherrscht.[6] Es ist umstritten, ob im Fall der mittelbaren Täterschaft der Handlungsort für den mittelbaren Täter auch jedes Territorium ist, auf dem sein Werkzeug gehandelt hat (so die Zurechnungslösung). Ob auch München als Handlungsort anzusehen ist, könnte hier jedoch dahinstehen, wenn zumindest der Erfolgsort i. S. v. § 9 Abs. 1 StGB in München liegt. Zur Annahme einer Inlandstat genügt es nämlich, dass eine Tat nur zum Teil in der Bundesrepublik begangen wird. Der Erfolgsort eines vollendeten Begehungsdeliktes liegt dort, wo der zum gesetzlichen Tatbestand gehörende Erfolg eintritt. Die Briefbombe explodierte in München und tötete den P. Mithin ist München Erfolgsort der Straftat und neben Wien ein zweiter Tatort.

b) Im Inland begangene Straftat

Tatorte der von Ö begangenen Tat sind Wien und München. Inland im Sinne des § 3 StGB ist das deutsche Staatsgebiet mit seinen Eigengewässern (Flüsse und Seen), das Küstenmeer sowie der über diesen Flächen befindliche Luftraum und das Erdinnere.[7] Mit dem Erfolgsort München liegt ein Tatort in Deutschland, so dass der zum Tatbestand des § 212 Abs. 1 StGB gehörende Erfolg in Deutschland eingetreten ist. Die Tat ist also i. S. d. §§ 3, 9 Abs. 1 StGB im Inland begangen worden.

2. § 212 Abs. 1 StGB ist mithin auf den Sachverhalt anwendbar.

II. Strafbarkeit des Ö nach § 212 Abs. 1 StGB

1. Tatbestand

a) Objektiver Tatbestand

Mit P ist ein Mensch zu Tode gekommen. Die Handlung des Ö ist kausal für den Erfolg. Fraglich ist, ob Ö als unmittelbarer Täter nach § 25 Abs. 1 Var. 1 StGB oder als mittelbarer Täter gemäß § 25 Abs. 1 Var. 2 StGB gehandelt hat. Konsequenzen hat der Meinungsstreit in Versuchsfällen, da umstritten ist, wann ein mittelbarer Täter zur Tatbestandsverwirklichung i. S. d. § 22 StGB

---

[6] Vgl. zur Annahme mittelbarer Täterschaft in Distanzfällen *Engländer*, JuS 2003, 330, 331; *Kudlich*, JuS 1998, 596, 599 ff.; sowie die Falllösung von *Jahn*, JA 2002, 560, 561.

[7] Sch/Sch-*Eser*, Vorbem. §§ 3–9 Rn. 48; *Satzger*, JURA 2010, 108, 112.

unmittelbar ansetzt.⁸ Die Straftat wurde jedoch vollendet, so dass der Streit dahinstehen kann.

b) Subjektiver Tatbestand
Ö handelte auch vorsätzlich und hat hierdurch den subjektiven Tatbestand erfüllt.

2. Rechtswidrigkeit und Schuld
Rechtfertigungs-, Entschuldigungs- und Schuldausschlussgründe sind nicht ersichtlich, so dass Ö auch rechtswidrig und schuldhaft handelte.

3. Ergebnis
Ö ist strafbar nach § 212 Abs. 1 StGB.

Klausurhinweis: Weist ein Sachverhalt einen Auslandsbezug auf, bestehen mehrere Möglichkeiten, die Prüfung der Anwendbarkeit deutschen Strafrechts in die Falllösung zu integrieren.⁹ Zum Teil wird vertreten, dass zunächst die Tatbestandsmäßigkeit der Tat zu prüfen und erst bei deren Vorliegen auf die §§ 3 ff. StGB einzugehen sei. Andere verweisen darauf, dass die fehlende Anwendbarkeit deutschen Strafrechts ein Prozesshindernis darstellt, welches im Gutachten erst nach der Schuld zu erörtern sei. Der hier gewählte Aufbau, der die Problematik als „Vorfrage" erörtert, dürfte der in der Ausbildungsliteratur vorherrschende sein. Für ihn spricht insbesondere, dass die fehlende Anwendbarkeit deutschen Strafrechts zur Folge hat, dass es auf eine etwaige Verwirklichung des Tatbestandes gar nicht mehr ankommt.

Vertiefungshinweise: Zur Anwendbarkeit deutschen Strafrechts vgl. Rn. 59 ff. Zur mittelbaren Täterschaft kraft Irrtumsherrschaft vgl. Rn. 489.

Antworten zu Kapitel 2

Zu Fall 1

(nach BayObLG NJW 1990, 131)

A könnte sich wegen einer Körperverletzung nach § 223 Abs. 1 StGB strafbar gemacht haben, indem er mit F mehrfach ohne Schutz durch Kondome Geschlechtsverkehr hatte.

---

⁸ Vgl. zum Meinungsstreit und dessen Konsequenzen BGHSt 43, 177, 180, „Giftfallen-Entscheidung"; *Engländer*, JuS 2003, 330, 331; *Kudlich*, JuS 1998, 596, 599 ff.; *Otto/Bosch*, Übungen, 109 und die Falllösung von *Jahn*, JA 2002, 560, 561, wo ebenfalls eine vollendete Tat gegeben ist.
⁹ Vgl. zur Auseinandersetzung und den einzelnen Aufbaumöglichkeiten auch MüKo-StGB/*Ambos*, Vor § 3 Rn. 2; *Kindhäuser*, Strafrecht AT, § 4 Rn. 16; *Kudlich*, JURA 2001, 305, 307 Fn. 27; *Satzger*, JURA 2010, 108, 111.

I. Tatbestand

1. Objektiver Tatbestand

a) Taterfolg

Als Körperverletzungserfolg kommt eine Gesundheitsschädigung nach § 223 Abs. 1 Var. 2 StGB in Betracht. Unter einer Gesundheitsschädigung ist jedes Hervorrufen oder Steigern eines vom Normalzustand der körperlichen Funktionen des Opfers nachteilig abweichenden Zustandes zu verstehen, gleichgültig, auf welche Art und Weise die Beeinträchtigung erfolgt.[10] Schon in der Infizierung des Opfers, nicht erst im Ausbruch der Krankheit, liegt eine Gesundheitsschädigung, da diese den körperlichen Normalzustand des Opfers bereits nachteilig verändert.[11] Mithin stellt die Infizierung der F mit dem HI-Virus eine Gesundheitsschädigung dar.

b) Kausalität

Das Verhalten des A ist für die Gesundheitsschädigung auch kausal, denn es kann nicht hinweggedacht werden, ohne dass der Erfolg entfiele.

c) Objektive Zurechnung

Die Gesundheitsschädigung müsste zudem dem A objektiv zugerechnet werden können. Ein Erfolg ist objektiv zurechenbar, wenn der Täter eine rechtlich missbilligte Gefahr geschaffen und sich diese im tatbestandlichen Erfolg realisiert hat.[12]

aa) Die objektive Zurechnung entfällt jedenfalls nicht wegen der Schaffung eines noch erlaubten Risikos: Der ungeschützte Geschlechtsverkehr eines wissentlich HIV-Infizierten mit einem nicht infizierten Sexualpartner stellt kein sozialadäquates Risiko dar.[13] Fraglich ist jedoch, wie es sich auswirkt, dass der A die F über seine Infektion, die Übertragungsmöglichkeiten und die möglicherweise tödlichen Risiken aufgeklärt hat. Das Prinzip der Selbstverantwortung begrenzt die Strafbarkeit. Eigenverantwortlich gewollte und verwirklichte Selbstgefährdungen unterfallen nicht dem Tatbestand eines Körperverletzungsdelikts, wenn sich das spezifische mit der Gefährdung bewusst eingegangene Risiko realisiert. Es ist jedoch umstritten, ob in der hier gegebenen Fallkonstellation von einer eigenverantwortlichen Selbstgefährdung oder von einer einverständlichen Fremdgefährdung auszugehen ist. Je nachdem, welche Fallgruppe angenommen wird, ergeben sich unterschiedliche Anforderungen an die Eigenverantwortlichkeit der verletzten Person und somit auch verschiedene Rechtsfolgen.

bb) Die Abgrenzung zwischen eigenverantwortlicher Selbstgefährdung und einverständlicher Fremdgefährdung richtet sich nach dem Kriterium der Tatherrschaft.[14] Bei der Ansteckung mit dem HI-Virus durch einverständlichen Geschlechtsverkehr sind Täter und Opfer in gleicher Weise beteiligt. Nach

---

[10] BGHSt 36, 1, 6.
[11] BGHSt 36, 1, 6 f.
[12] *Wessels/Beulke/Satzger*, Strafrecht AT, Rn. 179.
[13] BGHSt 36, 1, 16 f.
[14] BGHSt 49, 34, 39; *Jahn*, JuS 2009, 370, 371.

einer Ansicht ist von einverständlicher Fremdgefährdung auszugehen, weil die Gefährdung allein von dem HIV-Infizierten ausgeht und daher dessen Tatbeitrag höher zu bewerten sei als der des Opfers.[15] Richtigerweise ist die Virusträgereigenschaft allein jedoch nicht ausreichend, um die Tatherrschaft zu begründen, wenn man davon ausgeht, dass der Geschlechtsverkehr von den Beteiligten gemeinsam beherrscht wird.[16] Eine Selbstgefährdung ist solange anzunehmen, wie sich jemand frei verantwortlich und in voller Kenntnis des Risikos und der Tragweite seiner Entscheidung in eine Gefahrensituation begibt.[17] Ist diese Voraussetzung erfüllt, ist die Zurechnung der Gefahr zum Verantwortungsbereich des Opfers zu bejahen, unabhängig davon, ob neben dem Opfer noch ein weiterer am Geschehen notwendigerweise Beteiligter Mitträger der Tatherrschaft ist. Eine Strafbarkeit des mit dem HI-Virus Infizierten kommt aber in Betracht, wenn er kraft überlegenen Sachwissens das Risiko besser erfasst als der sich selbst Gefährdende.[18] A hat gegenüber F, von deren Verstandes- und Verantwortungsreife auszugehen ist, kein überlegenes Sachwissen. F hat das Risiko ebenso erfasst wie A und es hat sich ausschließlich das mit der Gefährdung vom Opfer bewusst eingegangene Risiko realisiert. Somit liegt eine eigenverantwortliche Selbstgefährdung vor. Die bei F eingetretene HIV-Infizierung ist dem A nicht objektiv zuzurechnen.

2. Mangels objektiver Zurechenbarkeit des Erfolges hat A den objektiven Tatbestand nicht erfüllt.

II. Ergebnis
A ist nicht strafbar nach § 223 Abs. 1 StGB.

Klausurhinweis: Selbst wenn man für den Sachverhalt keine eigenverantwortliche Selbstgefährdung der F, sondern eine einverständliche Fremdgefährdung annehmen würde, wäre zumindest nach der herrschenden Literaturauffassung die objektive Zurechenbarkeit ebenfalls zu verneinen. F hat das Risiko, das mit dem Geschlechtsverkehr einherging, im gleichen Maße erfasst wie A; die Infizierung ist allein auf das durch den Geschlechtsverkehr begründete Risiko zurückzuführen und durch den Geschlechtsverkehr wurden keine Rechtsgüter der Allgemeinheit gefährdet, so dass die Voraussetzungen vorliegen, unter denen die h. L. die objektive Zurechnung eines Erfolges unter dem Gesichtspunkt der einverständlichen Fremdgefährdung verneint.

---

[15] *Frisch*, JuS 1990, 362, 369; *Helgerth*, NStZ 1988, 261, 262; *Roxin*, JZ 2009, 399, 401.
[16] BayObLG NJW 1990, 131, 132; *Prittwitz*, JA 1988, 427, 431.
[17] BGHSt NStZ 1985, 25, 26; *Christmann*, JURA 2002, 679, 681.
[18] BGHSt 36, 1, 17; BayObLG NJW 1990, 131, 132; *Rengier*, JURA 1989, 225, 230.

Vertiefungshinweise: Zur Abgrenzung zwischen einverständlicher Fremd- und eigenverantwortlicher Selbstgefährdung und den jeweiligen Rechtsfolgen Rn. 136 f. Zu typischen Problemen, die auf Tatbestandsebene in „HIV-Fällen" zu erörtern sind, Rn. 202 ff.

Zu Fall 2

A. A könnte sich wegen Totschlags zum Nachteil des B nach § 212 Abs. 1 StGB strafbar gemacht haben, indem er auf C schoss, jedoch B traf.

I. Tatbestand
1. Objektiver Tatbestand
Der Tod des B, eines Menschen, ist eingetreten und wurde durch den Schuss des A objektiv zurechenbar verursacht.

2. Subjektiver Tatbestand
A müsste vorsätzlich gehandelt haben. Vorsatz ist der Wille zur Verwirklichung eines Straftatbestandes in Kenntnis aller Merkmale des objektiven Tatbestandes.[19]

a) A hat seinen Angriff auf C gerichtet, wollte seinen Angriff aber eigentlich auf B richten. A irrte über die Identität des anvisierten Opfers und unterlag einem error in persona vel obiecto. Nach einer Ansicht ist der error in persona vel obiecto dann unbeachtlich, wenn die beiden miteinander verwechselten Tatobjekte tatbestandlich gleichwertig sind. Die Gegenmeinung verlangt zusätzlich zu der tatbestandlichen Gleichwertigkeit (Gattungskongruenz), dass das Tatobjekt räumlich und zeitlich individualisiert wurde. Die Unterschiede dieser Ansichten wirken sich beim error in persona vel obiecto nicht aus:[20] Da tatsächlich getroffenes und vorgestelltes Tatobjekt tatbestandlich gleichwertig sind und A das Tatobjekt durch das Zielen auf C zugleich räumlich und zeitlich individualisiert hatte, ist nach beiden Auffassungen der error in persona unbeachtlich, so dass A vorsätzlich hinsichtlich einer Tötung des C handelte.

b) A handelte also mit dem Vorsatz, C zu erschießen. Der Erfolg trat aber gerade nicht bei dem vom Täter anvisierten Tatobjekt (C), sondern bei einem anderen (B) ein. Mithin ging der Angriff fehl, ein anderes als das anvisierte Tatobjekt wurde getroffen, es ist eine aberratio ictus gegeben. Fraglich ist allerdings, ob sich der Vorsatz des A auf die Tötung des C beschränkte oder ob angenommen werden kann, dass auch die Tötung des B von dem Vorsatz des A umfasst war. Hier gelangen die bereits zum error in persona vel obiecto vertretenen unterschiedlichen Ansichten zu verschiedenen Ergebnissen:[21] Lässt man die tatbestandliche Gleichwertigkeit zwischen anvisiertem und tatsächlich getroffenem Tatobjekt genügen, sofern der Tatverlauf im Rahmen adäquater

---
[19] BGHSt 19, 295, 298.
[20] Vgl. auch *Geppert*, JURA 1992, 163; *Loewenheim*, JuS 1966, 310, 312; *Sowada*, JURA 1994, 37, 38.
[21] Vgl. auch *Geppert*, JURA 1992, 163.

Kausalität bleibt, hatte A auch Vorsatz hinsichtlich der Tötung des B. Dem steht jedoch entgegen, dass aus der richtigen Prämisse, dass mit einer konkreten Objektsvorstellung zwangsläufig ein Gattungsvorsatz verbunden ist, nicht auch zwingend folgt, dass der Täter einen Vorsatz hinsichtlich des verletzten Tatobjekts hat. Vielmehr kann sich der Vorsatz auf das räumlich und zeitlich individualisierte Tatobjekt konkretisieren („Konkretisierungstheorie"). A hatte zum Tatzeitpunkt, auf den es nach dem Simultanitätsprinzip ankommt, seinen Vorsatz auf den C als Tatobjekt konkretisiert. Mit der Konkretisierungstheorie ist in dem Fall einer aberratio ictus Vorsatz des Täters hinsichtlich des tatsächlich getroffenen Tatobjekts zu verneinen.

c) In der hier gegebenen Konstellation fallen ein error in persona vel obiecto und eine aberratio ictus zusammen. Es ist ein zufälliger Umstand, dass letztlich mit B derjenige zu Tode kommt, den A eigentlich erschießen wollte. An der rechtlichen Bewertung ändert dieser Umstand nichts. Mithin hatte A keinen Vorsatz hinsichtlich der Tötung des B.

II. Der subjektive Tatbestand ist nicht gegeben. A ist nicht strafbar nach § 212 Abs. 1 StGB.

B. A könnte sich jedoch wegen einer fahrlässigen Tötung des B nach § 222 StGB strafbar gemacht haben, indem er auf C schoss, jedoch B traf.

I. Tatbestand
Den Tod des B hat A durch seinen Schuss objektiv zurechenbar verursacht. Die Abgabe des Schusses stellt eine objektive Sorgfaltspflichtverletzung dar, ferner war der Erfolgseintritt für einen objektiven Dritten aus dem Verkehrskreis des A vorhersehbar und vermeidbar. Mithin hat A den Tatbestand des § 222 StGB erfüllt.

II. Rechtswidrigkeit
A handelte rechtswidrig.

III. Schuld
A handelte auch schuldhaft, insbesondere war der eingetretene Erfolg für A auch subjektiv vorhersehbar und vermeidbar.

IV. Ergebnis
A ist strafbar nach § 222 StGB.

C. A könnte sich ferner wegen versuchten Mordes an C nach §§ 212, 211 Abs. 1, Abs. 2, 22, 23 Abs. 1 StGB strafbar gemacht haben.

I. C ist nicht tot, so dass die Tat mangels tatbestandlichen Erfolgseintritts nicht vollendet wurde. Darüber hinaus handelt es sich beim Mord aufgrund der angedrohten lebenslangen Freiheitsstrafe um ein Verbrechen (vgl. § 12 Abs. 1 StGB), so dass der Versuch nach § 23 Abs. 1 StGB strafbar ist.

II. Tatbestand
1. Tatentschluss
a) A müsste Vorsatz hinsichtlich der Tötung des C gehabt haben. Der zum Tatzeitpunkt gegebene error in persona vel obiecto stellt sich angesichts der Gleichwertigkeit der Tatobjekte als unbeachtlicher Motivirrtum dar; Vorsatz liegt also vor.

b) A könnte zudem einen Tatentschluss hinsichtlich einer heimtückischen Tötung des C nach §§ 212, 211 Abs. 2, Gruppe 2, Var. 1 StGB gehabt haben. Heimtückisch handelt, wer die Arg- und Wehrlosigkeit des Opfers in feindlicher Willensrichtung bewusst zur Tötung ausnutzt.[22] Das Opfer ist arglos, wenn es sich bei Beginn des ersten mit Tötungsvorsatz geführten Angriffs keines Angriffs des Täters versieht.[23] A lauerte B in der Dunkelheit vor einer Gaststätte auf. Er hielt C für B, weshalb sich das heimtückische Vorgehen letztlich auf C bezieht. A wollte gerade diese Situation, das unbesorgte Verlassen der Gaststätte ohne sich eines Angriffs zu versehen, zur Tötung ausnutzen. A handelte mithin mit Tatentschluss hinsichtlich einer heimtückischen Tötung.

2. Unmittelbares Ansetzen
Vor der Tatbestandsverwirklichung lagen keine wesentlichen Zwischenschritte mehr, da A bereits gezielt hat, wodurch die Schwelle zum „jetzt geht es los" überschritten und das Opfer in konkrete Gefahr gebracht, mithin unmittelbar zur Tatbestandsverwirklichung nach § 22 StGB angesetzt wurde.

II. A handelte rechtswidrig und schuldhaft.

III. A ist strafbar nach §§ 212, 211 Abs. 1, Abs. 2, Gruppe 2 Var. 1, 22, 23 Abs. 1 StGB.

D. Konkurrenzen und Ergebnis
Der versuchte Mord zum Nachteil des C gem. §§ 211 Abs. 1, Abs. 2, 22, 23 Abs. 1 StGB steht zur fahrlässigen Tötung des B nach § 222 StGB in Tateinheit nach § 52 StGB. A ist daher strafbar nach §§ 212, 211 Abs. 1, Abs. 2, 22, 23 Abs. 1; 222; 52 StGB.

Klausurhinweis: Die zutreffende Lösung des Sachverhaltes erfordert Dreierlei: (1.) Das Erkennen, dass im vorliegenden Fall ein error in persona mit einer aberratio ictus zusammenfällt, (2.) die zutreffende Einordnung dieser Konstellation als aberratio ictus und (3.) den Streitentscheid zwischen der Auffassung, wonach der aberratio ictus bei tatbestandlicher Gleichwertigkeit unbeachtlich

---

[22] BGHSt 32, 382, 383 f.; vgl. zu den Voraussetzungen der Heimtücke *Geppert*, JURA 2007, 270.
[23] BGHSt 32, 382, 384.

ist und der h. M., welche eine aberratio ictus stets für beachtlich hält. Geht man mit der überzeugenden h. M. davon aus, dass die aberratio ictus stets beachtlich ist, ist nach Ablehnung der Strafbarkeit aus einem vollendeten Vorsatzdelikt unbedingt an die Prüfung der Strafbarkeit wegen fahrlässiger und versuchter Deliktsbegehung zu denken.

Vertiefungshinweise: Zu aberratio ictus und error in persona vel obiecto sowie zum Zusammenfallen der Konstellationen vgl. die Darstellung in Rn. 189 ff. Zum Prüfungsschema des fahrlässigen Erfolgsdelikts Rn. 817. Zum Prüfungsaufbau des Versuchs Rn. 617.

Antworten zu Kapitel 3

Zu Fall 1

A. A könnte sich wegen einer vollendeten Körperverletzung (§ 223 Abs. 1 StGB) strafbar gemacht haben, indem er dem B einen Faustschlag versetzte.

I. Tatbestand
1. Objektiver Tatbestand
Der Faustschlag stellt eine üble, unangemessene Behandlung, welche die körperliche Unversehrtheit nicht nur unerheblich negativ beeinträchtigt, und damit eine körperliche Misshandlung[24] dar. Ob mit dem Niederschlagen auch ein pathologischer Zustand gesteigert, hervorgerufen oder unterhalten wurde, wie dies für eine Gesundheitsschädigung vorausgesetzt wird,[25] ist dem Sachverhalt nicht eindeutig zu entnehmen.

2. Subjektiver Tatbestand
A handelte auch wissentlich und willentlich hinsichtlich der Verwirklichung des objektiven Tatbestandes, also mit Vorsatz.

II. Rechtswidrigkeit
Fraglich ist, ob die Körperverletzung rechtswidrig ist. In Betracht kommt eine Rechtfertigung nach § 32 StGB.

1. Notwehrlage
Erforderlich wäre das Vorliegen einer Notwehrlage in Form eines gegenwärtigen und rechtswidrigen Angriffs. Gegenwärtiger Angriff ist jede durch menschliches Tun oder Unterlassen unmittelbar bevorstehende, bereits begonnene oder noch andauernde Beeinträchtigung eines rechtlich geschützten Gutes.[26] B hat das Messer bereits gezogen um auf A einzustechen; die Beein-

---

[24] BGHSt 25, 277, 278; 53, 145, 158; Sch/Sch-*Eser*, § 223 Rn. 3.
[25] BGHSt 36, 1, 6; 43, 346, 354; *Lackner/Kühl*, StGB, § 223 Rn. 5.
[26] *Fischer*, StGB, § 32 Rn. 5, 17; Sch/Sch-*Perron*, § 32 Rn. 3, 13.

trächtigung der körperlichen Unversehrtheit steht unmittelbar bevor. Der Angriff ist gegenwärtig und – da der B nicht gerechtfertigt ist – rechtswidrig.

2. Notwehrhandlung
Das Verhalten des A müsste eine erforderliche Verteidigungshandlung darstellen, also zur Abwehr des Angriffs geeignet und das relativ mildeste Verteidigungsmittel sein.[27] Durch den Faustschlag des A geht B zu Boden und wird so außer Gefecht gesetzt. Dadurch kann er den Angriff mit dem Messer nicht mehr ausführen. Die Handlung des A ist folglich geeignet, ein gleichwertiges milderes Mittel ist nicht ersichtlich.

3. Verteidigungswille
Fraglich ist, inwieweit A Verteidigungswille haben müsste. A weiß nichts von dem Verletzungsvorhaben des B und schlägt aus sinnloser Wut, mithin nicht in Verteidigungsabsicht, zu. Nach der Rechtsprechung ist bei Fehlen des subjektiven Rechtfertigungselementes die vollendete Tat nicht gerechtfertigt.[28] A wäre demnach gem. § 223 Abs. 1 StGB zu verurteilen. Dagegen spricht jedoch, dass es objektiv am Erfolgsunwert fehlt. Es liegt kein Vollendungsunrecht vor. Die in der Literatur vertretene Auffassung, die eine Rechtfertigung der vollendeten Tat nach § 32 StGB auch bei Fehlen des Verteidigungswillens bejaht,[29] ist daher zutreffend.

III. Ergebnis
A ist demnach nicht wegen vollendeter Körperverletzung nach § 223 Abs. 1 StGB zu bestrafen.

B. Strafbarkeit des A gem. §§ 223 Abs. 1, 2, 22, 23 Abs. 1 StGB
A könnte sich jedoch wegen versuchter Körperverletzung gem. §§ 223 Abs. 1, 2, 22, 23 Abs. 1 StGB strafbar gemacht haben.

I. Tatbestand
A handelte bezüglich der Körperverletzung vorsätzlich (s. o.), d. h. mit Tatentschluss. Er hat zudem zur Begehung der Tat auch unmittelbar i. S. d. § 22 StGB angesetzt.

II. Rechtswidrigkeit
Fraglich ist, ob das Verhalten des A gerechtfertigt ist. Eine Notwehrlage gem. § 32 StGB ist gegeben (s. o.). Der Unwert einer Versuchstat liegt jedoch anders als beim vollendeten Delikt nicht in der Verwirklichung einer objektiv rechtswidrigen Rechtsgutsverletzung, sondern in der Betätigung eines rechtsfeindli-

---

[27] Zur Verteidigungshandlung *Fischer*, StGB, § 32 Rn. 23 f.; ausführlich Sch/Sch-*Perron*, § 32 Rn. 29 ff.
[28] BGHSt 2, 111, 114; 3, 195, 198; 5, 245, 247.
[29] *Fischer*, StGB, § 32 Rn. 27; Sch/Sch-*Perron*, StGB, § 32 Rn. 63, die eine Strafbarkeit wegen Versuchs befürworten.

chen Willens.[30] Da A den B aus sinnloser Wut und nicht in Verteidigungsabsicht schlägt, ist der Versuchsunwert realisiert und er handelt nicht gerechtfertigt gem. § 32 StGB. Es kommen auch keine weiteren Rechtfertigungsgründe in Betracht, so dass A rechtswidrig handelt.

III. Schuld
A handelte auch schuldhaft, da keine Entschuldigungs- oder Schuldausschlussgründe gegeben sind.

IV. Ergebnis
A hat sich wegen versuchter Körperverletzung gem. §§ 223 Abs. 1, 2, 22, 23 Abs. 1 StGB strafbar gemacht, indem er B mit der Faust schlug.

Klausurhinweis: Hier kam es darauf an, die objektive und die subjektive Ebene der Notwehr auseinanderzuhalten und sich bei der Frage des Verteidigungswillens mit schlüssigen Argumenten für eine Ansicht zu entscheiden. Folgt man wie im Lösungsvorschlag der Literaturmeinung, schließt sich die Versuchsprüfung an. Dabei ist es eine anspruchsvolle Aufgabe, logisch zu begründen, weshalb das fehlende subjektive Rechtfertigungselement bei der Vollendungsstrafbarkeit trotzdem nicht zu einer (Vollendungs)Strafbarkeit führt, während eine Versuchsstrafbarkeit zu bejahen ist.

Vertiefungshinweise: Zu § 32 StGB allgemein siehe Rn. 215 ff. Zum subjektiven Rechtfertigungselement vgl. die Darstellung bei Rn. 270 Hinsichtlich des Aufbaus bei versuchten Delikten vgl. Rn. 617. Zum Strafgrund des Versuchs siehe auch Rn. 614.

Zu Fall 2
(nach OLG Frankfurt a. M., NStZ-RR 1996, 136)

A. Strafbarkeit des B gem. § 223 StGB
B könnte sich wegen Körperverletzung gem. § 223 StGB strafbar gemacht haben, indem er A am Arm festhielt.

I. Tatbestand
Indem er A am Unterarm festhielt und ihr dadurch einen Bluterguss zufügte, hat B sie vorsätzlich körperlich misshandelt und in ihrer Gesundheit geschädigt.

II. Rechtswidrigkeit
Fraglich ist, ob B auch rechtswidrig handelte.

1. § 127 Abs. 1 StPO
Sein Verhalten könnte gem. § 127 Abs. 1 StPO gerechtfertigt sein, da A gem. § 316 StGB eine Straftat begangen hat und dabei auf frischer Tat betroffen

---
[30] *Rengier*, Strafrecht AT, § 33 Rn. 4; *Wessels/Beulke/Satzger*, Strafrecht AT, Rn. 594.

wurde. Es müsste jedoch auch ein Festnahmegrund vorliegen. An einem solchen fehlt es, da kein Fluchtverdacht bestand und die Identität der A bereits festgestellt worden war. Die Verhinderung weiterer Straftaten ist nicht Zweck des § 127 Abs. 1 StPO. Eine Rechtfertigung gem. § 127 Abs. 1 StPO ist deshalb nicht gegeben.

2. § 32 Abs. 2 Var. 2 StGB (Nothilfe)
B könnte auch gemäß § 32 Abs. 2 Var. 2 StGB gerechtfertigt sein. Voraussetzung ist, dass ein nothilfefähiges Rechtsgut angegriffen wird. Durch die Weiterfahrt der A unmittelbar gefährdet wird nur das Rechtsgut der Sicherheit des Straßenverkehrs. Dieses gehört zur Gruppe der überindividuellen Rechtsgüter, welche nicht nothilfefähig sind.

3. § 34 StGB
In Betracht kommt eine Rechtfertigung gem. § 34 StGB.
a) Es müsste ein notstandfähiges Rechtsgut gefährdet sein. Notstandsfähig sind Rechtsgüter aller Art, auch überindividuelle.[31] Die Sicherheit des Straßenverkehrs ist somit von § 34 StGB erfasst.
b) Die Gefahr müsste auch gegenwärtig sein. Dies ist der Fall, wenn der Zustand jederzeit in einen Schaden umschlagen kann.[32] Die A ist im Begriff, sich wieder ans Steuer zu setzen. Aufgrund ihrer starken Alkoholisierung besteht eine über das allgemeine Lebensrisiko hinausgehende Wahrscheinlichkeit einer Beeinträchtigung der Sicherheit des Straßenverkehrs. Die Gefahr ist demnach gegenwärtig.
c) Die Gefahr dürfte nicht anders abwendbar gewesen sein. Dies ist der Fall, wenn kein milderes Mittel – zum Bsp. das Herbeirufen fremder Hilfe – zur Verfügung stand.[33] Da die Polizei noch nicht am Unfallort war und die Zeit drängte, konnte die Gefahr nicht anders abgewendet werden, als durch das persönliche Einschreiten des B. Sein Verhalten war daher erforderlich.
d) Im Rahmen einer Interessenabwägung müsste das geschützte Interesse das beeinträchtigte Interesse wesentlich überwiegen. B schützt durch sein Verhalten die Sicherheit des Straßenverkehrs vor einer – angesichts der absoluten Fahruntüchtigkeit der A – erheblichen Gefährdung. Demgegenüber wird die körperliche Unversehrtheit der A durch die Notstandshandlung nur leicht beeinträchtigt. Das Verhalten des B war folglich geboten.
e) Angemessenheit
Das Verhalten des B ist auch angemessen, da es mit den anerkannten Wertvorstellungen der Allgemeinheit im Einklang steht, mithin nicht gegen die rechts- und sozialethischen Einschränkungen des Notstandsrechts verstößt.[34]

---

[31] *Fischer*, StGB, § 34 Rn. 2 m. w. N.; *Lackner/Kühl*, StGB, § 34 Rn. 4; Sch/Sch-*Perron*, § 34 Rn. 10 ff.
[32] BGHSt 5, 371, 373; 26, 176, 179; *Fischer*, StGB, § 34 Rn. 4.
[33] BGHSt 2, 242, 245; 3, 7, 9; 39, 133, 137; *Fischer*, StGB, § 34 Rn. 5.
[34] *Lackner/Kühl*, StGB, § 34 Rn. 6; Sch/Sch-*Perron*, § 34 Rn. 46 f.

f) Rettungswille
B müsste schließlich auch mit Rettungswillen gehandelt haben.[35] Ihm war bewußt, dass die A fahruntüchtig ist. Da er ihre Identität bereits festgestellt hatte und es für eine Schadensregulierung zu seinen Gunsten nicht erforderlich war, die A aufzuhalten, ist die Abwendung der Gefahr für den Straßenverkehr das einzige in Frage kommende Handlungsmotiv des B. Es ist daher von einem Rettungswillen auszugehen. B ist demnach gem. § 34 StGB gerechtfertigt.

III. Ergebnis
B hat sich nicht gem. § 223 Abs. 1 StGB strafbar gemacht, indem er A am Arm festhielt.

B. Strafbarkeit der A gem. § 223 StGB
A könnte sich gem. § 223 Abs. 1 StGB strafbar gemacht haben, indem sie B in den Unterleib trat.

I. Tatbestand
Der Tritt der A hat bei B eine schmerzhafte Prellung verursacht und stellt damit eine körperliche Misshandlung sowie eine Gesundheitsschädigung dar, die von A auch vorsätzlich herbeigeführt wurde.

II. Rechtswidrigkeit
Fraglich ist, ob das Verhalten der A rechtswidrig ist. Dies wäre nicht der Fall, wenn für ihr Verhalten ein Rechtfertigungsgrund gegeben wäre. In Betracht kommt § 32 StGB. Ein gegenwärtiger Angriff des B ist gegeben, da er die körperliche Unversehrtheit der A beeinträchtigt (s. o.). Das Verhalten des B ist allerdings nicht rechtswidrig, da er seinerseits gem. § 34 StGB gerechtfertigt ist (s. o.). Es fehlt daher an einem rechtswidrigen Angriff; eine Rechtfertigung nach § 32 StGB ist daher ausgeschlossen.

III. Schuld
A handelte auch schuldhaft.

IV. Ergebnis
A hat sich gem. § 223 Abs. 1 StGB strafbar gemacht, indem sie B in den Unterleib trat.

Klausurhinweis: Hier galt es zunächst zu erkennen, dass die §§ 32 und 34 StGB unterschiedliche Rechtsgüter betreffen, weshalb nur § 34 StGB zur Anwendung kommen konnte. Bei der Prüfung einer Rechtfertigung des B gemäß § 32 StGB wäre es falsch gewesen, auf das (notwehrfähige) Rechtsgut der körperlichen Unversehrtheit der A oder anderer Verkehrsteilnehmer abzustellen. Ersteres

---

[35] BGHSt 2, 111, 114; Sch/Sch-*Perron*, § 34 Rn. 48.

kommt nicht in Betracht, weil schon kein Angriff vorliegt; für eine drohende Verletzung individualisierter Dritter gibt es keine konkreten Anhaltspunkte.

Der BAK-Wert der A von 1,8 ‰ liegt im Anwendungsbereich des § 316 StGB. Auf der Ebene der Schuldfähigkeit zieht die Rechtsprechung erst ab einem BAK-Wert von 2,0 ‰ die Möglichkeit einer verminderten Schuldfähigkeit in Betracht. Es ist daher nicht erforderlich, die Alkoholisierung der A unter Schuldfähigkeitsgesichtspunkten zu thematisieren.

Vertiefungshinweise: Zu § 127 StPO vgl. auch Rn. 339 ff. Zum rechtfertigenden Notstand allgemein siehe Rn. 280 ff. Zur „Notwehr gegen Notwehr" vgl. die Ausführungen bei Rn. 229 f.

Zu Fall 3

M könnte sich wegen unterlassener Hilfeleistung gem. § 323c StGB strafbar gemacht haben, indem er K nicht aus den Flammen rettete.

I. Tatbestand
Der Brand stellt einen Unglücksfall und eine gemeine Gefahr dar, bei der M die erforderliche, mögliche und zumutbare Hilfeleistung gegenüber K unterlassen hat. Diesbezüglich handelte M vorsätzlich.

II. Rechtswidrigkeit
Sein Verhalten könnte jedoch wegen einer Pflichtenkollision gerechtfertigt sein. Es trafen zwei Handlungspflichten zusammen, diejenige zur Rettung des K und diejenige zur Rettung des Bildes. Nur eine der Handlungspflichten war erfüllbar. Die Rechtfertigung wegen einer Pflichtenkollision setzt aber voraus, dass die erfüllte Pflicht gleichwertig oder höherrangig ist, als die kollidierende Pflicht. Dabei ist auf den Wert der Rechtsgüter abzustellen. Das Leben des K war im Vergleich zur Unversehrtheit des Bildes trotz dessen bedeutenden Sachwerts eindeutig höherrangig. Es fehlt also an der Erfüllung einer mindestens gleichwertigen Handlungspflicht und damit an der rechtfertigenden Pflichtenkollision. Das Verhalten des M war rechtswidrig.

III. Schuld
M handelte auch schuldhaft.

IV. Ergebnis
M hat sich wegen unterlassener Hilfeleistung gem. § 323c StGB strafbar gemacht, indem er nicht K, sondern das Bild aus den Flammen rettete.

Klausurhinweis: Zunächst ist festzustellen, dass zwei Handlungspflichten des M kollidieren. Erst im zweiten Schritt sollte dann ausgeführt werden, unter welchen Voraussetzungen die Rechtswidrigkeit des Verhaltens des M wegen des allgemein anerkannten übergesetzlichen Rechtfertigungsgrundes der rechtfertigenden Pflichtenkollision ausgeschlossen sein könnte. Die Abwägung zwischen den betroffenen Rechtsgütern war einfach, da das Rechtsgut Leben Sachwerte immer überwiegt. Im Einzelfall können an dieser Stelle aber auch einmal umfangreichere Ausführungen erforderlich sein.

Vertiefungshinweise: Zur rechtfertigenden Pflichtenkollision allgemein vgl. Rn. 346 f.

Antworten zu Kapitel 4

Zu Fall 1

(nach BGH NStZ 1989, 474)

A könnte sich wegen Totschlags nach § 212 Abs. 1 StGB strafbar gemacht haben, indem er auf den linken Brustbereich des O schoss.

I. Tatbestand

1. Objektiver Tatbestand
Der Tod des O ist eingetreten und durch den Schuss des A objektiv zurechenbar verursacht.

2. Subjektiver Tatbestand
A müsste auch vorsätzlich gehandelt haben. Vorsatz ist der Wille zur Verwirklichung eines Straftatbestandes in Kenntnis aller objektiven Tatbestandsmerkmale.[36] Im Zeitpunkt der Abgabe des Schusses war A trotz seiner Furcht in der Lage, das Geschehen zutreffend zu erfassen. Insbesondere ist davon auszugehen, dass er sich darüber bewusst war, dass ein aus zwei Meter Entfernung auf den Brustbereich abgegebener Schuss mit hoher Wahrscheinlichkeit zum Todeseintritt führen wird, so dass A die gegenüber der Tötung eines Menschen etwaig bestehende Hemmschwelle überwand und bewusst und gewollt den Tod des O herbeiführte. Er handelte mithin vorsätzlich.

II. Rechtswidrigkeit

A könnte wegen eines Handelns in Notwehr nach § 32 Abs. 1 StGB gerechtfertigt sein.

1. Erforderlich wäre zunächst das Vorliegen einer Notwehrlage in Form eines gegenwärtigen und rechtswidrigen Angriffs. O ging mit geballten Fäusten und steigender Wut auf A zu und brachte durch seine Äußerungen unmissverständlich zum Ausdruck, dass er beabsichtigt, A an seiner körperlichen Integrität zu schädigen. Eine unmittelbar bevorstehende Beeinträchtigung der körperlichen Unversehrtheit des A und damit ein gegenwärtiger Angriff lagen mithin vor.

---

[36] Vgl. BGHSt 36, 1, 10 f.; *Fischer*, StGB, § 15 Rn. 3 f.

Dieser erfolgte auch rechtswidrig, da O selbst keinerlei Rechtfertigungsgründe zur Seite standen, insbesondere war A befugt, O das Pflücken der Petersilie zu untersagen, so dass O gegen die Aufforderung nicht gewaltsam vorgehen durfte. Somit lag ein gegenwärtiger, rechtswidriger Angriff und somit eine Notwehrlage vor.

2. A müsste ferner eine vom Notwehrrecht gedeckte Handlung, also die erforderliche Verteidigung vorgenommen haben. Erforderlich ist diejenige Verteidigung, die eine sofortige Beendigung des Angriffs erwarten lässt und eine dauerhafte Beseitigung der Gefahr am besten gewährleistet.[37] Dabei ist unter mehreren gleichermaßen geeigneten Verteidigungsmitteln dasjenige zu wählen, das beim Angreifer den geringsten Rechtsguteingriff bewirkt.[38] Zwar hat A mit dem Schuss auf die Brust des O eine Handlung vorgenommen, die geeignet ist, zu einer sofortigen Beendigung des Angriffs zu führen, jedoch hätte es zur endgültigen Abwehr des Angriffs ausgereicht, dem O in die Beine zu schießen. A hat daher unter zwei gleichermaßen geeigneten Verteidigungshandlungen nicht diejenige ergriffen, die bei O den geringeren Rechtsguteingriff bewirkt hätte. Folglich hat A keine erforderliche Verteidigung vorgenommen und ist nicht nach § 32 Abs. 1 StGB gerechtfertigt.

3. Da auch keine anderweitigen Rechtfertigungsgründe eingreifen, handelte A insgesamt rechtswidrig.

III. Schuld

A hat schuldhaft gehandelt, wenn für ihn keine Entschuldigungs- oder Schuldausschlussgründe eingreifen. In Betracht kommt das Vorliegen der Voraussetzungen einer nach § 33 StGB entschuldigten Notwehrüberschreitung (sog. „Notwehrexzess"). Dafür müsste A die Grenzen der Notwehr aus Verwirrung, Furcht oder Schrecken überschritten haben.

1. A befand sich in einer Notwehrlage, beschränkte sich aber nicht darauf, die erforderliche Verteidigung vorzunehmen, so dass er die „Grenzen der Notwehr" überschritt. Da dies ausschließlich aus dem in § 33 StGB genannten asthenischen Affekt der Furcht geschah, liegen die Voraussetzungen eines nach § 33 StGB entschuldigten intensiven Notwehrexzesses grundsätzlich vor.

2. Eine Entschuldigung nach § 33 StGB könnte jedoch daran scheitern, dass A das Geschehen zutreffend erfasste und erkannte, dass es zur Abwehr des Angriffs ausgereicht hätte, dem O in die Beine zu schießen. Gegen die Ausklammerung eines „bewussten Notwehrexzesses" aus dem Anwendungsbereich des § 33 StGB spricht indes, dass es schon nach dem Wortlaut der Vorschrift allein darauf ankommt, dass einer der benannten asthenischen Affekte für die Notwehrüberschreitung ursächlich ist. Ist dies der Fall, kommt es für die Entschuldigung nicht mehr darauf an, ob der Handelnde sich darüber bewusst

---

[37] *Kindhäuser*, Strafrecht AT, § 16 Rn. 27.
[38] Vgl. BGHSt 26, 143, 146; 42, 97, 100; Sch/Sch-*Perron*, § 32 Rn. 36a.

ist, dass er eine weniger eingriffsintensive Verteidigungshandlung hätte vornehmen können. Dementsprechend geht die heute fast einhellige Auffassung davon aus, dass § 33 StGB auch den bewussten Notwehrexzess erfasst. Auch der BGH führt für den vorliegenden Fall aus, dass „die Anwendbarkeit des § 33 StGB nicht daran (scheitert), dass A noch, in der Lage war, das Geschehen vor der Tat zutreffend wahrzunehmen und zu verarbeiten." Nach der schon vom RG begründeten und vom BGH übernommenen Rechtsprechung kommt es nämlich nicht darauf an, ob die in § 33 StGB genannten Affekte ein Ausmaß erreicht haben, das zu einer wesentlichen Verkennung der tatsächlichen Umstände hätte führen können. Innerhalb der als Bestürzung, Furcht oder Schrecken bewerteten Geistesverfassung darf nicht danach unterschieden werden, ob der Täter fähig ist, zu erwägen, welche Maßnahmen zur Abwehr erforderlich sind und welche darüber hinausgehen. § 33 StGB greift auch dann ein, wenn der Täter in Kenntnis der wahren Sachlage aus den dort genannten Affekten seine Notwehrbefugnis bewusst überschreitet."[39] Somit ist A nach § 33 StGB entschuldigt.

IV. Ergebnis
A hat sich nicht nach § 212 Abs. 1 StGB strafbar gemacht.

Klausurhinweis: Die Annahme einer Rechtfertigung nach § 32 Abs. 1 StGB wäre im vorliegenden Fall im Hinblick auf die eindeutige Schilderung im Sachverhalt nicht mehr vertretbar. Auch wenn die Notwehr ein „schneidiges Schwert" darstellt, vermag sie einen lebensbedrohlichen Waffeneinsatz dann nicht zu rechtfertigen, wenn eindeutig feststeht, dass eine ebenso geeignete und zugleich weniger eingriffsintensive Verteidigungsmaßnahme zur Verfügung stand. Dass A jedoch entschuldigt ist, da § 33 StGB auch den bewussten intensiven Notwehrexzess erfasst, entspricht der heute nahezu einhelligen Auffassung; eine Darstellung der Problematik in Form eines „Meinungsstreites" dürfte daher entbehrlich sein. Hinsichtlich der erforderlichen Abstufung beim (gerechtfertigten) Einsatz von Schusswaffen vgl. auch die Lösung zu Fall 2.

Vertiefungshinweise: Zur „Hemmschwellentheorie" vgl. Rn. 167. Zur Erforderlichkeit der Notwehr vgl. die Darstellung in Rn. 235 ff. Zu den Voraussetzungen des entschuldigten Notwehrexzesses, der Unterscheidung zwischen intensivem und extensivem Exzess und zum bewussten Notwehrexzess Rn. 399 ff.

Zu Fall 2

(nach BGH NStZ 1987, 322)

A könnte sich wegen Totschlags nach § 212 Abs. 1 StGB strafbar gemacht haben, indem er dem B in den Kopf schoss.

---
[39] BGH NStZ 1989, 474, 475.

I. Tatbestand
A hat durch den Schuss den Tod des B objektiv zurechenbar verursacht. Vorsatz ist gegeben.

II. Rechtfertigungsgründe
A müsste auch rechtswidrig gehandelt haben. Eine Notwehr i. S. v. § 32 StGB scheidet aus; ein gegenwärtiger Angriff lag nicht vor, da von dem Verhalten des B, der sich lediglich auf dem Weg zum Holzhacken befand, objektiv keinerlei Gefahr für ein Rechtsgut ausging.

III. Schuld
A hat schuldhaft gehandelt, wenn für sie keine Entschuldigungs- oder Schuldausschlussgründe eingreifen. Anknüpfungspunkt für einen Schuldausschluss könnte die Vorstellung der A sein, dass B sie erschlagen wollte und sie in der konkreten Situation einen tödlich wirkenden Schuss abgeben durfte.

1. Fraglich ist bereits die dogmatische Einordnung der Fehlvorstellung der A. Sie ging davon aus, dass B mit einer Axt auf sie zugeht, um sie zu erschlagen. Da A somit irrig vom Vorliegen eines gegenwärtigen und rechtswidrigen Angriffs auf ihr Leben und damit einer Notwehrlage i. S. v. § 32 StGB ausging, könnte sie einem Erlaubnistatbestandsirrtum unterlegen sein. Dieser würde jedoch voraussetzen, dass A über sämtliche tatsächlichen Voraussetzungen eines anerkannten Rechtfertigungsgrundes irrte, so dass sie neben der irrigen Annahme einer Notwehrlage auch eine Handlung hätte vornehmen müssen, die bei tatsächlichem Vorliegen eines gegenwärtigen und rechtswidrigen Angriffs nach § 32 StGB gerechtfertigt gewesen wäre. Daher wäre erforderlich, dass bei der von A vorgestellten Notwehrlage der Kopfschuss eine erforderliche Verteidigungshandlung, also die Anwendung des relativ mildesten Mittels, darstellte. Der Einsatz eines lebensgefährlichen Verteidigungsmittels, insbesondere einer Schusswaffe ist jedoch nur abgestuft zulässig. Vor dem tödlichen Kopfschuss war ein weniger gefährlicher Waffeneinsatz wie etwa ein ungezielter Warnschuss zu versuchen. A hat dies – obwohl sie die Möglichkeit dazu gehabt hätte –, nicht getan, sondern die Schusswaffe sofort tödlich eingesetzt. Selbst bei tatsächlichem Vorliegen der vorgestellten Notwehrlage wäre dies keine erforderliche Verteidigung und daher die Voraussetzungen des anerkannten Rechtfertigungsgrundes der Notwehr (§ 32 StGB) nicht erfüllt. Die Fehlvorstellung begründet also keinen Erlaubnistatbestandsirrtum, vielmehr liegt ein sog. Doppelirrtum vor, da A einerseits über das Bestehen einer Notwehrlage und andererseits über die Reichweite ihrer Notwehrbefugnisse irrte. Da der im Doppelirrtum Handelnde nicht besser stehen kann als derjenige, der „nur" einem Erlaubnisirrtum unterliegt, sind beide Irrtumskonstellationen als Verbotsirrtum nach § 17 StGB zu behandeln.

2. Für die Rechtsfolgen eines Verbotsirrtums kommt es nach § 17 StGB darauf an, ob der Täter den Irrtum vermeiden konnte. Vermeidbar ist ein Verbotsirrtum, wenn dem Täter sein Verhalten unter Berücksichtigung seiner persönlichen Fähigkeiten und Kenntnisse hätte Anlass geben müssen, über eine etwaige Rechtswidrigkeit nachzudenken bzw. sich zu erkundigen und er so zur Unrechtsicht gelangt wäre.[40] Hätte A die von ihr zu fordernde „gehörige Gewissensanspannung" vorgenommen, hätte sie erkennen können, dass beim Schusswaffeneinsatz äußerste Zurückhaltung geboten ist und auch gegenwärtige Angriffe auf die körperliche Unversehrtheit nicht generell durch sofortiges Schießen auf den Angreifer abgewendet werden dürfen, die mit hoher Wahrscheinlichkeit zum Tod führen. Somit war der Verbotsirrtum vermeidbar, so dass kein Schuldausschluss, sondern nur eine fakultative Strafmilderung (§ 17 S. 2 StGB) in Betracht kommt.

IV. Ergebnis
A ist strafbar wegen Totschlags gem. § 212 Abs. 1 StGB. Die Strafe kann nach § 49 Abs. 1 StGB gemildert werden.

Klausurhinweis: Der Begriff „Doppelirrtum" ist strenggenommen irreführend und stellt kein eigenständiges Problem dar. Denn es liegen nicht gleichzeitig zwei vollständige Irrtümer vor. Vielmehr liegt bei genauer Prüfung ein Erlaubnistatbestandsirrtum nicht vor, da die irrige Überdehnung der Grenzen des Rechtfertigungsgrundes nicht zum Irrtum über die tatsächlichen Voraussetzungen eines anerkannten Rechtfertigungsgrundes führen kann. Der Täter irrt aber über die Existenz oder die rechtlichen Grenzen eines Rechtfertigungsgrundes, unterliegt also einem Erlaubnisirrtum als Unterfall des Verbotsirrtums. Es findet also § 17 StGB Anwendung. Die Bezeichnung als „Doppelirrtum" hat sich für die dargestellte Konstellation jedoch eingebürgert, so dass ihre Verwendung in der Klausur sinnvoll ist.

Vertiefungshinweis: Zu Erlaubnistatbestands- und „Doppelirrtum" Rn. 437 ff. und 458 f. Zum Verbotsirrtum und dessen Vermeidbarkeit Rn. 433.

Antworten zu Kapitel 5

Zu Fall 1
(Nach dem „Saale-Ufer-Fall", BGHSt 8, 393)

A könnte sich gemäß §§ 212, 211 StGB wegen Mordes strafbar gemacht haben, indem er von hinten auf O einschlug.

I. Tatbestand
A müsste gemäß § 212 StGB vorsätzlich einen anderen Menschen getötet und dabei eines der Mordmerkmale des § 211 StGB erfüllt haben.

---
[40] OLG Köln NJW 1996, 472, 473.

1. Objektiver Tatbestand

a) A hat durch mehrere Schläge auf den Kopf des O dessen Tod verursacht und dadurch die objektiven Tatbestandsvoraussetzungen des § 212 StGB verwirklicht.

b) Fraglich ist jedoch, ob er auch täterschaftlich gehandelt hat. Nach der streng subjektiven Theorie ist derjenige Täter, der die Tat als eigene will.[41] Derjenige, der die Tat nur als fremde will, ist Teilnehmer.[42] A hatte kein eigenes Interesse am Tod des O. Er beging die Tat für B, weil diese ihm Leid tat. Nach der streng subjektiven Theorie wäre A daher nicht als Täter zu bestrafen. Gegen diesen subjektiven Ansatz spricht jedoch, dass er die Trennlinie zwischen Täterschaft und Teilnahme verwischt und allein vom Willen der Handelnden abhängig macht. Die herrschende Meinung in der Literatur nimmt die Abgrenzung daher anhand des Kriteriums der Tatherrschaft vor. Demnach ist Tatherrschaft gegeben, wenn der Handelnde Tatherrschaft im Sinne des vom Vorsatz umfassten „In-den-Händen-Halten" des tatbestandsmäßigen Geschehensablaufs innehat.[43] A führt die Schläge gegen O unmittelbar selbst aus und hält so den tatbestandsmäßigen Geschehensablauf in den Händen. Nach der Tatherrschaftslehre ist er als Täter anzusehen. Der BGH vertritt eine sog. „modifizierte subjektive Theorie", wonach die Frage des Täterwillens und damit der Täterschaft in wertender Betrachtung zu entscheiden ist, wobei neben dem eigenen Interesse am Taterfolg auch der Umfang der Tatbeteiligung und die Tatherrschaft oder wenigstens der Wille zur Tatherrschaft zu berücksichtigen ist.[44] Da der A bewusst und planmäßig die wesentlichen Teile der Tatausführung selbst umsetzt, geht er ein derart enges Verhältnis zur Tat ein, dass auch der BGH mit seiner modifiziert subjektiven Theorie eine Täterschaft des A in der dem Beispielsfall zu Grunde liegenden Entscheidung bejaht.[45] Es bedarf daher keiner Streitentscheidung zwischen der Tatherrschaftslehre und der Ansicht des BGH. A handelt nach beiden Auffassungen täterschaftlich.

c) A könnte heimtückisch i. S. d. § 211 Abs. 2 StGB gehandelt, also die Arg- und Wehrlosigkeit des O in feindlicher Willensrichtung bewusst zur Tat ausgenutzt haben.[46] Er erschlug den O gemäß dem Tatplan von hinten und nutzte so dessen Arg- und Wehrlosigkeit aus. Das Mordmerkmal der Heimtücke ist gegeben.

2. Subjektiver Tatbestand

A verwirklichte den Tatbestand der §§ 212, 211 StGB bewusst und gewollt und handelte daher vorsätzlich.

---

[41] *Lackner/Kühl*, StGB, Vor § 25, Rn. 4 f.; Sch/Sch-*Heine/Weißer*, Vorbem. §§ 25 ff. Rn. 56.
[42] *Lackner/Kühl*, StGB, Vor § 25, Rn. 4 f.; Sch/Sch-*Heine/Weißer*, Vorbem. §§ 25 ff. Rn. 56.
[43] *Lackner/Kühl*, StGB, Vor § 25, Rn. 4; Sch/Sch-*Heine/Weißer*, Vorbem. §§ 25 ff. Rn. 62 ff.
[44] BGHSt 8, 393; 16, 12; 28, 346, 349; 34, 124; zu der zum Teil uneinheitlichen Rechtsprechung vgl. *Lackner/Kühl*, StGB, Vor § 25 Rn. 5; Sch/Sch-*Heine/Weißer*, Vorbem. §§ 25 ff. Rn. 58.
[45] BGHSt 8, 393, 398.
[46] BGHSt 2, 251; 32, 382; 39, 353, 368; *Lackner/Kühl*, StGB, § 211, Rn. 6; Sch/Sch-*Eser*, § 211 Rn. 23.

II. Rechtswidrigkeit und Schuld
A handelte rechtswidrig und schuldhaft.

III. Ergebnis und Konkurrenzen
A hat sich wegen Mordes gem. §§ 212, 211 StGB strafbar gemacht, indem er den O von hinten erschlug. Die mitverwirklichte gefährliche Körperverletzung (§ 224 Abs. 1 Nr. 2, 3, 5) wird im Wege der Gesetzeskonkurrenz (Subsidiarität) verdrängt.[47]

Klausurhinweis: Es ist zwischen Literatur und Rechtsprechung umstritten, ob Mord eine Qualifikation des Totschlags darstellt oder ob es sich bei den §§ 211, 212 StGB um zwei eigenständige Delikte handelt. Dieser Streit wirkt sich unter anderem auf den Prüfungsaufbau aus. Es darf jedoch keinesfalls „vorweg" eine abstrakte Darlegung des Streitstandes erfolgen. Man sollte sich vielmehr im Rahmen der Vorüberlegungen für eine Position entscheiden und dem im Aufbau „kommentarlos" Rechnung tragen. In der Beispiellösung wird mit der herrschenden Meinung in der Literatur davon ausgegangen, dass die §§ 212, 211 StGB in einem Qualifikationsverhältnis zueinander stehen, weshalb die Strafbarkeit des A gem. §§ 212, 211 StGB geprüft wird. Folgt man der Meinung der Rechtsprechung, wäre im Obersatz nur § 211 StGB zu nennen.[48]

Vertiefungshinweise: Die Diskussion über das Verhältnis der §§ 212, 211 StGB spielt auch in Bezug auf § 28 StGB eine wichtige Rolle, vgl. dazu Rn. 600 f. Zur Abgrenzung von Täterschaft und Teilnahme vgl. Rn. 464 ff.

Zu Frage 2
B könnte sich des Mordes in Mittäterschaft gem. §§ 212, 211, 25 Abs. 2 StGB strafbar gemacht haben.

I. Tatbestand

1. Objektiver Tatbestand
Die Schläge, die den Tod des O verursacht haben, wurden nicht von B, sondern von A ausgeführt (s. o.). Der B könnte aber das Verhalten des A aufgrund gemeinschaftlicher Tatbegehung gemäß § 25 Abs. 2 StGB zuzurechnen sein. Voraussetzung der Mittäterschaft ist ein bewusstes und gewolltes Zusammenwirken auf der Grundlage eines gemeinsamen Tatplans. Es bedarf eines objektiv wesentlichen Tatbeitrags, der im Sinne arbeitsteiligen Handelns und funktioneller Rollenverteilung der B funktionelle Tatherrschaft vermittelt.[49] B hat den Tatplan ersonnen, dem A das Beil gegeben, O zum Tatort gelockt und A das

---
[47] BGHSt 16, 122; *Lackner/Kühl*, StGB, § 212 Rn. 9; Sch/Sch-*Eser/Sternberg-Lieben*, § 212 Rn. 18.
[48] Dazu weiterführend *Rengier*, Strafrecht BT I, § 4 Rn. 8.
[49] *Lackner/Kühl*, StGB, § 25 Rn. 11; übereinstimmend wenn auch nicht unter Verwendung des Begriffs der „funktionellen Tatherrschaft" *Fischer*, StGB, § 25 Rn. 13, 16.

Zeichen gegeben, auf welches dieser den ersten Schlag mit dem Beil ausführte. Auch die folgenden Schläge wurden von A auf eine Aufforderung der B hin ausgeführt. B arbeitete mit A also arbeitsteilig zusammen. Ihre objektiven Tatbeiträge hatten – unabhängig davon, dass sie die originären Tathandlungen nicht selbst ausführt – in der funktionellen Rollenverteilung erhebliches Gewicht und vermittelten ihr funktionelle Tatherrschaft. Außerdem handelten A und B auf der Grundlage eines gemeinsamen Tatplans. Die Schläge des A sind der B also gem. § 25 Abs. 2 StGB als gemeinschaftliche Tatbegehung zuzurechnen. Davon umfasst ist auch das heimtückische Handeln i. S. d. § 211 Abs. 2 StGB.

2. Subjektiver Tatbestand
B handelte hinsichtlich der gemeinschaftlichen Verwirklichung des objektiven Tatbestandes mit Vorsatz.

II. Rechtswidrigkeit und Schuld
B handelte auch rechtswidrig und schuldhaft.

III. Ergebnis
B ist wegen mittäterschaftlichen Mordes an O gem. §§ 212, 211, 25 Abs. 2 StGB strafbar. Aus den Ausführungen ergibt sich zugleich, dass auch bei A die Voraussetzungen der Mittäterschaft erfüllt sind.

Klausurhinweis: Die Prüfung der Mittäterschaft wurde nach der Tatherrschaftslehre vorgenommen, ohne zuvor auf die entgegenstehenden subjektiven Theorien einzugehen, da die entsprechende Diskussion schon bei Fall 1 dargestellt wurde. In der Klausur wäre hier ein Hinweis auf den der Meinungsstand angebracht. Nach der Tatherrschaftslehre setzt eine gemeinschaftliche Tatbegehung mindestens eine funktionelle Tatherrschaft voraus, wonach auch solche Beiträge, die nicht unmittelbar den Tatbestand erfüllen, Tatherrschaft vermitteln können, sofern sie eine gewisse Erheblichkeit aufweisen und Ausdruck einer im gemeinsamen Tatplan festgelegten Arbeitsteilung sind.[50]

Vertiefungshinweis: Allgemein zur Mittäterschaft vgl. Rn. 522. Zu der Abgrenzung von Täterschaft und Teilnahme siehe Rn. 464 ff.

Zu Frage 3

B könnte sich wegen versuchter Anstiftung zum Mord gem. §§ 212, 211, 30 Abs. 1 StGB strafbar gemacht haben, indem sie A dazu drängte, O zu töten.

I. Tatbestand

1. Tatentschluss
B hatte Vorsatz bezüglich eines tatbestandsmäßigen und rechtswidrigen Mordes an O und wollte A auch bewusst zur Begehung dieser Tat bestimmen.

---
[50] Vgl. Sch/Sch-*Heine/Weißer*, Vorbem. §§ 25 ff. Rn. 80.

2. Unmittelbares Ansetzen
B hat, indem sie A wiederholt zur Tatbegehung drängte, zum Bestimmen unmittelbar angesetzt.

II. Rechtswidrigkeit und Schuld
B handelte rechtswidrig und schuldhaft.

III. Ergebnis
Mangels Anhaltspunkten für einen Rücktritt gemäß § 31 StGB hat sich B wegen versuchter Anstiftung zum Mord gemäß § 211, 30 Abs. 1 StGB strafbar gemacht.

Klausurhinweis: Die versuchte Anstiftung gem. § 30 Abs. 1 StGB ist nur bei Verbrechen strafbar!

Vertiefungshinweis: Zur versuchten Anstiftung vgl. Rn. 602 ff. Zum Versuchsaufbau allgemein vgl. Rn. 617.

Zu Frage 4
B könnte sich wegen Mordes in mittelbarer Täterschaft gem. §§ 212, 211, 25 Abs. 1 Var. 2 StGB strafbar gemacht haben.

I. Tatbestand
1. Objektiver Tatbestand
a) A hat O heimtückisch von hinten erschlagen und durch dieses Verhalten den Tatbestand des § 211 StGB in objektiver und subjektiver Hinsicht verwirklicht (s. o.).
b) Dieses Verhalten könnte A zuzurechnen sein, sofern die Voraussetzungen einer mittelbaren Täterschaft vorliegen. Dazu bedarf es der auf einer unterlegenen Stellung des Tatmittlers beruhenden Tatherrschaft des mittelbaren Täters. Letzterer muss aufgrund seines überlegenen Wissens oder dominierenden Willens entscheidend das Verhalten des Hintermanns steuern und beherrschen. A ist gem. § 20 StGB schuldunfähig und hat damit eine unterlegene Stellung. Auf dieser Grundlage steuert B mit ihrem dominierenden Willen das Verhalten des A und hat die Tatherrschaft inne. Ihr sind die Schläge des A aufgrund mittelbarer Täterschaft gem. § 25 Abs. 1 Var. 2 StGB zuzurechnen. Dies erstreckt sich auch auf die Heimtücke i. S. d. § 211 Abs. 2 StGB.

2. Subjektiver Tatbestand
B handelte sowohl hinsichtlich der Herbeiführung des Taterfolgs durch A als auch hinsichtlich ihrer Stellung als mittelbare Täterin vorsätzlich.

II. Rechtswidrigkeit und Schuld
B handelte auch rechtswidrig und schuldhaft.

III. Ergebnis

B ist wegen Mordes in mittelbarer Täterschaft gem. §§ 212, 211, 25 Abs. 1 Var. 2 StGB strafbar.

Klausurhinweis: Für den Regelfall der mittelbaren Täterschaft ist es erforderlich, dass der unmittelbare Täter ein „Verantwortungsdefizit" aufweist, welches ihn zum „Werkzeug" des mittelbaren Täters macht. Hier besteht dieses in der mangelnden Schuldfähigkeit des A. Das Mordmerkmal der Heimtücke ist Teil des objektiven Tatbestandes und wird dem mittelbaren Täter, da dieser die Tat durch den Vordermann begeht, zugerechnet, wenn es von seinem Vorsatz umfasst ist.

Vertiefungshinweis: Zur mittelbaren Täterschaft allgemein vgl. Rn. 483 ff.

Antworten zu Kapitel 6

Zu Frage 1

(nach BGH NStZ 1987, 20)

A könnte sich wegen eines versuchten Totschlags gem. §§ 212 Abs. 1, 22, 23 Abs. 1 StGB strafbar gemacht haben, indem er die Wohnzimmertür aufbrach, um den B zu erschießen.

I. Ein Totschlag ist nicht vollendet und sein Versuch aufgrund des Verbrechenscharakters (vgl. § 12 Abs. 1 StGB) nach § 23 Abs. 1 StGB strafbar.

II. Tatbestand

1. Tatentschluss

A müsste mit Tatentschluss, also vorsätzlich gehandelt haben. A wollte nach seinem Tatplan unmittelbar nach Aufbrechen der Tür auf den B schießen, handelte somit bereits in diesem Zeitpunkt vorsätzlich hinsichtlich der Tötung eines anderen Menschen und folglich mit Tatentschluss hinsichtlich der Verwirklichung der objektiven Tatbestandsmerkmale des § 212 Abs. 1 StGB.

2. Unmittelbares Ansetzen

A müsste zur Tatbestandsverwirklichung unmittelbar angesetzt haben. Wann das unmittelbare Ansetzen zu bejahen und dadurch das von der grundsätzlich straflosen Vorbereitung abzugrenzende Versuchsstadium eröffnet ist, wird im Gesetz nicht näher geregelt und in Rechtsprechung und Literatur nicht einheitlich beantwortet. Unstreitig unmittelbar angesetzt hat der Täter dann, wenn er bereits diejenige Handlung vorgenommen hat, die nach seiner Vorstellung von der Tat geeignet war, den tatbestandlichen Erfolg unmittelbar herbeizuführen.[51] Ein derart eindeutiger Fall ist indes nicht gegeben, da A noch nicht auf B

---

[51] BGH 26, 204; 28, 164; 36, 250.

geschossen hat. Ob er gleichwohl unmittelbar zur Tat nach § 212 Abs. 1 StGB angesetzt hat, kann daher unter Heranziehung der in Rechtsprechung und Literatur zur Abgrenzung zwischen Vorbereitung und Versuch entwickelten Kriterien bestimmt werden.

a) Nach der sog. Sphärentheorie ist ein unmittelbares Ansetzen zu bejahen, sobald der Täter in die Schutzsphäre des Opfers eingedrungen ist und nach seiner Vorstellung zwischen der Tathandlung und dem angestrebten Erfolgseintritt ein enger zeitlicher Zusammenhang besteht.[52] A ist nicht nur in das Haus eingedrungen, in dem sich B befand, vielmehr ist es ihm nach Aufbrechen der Wohnzimmertür gelungen, sich in das Zimmer zu begeben, in dem sich B nach seiner Vorstellung von der Tat aufhielt. Es liegt daher nicht nur eine „nachhaltige Beeinträchtigung der Opfersphäre"[53] vor, vielmehr ist auch der erforderliche zeitliche Zusammenhang gegeben, da A in engem zeitlichen Zusammenhang mit dem Aufbrechen der Wohnzimmertür auf den B schießen wollte. Nach der Sphärentheorie wäre das unmittelbare Ansetzen zu bejahen.

b) Nach teilweise vertretener Auffassung soll das unmittelbare Ansetzen zu bejahen sein, wenn der Täter bezüglich der Tatbestandsverwirklichung subjektiv die Schwelle zum „jetzt geht es los" überschritten hat.[54] Nach der Vorstellung des A stellte die Wohnzimmertür das letzte Hindernis dar, das zwischen ihm und dem B stand, so dass er spätestens durch deren Aufbrechen die Schwelle zum „jetzt geht es los" überschritt und nach dieser Auffassung unmittelbar zur Tatbestandsverwirklichung ansetzte.

c) Die Gefährdungstheorie nimmt den Versuchsbeginn in dem Zeitpunkt an, in dem der Täter Handlungen vornimmt, die nach seiner Vorstellung das geschützte Rechtsgut konkret gefährden bzw. die Gefahr der Tatbestandsverwirklichung schaffen.[55] A hat zwar durch das Aufbrechen der Tür nach seiner Vorstellung von der Tat das letzte zwischen ihm und B bestehende Hindernis überwunden. Eine konkrete Gefährdung des Lebens des B und damit eine Gefahr der Verwirklichung des § 212 Abs. 1 StGB wurde hierdurch aber noch nicht geschaffen. Auf dem Boden der Gefährdungstheorie hat A somit nicht unmittelbar zur Tatbestandserfüllung angesetzt.

d) Nach der Zwischenaktstheorie setzt der Täter dann unmittelbar an, wenn er eine Handlung vornimmt, die ohne weitere wesentliche Zwischenschritte in die Tatbestandsverwirklichung einmünden soll.[56] Nach der Vorstellung des A sollte die Tötung des B zwar in engem räumlichen und zeitlichen Zusammenhang mit dem Aufbrechen der Tür erfolgen, gleichwohl war er sich darüber im Klaren, dass er den B nach Aufbrechen der Tür erst noch im Wohnzimmer ausfindig machen, auf ihn zielen und zuletzt den Schuss abgeben müsste. Zumindest Zielen und Schießen sind als wesentliche Zwischenakte anzusehen, so dass nach dieser Sicht das unmittelbare Ansetzen zu verneinen wäre. Dies gilt

---

[52] Vgl. *Jakobs*, Strafrecht AT, 25. Abschnitt Rn. 68.
[53] So für diesen Fall ausdrücklich *Roxin*, Strafrecht AT II, § 29 Rn. 152.
[54] BGHSt 26, 201, 203; BGH NJW 1980, 1759.
[55] Sch/Sch-*Eser/Bosch*, § 22 Rn. 42.
[56] Vgl. beispielhaft BGHSt 26, 201, 203; *Vogler*, FS Stree/Wessels, 285, 286.

zuletzt auch für die Kombinationslösung, welche das unmittelbare Ansetzen unter Berücksichtigung der „jetzt geht es los"-Formel und des Zwischenaktskriteriums ermittelt.[57]

e) Während A auf der Grundlage der Sphärentheorie und der „jetzt geht es los"-Formel unmittelbar zur Tötung des B angesetzt hat, gelangen Gefährdungs- und Zwischenaktstheorie zu dem Ergebnis, dass die erforderliche Schwelle noch nicht überschritten ist. Sowohl gegen die „jetzt geht es los"-Formel als auch die Sphärentheorie ist einzuwenden, dass die von ihnen herangezogenen Abgrenzungskriterien nicht die für die fundamentale (da in zahlreichen Fällen die Strafbarkeitsgrenze markierende) Differenzierung zwischen Vorbereitungs- und Versuchsstadium erforderliche Rechtssicherheit herzustellen vermögen. Die Bestimmung des Zeitpunktes, in dem der Täter die Schwelle zum „jetzt geht es los" überschreitet, ist mit erheblichen Unsicherheiten verbunden und erscheint letztlich willkürlich. So könnte man bereits in dem Zeitpunkt, in dem A sich bewaffnet zu dem Aufenthaltsort des B begibt, davon sprechen, dass er innerlich die Schwelle zur Tötung des B und damit zum „jetzt geht es los" überschritten hat. Die isolierte Anwendung der „jetzt geht es los"-Formel scheint daher geeignet, zu einer problematischen Ausdehnung des Versuchsstadiums zu führen. Demgegenüber ist die Sphärentheorie mit dem Problem verbunden, dass es bei Delikten, die sich nicht gegen Individual-, sondern Kollektivrechtsgüter richten, erhebliche Schwierigkeiten bereiten kann, die entscheidungserhebliche „Schutzsphäre" zu ermitteln. Nach der Sphärentheorie kann das unmittelbare Ansetzen erst im Anschluss an eine vertiefte Auseinandersetzung mit der Struktur des jeweils betroffenen Tatbestandes bestimmt werden, wodurch sie zu einer bedenklichen Verschiebung der Problematik führt. Da die Bestimmung des unmittelbaren Ansetzens hiernach nicht auf Grundlage der „jetzt geht es los"-Formel bzw. der Sphärentheorie erfolgen kann und die übrigen vertretenen Auffassungen zum gleichen Ergebnis gelangen, ist ein weiterer Streitentscheid entbehrlich. A hat nicht unmittelbar zur Tötung des O angesetzt.

III. Ergebnis
A ist nicht strafbar nach §§ 212 Abs. 1, 22, 23 Abs. 1 StGB.

Klausurhinweis: Die Lösung des Sachverhaltes veranschaulicht beispielhaft, dass die Ermittlung des „unmittelbaren Ansetzens" mit erheblichen Schwierigkeiten verbunden sein kann. Bei einer entsprechenden Argumentation könnte man auch auf Grundlage der Gefährdungs- und Zwischenaktstheorie ein unmittelbares Ansetzen bejahen. Liegt der Schwerpunkt eines Sachverhaltes eindeutig auf der Abgrenzung zwischen Vorbereitungs- und Versuchsstadium, ist daher besonders viel Wert auf eine saubere Argumentation unter Anführung

---

[57] Anders jedoch der BGH in NStZ 1987, 20. Auch *Roxin*, Strafrecht AT II, § 29 Rn. 152 kritisiert indes zutreffend, dass letztlich „unklar bleibt", wie das Fehlen von Zwischenakten in dieser Fallkonstellation begründet werden soll.

der in Rechsprechung und Literatur benannten Abgrenzungskriterien zu legen. Häufig wird dann sowohl das Bejahen als auch das Verneinen des unmittelbaren Ansetzens vertretbar sein. Rein „klausurtaktisch" könnte es mitunter sinnvoll sein, das unmittelbare Ansetzen anzunehmen, um sich keine Folgeprobleme (insbesondere beim Rücktritt) abzuschneiden.

Vertiefungshinweis: Zum unmittelbaren Ansetzen Rn. 633 ff.

Zu Frage 2

A könnte sich wegen versuchten Totschlags gem. §§ 212 Abs. 1, 22, 23 Abs. 1 StGB strafbar gemacht haben, indem er mehrfach mit einem Messer auf O einstach.

I. Der Totschlag ist nicht vollendet und sein Versuch aufgrund des Verbrechenscharakters (vgl. § 12 Abs. 1 StGB) nach § 23 Abs. 1 StGB strafbar.

II. Tatbestand

1. Tatentschluss

A handelte mit Tatentschluss, d. h. vorsätzlich bezüglich der Tötung des O.

2. Unmittelbares Ansetzen

A müsste gem. § 22 StGB nach seiner Vorstellung von der Tat zur Verwirklichung des Tatbestandes unmittelbar angesetzt haben. A hat bereits mehrfach auf die linke Oberkörperseite des O eingestochen und damit Handlungen vorgenommen, die nach seiner Vorstellung von der Tat den Tod des O verursachen sollten. Er hat somit unmittelbar zur Tat nach § 212 Abs. 1 StGB angesetzt.

III. Mangels Eingreifens von Rechtfertigungs- sowie Entschuldigungs- und Schuldausschlussgründen handelte A auch rechtswidrig sowie schuldhaft.

IV. A hat durch das Einstechen auf O die Voraussetzungen eines strafbaren Totschlagsversuchs erfüllt, er könnte jedoch strafbefreiend gem. § 24 StGB Abs. 1 vom Versuch zurückgetreten sein, indem er das Messer einsteckte und O nicht verfolgte, anstatt ein weiteres Mal auf diesen einzustechen.

1. Ein Rücktritt wäre ausgeschlossen, wenn der Versuch des A fehlgeschlagen wäre. Ein fehlgeschlagener Versuch liegt nach überwiegend vertretener Ansicht dann vor, wenn der Täter zu der Annahme gelangt, er könne die Tat nicht mehr ohne zeitliche Zäsur mit den bereits eingesetzten oder anderen bereitliegenden Mitteln vollenden.[58] Nicht einheitlich beantwortet wird demgegenüber, ob ein Versuch auch dann als fehlgeschlagen anzusehen ist, wenn der Täter zwar mit einem ursprünglich für erfolgstauglich gehaltenen Mittel keinen Erfolg hatte, er aber davon ausgeht, in der konkreten Situation durch Einsatz desselben oder

---

[58] BGHSt 34, 56; 39, 228, 246; BGH NJW 2008, 393; Sch/Sch-*Eser/Bosch*, § 24 Rn. 7.

anderer ihm zur Verfügung stehender Mittel den Erfolg noch herbeiführen zu können.
a) Nach der sogenannten Einzelaktstheorie ist jeder einzelne aus Tätersicht zur Erfolgsherbeiführung geeignete Akt selbständig zu bewerten.[59] Hat der Einsatz eines vom Täter für erfolgstauglich gehaltenen Mittels nicht zur Herbeiführung des Erfolges geführt (ist also dieses Mittel fehlgeschlagen), soll der gesamte Versuch als fehlgeschlagen zu bewerten sein. A ging davon aus, dass er O durch die Stiche gegen die linke Oberkörperseite töten könnte. Da er den O durch die Stiche jedoch nicht lebensbedrohlich verletzte, wäre der Angriff mit dem von ihm für erfolgstauglich gehaltenen Mittel und damit nach der Einzelaktstheorie auch sein Tötungsversuch insgesamt fehlgeschlagen.
b) Die Gesamtbetrachtungslehre betrachtet sämtliche vom Täter eingesetzte bzw. ihm zur Verfügung stehende Handlungsmöglichkeiten als Teil eines einheitlichen Versuchsgeschehens, soweit er diese in engem räumlichen und zeitlichen Zusammenhang ausführen kann. Schlägt lediglich der Einsatz eines bestimmten Tatmittels fehl, so liegt daher nach der Gesamtbetrachtungslehre kein Fehlschlag eines als einheitlich zu bewertenden Versuchsgeschehens vor, „wenn der Täter, wie er weiß, ohne zeitliche Zäsur sofort ein neues bereitstehendes Mittel einsetzen könnte"[60]. A stand das Messer als Mittel noch zur Verfügung. Mit diesem hätte er nach seiner Vorstellung bei Verfolgung des O ohne zeitliche Zäsur die Tat vollenden können. Der Versuch wäre also auf Grundlage der Gesamtbetrachtungslehre nicht fehlgeschlagen.
c) Gegen die Einzelaktstheorie spricht, dass sie einheitliche Lebensvorgänge willkürlich auseinander reißt, in schwer voneinander abgrenzbare Teile aufspaltet und hierdurch zu einer problematischen Verkürzung der Rücktrittsmöglichkeit führt. So ist kaum einzusehen, warum es A in dem Fall, in dem es ihm gelingt, O durch das Zustechen mit dem Messer lebensbedrohlich zu verletzten, möglich sein soll, nach § 24 Abs. 1 S. 1 Var. 2 StGB wirksam vom Versuch zurückzutreten, indem er die erforderlichen Rettungsmaßnahmen einleitet, während im vorliegenden Fall ein rücktrittsunfähiger, fehlgeschlagener Versuch vorliegen soll, obgleich es A ohne weiteres möglich wäre, den Tod des O noch durch weiteres Zustechen herbeizuführen. Auch ist zu bedenken, dass ein möglichst weitgehender Erhalt der Rücktrittsmöglichkeiten dem Opferschutz Rechnung trägt, da es auf der Grundlage der Einzelaktstheorie für die Strafbarkeit des Täters häufig keinen Unterschied mehr macht, ob er noch weiterhandelt oder auf die Herbeiführung eines für möglich gehaltenen Erfolges verzichtet. Somit ist der Gesamtbetrachtungslehre zuzustimmen. Der Versuch ist nicht als fehlgeschlagen anzusehen.

2. Für die Frage, welche Anforderungen an das Rücktrittsverhalten des A zu stellen sind, kommt es darauf an, ob sein Versuch unbeendet oder beendet war. „Ein Versuch ist dann als unbeendet anzusehen, wenn der Täter von weiteren möglichen Handlungen absieht, bevor er das verwirklicht hat, was nach seiner

---
[59] Sch/Sch-*Eser/Bosch*, § 24 Rn. 20 f.; *Jakobs*, Strafrecht AT, 26. Abschnitt Rn. 15 ff.
[60] BGHSt 34, 53, 57.

Vorstellung zur Herbeiführung des Erfolgs erforderlich oder möglicherweise ausreichend ist."⁶¹ Dabei ist auf die Sicht des Täters nach der Tatausführung abzustellen. A dachte zunächst, die dem O durch ihn zugefügten Messerstiche würden zum Tod führen. Diese Annahme stellt sich jedoch für A umgehend als falsch heraus, als O erst antwortet und dann wegläuft. Der BGH kam in seiner Entscheidung zutreffend zu dem Ergebnis, dass die korrigierte Vorstellung des A für den „Rücktrittshorizont" entscheidend ist und daher ein unbeendeter Versuch vorliegt.⁶² Die Rücktrittsvoraussetzungen sind daher § 24 Abs. 1 S. 1 Var. 1 StGB zu entnehmen.

3. Nach § 24 Abs. 1 S. 1 Var. 1 StGB ist für einen wirksamen Rücktritt beim unbeendeten Versuch erforderlich, dass die weitere Ausführung der Tat aufgegeben wird. A hat kein weiteres Mal auf den O eingestochen und sich auch nicht vorbehalten, dies zu einem weiteren Zeitpunkt zu tun⁶³. Er hat somit die weitere Ausführung der Tat aufgegeben und dadurch die objektiven Rücktrittsvoraussetzungen des § 24 Abs. 1 S. 1 Var. 1 StGB erfüllt.

4. Schließlich müsste A auch freiwillig, d. h. aus autonomen Motiven zurückgetreten sein. A verzichtete aus eigenen, selbst gesetzten Motiven darauf, den O zu verfolgen. Mithin erfolgte der Rücktritt insgesamt freiwillig.⁶⁴

5. A ist gem. § 24 Abs. 1 S. 1 Var. 1 StGB strafbefreiend vom Versuch des Totschlags zurückgetreten.

V. Ergebnis

A hat sich nicht gem. §§ 212 Abs. 1, 22, 23, Abs. 1 StGB strafbar gemacht.

Klausurhinweis: Im vorliegenden Fall bereitet die Bejahung des unmittelbaren Ansetzens keine Probleme, da A bereits mehrfach auf O eingestochen hat und damit bereits der Tatbestand teilweise verwirklicht wurde. Um Zeit zu sparen, sollte eine detaillierte Darstellung der einzelnen zur Abgrenzung zwischen Vorbereitung und Versuch vertretenen Auffassungen in derartigen

---

⁶¹ BGHSt 36, 224, 225.
⁶² BGHSt 36, 224, 226.
⁶³ Ob es für ein „Aufgeben der weiteren Ausführung der Tat" i. S. v. § 24 Abs. 1 S. 1 Var. 1 StGB ausreicht, wenn der Täter auf weitere Ausführungshandlungen verzichtet, sich jedoch vornimmt, die Tat zu einem anderen Zeitpunkt zu verwirklichen, oder ob der Täter endgültig von der Tat Abstand nehmen muss, sich also keinerlei weitere Ausführungshandlungen vorbehalten darf, ist umstritten (vgl. die Darstellung in Rn. 695 ff.). Im vorliegenden Fall kommen beide Auffassungen augenscheinlich zum gleichen Ergebnis, so dass der Streit nicht dargestellt werden muss. Durch den Hinweis, dass A sich nicht vorbehielt, den O zu einem anderen Zeitpunkt zu töten, kann dem Korrektor jedoch verdeutlicht werden, dass der Streit bekannt ist.
⁶⁴ Wann der Täter freiwillig handelt, ist ebenfalls umstritten (vgl. die Darstellung in Rn. 711 ff.). Die Unterscheidung zwischen „autonomen" und „heteronomen" Rücktrittsmotiven ist in der Übungsliteratur die mit Abstand gebräuchlichste. Wenn in der Klausur an dieser Stelle kein Problem liegt, müssen daher die anderen Auffassungen (die auf die „Maßstäbe der Verbrechervernunft" abstellen, bzw. danach fragen, ob der Täter sich in einer der in § 35 umschriebenen Drucksituationen befand) nicht dargestellt werden.

Konstellationen vermieden werden. So bleibt genug Zeit, um die Schwerpunkte des Falls (die Auseinandersetzung zwischen Einzelaktstheorie und Gesamtbetrachtungslehre und die Problematik des „korrigierten Rücktrittshorizontes") ausführlich zu bearbeiten. Dass A nach der hier befürworteten Falllösung wirksam vom Versuch des Totschlags zurückgetreten ist, führt im Übrigen nicht dazu, dass er sich nicht strafbar gemacht hat, vielmehr fallen die durch die Stiche verursachten Verletzungen unter §§ 223 f. StGB. Hierauf war jedoch nach der (unbedingt zu beachtenden!) Fallfrage nicht einzugehen.

Vertiefungshinweise: Zu den Rücktrittsvoraussetzungen insgesamt Rn. 668 ff. Zur Bestimmung des Fehlschlags eines Versuchs nach Einzelaktstheorie und Gesamtbetrachtungslehre Rn. 675 ff. Zur Abgrenzung zwischen unbeendetem und beendetem Versuch und insbesondere zur Korrektur des Rücktrittshorizonts Rn. 686 ff.

Antworten zu Kapitel 7

Zu Fall 1

(nach LG Kiel NStZ 2004, 157)

A. Strafbarkeit des A gem. §§ 212 Abs. 1, 13 StGB
A könnte sich wegen Totschlags durch Unterlassen nach §§ 212 Abs. 1, 13 StGB strafbar gemacht haben, indem sie sich nicht um den bewusstlos in seinem Zimmer liegenden B kümmerte.

I. Tatbestand

1. Eintritt des Taterfolgs
Der Tod des B und damit der tatbestandliche Erfolg des § 212 Abs. 1 StGB ist eingetreten. Zur Verhinderung dieses Erfolges wäre es geboten gewesen, frühzeitig nach Eintritt der Bewusstlosigkeit bei B am 31.1.2006 einen Arzt zu rufen bzw. sonstige Rettungsmaßnahmen einzuleiten. Dies unterließ die A jedoch, obwohl ihr die Vornahme einer entsprechenden Handlung im Zeitraum vom 31.1.2006 bis 4.2.2006 möglich war.

2. Garantenstellung
Nach § 13 Abs. 1 StGB müsste A rechtlich dafür einzustehen haben, dass der tatbestandliche Erfolg ausbleibt, sie müsste mithin eine Garantenstellung bezüglich des B innehaben, die eine Pflicht zur Verhinderung seines Todes umfasst. In Betracht kommt eine Beschützergarantenstellung aus enger Gemeinschaftsbeziehung auf familienrechtlicher Grundlage, da es sich bei der A um die Schwester des B handelt. Ob dies ausreicht, um eine Garantenstellung der A anzunehmen, wird jedoch nicht einheitlich beantwortet. Stellt man (allein) auf die natürliche familiäre Verbundenheit von Geschwistern ab, müsste die Garantenstellung unabhängig von der Frage einer realen Lebens- oder Haus-

gemeinschaft bejaht werden.⁶⁵ Dieser Auffassung wird jedoch zu Recht entgegen gehalten, dass sie den realen gesellschaftlichen Verhältnissen, insb. dem veränderten Stellenwert des „klassischen Familienverbandes" nicht mehr entspreche.⁶⁶ Das LG Kiel hat daher in der dem Beispielsfall zugrunde liegenden Entscheidung für die Annahme einer Garantstellung unter Geschwistern über die bloße Verwandtschaftsbeziehung hinaus „ein tatsächlich bestehendes, nicht allein bereits durch eine Hausgemeinschaft begründetes Obhutsverhältnis (...), eine tatsächliche personale Schutzherrschaft (...) oder doch jedenfalls ein objektives Näheverhältnis (...)" gefordert.⁶⁷ Das Zusammenleben von A und B ging nicht über die Begründung einer vorübergehenden „WG" hinaus. Da ein über die bloße Hausgemeinschaft von Geschwistern hinausgehendes Obhuts- oder Näheverhältnis zwischen A und B nicht bestand, ist nach dieser zustimmungswürdigen Auffassung keine Garantstellung der A anzunehmen.

II. Ergebnis
A hat sich nicht wegen eines Totschlags durch Unterlassen nach §§ 212 Abs. 1, 13 StGB strafbar gemacht.

B. Strafbarkeit der A gem. § 323c StGB
A könnte sich dadurch, dass sie sich trotz dessen Bewusstlosigkeit nicht um ihren Bruder B kümmerte, jedoch wegen unterlassener Hilfeleistung nach § 323c StGB strafbar gemacht haben.

I. Tatbestand

1. Objektiver Tatbestand
A müsste trotz Vorliegens einer der in § 323c StGB umschriebenen Notsituationen es unterlassen haben, die erforderliche und ihr mögliche sowie zumutbare Hilfe zu leisten.

a) Notsituation
Es müsste eine Notsituation in Form eines Unglücksfalls, einer gemeinen Gefahr oder Not vorgelegen haben. Unglücksfall ist jedes plötzlich eintretende Ereignis, das eine erhebliche Gefahr für ein Individualrechtsgut mit sich bringt.⁶⁸ Die Bewusstlosigkeit des B infolge seines Methadonkonsums trat plötzlich ein und brachte eine erhebliche Gefahr für Leben und Gesundheit als Individualrechtsgüter des B mit sich. Dass B durch den von ihm bewusst vorgenommenen Methadonkonsum die Ursache für seine Bewusstlosigkeit selbst gesetzt hat, ist unerheblich, da der Begriff des „Unglücksfalls" in § 323c StGB an die Plötzlichkeit eines Ereignisses, nicht an dessen Ursprung anknüpft⁶⁹. Folglich lag eine Notsituation in Form eines Unglücksfalls vor.

---

⁶⁵ Vgl. BGHSt 19, 167, 169 bzgl. des „durch Blutsbande verbundenen" Familienverbands.
⁶⁶ Sch/Sch-*Stree/Bosch*, § 13 Rn. 18.
⁶⁷ LG Kiel NStZ 2004, 157, 158.
⁶⁸ BGHSt 6, 147, 152; *Fischer*, StGB, § 323c Rn. 3.
⁶⁹ Vgl. auch Sch/Sch-*Sternberg-Lieben/Hecker*, § 323c Rn. 6.

b) Tathandlung
A müsste die erforderliche und ihr mögliche und zumutbare Hilfe unterlassen haben. Erforderlich wäre es gewesen, einen Arzt über die Bewusstlosigkeit des B zu informieren oder sonstige Hilfsmaßnahmen zu ergreifen. Dies unterließ A, obgleich sie bereits am 31.1.2006 Kenntnis von der Bewusstlosigkeit des B hatte. Umstände, aus denen es der A unzumutbar war, Rettungskräfte über den Zustand des B zu informieren, sind nicht ersichtlich, so dass sie durch ihr Untätigbleiben den objektiven Tatbestand des § 323c StGB erfüllte.

2. Subjektiver Tatbestand
A realisierte die Bewusstlosigkeit des B und entschied sich bewusst dazu, untätig zu bleiben, obgleich es ihr möglich war, die Rettungskräfte über den Zustand des B zu informieren. Sie handelte somit vorsätzlich.

II. Rechtswidrigkeit und Schuld
A handelte auch rechtswidrig und schuldhaft.

III. Ergebnis
A hat sich wegen unterlassener Hilfeleistung nach § 323c StGB strafbar gemacht, indem sie trotz Kenntnis der Bewusstlosigkeit ihres Bruders keinen Arzt alarmierte.

Klausurhinweis: Wer eine Garantenstellung der A bejaht, müsste auch die weiteren Voraussetzungen der §§ 212 Abs. 1, 13 StGB prüfen und bejahen. Das Unterlassen der A war (hypothetisch) kausal für den Tod des B, da eine frühere Hinzuziehung eines Arztes zu dessen Rettung geführt hätte. Da § 212 Abs. 1 StGB ein schlichtes Erfolgsdelikt ist, wäre ferner die nach § 13 Abs. 1 StGB erforderliche Modalitätenäquivalenz zu bejahen. Da A auch vorsätzlich, rechtswidrig und schuldhaft handelte, hätte sie sich bei Bejahung der Garantenstellung nach §§ 212 Abs. 1, 13 StGB strafbar gemacht. § 323c StGB würde in diesem Fall auf Konkurrenzebene zurücktreten.

Vertiefungshinweise: Zu den Voraussetzungen einer Garantenstellung aus enger Gemeinschaftsbeziehung auf familienrechtlicher Grundlage siehe Rn. 747 ff. Zu den Voraussetzungen des § 323c StGB Rn. 809 ff.

Zu Fall 2

(nach BGH NJW 2010, 1087)

A. A könnte sich wegen fahrlässiger Tötung durch Unterlassen in 15 tateinheitlichen Fällen gem. §§ 222, 13 StGB strafbar gemacht haben, indem er keine „handnahe" Überprüfung der Dachkonstruktion der Eissporthalle vornahm und die Stadt B in seinem Gutachten nicht auf das Eindringen von Feuchtigkeit hinwies.

I. Tatbestand

1. Erfolgseintritt

15 Besucher der Eissporthalle sind ums Leben gekommen, so dass der tatbestandliche Erfolg eingetreten ist.

2. Unterlassen

Als Anknüpfungspunkt für eine strafrechtliche Verantwortung des A kommen sowohl ein positives Tun (die Einreichung des Gutachtens) als auch ein Unterlassen (die Nichtvornahme der „handnahen" Untersuchung) in Betracht. Im Falle derart mehrdeutiger Geschehensabläufe ist für die Abgrenzung zwischen Tun und Unterlassen darauf abzustellen, wo unter Berücksichtigung des sozialen Handlungssinns der Schwerpunkt der Vorwerfbarkeit liegt.[70] Unter diesem Gesichtspunkt ist von einem Unterlassen des A auszugehen. Die Einreichung des unvollständigen (da keinen Hinweis auf das Eindringen von Feuchtigkeit enthaltenden) Gutachtens stellt eine Folge der unterbliebenen „handnahen" Untersuchung der Dachträger dar. Im Hinblick darauf, dass der an A erteilte Auftrag die Vornahme einer Betrachtung aus nächster Nähe ausdrücklich umfasste, liegt der Schwerpunkt der Vorwerfbarkeit auf deren Unterbleiben und nicht auf der sich daran anschließenden Einreichung des Gutachtens.

3. Kausalität

Das Unterlassen des A müsste für den Erfolgseintritt ursächlich geworden sein. Ein Unterlassen ist für einen tatbestandlichen Erfolg ursächlich, wenn die gebotene Handlung nicht hinzugedacht werden kann, ohne dass der Erfolgseintritt mit an Sicherheit grenzender Wahrscheinlichkeit entfiele.[71] Die von A unterlassene „handnahe" Überprüfung der Dachkonstruktion hätte das Eindringen von Feuchtigkeit aufgezeigt, worauf in dem für die Stadt B zu erstellenden Gutachten hinzuweisen gewesen wäre. Gleichwohl erscheint fraglich, ob das Unterlassen des A ursächlich für den Tod der Besucher der Eissporthalle geworden ist, da die B bereits im Anschluss an die Hinweise auf Mängel in der Dachkonstruktion in den Jahren 2001 und 2002 untätig geblieben war. Diesbezüglich ist indes festzustellen, dass das Eindringen von Feuchtigkeit in die Dachträgerkonstruktion auf eine konkrete und erhebliche Gefahrenlage hinweist. Daraus, dass die B in den Jahren 2001 und 2002 nicht darauf reagierte, dass A sie auf leichte Beschädigungen des Daches hinwies, kann daher nicht geschlossen werden, dass sie auch dann untätig geblieben wäre, wenn sie Kenntnis vom Eindringen der Feuchtigkeit gehabt hätte. Gerade der Umstand, dass die B den A ausdrücklich dazu angewiesen hat, eine „handnahe" Untersuchung der Dachträger vorzunehmen, lässt darauf schließen, dass sie sich der besonderen Sensibilität dieses Bauteils bewusst war und den (uneingeschränkten) Betrieb der Eissporthalle nicht fortgesetzt hätte, sofern sie vom Eindringen der Feuchtigkeit Kenntnis gehabt hätte. Dies aber reicht für die Annahme der Kausalität beim unechten Unterlassungsdelikt aus, da eine eindeutige Gewissheit hinsicht-

---

[70] Sch/Sch-*Stree/Bosch*, Vorbem. §§ 13 ff. Rn. 158a.
[71] BGH NJW 2010, 1087, 1090 f.

lich hypothetischer Geschehensabläufe ohnehin nicht erzielt werden kann. Denkt man eine Untersuchung der Dachträger aus nächster Nähe und einen sich daran anschließenden Hinweis auf das Eindringen von Feuchtigkeit hinzu, ist mit an Sicherheit grenzender Wahrscheinlichkeit davon auszugehen, dass die Stadt B entweder eine Sanierung angeordnet oder die Eissporthalle zumindest bei starker Schneelast nicht weiter betrieben hätte und sich im Januar 2006 keine Personen in der Halle befunden hätten. Da bei Vornahme der rechtlich gebotenen Handlung die 15 Besucher der Sporthalle mit an Sicherheit grenzender Wahrscheinlichkeit nicht zu Tode gekommen wären, ist das Unterlassen des A (hypothetisch) kausal für den Erfolgseintritt.

4. Garantenstellung
Gemäß § 13 Abs. 1 StGB ist erforderlich, dass A „rechtlich dafür einzustehen hat, dass der Erfolg nicht eintritt". Dies wäre der Fall, wenn er eine sog. Garantenstellung innehat, welche die Pflicht umfasst, bestimmte Rechtsgutsverletzungen zu verhindern. Als Betreiber der Eissporthalle ist primär die B Adressatin des Handlungsgebotes, dafür Sorge zu tragen, dass sich die Halle in ordnungsgemäßem Zustand befindet. Zur Erfüllung dieser Verpflichtung kann sie sich jedoch der Hilfe Dritter bedienen, was durch die Beauftragung des B erfolgt ist. Dieser sollte im Rahmen seines Prüfungsauftrags die Sanierungsmaßnahmen ermitteln, deren Vornahme erforderlich ist, um mögliche Gefahren für Leib und Leben der Besucher der Eissporthalle zu vermeiden bzw. zu minimieren. Da A auch tatsächlich eine Besichtigung der Halle vorgenommen und daraufhin ein Gutachten erstellt hat, hat er eine abgeleitete Garantenstellung kraft tatsächlicher Übernahme der Feststellung von Bauwerksmängeln inne. Diese Garantenstellung wirkt nicht nur im Innenverhältnis zwischen A und B, vielmehr begründet die tatsächliche Übernahme der Feststellung sanierungsbedürftiger Bauwerksmängel eine Schutzfunktion gegenüber denjenigen Personen, „die in den durch eine unzureichende Mängelfeststellung und -beseitigung geschaffenen Gefahrenbereich geraten"[72]. A hatte also eine Garantenstellung inne, der zufolge er dafür Sorge zu tragen hatte, dass die Nutzer der Eissporthalle nicht infolge (erkennbar) sanierungsbedürftiger Bauwerksmängel geschädigt werden.

5. Objektive Fahrlässigkeit
A müsste auch objektiv fahrlässig gehandelt haben, was das Außerachtlassen der im Verkehr erforderlichen Sorgfalt bei objektiver Vorhersehbarkeit des Erfolgseintrittes voraussetzt.

a) Außerachtlassen der im Verkehr erforderlichen Sorgfalt
Art und Maß der vom Täter anzuwendenden Sorgfalt bestimmen sich nach den Anforderungen, die bei objektiver Betrachtung einer Gefahrenlage ex ante an einen besonnenen und gewissenhaften Menschen in der konkreten Lage und sozialen Rolle des Handelnden zu stellen sind.[73] A war mit der Untersuchung

---

[72] BGH NJW 2010, 1087, 1090.
[73] *Wessels/Beulke/Satzger*, Strafrecht AT, Rn. 669.

der gesamten (bereits 33 Jahre alten) Halle beauftragt, wobei er ausdrücklich zur Vornahme einer „handnahen" Untersuchung der Dachträgerkonstruktion angewiesen war. Darüber hinaus hatte A bereits in den Jahren 2001 und 2002 leichtere Schäden am Dach festgestellt. Ein sorgfältig arbeitender Bauingenieur hätte in dieser Situation tatsächlich eine Begutachtung der Dachträger aus nächster Nähe vorgenommen. Diese unterließ A und verletzte hierdurch die im Verkehr erforderliche Sorgfalt.

b) Objektive Vorhersehbarkeit des Erfolges
Ein Erfolg ist objektiv vorhersehbar, wenn für einen durchschnittlichen Dritten in der Tatsituation die Möglichkeit bestanden hat, die konkret drohende Tatbestandsverwirklichung vorherzusehen.[74] Es entspricht allgemeiner Lebenserfahrung, dass die unzureichende Prüfung des Sanierungsbedarfs eines „in die Jahre gekommenen Hallenkomplexes"[75] zur Folge haben kann, dass schwerwiegende Mängel in der Dachkonstruktion unentdeckt bleiben. Auch muss ein unbefangener Dritter damit rechnen, dass es in alpinen Regionen zu erheblichem Schneefall kommt, der zu starker Schneelast auf Hausdächern und letztlich zum Einsturz sanierungsbedürftiger Dachkonstruktionen führt. Der Geschehensablauf war somit objektiv vorhersehbar, so dass A insgesamt objektiv fahrlässig handelte.

6. Objektive Zurechnung
Der Erfolgseintritt müsste dem A auch objektiv zuzurechnen sein. In seinen Aufgabenkreis fiel es, die von etwaigen Mängeln an der Dachkonstruktion der Halle ausgehenden Gefahren aufzudecken. Da er dies unterließ und es gerade der (erkennbar) schadhafte Zustand des Hallendaches war, der zum Einsturz und zum Tod der Besucher führte, beruht der tatbestandliche Erfolgseintritt gerade auf der Pflichtwidrigkeit des Unterlassens und ist dem A daher objektiv zuzurechnen.

7. Entsprechensklausel
Schließlich entspricht die Tatbestandsverwirklichung auch derjenigen durch aktives Tun, da es sich bei § 222 StGB um ein schlichtes Erfolgsdelikt handelt.

8. Zwischenergebnis
A handelte tatbestandsmäßig.

II. Rechtswidrigkeit
Rechtfertigungsgründe sind nicht ersichtlich, mithin handelte A auch rechtswidrig.

III. Schuld
A müsste auch schuldhaft gehandelt haben. A war nach seinen persönlichen Fähigkeiten und Kenntnissen in der Lage, die möglichen Konsequenzen einer unzureichenden Prüfung der Dachkonstruktion vorherzusehen, zumal er bereits

---
[74] *Wessels/Beulke/Satzger*, Strafrecht AT, Rn. 667a.
[75] So die Einschätzung des BGH in NJW 2010, 1087, 1090.

zuvor mehrfach (wenn auch geringfügige) Schäden an dem Dach festgestellt hatte. Es wäre A auch ohne weiteres möglich gewesen, eine ordnungsgemäße Untersuchung der Dachkonstruktion aus nächster Nähe vorzunehmen, so dass er insgesamt individuell fahrlässig handelte. Da auch im Übrigen keinerlei Entschuldigungs- oder Schuldausschlussgründe eingreifen, handelte A schuldhaft.

IV. Ergebnis
A hat sich der fahrlässigen Tötung durch Unterlassen in 15 tateinheitlichen Fällen strafbar gemacht.

B. Durch sein Verhalten hat A sich ferner der fahrlässigen Körperverletzung durch Unterlassen nach §§ 229, 13 StGB in sechs tateinheitlichen Fällen strafbar gemacht. Die nach § 230 Abs. 1 StGB erforderlichen Strafanträge sind gestellt.

Klausurhinweis: Die Entscheidung des BGH zum Einsturz der Eissporthalle in Bad Reichenhall fiel weniger eindeutig aus als die vorliegende (vereinfachte) Klausurlösung. Auf der Grundlage des vom LG Traunstein mitgeteilten Sachverhaltes sah sich der BGH nicht in der Lage, eine endgültige Einschätzung über die Ursächlichkeit des Unterlassens des Bauingenieurs abzugeben. Auch hielt er es im Ergebnis nicht für ausgeschlossen, dass dessen Verhalten als positives Tun und nicht als Unterlassen zu bewerten sei. Dass der Bauingenieur durch sein Verhalten die Voraussetzungen eines Strafgesetzes erfüllt hat, hielt jedoch auch der BGH für äußerst naheliegend.[76] Auch auf Grundlage des vorliegend geschilderten Sachverhaltes könnte man die Ursächlichkeit des Unterlassens bei guter Argumentation verneinen. Naheliegender dürfte indes die Bejahung der Kausalität sein, da eine vollständige Gewissheit hinsichtlich hypothetischer Geschehensabläufe nie erzielt werden kann. Die Bejahung der weiteren Strafbarkeitsvoraussetzungen bereitet dann keine wesentlichen Schwierigkeiten, sondern setzt lediglich Kenntnis hinsichtlich des Prüfungsschemas und der Bedeutung der einzelnen Prüfungselemente voraus.

Vertiefungshinweise: Zur Prüfung des fahrlässigen unechten Unterlassungsdeliktes Rn. 835 ff. Zur (hypothetischen) Kausalität beim Unterlassen Rn. 787 ff.

---

[76] Vgl. insoweit BGH NJW 2010, 1087, 1090 ff.; sowie die teilweise krit. Anm. von *Puppe*, JR 2010, 355 ff.

Antworten zu Kapitel 8

Zu Frage 1

(nach BGH NStZ 2005, 446)

A könnte sich wegen fahrlässiger Tötung durch Unterlassen in zwei Fällen nach §§ 222, 13 StGB strafbar gemacht haben, indem sie ihre Wohnung verließ, ohne das Wohnzimmer auf feuergefährliche Gegenstände zu untersuchen.

I. Tatbestand

1. Der Tod der Kinder der A und damit der tatbestandliche Erfolg i. S. d. § 222 StGB ist eingetreten.

2. Fraglich ist, ob das Verhalten der A als Tun oder Unterlassen zu bewerten ist. Als Anknüpfungspunkt für eine strafrechtliche Verantwortung der A kommen sowohl ein positives Tun (Verlassen der Wohnung) als auch ein Unterlassen (Nichtkontrollieren des Wohnzimmers auf feuergefährliche Gegenstände) in Betracht. Im Falle derart mehrdeutiger Geschehensabläufe ist für die Abgrenzung zwischen Tun und Unterlassen darauf abzustellen, wo unter Berücksichtigung des sozialen Handlungssinns der Schwerpunkt der Vorwerfbarkeit liegt.[77] Demnach ist von einem Unterlassen auszugehen, da das Verlassen der Wohnung durch A „für sich genommen unschädlich gewesen wäre, wenn sie es nicht unterlassen hätte, für eine durchgehende Aufsicht der Kinder in ihrer Abwesenheit zu sorgen oder zumindest die Gefahrenquelle zu beseitigen".[78]

3. Das Unterlassen der A müsste für den Tod der Kinder ursächlich geworden sein. Ein Unterlassen ist für einen Erfolg ursächlich, wenn die objektiv gebotene Handlung nicht hinzugedacht werden kann, ohne dass der tatbestandliche Erfolgseintritt mit an Sicherheit grenzender Wahrscheinlichkeit entfiele.[79] Denkt man eine sorgfältige Nachschau hinsichtlich glimmender Zigarettenglut und ein Löschen der Glut hinzu, wären der Schwelbrand und der Tod der Kinder mit an Sicherheit grenzender Wahrscheinlichkeit nicht eingetreten. Das Unterlassen der A ist für den Tod ihrer Kinder somit (hypothetisch) kausal.

4. Weiterhin müsste die A i. S. v. § 13 Abs. 1 StGB rechtlich dafür einzustehen haben, dass der tatbestandliche Erfolg nicht eintritt, also eine sog. Garantenstellung innehaben, welche die Pflicht umfasst, Leib und Leben ihrer Kinder zu schützen. Als Mutter hat die A gegenüber ihren minderjährigen Kindern eine Beschützergarantenstellung aufgrund enger Gemeinschaftsbeziehung auf familienrechtlicher Grundlage inne (vgl. insbesondere § 1626 Abs. 1 BGB). Diese umfasst die Pflicht, Beeinträchtigungen der körperlichen Integrität ab-

---

[77] Sch/Sch-*Stree/Bosch*, Vorbem. §§ 13 ff. Rn. 158a.
[78] BGH NStZ 2005, 446, 447.
[79] BGH NStZ 2011, 31.

zuwenden, vor denen sich minderjährige Kinder häufig nicht selbst hinreichend zu schützen vermögen. A hatte also eine Garantenstellung inne, infolge derer sie verpflichtet war, die Gesundheit ihrer Kinder vor den durch den Schwelbrand hervorgerufenen Gefahren zu schützen.

5. A müsste auch objektiv fahrlässig gehandelt haben, was das Außerachtlassen der im Verkehr erforderlichen Sorgfalt bei objektiver Vorhersehbarkeit des Erfolgseintrittes voraussetzt.

a) Außerachtlassen der im Verkehr erforderlichen Sorgfalt
Art und Maß der vom Täter anzuwendenden Sorgfalt bestimmen sich nach den Anforderungen, die bei objektiver Betrachtung einer Gefahrenlage ex ante an einen besonnenen und gewissenhaften Menschen in der konkreten Lage und sozialen Rolle des Handelnden zu stellen sind. Im Umgang mit Feuer besteht die danach zu beachtende Sorgfalt insbesondere darin, dafür Sorge zu tragen, „dass ein Übergreifen auf Papier und sonstige leicht entflammbare Materialien verhindert oder jedenfalls auf ein Minimum reduziert wird."[80] A unterließ es, das Wohnzimmer auf feuergefährliche Gegenstände zu untersuchen, obgleich sie dort zuvor mit mehreren Gästen zahlreiche Zigaretten geraucht hatte. Damit hat A nicht dafür Sorge getragen, dass die durch die Zigarettenreste erzeugte Brandgefahr auf ein Minimum reduziert wird und folglich die im Verkehr erforderliche Sorgfalt außer Acht gelassen.

b) Objektive Vorhersehbarkeit des Erfolges
Ein Erfolg ist objektiv vorhersehbar, wenn für einen durchschnittlichen Dritten in der Tatsituation die Möglichkeit bestanden hat, die konkret drohende Tatbestandsverwirklichung vorherzusehen.[81] Es liegt nicht außerhalb der allgemeinen Lebenserfahrung, dass einzelne Zigaretten, die Gäste im Verlauf eines Abends in einer Wohnung rauchen, noch brennend oder glimmend auf Möbelstücke fallen und dort einen Schwelbrand verursachen. Auch muss ein umsichtiger und besonnener Mensch grundsätzlich damit rechnen, dass die durch den Schwelbrand erzeugte Rauchentwicklung zu schweren Gesundheitsschäden oder sogar zum Tod von anwesenden schlafenden Personen führt. Mithin war der Tod der Kinder infolge der Entstehung eines Brandes objektiv vorhersehbar, so dass A insgesamt objektiv fahrlässig handelte.

6. Fraglich ist, ob der Tod der Kinder der A auch objektiv zuzurechnen ist. Möglich erscheint ein Entfallen des Pflichtwidrigkeitszusammenhangs unter dem Aspekt des rechtmäßigen Alternativverhaltens, da nicht auszuschließen ist, dass der Tod der Kinder auch eingetreten wäre, wenn A ihre Kinder nicht unbeaufsichtigt in ihrer Wohnung zurückgelassen, sondern sich selbst schlafen gelegt hätte. Dies würde allerdings voraussetzen, dass darin ein pflichtgemäßes Verhalten zu sehen wäre. Die Pflicht zur sorgfältigen Nachschau hinsichtlich glimmender Zigarettenglut besteht aber nicht nur bei dem Verlassen der Wohnung über mehrere Stunden, „sondern auch bei einer nicht nur ganz kurz-

---

[80] BGH NStZ 2005, 446, 447.
[81] *Wessels/Beulke/Satzger*, Strafrecht AT, Rn. 667a.

zeitigen Abwesenheit vom Gefahrenbereich. A wäre nicht nur beim Verlassen der Wohnung verpflichtet gewesen, den Gefahrenherd im Wohnzimmer zu beseitigen, sondern auch dann, wenn sie sich in der Nacht Schlafen gelegt hätte."[82] Es hat sich also gerade die Pflichtwidrigkeit des Unterlassens der A im Erfolg niedergeschlagen, so dass auch der Pflichtwidrigkeitszusammenhang gegeben und der tatbestandliche Erfolgseintritt der A objektiv zuzurechnen ist.

7. Das Unterlassen der A entspricht auch der Verwirklichung des gesetzlichen Tatbestandes durch ein Tun, da es sich bei § 222 StGB um ein schlichtes Erfolgsdelikt handelt.

II. Rechtswidrigkeit
Mangels Eingreifens von Rechtfertigungsgründen handelte die A auch rechtswidrig.

III. Schuld
A müsste auch schuldhaft, d. h. insbesondere individuell fahrlässig gehandelt haben. A war nach ihren persönlichen Fähigkeiten und Kenntnissen individuell in der Lage, das Wohnzimmer nach noch brennenden und glimmenden Zigarettenresten zu untersuchen. Auch war für sie vorhersehbar, dass die unterlassene Suche zum Ausbruch eines Schwelbrands und einer Schädigung der körperlichen Integrität ihrer schlafenden Kinder führen könnte. A handelte folglich individuell fahrlässig. Da auch im Übrigen keine Entschuldigungs- oder Schuldausschlussgründe vorliegen, handelte A schuldhaft.

IV. Ergebnis
A hat sich wegen fahrlässiger Tötung durch Unterlassen in zwei Fällen gem. §§ 222, 13 StGB strafbar gemacht.

Klausurhinweis: Anders als dies insbesondere bei im Straßenverkehr geltenden Sorgfaltspflichten der Fall ist, existieren keine Vorschriften, welche die von Privatpersonen im Zusammenhang mit dem Umgang von Feuer zu beachtenden Sorgfaltsstandards detailliert normieren. Daher ist danach zu fragen, wie sich ein umsichtiger Dritter in der konkreten Situation und sozialen Rolle der A verhalten hätte. Da dieser sich insbesondere im Hinblick auf die anwesenden schlafenden Kinder vergewissert hätte, ob sämtliche potenziellen Feuerquellen ordnungsgemäß beseitigt wurden, ist das diesbezügliche Untätigbleiben der A als Verletzung der im Verkehr erforderlichen Sorgfalt zu bewerten.

Vertiefungshinweise: Zur Ermittlung der vom Täter einzuhaltenden Sorgfaltspflichten Rn. 819 ff. Zum Prüfungsaufbau des fahrlässigen unechten Unterlassungsdeliktes Rn. 836.

---

[82] BGH NStZ 2005, 446, 447.

Zu Frage 2

(nach BGH StV 1993, 73)

A und B könnten sich wegen mittäterschaftlich begangener Körperverletzung mit Todesfolge gem. §§ 223, 227 Abs. 1, 25 Abs. 2 StGB strafbar gemacht haben, indem sie eine halbe Stunde lang in einer im zehnten Stock eines Wohnhauses gelegenen Wohnung auf den C einschlugen.

I. Grunddelikt

A und B haben O gemeinschaftlich i. S. d. § 25 Abs. 2 StGB körperlich misshandelt und an der Gesundheit geschädigt, dabei vorsätzlich rechtswidrig und schuldhaft gehandelt, so dass eine Körperverletzung i. S. d. § 223 Abs. 1 StGB gegeben ist.

II. Erfolgsqualifikation

1. O ist tot, so dass die besondere Folge des § 227 StGB eingetreten ist.

2. A und B müssten den Tod „durch die Körperverletzung" verursacht haben. Dazu bedarf es eines tatbestandsspezifischen Gefahrzusammenhangs. Es muss sich die spezifische Gefahr des Grunddeliktes im konkreten Erfolg niedergeschlagen haben. Der BGH hat die Voraussetzungen des § 227 StGB „grundsätzlich in solchen Fällen verneint, in denen der Tod des Verletzten nicht unmittelbar ‚durch' die Körperverletzung, sondern durch das Eingreifen eines Dritten oder das eigene Verhalten des Opfers herbeigeführt worden war (…). Der so herbeigeführte tödliche Ausgang ist regelmäßig nicht mehr Ausfluss der dem Grundtatbestand des § 223 StGB eigentümlichen Gefahr."[83] So hat der BGH im sog. Rötzel-Fall, bei dem eine durch eine vorausgegangene Körperverletzung verängstigte Frau bei der Flucht vom Balkon abstürzte, eine Körperverletzung mit Todesfolge abgelehnt, weil die Todesfolge nicht unmittelbar durch die Verletzung bewirkt worden sei.[84] Im vorliegenden Fall bewirkte indes der Schlag mit dem Besenstiel eine Schädelprellung und führte dazu, dass O benommen war und an Bewusstseinsstörungen litt. „Damit war seine Fähigkeit zu klaren Denkabläufen und folgerichtigem Handeln beeinträchtigt, die durch den unmittelbar vor dem Sturz ausgeführten schmerzhaften Schlag mit dem Baseballschläger noch weiter beeinträchtigt wurde." Bei dem Sturz handelte es sich um ein Panikverhalten, das durch die vorangegangenen Misshandlungen bewirkt worden ist. „Damit hat sich bei dem tödlichen Ausgang gerade eine dem Grundtatbestand des § 223 StGB eigentümliche Gefahr niedergeschlagen. Die Panikreaktion war die naheliegende, spezifische Folge einer Paniksituation, die durch die konkrete Misshandlung körperlich und psychisch hervorgerufen wurde mit der Folge, dass kein eigenverantwortliches Handeln des Verletzten als selbständige Ursache für die Todesfolge dazwischen trat." Es hat sich also

---

[83] Zitate hier und im Folgenden: BGH StV 1993, 73.
[84] BGH NJW 1971, 152.

die spezifische Gefahr des Grunddelikts im konkreten Erfolg niedergeschlagen. Damit bestand ein tatbestandsspezifischer Gefahrzusammenhang.

3. A und B müssten auch objektiv fahrlässig gehandelt haben, was das Außerachtlassen der im Verkehr erforderlichen Sorgfalt bei objektiver Vorhersehbarkeit des Erfolgseintrittes voraussetzt. Die objektive Sorgfaltswidrigkeit liegt bereits in den von A und B vorsätzlich und gemeinschaftlich ausgeführten Körperverletzungshandlungen. Die daneben erforderliche objektive Vorhersehbarkeit „setzt voraus, dass sich der Erfolg in seinem schließlichen Ergebnis im Rahmen gewöhnlicher Erfahrung hält, nicht außerhalb aller Lebenserfahrung liegt (…). Die Verknüpfung von Körperverletzung und Todesfolge durch den tatsächlichen Geschehensablauf liegt nicht außerhalb der Lebenserfahrung; (…) die Beeinträchtigung der Denkabläufe und des folgerichtigen Handelns (war) die „naheliegende Folge" des Schlages mit dem Besenstiel (…). Es liegt dann auch nicht außerhalb der Lebenserfahrung, dass O, beeinflusst von den Folgen der Körperverletzung, in der konkreten Situation (geöffnetes Fenster, ausweglose Lage, in die Enge getrieben und Angst) in Panik geriet und – unter Verlust der Selbstkontrolle nicht mehr eigenverantwortlich handelnd – aus dem Fenster zu Tode stürzte."[85] Der Erfolgseintritt war also objektiv vorhersehbar, so dass A und B objektiv fahrlässig handelten.

4. Zuletzt müssten A und B auch individuell fahrlässig gehandelt haben. A und B waren in der Lage, auf das Einschlagen auf den O zu verzichten, so dass die erforderliche individuelle Fähigkeit zur Beachtung der erforderlichen Sorgfalt vorlag. Der Erfolgseintritt müsste überdies auch individuell vorhersehbar gewesen sein. A und B konnten auch nach ihren „persönlichen Kenntnissen und Fähigkeiten den Tod Os während der Körperverletzungshandlungen voraussehen. Nach den Feststellungen war dieser schon nach den ersten Schlägen ‚deutlich sichtbar benommen' (…). Die Gewalttätigkeiten wurden fortgesetzt, als das Fenster geöffnet war. Die Panikreaktion des Opfers war für A und B also vorhersehbar."[86] A und B handelten demnach auch individuell fahrlässig.

III. Ergebnis
A und B haben sich wegen Körperverletzung mit Todesfolge in Mittäterschaft gem. §§ 227 Abs. 1, 25 Abs. 2 StGB strafbar gemacht.

Klausurhinweis: Da der Schwerpunkt des Falles eindeutig auf der Feststellung des tatbestandlichen Gefahrzusammenhangs liegt und die Voraussetzungen der §§ 223, 25 Abs. 2 StGB unproblematisch erfüllt sind, konnte die Prüfung des Grunddeliktes kurz und im Urteilsstil erfolgen. Grundsätzlich sollte diese Vorgehensweise in einer Klausur jedoch nur gewählt werden, wenn man im Hinblick auf die vorhandene Bearbeitungszeit ansonsten Gefahr laufen würde, die Hauptprobleme des Falles nicht angemessen bearbeiten zu können.

---

[85] BGH StV 1993, 73, 74.
[86] BGH StV 1993, 73, 74.

Vertiefungshinweise: Zum Aufbau des erfolgsqualifizierten Deliktes Rn. 842 f. Zum tatbestandsspezifischen Zusammenhang allgemein und speziell bei § 227 StGB Rn. 846 ff.

Antworten zu Kapitel 9

Zu Fall 1

(nach BGHSt 44, 196)

Sowohl der von A verwirklichte versuchte Totschlag (§§ 212 Abs. 1, 22, 23 Abs. 1 StGB) als auch die gefährliche Körperverletzung (§ 224 Abs. 1 Nr. 2, Nr. 5 StGB) sind auf die wiederholten Stiche mit dem Bundeswehrkappmesser zurückzuführen. Die Stiche bilden eine Handlung im natürlichen Sinne, so dass Handlungseinheit gegeben ist. Die Handlungseinheit führt grundsätzlich zur Tateinheit nach § 52 StGB, wenn nicht ein Fall der Gesetzeskonkurrenz gegeben ist. Die gefährliche Körperverletzung könnte im Wege der Gesetzeskonkurrenz hinter den versuchten Totschlag zurücktreten. Dies wäre für eine gefährliche Körperverletzung (als notwendiges Durchgangsdelikt[87]) gegenüber einem vollendeten Totschlag der Fall. Demgegenüber ist für den Fall, dass der Todeserfolg ausbleibt, keine Gesetzeskonkurrenz zwischen versuchtem Totschlag und vollendeter Körperverletzung anzunehmen. „Gesetzeseinheit liegt (…) nur vor, wenn der Unrechtsgehalt einer Handlung durch einen von mehreren, dem Wortlaut nach anwendbaren Straftatbeständen erschöpfend erfasst wird. Dem wird eine Verurteilung allein wegen des versuchten Tötungsdelikts aber nicht gerecht, wenn das Opfer bei der Tat verletzt wird. Der hier zu beurteilende Sachverhalt zeigt vielmehr mit besonderer Deutlichkeit, dass sich der Unrechtsgehalt eines folgenlosen (versuchten) Tötungsdelikts maßgeblich von dem einer versuchten Tötung unterscheidet, die – mitunter schwerste – gesundheitliche Schäden nach sich zieht (…). Deshalb wird eine vollendete Körperverletzung durch eine (nur) versuchte Tötung nicht verdrängt; vielmehr gebietet es die Klarstellungsfunktion der Tateinheit (…), die vollendete Körperverletzung als tateinheitlich verwirklicht auch im Schuldspruch zum Ausdruck zu bringen."[88] Mangels Eingreifens von Gesetzeskonkurrenz stehen versuchter Totschlag und gefährliche Körperverletzung somit in Tateinheit. A ist strafbar nach §§ 212, 22, 23 Abs. 1; 224 Abs. 1 Nr. 2, Nr. 5; 52 StGB.

Klausurhinweis: Die „Klarstellungsfunktion" stellt das zentrale Argument dar, mit dem in der Klausur das Vorliegen von Gesetzeskonkurrenz abgelehnt werden kann. So hätte die Annahme von Gesetzeskonkurrenz zur Folge, dass durch den Urteilstenor nicht mehr ersichtlich werden würde, ob es dem A

---

[87] *Fischer*, StGB, § 211 Rn. 107; Sch/Sch-*Eser/Sternberg-Lieben*, § 212 Rn. 18.
[88] BGHSt 44, 196, 198 f.

gelungen ist, B zu verletzen. Um dies „klarzustellen" und hierdurch das von A verwirklichte Unrecht sachgerecht zu erfassen, ist Tateinheit zwischen vollendeter gefährlicher Körperverletzung und versuchtem Totschlag anzunehmen.

Vertiefungshinweis: Zum Aufbau der Konkurrenzprüfung Rn. 872 ff. Zu den Fällen von Gesetzeskonkurrenz bei Handlungseinheit Rn. 885 ff.

Zu Fall 2

(nach BGHSt 47, 243)

Der von A verwirklichte Totschlag (§ 212 Abs. 1 StGB) steht mit der ebenfalls verwirklichten Unterschlagung (§ 246 Abs. 1 StGB) in Handlungseinheit, die grundsätzlich zur Tateinheit nach § 52 StGB führt. Keine Tateinheit wäre jedoch anzunehmen, wenn einer der verwirklichten Tatbestände im Wege der Gesetzeskonkurrenz zurücktritt. Dies könnte für die Unterschlagung gelten, da § 246 Abs. 1 StGB ausdrücklich anordnet, dass eine Bestrafung nach dieser Vorschrift nur vorzunehmen ist, „wenn die Tat nicht in anderen Vorschriften mit schwererer Strafe bedroht ist." § 212 Abs. 1 StGB ordnet für den Totschlag eine Mindeststrafe von fünf Jahren Freiheitsstrafe an und liegt damit über dem in § 246 Abs. 1 StGB für die Unterschlagung vorgesehenen Strafrahmen. Gleichwohl ist umstritten, ob die in § 246 Abs. 1 StGB vorgesehene formelle Subsidiarität auch im Verhältnis zum Totschlag Geltung beansprucht.

1. Nach teilweise vertretener Auffassung gilt die Subsidiaritätsklausel nur für Delikte, die ebenfalls das Eigentum oder Vermögen schützen.[89] Zurücktreten würde § 246 Abs. 1 StGB nach dieser Sicht insbesondere hinter Taten gem. §§ 242, 249, 253 sowie 263 StGB, nicht aber hinter den das menschliche Leben schützenden § 212 StGB. Nach dieser Auffassung läge keine Gesetzeskonkurrenz vor und A wäre strafbar nach §§ 212 Abs. 1, 246 Abs. 1, 52 StGB.

2. Nach der – insbesondere vom BGH vertretenen – Gegenauffassung ordnet § 246 Abs. 1 StGB eine allgemeine Subsidiarität der Unterschlagung gegenüber sämtlichen Straftatbeständen an, die durch die gleiche „Tat" verwirklicht werden.[90] Hiernach wäre § 246 Abs. 1 StGB formell subsidiär gegenüber § 212 Abs. 1 StGB und A lediglich wegen Totschlags zu bestrafen.

3. Zuzustimmen ist der Auffassung, die von einer umfassenden Geltung der in § 246 Abs. 1 StGB vorgeschriebenen formellen Subsidiarität ausgeht. Eine Einschränkung der Subsidiaritätsklausel, wonach diese nur auf Vorschriften Anwendung findet, die ebenfalls das Eigentum oder Vermögen schützen, „wäre mit dem Wortlaut des Gesetzes, dessen möglicher Wortsinn die äußerste Grenze der Auslegung strafrechtlicher Bestimmungen zum Nachteil des Angeklagten markiert (…) unvereinbar. Daher gilt die Subsidiaritätsklausel des

---

[89] Sch/Sch-*Eser/Bosch*, § 246 Rn. 32; *Rengier*, Strafrecht BT I, § 5 Rn. 3 f.
[90] BGHSt 47, 243, 244.

§ 246 StGB für alle Delikte mit höherer Strafdrohung."[91] Die Unterschlagung tritt also im Wege der Gesetzeskonkurrenz in Form formeller Subsidiarität hinter den Totschlag zurück.

4. Ergebnis
A ist wegen Totschlags nach § 212 Abs. 1 StGB zu bestrafen.

Klausurhinweis: Es gibt nur wenige Streitstände im Bereich der Konkurrenzen, bei denen in der Klausur eine ausführliche Erörterung erwartet wird. Neben der Problematik, ob sich die formelle Subsidiarität in § 246 Abs. 1 StGB auf sämtliche Tatbestände bezieht, gilt dies insbesondere für die Frage, ob allein die Verwirklichung eines Regelbeispiels (vgl. etwa § 243 Abs. 1 S. 2 StGB) geeignet ist, ein Konkurrenzverhältnis zu begründen[92].

Vertiefungshinweis: Zu den Fällen von Gesetzeskonkurrenz bei Handlungseinheit und insbesondere zur (formellen) Subsidiarität Rn. 887.

---

[91] BGHSt 47, 243, 244; vgl. insoweit auch *Otto*, NStZ 2003, 87, 88.
[92] Hierzu etwa *Fischer*, StGB, § 243 Rn. 30; *Rengier*, Strafrecht BT I, § 3 Rn. 61.

Stichwortverzeichnis

Aberratio ictus **189 ff.**, 199, 512, 575
Abschreckung 13, 17 f.
Absicht **158 ff.**
Absichtsprovokation **253 ff.**, 406
Abstiftung 569
Absorptionsprinzip 871
Abwehrprovokation 262
Actio illicita in causa **256**, 260 ff.
Actio libera in causa **373 ff.**
– Ausnahmelösung 376 f.
– bei eigenhändigen Delikten 393
– bei Fahrlässigkeitsdelikten 388 f.
– Tatbestandslösung 378 ff.
– Unvereinbarkeitstheorie 381 f.
– verhaltensgebundene Delikte 390 ff.
– Versuchsbeginn 651
– Vorverlagerungstheorie **379**, 381, 383 f., 391, 651
Adäquanztheorie 104 f.
Affekt 361
– asthenischer 401, 405
– sthenischer 401
Affekthandlung 90
Agent provocateur 577
Aggressivnotstand 280, 291, 301
Akzessorietät 555 f., 595 f.
Allgemeindelikte 56
Alternativverhalten, rechtmäßiges 138 ff.
Analogieverbot 21, **26 ff.**, 381, 898a
Angemessenheit(-sklausel) 293 f.
Angriff **219 ff.**, 246 ff.
– durch Unterlassen 220
– gegenwärtiger 226 ff.
– rechtswidriger 229 ff.
Animus auctoris 468
Animus socii 468
Ansetzen, unmittelbares **633 ff.**
Anstiftung 464 ff., 514, 555, **561 ff.**
– aberratio ictus 575
– doppelter Anstiftervorsatz 571

– error in persona 574 ff.
– Exzess des Haupttäters 573
– Kettenanstiftung 563
– versuchte 562, **602 ff.**
– zum Versuch 562
– zur Beihilfe 563
Äquivalenztheorie **99 ff.**, 112, 117
Asperationsprinzip 871
Aufgeben der Tat 695 ff.
Aufstiftung 568
Auslegung 26 ff.
– grammatische 28
– historische 30
– systematische 29
– teleologische 31
– unionsrechtskonforme 32, 77, 79
– verfassungskonforme 32
Autonome Motive 714

Badewannen-Fall 469 ff.
Bedingter Vorsatz 158, **162 ff.**
Beendeter Versuch **686 ff.**, 719 ff.
Beendigung der Straftat 57, 539 ff., 584 f., 611
Begehungsdelikt 43, **53**, 112 f.
Behandlungsabbruch 319 f., 736, 738
Beihilfe 464 ff., 555, **583 ff.**
– Kausalität 583
– psychische 583
– sukzessive 584 f.
– versuchte 557, 603
– Vorsatz 589
Beschützergarantenstellung **745 ff.**
– aus enger Gemeinschaftsbeziehung auf familienrechtlicher Grundlage 747 ff.,
– aus einverständlicher Übernahme einer Schutzfunktion 750 ff.
– kraft Mitgliedschaft innerhalb einer Gefahrgemeinschaft 755
– kraft öffentlichen Amtes 754

Besondere persönliche Merkmale **595 ff.**
Bestimmen 546, 559 f., **564 f.**, 568, 570, 605
Bestimmtheitsgebot 21, **24**, 32, 585
Beteiligung **464 ff.**, 475 ff.
– Akzessorietät 555 f.
– Versuch der 602 ff.
– durch Unterlassen 798 ff.
Billigungstheorie 163, 165 f.
Blutalkoholkonzentration 364
Brett des Karneades 414, 421

Chantage 263
Conditio-sine-qua-non-Formel 99 ff.

Dauerdelikt **57**, 585, 881
Dauergefahr 228, 287, 289
Defensivnotstand 280 f., 291, 302
Delikt
– eigenhändiges **58**, 393, 477, 485, 549
– erfolgsqualifiziertes 51, 63, 542 f., 622, **842 ff.**
– zusammengesetztes 880
Deliktsaufbau 43, 45, 454
Denkzettelfälle 699 ff.
Deskriptive Tatbestandsmerkmale **156**, 628
Direkter Verbotsirrtum 432
Direkter Vorsatz 161
Disponibilität 307, 327
Dolus
– alternativus 169 ff.
– antecedens 153
– cumulativus 168
– directus 1. Grades 159 f.
– directus 2. Grades 161
– eventualis 158, 162 ff.
– generalis 187
– subsequens 153
Doppelirrtum 450, **458 f.**
Doppelter Anstiftervorsatz 571
Doppelter Gehilfenvorsatz 589

Echtes Unterlassungsdelikt 809 f.
Eigenhändiges Delikt **58**, 393, 477, 485, 549
Eigenverantwortliche Selbstgefährdung **134 ff.**, 261, 489, 831
Eindruckstheorie 614

Eingeschränkte Schuldtheorie 444 ff.
Einsichtsfähigkeit, fehlende 362
Einverständliche Fremdgefährdung **136**, 831
Einverständnis **304**, 680 f.
Einwilligung **303 ff.**
– Einwilligungsfähigkeit 311
– Einwilligungslehre 135, 489
– hypothetische 336 ff.
– Kundgabe 310
– mutmaßliche 210, 306, **326 ff.**
– rechtfertigende 303 ff., 318 ff., 350
– Unwirksamkeit 312 ff.
– Willensmängel 312 ff.
Einzelaktstheorie 675 f.
Einzellösung
– bei Mittäterschaft 646
– bei mittelbarer Täterschaft 642
Entschuldigender Notstand 398, **414 ff.**, 428
– notstandsfähige Rechtsgüter 419
– Notstandshandlung 420
– Notstandslage 418 f.
– Nötigungsnotstand 424 f.
– Rettungswille 422 f.
– Zumutbarkeitsklausel 421
Entschuldigungsgrund **398 ff.**, 460 ff., 796
Entsprechensklausel 792
Erfolgsdelikt 51, 97, 260, 375 ff., 383 f., 386 ff., 792, 814 ff.
Erfolgsqualifiziertes Delikt 51, 63, **842 ff.**
– Teilnahme am 542 f., 859
– Rücktritt 853 ff.
– Versuch 622, **849 ff.**
Erforderlichkeit der Verteidigung 235 ff.
Erlaubnisirrtum 438
Erlaubnistatbestandsirrtum 223, 317, **437 ff.**
– eingeschränkte Schuldtheorie i.e.S. 447 f.
– Lehre von den negativen Tatbestandsmerkmalen 445 f.
– rechtsfolgenverweisende Schuldtheorie 449
– strenge Schuldtheorie 442 f.
– Vorsatztheorie 440 f., 452
Erlaubtes Risiko 130 f., 823
Ernstnahmetheorie 163, 165 f.

Stichwortverzeichnis **399**

Error in persona vel obiecto **193 ff.**, 507
– des Angestifteten 574 ff.
– des Mittäters 536 ff.
– des Tatmittlers 512, 516
Eventualvorsatz 162 ff.
Exkulpationsregeln 135, 489
Exzess
– bei Mittätern 534 f., 537
– bei mittelbaren Tätern 510
– des Täters bei Teilnahme eines anderen 573

Fahrlässigkeit **814 ff.**
– Abgrenzung zwischen Tun und Unterlassen 741
– a. l. i. c. 386 ff.
– bewusste 162 ff., 815
– fahrlässige Mittäterschaft 477, **544**
– individuelle 832 ff.
– Leichtfertigkeit 837
– objektive Sorgfaltspflichtverletzung 816 f., **819 ff.**, 833
– objektive Vorhersehbarkeit 825
– Pflichtwidrigkeitszusammenhang 827
– Sonderwissen 824
– subjektive Fahrlässigkeit 832 ff.
– unbewusste 87, 815
– unechtes Unterlassungsdelikt 835 f.
– Vertrauensgrundsatz 823
– zweistufiger Fahrlässigkeitsbegriff 816
Familientyrannen-Fälle 228, 420, 461
Fehlgeschlagener Versuch **670 ff.**, 723 f.
Festnahme 210, **339 ff.**
Finale Handlungslehre 87
Finnendolch-Fall 259 f.
Flaggenprinzip 70
Formelles Strafrecht 4, 9
Freiwilligkeit 669, **711 ff.**

Garantenpflicht 53, 137, 650, **743 ff.**, 771, 806 f.
Garantenstellungen 743 ff.
– Beschützergarantenstellung 745 ff.
– Funktionenlehre 744, 806 f.
– Rechtsquellenlehre 744
– Überwachergarantenstellung 763 ff.
Garantentrias 744
Gebotenheit der Notwehr 243 ff.
– Absichtsprovokation 253 ff., 406

– Abwehrprovokation 262
– Angriffe von Schuldunfähigen 248
– Bagatellangriffe 246 f.
– Erpressungsfälle 263 f.
– Rettungsfolter 277 ff.
– soziales Näheverhältnis 249
– unerträgliche Unverhältnismäßigkeit 246 f.
– unvorsätzlich-schuldhafte Provokation 258 ff.
– Vorsatzprovokation 257
Gebotsirrtum 794
Gefahr 130 ff., 284 ff.
– Dauergefahr 228, 287, 289
– gegenwärtige 286 f., 290, 419
Gefährdungsdelikte
– abstrakte 52, 64
– abstrakt-konkrete 64
– konkrete 52, 64
Gefahrzusammenhang, tatbestandsspezifischer 844 ff.
Gegenwärtigkeit
– des Angriffs 226 ff.
– der Gefahr 286 f., 290, 419
Gemeinsamer Tatplan 524, **532 ff.**, 647
Gemeinschaftliche Tatbegehung 524, **525 ff.**
Generalprävention
– negative 13, 18
– positive 13, 18
Gesamtbetrachtungslehre 674, 677 ff.
Gesetzeskonkurrenz 870, 873 f., **883 ff.**
– Konsumtion 888
– mitbestrafte Nachtat 889 ff.
– mitbestrafte Vortat 889 ff.
– Spezialität 886
– Subsidiarität 887
Gesetzlichkeitsprinzip **21 ff.**, 377, 383
Gewohnheitsrecht 22 f., 210, 304, 326, 376 f.
Grammatische Auslegung 28
Grob untauglicher Versuch 626
Gültigkeitsirrtum 432

Handlung, strafrechtlich relevante 84 ff.
Handlungseinheit 867 f., 873 f., **875 ff.**
– natürliche 878 f.
– tatbestandliche 880 f.
Handlungslehre **86 ff.**

– finale 87
– kausale 87
– soziale 87
Handlungsmehrheit 867, 869, 873 f., 889 ff.
Hemmschwellentheorie 167 f.
Hilfeleisten 583 ff.
Historische Auslegung 30
Hochsitz-Fall 844
Holzschutzmittel-Entscheidung 111
Hypothetische Kausalität 112 f., 787 ff.

Idealkonkurrenz 871, **885 ff.**
Indirekter Verbotsirrtum 432
Individualrechtsgüter **10**, 71, 221, 284, 307
In dubio pro reo 139 ff., 202, 363, 466, 544, 788, **893 ff.**, 902
Ingerenz 544, 744, **765 ff.**, 782, 807
Intensiver Notwehrexzess 399, **400 ff.**
Interessenabwägung 280, 283, 289, **290 ff.**, 302, 415, 420
Internationales Strafrecht 59
Internetprovider 779
Irrtum
– Doppelirrtum 450, 458 f.
– Entschuldigungsirrtum 463
– Entschuldigungstatbestandsirrtum **460 ff.**, 496
– Erlaubnisirrtum 432, 438
– Erlaubnistatbestandsirrtum 223, 317, **437 ff.**
– Gebotsirrtum 794
– Motivirrtum 194, 314, 508
– Tatbestandsirrtum **177 ff.**, 793
– über den Kausalverlauf **182 ff.**, 190, 575
– umgekehrter Erlaubnisirrtum 434
– Verbotsirrtum **431 ff.**, 442 f., 459, 496, 500 ff.

Jauchegruben-Entscheidung 185 ff.

Katzenkönig-Fall 501 f.
Kausalität **98 ff.**
– abgebrochene 114 ff.
– Adäquanztheorie 104 f.
– Äquivalenztheorie 99 ff., 112, 117
– alternative 117 f.
– Bedingungstheorie 99 ff.
– Conditio-sine-qua-non Formel 99 ff.
– Doppelkausalität 117 f.
– hypothetische 112, 787 ff.
– kumulative 119 f.
– Lehre von der gesetzmäßigen Bedingung 102 f.
– Quasi-Kausalität 787 ff.
– Relevanztheorie 106 f.
– Reservursachen 112, 789
– unechtes Unterlassungsdelikt 787 ff.
Kausalitätstheorie 99 ff.
Kausalzusammenhang **108 ff.**
– hypothetischer 112 f.
– Unterbrechung 114 ff.
Kettenanstiftung 563
Klammerwirkung 880, 882
Koinzidenzprinzip 44, 373 f., 376, 380
Kollegialentscheidung 544, 789
Konkurrenz **864 ff.**
– Absorptionsprinzip 871
– Asperationsprinzip 871
– bei tatsächlichen Zweifelsfällen 892
– Gesetzeskonkurrenz 870, 873 f., **883 ff.**
– Idealkonkurrenz 871, 885 ff.
– Konsumtion 888
– mitbestrafte Nachtat 889 ff.
– mitbestrafte Vortat 889 ff.
– Realkonkurrenz 871, 889 ff.
– Spezialität 886
– Subsidiarität 887
– Tateinheit 871, 873 f.
– Tatmehrheit 871, 873 f.
Konsumtion 888
Kumulative Kausalität 119 f.

Lastwagen–Fall 138 ff.
Lederriemen–Fall 164 ff.
Lederspray–Entscheidung 110, 782
Lehre von der gesetzmäßigen Bedingung 102 f.
Leichtfertigkeit 837
Limitierte Akzessorietät 555, 560, 595
Lockspitzel 577

Materielles Strafrecht 3, 9
Mitbestrafte Nachtat 889 ff.
Mitbestrafte Vortat 889 ff.
Mittäterexzess 534 f., 537
Mittäterschaft **522 ff.**

- error in persona 536 ff.
- Exzess 534 f., 537
- fahrlässige 477, **544**
- gemeinsamer Tatplan 524, **532 ff.**, 647
- gemeinsame Tatausführung 524, **525 ff.**
- Gesamtzurechnung 522, 532 ff., 538, 646
- Prüfungsaufbau 545 ff.
- sukzessive 539 ff.
- teilweise 535
- Versuchsbeginn 646 f.

Mittelbare Täterschaft **483 ff.**
- absichtslos-doloses Werkzeug 491 f.
- error in persona 512, 516
- Exzess 510
- nicht schuldhaft handelnder Tatmittler 496 f.
- objektiv tatbestandslos handelnder Tatmittler 488 f.
- Organisationsherrschaft 499, 503 ff., 531
- qualifikationslos doloses Werkzeug 493
- rechtmäßig handelnder Tatmittler 494 f.
- Täter hinter dem Täter 498 ff.
- unvorsätzlich handelnder Tatmittler 490
- volldeliktisch handelnder Tatmittler 498 ff.

Modalitätenäquivalenz 792
Möglichkeitstheorie 163, **165 f.**
Mutmaßliche Einwilligung 210, 306, **326 ff.**
- Handeln im eigenen Interesse bei mangelndem Interesse des Rechtsgutträgers 306, 326
- Handeln im Interesse des Rechtsgutträgers 306, 326

Nachtat, mitbestrafte 889 ff.
Natürliche Handlungseinheit 878 f.
Nebenstrafrecht 3, 6
Nebentäterschaft **482**, 522, 544
Negative Tatbestandsmerkmale 445 f., 452 ff.
Normative Tatbestandsmerkmale 157, 628
Nothilfe 213, 215, 221, 251, **275 ff.**

Nötigungsnotstand 424 f.
Notlage, existenzielle 415
Notstand 133, 210, 234, **280 ff.**
- aggressiver 280 f, 291, **300 ff**
- Angemessenheit 283, **293 f.**
- defensiver 280 f, 291, **300 ff.**
- entschuldigender 398, **414 ff.**, 428
- Gefahr 285 ff.
- Interessenabwägung 280, 283, 289, **290 ff.**, 302, 415, 420
- Nötigungsnotstand 424 f.
- rechtfertigender 210, **280 ff.**
- Rettungswille 295 ff., 422 f.
- zivilrechtlicher 210, 212, 234, **299 ff.**

Notstandshandlung 283, **288 ff.**, 420
Notstandslage 283, 284 ff., 418 f.
Notwehr 210, 212, **215 ff.**
- Angriffe von Schuldunfähigen 248
- Bagatellangriffe 246 f.
- durch Hoheitsträger 275 ff.
- Gebotensein 217, **243 ff.**
- Rechtsbewährungsprinzip 215, 236, 247 f., 255
- Selbstschutzprinzip 215
- sozialethische Einschränkungen 243 ff.
- Verteidigungswille 217, **270 ff.**

Notwehrexzess (Notwehrüberschreitung) **399 ff.**
- asthenische Affekte 401, 405
- bewusster 405
- extensiver 399, **408 ff.**
- Handlung 404
- intensiver 399, **400 ff.**
- Putativnotwehrexzess 407
- sthenische Affekte 401

Notwehrhandlung 217, **233 ff.**
Notwehrlage 217, **218 ff.**
Notwehrprovokation **252 ff.**, 406
- Absichtsprovokation **253 ff.**, 406
- Abwehrprovokation 262
- unvorsätzlich-schuldhafte Provokation 258 ff.
- Vorsatzprovokation 257

Objektive Bedingung der Strafbarkeit 205 ff.
Objektiver Tatbestand
- Kausalität 98 ff.

– objektive Zurechnung **128 ff.**, 790, 826 ff.
Objektive Zurechnung **128 ff.**, 790, 826 ff.
– atypischer Kausalverlauf 121, 144
– Definition 129
– eigenverantwortliche Selbstgefährdung **134 ff.**, 489, 831
– eigenverantwortliches Dazwischentreten Dritter 116, **145**
– erlaubtes Risiko 130 f., 823
– fehlender Pflichtwidrigkeitszusammenhang **138 ff.**, 337, 772, 817, 827, 836
– Prinzip der Eigenverantwortlichkeit 135
– Retterfälle 137, 733 ff.
– Risikoverringerung 132 f., 569
– Schockschäden 143
– Schutzzweck der Norm 142, 828 ff.
Omissio libera in causa 739 f.
Omnimodo facturus **565**, 568, 583, 603
Ordungswidrigkeit 2, 431
Organisationsherrschaft 499, **503 ff.**, 531, 780

Parallelwertung in der Laiensphäre 157
Personalitätsprinzip 72
– aktives 72
– passives 72
Pflichtenkollision, rechtfertigende **346 ff.**, 730, 796
Pflichtwidrigkeitszusammenhang **138 ff.**, 337, 772, 817, 827, 836
Postpendenz 892, 899 f.
Präpendenz 892, 899 ff.
Prävention 13, 16 ff., 665
Prinzip stellvertretender Strafrechtspflege 72
Privilegierung 49, 180 f, 883, 886
Psychische Beihilfe 583
Putativnotwehr 223 ff, 407, 437
Putativnotwehrexzess 407

Qualifikation 49
– Versuchsbeginn 652 f.

Ratgeber-Fall 571
Rauschzustände, alkoholbedingte **364 f.**, 373 f., 383

Realkonkurrenz 871, 844, 889 ff.
Rechtfertigungselement, subjektives 43, 270 ff., 295 f., 306, 317, 333, 340, 348, 430
Rechtfertigungsgrund 210 ff., 304, 326, 337, 339, 346, 350, 432, 434, 437 ff., 458, 796
Rechtsbewährungsprinzip 215, 236, 247 f., 255
Rechtsgüter **10 f.**
Rechtsgüterschutz 10 ff., 79, 166, 666
Rechtswidrigkeit 37 ff., **210 ff.**
Regelbeispiel
– Versuchsbeginn 652 f.
Reflexbewegung 87, 90, 220
Regressus ad infinitum 101
Regressverbotslehre 116
Relative Straftheorie 12 f, **16 ff.**
Relevanztheorie 106 f.
Repression 13, 20
Reserveursachen 112, 789
Resozialisierung 13, 17, 20, 761
Retterfälle 137, 733 ff.
– Abbruch eigener Rettungsbemühungen 734 ff.
– Abbruch fremder Rettungsbemühungen 737 f.
– technischer Behandlungsabbruch 736, 738
Rettungswille 283, **295 ff.**, 417, **422 f.**
Risiko, erlaubtes 130 f., 823
Risikoerhöhungslehre **140 f.**, 827
Risikoverringerung 132 f., 569
Rose-Rosahl-Fall 574 ff.
Rotlicht-Fall 115
Rücktritt 607, 617, **661 ff.**
– Abgrenzung zwischen unbeendetem und beendetem Versuch 686 ff.
– Aufgabe der weiteren Tatausführung 694 ff., 725
– außertatbestandliche Zielerreichung 699 ff.
– beendeter Versuch 703 ff.
– bei mehreren Tatbeteiligten 723 ff.
– Bestleistungstheorie 705
– Chanceneröffnungstheorie 704
– Denkzettelfälle 699 ff.
– des Alleintäters 668 ff.
– Einzelaktstheorie 675 f.
– fehlgeschlagener Versuch **670 ff.**, 723 f.

- Freiwilligkeit 711 ff.
- Gesamtbetrachtungslehre 674, 677 ff.
- Rücktrittshorizont 688
- Strafzwecktheorie 665
- unbeendeter Versuch 694 ff.
- unechtes Unterlassungsdelikt 719 ff.
- Verhindern der Vollendung 703 ff
Rücktrittshorizont 688
Rückwirkungsverbot 21, 25

Sachgedankliches Mitbewusstsein 154
Scheinangriff 222 ff.
Schockschaden 143
Schuld 14 f., 38 f., 43, **355 ff.**
Schuldfähigkeit 135, 248, **358 ff.**
Schuldprinzip 355 f., 844
Schuldtheorie 442 ff., 452 ff.
- eingeschränkte 444 ff.
- rechtsfolgenverweisende 449
- strenge 442 f.
Schutzprinzip 21 ff.
Schutzwehr 245, 248 f., 258
Schutzzweckzusammenhang 142 f, **828 ff.**
Schweigegelderpressung 263
Schweinetrog-Fall 542 f.
Seelische Störung 360 ff.
- andere seelische Abartigkeit 361
- krankhafte seelische Störung 361
- Schwachsinn 361
- tiefgreifende Bewusstseinsstörung 361
Selbstgefährdung, eigenverantwortliche **134 ff.**, 261, 489, 831
Selbsthilfe 351
Sich-Bereiterklären 604
Simultaneitätsprinzip **153 f.**, 373
Sirius-Fall 480
Sonderdelikte **56**, 477, 485, 493, 628 f.
Sonderwissen 824
Sorgfaltspflichtverletzung 544, 741, 815, 829, 833, 842
Soziale Handlungslehre 87
Spezialität 886
Spezialprävention 13, 17, 665
Sprengfallen 195
Staatsschutzprinzip 71
Steuerungsfähigkeit, fehlende 362
Strafprozessrecht 3 f., 9
Straftheorie 12 ff.

- absolute 14 f.
- relative 16 ff.
Strafzumessung 20, 366, 429, 598, 815, 864, 883
Strafzwecke **10 ff.**, 20, 665
- absolute Straftheorie 14 f.
- Generalprävention 13, 18
- relative Straftheorie 16 ff.
- Spezialprävention 13, 17, 665
- Vereinigungstheorie 20
Subjektiver Tatbestand 150 ff.
- besondere subjektive Tatbestandsmerkmale 150, 509, 572, 761
- Vorsatz 41 ff., **150 ff.**
Subsidiarität 887
Subsumtionsirrtum 432
Sukzessive Beihilfe 584 f.
Sukzessive Mittäterschaft **539 ff.**, 611
Systematische Auslegung 29

Tatbestand 37 ff., 94 ff.
- Aufbau 37 ff.
- objektiver 94 ff.
- subjektiver 150 ff
Tatbestandsannex 205 ff.
Tatbestandsausschließendes Einverständnis 304, 680 ff.
Tatbestandsirrtum **177 ff.**, 793
- aberratio ictus **189 ff.**, 199, 512, 575
- error in persona 193 ff.
- Irrtum über den Kausalverlauf **182 ff.**, 190
- umgekehrter 178
Tatbestandslösung 378 ff., 391
Tatbestandsverschiebung 559, 597 f., 601
Tateinheit 871, 873 f.
Tatentschluss 54, 203, 527, 561, 564, 571, 583, 617, **621 ff.**
Täter hinter dem Täter 498 ff.
Täterschaft **464 ff.**
- Abgrenzung zur Teilnahme 464 ff.
- Alleintäterschaft 481 f.
- Mittäterschaft 522 ff.
- mittelbare Täterschaft 483 ff.
- Nebentäterschaft **482**, 522, 544
- subjektive Theorie 468 ff., 473 f.
- Täter hinter dem Täter 498 ff.
- Tatherrschaftslehre 471 f.
Tatherrschaft 136, **471 f.**

– funktionelle 525, 530
Tatherrschaftslehre 471 f.
Tätigkeitsdelikt 51, 63
Tatmehrheit 871, 873 f.
Technischer Behandlungsabbruch 319 f., 736 ff.
Teilnahme **555 ff.**
– Abgrenzung zur Täterschaft 464 ff.
– Anstiftung 561 ff.
– Beihilfe 583 ff.
– limitierte Akzessorietät 555, 560, 595
– versuchte Teilnahme 602 ff.
Teleologische Auslegung 31
Territorialitätsprinzip 60 ff.
Theorie von der Manifestation des Vermeidewillens 163, 165 f.
Trutzwehr 245, 248 f., 258 f.

Übergesetzlicher entschuldigender Notstand 292, 398, **428**
Überholende Kausalität 114 ff.
Überlegenes Wissen 135, 484, 489, 500, 507
Übernahme einer Schutzfunktion 750 ff., 807
Übernahmefahrlässigkeit 834
Überwachergaranten 564, 730, 744, **763 ff.**, 836
– Ingerenz 765 ff.
– Internetprovider 779
– Inverkehrbringen gefährlicher Produkte 782
– Sachherrschaft über Gefahrenquellen 777 ff.
– Wohnungsbesitzer 778
Ultima ratio 11
Umgekehrter Erlaubnisirrtum 434
Umgekehrter Tatbestandsirrtum 178
Umgekehrter Verbotsirrtum 434
Umstiftung 566 ff.
Unbeendeter Versuch **686 ff.**, 694 ff., 719 ff. 723
Unbewusste Fahrlässigkeit 87, 815
Unechtes Unterlassungsdelikt **727 ff.**, 835 f.
Unionsrechtskonforme Auslegung 32, 77, 79
Unrechtsbewusstsein 362, 435, 440 f., 832

Untauglicher Versuch 626 ff., 707
Unterbrechung des Kausalzusammenhangs 113 ff.
Unterlassen 517, 564, **727 ff.**
– Abbruch eigener Rettungsbemühungen 734 ff.
– Abbruch fremder Rettungsbemühungen 737 f.
– Abgrenzung vom Tun 731 ff.
– Garantenstellung 743 ff.
– Kausalität 787 ff.
– Täterschaft und Teilnahme 798 ff.
Unterlassungsdelikt
– echtes 809 f.
– fahrlässiges 835 f.
– unechtes 727 ff., 836 ff.
– Vorsatz 793 f.
Unternehmensdelikt 54 f.
Unverhältnismäßigkeit 246 f.
Unzumutbarkeit normgemäßen Verhaltens 398, 414, 796 f.

Verantwortungstheorie 502
– eingeschränkte 502
– strenge 502
Verbotsirrtum **431 ff.**, 442 f., 459, 496, 500 ff.
– indirekter 432
– umgekehrter 434
Verbrechen und Vergehen 47 f.
Verbrechensverabredung 604, 612, 890
Verfassungskonforme Auslegung 32
Verjährung 25, 611
Verletzungsdelikte 52, 141
Vermeidbarkeit (Verbotsirrtum) 433 f., 500
Vermeidbarkeitstheorie 139
Versuch **611 ff.**
– abergläubischer 622
– Aufbau 615 ff.
– beendeter 686 ff., 719 ff.
– erfolgsqualifizierter 622, **849 ff.**
– fehlgeschlagener **670 ff.**, 723 f.
– grob unverständiger 626
– Opfermitwirkung 645
– Rücktritt 607, 617, **661 ff.**
– Strafgrund 614
– Tatentschluss 621 ff.
– Teilnahme 602 ff.

– unbeendeter **686 ff.**, 694 ff., 719 ff., 723
– unmittelbares Ansetzen 633 ff.
– untauglicher 626 ff.
– Vorprüfung 618 ff.
Versuchsbeginn
– Abgrenzungsformeln 635 ff.
– bei der a. l. i. c. 651
– bei Mittäterschaft 646 f.
– bei mittelbarer Täterschaft 641 ff.
– beim unechten Unterlassungsdelikt 648 ff.
– bei Opfermitwirkung 645
– bei Qualifikationen 652
– bei Regelbeispielen 653
– bei vermeintlicher Mittäterschaft 647
– Einzellösung 642, 646
– Gesamtlösung 643, 646
– materielle Gefährdungstheorie 644 f.
Versuchte Anstiftung 602 ff.
Verteidigung, erforderliche 235 ff.
Verteidigungshandlung 233 ff.
Verteidigungsmittel, lebensgefährliches 237 f.
Verteidigungswille **270 ff.**
Vertrauensgrundsatz 823
Verursachungstheorie 557, 766
Vis absoluta 87, 89
Vis compulsiva 89
Vollrausch 206, 391 f.
Vorbereitungsstadium 184, 527 ff., 584 f., 602, 612 f.
Vorfeldirrtümer 628

Vorhersehbarkeit
– individuelle 816 f., **833**, 836, 843
– objektive 816 f., **825 ff.**, 836, 843
Vorsatz 41 f., **150 ff.**, 182
– Abgrenzung zur bewussten Fahrlässigkeit **162 ff.**
– Absicht 158 ff.
– bedingter 158, **162 ff.**
– Definition 152
– direkter 161
– kognitives Element 152
– sachgedankliches Mitbewusstsein 154
– voluntatives Element 152
– Zeitpunkt 153
Vorsatztheorie 440 f. 452
Vorstellungstheorie 162 f., 166
Vortat, mitbestrafte 889 ff.

Wahlfeststellung 590, 892, **896 ff.**
Wahndelikt 434, **626 ff.**
Wahrscheinlichkeitstheorie 163, 165 ff.
Weltrechtsprinzip 71
Werkzeug
– absichtslos-doloses 491 f.
– qualifikationslos doloses 493
Willensherrschaft 472, 496, 503
Willenstheorien 162 f.
Wissentlichkeit 161
Wittig-Fall 797

Ziegenhaar-Fall 731 f.
Zumutbarkeit 421, 817, 836